JOSEPH RATZINGER UND DAS ERZBISTUM MÜNCHEN UND FREISING
DOKUMENTE UND BILDER AUS KIRCHLICHEN ARCHIVEN,
BEITRÄGE UND ERINNERUNGEN

SCHRIFTEN DES ARCHIVS
DES ERZBISTUMS MÜNCHEN UND FREISING

Herausgegeben von Peter Pfister

Band 10

Peter Pfister (Hrsg.)

JOSEPH RATZINGER UND DAS ERZBISTUM MÜNCHEN UND FREISING
DOKUMENTE UND BILDER AUS KIRCHLICHEN ARCHIVEN,
BEITRÄGE UND ERINNERUNGEN

Redaktion:
Guido Treffler

SCHNELL + STEINER

Die Deutsche Bibliothek – CIP-Einheitsaufnahme

Joseph Ratzinger und das Erzbistum München und Freising: Dokumente und Bilder aus kirchlichen Archiven, Beiträge und Erinnerungen / Peter Pfister (Hrsg.) – 1. Auflage – Regensburg : Schnell und Steiner, 2006
    (Schriften des Archivs des Erzbistums München und Freising ; Bd. 10)
    ISBN-10: 3-7954-1914-X
    ISBN-13: 978-3-7954-19141-1

1. Auflage 2006

© 2006 by Verlag Schnell und Steiner GmbH, Regensburg
Leibnizstraße 13, D-93055 Regensburg
Satz, Einband, Druck: Heichlinger Druck GmbH, 85748 Garching/Hochbrück
Printed in Germany – ISBN-10: 3-7954-1914-X
                    ISBN-13: 978-3-7954-19141-1

Zum Geleit

DER ERZBISCHOF
VON MÜNCHEN UND FREISING

Am 19. April 2005 wurde Joseph Kardinal Ratzinger zum Papst gewählt, der sich den Namen Benedikt XVI. gab. Noch am Wahltag habe ich von Rom aus ein Wort an die Gläubigen im Erzbistum München und Freising gerichtet. Darin heißt es: „Wir sind stolz, dass der Heilige Vater an der Spitze der katholischen Weltkirche aus unserem Erzbistum kommt und von 1977 bis 1982 unser Erzbischof war. Wir wissen uns ihm, der in unserem Erzbistum und in unserer bayerischen Heimat tief verwurzelt ist, herzlich verbunden."

Die Papstwahl und erneut der bevorstehende Besuch in Bayern haben großes Interesse an der Person und der Lebensgeschichte von Joseph Ratzinger geweckt. Ich habe daher das Archiv des Erzbistums München und Freising angewiesen, alle kirchlichen archivischen Unterlagen aus meiner Erzdiözese, die darüber Auskunft geben können, zu erfassen, zu sichten und so für künftige Forschungen zu sichern. An erster Stelle stand hierbei das Archiv des Erzbischöflichen Studienseminars St. Michael in Traunstein, dessen Zögling Joseph Ratzinger von 1939 bis 1943 war. Ich danke allen Mitarbeiterinnen und Mitarbeitern des Archivs, die sich dieser nicht vorhersehbaren Herausforderung mit großem Engagement gestellt haben.

Der vorliegende Band zeigt die vielfältigen Verbindungen des Heiligen Vaters mit dem Erzbistum München und Freising auf – als Seminarist in Traunstein und Freising, Student an der Universität München, Priester der Erzdiözese, Dozent und Professor an der Philosophisch-Theologischen Hochschule Freising und Erzbischof von München und Freising. Auch die Zeit nach seiner Berufung an die römische Kurie ist berücksichtigt, denn die Kontakte zu seinem Heimatbistum sind ja nie abgerissen. Dazu wurden Dokumente und Bilder aus kirchlichen Archiven, Beiträge zu einzelnen Lebensabschnitten und Erinnerungen von Weggefährten zusammengetragen.

Ich wiederhole den Wunsch, den ich an den Schluss meines schon eingangs zitierten Wortes aus Rom gestellt habe: „Sein Name Benedikt – der Gesegnete – möge sich an ihm selbst bewahrheiten, und er möge als von Gott Gesegneter zum Segen für die ganze Kirche und die Welt werden."

München, am 29. Juni 2006, dem Hochfest der Apostel Petrus und Paulus

+ Friedrich Card. Wetter

Erzbischof von München und Freising

Vorwort

Am 8. Dezember 2005 hat Erzbischof Friedrich Kardinal Wetter als Vorsitzender der Freisinger Bischofskonferenz offiziell bekannt gegeben, dass Papst Benedikt XVI. im September 2006 seine bayerische Heimat besuchen wird. Anlässlich dieses Papstbesuches hat die Münchener Diözesanleitung das Archiv des Erzbistums München und Freising mit der Durchführung einer Ausstellung zum Thema „Joseph Ratzinger und das Erzbistum München und Freising" und mit der Erarbeitung einer Begleitpublikation beauftragt.

Das Archiv des Erzbistums stellt sich damit den Aufgaben, die einem modernen Kirchenarchiv zugewachsen sind. Archive, auch kirchliche, sind keine statischen Institutionen, sondern unterliegen den ständigen Veränderungen der menschlichen und gesellschaftlichen Lebensverhältnisse. „Sie sind längst keine Insel der Seligen im Strom des permanenten strukturellen Wandels mehr. Ihre auf die Gegenwart ausgerichtete Dokumentationsaufgabe verknüpft sie besonders eng mit den unsere Welt kennzeichnenden Transformationen."[1] Neben die traditionellen Kernleistungen eines Archivs, nämlich die Ordnungs- und Verzeichnungsarbeit und das Zugänglichmachen von Dokumenten, muss sich das Diözesanarchiv auch dem Dokumentationsgut zuwenden. Das Verwaltungsschriftgut muss ergänzt werden durch vom Archiv selbst zusammengetragenes Dokumentationsmaterial wie Fotos, Zeitungsausschnitte und Protokolle von Zeitzeugenbefragungen („Oral History").[2]

Das Diözesanarchiv ist darüber hinaus Teil der Geschichtspolitik der Erzdiözese. Wenn die Diözesanleitung dem Archiv die Durchführung einer solchen Ausstellung überträgt, so misst sie der Diözesangeschichte und damit der eigenen historischen Identität große Bedeutung zu. Sie pflegt die geschichtlichen Wurzeln beim Gang in die Zukunft. Diese geschichtspolitische Instrumentalisierung des Archivs ist unproblematisch, solange die Archivare als Sachwalter einer auf Wahrheit angelegten Überlieferung gesehen werden. Dies ist gerade für die Kirche wichtig, die die Bedeutung der Tradition ja in besonderer Weise betont. Wenn es so ist, dann kann die Diözese erwarten, dass das Diözesanarchiv nicht nur auf dem Feld der geschichtswissenschaftlichen Grundlagenforschung Leistungen erbringt, sondern dass es sich zugleich um eine moderne historische und kirchlich-religiöse Bildungsarbeit bemüht. Natürlich muss das Diözesanarchiv dabei immer wieder deutlich machen, dass es sich bei Archivalien nicht um kurzlebige Verbrauchsgüter im Sinne des Tagesjournalismus oder der aktuellen politischen Streitkultur handelt und dass die Erhaltung der Bestände wichtiger ist als der rasche „Konsum".

[1] Hermann Rumschöttel, Paradigmenwechsel in Staat und Gesellschaft - Herausforderung und Antwort der Archive, in: Alfred Ogris / Wilhelm Wadl (Hg.), 100 Jahre Kärntner Landesarchiv 1904-2004, Klagenfurt 2004, 61-68.

[2] Peter Pfister, Neue Aufgaben kirchlicher Archive, in: Festschrift Hermann Rumschöttel [erscheint im September 2006].

Heute sind die nach außen gerichteten Tätigkeiten des Archivars - Öffentlichkeitsarbeit, historische Bildungsarbeit und Auswertungsarbeit - unverzichtbarer Bestandteil archivischer Arbeit, ohne dessen Berücksichtigung auch eine Kernaufgabe wie Überlieferungsbildung in ihrer ganzen Komplexität nicht adäquat zu erfüllen ist. Für unser Diözesanarchiv ist es eine selbstverständliche Aufgabe, die Kirchenarchivalien nicht nur geordnet zu verwahren, sondern sie auch der interessierten Öffentlichkeit zu präsentieren und zum Umgang mit Archivalien anzuleiten.

Die Archive definieren heute den Charakter ihrer Öffentlichkeitsarbeit neu als Teil der politischen Bildung oder historischen Bildungsarbeit, die als spezifische Leistung überlieferte Äußerungen aus allen Lebensbereichen einer bestimmten Region als originäres und unverfälschtes Quellenmaterial zur Verfügung stellen kann.[3] Die archivische Vermittlungsarbeit kann sich einer ganzen Palette von Formen bedienen. Da sind zunächst Archivführungen mit Zielgruppen wie Pfarrgemeinderäten und Kirchenverwaltungen, Heimatforschern oder speziellen anderen Gruppen. Die Heranführung von Schülern an Archivalien kann einerseits durch Besuche von Archivaren in Schulen, noch besser aber durch Unterricht direkt im Archiv und mit Originalarchivalien erfolgen.[4] Ebenso ist es beim Heranführen von Studenten und Universitätsdozenten an Archivalien. Ausstellungen schließlich wenden sich an eine breite Öffentlichkeit, die dabei teilweise erstmals mit originalen Archivalien und anderen Dokumenten in Berührung kommt.[5] Eine gute

[3] Peter Pfister, Einführung: Kirchenarchive und Religionsunterricht, in: Roland Götz (Hg.), Die Firm- und Kirchweihereise des Freisinger Fürstbischofs Ludwig Joseph von Welden ins bayerische Oberland 1786. Das Reisetagebuch des Hofkavaliers Ferdinand Wilhelm Freiherr von Bugniet des Croisettes und ergänzende Quellen als Grundlage für ein archivpädagogisches Projekt (= Schriften des Archivs des Erzbistums München und Freising 2), München 2001, 9-18; Peter Pfister, Kirchenarchive und Religionsunterricht, in: Archive in Bayern 1 (2003) 337-351.

[4] Vgl. die Projektbeschreibung: Christian Kuchler, Das Ende einer Ära: Die Aufhebung der Klöster in München und Oberbayern. Ein lokal- und regionalgeschichtliches Unterrichtsprojekt für die 8. Jahrgangsstufe (Studienseminar Februar 2004/2006 am Comenius-Gymnasium Deggendorf. Schriftliche Hausarbeit im Fach Geschichte), 2005 (ein Exemplar im Archiv des Erzbistums München und Freising). Über ein vom Archiv des Erzbistums München und Freising in den Jahren 2001-2002 zusammen mit mehreren Schulen des Landkreises Miesbach durchgeführtes archivpädagogisches Projekt berichtet kurz: Clemens Rehm, Außerschulischer „Lernort Archiv" etabliert. 5. Karlsruher Tagung für Archivpädagogik bietet Antworten, in: Der Archivar 57 (2004) 332-334; vgl. auch das in diesem Rahmen erschienene Begleitheft zu einer didaktisch akzentuierten Archivalienausstellung: Roland Götz, Kirschgeist und Trompetenschall. Der Freisinger Fürstbischof auf Firm- und Kirchweihreise im Oberland 1786. Begleitheft zur Ausstellung des Archivs des Erzbistums München und Freising im Miesbacher Kulturzentrum „Waitzinger Keller" (= Schriften des Archivs des Erzbistums München und Freising 3), München 2002.

[5] Ausstellungen im Archiv des Erzbistums München und Freising. Kataloge, Bd. 1: 1200 Jahre Metropolitanverband Salzburg. Die Pfarrmatrikeln des Erzbistums. Kostbarkeiten der Erzdiözese, München 1998; Bd. 2: Die „Gründungsurkunde" der Passionsspiele Oberammergau 1633, München, Oberammergau 1999; Bd. 3: Venite a Roma! - Kommt nach Rom!, München

Chance, solche Erstkontakte zu ermöglichen, bietet der seit 2001 regelmäßig stattfindende „Tag der Archive". Die Münchener Archive (staatliche ebenso wie kirchliche, das Stadtarchiv, Archive der Wirtschaft und wissenschaftlicher sowie weiterer Institutionen) haben sich für eine gemeinsame Programmplanung und Bewerbung zu einer Arbeitsgruppe zusammengeschlossen. Das Archiv des Erzbistums nimmt daran von Anfang an aktiv teil und präsentiert sich bei dieser Gelegenheit mit Archivführungen und kleinen, doch in Presse. Funk und Fernsehen stets viel beachteten Archivalienausstellungen.[6] Im Mai 2006 stand diese kleine Archivalienschau unter dem Thema „Päpste in München". In einem ersten schmalen Aspekt sollte so auf den bevorstehenden Papstbesuch im September 2006 hingewiesen werden.

Bei dem uns nunmehr gestellten Thema einer bedeutenden Persönlichkeit der Zeitgeschichte begibt sich das Archiv des Erzbistums auf eine Gratwanderung, da wir grundsätzlich keine Archivalien aus der erzbischöflichen Zeit von Joseph Ratzinger und seinem Wirken in der Erzdiözese zeigen geschweige denn in diesem Buch präsentieren können. Gemäß dem von unserem Erzbischof Friedrich Kardinal Wetter am 13. Februar 1989 für die Erzdiözese München und Freising in Kraft gesetzten Archivrecht[7] ist es nicht möglich, Archivalien und Schriftgut aus der Zeit von Erzbischof Joseph Ratzinger (1977-1982) zu zeigen. das im Geschäftsgang des Erzbischöflichen Ordinariats erwachsen ist: Archivgut, dessen Schlussdatum weniger als 40 Jahre zurückliegt, ist von einer Nutzung durch Dritte aus-

1999; Bd. 4: Von Arbeo zum Internet. Geschichtsschreibung und Geschichtsforschung im Bistum Freising und im Erzbistum München und Freising, München 1999; Bd. 5: Zwischen Morimond und Freising. Die Zisterzienser bauen Europa, München 2000; Bd 6: Menschenleben. Pfarrmatrikeln im Archiv des Erzbistums München und Freising, München 2001. Birgitta Klemenz / Peter Pfister / Maria Rita Sagstetter (Hg.), Lebendige Steine. St. Bonifaz in München. 150 Jahre Benediktinerabtei und Pfarrei. Eine Ausstellung der Benediktinerabtei St. Bonifaz München und Andechs und des Bayerischen Hauptstaatsarchivs zum 150. Jubiläum der Gründung durch König Ludwig I. (= Ausstellungskataloge der Staatlichen Archive Bayerns 42), München 2000; Susanne Kornacker / Volker Laube / Peter Pfister (Hg.), Kardinal Michael von Faulhaber. 1869 bis 1952. Eine Ausstellung des Archivs des Erzbistums München und Freising, des Bayerischen Hauptstaatsarchivs und des Stadtarchivs München zum 50. Todestag (= Ausstellungskataloge der Staatlichen Archive Bayerns 44), München 2002; Sigmund Benker / Roland Götz / Peter Pfister, Verlust und Gewinn. Die Säkularisation im Bistum Freising aus Sicht von Dombibliothek und Diözesanarchiv. Eine Ausstellung der Dombibliothek Freising und des Archivs des Erzbistums München und Freising, Freising 2003.
[6] Themen der Ausstellungen waren: „Menschenleben. Pfarrmatrikeln im Archiv des Erzbistums München und Freising" (2001) und „Die Kirche und das Bier" (2004). Im Rahmen dieser letzteren Ausstellung, deren Thema durch den Termin während des Münchener Oktoberfestes angeregt wurde, präsentierten in den Räumen des Archivs des Erzbistums auch das Archiv der Benediktinerabtei St. Bonifaz in München und Andechs sowie das Archiv des Caritasverbandes der Erzdiözese München und Freising e.V. thematisch passende Dokumente aus ihren Beständen.
[7] Anordnung über die Sicherung und Nutzung der Archive der Katholischen Kirche, in: Amtsblatt für das Erzbistum München und Freising Nr. 6 vom 13. Februar 1989, 126-130.

geschlossen, sofern es nicht bereits veröffentlicht ist. Auf der anderen Seite ist bei Archivgut, das im Geschäftsgang des erzbischöflichen Sekretariats entstanden ist, eine Sperrfrist von 60 Jahren fest geschrieben. Obendrein ist personenbezogenes Archivgut 30 Jahre nach Tod bzw. 120 Jahre nach Geburt der betroffenen Person von der Nutzung ausgenommen. So stößt das Archiv des Erzbistums in seiner Funktion als „Haus der Zeitgeschichte" an Grenzen.[8]

Erzbischof Friedrich Kardinal Wetter hatte schon wenige Wochen nach der Wahl von Joseph Kardinal Ratzinger zum Papst, im Juni 2005, das Archiv des Erzbistums angewiesen, alle kirchlichen archivischen Unterlagen, die über dessen Person und Lebensgeschichte Auskunft geben können, zu erfassen, zu sichten und für künftige Forschungen zu sichern. So wurde das Archiv des Erzbischöflichen Studienseminars St. Michael in Traunstein, dessen Zögling Joseph Ratzinger 1939-1943 war, gesichert, geordnet, verzeichnet und zur dauernden Aufbewahrung in das Archiv des Erzbistums nach München überführt. Dieses Archivgut ist, soweit es nicht personenbezogen ist, für die wissenschaftliche Forschung bereits zugänglich, worüber das soeben in derselben Schriftenreihe veröffentlichte Werk „Das Erzbischöfliche Studienseminar St. Michael in Traunstein und sein Archiv" von Volker Laube Auskunft gibt.[9] Dieses Werk beinhaltet das Findbuch und zugleich eine Auswertung unter dem Titel „Das Studienseminar von der Gründung bis zum Ende des Zweiten Weltkriegs". Darin wird das Umfeld des Erzbischöflichen Studienseminars St. Michael in Traunstein untersucht. Freilich unterliegen die personenbezogenen Unterlagen auch in diesem Archiv gemäß Archivrecht noch teilweise einer Benutzungssperre.

Jedoch hat der Heilige Vater dem Vorschlag von Erzbischof Friedrich Kardinal Wetter zugestimmt, eine Zusammenfassung des Inhalts seiner Traunsteiner Schülerakte zu veröffentlichen. Die Ausarbeitung von Volker Laube, die in diesem Band abgedruckt ist, wurde dem Heiligen Vater vorgelegt. So fällt etwas Licht auf die Persönlichkeit des 16- bzw. 17-jährigen Joseph Ratzinger während des Zweiten Weltkriegs.

Neben der kirchlichen Überlieferung sind für die Lebensgeschichte von Joseph Ratzinger auch staatliche und kommunale Archive in die Überlegungen miteinzubeziehen. Da der Vater als Gendarm im Staatsdienst war, und da er selbst im Zusammenhang mit seiner Berufung auf Professorenstellen im Freistaat Bayern mit staatlichen Verwaltungsbehörden in Kontakt gekommen ist, sind diverse Aktengruppen auch im Bayerischen Hauptstaatsarchiv und im Staatsarchiv München

---

[8] Peter Pfister / Guido Treffler, Kirchenarchiv und Zeitgeschichte. Das Kardinal Döpfner-Konzilsarchiv, in: Werner Chrobak / Karl Hausberger (Hg.), Kulturarbeit und Kirche. Festschrift Msgr. Dr. Paul Mai zum 70. Geburtstag (= Beiträge zur Geschichte des Bistums Regensburg 39), Regensburg 2005, 795-806, hier 795-797.

[9] Volker Laube, Das Erzbischöfliche Studienseminar St. Michael in Traunstein und sein Archiv (= Schriften des Archivs des Erzbistums München und Freising 11), Regensburg 2006.

einschlägig. Ergänzend ist auch an Meldebögen etc. in Kommunalarchiven wie Traunstein zu denken. Neben den Personalakten (Teilpersonalakten) in den einzelnen Archiven ist davon auszugehen, dass auch Dokumente zur Geschichte der jeweiligen Institution vorhanden sind. Während auch dort personenbezogenes Schriftgut noch gesperrt ist, kann zumeist auf die Akten zu den einzelnen Institutionen (so genannte Sachakten) schon zurückgegriffen werden.

Dies gilt auch für die Archivalien aus dem ehemaligen Klerikalseminar in Freising, die im Archivdepot des Archivs des Erzbistums aufbewahrt werden, und aus dem ehemaligen Knabenseminar, die sich auf dem Freisinger Domberg befinden. Auch hier sind die Personalakten noch nicht zugänglich, wohl aber die Chroniken etc. beider Seminare aus der Zeit nach dem Zweiten Weltkrieg.

Neben dieses Verwaltungsschriftgut treten verschiedene weitere Quellengruppen, die im Archiv des Erzbistums aufbewahrt werden. Da sind zunächst die Bestände „themen & trends", „Dokumentation Pressestelle" und „Dokumentation Topographie" zu nennen. Seit Herbst 1967 bereitet ein Redakteur der Erzbischöflichen Pressestelle die für die katholische Orts- und Weltkirche einschlägigen Zeitungsberichte auf und stellt sie einem ausgewählten Empfängerkreis innerhalb des Erzbischöflichen Ordinariats München als täglich erscheinende Presseschau „themen & trends" zur Verfügung. Die dafür gesammelten Zeitungsausschnitte und weiteres Material, ursprünglich geordnet nach bestimmten Schlagworten in Hängemappen, befindet sich, zwischenzeitlich in archivgerechte Jurismappen umgelegt, als „Dokumentation Pressestelle" im Archiv des Erzbistums. Der vom Archiv selbst zusammengetragene Bestand „Dokumentation Topographie" beinhaltet Kleinschrifttum, „graue Literatur", Fotos und Postkarten zu den einzelnen Pfarreien der Erzdiözese.

Ein weiterer in diesem Zusammenhang einschlägiger Bestand ist die seit den 1960er Jahren ebenfalls in der Erzbischöflichen Pressestelle zuerst wöchentlich, dann monatlich zusammengestellte „Ordinariats-Korrespondenz", in der die einzelnen Meldungen der Erzbischöflichen Pressestelle gesammelt einem größeren Empfängerkreis (heute etwa 3000 Empfänger) zur Kenntnis gebracht werden. Darin enthalten sind auch offene Briefe und offizielle Stellungnahmen der Erzbischöfe und anderer Mitglieder der Diözesanleitung. Da seit 1. Mai 1969 in der „Allgemeinen Geschäftsordnung" des Ordinariats festgeschrieben ist, dass öffentliche Äußerungen der einzelnen Referenten jeweils nur über die Erzbischöfliche Pressestelle an Presseorgane weitergegeben werden können, ist daraus ein guter Überblick über das Leben der Erzdiözese zu gewinnen. Dies gilt auch und gerade für die Zeit von 1977 bis 1982. Erzbischof Joseph Ratzinger bediente sich dieses Presseinstruments in intensiver Weise, sprach die Texte häufig persönlich mit dem leitenden Redakteur ab oder ergänzte die Presseveröffentlichungen mit „Offenen Briefen" an diverse Adressaten. Der vorliegende Band bietet eine Auflistung all derjenigen Ordinariats-Korrespondenzen aus den Jahren 1977-1982, die sich auf die Person von Erzbischof Joseph Kardinal Ratzinger beziehen. Eine Auswahl von Meldungen wird in vollem Wortlaut abgedruckt.

In verschiedenen Beständen im Archiv des Erzbistums bzw. im Erzbischöflichen Archiv werden Fotos und Filme mit Bezug auf Erzbischöfe aufbewahrt. Hierzu zählt zunächst eine Fotodokumentation über die Erzbischofszeit von Joseph Ratzinger in sieben Leitzordnern und diversen Fotoschachteln. Die Erzbischöfe von München und Freising, Joseph Kardinal Wendel (1952-1960), Julius Kardinal Döpfner (1961-1976), Joseph Kardinal Ratzinger (1977-1982) und Friedrich Kardinal Wetter (seit 1982) erhielten in großem Stil im Zusammenhang mit ihren Pontifikalhandlungen und der Teilnahme an anderen öffentlichen Veranstaltungen Fotomaterial als Geschenk zugesandt. Zumeist, wie gerade bei der Fotodokumentation von Kardinal Ratzinger, sind diesbezügliche Dank- und Zueignungsschreiben vorhanden. Aus diesem umfangreichen Fotobestand hat Sr. Eufreda Heidner, Sekretärin von vier Kardinälen (Wendel, Döpfner, Ratzinger und noch zu Beginn der Amtszeit Wetter), eigenständig eine Auswahl getroffen, die ihr aussagekräftig erscheinenden Fotos auf weiße Blätter geklebt und jeweils mit einer Bildunterschrift versehen, die Termin und Inhalt des jeweiligen Bildes angibt. Bei genauer Durchsicht dieser Bilddokumentation wurde festgestellt, dass bei einem Teil der Bilder auf der Rückseite der Name des Fotografen oder der Bildagentur zu erkennen war. Aufgrund des heute geltenden Urheberrechts haben wir uns nach Rücksprache mit dem Justitiar der Erzdiözese nach bestem Wissen und im Rahmen der uns zur Verfügung stehenden Möglichkeiten um Klärung der Bildrechte bemüht. Eine Großzahl der Fotografen konnte ermittelt werden. In zeitraubenden Einzelgesprächen konnten die Rechte abgeklärt werden, wobei viele Fotografen auf die Erhebung von Honoraren verzichtet haben, andere erst aufgrund unserer Anrufe wieder auf eigene Fotos aufmerksam wurden und sich entsprechend honorieren ließen. Unabhängig von der rechtlichen Situation lässt diese Fotodokumentation das Wirken Joseph Ratzingers als Erzbischof von München und Freising in der gesamten Bandbreite aufscheinen. Eine besondere Stellung nehmen zwei Filmdokumente ein: Unikate sind wohl die Aufnahmen von der Priesterweihe 1951. In einem Lehrfilm über die Priesterweihe, gedreht im Mai 1956 in Freising wirkten die Eltern von Joseph Ratzinger als „Statisten" mit.

Ein weiterer Weg der Dokumentation ist schließlich die Befragung von Zeitzeugen („Oral History"). Zeitzeugen sind eine wichtige „Quelle" für anderweitig nicht belegte Ereignisse und Einschätzungen. Doch ist zu beachten: Zeitzeugen sehen Begegnungen und Ereignisse aus der Retrospektive. Die subjektive Wahrnehmung und zeitliche Distanz zum jeweiligen historischen Ereignis lässt vieles beim Interviewpartner im Wissen gerade um die Bedeutung für die Gegenwart subjektiv in anderem Licht erscheinen, als es in der Tat objektiv sich darstellte.[10]

[10] Vgl. hierzu auch Reinhard Riepertinger, „Oral History" oder mündlich erinnerte Geschichte, Merkmale und Probleme von Zeitzeugenbefragungen in: Bayerischer Landesverein für Heimatpflege (Hg.), Heute Quellen schaffen für morgen. Befragen - Dokumentieren - Sammeln - Fotografieren. Sammelband zur 12. Tagung altbayerischer Heimatforscher (= Forum Heimatfor-

Für diesen Band wurden mit vier Priestern Gespräche geführt, die Joseph Ratzinger in den 1940er und 1950er Jahren kennen gelernt haben. Die Interview-Texte wurden abgeschrieben und dem jeweiligen Interview-Partner zur Korrektur zugeleitet. Damit verbunden war zugleich die rechtliche Frage, inwieweit das Interview zur Verfügung gestellt oder aber dem Archiv zur Veröffentlichung nach entsprechender Fristeinhaltung (also nach 40 Jahren nach dem Tod) übergeben wird. Hier war der Gesprächspartner natürlich frei in seiner Entscheidung. Auf jeden Fall musste das Interview in schriftlicher Form autorisiert werden. Dankenswerterweise haben alle vier Gesprächspartner einer Veröffentlichung der Interviews in diesem Band zugestimmt.

Die eben genannten archivischen und dokumentarischen Quellen bildeten auch die Grundlage für den vorliegenden Band. Dabei war es erklärte Vorgabe, das Leben von Joseph Ratzinger im Erzbistum München und Freising nachzuzeichnen, was natürlich andere, nicht weniger wichtige Lebensstationen etwas in den Hintergrund treten lässt.

Es war uns wichtig, auf Quellen hinzuweisen, die keiner Beschränkung durch das Kirchenarchivgesetz unterliegen und schon jetzt Möglichkeiten einer intensiven Beschäftigung mit dem Leben von Joseph Ratzinger eröffnen. Eine Grundtendenz der „Schriften des Archivs des Erzbistums München und Freising" ist auch in diesem Werk beibehalten worden, nämlich Quellentexte zu veröffentlichen, die bisher nicht bekannt oder nicht zugänglich waren. Im Besonderen darf auf die Zeitzeugen-Interviews und vor allem auf die zum Großteil erstmals veröffentlichten Bilddokumente wie auch den Bestand der Ordinariatskorrespondenz und die Zusammenstellung der Pontifikalhandlungen aus der Zeit von Erzbischof Joseph Ratzinger hingewiesen werden.

Das hier vorliegende Werk versteht sich auch als Begleitbuch zur eingangs genannten Ausstellung. Die in der Ausstellung nur in sehr begrenztem Umfang zeigbaren Bild- und anderen Exponate werden hier komplettiert und ergänzt.

Die Ausstellung, die unter dem Titel „Lebendige Kirche - lebendige Heimat. Joseph Ratzinger und das Erzbistum München und Freising"[11] in der Zeit vom 24. Juli bis 17. September 2006 in der ehemaligen Münchener Karmeliterkirche gezeigt wird, ist in sieben Sequenzen gegliedert: 1. Jugend (Lebensstationen in Tittmoning, Aschau und Traunstein; Firmung durch Erzbischof Michael Kardinal von Faulhaber); 2. Prägung (Studienseminar Traunstein, Zeit als Flakhelfer und

---

schung. Ziele - Wege - Ergebnisse 10), München 2005, 20-36; Hermann Rumschöttel, Archive als Häuser der Zeitgeschichte, in: Scrinium 57 (2003) 5-23, zu „Oral History" 19f.

[11] Der Titel bezieht sich auf eine Passage aus der Abschiedsansprache von Joseph Kardinal Ratzinger im Herkulessaal der Münchener Residenz am 28. Februar 1982: „... ein herzliches Vergelt's Gott für diese fünf Jahre, für die lebendige Kirche, für das lebendige Bayern, für die lebendige Heimat, die mir hier begegnet ist." Wir leben vom Ja. Dokumentation der Verabschiedung von Joseph Kardinal Ratzinger, München 1982, 106.

Soldat); 3. Priester und Dozent (Studium, Priesterweihe, Kaplanszeit, Dozenten-tätigkeit in Freising); 4. Professor (Universitäre Stationen, Tätigkeit als Peritus beim Zweiten Vatikanischen Konzil); 5. Erzbischof (Amtszeit als Erzbischof von München und Freising 1977-1982); 6. Kurienkardinal (Kontakte zum Erzbistum nach der Berufung zum Präfekten der Römischen Glaubenskongregation); 7. Die Münchener Jahre im Film. Während in den ersten sechs Sequenzen fotografische Aufnahmen und ausgewählte (von den rechtlichen Möglichkeiten her zur Verfü-gung stehende) Archivalien als Exponate herangezogen wurden, besteht die sieb-te Sequenz aus Filmberichten des Bayerischen Fernsehens. Die Sequenzen bzw. Teilsequenzen wurden von Mitarbeitern des Archivs des Erzbistums bzw. des Erz-bischöflichen Archivs in gewohnter Weise gestaltet[12]. Dies bedeutet etwa, dass die Texttafeln den so genannten semantischen Zeilenfall berücksichtigen, bei dem jede Zeile eine Sinneinheit bildet, dass Fotos und Bildunterschriften in ausreichen-der Größe wiedergegeben werden usw.

Die graphische Gestaltung der Ausstellung wurde der Münchener Firma Treitner Kreation & Kommunikation übertragen. Die Umsetzung erfolgte in enger Ab-sprache mit und nach Vorgaben der Ausstellungsleitung. Dabei wechseln sich innerhalb einer einheitlichen Ausstellungsarchitektur Text- und Bildtafeln (be-druckte Stoffbahnen) mit Vitrinen mit Original-Objekten ab. Ergänzend werden über so genannte Touchscreens weitere Bilder und Filmausschnitte präsentiert.

Als angenehme Pflicht kommt es mir abschließend zu, einer großen Anzahl von Personen und Institutionen zu danken, die bei der Verwirklichung von Buch und Ausstellung mitgeholfen bzw. ihren Beitrag geleistet haben. An erster Stelle möchte ich unserem Herrn Erzbischof Friedrich Kardinal Wetter und den Mit-gliedern des Ordinariatsrates für ihr Vertrauen danken, das sie dem Archiv des Erzbistums München und Freising und seinen Mitarbeitern und Mitarbeiterinnen wiederum entgegengebracht haben. Trotz der Kürze der Zeit, die für Konzeption und Umsetzung zur Verfügung standen (der Auftrag wurde Mitte Februar 2006 erteilt!) und trotz der parallelen Archivausstellung zum Thema „900 Jahre Heili-ger Benno" in der Münchener Frauenkirche war es für uns ein Ansporn, diesem Vertrauen gerecht zu werden. Mit einem bewährten Team, das in nunmehr schon vielfach erprobter bester Zusammenarbeit und großer Kollegialität zielführend tätig wurde, ist es stets eine Freude, sich solchen besonderen Herausforderungen zu stellen. An erster Stelle danke ich Guido Treffler M.A., wissenschaftlicher Mit-arbeiter im Erzbischöflichen Archiv München, der in Fortführung seiner grundle-

---

[12] Vgl. hierzu grundsätzlich für Archivausstellungen die Analysen und Hintergrundberichte in Peter Pfister (Hg.), Michael Kardinal von Faulhaber (1869-1952). Beiträge zum 50. Todestag und zur Öffnung des Kardinal-Faulhaber-Archivs (= Schriften des Archivs des Erzbistums Mün-chen und Freising 5), Regensburg 2002: Peter Pfister, Der Weg zur Ausstellung - Vorausset-zungen, 111-116, Susanne Kornacker, Von der Idee durch die Vitrine zu den Menschen, 117-126 und Thomas Forstner, Deutliche Worte - Bemerkungen zu den Exponatbeschriftungen, 137-143.

genden archivischen Veröffentlichungen zu Julius Kardinal Döpfner und dessen Konzilstätigkeit[13] den Archivbestand Joseph Kardinal Ratzinger (1977-1982) im Erzbischöflichen Archiv München einer ersten Sichtung unterzogen hat und der federführend bei der Redaktion dieses Buches und auch bei der Ausstellungsorganisation war. Die Sequenzbearbeiter der Ausstellung (Volker Laube M.A., Lic. theol. Susanne Kornacker, Thomas Forstner M.A. und Guido Treffler M.A.) haben in gewohnt zuverlässiger Weise in Absprache mit der Ausstellungsleitung die Texte verfasst und die Auswahl der Exponate vorgenommen. Archivrat i.K. Dr. Roland Götz brachte seine reiche Ausstellungs- und Redaktionserfahrung ein, insbesondere bei der Recherche und Formulierung der Bildunterschriften. Unterstützung bei der Recherche und in so manchen anderen Dingen erhielt das Ausstellungssekretariat durch die studentischen Mitarbeiter Michael Feuersenger, Julia Rinser, Thomas Schütte und Johannes Weikmann. Manuel Flecker M.A. wirkte an der Führung der Zeitzeugen-Interviews mit. Die umfangreichen Schreibarbeiten nahmen die Mitarbeiter der Registratur des Generalvikariats Wolfgang Werz, Maria Rueß und Elke Wieser vor.

Noch einmal und ganz besonders bedanke ich mich auch bei den Textautoren des vorliegenden Bandes (Dr. Roland Götz, Volker Laube M.A., Lic. theol. Susanne Kornacker, Thomas Forstner M.A., Guido Treffler M.A. und Dr. Christiane Schwarz) sowie bei Lic. theol. Susanne Kaup M.A., die sich der Mühe unterzogen hat, in kürzester Zeit ein vorzügliches Orts- und Personenregister zu erstellen. Ebenso darf ich meinen Mitarbeitern Archivamtmann Dipl.-Archivar (FH) Manfred Herz und Archivinspektor Dipl.-Archivar (FH) Christian Schlafner danken. Schließlich gilt mein Dank allen Personen, Archiven und Einrichtungen, die unsere Arbeit unterstützt haben, insbesondere Herr Generaldirektor Prof. Dr. Hermann Rumschöttel (Generaldirektion der staatlichen Archive Bayerns), Frau Archivdirektorin Dr. Margit Ksoll-Marcon (Bayerisches Hauptstaatsarchiv), Herrn Ltd. Archivdirektor Dr. Rainer Braun (Staatsarchiv München), Herrn Archivoberinspektor Robert Bierschneider (Staatsarchiv München), Herrn Dr. Clemens Brodkorb (Archiv der Provinz der Deutschen Jesuiten), Herrn Dipl.-Archivar (FH) Franz Haselbeck und Frau Monika Koesterke (Stadtarchiv Traunstein), Herrn Dr. Johannes Hallinger und Herrn Dr. Markus Hundemer (Bayerisches Landesamt für Denkmalpflege), Herrn Dr. Wolfgang Smolka (Archiv der Ludwig-Maximilians-Universität München), Frau Dr. Barbara Maigler-Loeser (Archiv des Caritasverbandes der Erzdiözese München und Freising), Frau Benita Berning M.A.

---

[13] Guido Treffler / Peter Pfister (Bearb.), Erzbischöfliches Archiv München, Julius Kardinal Döpfner. Archivinventar der Dokumente zum Zweiten Vatikanischen Konzil (= Schriften des Archivs des Erzbistums München und Freising 6), Regensburg 2004; Guido Treffler (Bearb.), Julius Kardinal Döpfner. Konzilstagebücher, Briefe und Notizen zum Zweiten Vatikanischen Konzil (= Schriften des Archivs des Erzbistums München und Freising 9), Regensburg 2006.

(Archiv der Ackermann-Gemeinde e.V., München), Herrn Akademiedirektor Dr. Florian Schuller und Herrn Dr. Armin Riedel (Katholische Akademie in Bayern), Herrn Michael Schleicher (Israelitische Kultusgemeinde München), Herrn Dr. Johannes Schießl (Münchener Kirchenzeitung), Herrn Christoph Renzikowski (KNA Bayern), Frau Erika Rebmann (KNA-Bild), Frau Dr. Ulrike Götz (Stadt Freising), Frau Margret Hülbig (Stadt Moosburg) und Herrn Matthias Bönisch (Gemeinde Aschau a. Inn). Wertvolle Unterstützung erfuhren wir durch Herrn Domdekan i.R. Dr. Gerhard Gruber, Herrn Generalvikar Dr. Robert Simon, Herrn Domdekan Dr. Lorenz Wolf und Herrn Finanzdirektor Dr. Sebastian Anneser, Herrn Prof. Dr. Norbert Trippen (Köln), Herrn Johann Nußbaum (Rimsting), Frau Irene Walter (München) und Herrn Anton Messerer (Winzer). Auch den diversen Fotographen gebührt mein Dank. Nicht zuletzt freue ich mich über die gute Zusammenarbeit bei der Umsetzung der Ausstellung, die wir mit der Firma Treitner erleben durften. Auch der Firma Heichlinger Druck danke ich für die wiederum gute Zusammenarbeit bei der Herstellung dieses Buches.

München, am Fest Peter und Paul, dem 29. Juni 2006

Diakon Dr. Peter Pfister
Archivdirektor

Joseph Ratzinger und das Erzbistum München und Freising – Eine Skizze

Roland Götz

Zu seiner Herkunft schrieb Joseph Kardinal Ratzinger in seinen 1998 auf Deutsch erschienenen Erinnerungen: „Es ist gar nicht leicht zu sagen, wo ich eigentlich zu Hause bin. Mein Vater wurde als Gendarm wiederholt versetzt, so daß wir viel auf Wanderschaft waren, bis wir 1937, als er mit sechzig Jahren in Pension ging, das Haus in Hufschlag bei Traunstein beziehen konnten, das dann unsere eigentliche Heimat geworden ist. Aber auch alles Wandern vorher blieb in einem begrenzten Radius: im Inn-Salzach-Dreieck, dessen Landschaft und Geschichte meine Jugend geprägt hat."[1]

Geboren am Karsamstag, dem 16. April 1927, in Marktl am Inn (Diözese Passau) und am selben Tag noch mit dem neu geweihten Osterwasser getauft, zog Joseph Ratzinger mit seiner Familie 1929 nach Tittmoning, das – wie er selbst sagt – „das Traumland" seiner Kindheit geblieben ist.[2] Auch die weiteren Stationen der Familie lagen im Erzbistum München und Freising: 1932 Aschau am Inn und schließlich 1937 das eigene Haus am Stadtrand von Traunstein, „unsere wahre Heimat".[3] Das Humanistische Gymnasium in Traunstein besuchte Joseph Ratzinger zunächst zwei Jahre lang von hier aus, bis er zu Ostern 1939 – wie zuvor schon sein Bruder Georg (* 1924)[4] – in das Erzbischöfliche Studienseminar in Traunstein eintrat.[5] Als Mensch, der nach eigener Einschätzung „nicht fürs Internat geschaffen" ist, hatte der 13-Jährige einige Eingewöhnungsschwierigkeiten zu überwinden, bis er lernte, sich „ins Ganze einzufügen", aus seiner bisherigen „Eigenbrötelei herauszutreten und im Geben und Empfangen eine Gemeinschaft mit den anderen zu bilden: Für diese Erfahrung bin ich dankbar, sie war wichtig für mein Leben".[6] Doch schon bald nach Ausbruch des Zweiten Weltkriegs wurde das Seminar zum

[1] Joseph Kardinal Ratzinger, Aus meinem Leben. Erinnerungen (1927-1977), München 1998, 7. Die italienische Erstausgabe des Werkes erschien 1997. Im Folgenden wird auf die Erinnerungen nur noch bei Zitaten verwiesen. Zu den dienstlichen Stationen des Vaters siehe Georg Remmelberger, Der Vater von Papst Benedikt XVI. Die Lebensstationen des Gendarmen Joseph Ratzinger, in: Altbayerische Heimatpost 58 (2006) Nr. 10, 9.

[2] Ratzinger, Aus meinem Leben (wie Anm. 1) 11.

[3] Ratzinger, Aus meinem Leben (wie Anm. 1) 25. Zu Ratzinger und Traunstein siehe Stadt Traunstein (Hg.), Papst Benedikt XVI. in Traunstein und Surberg, Traunstein 2005.

[4] Zur Biographie siehe Paul Winterer (Hg.), Der Domkapellmeister. Georg Ratzinger – ein Leben für die Regensburger Domspatzen, Regensburg 1994, hier 11-23: Joseph Kardinal Ratzinger, Mein Bruder, der Domkapellmeister.

[5] Siehe hierzu den Beitrag von Volker Laube in diesem Band.

[6] Ratzinger, Aus meinem Leben (wie Anm. 1) 28, 30.

Lazarett erklärt. Es folgten Ausquartierung, Einsatz als Luftwaffenhelfer, Reichs-arbeitsdienst, kurze Soldatenzeit und Gefangenschaft, bis Joseph Ratzinger wieder sein lange gehegtes Ziel verfolgen konnte: Priester zu werden.

Zu Weihnachten 1945 trat er in das Priesterseminar der Erzdiözese auf dem Frei-singer Domberg ein und begann das Studium an der dortigen Philosophisch-Theologischen Hochschule.[7] Ab dem Wintersemester 1947/48 setzte er seine Stu-dien an der Katholisch-Theologischen Fakultät der Ludwig-Maximilians-Univer-sität München fort, die zunächst ebenso wie das Herzogliche Georgianum[8], in dem er wohnte, noch provisorisch in Schloss Fürstenried[9] untergebracht war.

Am 29. Juni 1951 empfing er zusammen mit seinem Bruder Georg im Freisinger Dom die Priesterweihe durch Erzbischof Michael Kardinal von Faulhaber. Ihre gemeinsame Primiz feierten die Brüder im heimatlichen Traunstein. Auf die vier-wöchige Aushilfstätigkeit in München-Moosach, in der „nahezu alles passiert[e], was einem Seelsorger an kirchenrechtlichen Problemen passieren kann", folgte „das kostbare Jahr seelsorglicher Tätigkeit" als Kaplan an der Seite des Geistlichen Rats Max Blumschein in der Pfarrei München-Hl. Blut/Bogenhausen.[10] Während der Vorbereitung seiner theologischen Promotion[11] war Joseph Ratzinger 1952-1954 bereits Dozent im Erzbischöflichen Klerikalseminar in Freising. Danach ver-trat er 1954-1957 dort den Lehrstuhl für Dogmatik und Fundamentaltheologie an der Philosophisch-Theologischen Hochschule. In dieser Zeit wohnte er mit sei-nen betagten Eltern im Lerchenfeldhof gleich neben dem Dom. Nach Abschluss der Habilitation an der Universität München lehrte Joseph Ratzinger als außeror-dentlicher Professor weiter in Freising, bis er zum Sommersemester 1959 als Ordi-narius für Fundamentaltheologie an die Universität Bonn wechselte, gerade ein-mal 32 Jahre alt.

Der Kölner Erzbischof Josef Kardinal Frings nahm den jungen Professor – den man auch als „Teenager-Theologen" bezeichnet hat – als seinen theologischen Be-rater mit zum Zweiten Vatikanischen Konzil (1962-1965).[12] Gegen Ende der ers-

[7] Zu Ratzingers Beziehungen zu Freising siehe: Sigmund Benker, Papst Benedikt XVI. und Frei-sing. Die Lebenserinnerungen Joseph Kardinal Ratzingers kommentiert von einem Zeitgenos-sen, in: 39. Sammelblatt des Historischen Vereins Freising (2006) 11-25.

[8] Zur Geschichte dieses 1494 von Herzog Georg dem Reichen von Niederbayern gegründeten Priesterseminars siehe: Georg Schwaiger, Das Herzogliche Georgianum in Ingolstadt, Landshut, München 1494-1994, Regensburg 1994.

[9] Vgl. Lothar Altmann, 80 Jahre Exerzitienhaus Schloss Fürstenried, in: Beiträge zur altbaye-rischen Kirchengeschichte 48 (2005) 83-99, hier 94.

[10] Karl Wagner / Albert Hermann Ruf (Hg.), Kardinal Ratzinger. Der Erzbischof von München und Freising in Wort und Bild. Mit dem Beitrag „Aus meinem Leben", München 1977, 65.

[11] Zur Promotions- und Habilitationsschrift siehe Martin Thurner, Haus Gottes und Heilsge-schichte. Die theologischen Anfänge von Papst Benedikt XVI., in: Münchener Theologische Zeitschrift 56 (2005) 505-509.

[12] Vgl. Joseph Ratzinger, Kardinal Frings und das II. Vatikanische Konzil, in: Dieter Froitzheim (Hg.), Kardinal Frings. Leben und Werk, Köln ²1980, 191-205; Norbert Trippen, Josef Kardi-

ten Konzilsperiode wurde er überdies zum offiziellen Konzilstheologen (Peritus) bestellt. Die Teilnahme an diesem kirchlichen Weltereignis brachte zahlreiche Kontakte, u.a. mit dem Münchener Erzbischof Julius Kardinal Döpfner.[13] Noch während des Konzils folgte Ratzingers Berufung auf den Lehrstuhl für Dogmatik und Dogmengeschichte an der Universität Münster, doch ließ ihn sein „Drang nach Süden" 1966 einen Ruf an die Universität Tübingen annehmen.[14] Nicht nur das Erlebnis der Studentenunruhen, sondern auch „der bajuwarische Aspekt" trug dazu bei, dass er 1969 von Tübingen an die neu gegründete Universität Regensburg wechselte.[15] Überdies war sein Bruder Georg hier seit 1964 Domkapellmeister (und damit Leiter des Regensburger Domchors, der berühmten „Domspatzen"). Mit der Schwester Maria (1921-1991), die den Haushalt führte, waren also alle Geschwister in Regensburg (bzw. dem 1970 erbauten Reihenhaus in der Nachbargemeinde Pentling[16]) vereint. Ebenfalls 1969 wurde Professor Ratzinger in die neu gegründete Internationale Theologenkommission berufen, die die Kongregation für die Glaubenslehre in wichtigeren Fragen berät.

Von den zahlreichen theologischen Werken, die in insgesamt 25 Jahren akademischer Lehrtätigkeit entstanden, ist am bekanntesten die „Einführung in das Christentum" (1968), erwachsen aus Vorlesungen über das Apostolische Glaubensbekenntnis für Hörer aller Fakultäten 1967 in Tübingen, mittlerweile wie auch andere seiner Veröffentlichungen in zahlreiche Sprachen übersetzt.[17]

Regensburg sollte – so war die Lebensplanung – die letzte Station sein.[18] Doch ernannte am 25. März 1977 Papst Paul VI. den „geliebten Sohn aus dem Klerus der Erzdiözese München und Freising" und „bedeutenden Meister der Theologie" zum Erzbischof seines Heimatbistums.[19] Damit war nach über 80 Jahren wieder ein gebürtiger Altbayer und Diözesanpriester zum Oberhirten der südbayerischen Metropole berufen worden. Seinen Wahlspruch „Cooperatores veritatis" (Mitarbeiter der Wahrheit) entnahm Erzbischof Ratzinger dem 3. Johannesbrief (3 Joh 8).

---

nal Frings (1887-1978), Bd. 2: Sein Wirken für die Weltkirche und seine letzten Bischofsjahre (= Veröffentlichungen der Kommission für Zeitgeschichte, Reihe B: Forschungen 104), Paderborn u.a. 2005, 240f. u.ö.

[13] Siehe hierzu den Beitrag von Guido Treffler in diesem Band.

[14] Wagner / Ruf, Kardinal Ratzinger (wie Anm. 10) 66.

[15] Ebd. 67.

[16] Gemeinde Pentling (Hg.), Ausstellung „Einer von uns ist Papst". Begegnungen in Pentling ... Begleitheft, Pentling 2006, 11.

[17] Verzeichnis der Veröffentlichungen: L'Osservatore Romano. Wochenausgabe in deutscher Sprache, Nr. 24 vom 17. Juni 2005, 10-12.

[18] Ratzinger, Aus meinem Leben (wie Anm. 1) 154. Zu Ratzingers Beziehungen zu Regensburg siehe Karl Birkenseer, „Hier bin ich wirklich daheim". Papst Benedikt XVI. und das Bistum Regensburg, Regensburg 2005.

[19] Abbildung und Text der Ernennungsurkunde: Wagner / Ruf, Kardinal Ratzinger (wie Anm. 10) 7-8. Siehe auch in diesem Band S. 278f., 513.

Für das bischöfliche Wappen wählte er drei beziehungsreiche Motive:[20] „Als erstes die Muschel, die zunächst einfach Zeichen unserer Pilgerschaft, unseres Unterwegsseins ist: ,Wir haben hier keine bleibende Stadt.' Aber mich erinnerte sie auch an die Legende, Augustinus, der über das Geheimnis der Trinität grübelte, habe am Strand ein Kind mit einer Muschel spielen sehen, mit der es das Wasser des Meeres in eine kleine Grube zu schöpfen versuchte. Da sei ihm gesagt worden: So wenig kann dein Verstand das Geheimnis Gottes umgreifen. So ist die Muschel Hinweis für mich auf meinen großen Meister Augustinus, Hinweis auf meine theologische Arbeit und Hinweis auf die Größe des Geheimnisses, das weiter reicht als all unsere Wissenschaft." Der gekrönte Mohr ist seit dem Ende des 13. Jahrhunderts traditionelles Wappenbild der Freisinger Fürstbischöfe und der Erzbischöfe von München und Freising.[21] Seine erste farbige Darstellung erscheint 1316 im Prädialbuch Bischof Konrads III. „Man weiß nicht recht, was er bedeutet. Für mich ist er Ausdruck der Universalität der Kirche, die keinen Unterschied der Rassen und der Klassen kennt, weil wir alle ,einer sind' in Christus (Gal 3,28)." Wie im Freisinger Stadtwappen erinnert der bepackte Bär an eine Szene aus der Legende des hl. Korbinian:[22] Als auf einer Reise nach Rom ein Bär sein Lasttier riss, gebot ihm der Heilige, stattdessen sein Gepäck zu tragen. Er tat es gehorsam, bis er von Korbinian in Rom entlassen wurde. „Mich erinnerte der mit der Last des Heiligen beladene Bär an eine Psalmenmeditation des heiligen Augustinus." Augustinus sah im Zugtier „ein Bild seiner selbst unter der Last seines bischöflichen Dienstes: Ein Zugtier bin ich vor dir, für dich, und gerade so bin ich bei dir. Er hatte das Leben eines Gelehrten gewählt und war von Gott zum ,Zugtier' bestimmt worden – zum braven Ochsen, der den Karren Gottes in dieser Welt zieht."

Bischofsweihe und Amtseinführung fanden am 28. Mai 1977 im Münchener Dom Zu Unserer Lieben Frau statt. In seiner ersten Predigt sagte der neue Erzbischof: „Unser München, unser Bayernland ist deswegen so schön, weil der christliche Glaube seine besten Kräfte geweckt hat; er hat ihm nichts von seiner Kraft genommen, aber er hat sie großzügig und frei gemacht. Ein Bayern, in dem nicht mehr geglaubt würde, hätte seine Seele verloren und keine Denkmalspflege könnte darüber hinwegtäuschen. Dies ist eine düstere Vision, aber leider eine Vision,

---

[20] Ratzinger, Aus meinem Leben (wie Anm. 1) 178-181. Vgl. Wagner / Ruf, Kardinal Ratzinger (wie Anm. 10) 53; Claus D. Bleisteiner, Kirchliche Heraldik in Bayern. Die Wappen der Erzbischöfe und Bischöfe seit 1817, Neustadt a.d. Aisch 1986, 52-54.

[21] Vgl. Der Mohr kann gehen. Der Mohr im Wappen des Bischofs von Freising und die Säkularisation 1803 (= Diözesanmuseum für christliche Kunst des Erzbistums München und Freising. Kataloge und Schriften 30), Freising-Lindenberg i. Allgäu 2002.

[22] Bischof Arbeo von Freising, Das Leben des heiligen Korbinian, herausgegeben und übersetzt von Franz Brunhölzl, in: Hubert Glaser / Franz Brunhölzl / Sigmund Benker, Vita Corbiniani. Bischof Arbeo von Freising und die Lebensgeschichte des hl. Korbinian (= 30. Sammelblatt des Historischen Vereins Freising), München-Zürich 1983, 77-159, hier 111, 113.

die nicht mehr einfach unwirklich ist. Und ich kann an diesem Tag der Frage nicht ausweichen, ob das Gesicht unseres Landes auch dann noch vom Glauben geprägt sein wird, wenn man einmal mich zu meinem letzten Weg geleitet.“[23]

Die offizielle Begrüßung in Freising folgte am 24. Juni 1977 (dem Vortag der traditionellen Priesterweihe im Dom) auf dem dortigen Marienplatz. Dabei würdigte der Erzbischof „den ungebrochenen Rang der alten Bischofsstadt“, die sich mit der Begrüßungsfeier erneut als „Herz inmitten des Erzbistums“ überzeugend bestätigt habe, und stellte fest: „Freising ist nach wie vor Bischofsstadt, der Dom neben der Liebfrauenkirche in München die Kathedrale der Erzdiözese“. Er sicherte zu, alles in seinen Kräften Stehende zu tun, um die geschichtliche Bedeutung Freisings als „Heimstätte des Glaubens und der Kultur“ zu erhalten und zu bewahren.[24] Konsequenz dessen war sein Antrag, den Freisinger Dom mit päpstlicher Zustimmung zur Konkathedrale der Erzdiözese erheben zu dürfen. Vollzogen wurde dies schließlich 1983 von seinem Nachfolger Erzbischof Friedrich Wetter.[25]

Bei seinem Amtsantritt hatte Erzbischof Ratzinger in einem Gespräch geäußert: „Angesichts der großen Aufgabe, die das Erzbistum München und Freising mit mehr als zwei Millionen Katholiken in der heutigen Situation mit sich bringt, ist es mein Wunsch, mich mit allen Kräften dieser mir anvertrauten Ortskirche zu widmen und für überregionale Aufgaben nicht mehr an Energie abzweigen zu müssen, als aus der inneren Zugehörigkeit unseres Bistums zur Gesamtkirche und zum Ganzen der Welt von heute folgt.“[26] Doch schon am 27. Juni 1977 wurde er von Papst Paul VI. zum Kardinal erhoben und damit in die Mitverantwortung für die Weltkirche genommen. Als Titelkirche erhielt er die in einem römischen Arbeiterviertel gelegene Pfarrkirche Santa Maria Consolatrice.

Das bischöfliche Wirken innerhalb der Erzdiözese ist an der jährlich im Amtsblatt abgedruckten Reihe der Pontifikalfunktionen und der vom Verein für Diözesangeschichte veröffentlichten Chronik abzulesen:[27] Dazu zählen als regelmäßig wiederkehrende Aufgaben die Weihe von Diakonen und Priestern, die Konsekration von Kirchen und Altären, die Spendung des Firmsakraments, Gottesdienste und (meist viel beachtete) Predigten zu Festtagen und Jubiläen, die große Münchener Fronleichnamsprozession und das Korbiniansfest in Freising. In der Diözesanver-

---

[23] Wagner / Ruf, Kardinal Ratzinger (wie Anm. 10) 40.

[24] Süddeutsche Zeitung, Ausgabe für den Landkreis Freising vom 27. Juni 1977 (vgl. die Wiedergabe in: 39. Sammelblatt des Historischen Vereins Freising (wie Anm. 7) 9). Fast wörtlich so zitiert vom Freisinger Oberbürgermeister Dr. Adolf Schäfer bei der Verabschiedung Kardinal Ratzingers in Freising am 13. Februar 1982; vgl.: Wir leben vom Ja. Dokumentation der Verabschiedung von Joseph Kardinal Ratzinger, München 1982, 29.

[25] Vgl. Ordinariats-Korrespondenz Nr. 7 vom 24. Februar 1983; Franz Xaver Kronberger, Chronik der Erzdiözese München und Freising für die Jahre 1945-1995, München 1997, 94; Benker, Papst Benedikt XVI. (wie Anm. 7) 23f.

[26] Wagner / Ruf, Kardinal Ratzinger (wie Anm. 10) 24, 26.

[27] Siehe in diesem Band S. 204-235. Kronberger, Chronik der Erzdiözese (wie Anm. 25) 70-90.

waltung sind Stellen zu besetzen und Pfarrverbände zu errichten; die Mitverantwortung von Laien in den Räten und die ortskirchliche wie diözesane Vermögensverwaltung werden geregelt. Dazu kommen die vielen Begegnungen mit Menschen aller gesellschaftlichen Gruppen und die Kontakte zu anderen Konfessionen. Als Vorsitzender der Freisinger Bischofskonferenz repräsentiert der Erzbischof von München und Freising die katholische Kirche Bayerns auch gegenüber
der Politik.

An besonderen Ereignissen seien nur vermerkt: Am 20. November 1981 legte der
Erzbischof den Grundstein zum Neubau des diözesanen Priesterseminars an der
Münchener Georgenstraße.[28] Im September 1978 besuchten – während Kardinal
Ratzinger als Legat Papst Johannes Pauls I. beim Marianischen Nationalkongress
in Guayaquil (Ecuador) weilte – im Zuge der deutsch-polnischen Aussöhnung die
polnischen Kardinäle Stephan Wyszynski und Karol Wojtyla München; einen
Monat darauf wurde Kardinal Wojtyla überraschend zum Papst gewählt. Als
Johannes Paul II. kam er am 19. November 1980 erneut nach München als der
letzten Station seiner ersten Deutschlandreise.[29]

Fast genau ein Jahr danach, am 25. November 1981, wurde bekannt gegeben,
dass er Kardinal Ratzinger zum Präfekten der römischen Kongregation für die
Glaubenslehre, damit auch zum Präsidenten der Päpstlichen Bibelkommission
und der Internationalen Theologenkommission berufen hatte. Zum 15. Februar
1982 verzichtete der Erzbischof auf sein bisheriges Amt.

In Freising fand am 13. Februar im Lichthof des Diözesanmuseums der Abschied
von den Priestern, Diakonen und Priesteramtskandidaten der Erzdiözese statt.[30]
Generalvikar Dr. Gerhard Gruber stellte seine Ansprache[31] unter das Leitwort:
„Christen sehen sich nie zum letzten Mal". Er fuhr fort: „Als Sie vor gut vierein-
halb Jahren Ihr Amt als Erzbischof von München und Freising antraten, kamen
Sie zu uns nicht als Fremder. Sie waren in diesem Erzbistum aufgewachsen, hat-
ten mit den Menschen dieses Erzbistums den Schrecken des Krieges erlebt, hatten
hier Ihre Studien gemacht, waren mit manchen von uns zusammen im Seminar.
Wie die meisten von uns, hatten Sie hier in Freising vor dem Schrein des heiligen
Korbinian die Priesterweihe empfangen. Mit Ihrem Gang in die Krypta des
Freisinger Doms und Ihrem Gebet am Grab unseres ersten Bischofs, bei Ihrem
Einzug 1977 und bei Ihrem Abschied heute, haben Sie bekundet, daß Sie sich als
Erzbischof diesem Bistum und diesem Land zutiefst verbunden wußten und ver-

---

[28] Vgl. Bernhard Haßlberger (Red.), Festschrift zur Weihe der Seminarkirche des neuen Priesterseminars der Erzdiözese München und Freising 6. November 1983, München [1983], bes.
12-23.

[29] Siehe hierzu den Beitrag von Christiane Schwarz, Der Besuch von Papst Johannes Paul II. im
Erzbistum München und Freising 1980, in diesem Band.

[30] Wir leben vom Ja (wie Anm. 24) 9-32.

[31] Ebd. 24-27.

pflichtet fühlten. Und Sie haben für die Schönheit und Würde dieses Domes manche Schritte unternommen und auch einen persönlichen Beitrag geleistet. Sie haben vor allem den Bau einer neuen Domorgel ermöglicht, wofür Ihnen besonders auch die Priester des Dombergs dankbar sind. So gehörten Sie diesem Presbyterium, dieser Priestergemeinschaft des Erzbistums, von Anfang an an. Für uns alle war das eine besondere Ehre und Freude ..." Abschiedsgeschenk der Stadt Freising war eine Skulptur des Korbiniansbären, des gemeinsamen Wappentiers.

Die Verabschiedung in München umfasste am 28. Februar ein Pontifikalamt im Dom, ein Gebet an der Mariensäule und einen Festakt im Herkulessaal der Residenz.[32] Kardinal Ratzinger griff hier in seinem Schlusswort eine Formulierung aus der Ansprache des Ministerpräsidenten Franz Josef Strauß auf: „Etiam Romae semper civis Bavaricus ero." (Auch in Rom werde ich immer ein bayerischer Bürger sein.) Er versprach, er wolle versuchen, „den in unserer Heimat gewachsenen Glauben und insofern Kirche, die aus Bayern kommt, in Rom präsent zu machen", und schloss mit den Worten „Pfüa Gott und Vergelt's Gott".[33]

Dass seine Tätigkeit in Rom nicht einfach sein würde, hatte der Kardinal schon in seinem Abschiedsbrief an die Priester, Diakone und Mitarbeiter in der Seelsorge des Erzbistums angedeutet: „Das Amt, das mir übertragen wurde, hat ja in Deutschland keinen guten Ruf. Das Stichwort ‚Inquisition' ist nahe bei der Hand; man spricht von Ketzerjäger, und einige haben mir das Wort vom ‚Wachhund' unterschoben. Wenn ich meinen Auftrag recht verstehe, geht es einfach darum, dem Petrusamt zu dienen, das im Neuen Testament mit verschiedenen Stichworten, wie ‚Binden und Lösen', ‚Schlüsselgewalt', ‚Weiden', umschrieben wird. Der Aspekt, in dem ich mit meinem Teil Hilfe leisten soll, scheint mir am ehesten anzuklingen in dem lukanischen Herrenwort an Petrus ‚Stärke deine Brüder' (Lk 22,32). Dem Petrusnachfolger ist damit aufgetragen, das Wort des Glaubens immer neu in diese Welt hineinzusprechen und den Maßstab des Evangeliums aufzurichten."[34]

Als Präfekt der Glaubenskongregation nahm Kardinal Ratzinger zu Lehren einzelner Theologen und zur südamerikanischen Theologie der Befreiung ebenso Stellung wie zur Ökumene und zu Fragen der Reproduktionsmedizin, was ihm inner- und außerkirchlich nicht nur Zustimmung einbrachte. Allgemeine Anerkennung fand dagegen die Öffnung der Archive der römischen Inquisition, der Vorgängerbehörde der Glaubenskongregation, für die historische Forschung.[35] Von besonderer Bedeutung war die Leitung der Päpstlichen Kommission zur Erstellung des Katechismus der Katholischen Kirche, der nach 6-jähriger Erarbei-

---

[32] Ebd. 41-110.

[33] Ebd. 108.

[34] Wir leben vom Ja (wie Anm. 24) 114.

[35] Vgl. Herman H. Schwedt, Das Archiv der römischen Inquisition und des Index, in: Römische Quartalschrift 93 (1998) 267-280.

tungszeit 1992 veröffentlicht wurde. Innerhalb des Kardinalskollegiums stieg Kardinal Ratzinger 1993 zum Kardinalbischof von Velletri-Segni auf und wurde 2002 zum Dekan des Kollegiums gewählt, wodurch er zusätzlich den Titel des Kardinalbischofs von Ostia erhielt.

Der weltweite Radius seiner Tätigkeit spiegelt sich in zahlreichen Ehrungen – Ehrendoktoraten mehrerer Universitäten, Orden und Preisen sowie den Mitgliedschaften in verschiedenen wissenschaftlichen Akademien. Gleichwohl pflegte der Kurienkardinal immer die Verbindung mit seiner bayerischen Heimat.[36] Er besuchte sie regelmäßig und feierte hier auch persönliche Jubiläen wie das 25-jährige Bischofsjubiläum (zu Pfingsten 2002 im Münchener Dom). Andererseits nutzten zahlreiche Personen und Gruppen Romreisen zur Begegnung mit dem ehemaligen Erzbischof. Besonders verbunden fühlen sich ihm die bayerischen Gebirgsschützen, die im April 2002 anlässlich des 75. Geburtstags mit einer Abordnung von 400 Mann nach Rom kamen, einen Ehrensalut schossen und den Kardinal zum Ehrenmitglied der Kompanie Tegernsee machten. Beim Gegenbesuch feierte dieser unter einem bayerisch-weißblauen Bilderbuchhimmel am Himmelfahrtstag 2004 ein Pontifikalamt direkt am Ufer des Tegernsees.[37] Zu den bayerischen Ehrungen, die dem Kardinal zuteil wurden, gehören weiter die Ehrenbürgerschaften seiner Wohngemeinde Pentling bei Regensburg (1987) und seines Geburtsorts Marktl (1997), aber auch eine so untypische wie der Karl-Valentin-Orden der Münchener Faschingsgesellschaft „Narrhalla" (1989).

Am Schluss seiner Erinnerungen schrieb Kardinal Ratzinger: „Von Korbinian wird erzählt, daß er den Bären in Rom wieder in Freiheit entließ. Ob er in den Abruzzo ging oder in die Alpen zurückkehrte, interessiert die Legende nicht. Inzwischen habe ich mein Gepäck nach Rom getragen und wandere seit langem damit in den Straßen der Ewigen Stadt. Wann ich entlassen werde, weiß ich nicht, aber ich weiß, daß auch mir gilt: Dein Packesel bin ich geworden, und so, gerade so bin ich bei dir."[38] Mehrfach lehnte Papst Johannes Paul II. Resignationsgesuche seines engen Mitarbeiters ab, so dass die für den Ruhestand geplanten wissenschaftlich-schriftstellerischen Projekte aufgeschoben werden mussten.

Als Dekan des Kardinalskollegiums leitete Kardinal Ratzinger die Beisetzungsfeierlichkeiten für Johannes Paul II. und das Konklave, aus dem er am 19. April 2005 selbst als Papst Benedikt XVI. hervorging. Kurz nach 18 Uhr stimmten die

---

[36] Siehe hierzu den Beitrag von Christiane Schwarz, Joseph Ratzinger und das Erzbistum München und Freising nach 1982, in diesem Band. Vgl. z.B. Benker, Papst Benedikt XVI. (wie Anm. 7) 23; Birkenseer, „Hier bin ich wirklich daheim" (wie Anm. 18); Gemeinde Pentling, Ausstellung (wie Anm. 16); Johann Nußbaum, „Poetisch und herzensgut". Die Spuren des Papstes und seiner Familie in Rimsting, Rimsting 2006, 50-54; Stadt Traunstein, Papst Benedikt XVI. (wie Anm. 3).

[37] Vgl. Joseph Kardinal Ratzinger, Was die Welt schön macht, München 2004.

[38] Ratzinger, Aus meinem Leben (wie Anm. 1) 181.

Glocken seiner ehemaligen Kathedrale in das Geläute des Petersdoms ein und verkündeten die Wahl; noch am Abend fand in der Frauenkirche ein erster Dankgottesdienst statt. Ebenfalls noch am Wahltag richtete Erzbischof Friedrich Kardinal Wetter, der am Konklave teilgenommen hatte, von Rom aus ein Wort an die
Gläubigen seiner Erzdiözese.[39] Hier hieß es: „Wir sind stolz, dass der Heilige Vater
an der Spitze der katholischen Weltkirche aus unserem Erzbistum kommt und
von 1977 bis 1982 unser Erzbischof war. Wir wissen uns ihm, der in unserem Erzbistum und in unserer bayerischen Heimat tief verwurzelt ist, herzlich verbunden.
Bei meiner ersten Begegnung mit ihm unmittelbar nach seiner Wahl hat er mir
Grüße an die Heimat aufgetragen, die ich Ihnen mit Freude weitergebe." Auch
zahlreiche Vertreter des öffentlichen Lebens äußerten ihre Freude über die Wahl
des „bayerischen Papstes".

Besonderes Aufsehen in der Heimat erregte, dass Benedikt XVI. alle Elemente,
die er schon als Erzbischof im Wappen geführt hatte, in veränderter Anordnung
in sein Papstwappen übernahm. So konnte die Pressestelle des Erzbischöflichen
Ordinariats ihre Meldung mit dem Satz überschreiben: „Der ‚Freisinger Mohr' ist
jetzt ein Römer".[40]

Zur Amtseinführung am 24. April reiste eine ansehnliche bayerische Delegation
nach Rom, darunter natürlich zahlreiche Vertreter des Erzbistums München und
Freising. Tags darauf sagte Benedikt XVI. bei einer Audienz für alle deutschen
Landsleute: „Mit dankbarer Freude sehe ich die Delegationen und Pilger aus meiner bayerischen Heimat. Schon bei anderen Gelegenheiten durfte ich Euch sagen,
wie viel mir eure treue Verbundenheit bedeutet, die seit jenen Tagen anhält, in
denen ich meine geliebte Erzdiözese München und Freising in Richtung Vatikan
verlassen habe, um dem Ruf meines verehrten Vorgängers Papst Johannes Pauls II.
Folge zu leisten, der mich vor mehr als 23 Jahren zum Präfekten der Kongregation
für die Glaubenslehre bestellt hatte. In all den Jahren, die seither vergangen sind,
war mir stets bewußt, daß Bayern und Rom nicht nur in geographischer Hinsicht
nicht weit auseinander liegen: Bayern und Rom, das waren von je her zwei Pole,
die in fruchtbarer Beziehung zueinander standen."[41]

[39] Amtsblatt für das Erzbistum München und Freising Nr. 10 vom 3. Mai 2005, 205.
[40] Ordinariats-Korrespondenz Nr. 104 vom 25. April 2005.
[41] Sekretariat der Deutschen Bischofskonferenz (Hg.), Der Anfang. Papst Benedikt XVI. / Joseph
Ratzinger. Predigten und Ansprachen April/Mai 2005 (= Verlautbarungen des Apostolischen
Stuhls 168), Bonn [2005], 42.

Das Erzbischöfliche Studienseminar St. Michael in Traunstein 1933 bis 1945 und der junge Joseph Ratzinger

Volker Laube

Vorbemerkung

Seit der Wahl von Joseph Kardinal Ratzinger zum Papst am 19. April 2005 ist auch die Geschichte des Studienseminars Traunstein im Dritten Reich in das Zentrum des Interesses gerückt. Joseph Ratzinger ist der prominenteste Zögling des Seminars. Er gehörte ihm vom 17. April 1939 bis zu seiner Einberufung als Luftwaffenhelfer nach München am 2. August 1943 an. Zahlreiche Journalisten haben seit dem 19. April 2005 in Traunstein und in München Einsicht in Aktenmaterial aus jener Zeit begehrt. Das Archiv des Erzbistums München und Freising erhielt daher von Erzbischof Friedrich Kardinal Wetter den Auftrag, die Altakten des Studienseminars konservatorisch zu sichern und zu erschließen. Mit Abschluss der Erschließungsarbeiten im Oktober 2005 wurde das Archiv nach Maßgabe der Anordnung über die Nutzung und Sicherung der Archive der katholischen Kirche[1] für die allgemeine Benutzung geöffnet.

Abb. 1: Das Erzbischöfliche Studienseminar St. Michael in Traunstein von Süden; AEM Studienseminar Traunstein.

[1] Amtsblatt für das Erzbistum München und Freising Nr. 6, 13. Februar 1989, 126-130.

Im Zuge der Erschließung stellte der Verfasser dieses Beitrags alle in den aus Gründen des Persönlichkeitsschutzes noch gesperrten Akten enthaltenen Angaben zur Person Joseph Ratzingers in einem kurzen Bericht zusammen. Dieser Bericht wurde von Kardinal Wetter zusammen mit dem Findbuch an Papst Benedikt XVI. übersandt. Mit Schreiben an den Erzbischof vom 21. Februar 2006 hat Papst Benedikt XVI. einer Veröffentlichung des Berichts zugestimmt. Er wird hier im Anschluss in seiner ursprünglichen Form abgedruckt. Zum besseren Verständnis sollen einige einführende Worte zur Geschichte des Studienseminars Traunstein in den Jahren 1933 bis 1945 vorausgeschickt werden.[2]

Gründung und Entwicklung

Der Entschluss des Erzbischöflichen Ordinariats, Ende der 1920er Jahre in Traunstein ein Studienseminar zu gründen, steht im Zusammenhang mit dem Bemühen, den Priesternachwuchs stärker zu fördern. Dabei zielte man vor allem auf die Söhne sozial schwacher Familien.

Im 19. und 20. Jahrhundert war die Förderung des Priesternachwuchses eine der großen Sorgen der Kirchenführung. Zwar gelang es bis 1900, die Zahl der Neupriester in etwa konstant zu halten bzw. sogar leicht zu steigern; angesichts gleichzeitig rasant wachsender Bevölkerungszahlen wurde der Priestermangel jedoch immer fühlbarer.[3] Vor allem die Großstadt München mit ihren Großpfarreien von bis zu 50.000 Seelen bereitete der Diözesanleitung zunehmend Sorgen, zumal die Verstädterung hier mit einer ständig größeren Entfremdung der Bevölkerung vom kirchlichen Leben einherging. Es sollte daher im Rahmen des Aufbaus einer modernen Großstadtseelsorge die Anzahl der Pfarreien deutlich vergrößert werden, um die durchschnittliche Seelenzahl auf unter 10.000 zu senken.[4] Für die

---

[2] Dabei handelt es sich um die gekürzte Version eines ausführlichen Beitrags des Verfassers in dem Band: Das Erzbischöfliche Studienseminar St. Michael und sein Archiv (= Schriften des Archivs des Erzbistums München und Freising 11), Regensburg 2006. Dort finden sich auch detaillierte Belege. Ausgewertet wurden die Unterlagen des Archivs des Erzbischöflichen Studienseminars Traunstein, des Kardinal-Faulhaber-Archivs, des Pfarrarchivs Traunstein-St. Oswald, des Bayerischen Hauptstaatsarchivs, des Staatsarchivs München und des Stadtarchivs Traunstein.

[3] Johannes Schauer, Der Seelsorgsklerus der Erzdiözese München-Freising in seiner zahlenmäßigen Ergänzung und Entwicklung 1821-1935, in: Michael Hartig (Hg.), Erntegarben. Gesammelt und dargeboten von Priestern der Erzdiözese München und Freising zur Feier des fünfundzwanzigjährigen Bischofsjubiläums Sr. Eminenz des hochwürdigsten Herrn Kardinals und Erzbischofs Dr. Michael Faulhaber, München 1936, 1-13; Erwin Gatz, Der Weltpriesternachwuchs von der Säkularisation bis zum Zweiten Vatikanischen Konzil, in: Walter Brandmüller (Hg.), Handbuch der bayerischen Kirchengeschichte, Bd. 3: Vom Reichsdeputationshauptschluß bis zum Zweiten Vatikanischen Konzil, St. Ottilien 1991, 673-680.

[4] Volker Laube, Kirchenbau als pastorale Aufgabe, in: Kardinal Michael von Faulhaber. 1869 bis

Realisierung dieses ehrgeizigen Programms wären jährlich mindestens 40 Neu-priester notwendig gewesen. Die tatsächlichen Zahlen blieben aber vor allem wäh-rend des Ersten Weltkriegs und in der unmittelbaren Nachkriegszeit deutlich hin-ter diesen Berechnungen zurück. Erzbischof Michael Kardinal von Faulhaber, der dem Erzbistum seit 1917 vorstand, drängte daher auf neue Wege in der Priester-gewinnung, zumal er mit der Einrichtung eines Kirchensteueramtes im Jahr 1924 nun auch über einen deutlich erweiterten finanziellen Handlungsspielraum ver-fügte.[5]

Eine Analyse der Herkunft der Priester ergab, dass der Südosten der Erzdiözese vergleichsweise unterrepräsentiert war. Bedingt durch die Errichtung der Knaben-seminare auf dem Freisinger Domberg 1826 und in Scheyern 1860 hatte der Schwerpunkt der Förderung des Priesternachwuchses lange Zeit im Norden und Westen gelegen.[6] Es sollte deshalb ein weiteres Knabenseminar errichtet werden, das den südöstlichen Bereich der Erzdiözese abdeckte. Die Entscheidung fiel schließlich für Traunstein, nachdem sich der dortige Stadtrat und der Bürgermeis-ter aktiv um die Gründung eines Seminars in ihrer Stadt bemüht hatten. Zudem hatte das Bayerische Staatsministerium für Unterricht und Kultus von Beginn an seine Bereitschaft signalisiert, das in Traunstein vorhandene Progymnasium, das die Seminaristen aufnehmen sollte, sukzessive zum humanistischen Vollgymnasi-um auszubauen.[7]

Am 10. April 1928 wurde auf der Wartberghöhe im Südwesten der Stadt der erste Spatenstich gesetzt, und nur wenige Wochen später, am 11. Juli, zelebrierte der Erzbischof anlässlich der Grundsteinlegung eine Pontifikalmesse unter Anwesen-heit der Traunsteiner Stadtprominenz. Nach einer Bauzeit von nicht einmal einem Jahr und fünf Monaten konnte Kardinal Faulhaber am 1. September 1929 die

1952. Eine Ausstellung des Archivs des Erzbistums München und Freising, des Bayerischen Hauptstaatsarchivs und des Stadtarchivs München zum 50. Todestag (= Ausstellungskataloge der staatlichen Archive Bayerns 44), München 2002, 229-245.

[5] Volker Laube, „Leg' Rechenschaft ab über deine Verwaltung ..." (Lukas 16,2). Kirchliche Finanz-kontrolle im Spannungsfeld von Staat und Kirche, in: „Daß Unsere Finanzen fortwährend in Ordnung erhalten werden ..." Die staatliche Finanzkontrolle in Bayern vom Mittelalter bis zur Gegenwart. Eine Ausstellung der Bayerischen Archivschule (= Staatliche Archive Bayerns, Kleine Ausstellungen 23), München 2004, 224-252.

[6] Rainer A. Müller, Knabenseminare (München und Freising), in: Erwin Gatz (Hg.), Priesteraus-bildungsstätten der deutschsprachigen Länder zwischen Aufklärung und Zweitem Vatikani-schen Konzil (= Römische Quartalschrift für Christliche Altertumskunde und Kirchengeschich-te, Supplementheft 49), Rom u.a. 1984, 154-156.

[7] AEM Studienseminar Traunstein, Nr. 220; Franz Haselbeck, „In dem katholischen Chiemgau ein Studienseminar zur Weckung neuer Priesterberufe zu erbauen." Zum 75-jährigen Jubiläum des Studienseminars St. Michael in Traunstein, in: Jahresbericht des Studienseminars St. Michael 2003/2004, 41-69; Walter Brugger, Kurze Geschichte des erzbischöflichen Studienseminars Traunstein, in: Chiemgau-Gymnasium Traunstein 1872-1997. Festschrift zum 125jährigen Bestehen, Marquartstein 1997, 64-70.

Abb. 2: Luftaufnahme des Studienseminars mit Sportanlagen; AEM Studienseminar Traunstein.

Seminarkirche konsekrieren und den Seminarbau feierlich einweihen. Nur wenige Tage später bezogen die Seminaristen den Neubau.

Das Seminar erfüllte schnell alle Erwartungen. Anfang des Schuljahres 1930/31 zählte es bereits 103 Zöglinge. Mit der Angliederung einer siebten, achten und neunten Klasse an das Progymnasium stieg die Zahl der Seminaristen weiter an. Im April 1932 betrug sie 152 und zum Schuljahresbeginn 1934/35 erreichte sie mit 172 Seminaristen ihren vorläufigen Höchststand.[8]

Die Seminaristen stammten überwiegend aus wenig begüterten Familien mit durchschnittlich mehr als fünf Kindern. Dem Bericht über das Schuljahr 1933 zufolge arbeiteten 53 Prozent der Eltern in der Landwirtschaft. In 10 Prozent aller Fälle waren die Eltern Arbeiter, in 16 Prozent Handwerker und Gewerbetreibende, in 17 Prozent mittlere Beamte, in 2 Prozent Lehrer und in weiteren 2 Prozent übten sie einen freien Beruf aus. Die wirtschaftliche Situation vieler Eltern wird in den Seminarberichten wiederholt als arm oder sehr arm bezeichnet. Nicht alle Eltern waren daher in der Lage, die Pensions- und Kostgelder für das Seminar aufzubringen. Je nach wirtschaftlichen Möglichkeiten gewährte das Seminar in solchen Fällen Ermäßigungen. Im Jahr 1938/39 mussten nur elf Schüler die ganze Pension zahlen, zwölf waren gänzlich befreit. In 123 Fällen wurden unterschiedlich hohe, teils bedeutende Ermäßigungen gewährt.[9]

[8] AEM Studienseminar Traunstein, Nr. 112/798.
[9] AEM Studienseminar Traunstein, Nr. 112.

27

Leben im Seminar

Die Entstehung der Knabenseminare im 19. Jahrhundert ist eng mit dem Ringen zwischen Staat und Kirche um die Hoheit in der Priesterausbildung verbunden. Während der Staat auf eine Zentralisierung der Priesterausbildung unter staatlicher Aufsicht drängte, propagierte die Kirche mit Berufung auf das Seminardekret des Konzils von Trient eine „freie", d.h. von staatlichen Einflüssen unabhängige Ausbildung, die ausschließlich unter der Leitung des jeweiligen Diözesanbischofs stand. Zum wichtigsten Vorkämpfer für die bayerische Kirche wurde in dieser Hinsicht der Eichstätter Bischof und spätere Erzbischof von München und Freising, Karl August von Reisach. 1838 gründete Reisach in Eichstätt ein Knabenseminar, das für alle weiteren Gründungen als Vorbild diente.[10]

Ziel war eine durchgehend klerikale Erziehung vom 12. Lebensjahr an. Die Schüler sollten in den Seminaren ein abgeschiedenes Leben führen, das einer rigorosen Disziplin unterworfen war und sie auf ihr zukünftiges Leben vorbereitete. Dahinter stand ein Ideal, das den Priester als Angehörigen eines eigenen sozialen Standes begriff, der sich durch seine äußere Erscheinungsform und Lebensweise, aber auch durch seine innere Haltung von seinem Umfeld abgrenzte. Das Knabenseminar sollte die zukünftigen Priester zu einem solchen standesgemäßen Leben erziehen und sie befähigen, stets ihre priesterliche Standesehre zu wahren.

Das Studienseminar Traunstein stand zwar in der Tradition dieses Erziehungsideals; bei der Gründung hatte man sich aber auch um eine vorsichtige Öffnung bemüht. Schon der Bau war bewusst hell und freundlich konzipiert. Zudem hatte man in Traunstein auf den Namen „Knabenseminar" verzichtet und sich für die modernere Bezeichnung „Studienseminar" entschieden. Ebenso wurden die bis dahin in Freising und Scheyern noch geltenden strengen Kleidervorschriften abgeschafft. Dass der Anspruch an die Disziplin dessen ungeachtet hoch blieb, garantierte die Person des ersten Seminardirektors Johann Ev. Mair. Die später sprichwörtlich gewordene „Schule Mair" zeichnete sich durch väterliche Strenge aus.[11]

Die Seminaristen waren der Zahl der Studiensäle entsprechend in drei Gruppen aufgeteilt, die entweder „Bezirke" oder auch „Museen" genannt wurden. Die Aufteilung der Seminaristen auf die einzelnen Gruppen erfolgte dabei nach Alter. Für jede Gruppe war ein Präfekt zuständig, der auf die Einhaltung der Hausordnung achtete.[12]

Das Hauptaugenmerk der Präfekten galt der geistlichen Erziehung. Unterstützt wurden sie dabei durch einen Spiritual sowie mehrere externe Beichtväter. Die

---

[10] Erwin Gatz, Neue Optionen für Ausbildung und Lebenskultur, in: Erwin Gatz (Hg.), Geschichte des kirchlichen Lebens in den deutschsprachigen Ländern seit dem Ende des 18. Jahrhunderts, Bd. IV: Der Diözesanklerus, Freiburg/Br. u.a. 1995, 78-104.
[11] AEM Studienseminar Traunstein, Nr. 28.
[12] AEM Studienseminar Traunstein, Nr. 220.

religiöse Erziehung war fest in den Tagesablauf und den Jahreskreis eingebunden. Vor dem Morgengebet erhielten die Seminaristen einige kurze Betrachtungspunkte sowie spezielle Gebetsanliegen für den Tag. Es folgte die hl. Messe. Am Abend bildete eine Andacht oder ein geistlicher Vortrag den Abschluss. Die tägliche Kommunion und die wöchentliche Beichte sowie das gemeinsame Rosenkranzgebet einmal in der Woche waren die Regel. Der Jahresablauf wurde durch die kirchlichen Hochfeste geprägt. Zwar lagen die drei höchsten kirchlichen Feste – Weihnachten, Ostern und Pfingsten – jeweils in der Ferienzeit, um so größeren Wert legte man aber auf die festliche Gestaltung der übrigen Hochfeste des Kirchenjahres. Hinzu kamen über das Jahr verteilt eine Reihe von Sonderveranstaltungen, wie geistliche Lichtbildervorträge, Adventfeiern, Krippenfeiern, frommes Fastnachtstheater u.a.[13]

Ein weiterer Schwerpunkt der Erziehung lag auf der sportlichen Erziehung. Schon beim Bau des Studienseminars hatte man großen Wert auf die Anlage eines Spiel- und eines Sportplatzes unmittelbar beim Seminar gelegt. Bei schönem Wetter hielten sich die Seminaristen meistens im Freien auf, wo sie Handball, Faustball, Jägerball und, zumindest die oberen Klassen, auch Fußball spielen konnten. Neben den Mannschaftsspielen übten sich die Zöglinge zudem im Speerwerfen, Ku-

Abb. 3: Johann Ev. Mair, Direktor des Studienseminars (1929-1956); AEM Studienseminar Traunstein.

[13] Ebd.

gelstoßen, am Barren, Pferd, Bock und Reck. Im Sommer wurde regelmäßig das städtische Bad besucht, im Winter standen Eislauf, Skisport, Schlittenfahren, Eisschießen und Schneeballschlachten auf dem Programm.[14]

Zu erwähnen ist schließlich noch die Musik. Vor allem Seminardirektor Mair förderte die musikalische Ausbildung der Seminaristen mit Nachdruck, da er sie für einen zentralen Bestandteil eines modernen Seminars und mit Blick auf die zukünftige Aufgabe als Priester für unverzichtbar hielt. Der öffentlich zugängliche Sonntagsgottesdienst in der Seminarkirche wurde durch den Sängerchor des Seminars musikalisch gestaltet. Das Seminar verfügte zudem über ein eigenes Orchester. Praktisch jeder Seminarist erhielt Instrumentalunterricht. Im Dezember 1933 lernten und spielten 45 Schüler Klavier, 50 Harmonium, fünf Orgel, 70 Violine, fünf Viola, sechs Cello, vier Kontrabass, zwei Flöte und zwei Klarinette. Seminardirektor Mair erteilte dabei wenigstens zeitweise selbst Unterricht in Chor- und Volksgesang sowie für Orgel und Violoncello. Ab 1935 ging fast der gesamte Unterricht auf den dritten Präfekten über, der auch als Musikpräfekt bezeichnet wurde. Für die Streichinstrumente und das Klavier wurden zudem zwei externe Lehrer aus Freilassing bzw. Traunstein hinzugezogen.[15]

Das Seminar verliert seine Förderer

Fand das Seminar Ende der 1920er Jahre noch eine breite öffentliche Unterstützung, verlor es mit der nationalsozialistischen Machtergreifung schnell an politischem Rückhalt. Dieser Prozess begann bereits im Frühjahr 1933 sowohl auf kommunaler Ebene als auch im Kultusministerium und gipfelte ab 1937 in einem offenen Kampf des Kultusministers gegen das Studienseminar.

Der Neubau des Studienseminars fiel in eine wirtschaftlich äußerst schwierige Zeit und wäre ohne die Unterstützung des Traunsteiner Stadtrats, des Direktorats des dortigen Progymnasiums und des Kultusministeriums nicht möglich gewesen. Mit der Machtergreifung der Nationalsozialisten verlor das Seminar allerdings innerhalb von nur wenigen Wochen seine Förderer.

In Traunstein stürmte die SA am 9. März 1933 das Bezirksamt und das Rathaus. Nach der Ausschaltung der übrigen Parteien war die NSDAP seit Juli 1933 als einzige Partei im Stadtrat vertreten.[16] Wie überall in Deutschland stellte für die neuen nationalsozialistischen Machthaber die Gleichschaltung des gesellschaftli-

---

[14] Ebd.

[15] Ebd.

[16] Friedbert Mühldorfer, Widerstand und Verfolgung in Traunstein 1933-1945, Ingolstadt 1992, 31-34. Zur Geschichte Traunsteins im Dritten Reich vgl. ferner Gerd Evers, Traunstein 1918-1945. Ein Beitrag zur politischen Geschichte der Stadt und des Landkreises Traunstein, Grabenstätt 1991.

chen Lebens auch in Traunstein ein wichtiges Ziel dar. Gerade die katholische Kirche mit ihrer starken Präsenz in der Gesellschaft war den Nationalsozialisten ein Dorn im Auge. Durch Überwachung und offene Gewaltanwendung versuchte die NSDAP ein Klima der Einschüchterung zu schaffen, was vor allem der Traunsteiner Stadtpfarrer Josef Stelzle sehr früh zu spüren bekam. 1934 wurde der Geistliche in „Schutzhaft" genommen, nachdem er in einer Predigt den nationalsozialistischen Rassismus gebrandmarkt hatte; am 17. April 1934 erhielt er einen Stadtverweis. Wenige Tage später, am 24. April, verübten Unbekannte einen Bombenanschlag auf den Pfarrhof.[17]

Der Zorn der NS-Partei richtete sich auch gegen das Seminar. Im Jahr 1929 hatte die Stadt dem Münchener Erzbischof zu Ehren die direkt am Seminar vorbeiführende Straße in Kardinal-Faulhaber-Straße umbenannt. In der Nacht zum 5. März 1934 wurden die Straßenschilder zum ersten Mal überschmiert, in der Nacht zum 2. Dezember 1936 gegen neue mit dem Namen Rudolf Hess ausgetauscht. Auch in den folgenden Monaten kam es wiederholt zu Sachbeschädigungen. So beschmierten Unbekannte am 12. Juni 1937 ein Nebenportal des Seminars in grüner Farbe mit dem Schriftzug „§ 175" in Anspielung auf den Homosexuellenparagraphen des Strafgesetzbuches und mit den Worten „Warme Bruderstraße". Am 31. Juli 1938 wurde auf Weisung des Bürgermeisters der Stadt Traunstein die Kardinal-Faulhaber-Straße schließlich offiziell in Dietrich-Eckart-Straße umbenannt.[18]

Im Kultusministerium standen nach der Machtergreifung ebenfalls bald personelle Umbesetzungen an. Am 17. März 1933 löste Hans Schemm den bisherigen Minister und Katholiken Franz Xaver Goldenberger ab und leitete umgehend eine politische „Säuberung" des Ministeriums sowie des Schul- und Bildungswesens ein.[19] Das Progymnasium in Traunstein, das den Nationalsozialisten wegen seiner engen Verbindung zum Seminar als „schwierig" und „heikel" galt, war hiervon besonders betroffen. Am 29. Juni 1933 wurden der Direktor der Schule, Max Leitschuh, sowie die beiden Lehrer Dr. Peter Parzinger und Dr. Karl Carnier in

[17] Friedrich Frei, Nationalsozialistische Verfolgungen katholischer Geistlicher im Erzbistum München und Freising (Fragebogen 1946 und 1980), in: Georg Schwaiger (Hg.), Das Erzbistum München und Freising in der Zeit der nationalsozialistischen Herrschaft, Bd. 1, München-Zürich 1984, 402-488, hier 478; Evers, Traunstein 1918-1945 (wie Anm. 16) 116-118.

[18] AEM Studienseminar Traunstein, Nr. 866. Dietrich Eckart (geb. am 23. März 1868, gest. am 24. Oktober 1924) war Schriftsteller und stand Adolf Hitler persönlich nahe. Von der NSDAP war er mit dem Titel „Dichter der Bewegung" geehrt worden.

[19] Winfried Müller, Das Bayerische Staatsministerium für Unterricht und Kultus: Verwaltung und Personal im Schatten der NS-Politik, in: Hermann Rumschöttel / Walter Ziegler (Hg.), Staat und Gaue in der NS-Zeit. Bayern 1933-1945 (= Zeitschrift für bayerische Landesgeschichte, Beiheft 21, Reihe B), München 2004, 197-215; Hermann Rumschöttel, Geschichte des bayerischen Kultusministeriums von der Errichtung bis zum Ende des Zweiten Weltkriegs, in: Tradition und Perspektive. 150 Jahre Bayerisches Kultusministerium, München 1977, 77 ff.

„Schutzhaft" genommen, nachdem sie zuvor von zwei Lehrern, die der NSDAP angehörten und sich von der Schulleitung wegen ihrer politischen Haltung benachteiligt sahen, bei der Kreisleitung denunziert worden waren. Zwar kamen sie bereits Anfang Juli wieder frei, Leitschuh wurde jedoch degradiert und als gewöhnlicher Lehrer nach München, Parzinger nach Neuburg a.d. Donau versetzt.[20] Zum neuen Schulleiter wurde Oskar Schwarz ernannt. Im Seminar hatte man der Neubesetzung mit gemischten Gefühlen entgegengesehen, die schlimmsten Befürchtungen bewahrheiteten sich allerdings nicht, da auch der neue Direktor um eine sachliche Beziehung zur Seminarleitung bemüht war. Das Lehrerkollegium stand dem Seminar ebenfalls größtenteils wohlwollend gegenüber und der Anteil der überzeugten Nationalsozialisten blieb offenbar gering. Trotzdem waren die Lehrer fortan bemüht, ihre katholische Gesinnung nicht mehr offen zu zeigen. So stellten die meisten Lehrer auf Druck des nationalsozialistischen Schulrates Seeger die Aufsicht bei religiösen Bittgängen und Prozessionen ein. Gegen einzelne Lehrer wurde jedoch weiterhin gezielt vorgegangen.[21]

Ein Opfer dieser Politik war der Religionslehrer Oberstudienrat August Koeniger. Da sich sechs Schüler aufgrund ihrer Zugehörigkeit zur Hitler-Jugend von Koeniger benachteiligt fühlten, beschwerten sie sich im Januar 1934 schriftlich über seinen Unterricht. Das Staatsministerium für Unterricht und Kultus in München glaubte der Darstellung der Schüler und ordnete die Versetzung des Lehrers in den Ruhestand an. Nach dem Weggang Koenigers ging der gesamte Religionsunterricht auf den Seminarvorstand über. Der Präfekt des Studienseminars Joseph Maier hatte bereits die Zusage erhalten, die Nachfolge Koenigers anzutreten, als auch er Opfer einer Denunziation wurde. Ein Schüler beschuldigte ihn, im Unterricht Gräuelnachrichten zu verbreiten. Die Staatsanwaltschaft leitete daraufhin ein Strafverfahren ein, das allerdings Ende September 1934 wieder eingestellt wurde. Das kurzfristig erteilte Unterrichtsverbot wurde ebenfalls wieder aufgehoben, die versprochene Beförderung auf die Studienratsstelle blieb Maier allerdings versagt. An seiner Stelle wurde der Geistliche Hubert Pöhlein Religionslehrer am Gymnasium.[22]

Die Denunziationen verursachten große Unsicherheit in der Lehrerschaft und das Gefühl, den Schülern ausgeliefert zu sein. Der Druck auf die Schule nahm in der Folge aber noch weiter zu. Im März 1935 verunglückte Kultusminister Hans Schemm tödlich. Ihm folgte ab November 1936 der Leiter des NSDAP-Gaus München-Oberbayern und bayerische Innenminister Adolf Wagner nach, der über

---

[20] BayHStA MK 41710.

[21] AEM Studienseminar Traunstein, Nr. 690.

[22] EAM NL Faulhaber 5795; AEM Studienseminar Traunstein, Nr. 112; Frei, Verfolgungen (wie Anm. 17) 456. Dort heißt es, Maier sei amnestiert worden. Tatsächlich wurde das gegen ihn laufende Verfahren aber eingestellt. Vgl. das entsprechende Schreiben Seminardirektor Mairs vom 20. September 1934 an das Bezirksamt Traunstein; AEM Studienseminar Traunstein, Nr. 40.

besonders enge Beziehungen zu Adolf Hitler verfügte und für seine Grobschlächtigkeit und Brutalität berüchtigt war. Mit Wagner war ein leidenschaftlicher Kirchenfeind an die Spitze des Kultusministeriums gelangt.

Das Humanistische Gymnasium geriet schnell in das Blickfeld Wagners. 1937 wurde der um Ausgleich bemühte Direktor Schwarz durch den überzeugten Nationalsozialisten Dr. Robert Kerber ersetzt. Kerber ließ keinen Zweifel an seiner seminarfeindlichen Haltung und wirkte mit allen ihm zur Verfügung stehenden Mitteln auf eine stärkere nationalsozialistische Ausrichtung des Lehrerkollegiums hin. Politische und weltanschauliche Schulungen der Lehrer durch den NS-Lehrerbund (NSLB) wurden wiederholt durchgeführt. Mehrere Lehrer hielten zudem regelmäßig Vorträge im NSLB. Trotzdem blieb Dr. Kerber in seiner Einschätzung, was die weltanschauliche Zuverlässigkeit der Lehrer betraf, skeptisch. Im Mai 1939 urteilte er: „Den Anforderungen des 3. Reiches gerecht zu werden[,] sind die Mitglieder des Lehrkörpers fast alle ganz redlich bemüht; die wirklich aktiven Nationalsozialisten sind allerdings, selbst unter den jüngeren Herren, recht dünn gesät." Die Schule stand daher weiter im Ruf, zu „schwarz", d.h. zu katholisch, zu sein.[23]

Mit Beginn des Schuljahrs 1939/40 ordnete Wagner die Zusammenlegung des Gymnasiums mit der Realschule in Traunstein und die Umwandlung in eine „Oberschule für Jungen" an. Die Stoßrichtung gegen das Seminar war unverkennbar. In der neuen Oberschule wurden Fächer, die für das Gymnasium charakteristisch waren, gestrichen; Latein war fortan nur noch zweite Fremdsprache. Hatte sich, von wenigen Ausnahmen abgesehen, die „alte Garde" der Lehrer des Humanistischen Gymnasiums noch weitgehend resistent gegen die nationalsozialistische Weltanschauung erwiesen, so sahen sich die Seminaristen durch die Zusammenlegung mit der Realschule nun mit einer Reihe von jüngeren, nationalsozialistisch gesinnten Lehrern konfrontiert. Der Anteil der Lehrer, der nicht nur Mitglied der NSDAP, sondern darüber hinaus in einer nationalsozialistischen Organisation ein Amt innehatte, stieg dadurch auf 13 an.[24]

Mit Wirkung vom 1. September 1939 wurde Dr. Kerber an das Alte Gymnasium in Regensburg berufen und durch den ehemaligen Leiter der Realschule Dr. Josef Schöberl ersetzt. Auch bei Schöberl gab es keinen Zweifel an dessen politischer Gesinnung. Der neue Direktor hatte eine Leitungsfunktion im NSLB inne und war für diesen als Gutachter bei der Abteilung Schrifttum der Reichsverwaltung tätig.[25]

[23] BayHStA MK 41711.
[24] Martin Schlachtbauer, Geschichte des Chiemgau-Gymnasiums Traunstein 1872-1973, in: Chiemgau-Gymnasium Traunstein 1872-1997. Festschrift zum 125jährigen Bestehen, Marquartstein 1997, 20-34; BayHStA MK 41711.
[25] BayHStA MK 41711.

Schöberl starb am 3. Dezember 1941 überraschend an den Folgen einer Lungenentzündung. Sein Nachfolger wurde 1942 Wilhelm Rüdinger. Gleichzeitig erwarb der Staat das ehemalige Städtische Schülerheim und vereinigte es mit der Oberschule zum Deutschen Schulheim. Rüdinger war der NSDAP bereits im März 1923, der SA im Oktober beigetreten und hatte sich am Putsch Adolf Hitlers im November selben Jahres beteiligt. Als Träger des Blutordens sowie mehrerer anderer Ehrenauszeichnungen nationalsozialistischer Organisationen lenkte er seinen Ehrgeiz darauf, das Schulheim auszubauen, um „gegen das Arbeiten des erzbischöflichen Studienseminars" zukünftig ein entsprechendes weltanschauliches „Gegengewicht" zu erhalten. Die „Jungmannen" des Schulheims sollten „als Stoßtrupp des nationalsozialistischen Geistes in der Schule wirken." Im Geschichtsunterricht nutzte Rüdinger offenbar jede Gelegenheit, um auf das „völkische Vernichtungswerk der römischen Internationalen" hinzuweisen und dabei das „verderbliche Wirken der geistlichen Würdenträger ins rechte Licht" zu setzen, traf dort aber auf erheblichen Widerstand der Schüler. Der Einfluss der „schwarzen Erziehungsanstalt", wie er das Seminar bezeichnete, sei verantwortlich dafür, dass die meisten Schüler in zentralen weltanschaulichen Fragen jede „Überlegung ausschalten" und nur mehr „glauben" würden. Den „Faulhaberschen Geist" zu bekämpfen, sah er als eine zentrale Aufgabe an. Es verwundert daher auch nicht, dass er, nach der Einberufung des Religionslehrers Michael Müllner, der Hubert Pöhlein im Herbst 1941 in dessen Funktion nachgefolgt war, den Religionsunterricht ganz ausfallen ließ mit der Begründung, dass es keine geeigneten Lehrkräfte gäbe. Aus diesem Grunde könne er, wie Rüdinger am 25. Januar 1944 an das Kultusministerium schrieb, es „mit dem besten Willen keinem [s]einer nationalsozialistisch zuverlässigen Lehrer zumuten, Unterricht in dieser internationalen Vergiftungslehre zu erteilen." Die anderen Lehrer aber kämen dafür nicht in Frage, „da sie bei ihrer jesuitischen Schlauheit noch mehr Schaden anrichten würden als jeder Pfarrer".[26]

Hitler-Jugend und Pflicht-HJ

Schon bald nach der Machtergreifung drängten Staat und Partei darauf, auch die Knabenseminare für die Hitler-Jugend zu öffnen. Deren Ziele widersprachen dem Erziehungsgedanken der Seminare und den Idealen der Priesterausbildung aber diametral. Ziel der Seminare war es, alle fremden – und gemeint waren vor allem alle fremden weltanschaulichen – Einflüsse von den Seminaristen fernzuhalten, um eine möglichst ideale Vorbereitung auf den Priesterberuf zu ermöglichen. Die

[26] BayHStA MK 41711, 41713.

Einheit der Erziehung sollte durch nichts gestört werden.[27] Genau dieses Ziel wurde durch den Absolutheitsanspruch der Hitler-Jugend nachhaltig gefährdet. Der Münchener Erzbischof knüpfte daher die Mitgliedschaft an Bedingungen, die eine Aufnahme der Seminaristen in die HJ faktisch unmöglich machten. Auf diese Weise hoffte er, dem Staat keinen Vorwand zum Einschreiten zu geben. Tatsächlich war diese Befürchtung nicht unbegründet. Im Bistum Trier drohte der Staat im Falle eines Beitrittsverbotes zur HJ, den Seminaristen die Anerkennung des Abiturs zu verweigern.[28]

Diese Taktik scheint wenigstens zeitweise aufgegangen zu sein. Zwar gaben Vorwürfe aus Bayern im März 1935 nochmals den Anlass für ein Schreiben des Reichsinnenministers an die beiden Vorsitzenden der Fuldaer und Freisinger Bischofskonferenz, in dem erneut darauf hingewiesen wurde, dass der Staat keinesfalls gewillt sei, ein Verbot hinzunehmen. Nachdem sowohl der Breslauer Erzbischof Adolf Kardinal Bertram als auch Faulhaber wiederholten, dass ein solches offizielles Verbot zu keiner Zeit erlassen worden sei, kam es vorerst jedoch nicht zu weiteren Beanstandungen.

Kein Seminarist des Studienseminars Traunstein war daher bis Frühjahr 1939 Mitglied der HJ. In zwei Fällen ist allerdings die Aufnahme von Schülern ins Seminar belegt, die bereits zuvor dem Jungvolk beigetreten waren. Aber auch hier unterblieb die Einschreibung in die HJ.[29] Wenigstens zu Beginn entstanden den Seminaristen daraus keine Nachteile, da der Anteil der Schüler, die der HJ beigetreten waren, insgesamt gering blieb. Noch 1935 waren am Traunsteiner Gymnasium erst 62,5 Prozent aller Nichtseminaristen in der HJ organisiert. Nicht zuletzt die Politik des Studiendirektors Schwarz, der die im Umfeld der Verhaftungen und Versetzungen von Leitschuh, Parzinger, Carnier und Koeniger aufgebrochenen weltanschaulichen Gegensätze durch ein konsequentes Setzen auf das Leistungsprinzip zu glätten versuchte, hatte daran großen Anteil.[30]

Das „Gesetz über die Hitlerjugend" vom 1. Dezember 1936 bestimmte jedoch, dass die „gesamte deutsche Jugend innerhalb des Reichsgebietes … in der Hitlerjugend" zusammengefasst werde. Der neue Direktor Kerber drängte daher auf eine möglichst vollständige Erfassung der Schüler in der HJ. Bis 1939 waren 93,4 Prozent der Nichtseminaristen an der Oberschule der HJ beigetreten. Die Sonderstellung der Seminaristen wurde nun immer stärker empfunden und von Kerber als Hauptursache für den angeblichen mangelnden inneren Zusammenhalt der Schule gedeutet. Gleichzeitig nahm auch der Druck von außen auf das Gymnasium zu. Einzelne Eltern beschwerten sich im Kultusministerium über eine Benachteiligung der Angehörigen der HJ. Im Jahr 1937 wurde dem Ministerium etwa von einer Mutter vorgeworfen, zu viel Rücksicht auf das „Priesterseminar"

---

[27] AEM Studienseminar Traunstein, Nr. 112.
[28] EAM NL Faulhaber 5762.
[29] AEM Studienseminar Traunstein, Seminaristenkartei.

Abb. 4: Studiersaal im Studienseminar; AEM Studienseminar Traunstein.

Nach Ablauf eines Jahres und nachdem im September 1940 die ersten Seminaristen aus der HJ ausgeschieden und der Wehrmannschaft beigetreten waren, stellte
die Seminarleitung am 10. Oktober beim Kultusministerium daher einen Antrag
auf Erteilung der Schulgeldermäßigung. Dieser wurde jedoch mit der Begründung abgewiesen, dass die Wehrmannschaft keine Gliederung der NSDAP sei.
Eine Schulgeldermäßigung wäre demnach nur möglich gewesen, wenn die Seminaristen der SA oder SS beigetreten wären, was aber von Seiten der Seminarleitung
offenbar strikt abgelehnt wurde. In dem Schreiben heißt es weiter: „Es kann von
dem bisher eingenommenen Standpunkt der Nichtbewertung des Dienstes in der
Pflicht-HJ nicht abgegangen werden, auch wenn die Dienstleistung der Jungen
zufriedenstellend ist. Die erzwungene Dienstleistung bietet nicht die Gewähr,
dass sich die Zöglinge des Seminars nun auch wirklich in die nationalsozialistische
Volksgemeinschaft eingegliedert haben; wohl aber muß aus der widersetzlichen
Haltung der klerikalen Seminare vor Durchführung der Pflichterfassung geschlossen werden, daß eine solche Einordnung auch heute noch unbedingt verhindert
werden will."[57]

---

[57] BayHStA MK 39271.

Der Kampf gegen das Seminar

Die sich zunehmend verschlechternde Situation an der Schule war letztlich nur ein Vorzeichen dafür, dass über kurz oder lang auch das Seminar selbst zum Gegenstand der Auseinandersetzungen werden würde. Dabei befand sich das Seminar rechtlich in einer guten Ausgangslage, denn das Bayerische Konkordat von 1924 hatte den Staat verpflichtet, für den Unterhalt der Knaben- und Priesterseminare angemessene Zuschüsse zu leisten, und damit implizit auch deren Existenz grundsätzlich anerkannt. Das Reichskonkordat von 1933 hatte daran nichts geändert, sondern sogar ausdrücklich festgelegt, dass die Bestimmungen der Länderkonkordate uneingeschränkt weiter gelten sollten. Versuche der bayerischen Staatsregierung im Jahr 1934, die staatlichen Zuschüsse deutlich zu kürzen, konnten daher durch die Intervention von Kardinalstaatssekretär Eugenio Pacelli mit Hinweis auf das Konkordat verhindert werden.[38]

In der Folge unterblieben weitere Maßnahmen gegen die Knabenseminare, bis Wagner Kultusminister wurde. Bereits ein Jahr nach seiner Amtsübernahme griff er erstmals nachhaltig in die Priesterausbildung ein. Im Zuge der Reform des höheren Schulwesens in Bayern Ende des Jahres 1937 ordnete er die Schließung des Spätberufenenseminars in Fürstenried und des Knabenseminars in Scheyern an. Beide sollten vom Schuljahr 1938/39 an keine weiteren Klassen mehr aufnehmen. Zur Begründung führte der Staatsminister schlicht aus, dass für kirchliche Schulen im Dritten Reich kein Platz sei. Im Februar bzw. April 1939 ging Wagner einen Schritt weiter und ließ die Katholisch-Theologische Fakultät an der Münchener Universität und das Herzogliche Georgianum schließen.[39]

Rechtlich konnte gegen die Entschließungen nur schwer vorgegangen werden, da das Konkordat Zahl und Art der zu unterhaltenden Seminare nicht im Detail festgelegt hatte, mit den Knabenseminaren in Freising und Traunstein sowie dem Klerikalseminar auf dem Freisinger Domberg die Priesterausbildung aber weiter möglich blieb.

Der Zweite Weltkrieg lieferte dann den Vorwand zu weiteren Maßnahmen. Die beiden Seminare in Scheyern und Fürstenried wurden auf Weisung des Kultus-

---

[38] BayHStA StK 7266.

[39] Karl Braun, Das Spätberufenenseminar Fürstenried in der Zeit der nationalsozialistischen Gewaltherrschaft, in: 60 Jahre Erzbischöfliches Spätberufenenseminar St. Matthias 1927-1987. 30 Jahre Waldram 1957-1987, St. Ottilien 1987, 18-21; Johannes M. Hoeck, Die Benediktinerabtei Scheyern, in: Georg Schwaiger (Hg.), Das Erzbistum München und Freising in der Zeit der nationalsozialistischen Herrschaft, Bd. 2, München-Zürich 1984, 338-353; Georg Schwaiger, Das Herzogliche Georgianum in Ingolstadt, Landshut, München 1494-1994, Regensburg 1994; Manfred Weitlauff, Die Katholisch-Theologische Fakultät der Universität München und ihr Schicksal im Dritten Reich. Kardinal Faulhaber, der „Fall" des Professors Dr. Hans Barion und die Schließung der Fakultät 1939 durch das NS-Regime. Mit einem Quellenanhang, in: Beiträge zur altbayerischen Kirchengeschichte 48 (2005) 149-373.

ministers vorzeitig geschlossen: Fürstenried musste bereits mit Kriegsbeginn geräumt werden und einem Lazarett weichen. Die Schüler des Spätberufenenseminars verteilte man auf andere Schulen in München, soweit sie nicht zum Wehrdienst einberufen wurden. Scheyern wurde am 5. Februar 1940 geschlossen. Auch die beiden Seminare auf dem Freisinger Domberg wurden von der Wehrmacht beansprucht.[40]

Die Beanspruchung kirchlicher Einrichtungen durch Staat, Wehrmacht oder NS-Organisationen war gängige Praxis. Denn kirchliche Häuser waren für potentielle Quartiernehmer häufig attraktive Objekte, da sie sich größtenteils auf dem Land befanden. Dort zählten sie zu den wenigen Gebäuden, die auch eine größere Zahl von Menschen aufnehmen konnten. Zudem stand hier häufig sehr gut ausgebildetes Personal zur Verfügung, das für die neuen Aufgaben herangezogen werden konnte.[41]

Auch das Studienseminar Traunstein wurde für kurze Zeit mit einem Lazarett belegt. Der moderne Neubau mit seinen großen Studiensälen, einer Krankenstation und Großküche bot sich für die Belegung förmlich an.[42] Doch bereits am 9. August 1940 wurde offiziell die Auflösung des Lazaretts zum 15. August verfügt. Nachdem am 31. August 1940 das Lazarett vollständig das Gebäude geräumt hatte, konnten nach einer gründlichen Reinigung und notdürftigen Reparaturarbeiten am 4. September die Studenten der Klassen 4 mit 8 wieder in das Gebäude zurückkehren.[43]

Bereits am 5. September wurde dem Seminarvorstand jedoch durch den Landrat eine erneute Inanspruchnahme durch die Volksdeutsche Mittelstelle angekündigt. Verschiedene Hinweise deuteten darauf hin, dass im Seminar deutsche Umsiedler einquartiert werden sollten. Entsprechend unsicher gestaltete sich der Start in das neue Schuljahr. Im Ordinariat versuchte man eine erneute Belegung unter allen Umständen zu verhindern und bot dem Staat andere kirchliche Gebäude als Ersatz an, worauf der Kreisleiter eine zwangsweise Beschlagnahmung androhte. Das Erzbischöfliche Ordinariat verweigerte aber weiterhin eine freiwillige Übergabe des Gebäudes. Die Kreisleitung hatte diesen Schritt offenbar vorausgesehen und vorsorglich beim Staatsministerium für Unterricht und Kultus eine Schließungsverfügung erwirkt, die dem Seminar am 20. September zugestellt wurde. Nach einem scharfen Protest der Diözesanleitung, in dem auf die Widerrechtlichkeit des Vorgehens hingewiesen wurde, sah sich das Ministerium mit Schreiben vom 5. Oktober gezwungen, die Verfügung zurückzunehmen. Zu diesem Zeitpunkt wa-

---

[40] Volker Laube, Fremdarbeiter in kirchlichen Einrichtungen im Erzbistum München und Freising 1939-1945. Eine Dokumentation (= Schriften des Archivs des Erzbistums München und Freising 7), Regensburg 2005, 167-169.

[41] Ebd. 31-38.

[42] Ebd. 176-180.

[43] AEM Studienseminar Traunstein, Nr. 818, 839.

ren allerdings längst Fakten geschaffen worden. Bereits am 2. Oktober hatte man das Seminar mit 700 Bessarabien-Deutschen belegt.[44]

Da die Belegung durch die Volksdeutsche Mittelstelle von vornherein zeitlich begrenzt sein würde, stellte die Gauleitung, der Wagner neben seiner Tätigkeit als Kultusminister ebenfalls vorstand, bereits im November 1940 Überlegungen für das weitere Vorgehen an. Das erklärte Ziel Wagners war es, das Studienseminar seiner eigentlichen Zweckbestimmung nicht mehr zuzuführen, wie ein Ministerialrat aus dem Kultusministerium der Traunsteiner Kreisleitung in einem Schreiben vom 28. November 1940 mitteilte. Die Gauleitung trat deshalb mit dem Vorschlag an das Kultusministerium heran, das Seminar zu kaufen, um dort eine Adolf-Hitler-Schule zu errichten. Im Ministerium wies man darauf hin, dass man zuerst an Kardinal Faulhaber wegen einer freiwilligen Überlassung des Gebäudes herantreten müsse. Sollte dieser erwartungsgemäß ablehnen, könne ein ordentliches Enteignungsverfahren beim Landrat von Traunstein beantragt werden. Die Pläne zerschlugen sich jedoch, weil die Reichsjugendführung in Berlin im Februar 1941 mitteilte, dass man für den Vorschlag keinerlei Verwendung habe.[45]

Wagner gab dennoch nicht auf. Tatsächlich konnte das Studienseminar nach der Räumung durch die Volksdeutsche Mittelstelle im März 1941 umgehend durch ein Lager der erweiterten Kinderlandverschickung belegt werden. Die Kinderlandverschickung unterstand aber der Leitung des Gaus München-Oberbayern und damit wiederum Wagner.[46]

Am 16. Juli 1941 erließ Wagner dann eine Verfügung, die die endgültige Schließung des Studienseminars in Traunstein ab dem Schuljahr 1941/42 vorsah. Begründet wurde dies mit den Richtlinien des Reichsministers für Wissenschaft, Erziehung und Volksbildung vom 1. Februar 1939 über die Aufgaben der Schulen und Schülerheime mit dem Ziel, „den nationalsozialistischen Menschen" zu formen. In den bischöflichen Knabenseminaren sei dies nicht gewährleistet. Da es sich um eine Konkordatssache handelte, kündigte Faulhaber an, den Heiligen Stuhl als Vertragspartner und zum Schutz des Konkordatsrechts anzurufen. Außerdem wies er darauf hin, dass die Schließung der Seminare und die sich daraus ergebende Gefährdung des Priesternachwuchses in der katholischen Bevölkerung für erhebliche Unruhe sorgen würden. Das Bayerische Staatsministerium für Unterricht und Kultus gab nach und teilte dem Kardinal mit Schreiben vom 11. September mit, dass seiner Beschwerde stattgegeben werde.[47]

Zwischenzeitlich hatte die Gauleitung den Mietvertrag für das KLV-Lager zum 15. August 1941 gekündigt. Da noch im selben Monat im Seminar ein Lazarett

---

[44] AEM Studienseminar Traunstein, Nr. 828, 829, 830, 832; BayHStA MK 39239, 39271.

[45] BayHStA MK 39271.

[46] AEM Studienseminar Traunstein, Nr. 833, 835, 836.

[47] EAM NL Faulhaber 8162; AEM Studienseminar Traunstein, Nr. 829.

eingerichtet wurde, ist zu vermuten, dass die Wehrmacht von der Gauleitung eine Abtretung der Gebäude verlangt hatte. Tatsächlich hatte die Wehrmacht einer Belegung des Seminars mit einem Lager der erweiterten Kinderlandverschickung offenbar lediglich unter der Voraussetzung zugestimmt, dass die Beanspruchung des Gebäudes sich nur bis zum Zeitpunkt der Einrichtung eines Reservelazaretts erstrecke. Dass die Aufgabe des Seminars von Seiten der Gauleitung nicht freiwillig erfolgte, wird auch aus einer Beschwerde der Kreisleitung in Traunstein wenig später deutlich. Der Kreisleiter beschwerte sich dort, dass das Militär auf die Belange der Kinderlandverschickung nur wenig Rücksicht nehme.[48]

Die erneute Übernahme durch die Wehrmacht stellte zwar ebenfalls eine große Belastung für das Seminar dar, das Verhältnis zu den Quartiernehmern entspannte sich aber spürbar. Das Militär hatte keinerlei weltanschauliches Interesse an einer endgültigen Schließung oder gar Enteignung des Seminars. Solange der Krieg andauerte, bot es zudem die Gewähr dafür, dass die Ansprüche anderer Quartiernehmer, insbesondere von NS-Organisationen, abgewehrt werden konnten. Dass die Angriffe auf das Studienseminar insgesamt nachließen, hatte aber noch einen weiteren, mindestens ebenso entscheidenden Grund: Im Sommer 1942 schied Kultusminister und Gauleiter Wagner aus gesundheitlichen Gründen aus dem Amt.

Ende März 1945 versuchte das Erzbischöfliche Ordinariat eine vorzeitige Freigabe des Seminars zu erreichen. Offensichtlich dachte man dabei an ein Tauschprojekt. Der Plan sah vor, der Wehrmacht mit dem Traunsteiner St. Josefs-Kinderheim der Mallersdorfer Schwestern einen Ersatz anzutragen. Die Bemühungen scheiterten, da dieses Haus schon durch eine ministerielle Verfügung als SS-Lazarett bestimmt worden war.[49]

Das Wehrmachtlazarett blieb daher bis Kriegsende in den Gebäuden des Seminars. Am 3. Mai 1945 wurde Traunstein kampflos durch den ersten Bürgermeister an die Amerikaner übergeben. Auch das Lazarett wurde von der amerikanischen Armee übernommen. Ab Juni bemühte sich die Diözesanleitung intensiv um eine Freigabe der beiden Seminare in Freising und Traunstein. Zwar nahmen die Verhandlungen bereits im Juli auch in Traunstein konkrete Gestalt an, allerdings verzögerte sich eine Freigabe bis in den September. Zur Enttäuschung des Erzbischöflichen Ordinariats wurde das Seminar dann aber nicht gänzlich geräumt, sondern an die United Nations Relief and Rehabilitation Administration (UNRRA) übergeben.

Die UNRRA hatte am 11. Juli 1945 offiziell ihre Arbeit in Traunstein aufgenommen und war für zahlreiche Ausländerlager im Stadtgebiet zuständig.[50] Am

---

[48] AEM Studienseminar Traunstein, Nr. 839.

[49] AEM Studienseminar Traunstein, Nr. 101.

[50] Gerd Evers, Befreiung, Besatzung, Erneuerung. Kreis und Stadt Traunstein 1945-1949, Ising 1996, 66-82.

23. September wurde das Seminar mit 500 Polen belegt. Am 3. November 1945 teilte der Vizedirektor der UNRRA Kardinal Faulhaber mit, dass Traunstein möglichst bald an die Kirche zurückgegeben werden sollte und stellte eine Räumung binnen fünf Tagen in Aussicht. Nur einen Tag später wurde allerdings mitgeteilt, dass man das Seminar noch mindestens einen Monat länger benötige. Erst ein Befehl des Oberbefehlshabers der Alliierten Streitkräfte, General Dwight D. Eisenhower, aus Berlin hatte den gewünschten Erfolg. Am 3. Dezember 1945 konnte das Erzbistum das Seminar wieder eröffnen. Nach mehr als sechs Jahren wurde das Gebäude damit wieder seinem eigentlichen Zweck zugeführt.[51]

Seminarleben unter Kriegsbedingungen

Die Aufrechterhaltung des Seminarlebens gestaltete sich unter den Kriegsbedingungen immer schwieriger. Die Fremdbelegung des Seminars mit einem Lazarett, einem Bessarabierlager und einem Lager der erweiterten Kinderlandverschickung bedeutete, dass für die Schüler andere Quartiere gefunden werden mussten. Angesichts der großen Zahl der Seminaristen erwies sich dies als ein schweres und zeitaufwändiges Unterfangen, das von den Verantwortlichen zudem ein hohes Maß an Improvisationsbereitschaft verlangte.

Als die Wehrmacht im September 1939 das Gebäude das erste Mal beanspruchte, befanden sich die Schüler noch bei ihren Eltern in den Ferien. Man benötigte etwa drei Wochen bis zum 25. September – eine Woche nach offiziellem Schulbeginn –, um eine erste provisorische Lösung für alle Schüler zu organisieren. Eine gemeinsame Unterkunft, die eine größtmögliche Kontinuität im Seminarleben garantiert hätte, schied mangels eines geeigneten Gebäudes von vornherein aus. Die Schüler mussten daher auf mehrere Orte verteilt werden. Vorrangiges Ziel war es, möglichst große Gruppen zu bilden, um eine weitere geistliche Betreuung zu ermöglichen. Die Ersatzquartiere wurden als Teilseminare eingerichtet und jeweils einem Präfekten verantwortlich zugewiesen.[52]

Die Verhandlungen mit der Wehrmacht ergaben, dass ein kleiner Teil der Schüler vorerst im Seminar verbleiben konnte. Die übrigen Seminaristen fanden im Pfarrhof in Waging, im Marienheim in Eisenärzt sowie im Josefsheim in Siegsdorf Unterkunft bzw. wurden privat bei ihren Eltern, sofern sich das Elternhaus in erreichbarer Nähe zum Seminar befand, oder gastweise bei Traunsteiner Familien untergebracht. In zwei Fällen gab die Seminarleitung die Erlaubnis zu einem Wechsel der Schule, da aufgrund der Entfernung vom Wohn- zum Studienort der tägliche Schulweg nicht zumutbar erschien, eine andere Oberschule dagegen vom Wohnort aus gut erreicht werden konnte.

---

[51] EAM NL Faulhaber 5796.
[52] AEM Studienseminar Traunstein, Nr. 818, 839, 851.

Der Seminarvorstand sah sich damit vor die große Herausforderung gestellt, das Erziehungsideal des Seminars auch unter solchen Bedingungen aufrechtzuerhalten. Angesichts der räumlichen Aufsplitterung der Seminaristen in mehrere große und noch mehr kleine Gruppen legte die Seminarleitung großen Wert auf gemeinschaftliche Treffen. Am 1. Oktober 1939 trafen sich alle Schüler zu einem gemeinsamen Gottesdienst. In einer anschließenden Besprechung wurden den Seminaristen neue Verhaltensmaßregeln für die neue Lage vorgetragen. Für die geistliche Betreuung in Waging, Eisenärzt und Siegsdorf sowie für die im Seminar verbliebenen Seminaristen wurde folgende Regelung getroffen: Der erste Präfekt Martin Kemmer sollte die Waginger Schüler betreuen. Präfekt Johann Betzl war für die Siegsdorfer und Eisenärzter zuständig. Im Seminar war Mair für die Rolle eines Präfekten vorgesehen; hier sollte außerdem der Spiritual P. Hubert Lucas stärker aushelfen. P. Lucas wollte zudem einmal wöchentlich die Seminaristen an den anderen drei Orten aufsuchen. Die Präfekten und Seminardirektor Mair wollte man außerdem durch Obmänner, die aus dem Kreis der Schüler entnommen wurden, unterstützen. Im Übrigen war der Seminarvorstand darum bemüht, auch unter den erschwerten Bedingungen den eingeübten Seminaralltag soweit wie möglich aufrechtzuerhalten. Die Hausordnung galt in den Teilseminaren weiter, wenn auch mit den notwendigen Anpassungen an die äußeren Umstände.[53]

Die geschilderte Situation währte allerdings nur kurz. Charakteristisch für das Schuljahr 1939/40 waren vielmehr für viele Schüler mehrere Quartierwechsel. Zu einer ersten Änderung kam es bereits Anfang November, als die Wehrmacht ihre Bereitschaft signalisierte, wenigstens kurzzeitig wieder mehr Schüler im Seminar aufzunehmen. Allerdings dauerte dieser Zustand nur knapp zwei Wochen. Nachdem der Lazarettleitung die Ankunft eines größeren Lazarettzugs mit Schwerverletzten angekündigt worden war, mussten sämtliche Seminaristen das Haus innerhalb weniger Tage wieder verlassen. Ersatzweise wurde das Kurhaus in Traunstein, das bis dahin ebenfalls als Lazarett gedient, sich für die Versorgung von Verletzten aber als ungeeignet erwiesen hatte, zur Verfügung gestellt. Das Kurhaus konnte einen Teil der betroffenen Seminaristen aufnehmen, die übrigen wurden nach Eisenärzt verlegt.[54]

Anfang Dezember besserte sich die Situation insofern, als die Belegung im Kurhaus in Traunstein und im Marienheim in Eisenärzt aufgestockt wurde und deshalb die entfernter gelegenen Quartiere in Waging und in Siegsdorf wieder aufgegeben werden konnten. Die Konzentration des größten Teils der Schüler an nur noch zwei Orten erleichterte ihre geistliche Betreuung erheblich. Schon bald erhielt der Seminarvorstand jedoch Informationen, dass nun auch das Kurhaus beansprucht werden sollte. Mit Hilfe der Wehrmacht konnte schließlich das Institut der Englischen Fräulein in Sparz gewonnen werden, wo am 1. April der Betrieb auf-

[53] AEM Studienseminar Traunstein, Nr. 839.
[54] AEM Studienseminar Traunstein, Nr. 838, 839, 851.

genommen wurde. Die Englischen Fräulein stellten dem Seminar einen kompletten Gebäudeflügel zur Verfügung, in dem nun ein Großteil der bis dahin in privaten Quartieren lebenden Schüler konzentriert wurde.[55]

Mit der Auflösung des Reservelazaretts im August 1940 kehrten alle Schüler in das Seminar zurück. Bereits zum 1. Oktober musste das Gebäude allerdings für die Volksdeutsche Mittelstelle erneut geräumt werden. Nur 53 Schüler konnten vorerst im Erdgeschoss des Seminars wohnen bleiben. Auch dieses Mal stellte das Institut in Sparz wieder seine Gebäude zur Verfügung. Als am 12. Dezember auch die im Seminar verbliebenen Schüler zum Verlassen des Gebäudes gezwungen wurden, entschloss sich die Seminarleitung, die betroffenen Seminaristen vorzeitig in die Ferien zu schicken, da es sich als unmöglich herausstellte, kurzfristig andere Quartiere zu organisieren. Zu Jahresbeginn kamen dann alle Seminaristen im Institut in Sparz unter, wo sie für die nächsten gut sechs Monate verbleiben konnten. Am 16. Juli wurden die Schüler in die Ferien entlassen. Nach Sparz sollten sie nicht mehr zurückkehren, denn die Wehrmacht beanspruchte im Zuge des Ausbaus von Traunstein zur Lazarettstadt jetzt auch das Institut der Englischen Fräulein.[56]

Sparz war das letzte Gebäude gewesen, in dem eine größere Zahl von Schülern untergebracht werden konnte. Fortan war eine gruppenweise Unterkunft nicht mehr möglich. Von Beginn des Schuljahres 1941/42 an mussten alle Seminaristen privat einquartiert werden oder jeden Morgen ihren Schulweg als Fahrschüler von zu Hause aus antreten. 23 Schüler, deren Elternhaus zu weit von Traunstein entfernt lag und für die keine Privatunterkünfte organisiert werden konnten, wechselten an auswärtige Schulen in Wasserburg, München, Rosenheim, Bad Tölz und Mühldorf.[57]

Der Zusammenhalt und die geistliche Erziehung der Seminaristen wurden damit noch schwieriger; von einem wirklichen Seminarleben kann man kaum mehr sprechen. Die Schüler trafen sich fortan einmal wöchentlich im Seminar. Außerdem stand die Seminarleitung jederzeit als Ansprechpartner zur Verfügung und suchte, soweit möglich, auch von sich aus das Gespräch mit den Seminaristen. Eine große Bedeutung kam dabei insbesondere dem Spiritual P. Lucas zu, der sein Möglichstes tat, um die geistliche Betreuung aufrechtzuerhalten.

Neben dem Verlust des Gebäudes wirkten auch der Reichsarbeitsdienst, der Wehrdienst und der Kriegshilfseinsatz in der Luftwaffe auf das Seminarleben zurück. Am 26. Juni 1935 war per Gesetz die allgemeine Arbeitsdienstpflicht eingeführt worden, und mit Kriegsausbruch kam noch die Einberufung vieler Seminaristen zum Wehrdienst hinzu. Dabei wurden sowohl vom Reichsarbeitsdienst, der

[55] AEM Studienseminar Traunstein, Nr. 844.
[56] EAM NL Faulhaber 5795.
[57] AEM Studienseminar Traunstein, Nr. 798.

sechs Monate dauerte, als auch von der Wehrmacht zuerst nur solche Seminaristen einberufen, die ihre Schulzeit ordentlich abgeschlossen hatten. Ab September 1940 konnte es die Schüler auch mitten im Schuljahr treffen, sofern sie das 18. Lebensjahr bereits vollendet hatten. Im Januar und Februar 1941 waren hiervon nicht mehr nur die Abschlussklasse betroffen, sondern auch frühere Jahrgänge. Ab Juli 1942 wurde offenbar auf den Stand der schulischen Ausbildung keine Rücksicht mehr genommen, entscheidend war vielmehr allein das Alter.[58]

Anfangs erhielten die Seminaristen auch dann, wenn sie bereits in der siebten Klasse einberufen worden waren, ihnen also noch über ein Jahr zum ordentlichen Schulabschluss fehlte, ein Reifezeugnis ausgestellt. Dies änderte sich ab 1942. Von diesem Jahr an bekamen sie nur noch einen Reifevermerk ausgehändigt, wenn sie die siebte Klasse bereits zu einem größeren Teil absolviert hatten. Mit Ablauf der noch zum eigentlichen Abschluss fehlenden Zeit wurde den Betroffenen ihr Reifezeugnis schriftlich zugestellt. Alle anderen Schüler mussten ihre schulische Ausbildung nach dem Krieg fortsetzen.

Mit der Verordnung über die „Heranziehung von Schülern zum Kriegshilfseinsatz der deutschen Jugend in der Luftwaffe" konnten ab dem 26. Januar 1943 auch 17-jährige Schüler ab Geburtsjahrgang 1926 klassenweise eingesetzt werden. Durch diese Maßnahmen reduzierte sich die Zahl der Seminaristen in den kommenden Jahren ständig. Bei Kriegsbeginn im September 1939 betrug die Zahl der Seminaristen noch 135, bei Kriegsende waren es nur noch 40.[59]

Direktor Mair war stets darum bemüht, auch mit den eingezogenen Seminaristen in Kontakt zu bleiben, um ihnen in dieser Zeit bis zur eventuellen Aufnahme in das Klerikalseminar in geistlichen Angelegenheiten Halt und Orientierung zu geben. Zahlreiche Feldpostbriefe, die sich im Archiv des Studienseminars erhalten haben, zeugen davon, während persönliche Kontakte nur noch auf die wenigen Gelegenheiten bei Heimaturlauben beschränkt blieben. In den Briefen der abrupt aus dem geordneten Seminarleben herausgerissenen Seminaristen kamen häufig die Schwierigkeiten zur Sprache, unter denen versucht wurde, in einer teils kirchenfeindlichen Umgebung das im Seminar eingeübte religiöse Leben aufrechtzuerhalten. Der Direktor antwortete stets umgehend und führte über den jeweiligen Aufenthaltsort seiner ehemaligen Zöglinge eine Kartei, die er immer aktuell zu halten versuchte. Auch mit den Eltern hielt er Kontakt.

Nach Möglichkeit nahmen er oder ein Präfekt an den Gedenkgottesdiensten für gefallene Seminaristen in deren Heimatorten teil. Insgesamt starben 45 ehemalige Zöglinge des Seminars.[60]

[58] AEM Studienseminar Traunstein, Nr. 797, 809.
[59] AEM Studienseminar Traunstein, Nr. 798.
[60] AEM Studienseminar Traunstein, Nr. 796.

Joseph Ratzinger und seine Traunsteiner Zeit

Die Traunsteiner Jahre prägten den jungen Joseph Ratzinger nachhaltig.[61] In diese Jahre fielen die Gymnasialzeit, die Entscheidung für den Priesterberuf und die Aufnahme in das Studienseminar. In seiner Autobiographie räumt er seiner Traunsteiner Zeit weiten Raum ein.[62] Der Vater war als Gendarm vielfach versetzt worden. Auf Joseph Ratzingers Geburtsort Marktl am Inn folgten 1929 die Stationen Tittmoning und 1932 Aschau am Inn. Als der Vater 1937 pensioniert wurde, siedelte die Familie nach Hufschlag am Stadtrand von Traunstein über, wo sie bereits 1933 ein Haus erworben hatte. Georg Ratzinger, der ältere Bruder, besuchte in Traunstein seit 1935 das Humanistische Gymnasium. Da die tägliche Anfahrt von Aschau nach Traunstein zu weit gewesen wäre, trat er noch im selben Jahr in das Erzbischöfliche Studienseminar ein. Inwieweit das Humanistische Gymnasium ausschlaggebend war für die Wahl von Traunstein als Altersruhesitz des Gendarmen Joseph Ratzinger, bleibt offen. Für den zweiten Sohn, Joseph, erwies sich die Nähe zur Schule jedenfalls als Vorteil, da er den Schulweg zu Fuß antreten und deshalb weiter bei seinen Eltern wohnen konnte.

Als Joseph Ratzinger an das Traunsteiner Gymnasium wechselte, spitzten sich dort gerade die ideologischen Auseinandersetzungen erheblich zu. Der junge Schüler erlebte in den ersten Monaten noch den auf Ausgleich bedachten Schulleiter Oskar Schwarz im Amt, der allerdings schon bald dem bekennenden Nationalsozialisten Robert Kerber weichen musste. Dass mit Beginn des zweiten Schuljahrs das Humanistische Gymnasium mit der Realschule zusammengelegt und in eine Oberschule für Jungen umgewandelt wurde, traf den Zweitklässler zwar nur indirekt, weil die bestehenden Schulklassen ihre humanistische Ausrichtung behielten und nur die neuen Klassen nach dem Lehrplan der Oberschule unterrichtet werden sollten, doch traten die meist jüngeren Lehrkräfte aus der Realschule aber nun auch in den anderen Klassen deutlich stärker für eine weltanschauliche Schulung im Sinne des Nationalsozialismus ein. Vor allem die Seminaristen wurden von Seiten der Schulleitung nun kritisch betrachtet und für ihre Haltung wiederholt offen kritisiert.

Das Schulklima blieb nicht ohne Einfluss auf den jungen Joseph Ratzinger. Wie er heute sagt, beförderte die ideologische Polarisierung in der Schule und im Unterricht seine Entscheidung, Priester zu werden. Der Pfarrer von Haslach, Ste-

[61] Franz Haselbeck, Eine Jugend in Traunstein, in: Stadt Traunstein (Hg.), Papst Benedikt XVI. in Traunstein und Surberg, Traunstein 2005, 4-8.

[62] Joseph Ratzinger, Aus meinem Leben. Erinnerungen (1927-1977), Stuttgart 1998, 24-32. Vgl. auch: Ders., Mein Bruder, der Domkapellmeister, in: Paul Winterer (Hg.), Der Domkapellmeister Georg Ratzinger – ein Leben für die Regensburger Domspatzen, Regensburg 1994, 14-16; Ders., Salz der Erde. Christentum und katholische Kirche im 21. Jahrhundert. Ein Gespräch mit Peter Seewald, München 1996, 43-62.

fan Blum, zu dessen Sprengel Hufschlag damals gehörte, setzte sich bei den Eltern dafür ein, auch ihren zweiten Sohn im Studienseminar anzumelden. Am 16. April 1939 folgte Joseph Ratzinger seinem Bruder Georg und trat in das Seminar ein. Für Joseph Ratzinger brachte das Seminarleben einen tiefen Einschnitt. Der stark auf das Gemeinschaftsleben abgestimmte Alltag bereitete dem Zwölfjährigen anfangs erhebliche Probleme. Hatte er bisher zu Hause weitgehend in großer Freiheit gelebt und seine Zeit zu einem großen Teil selbst einteilen können, so war er nun einem strengen Tagesablauf unterworfen. Den Schlafsaal teilte er zusammen mit 60 weiteren Zöglingen. Vor allem aber lag ihm der Sportunterricht wenig.

Die Seminarzeit selbst dauerte für Ratzinger allerdings nur knapp zwei Jahre. Bereits nach den ersten Sommerferien konnte er für einige Monate nicht in das Seminar zurückkehren, da die Wehrmacht das Gebäude beschlagnahmt hatte. Da seine Eltern fußläufig zur Schule wohnten, gehörte Joseph Ratzinger zu den Schülern, die wieder zu Hause bei ihren Eltern unterkamen. Am 18. November konnte er in das Teilseminar im Kurhaus in Traunstein einziehen und damit wieder am geregelten Seminarleben teilnehmen. Nach mehreren weiteren Wechseln wohnte er dann vom 14. September 1941 bis zu seiner Einberufung als Flakhelfer nach München ausschließlich bei seinen Eltern, war damit dem Seminarleben aber größtenteils wieder entzogen.

Insgesamt zieht Joseph Ratzinger später ein sehr positives Fazit über seine Seminarzeit. Er habe im Seminar gelernt, „sich ins Ganze einzufügen" und im „Geben und Empfangen eine Gemeinschaft mit den anderen zu bilden", eine Erfahrung, für die er dankbar und die für sein Leben wichtig gewesen sei, wie er in seinen Lebenserinnerungen schreibt.[63]

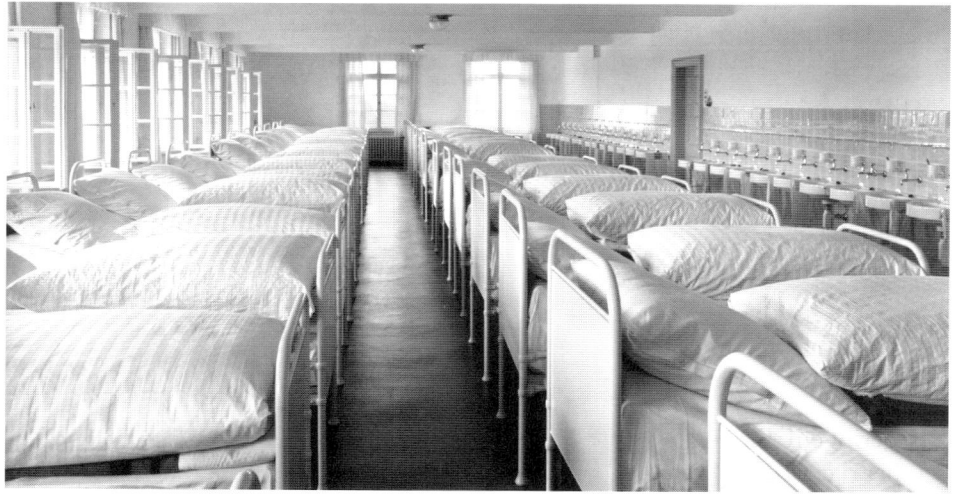

Abb. 5: Schlafsaal im Studienseminar; AEM Studienseminar Traunstein.

[63] Ratzinger, Leben (wie Anm. 62) 30.

Anhang

Informationen aus dem Archiv des Erzbischöflichen Studienseminars Traunstein zu Joseph Ratzinger (Papst Benedikt XVI.)

Aus den Archivalien des Erzbischöflichen Studienseminars Traunstein ergeben sich für die Biographie von Papst Benedikt XVI. für die Jahre von 1939 bis 1945 die nachfolgend dargelegten Aufschlüsse. Diese aus den archivalischen Quellen gewonnenen Aussagen decken sich mit den von Joseph Ratzinger bereits veröffentlichen Erinnerungen, bieten aber darüber hinaus in einigen Punkten noch detailliertere Informationen.

1. Aufnahme in das Seminar

Am 4. März 1939, als Joseph Ratzinger noch Schüler der zweiten Klasse des Humanistischen Gymnasiums war, richtete der Vater, Gendarmeriemeister a.D. Joseph Ratzinger, an das Direktorat des Studienseminars die Bitte, seinen Sohn ab der dritten Klasse aufzunehmen. Hubert Pöhlein, geistlicher Studienrat am Gymnasium Traunstein, unterstützte das Aufnahmegesuch. Er attestierte Joseph Ratzinger ein braves, fleißiges und in allem zuverlässiges Wesen. Ratzinger sei stets gut vorbereitet für den Unterricht, an dem er immer mit größtem Interesse teilnehme. Sein Benehmen sei durchweg hervorragend und untadelig gewesen. Im Umgang mit den anderen Schülern übe er stets die gelernten Grundsätze aus. Ratzinger habe nie Anlass zu Tadel oder Sorge über sein sittliches Verhalten gegeben. Im ärztlichen Zeugnis wurde Ratzinger von Dr. Paul Kellner in Traunstein zwar ein mäßiges Untergewicht, ansonsten aber Gesundheit bestätigt. Lobend hebt der Arzt hervor, dass sich der Ernährungs- und Kräftezustand seit 1937 etwas gebessert habe. Die Aufnahmeprüfung beendete Joseph Ratzinger mit den Noten 1 im Fach Religion, 1-2 im Lesen, 1 in Sprachlehre, 2 in Rechtschreibung und 1 im Aufsatz. Noch im März wurde die Aufnahme in das Studienseminar genehmigt. Der Eintritt erfolgte mit Beginn der dritten Klasse am 16. April 1939.

2. Schulgeld- und Kostgeldermäßigung

Bei geringem Einkommen der Eltern und mehreren Geschwistern gab es für Schüler die Möglichkeit, eine Schulgeldermäßigung zu beantragen. Am 21. April 1938 stellte der Vater Ratzingers ein entsprechendes Gesuch. Es ist angesichts der finanziellen Situation der Familie Ratzinger anzunehmen, dass die Ermäßigung bewilligt wurde. Durch eine Verordnung des Staatsministeriums für Unterricht und Kultus vom 9. August 1938 wurde allen Schülern, die nicht der Hitler-Jugend angehörten, die Schulgeldermäßigung gestrichen. Bis zum Eintritt Ratzingers in das Studienseminar mussten die Eltern daher den gesamten Schulgeldbetrag aufbringen.

Mit der Aufnahme in das Seminar bat sein Vater um eine Reduzierung des Kostgeldes. Zur Begründung führte er an, dass sein älterer Sohn Georg bereits seit vier Jahren im Seminar lebe. Er selbst habe nur ein monatliches Einkommen von 242 RM. Seine Tochter leiste noch bis zum 30. April 1939 ihr „Pflichtjahr" ab und erhalte solange nur ein Taschengeld von 5 RM monatlich, das zu ihrem Lebensunterhalt nicht ausreiche. Sie musste daher von den Eltern noch bezuschusst werden. Zudem sei zu erwarten, dass sie nach Beendigung des „Pflichtjahres" längere Zeit benötigen werde, um eine Stelle zu finden. Er könne daher für seine beiden Söhne insgesamt nur 700 RM jährlich aufbringen. In einem Schreiben an Erzbischof Michael Kardinal von Faulhaber erneuerte Joseph Ratzinger die Bitte seines Vaters um einen teilweisen Nachlass des Kostgeldes. Der Antrag Ratzingers wurde genehmigt. Laut Vorschlag des Studienseminars sollte der Anteil der Eltern Ratzingers an der Pension einschließlich der Nebenauslagen für beide Söhne auf 700 RM jährlich festgesetzt werden. In den folgenden Jahren belief sich die Höhe des jährlichen Kostgelds für beide Brüder auf 450 RM im Schuljahr 1939/40, auf jeweils 550 RM in den Schuljahren 1940/41 und 1941/42 sowie auf nur mehr 150 RM im Schuljahr 1942/43. Der geringe Betrag im letzten Jahr erklärt sich mit dem Ausscheiden des älteren Bruders Georg aus dem Studienseminar und der Einberufung Joseph Ratzingers zur Jahresmitte als Luftwaffenhelfer.

3. Schulische Erfolge

Nach Ausweis der Zeugnisse absolvierte Joseph Ratzinger alle Schuljahre mit guten bis sehr guten Noten in fast allen Fächern. Allein im Turnen erreichte er nicht den sonstigen Notendurchschnitt, was auf seine schwache körperliche Konstitution und seine fehlende Veranlagung zurückgeführt wurde. Allerdings wurde ihm auch hier attestiert, dass er immer recht eifrig gewesen sei. Sein geistiges Streben wurde als „höchst lobenswert" charakterisiert. Er galt als pflichtbewusst, selbstständig, einsatzbereit und kameradschaftlich.

4. Pflicht-HJ

Die Seminaristen gehörten bis 1939 nicht der Hitler-Jugend an. Die Einführung der „Jugenddienstpflicht" am 25. März 1939 brachte die Pflicht-HJ. Die Seminarleitung bemühte sich aber auch in den folgenden Monaten nicht aktiv um eine Einschreibung. Diese erfolgte erst Ende September 1939. Da Ratzinger zu diesem Zeitpunkt noch keine 14 Jahre zählte, war er hiervon nicht betroffen. Erst mit Vollendung des 14. Lebensjahres, also am 16. April 1941, wurde auch er HJpflichtig. Es haben sich im Archiv des Studienseminars zwar keine Anmeldungsunterlagen erhalten, aus dem allgemeinen Kontext ergibt sich aber, dass Ratzinger zu diesem Zeitpunkt angemeldet worden sein dürfte.

5. Unterbringung im Zweiten Weltkrieg

Nach der Einrichtung eines Reservelazaretts im Studienseminar gleich zu Beginn des Zweiten Weltkriegs mussten mit wenigen Ausnahmen sämtliche Schüler das Haus verlassen. Vom 18. September 1939 an wohnte Joseph Ratzinger zuerst bei seinen Eltern in Hufschlag und trat von dort jeden Tag seinen Schulweg an. Am 15. November konnte er in das Studienseminar zurückkehren, musste aber schon nach drei Tagen zusammen mit den übrigen Seminaristen das Gebäude wieder räumen. Vom 18. November an wohnte er im Kurhaus in Traunstein. Zum 1. April 1940 musste auch das Kurhaus in Traunstein aufgegeben werden. Zusammen mit den anderen Seminaristen kam Joseph Ratzinger im Institut der Englischen Fräulein in Sparz unter. Nach der Rückgabe des Seminars durch die Wehrmacht zog Ratzinger am 11. September 1940 wieder in das Seminar zurück. Auch nach der Beschlagnahmung des Gebäudes durch die Volksdeutsche Mittelstelle für ein Umsiedlerlager konnte er noch bis zum 11. Dezember 1940 dort bleiben. Am 12. Dezember setzte die Volksdeutsche Mittelstelle eine vollständige Räumung des Gebäudes von allen Seminaristen durch. Ratzinger kam erneut im Institut in Sparz unter, bis auch Sparz von der Wehrmacht im Sommer 1941 beansprucht wurde. Fortan stand kein Gebäude mehr zur Verfügung, das eine größere Gruppe von Seminaristen aufnehmen konnte. Vom 14. September 1941 an, dem Beginn des neuen Trimesters, wohnte Ratzinger daher bei seinen Eltern.

6. Luftwaffenhelfer, Reichsarbeitsdienst und Wehrmacht

Aufgrund der Verordnung zur „Heranziehung von Schülern zum Kriegshilfseinsatz der deutschen Jugend in der Luftwaffe" vom 26. Januar 1943 konnten 17-jährige Schüler ab Geburtsjahrgang 1926 klassenweise eingezogen werden. 1943 wurden auch aus dem Studienseminar Traunstein die ersten Jahrgänge eingezogen. Die Klasse Ratzingers war davon betroffen. Am 2. August 1943 wurde er mit seinen Kameraden als Luftwaffenhelfer nach München einberufen. In München waren die Schüler zuerst für einen Tag in Untermenzing untergebracht. Von dort wurden sie nach Ludwigsfeld verbracht. Zu ihrer ersten Tätigkeit gehörte die Herrichtung ihrer Wohnbaracken. Am 9. August sollte die Ausbildung als Flakhelfer beginnen. Während alle anderen Seminaristen gemeinsam in derselben Baracke unterkamen, wurde Ratzinger zusammen mit dem Seminaristen Franz Niedermayer und vier evangelischen Schülern aus Öttingen in einer anderen untergebracht. Der Besuch der hl. Messe war den Flakhelfern zumindest anfangs nicht möglich.

Am 14. Juli 1944 erhielt Ratzinger einen „Semestervermerk" mit der Zusage, dass er sein Reifezeugnis zu dem Zeitpunkt ausgehändigt bekommen solle, zu dem er auch unter normalen Umständen seine Schulausbildung abgeschlossen hätte. Seine Entlassung als Luftwaffenhelfer erfolgte am 8. September 1944. Wenige Tage später, am 20. September 1944, wurde er gemeinsam mit seinen Klassenkameraden und Mitseminaristen Franz Niedermayer und Alois Mitterreiter zum Reichsarbeitsdienst nach Pama im Burgenland einberufen. Nach eintägiger Anreise gelangten sie dort mit einem Sammeltransport am 21. September an. Wenigstens zu Beginn nahm ihre Ausbildung so viel Zeit in Anspruch, dass den Seminaristen nur wenig Zeit für ihr privates Leben blieb. Auch die Sonntage waren vormittags mit Pflichtveranstaltungen belegt.

7. Ende der Schulzeit

An Ostern 1945 erhielt Joseph Ratzinger sein Reifezeugnis ausgestellt. Damit war seine Schulzeit beendet, und er kehrte deshalb nach Kriegsende nicht mehr als Schüler ins Traunsteiner Seminar zurück, sondern half im November 1945 bei der Wiederherrichtung des von der alliierten UNRRA geräumten Seminars.

Am 22. Dezember 1945 schrieb er, nunmehr Alumne des Freisinger Klerikalseminars, gemeinsam mit seinem Bruder Georg an Seminardirektor Johann Ev. Mair mit Rückblick auf das zuvor Erlebte: „Die Jahre, die wir in der Unfreiheit des Militärdienstes verbracht, haben uns hier Gelegenheit gegeben, die Schönheit und Größe unseres Berufes tiefer zu fassen, als es uns vielleicht unter normalen Umständen möglich gewesen wäre und haben so vielleicht wenigstens zum kleinen Teil das ersetzt, was an positiven Kenntnissen verlorengegangen ist."

Der junge Joseph Ratzinger und sein Bischof Michael Kardinal von Faulhaber

Susanne Kornacker

Die Quellen

Als Kardinal Ratzinger einmal gefragt wurde, was er als Kind denn hatte werden wollen, sagte er, dass ihm zunächst der Anstreicher imponierte und er diesem nacheifern wollte. Als er schließlich Kardinal Faulhaber erlebte, so erinnerte er sich, „mit seinem gewaltigen Purpur, hat der mir natürlich um so mehr imponiert, so daß ich gesagt habe, sowas möchte ich werden."[1]

So wie man dies als Wunsch eines Kindes sehen kann, das heute zu diesem und morgen zu jenem Beruf neigt, so war sicherlich für die fest im religiösen Leben verankerte Familie Ratzinger der Firmbesuch des Kardinals ein besonderer Anlass, für die Kinder ein beeindruckender Moment, und das Auftreten des Kardinals prägend. Der junge Joseph Ratzinger sah den Kardinal, als dieser auf Firmreisen in seine Heimat, sei es nach Tittmoning, Aschau (bzw. Kraiburg) oder Traunstein kam.[2] Viele Menschen, die Kardinal Faulhaber erlebten, berichten noch heute, dass dieser für sie eine beeindruckende, überzeugende Bischofsgestalt war.

Kardinal Michael von Faulhaber[3], von 1917 bis 1952 Oberhirte der Erzdiözese München und Freising, war der Bischof der Kindheit und Jugend des 1927 geborenen Joseph Ratzinger. Faulhaber, 1869 im unterfränkischen Klosterheiden-

---

[1] Siehe Joseph Ratzinger, Salz der Erde. Christentum und katholische Kirche im 21. Jahrhundert. Ein Gespräch mit Peter Seewald, München 1996, 56. Auch der Bruder des Papstes, Georg Ratzinger, erinnerte sich daran, dass Joseph als Kind bei einer Firmreise Kardinal Faulhabers in Tittmoning diesen Wunsch äußerte. Siehe Frankfurter Allgemeine Zeitung Nr. 86 vom 14. April 2005.

[2] So war Kardinal Faulhaber am 8. Juli 1929 und am 19. Juni 1931 zur Firmung in Tittmoning. Die Firmlinge von Aschau wurden in Kraiburg gefirmt. Während die Ratzingers in Aschau wohnten, fand eine Firmung am 28. Juni 1935 statt. Georg Ratzinger, der 1935 in das Studienseminar Traunstein umzog, wurde am 14. Mai 1935 dort von Kardinal Faulhaber gefirmt. Nach dem Umzug der Familie Ratzinger nach Traunstein 1937 spendete Kardinal Faulhaber dort Joseph Ratzinger das Sakrament der Firmung. Dazu unten ausführlicher.

[3] Ein kurzes Lebensbild findet sich bei Ludwig Volk (Bearb.), Akten Kardinal Michael von Faulhabers 1917-1945, Bd. I: 1917-1934 (= Veröffentlichungen der Kommission für Zeitgeschichte, Reihe A: Quellen 17), Mainz 1975, XXXV-LXXXI. Als jüngste umfangreichere Publikationen siehe: Kardinal Michael von Faulhaber. 1869 bis 1952. Eine Ausstellung des Archivs des Erzbistums München und Freising, des Bayerischen Hauptstaatsarchivs und des Stadtarchivs München zum 50. Todestag (= Ausstellungskataloge der Staatlichen Archive Bayerns 44), München 2002; Peter Pfister (Hg.), Michael Kardinal von Faulhaber (1869-1952). Beiträge zum 50. Todestag und zur Öffnung des Kardinal-Faulhaber-Archivs (= Schriften des Archivs des Erzbistums München und Freising 5), Regensburg 2002.

feld geboren, war zunächst Professor für Altes Testament in Straßburg, 1910 wurde er zum Bischof von Speyer ernannt. 1917 schließlich erfolgte die Ernennung zum Erzbischof von München und Freising. Kardinal Faulhaber starb am 12. Juni 1952 im Alter von 83 Jahren, während die Fronleichnamsprozession durch München zog.

Nach der Wahl von Joseph Ratzinger zum Papst wurde im Blick auf seine Kindheit und Jugend häufiger die Frage aufgeworfen, wie der junge Joseph Ratzinger von Kardinal Faulhaber geprägt wurde, wie er ihm Vorbild war. Eine direkte Befragung von Papst Benedikt, der allein hierauf authentisch antworten könnte, ist leider nicht möglich. Wenn dieses Thema dennoch fundiert angegangen werden soll, stellt sich die Frage nach den Quellen, die Hinweise geben können.

Zunächst darf grundsätzlich sicher eine Verbundenheit Joseph Ratzingers mit Kardinal Faulhaber, der ihn firmte und zum Priester weihte, angenommen werden. Bei Gesprächen mit Kardinal Ratzinger in Rom zeigte dieser immer ein reges Interesse an der Arbeit des Kardinal-Faulhaber-Archivs und den wissenschaftlichen Veröffentlichungen daraus.

Kardinal Ratzinger macht in seiner Autobiographie einige kurze Bemerkungen zu Kardinal Faulhaber. In einer Predigt zum 25. Todestag Kardinal Faulhabers 1977, kurz nach seinem Amtsantritt als Erzbischof, geht er ausführlich darauf ein, was Kardinal Faulhaber prägte und worin er den Gläubigen überzeitlich Vorbild sein kann. An diesen schriftlichen Äußerungen Joseph Ratzingers hat sich die folgende Darstellung zum einen orientiert.

Zum anderen sind sich Kardinal Faulhaber und Joseph Ratzinger mehrfach begegnet, u.a. bei der Firmung und Priesterweihe Ratzingers sowie während dessen Studiums. Über die Firmung in Traunstein im Juni 1937 machte sich Kardinal Faulhaber stenographische Aufzeichnungen. Ebenso existieren Notizen über die Ansprache, die er bei der Firmerneuerung für die Pfarrgemeinde am Vorabend der Firmung gehalten hat, sowie Korrespondenz im Vorfeld des Besuches und ein Zeitungsbericht. Die Stenogramme werden im Anhang transkribiert und kommentiert abgedruckt, ebenso die anderen Texte, um einen Eindruck vom Ablauf der Firmung zu bekommen. Im Folgenden werden auch Passagen aus der Autobiographie Kardinal Faulhabers zitiert, in denen er zum einen das Sakrament der Firmung erläutert, zum anderen die Zeitverhältnisse, die staatlichen direkten und indirekten Repressionen gegen die Kirche im Dritten Reich schildert. Vor diesem Hintergrund wird deutlich, welchen Spannungen bekennende Katholiken, wie der junge Joseph Ratzinger, ausgesetzt und in welche Entscheidungssituation sie hineingestellt waren.

Michael Kardinal Faulhaber
Erzbischof von München und Freising

hat mir (Name)

das heilige Sakrament der Firmung gespendet

in der Kirche zu   am   194

Abb. 1: Andenkenbild an die Firmung durch Kardinal Faulhaber; EAM NL Faulhaber 6396.

Die Firmung in Traunstein 1937

In seiner Autobiographie schildert Kardinal Faulhaber neben der sakramentalen Bedeutung der Firmung auch verschiedene Eindrücke, die er bei einzelnen Firmbesuchen mitnahm. Er beschreibt zudem ausführlich die oberbayerische Landschaft, skizziert bei ausgewählten Firmorten kurz ihre Geschichte und gibt einen historischen Abriss des Verlaufs der Firmbesuche angesichts der sich verändernden politischen Lage. Zwei der Orte der Kindheit von Papst Benedikt sind dabei kurz charakterisiert. Der Kardinal schreibt über Tittmoning: „*Tittmoning*[4], hart an der Ostgrenze der Erzdiözese gelegen, wie ein Brückenkopf in die Diözese Passau hineinragend, durch die Salzachbrücke mit Österreich verbunden, besitzt gleich der Stadt Laufen ein Kollegiatstift und wird von einer hoch aus der Ebene aufragenden Burg gekrönt. In Friedenszeiten war die Burg ein romantischer Sammelpunkt für die männlichen Jugendvereine, im 2. Weltkrieg ein Sammellager für zivilgefangene Amerikaner. In der Fortsetzung führte der Weg durch den Park der Burg zur Ponlachkapelle, deren Votivtafeln das Vertrauen der Umgegend zur Mutter des Herrn bekunden und besonders dem Dank der bayerischen Krieger für die glückliche Heimkehr aus den Feldzügen 1866 und 1870, zum Teil in naiver Form, Ausdruck geben."[5]

---

[4] Im Original unterstrichene Wörter werden hier kursiv wiedergegeben. Beim Abdruck der stenographischen Notizen dagegen werden langschriftliche Wörter kursiv gesetzt (siehe Anm. 43).

[5] Michael Faulhaber, Autobiographie (unveröffentlichtes Manuskript), München 1944, 671f.; Erzbischöfliches Archiv München (= EAM) NL Faulhaber 9280. Die Autobiographie Kardinal Faulhabers wird von der Verfasserin ediert und kommentiert werden.

te Ende Mai zunächst in München, dann am 7. und 8. Juni in Aschau, Prien und auf der Insel Frauenwörth, bevor er nach Traunstein weiterfuhr.

Vom 8. bis zum 10. Juni 1937 weilte der Kardinal in Traunstein, um zunächst am 8. Juni in der Stadtpfarrkirche Traunstein eine Ansprache[13] zur Erneuerung des Firmungsgelöbnisses der Pfarrgemeinde zu halten, dann am 9. und 10. an drei Terminen insgesamt 1.258 Kinder zu firmen.[14] Der zweite Firmtermin war am Mittwoch, 9. Juni 1937, um 10.30 Uhr für das Erzbischöfliche Studienseminar, das Gymnasium und die Realschule. Hier wurde Joseph Ratzinger gefirmt, der zu diesem Zeitpunkt zehn Jahre alt war.[15]

Während der Kardinal zu Beginn seiner Amtszeit in der Erzdiözese bei den Firmungen außerhalb Münchens selbst predigte, änderte er dies später.[16] In Traunstein hielt der Kardinal eine Ansprache bei der Firmerneuerung, bei den Firmungen predigten jeweils verschiedene Geistliche. Er schreibt dazu: „Die Predigt wird mit Ausnahme der Firmungsstationen in München, Freising und Traunstein der Herr Kardinal selber halten. Für diese Städte und die Firmungsstationen des Herrn Weihbischofs wolle der H.H. Pfarrer, in dessen Pfarrkirche die Firmung erteilt wird, aus dem Ortsklerus oder aus den beteiligten Pfarreien einen Prediger bestimmen."[17]

Der Kardinal hatte dabei konkrete Vorstellungen vom Inhalt einer Firmpredigt: „*Die Predigt bei der Firmung* soll für die Kinder eine kurze Wiederholung des vorausgehenden Firmunterrichtes, mehr noch für die Paten, die keinen Firmunterricht erhalten haben, eine kurze Auffrischung dessen, was der Katechismus über die Firmung sagt, und eine seelische Einstimmung sein. Manche von diesen Paten hören nur selten oder überhaupt nicht das Wort Gottes und haben deshalb eine kurze aufrüttelnde Belehrung bitter notwendig. Die Predigt muß auch für den *religiösen* Charakter des Firmtages eintreten, also der Verweltlichung der hl. Handlung entgegenarbeiten und im besondern die Firmlinge ermahnen, daß sie in Bezug auf Patengeschenke keine überspannten Anforderungen stellen dürfen.

---

[13] Siehe im Anhang Nr. 5.

[14] Die Transkription der stenographischen Aufzeichnungen Kardinal Faulhabers über diese Firmung siehe Anhang Nr. 1. Eine Fotografie aus dem Jahr 1937 zeigt Kardinal Faulhaber mit den Seminaristen. Da der Kardinal laut der Auflistung der Pontifikalhandlungen in diesem Jahr nur im Juni in Traunstein war, ist die Fotografie aller Wahrscheinlichkeit nach im Rahmen dieses Firmbesuchs entstanden. In seinem Tagebuch schreibt er, dass Expositus Kagermaier im Garten photographiert habe; siehe Anm. 21. Auf dieser Fotografie erkennt man Georg Ratzinger. Joseph war erst ab 1939 Seminarist. Siehe Archiv des Erzbistums München und Freising (= AEM) Studienseminar Traunstein, Fotobestand; siehe Abb. 2.

[15] Laut Amtsblatt sollten die Kinder in der Regel erst mit 12 oder 13 Jahren gefirmt werden. Siehe ABM Nr. 6 vom 17. März 1937, 79. Jedoch wurde die Frage des sinnvollen Firmalters zu dieser Zeit auch diskutiert.

[16] Faulhaber, Autobiographie (wie Anm. 5) 680.

[17] Siehe ABM Nr. 6 vom 17. März 1937, 78.

Darum wird auch beim Ausschreiben der Firmung im kirchlichen Amtsblatt das Gesetz der Einfachheit in Friedenszeiten und besonders in Kriegszeiten immer wieder betont und die Genügsamkeit als ein Gebot der Zeit und damit als ein Gebot Gottes verkündigt. Die Predigt muß den Paten auf das Gewissen binden, darauf zu achten, daß das Leuchten des Firmtages nicht durch Alkoholgenuß oder durch überreichen Methgenuß getrübt werde. Die Predigt kann eine Zeitfrage, die zunächst die Jugend angeht, wie die Aufhebung der Bekenntnisschule und der Jugendvereine, berühren, soll aber im Hauptziel auf die Firmung vorbereiten, ,der objektiven Heiligkeit des Sakramentes eine persönliche Note geben‘, wie einmal einer von unseren getrennten Brüdern seinen Eindruck zusammenfaßte, und den Tag der Firmung in seiner einzigartigen Bedeutung für das Leben zu einem unvergeßlichen Erlebnis machen.“[18]

Abb. 2: Gruppenbild vor dem Studienseminar beim Besuch Kardinal Faulhabers in Traunstein 1937; AEM Studienseminar Traunstein, Fotobestand.

Teilweise wurde dem Kardinal, wie er in der Autobiographie schreibt, ein sehr dichtes Programm auferlegt, gerade in der Zeit vor 1933, als noch zahlreiche öffentliche Veranstaltungen stattfanden. Dennoch nahm sich der Kardinal die Zeit, neben den Pflichtbesuchen der Priester und Ordensleute auch Bekannte und Freunde zu treffen.

[18] Siehe Faulhaber, Autobiographie (wie Anm. 5) 680.

Die stenographische Notiz, die sich Kardinal Faulhaber von seinem Firmbesuch in Traunstein 1937 machte, gibt auf den zweiten Blick und bei näherem Betrachten wesentlich mehr wieder, als es die stichwortartigen Aufzeichnungen vermuten lassen. Vergleicht man die stenographischen Aufzeichnungen Faulhabers über die Jahre hinweg, wird deutlich, dass er mit einzelnen Familien durchgängig Kontakt hielt. So findet sich in weiteren Stenogrammen, wie auch in dem von 1937, die Familie Fleisch sehr häufig, eine Fotografie der Kinder liegt bei den Notizen. Auch die Familie von Gumppenberg besuchte ihn regelmäßig, ebenso Hertha Ehrensberger, Tochter des ehemaligen Vorstandsmitglieds der Firma Krupp/Essen, Emil Ehrensberger. Es handelt sich bei diesen Freunden und Bekannten meistens um Personen von gewissem Stand, die der katholischen Kirche besonders eng verbunden waren.[19]

Kardinal Faulhaber, dem man häufig attestierte, er sei hoheitsvoll und kühl gewesen und habe keine persönlichen Freunde gehabt,[20] pflegte durchaus private Kontakte über Jahre hinweg. Dass diese nicht der Öffentlichkeit bekannt wurden, ist wegen des Schutzes der Privatsphäre, die gerade in seinem Amt noch dringender geboten war, verständlich.

Geschehenes in Schriftform zu bringen und bei Bedarf wieder präsent zu haben, Vorgänge festzuhalten – seit seiner Jugend führte der Kardinal auch Tagebuch[21] – war ihm wichtig. Sein ausgeprägtes historisches Denken, Vergangenes für die Zukunft fruchtbar zu machen, unterstützte dies sicher ebenso wie seine disziplinierte Arbeitsweise und sein Fleiß. Wie auch bei den Aufzeichnungen vom Firmbesuch in Traunstein 1937 notierte er sich vor allem die Namen der Personen, die er traf und die ihm wichtig waren, sowie Stichworte zu Gesprächsverläufen.

Zudem schildert er häufig sein eigenes Befinden. Der Kardinal, mittlerweile 68 Jahre alt, hatte ein dichtes und anstrengendes Programm zu absolvieren. Da er offensichtlich an einer Bronchitis litt, ließ sich das Programm nur mit der ihm innewohnenden eisernen Disziplin durchführen. Aus der Beschreibung des Jahres 1937 geht zudem hervor, dass die Bronchitis nur der Beginn einer längeren Krankheitsphase war: *„1937 begann die gesundheitliche Krise. Der Kardinal begann die Durchführung des Firmungsplanes, mußte aber vom 19. Juni ab die*

---

[19] Siehe EAM NL Faulhaber 6394.

[20] Siehe Walter Ziegler, Kardinal Faulhaber – Ein bekannter und ein unbekannter Erzbischof (1917-1945), in: Pfister, Faulhaber (wie Anm. 3) 27-42, hier 30f.

[21] Die Tagebücher Kardinal Faulhabers befinden sich noch nicht im Besitz des Erzbischöflichen Stuhls München, sondern werden noch vom letzten Sekretär des Kardinals aufbewahrt. Dieser Nachlassteil ist demnach unzugänglich, lediglich auf Anfrage fertigt der letzte Sekretär daraus Kopien, so auch hier für die Einträge in der Zeit der Firmung (Michael Faulhaber, Tagebuch 1937) und der Priesterweihe Joseph Ratzingers (Michael Faulhaber, Tagebuch 1951). Siehe dazu auch Heinz Hürten (Bearb.), Akten Kardinal Michael von Faulhabers, Bd. III: 1945-1952 (= Veröffentlichungen der Kommission für Zeitgeschichte, Reihe A: Quellen 48), Paderborn u.a. 2002, XXVIII.

Firmstationen an den Weihbischof abgeben.“[22]

Faulhaber notierte sich in seinen stenographischen Aufzeichnungen auch Bemerkungen zum liturgischen Ablauf der Firmerneuerung und der Firmung. So fand er das gut gemeinte „Ecce sacerdos“ liturgisch unpassend, ebenso sollte in einer deutschen Volksandacht auch deutsch und nicht lateinisch gesungen werden. Bei der Firmerneuerung stand zudem die aktive Beteiligung der Gläubigen in den Sprechchören im Vordergrund, wozu er auch ausdrücklich aufforderte.[23]

Kardinal Faulhaber schildert in seiner Autobiographie für die Jahre von 1933 bis 1944 ausführlich, welche Einschränkungen ihm und der Bevölkerung beim Ablauf der Firmreisen im Dritten Reich auferlegt wurden. Während in der Zeit vor 1933 der Bischof öffentlich empfangen wurde, der Ort geschmückt war und die Zeitungen über den Besuch des Bischofs berichteten, drängte man im Dritten Reich den Firmbesuch mehr und mehr in den Bereich der Kirche – sowohl institutionell als auch geographisch – zurück: „Dann kam die Zeit [im Dritten Reich, d.V.], da das alles für den Firmtag als Volksfeiertag zerschlagen wurde. Man fürchtete wohl eine Entweihung des Marktplatzes, wenn öffentlich dort gesungen werde: ‚Die Himmel rühmen des Ewigen Ehre.‘ Als die Serenaden nicht mehr stattfinden konnten, haben entschlossene Seelsorger am Vorabend des Firmtages eine *Weihestunde in der Kirche* angesetzt, die nach dem meisterhaften Sprechchor von Elisabeth von Schmidt-Pauli als Erneuerung der Firmgnade für die schon Gefirmten gedacht war.“[24]

Über die Jahre 1935 und 1936 schreibt Kardinal Faulhaber: „*1935 und 36* verschärfte sich *der Widerspruch der Parteiformationen gegen die Kirche*. Die Besuche der Bürgermeister und Lehrer beim Bischof gelegentlich der Firmung wurden seltener, und auch ein Teil der Kirchenverwaltung konnte sich zu diesem öffentlichen Bekenntnis nicht erschwingen. Die weißblaue Fahne und die weißgelbe päpstliche Fahne waren noch nicht durch allgemeines Verbot aus dem Gesichtsfeld der Straße verbannt. An einigen Orten aber versuchten bereits Unterbehörden, das alleinige Recht der Hakenkreuzfahne durchzusetzen. In Prien wurde 1935 die päpstliche Fahne vor dem Haus des Benefiziaten, also auf kirchlichem Grund, in der Nacht gestohlen und 1936 wurden in Mittenwald die päpstlichen Fahnen kurz vor der Ankunft des Bischofs von den Privathäusern mit Gewalt entfernt. In der Folge bildete sich die polizeiliche Rechtspraxis: An Privatgebäuden nur

---

[22] Faulhaber, Autobiographie (wie Anm. 5) 689. In seinem Tagebuch notierte er sich an den einzelnen Tagen sein körperliches Befinden. Daraus geht hervor, dass er in den Tagen vor der Firmung zwar bereits an einer starken Bronchitis litt, aber auf Grund seines hohen Arbeitspensums nicht zum Auskurieren kam. Lediglich am Wochenende vor der Firmung, am 5. und 6. Juni 1937 in Adelholzen, trat eine leichte Besserung ein.

[23] Siehe dazu im Anhang Nr. 1, 5, 6. In seiner Autobiographie geht Kardinal Faulhaber in einem eigenen Kapitel auf die liturgische Erneuerung ein.

[24] Faulhaber, Autobiographie (wie Anm. 5) 686. Siehe dazu unten ausführlicher.

Hakenkreuzfahnen oder -fähnchen, an kirchlichen Gebäuden dürfen auch die allgemein kirchlichen Fahnen in Weißrot und die päpstlichen Fahnen in Weißgelb gehißt werden. Der Abbau der Klosterschulen und damit die Einführung der Gemeinschaftsschulen lagen in der Luft. Bereits wurden vereinzelt Wallfahrten polizeilich nicht genehmigt."[25]

Und über 1937 heißt es weiter: „Der ewige Kampf in der Presse unter der Losung ‚Nieder mit dem politischen Katholizismus‘ machte das Volk den Priestern gegenüber scheu und zurückhaltend. Da und dort kam es auch zu Anpöbelungen der Geistlichen auf öffentlicher Straße. Ein Zeichen der Zeit war es auch, wenn Burschen Fußball spielten, statt an der Prozession teilzunehmen."[26]

Diese Schilderungen geben einen kurzen, aber prägnanten Einblick in den Kampf gegen die Kirche, in den Versuch, sie aus dem öffentlichen Bewusstsein zu verdrängen, in den ideologischen Gegensatz zwischen Christentum und Nationalsozialismus.

Auch aus den stenographischen Aufzeichnungen ist die gespannte Atmosphäre ersichtlich. Kardinal Faulhaber hat sich dort die Übergriffe gegen die Kirche notiert.[27] Aus der unten folgenden Kommentierung des Stenogramms ist zu entnehmen, dass fast alle der genannten Priester in Konflikt mit den nationalsozialistischen Machthabern kamen. Die Firmung wurde von kirchlicher Seite auch als eine Festigung im Glauben, als ein entschiedenes Bekenntnis zu Christus und seiner Kirche verstanden. Die vorangehende Firmerneuerung sollte ebenso besonders die Erwachsenen religiös festigen und weltanschaulich sicher stehen lassen.

Diese Zeit, in der Joseph Ratzinger aufwuchs, war eine Zeit der Entscheidung in den Familien und bei jedem einzelnen, wie er zur Kirche und damit im Umkehrschluss zum Staat stand. Für den jungen Joseph stand zweifelsfrei fest, nicht zuletzt durch die klare antinationalsozialistische Prägung seines Elternhauses, dass das Heil von Christus kommt und nicht von der quasireligiösen nationalsozialistischen Weltanschauung und ihrem Führer.

Weitere Begegnungen mit Kardinal Faulhaber

Nach dem Kriegsbeginn am 1. September 1939 wurde im Studienseminar Traunstein ein Lazarett eingerichtet, so dass die Schüler ausziehen mussten. Jedoch gelang es dem Direktor, Ausweichquartiere zu finden. Dies war zuerst das Kurhaus, dann das bereits geschlossene Mädchen-Institut der Englischen Fräulein in Sparz.

---

[25] Ebd. 689.

[26] Ebd.

[27] In seinem Tagebuch notierte er sich am 5. Juni 1937, dass Pater Rupert Mayer verhaftet wurde, am 10. Juni 1937 traf er sich abends mit seinem Generalvikar Ferdinand Buchwieser in Adelholzen, um über die Verhaftung P. Rupert Mayers zu sprechen; siehe Tagebuch 1937 (wie Anm. 21).

Nach dem Angriff auf die Sowjetunion wurde auch Sparz beschlagnahmt, die Brüder Ratzinger wohnten wieder zu Hause.

Während des Dritten Reiches prägte auch für den Schüler Joseph Ratzinger die kirchenfeindliche Agitation den Alltag, als Schüler des Knabenseminars und praktizierender Katholik musste er sich den Freiraum seiner religiösen Existenz bewahren. Die Erziehung seiner Eltern machte Joseph Ratzinger immun gegen die ideologischen Vereinnahmungen der Nationalsozialisten. So war sein Vater froh, als er durch seine Pensionierung nicht mehr im Dienst der Machthaber des Dritten Reiches stehen musste.[28]

In der uniformen und diktatorisch überwachten Gesellschaft, in der jede abweichende Äußerung restriktiv verfolgt und sanktioniert wurde, wurde den Worten der Lehrer, der Priester und Bischöfe besonderes Gehör zuteil. So schreibt auch Kardinal Ratzinger in seiner Autobiographie: „Die Bischöfe führten den Kampf um die Bekenntnisschule, den Kampf um die Einhaltung des Konkordats, mit aller Schärfe: Die entsprechenden Hirtenbriefe, die der Pfarrer verlas, haben sich mir eingeprägt."[29] Neben den Verlautbarungen der deutschen und bayerischen Bischöfe dürften hier besonders die Hirtenbriefe von Kardinal Faulhaber gemeint sein, der stets mit deutlichen Worten die Angriffe auf die kirchliche Lehre sowie die Konkordatsbrüche verurteilte.

Im Jahr 1943 schließlich musste Joseph mit seinen Klassenkameraden als Luftwaffenhelfer nach München, wo er das Max-Gymnasium besuchte, 1944 wurde er zum Reichsarbeitsdienst einberufen und ins Burgenland geschickt, gegen Ende des Jahres bis kurz vor Kriegsende war er in der Infanterie-Kaserne in Traunstein.[30] Um Weihnachten 1945 konnte nun endlich die lang ersehnte Ausbildung durch den Eintritt in das Klerikalseminar Freising weiter fortgesetzt werden. Kardinal Faulhaber traf häufiger im Dom wie auch im Klerikalseminar mit den Alumnen zusammen. Kardinal Ratzinger schreibt über ihn: „Die große Gestalt des greisen Kardinals Faulhaber hat mich tief beeindruckt. Man spürte förmlich die Last der Leiden, die er in der Nazi-Zeit getragen hatte und die ihn nun mit einer unsichtbaren Würde umgab. Wir suchten in ihm nicht einen ‚Bischof zum Anfassen'; mich berührte vielmehr die ehrfurchtgebietende Größe seines Auftrags, mit dem er ganz eins geworden war."[31]

Nach dem zweijährigen Studium der Philosophie entschied sich Joseph Ratzinger, das Studium an der Katholisch-Theologischen Fakultät der Ludwig-Maximilians-Universität in München fortzusetzen und im Herzoglichen Georgianum Wohnung zu nehmen. Beide Einrichtungen waren wegen der großen Kriegsschäden an

---

[28] Siehe Joseph Ratzinger, Aus meinem Leben. Erinnerungen (1927-1977), München 1998, 24.
[29] Ebd. 18.
[30] Siehe dazu den Beitrag von Volker Laube in diesem Band.
[31] Ratzinger, Leben (wie Anm. 28) 50.

Abb. 3: Auszug aus dem Dom zu Freising nach der Priesterweihe am 29. Juni 1951; AEM Altkatalog MUK, Nr. 80.00621.

der Universität vorübergehend im Schloss Fürstenried, welches das Exerzitienhaus der Erzdiözese war und ist und ein Spätberufenenseminar beherbergte, unterge-bracht.[32] Das Lazarett, das dort seit dem Zweiten Weltkrieg bestand, belegte eben-falls noch einen Teil der Räume. Von Herbst 1947 bis Herbst 1949 blieb der junge Student in Fürstenried. Auch hier begegnete er dem Kardinal. So beschreibt Kardinal Ratzinger, wie er das caritative Wirken Faulhabers selbst erfahren hatte: „Und ich sehe ihn noch vor mir, wie er zu uns Studenten nach Fürstenried ganz unauffällig heraus kam, ein Köfferchen in der Hand, um zu verteilen, was er eben selbst geschenkt bekommen hat."[33]

---

[32] Siehe dazu: Lothar Altmann, 80 Jahre Exerzitienhaus Schloss Fürstenried, in: Beiträge zur alt-bayerischen Kirchengeschichte 48 (2005), 83-99 und Susanne Kornacker, Kardinal Faulhaber und sein Fürstenried [Manuskript]. Der Beitrag wird erscheinen in: Beiträge zur altbayerischen Kirchengeschichte 49 (2006).

[33] Predigt des Erzbischofs von München und Freising, Professor Dr. Joseph Ratzinger, zum 25. Todestag von Michael Kardinal Faulhaber im Münchener Liebfrauendom am 12. Juni 1977; Ordinariats-Korrespondenz Nr. 20 vom 23.6.1977, 2.

Im Herbst 1949 konnten die Studenten in die Innenstadt in die zum Teil wieder aufgebauten Gebäude der Universität und des Georgianums zurückziehen. Knapp ein Jahr später, im Sommer 1950, schloss Joseph Ratzinger sein Studium der Theologie ab und bearbeitete anschließend das Thema der Preisaufgabe, das Professor Gottlieb Söhngen gestellt hatte: „Volk und Haus Gottes in Augustins Lehre von der Kirche". Die gewonnene Preisarbeit galt schließlich als der schriftliche, mit summa cum laude abgeschlossene Teil der Promotion. Nach der Subdiakonen- und Diakonenweihe am 28. und 29. Oktober 1950 durch Weihbischof Johannes Neuhäusler wurde Joseph Ratzinger am St. Peter und Pauls-Tag, dem 29. Juni 1951, von Kardinal Faulhaber mit 44 anderen Diakonen, darunter auch sein Bruder Georg, zum Priester geweiht.[54] Von dieser Weihe existiert ein Film, der Teile der Weihehandlung sowie den Auszug aus dem Dom zeigt.[55] Auf diesen Aufnahmen sind mehrmals die beiden Brüder zu erkennen. In seiner Autobiographie schreibt Kardinal Ratzinger über seine Priesterweihe: „Wir waren über vierzig Kandidaten, die auf den Aufruf hin ‚Adsum' sagten: Ich bin da – an einem strahlenden Sommertag, der als Höhepunkt des Lebens unvergesslich bleibt. Man soll nicht abergläubisch sein. Aber als in dem Augenblick, in dem der greise Erzbischof mir die Hände auflegte, ein Vöglein – vielleicht eine Lerche – vom Hochaltar in den Dom aufstieg und ein kleines Jubellied trällerte, war es mir doch wie ein Zuspruch von oben: Es ist gut so, du bist auf dem rechten Weg."[56]

[54] Unter den insgesamt 45 Diakonen war ein Diakon aus der Abtei Schäftlarn. Auf der Andenkenkarte an die Priesterweihe 1951 im Freisinger Dom befinden sich daher nur die 44 neu geweihten Diözesanpriester. Neben stenographischen Notizen Kardinal Faulhabers im Kardinal-Faulhaber-Archiv gibt es auch einen Eintrag in seinem Tagebuch über die Priesterweihe am 29. Juni 1951. Daraus geht hervor, dass der mittlerweile 82-jährige Kardinal am Vorabend nach Freising kam, wo der Regens sich lobend über die vorausgegangenen Exerzitien in Fürstenried geäußert hatte. Der Kardinal nahm noch eine Abendeinladung wahr und stand am Tag der Priesterweihe um ½5 Uhr auf. Die Weihe dauerte von 8.00–12.45 Uhr, wobei er bemerkte, dass der Gesang nach der neuen Vorschrift besonders schwer sei. Faulhaber notierte sich weiter, dass viele Geistliche anwesend waren, da es sich um einen Freitag handelte. Um 13.00 Uhr schloss sich ein Mittagessen an. Kardinal Faulhaber war es ein Anliegen, die Priesterweihe körperlich gut durchzustehen. Daher hatte er für die Tage zuvor keine Firmtermine angesetzt, um sich gesundheitlich nicht zu schwächen, jedoch absolvierte er viele Besuchstermine. Er hielt in seinem Tagebuch nach der Weihe fest: „*Deo gratias*, ist gut gegangen"; Tagebuch 1951 (wie Anm. 21) und in seinen Notizen: „Gut ausgehalten", EAM NL Faulhaber 6354. Siehe dazu auch Abb. 3.

[55] Die Aufnahmen der Priesterweihe befinden sich auf einem 16mm-Film, dem eine Wochenschau, die über den Tod von Kardinal Faulhaber berichtete, vorausgestellt ist. Es folgt dann ungeschnittenes Wochenschau-Material, darunter die Einweihung der Grünwalder Brücke 1949, die Priesterweihe 1951 in Freising und der Trauerzug für Kardinal Faulhaber am 17. Juni 1952. Siehe AEM Altkatalog MUK, Nr. 80.00621.

[56] Ratzinger, Leben (wie Anm. 28) 71.

Der Priesterweihe schließlich folgte die erste Tätigkeit in Pfarrei und Schule, im August in München-Moosach und ab 1. September 1951 als Kaplan in der Pfarrei Hl. Blut in München-Bogenhausen, wo er bis zu seiner Berufung an das Freisinger Priesterseminar am 1. Oktober 1952 wirkte.

Am Trauerzug für den am 12. Juni 1952 verstorbenen Kardinal Faulhaber nahm der junge Kaplan Joseph Ratzinger teil.[37]

Abb. 4: Joseph Ratzinger begleitet in einer Dalmatik beim Trauerzug für Kardinal Faulhaber am 17. Juni 1952 den Apostolischen Nuntius in Deutschland, Aloisius Muench; AEM Dokumentation Personen, Erzbischöfe, Michael von Faulhaber.

Kardinal Faulhaber als Glaubenszeuge – eine inhaltliche Würdigung durch Erzbischof Joseph Ratzinger

Nach der Dissertation und Habilitation begann Joseph Ratzinger seine wissenschaftliche Tätigkeit, zunächst in Freising, dann in Bonn, Münster, Tübingen und Regensburg. Am 25. März 1977 wurde er von Papst Paul VI. zum Erzbischof seiner Heimatdiözese ernannt, seine Bischofsweihe im Dom zu München fand am 28. Mai 1977 statt. Wenige Tage später, am 12. Juni, fiel ihm die Aufgabe zu, den Gedenkgottesdienst für seinen vor 25 Jahren verstorbenen Amtsvorgänger Kardinal Faulhaber zu halten.

[37] Zu den Filmaufnahmen siehe Anm. 35. Auch auf einigen Fotografien des Trauerzuges ist Joseph Ratzinger zu sehen. Siehe dazu Abb. 4. Eine gute Fotografie findet sich auch in der Süddeutschen Zeitung Nr. 91 vom 21. April 2005.

Seine Predigt stellte er dabei unter die Frage, was Gott den Menschen heute durch seine Zeugen, hier durch Michael Kardinal von Faulhaber, sagen wolle. Zunächst führte er den Wahlspruch des Kardinals, „Vox temporis – Vox Dei" (Die Stimme der Zeit ist die Stimme Gottes), an, der aussage, dass Kardinal Faulhaber stets darauf bedacht war, das Wort Gottes in der Gegenwart zu vernehmen. Dieser „suchte das Gute und die Erkenntnis der Wahrheit nicht bloß im Vergangenen" (1f.)[38], sondern war überzeugt, „daß Gott jederzeit gegenwärtig ist" (2). Diese „Gegenwärtigkeit des Glaubens" (2) habe Faulhabers Leben geprägt. So habe dieser es als Professor als seinen Auftrag angesehen, neben der wissenschaftlichen Tätigkeit allen Menschen, auch denjenigen ohne akademische Bildung, das Wort Gottes in ihr Leben zu übersetzen. Erzbischof Ratzinger nannte weiter die drängenden Fragen der Zeit, den Modernismusstreit, die Einrichtung überkonfessioneller Gewerkschaften, die Frauenfrage und die caritative Tätigkeit als einige Bereiche, denen Kardinal Faulhaber nicht auswich und durch die dieser einen sicheren Weg gemäß seinem Wahlspruch fand. In der Zeit des Dritten Reiches trat zudem das Wappenschild Faulhabers in den Vordergrund, so Erzbischof Ratzinger, auf dem der Heilige Geist über dem siebenarmigen Leuchter schwebt und sich mit diesem verbindet. Das Zeichen, das der Kardinal wählte, um die Verbundenheit seiner Tätigkeit als Professor für Altes Testament mit seinem bischöfliches Wirken zu zeigen, verwies nun gegen die nationalsozialistische Ideologie auf die Bedeutung des Alten Testaments für den neuen Bund, „[e]s wurde zum Protest gegen die Versklavung des Glaubens an Rasse und Volk" (2f.). Erzbischof Ratzinger stellte als Vermächtnis Kardinal Faulhabers nun auch an die Zuhörer die Frage, ob „wir den Glauben als Gegenwart ins Heute hinein" (3) leben und ihn so leben, „daß er die Gegenwart verwandelt und nicht an die Gegenwart verkauft wird?" (3)

So gab Erzbischof Ratzinger den Menschen mit auf den Weg, die beständige und ehrliche Suche nach der Erkenntnis zu pflegen, was Gott im Heute sagt, seine Stimme zu erkennen und einen Auftrag daraus abzuleiten, auch wenn er unbequem ist und gegen die Zeitverhältnisse steht.

Resümee

Der kurze biographische Gang durch die Zeit der Kindheit und Jugend Joseph Ratzingers bis hin zu seinem Wirken als Erzbischof lässt sich entwickelnde Phasen seiner Beziehung zu Michael Kardinal von Faulhaber erkennen. Zunächst trat Kardinal Faulhaber, der Bischof seiner Kindheit und Jugend, bei Firmbesuchen in seinen Wohnorten konkret in sein Leben. Während Kardinal Faulhaber ihm als

[38] Die Seitenangaben der Predigt von Erzbischof Ratzinger (wie Anm. 33) befinden sich hinter dem jeweiligen Zitat.

Kind eher durch sein Auftreten optisch imponierte, so erfasste Joseph Ratzinger mehr und mehr die Sprachgewalt des Kardinals in Hirtenworten und Predigten und die Bedeutung des bischöflichen Amtes. In Fürstenried und in Freising sah Joseph Ratzinger seinen Bischof häufiger, erlebte ihn zugleich als „ehrfurchtgebietende Größe"[39] und als barmherzig und mildtätig. Schließlich trat er mit seiner Ernennung zum Erzbischof von München und Freising in die Amtsnachfolge Michael Kardinal von Faulhabers. Auch wenn Erzbischof Joseph Ratzinger keine Würdigung Kardinal Faulhabers, sondern predigtgemäß eine theologische Fragestellung in den Mittelpunkt seiner Predigt zum 25. Todestag Erzbischof Michael Kardinal von Faulhabers stellte, so spricht doch eine große Wertschätzung für den verstorbenen Kardinal aus seinen Ausführungen.

Er erlebte Kardinal Faulhaber in der ihm häufig zugeschriebenen „festlichen Gebärde"(1), bewunderte die „Disziplin des Glaubens" (3) und bemerkte mit zunehmendem Alter eine „souveräne Güte" (3), die in Kardinal Faulhaber leuchtete. Joseph Ratzinger schätzte den Wissenschaftler und Theologen Faulhaber im Dienst der Verkündigung, der sowohl in theologisch kontroversen Zeiten als auch unter massiven ideologischen und politischen Angriffen im Bewusstsein der Gegenwart Gottes und hörend auf die Weisung seines Wortes einen Weg durch die Zeit fand. In dieser Predigt würdigte ihn Erzbischof Ratzinger aus seiner Perspektive als bedeutende Bischofsgestalt.

[39] Ratzinger, Leben (wie Anm. 28) 50.

Texte

Zu den Quellen

Die im Folgenden edierten Texte stammen aus dem Kardinal-Faulhaber-Archiv im Erzbischöflichen Archiv München und dem Bestand Studienseminar Traunstein im Archiv des Erzbistums München und Freising.

Kardinal Faulhaber hielt seine Termine und Gesprächspartner in Tagebüchern[10] in Gabelsberger Stenographie mit wenigen langschriftlichen Passagen fest. Die Tagebücher sind ihrer Gattung gemäß chronologisch geführt, außerdem gebunden. Zudem machte sich der Kardinal Notizen von Ereignissen und längeren Gesprächsinhalten auf losen kleinformatigen Zetteln, die sich im Kardinal-Faulhaber-Archiv befinden. Diese sind entweder in einzelnen Akten rein chronologisch abgelegt, oder nach Themen zusammengefasst. Kardinal Faulhaber trug bestimmte Ereignisse mehrfach ein. So finden sich – wie bei der Priesterweihe gesehen[11] – Notizen zur Firmung in Traunstein sowohl in den Tagebüchern als auch in einem Akt, in dem sich nur nach Orten alphabetisch sortierte Notizen zu Firmungen befinden.[12]

Obwohl das Aufgezeichnete sich auf den ersten Blick nicht sofort erschließt – die durch die Gattung persönliche Notiz und durch die stenographische Schreibweise bedingte kryptische Satzform unterstützen dies noch – ist der Aussagewert bei näherem Hinsehen durchaus nicht gering. Zur allgemein besseren Verständlichkeit wurde dieses Stenogramm ausführlich kommentiert. Komprimiert finden sich zahlreiche Aussagen, verschiedene Themen werden angerissen. Inhaltlich wurde das Stenogramm bereits oben ausgewertet. Die Notiz zeigt den Ablauf der Firmung aus der Perspektive der Innensicht des Kardinals, es entsteht ein besonderes Stimmungsbild.

Es folgen weitere organisatorische Schreiben zum Firmbesuch, zudem ein transkribiertes Stenogramm mit der Ansprache Kardinal Faulhabers bei der Firmerneuerung und zu deren Ablauf sowie ein Zeitungsbericht darüber.

---

[10] Siehe Anm. 21.
[11] Siehe Anm. 34.
[12] So die Notiz von 1937 unter Nr. 1.

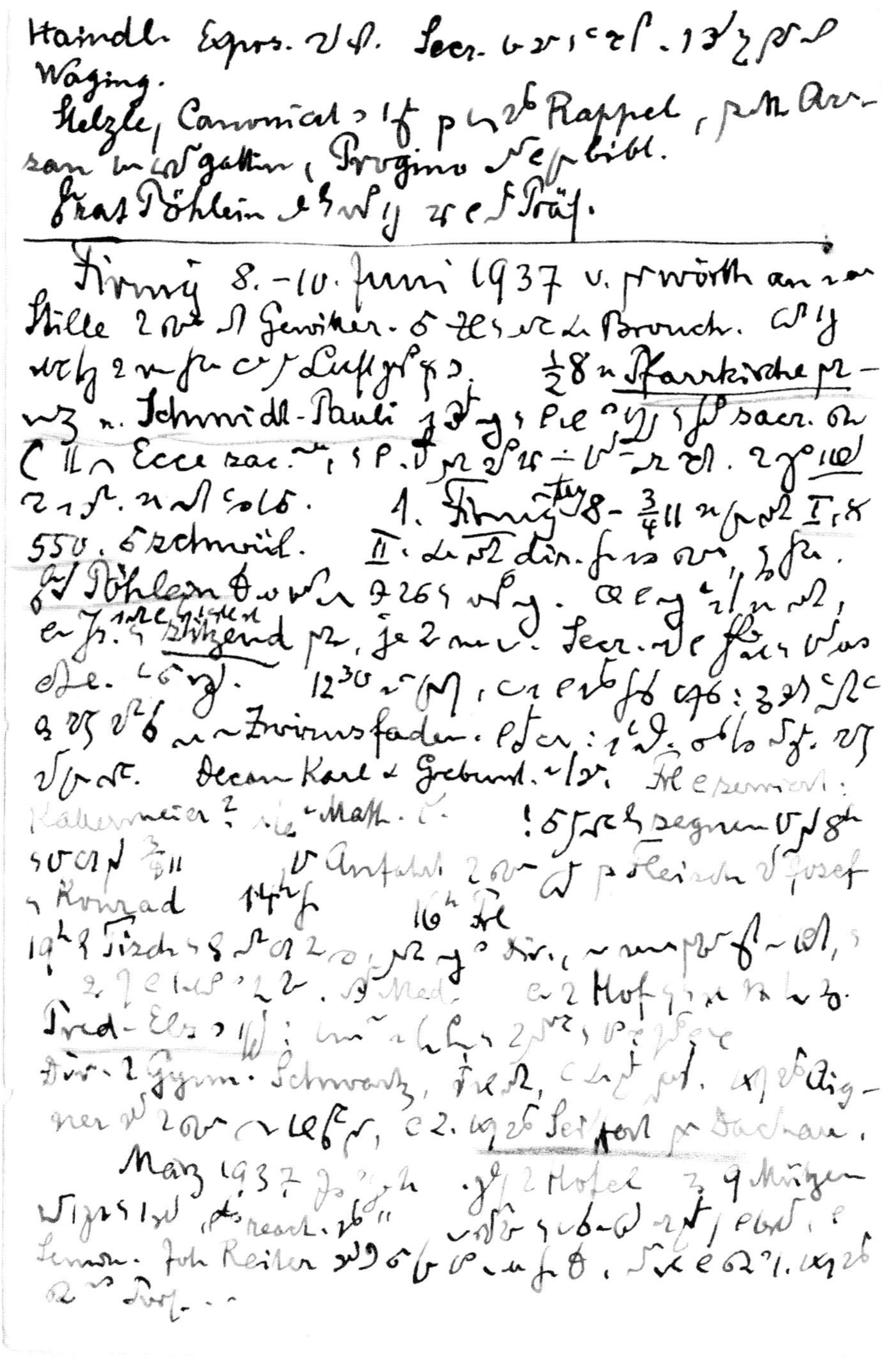

Abb. 5: Stenographische Notizen Kardinal Faulhabers über die Firmung in Traunstein 1937; EAM NL Faulhaber 6394.

1 Die Firmung in Traunstein 1937

EAM NL Faulhaber 6394. Stenographische Aufzeichnung Faulhabers[43]

Firm[un]*g 8.-10. Juni 1937*[44] *v*[on] Frauen*wörth an* in aller *Stille* im Seminar nach *Gewitter.* Sehr müde und elend von der *Bronch*[itis] wenig gesprochen. Abendtisch im kleinen Zimmer, weil viele *Luft*schutzübung haben. ½ 8 Uhr in der ᵃ*Pfarrkirche*[45] Firmerneuerung *n*[ach] *Schmidt-Pauli* ᵇ[46] Ich halte Ansprache[47] und die Rede des Bischofs und zuletzt *sacr*[amentaler] Segen (hätte kein *Ecce sac*[erdos][48] sein sollen, und die Abbitte vor dem Herz Jesu – bringt eine neue Andacht. Im

---

ᵃ⁻ᵇ In der Vorlage unterstrichen.

[43] Bei vorliegendem Text handelt es sich um ein Stenogramm mit langschriftlichen Passagen (kursiv gesetzt). Ministerialrat a.D. Alois Schmidmeier, früher Leiter des Stenographischen Dienstes im Bayerischen Landtag, nahm die Transkription vor. Unterstreichungen werden eigens gekennzeichnet, Abkürzungen – soweit möglich – in eckigen Klammern ergänzt, [] bedeutet nicht entschlüsselt. Die Vorderseite des Stenogramms findet sich unter Abb. 5.

[44] Bei seiner Firmreise firmte Kardinal Faulhaber am 7. Juni in Aschau in so genannten „Krüppelheim" (daher nur 25 Firmlinge) und Prien (356 Firmlinge), am 8. Juni auf Frauenwörth (157 Firmlinge). Am 9. Juni waren zwei Firmgottesdienste in Traunstein: Traunstein I (in der Stadtpfarrkirche Traunstein-St. Oswald mit 572 Firmlingen aus der Stadt Traunstein, aus Erlstätt, Nußdorf und dem Erziehungsinstitut Sparz, aus Hart, Haslach, Surberg, Grabenstätt und Übersee) und Traunstein II (im Erzbischöflichen Studienseminar mit 124 Firmlingen aus dem Studienseminar, dem Gymnasium und der Realschule). Eine dritte Firmung fand in Traunstein am 10. Juni mit 562 Firmlingen aus dem Dekanat Traunstein (Bergen, Chieming, Inzell, Kammer, Reit im Winkl, Ruhpolding, Siegsdorf, Traunwalchen und Vachendorf) statt. Siehe Schematismus der Geistlichkeit des Erzbistums München und Freising für das Jahr 1937, München 1937, 75f. und Schematismus der Geistlichkeit des Erzbistums München und Freising für das Jahr 1938, München 1938, 341.

[45] Es handelt sich um die Pfarrkirche St. Oswald in Traunstein.

[46] Siehe Elisabeth von Schmidt-Pauli, Erneuerung der Firmungsgnade, München 1937; EAM NL Faulhaber 6400. Elisabeth von Schmidt-Pauli (1882-1956) war eine katholische Lehrerin und Schriftstellerin, die mit Kardinal Faulhaber in Kontakt stand und 1949 Mitglied in seinem „Apostelkreis" wurde. Zu ihrer Person siehe verschiedene Beiträge in: Siegfried Mursch (Hg.), Sentire cum Petro et Episcopo – vivere cum ecclesia. Eine Dokumentation des Kardinal Faulhaber-Kreises, München 1979, 59-124. Bei der Auflistung der Pontifikalfunktionen von 1937 heißt es: „8. Juni in der Stadtpfarrkirche Traunstein Ansprache zur Erneuerung des Firmungsgelöbnisses der Pfarrgemeinde". Siehe Schematismus 1938 (wie Anm. 44) 344. Die stenographische Aufzeichnung Kardinal Faulhabers über den Ablauf der Firmerneuerung ist ediert unter Nr. 6, ein Zeitungsbericht darüber unter Nr. 7.

[47] In seiner Autobiographie schreibt er dazu: „In der Pfarrkirche von Gars bei der Abendandacht am 25. Apr. 1937 [Ansprache, d.V.] zur Erneuerung der Firmungsgnade, bei gleicher Gelegenheit in der Stadtpfarrkirche von Traunstein am 8. Juni 1937." Siehe Faulhaber, Autobiographie (wie Anm. 5) 697. Die stenographische Aufzeichnung seiner Ansprache bei der Firmerneuerung ist ediert unter Nr. 5.

[48] Ecce sacerdos magnus, dt.: Seht den Hohenpriester, vielfach vertontes Bibelzitat. In der Regel wurde dies beim Einzug eines Bischofs gesungen. Siehe dazu die stenographischen Aufzeichnungen Kardinal Faulhabers unter Nr. 6.

und bis an die Grenzen der Erde.[59]

Dir[ektor] am *Gym*[nasium] *Schwartz*[60], geht in die Kirche, wird von der Partei verfolgt. Bürgermeister *Aigner*[61] gibt im Seminar keine Bruderstunde[62] frei, der *2.* Bürgermeister *Seiffert*[63] früher[m] *Dachau.*

März 1937 Schluss des Schuljahres Abschiedsfeier im *Hotel*[64]. Etwa *9 Mützen* runtergeschlagen und geraubt. „Zeichen des *react*[ionären] Geistes" Oberamtmann

---

[l-m] In der Vorlage unterstrichen.

[59] Am folgenden Sonntag, dem so genannten Jugendsonntag, predigte Georg Els über „... ihr werdet meine Zeugen sein ..." (Apg 1,8). Laut dem Predigtverzeichnis hatte seine Predigt den Aufbau: „1) Zeugen 2) Bekennen 3) Märtyrer". Die Pfarrpredigt handelte über: „Die Jugend braucht: 1) Ehrfurcht vor d. Vergangenheit 2) Mut f.d. Gegenwart 3) Glaube u. Wille f. d. Zukunft". Siehe Pfarrarchiv Traunstein-St. Oswald, IV/1, Predigtverzeichnisse 1851-1948.

[60] Oskar Schwarz (1878-1949), Oberstudiendirektor am Humanistischen Gymnasium in Traunstein von 1934-1937. Oskar Schwarz war „dem Studienseminar gewogen und sichtlich bemüht, die guten Beziehungen wieder herzustellen." Siehe Walter Brugger, Kurze Geschichte des erzbischöflichen Studienseminars Traunstein, in: Chiemgau-Gymnasium Traunstein. Festschrift zum 125jährigen Bestehen, Marquartstein 1997, 64-70, hier 68. Dies missfiel den Machthabern, so dass er am 1. Juli 1937 an das Humanistische Gymnasium in Landshut versetzt wurde, was entsprechend polemisch die Traunsteiner Zeitung Nr. 139 vom 19. Juni 1937 meldete. Siehe dazu auch den Beitrag von Volker Laube in diesem Band. Da Kardinal Faulhaber die Namen hier offensichtlich nach dem Gehörten schrieb, kann es zuweilen zu orthographischen Abweichungen kommen.
Zur geistigen Atmosphäre im Gymnasium schreibt Joseph Ratzinger in seiner Autobiographie: „Auch im Traunsteiner Gymnasium hatte der Nationalsozialismus einstweilen noch wenig zu verändern vermocht. Keiner aus der alten Garde der Altphilologen hatte sich der Partei angeschlossen, trotz des erheblichen Drucks, der auf die Beamten ausgeübt wurde. Bald nach meinem Eintritt in das Gymnasium wurde schon der zweite Oberstudiendirektor abgeschoben, weil er den neuen Herren nicht entsprach. Rückschauend scheint mir, daß die Bildung an der griechischen und lateinischen Antike eine geistige Haltung schuf, die der Verführung durch die totalitäre Ideologie entgegenstand." Siehe Ratzinger, Leben (wie Anm. 28) 26. Vgl. auch Friedbert Mühldorfer, Widerstand und Verfolgung in Traunstein 1933-1945, Ingolstadt 1992, 76.

[61] Albert Aichner (1898-1965), 2. Bürgermeister von 1933-1945, Ortsgruppenleiter der NSDAP. Siehe Evers, Traunstein (wie Anm. 56) 97 und StadtATS Einwohnermeldealtkartei.

[62] Keiner der befragten ehemaligen Seminaristen des Studienseminars kannte den Begriff Bruderstunde.

[63] Georg Seufert (1885-1957), Bürgermeister von 1935-1945. Seufert war von 1925-1934 Bürgermeister in Dachau. Siehe Anton Kasenbacher, Traunstein. Chronik einer Stadt in Wort und Bild, Traunstein 1986, 32; Evers, Traunstein (wie Anm. 56) 114; Mühldorfer, Widerstand (wie Anm. 60) 98.

[64] Die Abschlussfeier der Absolvia II fand am 20. März 1937 im Hotel „Traunsteiner Hof" in Traunstein statt. Nach einem Bericht befanden sich die Absolventen an diesem Vormittag dort zu einem Frühschoppen und Mittagessen mit ihren Lehrern. Die Führer des Jungvolkes lauerten den Absolventen auf und rissen einigen von ihnen die Mütze und das Band herunter. Diese sollten als „Symbole des reaktionären Geistes" verbrannt werden. Die Polizei griff nur sehr zögernd ein. Johann Reiter als Vertreter der Absolvia handelte aus, dass allen die Mützen zurückgegeben wurden. Siehe AEM Studienseminar Traunstein, Schülerakten, Nr. 1228. Siehe dazu auch den Beitrag von Volker Laube in diesem Band.

und Oberstaatsanwalt nehmen Partei für die Beraubten, der *Semin*[arist] *Joh*[ann] *Reiter*[65] hielt sich sehr tapfer bis er alle zurückhatte. Unter den Räubern der Sohn des *1.* Bürgermeisters[66], Sohn eines *Prof*[essors] …

2. Firmtag *10. Juni 37* wieder sehr *heiss*. Nur die Sakristei ist kalt. ⁿ*Kotz*[67] *Siegsdorf pred*[igt], hat eine gute Stimme. Von ᵖder Kirche zu Fuß in den Pfarrhofᵃ, wieder sehr viele Kinder zu segnen d.h. sie kommen immer wieder. Im kalten Zimmer Umkleide. *Besuche*: 1) *H*[er]*r* und Frau *Gump*[p]*enb*[er]*g* – ihre Söhne, einer war in Landshut.[68] 2) *Barmh*[erzige] Schwestern[69]. 3) Englische *Fr*[äu]*l*[ein][70], die abge-

ⁿ⁻ⁿ In der Vorlage unterstrichen.

ⁿ⁻ⁿ In der Vorlage unterstrichen.
ᵖ⁻ᵃ In der Vorlage unterstrichen.

[65] Johann Reiter (geb. 1916); AEM Studienseminar Traunstein, Schülerakten, Nr. 1228.

[66] Günther Seufert (geb. 1920). Siehe StadtATS Einwohnermeldealtkartei.

[67] Anton Kotz (1892-1950), 29. Juni 1922 Priesterweihe, 19. Januar 1937 – 2. August 1950 Pfarrer in Siegsdorf. Die Stimme von Anton Kotz wird im Seminarabgangszeugnis von 1922 als hell und kräftig bezeichnet, seine Predigtqualitäten werden in den verschiedenen Qualifikationen als sehr gut bewertet. Pfarrer Albrecht aus Bad Aibling schreibt 1934: „[Er] predigt praktisch und populär." Siehe AEM PA-P III 940. Im Dritten Reich geriet er in Konflikt mit den Machthabern: „1935 durch HJ-Mitglieder angezeigt wegen angeblich NS-feindlichen Verhaltens bei seiner Lehrtätigkeit an der Berufsfortbildungsschule. 1937 ein Verhör durch das Bezirksamt Bad Aibling wegen angeblicher Züchtigung eines Schülers, der den Hitlergruß leistete. 1942 wegen Eintretens für die Juden öffentliche Anschuldigungen durch den Ortsgruppenleiter. Am 3.5.1945 wurde ein Erschießungsbefehl durch den Generalleutnant ausgefertigt. Die Exekution wurde aufgrund des Eintreffens amerikanischer Truppen nicht ausgeführt." Von Hehl, Priester (wie Anm. 52) 947; siehe auch AEM Ordinariat, Fragebögen 1946, Fragebogen A. Nationalsozialistische Verfolgung kath. Geistlicher, Anton Kotz.

[68] Es handelt sich um Friederike Freifrau von Gumppenberg (1881-1973) und Rudolf Freiherr von Gumppenberg (1875-1952), die in Traunstein wohnten. Drei ihrer vier Söhne traten in einen Orden ein: Ludwig (1901-1982) wurde Kapuziner (P. Leopold), Max (1902-1964) wurde Jesuit, Karl (1904-1984) wurde ebenfalls Kapuziner (P. Thomas), Johann (1908-1973) heiratete. Siehe StadtATS Einwohnermeldealtkartei; Walter von Hueck (Bearb.), Genealogisches Handbuch der Freiherrlichen Häuser. Freiherrliche Häuser A X, Limburg a.d. Lahn 1977, 134f. Treffen bei weiteren Firmbesuchen Kardinal Faulhabers sind belegt.

[69] Die Barmherzigen Schwestern betreuten das Krankenhaus, das Städtische Bürgerheim und das Studienseminar in Traunstein. Siehe Schematismus 1937 (wie Anm. 44) 138.

[70] Über den Abbau der 13 klösterlichen Lehrkräfte 1937 in Traunstein siehe: Elisabeth von Gagern, Die Englischen Fräulein, in: Georg Schwaiger (Hg.), Das Erzbistum München und Freising in der Zeit der nationalsozialistischen Herrschaft, Bd. II, München-Zürich 1984, 566-589. Die Englischen Fräulein waren laut Schematismus von 1937 noch im Kindergarten, in der Mädchenvolksschule und in der Berufsfortbildungsschule in Traunstein tätig, in Sparz im Mädchenlyzeum, in der Frauenschule und im Internat. Im Schematismus von 1938 sind sie in Traunstein nur noch ohne Oberin und zahlenmäßig deutlich reduziert, in Sparz noch im Mädchenlyzeum und im Internat tätig. Siehe Schematismus 1937 (wie Anm. 44) 145; Schematismus 1938 (wie Anm. 44) 155; Mühldorfer, Widerstand (wie Anm. 60) 78. Siehe auch AEM Studienseminar Traunstein, Nr. 51.

bauten, wollen *S*[ancti]*ſ*[simum][71] für ihre Kapelle. *4)* Die Schwestern vom *Kurhaus*[72]: Steuer sehr streng, müssen alles mögliche bauen, aber sonst in Ruhe. 5) ᵣ*Sparz*, die statt Onnich[73] mit *Dr Mayer*[74] sehr zufriedenˢ sind. Werden nicht belästigt. 6. *Stelzle*[75] zeigt mir *Modell* der neuen Kirche[76]. Bürgermeister will zwischen

[ʳ⁻ˢ] In der Vorlage unterstrichen.

[71] Die Schwestern wollten für ihre Hauskapelle ein Sanctissimum Sacramentum (dt.: das Allerheiligste Sakrament), d.h. einen Tabernakel für die ständige Aufbewahrung konsekrierter Hostien und Anbetung. Dies musste von Kardinal Faulhaber genehmigt werden.

[72] Das Kurhaus in Traunstein wurde von den Schwestern des Allerheiligsten Heilandes (Niederbronner Schwestern) betreut. 1943 verkauften sie vermutlich auf politischen Druck das Kurhaus an die Deutsche Heilpraktikerschaft e.V. München. Siehe Alfred Staller, Als Traunstein eine Kurstadt war, in: Jahrbuch des Historischen Vereins für den Chiemgau zu Traunstein e.V. 9 (1997) 98-142, hier 102.

[73] Ludwig Onnich (1875-1963), 29. Juni 1899 Priesterweihe, 20. September 1905 Benefiziums-Verweser und Institutskaplan in Traunstein-Sparz, seit 1. November 1935 im Ruhestand in Traunstein.

[74] Josef Maier (1902-1968), Dr. phil., 28. Oktober 1928 Priesterweihe, 1. September 1929 Präfekt am Studienseminar Traunstein, 1. November 1935 Benefiziat und Institutskaplan in Sparz, 16. Oktober 1946 Religionslehrer in Traunstein, 1. Juni 1949 Studienrat daselbst. Über seine Konflikte mit den Machthabern im Dritten Reich heißt es: „Beförderungsverweigerung am Gymnasium. Im Juli 1934 Unterrichtsverbot als nebenamtlicher Religionslehrer durch das Kultusministerium. 1934 wurde ein Verfahren vor dem Landgericht wegen Verbreitung von Greuelnachrichten aufgrund von Amnestie eingestellt." Von Hehl, Priester (wie Anm. 52) 955; siehe auch AEM Ordinariat, Fragebögen 1946, Fragebogen A. Nationalsozialistische Verfolgung kath. Geistlicher, Josef Maier.

[75] Josef Stelzle (1873-1947), 29. Juni 1897 Priesterweihe, 1921-1944 Stadtpfarrer in Traunstein. Siehe AEM PA-P III 1751; StadtATS, Einwohnermeldealtkartei. Im Dritten Reich geriet Pfarrer Stelzle in massiven Konflikt mit den Nationalsozialisten: „Im Oktober 1933 Fenstereinwurf und SA-Aufmarsch vor dem Pfarrhof wegen Verächtlichmachung des Hitlergrußes. Ein diesbezügliches Verfahren wurde 1934 eingestellt. Wegen einer Dreikönigspredigt Schutzhaft vom 6. bis zum 24.1.1934. Am 18.3.1934 kurzfristiges Aufenthaltsverbot. Nach vorzeitiger Rückkehr im April 1934 Bombenanschlag auf den Pfarrhof, daraufhin erneut Stadtverweis bis zum 21.10.1934, danach acht Wochen lang nächtliche Bewachung des Pfarrhofs durch SA-Truppen. Während seiner Abwesenheit Verbot von Glockengeläut und Orgelspiel durch Kardinal Faulhaber. Wegen staatsabträglicher Predigtäußerungen vom 31.12.1938 durch die Gestapo verwarnt." Von Hehl, Priester (wie Anm. 52) 983; siehe auch Kreisjugendring Traunstein (Hg.), Verfolgung und Widerstand in der NS-Zeit im Landkreis Traunstein 1933-1945, Traunstein 1994, 58-60; Kasenbacher, Traunstein (wie Anm. 63) 33; AEM Ordinariat, Fragebögen 1946, Fragebogen A. Nationalsozialistische Verfolgung kath. Geistlicher, Josef Stelzle.

[76] Wegen der neu entstehenden Siedlung in Traunstein plante Pfarrer Stelzle die Gründung einer eigenen Kirchengemeinde. Am 30. Juli 1936 wurde die Einrichtung der Kirchenstiftung Heilig Kreuz genehmigt. Durch die politische Situation bedingt konnte das Projekt erst nach dem Zweiten Weltkrieg wieder aufgenommen werden. 1951 erfolgte die Grundsteinlegung, am 30. November 1952 wurde die Kirche geweiht. Siehe Hl. Kreuz in Traunstein 1951-1991. Festschrift, [Traunstein 1991].

Kasino und Kirche *Villen*, der *Archit*[ekt][77] nicht. Ich fahre nicht hinaus, sollen ein-mal zusammensetzen und einig werden.[78] Die Kirche wird Grund und Boden dafür geben, aber natürlich vernünftig. *13*[45] Uhr der *Tisch*. ʳNachmittag im Seminar *16*ʰ Festspiele von *P. Lucas*ᵘ[79] die Kirche, dann im *Hof* viel *photo*[graphiert] *Kagermeier*[80] von *Seebruck* hier, *17*ʰ allein nach *Adelh*[olzen][81] Zahnwurzel entzün-det, *Fiebrig*. …

ᵛGestern Besuch von *Fr*[äu]/[ein] *Ehrensberger Diak*[onin] *Melania*ʷ[82]

Landrat *Kellner*[83] hier gar nicht bekannt. Auch nicht *Josef Geisberger*[84], der *2 Visionen* Hellsehergeschichte und dergleichen geschrieben hat. Das sei die Bank der Bibelfälscher …

ᵗ⁻ᵘ In der Vorlage unterstrichen.

ᵛ⁻ʷ In der Vorlage unterstrichen.

[77] Es handelt sich vermutlich um den Architekten, der die zunächst geplante Kirche entwarf.

[78] Vgl. das Schreiben von Pfarrer Stelzle an Kardinal Faulhaber vom 29. Mai 1937; EAM NL Faulhaber 6396. Ediert unter Nr. 4.

[79] P. Hubert Lucas SJ (1891-1971), 24. August 1923 Priesterweihe, Juli 1929 – 10. September 1956 Spiritual des Studienseminars.

[80] Johann Kagermeier (1899-1959), 29. Juni 1927 Priesterweihe, 1. Oktober 1936 Expositus in Seebruck. Im Dritten Reich wurde er mehrfach belangt: „Aufgrund von Predigtäußerungen drei Verwarnungen sowie Androhung von Predigt- und Unterrichtsverbot durch den Landrat. Post-überwachung. Im Juli 1933 Haussuchung in Tuntenhausen durch SA und Beschlagnahme einer Senderanlage, am 8.4.1934 kurzfristige Festnahme durch die Gestapo. 1937 durch SA-Ange-hörige im Auto beschossen, doch nicht verletzt. Am 19.3.1938 auf Anordnung des Landrats eine Haussuchung, Beschlagnahme eines Films." Von Hehl, Priester (wie Anm. 52) 941; siehe auch AEM Ordinariat, Fragebögen 1946, Fragebogen A. Nationalsozialistische Verfolgung kath. Geistlicher, Johann Kagermeier.

[81] Bad Adelholzen, Pfarrei Siegsdorf, mit der Niederlassung der Barmherzigen Schwestern, war und ist das Landhaus der Erzbischöfe von München und Freising. Entgegen der Ankündigung, bis zum 12. Juni im Seminar zu bleiben (siehe Nr. 2), fuhr Kardinal Faulhaber bereits am 10. Juni abends nach Adelholzen.

[82] Hertha Ehrensberger (1900-1988), Büroangestellte, war nach dem Zweiten Weltkrieg im Studienseminar Traunstein angestellt, 1968 ist sie nach Eisenärzt verzogen. Siehe AEM Stu-dienseminar Traunstein, Nr. 51, 56; StadtATS Einwohnermeldealtkartei. Sie war Mitglied der VD, der Vereinigung der katholischen Diakoninnen, eines Zusammenschlusses von Frauen (ledig oder verheiratet), die in der Welt nach bestimmten geistlichen Regeln lebten und carita-tiv tätig waren. In Traunstein gab es 1936 sechs Schwestern dieser Vereinigung, u.a. Hertha Ehrensberger (Sr. Melania) und Friederike von Gumppenberg (Sr. Felicitas). Siehe EAM NL Faulhaber 6690.

[83] Es gab in Traunstein keinen Landrat Kellner. Bezirksamtmann bzw. Landrat (ab 1938 Änderung des Titels) war von 1936-1944 Paul Tremel. Siehe Kasenbacher, Traunstein (wie Anm. 63) 61.

[84] Es gab in Traunstein einen Josef Geisberger sen. und seinen Sohn gleichen Namens. Siehe StadtATS Einwohnermeldealtkartei. Von diesen ist jedoch dieser Sachverhalt nicht bekannt. Da-her dürfte es sich hier um eine andere Person handeln. Näheres zu diesen Aussagen ließ sich in Traunstein nicht ermitteln.

2 Erzbischöflicher Sekretär Josef Weißthanner an Seminardirektor Johann Ev. Mair, 23. April 1937

AEM Studienseminar Traunstein, Nr. 108. Schreibmaschinenausfertigung mit eigenhändiger Unterschrift, auf gedrucktem Briefpapier mit Kopf: Erzbischöfliches Sekretariat München.

Sehr verehrter Herr Direktor!

Herr Kardinal wird auch anlässlich der diesjährigen Firmung in seinem Studienseminar in Traunstein Wohnung nehmen. Er kommt am Dienstag, 8. Juni, gegen Abend in Traunstein an und fährt in aller Stille more privato, also ohne liturgischen Empfang, am Seminar vor. Am Mittwoch, 9. Juni, soll um 10.30 Uhr der Direktor des Seminars oder ein von ihm zu bestimmender Herr die hl. Messe für die Firmlinge zelebrieren und eine Firmungsansprache halten. Anschliessend wird Eminenz das Taufgelübde abnehmen und die hl. Firmung spenden.

ᵃFreitag, 11. Juni, ist frei von Funktionen. Herr Kardinal wird an diesem Tag die Kommunitätsmesse zelebrieren, und bis Samstag, 12. Juni, früh im Seminar bleiben, um dann um 8.30 Uhr in Trostberg zur Firmung einzutreffen.ᵇ

Abschrift meines Briefes an Herrn Geistl[ichen] Rat Stelzle lege ich zur Kenntnisnahme bei. Ich darf um eine kurze Empfangsbestätigung dieses Briefes bitten.

Mit ergebenstem Gruss
Dr. Weissthanner

3 Erzbischöflicher Sekretär Josef Weißthanner an Stadtpfarrer Joseph Stelzle, 23. April 1937

AEM Studienseminar Traunstein, Nr. 108. Schreibmaschinenabschrift mit eigenhändiger Unterschrift.

Sehr verehrter Herr Geistl[icher] Rat!

Herr Kardinal wird anlässlich der diesjährigen Firmung wieder im Erzbischöflichen Studienseminar Wohnung nehmen. Nach der Firmung für Traunstein I wird Eminenz sofort in das Erzbischöfliche Studienseminar fahren, um dort für Traunstein II das heilige Sakrament zu spenden. Um 12.30 Uhr wird dann Herr Kardinal in Ihrem Pfarrhof die Geistlichkeit der beiden Firmungsstationen Traunstein I und Traunstein II empfangen und anschliessend zu Tisch bleiben.

ᵃ⁻ᵇ Dieser Absatz ist zum Teil mit Bleistift durchgestrichen. Darüber ist handschriftlich vermerkt: „Abreise nach A[delholzen] 12.6.37 abends". Die Passage „früh am Seminar bleiben" ist handschriftlich geändert in „früh am Seminar vorbeifahren".

Am ersten Firmungstag, Mittwoch 9. Juni, finden also keine Privatempfänge (Schwestern etc.) statt. Diese Besuche sind vielmehr alle auf Donnerstag, 10. Juni, zu verlegen, wie herkömmlich nach dem Empfang der Geistlichen. Ich darf um eine kurze Empfangsbestätigung dieses Briefes bitten.

Abschrift meines Briefes an den Herrn Direktor des Erzbischöflichen Studienseminars lege ich zur Kenntnisnahme bei.

Mit verehrungsvollem Gruss
gez. Dr. Weissthanner

4 Stadtpfarrer Joseph Stelzle an Erzbischof Michael Kardinal von Faulhaber, 29. Mai 1937

EAM NL Faulhaber 6396. Schreibmaschinenausfertigung mit eigenhändiger Unterschrift.

Euere Eminenz!

Hochverehrter Herr Kardinal und Erzbischof!

Für die hohe Gunst, daß Eminenz an der Sprechchor-Veranstaltung „Erneuerung der Firmungsgnade" am 8. Juni abends ½ 8 Uhr in der hiesigen Stadtpfarrkirche persönlich und aktiv teilnehmen wollen, sage ich hocherfreut den ehrerbietigsten Dank. Wir werden alles tun, was nur in unserer Kraft steht, die Sache zu einer großen und eindrucksvollen zu machen. Ich habe 1500 Heftchen bestellt, die schon daliegen.

Wie H.H. Sekretär andeutete, soll die Feier schließen mit einer kurzen eucharistischen Segensandacht. Gewiß wollen wir dieselbe machen.

Vielleicht könnte eine eucharistische Lichterprozession nur mit den Firmlingen sich anschließen. Die Kinder haben das immer sehr gern. Auch die Erwachsenen empfangen daraus große Eindrücke und sind dankbar, wenn sie ihre Kinder so ausgezeichnet sehen.

Vielleicht darf ich noch eine Bitte anfügen. Die Sache wegen der [a]Kirche in Neu-Traunstein hat[b] in der allerletzten Zeit eine Wendung genommen, daß ich dankbar wäre, sie mit Eminenz unmittelbar gelegentlich der Firmung dahier, etwa auch an Ort und Stelle, besprechen zu dürfen. Ich würde die Pläne, die Schätzungen und auch das Modell bereit legen. Aus der Ferne ohne unmittelbare Übersicht lassen sich solch' wichtige Dinge wohl nur schwer entscheiden.

Es zeichnet ehrerbietigst
Euerer Eminenz
ergebenster
Jos. Stelzle, G.R.

[a-b] In der Vorlage von Faulhaber unterstrichen.

Besitzung, nicht als die Sache eines Tages oder gar nur einer Stunde. Wenn die Verfolgung beginnt, dann schlägt die Stunde der Firmungsgnade. „Früher hat man den Sinn der Firmung nicht so erfasst … *Geruhsame* Besitzung des Glaubens ließ die Glieder einschlafen" *Laros*.[96]

6 Ablauf der Firmerneuerung

EAM NL Faulhaber 6393. Stenographische Aufzeichnungen Faulhabers.

Traunstein 8. Juni 1937 19^{30} – 20^{30}
Ich halte zum Beginn eine kurze Ansprache. *Pf*[a]*r*[rer] *Stelzle* auf der Kanzel sehr feierlich. Die Kirche gesteckt voll. Sehr lautes und kräftiges Mitbeten.
Aber 1) Ecce sacerdos[97] störte. Wenn schon dann ein Lied zum Heiligen Geist
    2) Beim Aussetzen *Pange lingua*[98] – in einer [a]deutschen Volksandacht
       will der Kirchenchor durchaus seine [b]*lat*[einische] Kunst zeigen.
    3) Pfarrer betet nach dem Aussetzen das lange Sühnegebet zum Herzen
       Jesu vor und am Schluß: Segne du Maria. Segne du dein Kind.[99]
       Also hoch andächtig.

[a] In der Vorlage unterstrichen
[b] In der Vorlage unterstrichen

[96] Siehe dazu: Matthias Laros, Volk im heiligen Geiste. Aufruf zur Erneuerung der Firmgnade, Regensburg 1937, 10.
[97] Siehe Anm. 48.
[98] Pange lingua gloriosi; Fronleichnams-Vesperhymnus, Thomas von Aquin (13. Jahrhundert) zugeschrieben.
[99] Marienlied aus dem 19. Jahrhundert.

Joseph Ratzinger selbst hat in seiner Autobiographie auf die wichtigsten der für ihn prägenden Theologengestalten jener Jahre hingewiesen: den Neutestamentler Friedrich Wilhelm Maier (1883-1957)[8], den Pastoraltheologen Joseph Pascher (1893-1979)[9] – der zugleich Direktor des Georgianums war – und vor allem den Fundamentaltheologen Clemens Gottlieb Söhngen (1892-1971).[10] Im Herbst 1949 waren Georgianum und Universität in der Münchener Ludwigstraße wieder so weit instand gesetzt, dass Lehrende und Studierende dorthin zurückkehren konnten.

Bereits im darauf folgenden Sommer 1950 legte Ratzinger das Synodale, das theologische Schlussexamen, ab und begann im Herbst das so genannte Alumnatsjahr zur Vorbereitung auf die praktischen Aspekte des priesterlichen Dienstes, welches ihn wieder in das Seminar auf den Freisinger Domberg zurückführte. Pastoraltheologie, liturgische Praxis und praktische Sakramentenlehre standen auf dem dicht gedrängten Stundenplan – Themen, die im Gegensatz zu dem eher praxisfernen Theologiestudium auf die konkreten Pflichten und Aufgaben eines Priesters vorbereiteten. Im Oktober 1950 empfing er durch Weihbischof Johannes Neuhäusler[11] die Subdiakonats- und die Diakonatsweihe im Freisinger Dom – hiermit war zugleich die bindende Entscheidung für den priesterlichen Dienst verbunden.

[8] Vgl. Ingrid Petersen, Friedrich Wilhelm Maier (1883 bis 1957), in: Archiv für schlesische Kirchengeschichte 56 (1998) 61-82; siehe auch Ratzinger, Aus meinem Leben (wie Anm. 7) 55f.

[9] Vgl. Pascher, Joseph, in: Traugott Bautz (Hg.), Biographisch-Bibliographisches Kirchenlexikon, Bd. 16, Herzberg 1999, Sp. 1196-1202 (Christoph Schmitt); Ratzinger, Aus meinem Leben (wie Anm. 7) 63f.

[10] Vgl. Söhngen, Clemens Gottlieb, in: Traugott Bautz (Hg.), Biographisch-Bibliographisches Kirchenlexikon, Bd. 21, Nordhausen 2003, Sp. 1446-1454 (Wolfgang Klausnitzer) [mit weiterführender Literatur]; Ratzinger, Aus meinem Leben (wie Anm. 7) passim (v.a. 63ff.); Ratzinger, Das Ganze im Fragment. Gottlieb Söhngen zum Gedächtnis, in: Christ in der Gegenwart 23 (1971) 398f.; Ders., Von der Wissenschaft zur Weisheit, in: Catholica Jahrbuch für Kontroverstheologie 26 (1972) 2-6. Der Rheinländer Söhngen, der im Gegensatz zu seinem großen Konkurrenten Michael Schmaus keine Gesamtdarstellung seines theologischen Denkens hinterließ, wird in der Regel als originelle, eigenwillige und aus dem Rahmen fallende Figur mit durchaus kontroversen Denkansätzen geschildert. In der Chronik des Freisinger Klerikalseminars findet sich der folgende vielsagende Eintrag: „In einer abendlichen Gastvorlesung an der Hochschule spricht der bekannte Münchner Theologieprofessor Dr. Gottlieb Söhngen in einer meisterhaften Gedankenführung und eigenwilliger Ausdrucksweise über ‚Gesetz und Evangelium'. Infolge der starken Zusammenballung dieses umfangreichen Stoffes auf eine knappe Stunde und auf Grund der meist schwindelnden Höhe seines Gedankenfluges geraten im Anschluß daran sowohl die Studentenschaft als auch die Herren Professoren in heftige Diskussionen, während die Laienschaft unter Führung von Rektor Dr. Andersen sich mit einem Alibi aus der Schlinge zieht." AEM Priesterseminar Freising, Seminarchronik 1945-1960 (Eintragung vom 21. November 1957).

[11] Vgl. Peter Pfister, Weihbischof Johannes Neuhäusler (1888-1973), in: Georg Schwaiger (Hg.), Christenleben im Wandel der Zeit, 2 Bde., München 1987, hier Bd. II: Lebensbilder aus der Geschichte des Erzbistums München und Freising, 362-387.

Zugleich hatte Joseph Ratzinger mit der „Preisarbeit" begonnen. Hierbei handelte es sich um eine von der Münchener Katholisch-Theologischen Fakultät ausgelobte Preisaufgabe zu einem jährlich von einem anderen Professor bestimmten Thema, die anonym einzureichen war. 1950 war es Söhngen, der das Thema „Volk und Haus Gottes in Augustins Lehre von der Kirche" vorgab. Ratzinger machte sich an die Bearbeitung und reichte die Arbeit bereits nach neun Monaten im Frühjahr 1951 bei der Fakultät ein.

Nun verblieb nur noch wenig Zeit zur Vorbereitung auf die Priesterweihe, die Joseph und Georg Ratzinger gemeinsam mit 42 Mitbrüdern am 29. Juni 1951 durch Erzbischof Michael Kardinal von Faulhaber[12] im Freisinger Dom empfingen. Ihre erste Hl. Messe feierten die Brüder anschließend mit dem Jugendfreund Rupert Berger in der Pfarrkirche St. Oswald in Traunstein – jeder für sich, getrennt voneinander, denn eine Konzelebration wurde erst durch die Liturgiereform des Zweiten Vatikanischen Konzils möglich.

Wie bei Neupriestern üblich schloss sich nach kurzer Erholungszeit sogleich der praktische Seelsorgedienst an. Nur knapp vier Wochen im August 1951 war Joseph Ratzinger als Aushilfspriester in der Münchener Pfarrei St. Martin/Moosach tätig, bevor er am 1. September 1951 eine Kaplansstelle in der Stadtpfarrei München-Hl. Blut/Bogenhausen antrat, die er etwas mehr als ein Jahr inne hatte. Sein Vorgesetzter war hier Stadtpfarrer Max Blumschein.[13] Zu den Hauptaufgaben des jungen Priesters gehörte der Religionsunterricht (16 Wochenstunden in fünf verschiedenen Klassen), Messen und Predigten, tägliche Dienste im Beichtstuhl, Beerdigungen, Taufen, Hochzeiten, Kontakte zu Vereinen und Verbänden und anderes mehr. Daneben wurde Ratzinger – wie es für einen jungen Kaplan üblich war – die Jugendarbeit in der Pfarrei übertragen. Die Jugendlichen sahen den nur wenig älteren Neupriester als ihresgleichen an – Ratzinger zeichnete sich durch schlichtes, bescheidenes und zurückhaltendes Auftreten aus, intellektuelle Attitüden lagen ihm fern.[14] Auch später in den 1950er Jahren kehrte Ratzinger gelegentlich in die Pfarrei zurück.

Zum 1. Oktober 1952 wurde Joseph Ratzinger als Dozent und Präfekt an das Freisinger Priesterseminar berufen. Seine Oberen stellten damit die Weichen in

---

[12] Vgl. zu Faulhaber allgemein: Kardinal Michael von Faulhaber 1869-1952. Eine Ausstellung des Archivs des Erzbistums München und Freising, des Bayerischen Hauptstaatsarchivs und des Stadtarchivs München zum 50. Todestag (= Ausstellungskataloge der Staatlichen Archive Bayerns 44), München 2002; Peter Pfister (Hg.), Michael Kardinal von Faulhaber (1869-1952). Beiträge zum 50. Todestag und zur Öffnung des Kardinal-Faulhaber-Archivs (= Schriften des Archivs des Erzbistums München und Freising 5), Regensburg 2002.

[13] Max Blumschein (1884-1965), Priesterweihe 1910, 1935-1956 Stadtpfarrer in München-Hl. Blut/ Bogenhausen; vgl. AEM PA-P III 165; ferner Ratzinger, Aus meinem Leben (wie Anm. 7) 72f.

[14] Vgl. Interview Theißing, S. 130.

Richtung der akademischen Laufbahn. Denn die Berufung an das Seminar bedeutete zugleich die Rückkehr zur theologischen Wissenschaft. In Freising konnte Ratzinger nun im Juli 1953 zunächst seine Promotion zu Ende führen. Hierzu waren vor allem noch die entsprechenden Prüfungen abzulegen, die schriftliche Arbeit lag mit der summa cum laude bewerteten Preisarbeit[15] bereits vor und bedurfte nur noch der Überarbeitung. Am Klerikalseminar oblag Ratzinger die Unterweisung der Studierenden des letzten theologischen Jahrgangs in der praktischen Sakramentenlehre. Dazu kamen wieder Gottesdienste, Dienst im Beichtstuhl im Dom, die Führung einer Jugendgruppe und natürlich die wissenschaftliche Arbeit.[16] Die Studenten waren kaum jünger, gelegentlich wohl gleich alt oder sogar älter als der 25-Jährige Dozent – es dürfte sich, auch aufgrund des gemeinsamen Wohnens, folglich eher um ein durch mitbrüderliche Nähe bestimmtes Verhältnis gehandelt haben, als dass allzu große Distanz geherrscht hätte. Zusätzlich amtierte Joseph Ratzinger seit 1954/1955 als Studentenseelsorger.[17]

Nach den zwei Dozentenjahren am Freisinger Priesterseminar wechselte Ratzinger zum 1. November 1954 auf die andere Seite des Domhofes. Die Chronik des Klerikalseminars vermerkte unter dem Datum des 3. Novembers 1954: „Der Beginn des Wintersemesters an der Hochschule bringt eine Überraschung: der bisherige Dozent Dr. Ratzinger hat die Professur für Dogmatik übernommen. Schon die ersten paar Vorlesungen werden zu einem Genuß."[18] Von Professur konnte freilich zunächst keine Rede sein, zunächst war der 27-Jährige Ratzinger lediglich Vertreter des Lehrstuhls für Dogmatik und Fundamentaltheologie an der Philosophisch-Theologischen Hochschule. Seine erste Vorlesung im Winterse-

[15] Joseph Ratzinger, Volk und Haus Gottes in Augustins Lehre von der Kirche (= Münchener theologische Studien, II. Systematische Abteilung 7), München 1954; siehe auch: Martin Thurner, Haus Gottes und Heilsgeschichte. Die theologischen Anfänge von Papst Benedikt XVI., in: Münchener Theologische Zeitschrift 56 (2005) 505-509. Die Seminarchronik hielt hierzu fest: „Das 3. Ereignis des heutigen Tages ist die Promotion unseres Dozenten Josef Ratzinger an der Münchner Universität. Dekan Mörsdorf leitet den actus publicus. Prof. Dr. Schmaus prüft in 3 Thesen aus der Dogmatik, Prof. Dr. Söhngen in 2 Thesen aus der Fundamentaltheologie. Alle Teilprüfungen und den actus publicus legt der Doktorand mit ‚summa cum laude' ab. Dekan Mörsdorf eröffnet dem gefeierten Doktor, dass er bei einer eventuellen Habilitation kein Kolloquium über sich ergehen lassen brauche. Die Preisaufgabe des Doktoranden: ‚Volk und Haus Gottes in Augustins Lehre' bedeutet einen wesentlichen Beitrag zur Augustinusforschung." Siehe AEM Priesterseminar Freising, Seminarchronik 1945-1960 (Eintragung vom 11. Juli 1953).
[16] Vgl. auch: Sigmund Benker, Papst Benedikt XVI. und Freising. Die Lebenserinnerungen Joseph Kardinal Ratzingers kommentiert von einem Zeitgenossen, in: Sammelblatt des Historischen Vereins Freising 39 (2006) 11-25, hier 14.
[17] Vgl. Philosophisch-Theologische Hochschule Freising, Personen- und Vorlesungsverzeichnisse WS 1954/55 bis WS 1958/59 mit dem Eintrag „Studentenseelsorger Dr. Joseph Ratzinger, Freising, Domberg 27".
[18] AEM Priesterseminar Freising, Seminarchronik 1945-1960 (Eintragung vom 3. November 1954).

mester 1954/55 hielt er zum Thema „Die Lehre vom dreieinigen Gott".[19]

Die Freisinger Professur war bereits seit einigen Jahren vakant. Ratzinger war wohl bereits im Vorjahr in Aussicht genommen worden, doch wollte man ihm für die Vorbereitung der theologischen Habilitation noch ein Jahr Zeit geben. Wiederum war Söhngen der akademische Betreuer und Ratzinger sollte untersuchen, „ob es in irgendeiner Form bei Bonaventura eine Entsprechung zum Begriff der Heilsgeschichte gebe und ob dieses Motiv – wenn erkennbar – in Zusammenhang mit der Offenbarung stehe."[20] Im Spätherbst 1955 reichte er die Arbeit an der

---

[19] In den Freisinger Dozentenjahren an der Philosophisch-Theologischen Hochschule auf dem Freisinger Domberg hielt Joseph Ratzinger folgende Lehrveranstaltungen (siehe Philosophisch-Theologische Hochschule Freising, Personen- und Vorlesungsverzeichnisse): Wintersemester 1954/55: Dogmatik: Die Lehre vom dreieinigen Gott, 4stündig (privatim), Mo., Mi. 11-12, Mo. 3-4, Fr. 5-6; Colloquium zur Vorlesung, 1stündig (privatissime et gratis), Sa. 10-11; Sommersemester 1955: Dogmatik: Die Lehre von der Schöpfung, 4stündig (privatim), Mo., Mi. 11-12, Do., Fr. 5-6; Dogmatisches Seminar: Grundprobleme der Confessiones Augustins, 1stündig (privatissime et gratis), Mo. 5-6; Wintersemester 1955/56: Dogmatik III: Die Lehre von unserem Heil in Christus Jesus, 4stündig (privatim), Mo., Do. 17-18, Fr. 16-18; Fundamentaltheologie I: Grundlinien der Religionsphänomenologie und Religionsphilosophie (Wesen und Wahrheit der Religion), 1stündig (privatim), Mo., Mi. 11-12; Dogmatisches Seminar: Moderne christologische und mariologische Literatur, 1stündig (privatissime et gratis), Do. 18-19; Sommersemester 1956: Dogmatik IV: Gnadenlehre, 4stündig (privatim), Mo., Do. 17-18, Fr. 8-9, 17-18; Fundamentaltheologie II: Religion und Offenbarung, 2stündig (privatim), Mo., Mi. 11-12; Dogmatische Übungen: Ausgewählte Texte zur Gnadenlehre des Thomas von Aquin, 1stündig (privatissime et gratis), Fr. 18-19; Wintersemester 1956/57: Dogmatik V: Sakramentenlehre, 1. Teil, 3stündig (privatim), Mo., Do., Fr. 17-18; Fundamentaltheologie III: Ekklesiologie, 3stündig (privatim), Mi. 11-12, Do. 14-15, Fr. 8-9; Fundamentaltheologisches Seminar: Übungen zum Kirchenbegriff unter besonderer Berücksichtigung des Petrusproblems, 1stündig (privatissime et gratis), Fr. 18-19; Sommersemester 1957: Dogmatik VI: Sakramentenlehre, 2. Teil und Eschatologie, 4stündig (privatim), Mo., Do., Fr. 17-18, Do. 14-15; Mariologie, 2stündig (privatim), Mi. 11-12, Fr. 8-9; Dogmatisches Seminar: Die theologischen Probleme der heutigen Mariologie, 1stündig (privatissime et gratis), Fr. 18-19; Wintersemester 1957/58: Dogmatik I: Die Lehre von dem dreieinigen Gott, 4stündig (privatim), Mo., Mi. 11-12, Do. 17-18, Fr. 11-12; Die Lehre von den letzten Dingen, 1stündig (publice et gratis), Mo. 17-18; Fundamentaltheologisches Kolloquium zur Frage des Traditionsbegriffes, 1stündig (privatissime et gratis), Fr. 18-19; Sommersemester 1958: Dogmatik II: Der Schöpfergott und sein Werk, 4stündig (privatim), Mo., Mi., Fr. 11-12, Fr. 17-18; Fundamentaltheologie IV: Grundprobleme der theologischen Erkenntnislehre, 2stündig (privatim), Mo., Do. 17-18; Dogmatisches Seminar: Die moderne Diskussion über das Verhältnis von Natur und Übernatürlichem, 1stündig (privatissime et gratis), Fr. 18-19; Wintersemester 1958/59: Dogmatik III: Die Lehre vom Heil des Menschen in Christus Jesus, 4stündig (privatim), Mo., Mi., Fr. 11-12, Sa. 8-9; Fundamentaltheologie I: Wesen und Wahrheit der Religion (Grundlinien der Phänomenologie und Philosophie der Religion), 2stündig (privatim), Mo., Do. 17-18; Dogmatisches Seminar: Kritische Lektüre der Augsburgischen Konfession, 1stündig (privatissime sed gratis), Fr. 18-19 [Für die als privatim oder privatissime gekennzeichneten Veranstaltungen war durch die Studierenden je Wochenstunde eine Vorlesungsgebühr – in der Regel 2,50 DM – zu entrichten, die mit privatissime et gratis gekennzeichneten Veranstaltungen waren hörgeldfrei].

[20] Ratzinger, Aus meinem Leben (wie Anm. 7) 78.

Universität München ein. Der Dozent bezog nun eine Wohnung im nahe des Freisinger Domes gelegenen Lerchenfeldhof. Im November 1955 zogen auch seine Eltern, die bislang noch in Hufschlag bei Traunstein gelebt hatten, zu ihm nach Freising, später auch noch die fünf Jahre ältere Schwester Maria.

Abb. 2 Dr. Clemens Gottlieb Söhngen (1892-1971), von 1947 bis 1958 Professor für Fundamentaltheologie und theologische Propädeutik an der Universität München, wichtigster akademischer Lehrer von Joseph Ratzinger; Ludwig-Maximilians-Universität München, Universitätsarchiv.

Eine schwere Krise stand noch bevor – Ratzinger selbst hat in seinen Erinnerungen die Auseinandersetzungen um seine Habilitationsschrift, das „Drama der Habilitation", ausführlich beschrieben:[21] Auf einer Fachtagung in Königstein/Taunus hatte ihm der Zweitgutachter, der Münchener Dogmatiker Michael Schmaus[22], zu Ostern 1956 eröffnet, dass er seine Habilitationsschrift ablehnen müsse. Ratzinger selbst bemerkte, seine in dieser Schrift vorgebrachte Kritik an den überwundenen Positionen sei Schmaus offenbar zuviel gewesen, „zumal es ihm an sich gegen den Sinn ging, dass ich über ein mittelalterliches Thema gear-

[21] Vgl. ebd. 77 bzw. 79-88.
[22] Michael Schmaus (1897-1993), 1924-1929 Lehrbeauftrager an der Philosophisch-Theologischen Hochschule Freising, 1929-1933 ao. Professor für Dogmatik an der deutschen Universität Prag, 1933-1946 Professor für Dogmatik in Münster (Westf.), 1946-1965 Professor für Dogmatik an der Universität München; er galt als der große Konkurrent von Ratzingers Lehrer Gottlieb Söhngen, vgl. Traugott Bautz (Hg.), Biographisch-Bibliographisches Kirchenlexikon, Bd. 9, Herzberg 1995, Sp. 322-327 (Manfred Eder).

beitet hatte, ohne mich seiner Führung anzuvertrauen."[23] Zudem hielt Schmaus ihn offenbar für verdächtig, einen „gefährlichen Modernismus" zu vertreten, „der auf die Subjektivierung des Offenbarungsbegriffs hinauslaufen müsse."[24] Die Arbeit wurde zur Verbesserung zurückgegeben und Ratzinger kam die rettende Idee, die inkriminierten Teile einfach fortzulassen und seine Arbeit dadurch radikal zu verkürzen, was eine Umarbeitung innerhalb zweier Wochen möglich machte. Schließlich nahm die Fakultät die Arbeit im Februar 1957 an.[25] Am 21. Februar 1957 fand schließlich jene berühmt gewordene Disputation statt, bei der sich im Anschluss an Ratzingers Habilitationsvortrag die Professoren Schmaus und Söhngen vor versammelter Fakultät so lange herumstritten, bis die Prüfungszeit abgelaufen und der Habilitand Ratzinger überhaupt nicht mehr zu Wort gekommen war. Nicht lange darauf wurde Ratzinger auch zum Privatdozenten an der Katholisch-Theologischen Fakultät der Ludwig-Maximilians-Universität München ernannt, am 1. Januar 1958 schließlich zum außerordentlichen Professor für Dogmatik und Fundamentaltheologie an der Freisinger Hochschule berufen – nicht ohne erneute Versuche von Seiten Schmaus', eine akademische Karriere des jugendlichen Überfliegers zu verhindern.[26]

Bereits zu dieser Zeit hatte Ratzinger eine eingeschworene Gemeinschaft von Verehrern seines Denkens. Die Klarheit seiner Sprache, die Schärfe seines Intellekts, das Stellen von Fragen, die vielen lange als drängend erschienen waren, die andere aber nicht gestellt hatten, verbunden mit dem stillen, schlichten Auftreten des knapp 30-Jährigen, den viele rein äußerlich noch für einen Studenten halten mochten, riefen Bewunderung hervor.[27]

Vielen wird schon damals klar gewesen sein, dass ein solcher Geist sich nicht in den engen Grenzen einer unbedeutenden Provinzhochschule würde halten lassen. Nachdem er bereits vor Abschluss seiner Habilitation für einen Lehrstuhl an der Universität Mainz angefragt worden war, ereilte Joseph Ratzinger schließlich noch im Verlauf des Jahres 1958 ein Ruf ins Rheinland, dem er im Jahr darauf Folge leistete. Die Freisinger Seminarchronik vermerkte zum 13. April 1959: „Im Professorenkollegium gab es einige Verschiebungen. Dr. Josef Ratzinger, seit Jahren als Professor der Dogmatik und Fundamentaltheologie an unserer Hochschule geschätzt und verehrt, hat einen Ruf auf den Lehrstuhl für Fundamentaltheologie an der Universität Bonn angenommen."[28]

---

[23] Ratzinger, Aus meinem Leben (wie Anm. 7) 83.
[24] Ebd. 84.
[25] Die Veröffentlichung in Buchform erfolgte zwei Jahre später: Joseph Ratzinger, Die Geschichtstheologie des heiligen Bonaventura, München-Zürich 1959.
[26] Vgl. Ratzinger, Aus meinem Leben (wie Anm. 7) 88, ferner die in diesem Punkt übereinstimmenden Berichte der Zeitzeugen.
[27] Vgl. hierzu v.a. das nachfolgende Interview mit Elmar Gruber, der der Generation der ersten Schüler angehört.
[28] AEM Priesterseminar Freising, Seminarchronik 1945-1960 (Eintragung vom 13. April 1959).

Zeitzeugen-Interviews mit frühen Weggefährten Joseph Ratzingers – Entstehung und quellenkritische Überlegungen

Obwohl bislang noch keine systematische Übersicht über die Quellen erarbeitet wurde, die für weiterführende Forschungen über die Freisinger und frühen Münchener Jahre Joseph Ratzingers vorliegen, kann doch festgestellt werden, dass die Quellenlage schwierig ist. Verschärfend kommt hinzu, dass zentrale Quellenbestände aus persönlichkeitsschutzrelevanten Gründen gesperrt, oder aufgrund der Tatsache, dass sie sich in Privatbesitz befinden nur sehr eingeschränkt zugänglich sind.[29]

Mit dem Zusammentragen und der Veröffentlichung zumindest einiger Zeitzeugenberichte über die genannte Zeitspanne wurde – im Rahmen begrenzter Möglichkeiten – der Versuch unternommen, die Basis der Quellen für den die Jahre 1945 bis 1959 umfassenden Lebensabschnitt Joseph Ratzingers durch das retrospektive Erhebungsverfahren der *oral history* zu erweitern.[30] Dies geschah besonders auch in dem Bewusstsein, dass umfassendere kulturgeschichtliche oder kirchenhistorische Arbeiten von relevantem wissenschaftlichen Rang, die sich etwa mit sozio-kulturellen Aspekten des Herkunfts- und Prägungsmilieus (bayerischer) katholischer Kleriker in der ersten Hälfte des 20. Jahrhunderts beschäfti-

---

[29] Dies trifft zunächst auf Quellen aus der kirchlichen Verwaltung, wie etwa die personenbezogenen Akten zu Joseph Ratzinger oder die staatlichen Akten zur Dozententätigkeit an der Freisinger Philosophisch-Theologischen Hochschule zu. Darüber hinaus ist aber auch der Fragekomplex der theologischen Entwicklung Joseph Ratzingers in seinen ersten Dozenten- und Professorenjahren hiervon betroffen. Hier ist die Forschung weitgehend auf das von Joseph Ratzinger selbst Veröffentlichte beschränkt. Für die Forschung allgemein zugängliche Mitschriften seiner gewiss hoch spannenden Freisinger Vorlesungen liegen bislang nicht vor. Jedoch ist dem Verfasser die Existenz einer sehr dichten Serie von auf stenographischen Aufzeichnungen beruhenden Mitschriften der Vorlesungen bekannt, die sich in Privatbesitz befindet und im Rahmen der Vorbereitungen zu diesem Aufsatz zum Teil grob gesichtet werden konnte. Zur nur sehr bedingten Zugänglichkeit dieser Serie von Mitschriften tritt als tiefergehende Problematik die Frage des Urheberrechts. Ratzinger selbst spricht für diese Jahre in Bezug auf seine Lehrveranstaltungen von „Gerüchten über die Modernität meiner Theologie" (Aus meinem Leben [wie Anm. 7] 84), eine Einschätzung die von vielen Zeitzeugen geteilt wird und das nachteilige Urteil Michael Schmaus sicher beeinflusst hat.

[30] Zu den mit der oral history verknüpften methodischen Problemen und Fragestellungen vgl. allgemein Lutz Niethammer, Lebenserfahrung und kollektives Gedächtnis. Die Praxis der „oral history", Frankfurt/Main 1980; speziell zu oral history-Projekten mit katholischen Klerikern: Thomas Forstner / Michael Volpert, Katholische Priester im Nationalsozialismus. Forschungsbericht zu einem Oral-History-Projekt, in: BIOS Zeitschrift für Biographieforschung, Oral History und Lebensverlaufsanalysen 18 (2005) 287-303; Dies., Priesterliches Leben in der ersten Hälfte des 20. Jahrhunderts – ein Werkstattbericht zu einem oral history-Projekt mit katholischen Weltgeistlichen, in: Beiträge zur altbayerischen Kirchengeschichte 48 (2005) 101-125.

gen, bislang nicht vorliegen.[31] So können die Berichte der Zeitzeugen auch in dem Bereich, wo sie nicht unmittelbar auf die Person des späteren Papstes eingehen, doch wesentlich zur Verdichtung des Bildes über die Bedingungen seiner Persönlichkeitsentwicklung beitragen.

Bei der Auswahl der Interviewpartner stand zunächst das Motiv im Vordergrund, nach Möglichkeit alle wichtigen Zeitabschnitte des Lebens und Wirkens Joseph Ratzingers innerhalb des vorgegebenen Zeitrahmens 1945-1959 abzudecken. So sollten nach Möglichkeit Zeitzeugen sowohl für die Freisinger Seminar- und Studienzeit bis 1947, die Jahre an der Universität München 1947-1951, die Zeit als Kaplan in der Pfarrei München-Hl. Blut/Bogenhausen 1951/52 und die Jahre als Dozent am Klerikalseminar und Professor an der Freisinger Hochschule (1952-1959) gefunden werden. Von Anfang an stand als Rahmenbedingung fest, dass ausschließlich Priester in die Befragung einbezogen werden sollten. Die Auswahl[32] fand ihre Beschränkung in der sehr unterschiedlich vorhandenen Bereitschaft potentieller Interviewpartner, ein solches Gespräch, dessen Veröffentlichung zudem von Beginn an vorgesehen war, auch zu führen.[33] Bei den schließlich ausgewählten Gesprächspartnern handelt es sich um vier Priester der Erzdiözese München und Freising:

Rupert Berger[34], ein Jahr älter als Joseph Ratzinger und aus Traunstein stammend, wo Ratzinger aufgewachsen war, begleitete ihn während der Jahre des Studiums in Freising und München bis zur gemeinsamen Weihe 1951 und während gemeinsamer Dozentenjahre auf dem Freisinger Domberg 1957 bis 1959.

---

[31] Vgl. zum Forschungsfeld allgemein Urs Altermatt, Plädoyer für eine Kulturgeschichte des Katholizismus, in: Karl-Joseph Hummel (Hg.), Zeitgeschichtliche Katholizismusforschung. Tatsachen, Deutungen, Fragen. Eine Zwischenbilanz (= Veröffentlichungen der Kommission für Zeitgeschichte, Reihe B: Forschungen 100), Paderborn 2004, 169-187. In Vorbereitung befindet sich eine Studie des Verfassers zum Thema „Zur Kultur und Sozialgeschichte des Klerus der Erzdiözese München und Freising in den Jahren 1918-1945". Inwieweit deren Ergebnisse auf die Situation Joseph Ratzingers übertragen werden können, der sein Studium erst Ende 1945 unter gänzlich veränderten politischen Ausgangsbedingungen und vor dem Hintergrund einer starken religiösen Aufbruchstimmung in der Nachkriegszeit aufnahm, muss derzeit noch offen bleiben. Zu den pastoralen Entwicklungen in der Erzdiözese München und Freising nach 1945 vgl. die fundierte Studie von Michael Fellner, Katholische Kirche zwischen Restauration und Moderne. Die Pastoral in der Erzdiözese München und Freising in den Jahren 1945 bis 1960, Diss. masch., München 2005 [zum Druck bei der Kommission für Zeitgeschichte, Bonn, angenommen].

[32] Die Auswahl des Kreises der in Frage kommenden Priester erfolgte auf Vorschlag und in Abstimmung mit Archivdirektor Dr. Peter Pfister, der auch die Anfrage übernahm.

[33] Wobei auch das generell bei oral history-Projekten vorhandene Problem zu verzeichnen war, dass die zu Befragenden ihre Erlebnisse selbst als nicht berichtenswert einstufen und aus diesem Grund ein Interview ablehnen, vgl. hierzu auch Forstner / Volpert, Priesterliches Leben (wie Anm. 31) 110 bzw. Forstner / Volpert, Katholische Priester (wie Anm. 31) 292.

[34] Vgl. das ausführlichere Biogramm zu Beginn der Gesprächsdokumentation auf S. 98 in diesem Band.

Alfred Läpple[35], zwölf Jahre älter als Joseph Ratzinger und Weltkriegsteilnehmer, war zu Beginn von Ratzingers Studien bereits studentischer Präfekt im Freisinger Klerikalseminar und wurde für ihn in diesen Jahren ein wichtiger Gesprächspartner und Impulsgeber, der ihn auch mit neueren theologischen Ansätzen in Berührung brachte.

Hermann Theißing[36], fünf Jahre jünger als Joseph Ratzinger, erlebte als bereits zum Studium der Theologie entschlossener Abiturient diesen vor allem während seines Wirkens als Kaplan (1951/52) in der Münchener Pfarrei Hl. Blut/Bogenhausen.

Elmar Gruber[37], geboren 1931, gehörte schließlich bereits der Generation von Priestern an, die von dem jungen Gelehrten Joseph Ratzinger in dessen Jahren als Dozent und Professor auf dem Freisinger Domberg bis 1959 maßgeblich mitgeprägt wurden.

Sämtliche Interviews wurden vom Verfasser zusammen mit seinem Mitarbeiter Manuel Flecker M.A. anhand eines Gesprächsleitfadens – der von Fall zu Fall variierte – gemeinsam als Einzelinterviews in jeweils einer Sitzung geführt und auf Mini-Disc aufgezeichnet. Die Interviews fanden, mit Ausnahme des Gespräches mit Dr. Hermann Theißing, das in den Räumen des Erzbischöflichen Konsistoriums und Metropolitangerichts geführt wurde, bei den Befragten zuhause statt und dauerten jeweils zwischen 60 und 90 Minuten. Die Fragen waren den Interviewpartnern zuvor nicht bekannt gewesen, aber naturgemäß der allgemeine Zuschnitt des Themas.

Für die weitere Bearbeitung wurden die Gesprächsaufzeichnungen durch eine Mitarbeiterin im Wortlaut abgetippt[38] und auf Basis dieses Wortprotokolls durch die Interviewer Forstner und Flecker in mehreren Arbeitsgängen eine erste Rohfassung erstellt. Hierbei wurde zunächst der Wortlaut des Bandes mit der schriftlichen Umsetzung verglichen, sodann wurden leichtere sprachliche und stilistische Glättungen vorgenommen, ggf. inhaltliche Redundanzen beseitigt und soweit erforderlich auch die berichteten Ereignisse in eine neue (chronologische) Abfolge gebracht, um den Lesefluss zu erleichtern. Diese Rohfassung wurde dann den Interviewpartnern zur Autorisierung zugesandt. Diese überarbeiteten die Texte dann nochmals sprachlich, präzisierten eine Reihe von Angaben (etwa Namen, Lebensdaten), ergänzten mehr oder weniger Details, strichen aber auch die eine oder

---

[35] Vgl. das ausführlichere Biogramm zu Beginn der Gesprächsdokumentation auf S. 115 in diesem Band.

[36] Vgl. das ausführlichere Biogramm zu Beginn der Gesprächsdokumentation auf S. 128 in diesem Band.

[37] Vgl. das ausführlichere Biogramm zu Beginn der Gesprächsdokumentation auf S. 141 in diesem Band.

[38] Für diese mühsame Arbeit gilt unser herzlicher Dank Fr. Maria Rueß (Erzbischöfliches Ordinariat München, Registratur des Generalvikars).

andere Wendung, die ihnen rückblickend als zu forsch oder unpassend erscheinen mochte.[59] Auf Basis dieser autorisierten Fassung wurden dann die letzten geringfügigen redaktionellen Korrekturen durch die Bearbeiter vorgenommen.

Eine weitere Kommentierung der Interviews durch erläuternde Anmerkungen war zunächst nicht vorgesehen. Schließlich fiel aber doch die Entscheidung zugunsten eines bewusst sehr knappen Kommentars, der überall dort eingefügt wurde, wo es für die Verständlichkeit der Interviewtexte für eine breitere Allgemeinheit erforderlich schien. Die Kommentare enthalten sich aber grundsätzlich einer Wertung gegenüber dem im Interview Ausgesagten, sie greifen nicht in korrigierender Weise ein, wie überhaupt Aussagen der Interviewten auch im Text nie inhaltlich geprüft oder berichtigt wurden.

Bei der Bewertung der Zeitzeugen-Interviews als historischer Quelle muss man sich – abgesehen von den grundsätzlich mit der Gattung verknüpften methodischen Problemen[40] – die damit im Allgemeinen und im Besonderen verbundenen Einschränkungen bewusst machen. Das Zeitzeugen-Interview ist keine historische Abhandlung und vermag folglich eine solche nicht zu ersetzen. Es ist vielmehr eine Art historischer Quelle, deren Besonderheit darin liegt, dass sie retrospektiv erhoben wird. Neben das Faktum der Subjektivität tritt bei einem Zeitzeugen-Interview der Umstand, dass Prozesse und Ereignisse von Betroffenen aus großer zeitlicher Distanz und mit dem Wissen um ihre Bedeutung für die Gegenwart und die damit verbundenen Bewertungen berichtet werden. Natürlich kann der heute zu den Studenten- und Dozentenjahren Joseph Ratzingers Befragte das Wissen um dessen weitere Entwicklung nicht ausblenden. Wer heute über den Studenten Joseph Ratzinger spricht, denkt Papst Benedikt XVI. immer schon mit. Dem Bericht geht zudem ein Prozess des – bewussten und unbewussten – Erinnerns, Reflektierens, Filterns und Vermengens von selbst Erlebtem mit später auf andere Weise ins Bewusstsein Gekommenen voraus, der auf die Substanz des Berichteten mehr oder weniger Einfluss hat.

Nicht außer Acht gelassen werden darf schlussendlich der Umstand, dass die Fragen der Interviewer um die Einschätzung einer lebenden Person durch die Interviewten kreisen, bei der es sich zudem um das Oberhaupt der katholischen Kirche handelt, das – schon gar einem katholischen Priester – qua Amt Achtung und Respekt gebietet. Zugleich pflegen die Betroffenen ein Verhältnis von zumin-

---

[59] Aus quellenkritischer Sicht mag dieses Verfahren bedenklich erscheinen, anders wäre jedoch eine Zustimmung zur sofortigen Veröffentlichung der Texte nicht zu erlangen gewesen. Im Archiv des Erzbistums München und Freising werden die Interviews jedoch samt der digitalen Sprachaufzeichnung sowohl in der Rohfassung als auch in den verschiedenen Bearbeitungsfassungen archiviert, sodass späterer Forschung - nach Ablauf der in der "Anordnung über die Sicherung und Nutzung der Archive der Katholischen Kirche" geregelten Sperrfristen - auch der ursprünglichere und ungeglättete Wortlaut der Interviews zur Verfügung stehen wird.

[40] Siehe hierzu auch Forstner / Volpert, Priesterliches Leben (wie Anm. 30) 102-104 und 109f. bzw. Forstner / Volpert, Katholische Priester (wie Anm. 30) 291f.

dest relativer persönlicher Nähe zu Joseph Ratzinger. (Drei der vier Interviewten gebrauchen im Umgang mit ihm bis in die Gegenwart das „Du").

Es dürfte evident sein, dass den vorliegenden Interviews aus diesem eigenwilligen Verhältnis von persönlicher Nähe und enormem hierarchischem Abstand ein besonderer Reiz zukommt, dass aber andererseits die methodischen Probleme für den Historiker hinsichtlich ihrer Bewertung dadurch nicht geringer werden.

Im Hinblick auf den dokumentarischen Wert der vorliegenden Interviews wird zwischen der Ebene der Sachinformation und der Frage nach der (teilweise retrospektiven) Einschätzung der Person Ratzingers durch die Befragten zu trennen sein. Ein weiterer Aspekt wäre dann die freilich vom eigentlichen Interviewgegenstand wegführende und nur zu einem späteren Zeitpunkt anhand der verschiedenen Fassungen beantwortbare Frage, in welches Verhältnis sich die Befragten zu Papst Benedikt XVI. rückblickend selbst setzen.

Auf der inhaltlich-sachlichen Ebene ist zunächst zu beobachten, dass in den Gesprächen viele Angaben aus Ratzingers Autobiographie „Aus meinem Leben" ihre Bestätigung erfahren – spektakuläre Enthüllungen wird man folglich nicht erwarten können –, dass zugleich aber das Bild von den frühen und in der sonstigen Quellenüberlieferung nur schlecht dokumentierten Jahren eine Erweiterung erfährt. Dieses Bild wird farbiger, lebendiger, vielfältiger, eine zuvor für diese Jahre oft nur schemenhaft sichtbare Gestalt tritt plötzlich vielfach plastischer hervor. Zudem lässt sich die grundsätzliche Tendenz der Zeitzeugen erkennen, viele Ereignisse mit anderen Nuancierungen und in einem schärferen Licht darzustellen als Ratzinger in seiner autobiographischen Schrift.[41]

Ein weiterer wesentlicher Erkenntnisgewinn dürfte – unter Berücksichtigung der zuvor erwähnten methodischen Einschränkungen – in der Beantwortung der Frage liegen, wie der junge Joseph Ratzinger von seinem Umfeld wahrgenommen wurde. Stimmen das in der Autobiographie Ratzingers gezeichnete Selbstbild und die Fremdwahrnehmung zusammen? Ohne einer Auswertung vorgreifen zu wollen, wird man dies im Wesentlichen wohl bejahen können, wobei natürlich berücksichtigt werden muss, dass auch die Interviewpartner „Aus meinem Leben" gelesen haben dürften.

Insgesamt bieten die vorliegenden vier Interviews unter Berücksichtigung der quellenkritischen Voraussetzungen eine Ergänzung, Vertiefung und Erweiterung der oft auf wenige trockene Fakten beschränkten bzw. derzeit noch nicht zugänglichen archivischen Quellen und der autobiographischen Selbstzeugnisse Benedikt XVI. sowie einen Beitrag zur Kultur- und Mentalitätsgeschichte des bayerischen katholischen Klerus in der Zeit nach dem Zweiten Weltkrieg.

---

[41] Beispiele hierfür wären die Rolle von Ratzingers akademischem Lehrer Gottlieb Söhngen, die Auseinandersetzungen mit dem Münchener Dogmatiker Michael Schmaus oder die Bedeutung, die Heimat und Brauchtum für Joseph Ratzinger haben.

Interview mit Pfarrer Dr. Rupert Berger am 9. März 2006

Zur Person

Rupert Berger wurde am 26. Juni 1926 in Traunstein als Sohn eines Politikers der Bayerischen Volkspartei geboren. Nach KZ-Haft des politisch verfolgten Vaters wurde die Familie 1934 aus Traunstein polizeilich ausgewiesen. Rupert Berger wuchs in Regensburg und Landshut auf, wo er auch das Abitur ablegte. Nach Kriegsende trat er in das Freisinger Priesterseminar ein und freundete sich dort mit den Brüdern Ratzinger an. Am 29. Juni 1951 wurde er gemeinsam mit ihnen zum Priester geweiht. Danach war er Kaplan in Berchtesgaden und München-Harlaching. 1956 wurde er Präfekt im Spätberufenenseminar Fürstenried, im Folgejahr Präfekt und Dozent im Klerikalseminar Freising (bis 1965). 1961 wurde er zum Dr. theol. promoviert. Von 1965 an bis zur Aufhebung des Priesterseminars in Freising 1968 war er Seminarprofessor für Liturgie. Anschließend wechselte er in die Seelsorge und übernahm die Pfarrei Bad Tölz-Mariä Himmelfahrt, wo er bis zur Ruhestandsversetzung 1997 wirkte. Daneben war er Berater in der Liturgiekommission der Deutschen Bischofskonferenz und Mitglied der Redaktionskommission für das Einheitsgesangsbuch.

Der Text des Gesprächs

Forstner: Herr Pfarrer Berger, erzählen Sie uns bitte über die Entstehung Ihrer Freundschaft mit Joseph Ratzinger, unserem heutigen Papst?

Berger: Die ist eigentlich im Advent 1945 entstanden. Meine Familie ist gerade wieder in Traunstein angekommen und ich habe dann mit der dortigen Jugend Kontakt aufgenommen. Im Studienseminar St. Michael wurde ein Adventssingen für die Öffentlichkeit veranstaltet. Bei dieser Gelegenheit habe ich die Brüder Ratzinger kennen gelernt. Da haben wir zunächst einmal nur miteinander gesungen und bei dieser Gelegenheit hat sich herausgestellt, dass eben auch die Beiden Theologie studieren, so sind wir danach also gemeinsame Wege gegangen.

Forstner: Welche Erinnerungen haben Sie an diese ersten Begegnungen? Sie sagten ja, Sie seien mit beiden Ratzingers befreundet gewesen.

Berger: Ja sicher. Sie waren ja immer zusammen da. Für mich war es insofern hilfreich, als die beiden sich im Seminar ausgekannt haben, während mir die Verhältnisse dort völlig fremd waren. Die beiden waren ja mehr oder weniger dort daheim. Sie standen in Kontakt mit dem Seminardirektor[1], den Schwestern, und waren mit dem ganzen Betrieb vertraut, wohingegen es für mich nur ein „Kasten" war, alles also völlig unbekannt. Es gab da den Kontakt durch die gemeinsamen Aufgaben mit einem gemeinsamen Ziel. Einen besonderen Eindruck in einem bestimmten Sinne hatte ich allerdings nicht, man hat sich halt gegenseitig abgetastet.

Forstner: Sie kamen dann Ende 1945 gemeinsam in das Freisinger Klerikalseminar. Können Sie uns den Alltag der Priesterseminaristen in jener Zeit in Freising beschreiben?

Berger: Zunächst muss man bedenken, dass die äußeren Verhältnisse vernichtend waren. Das Seminar war zum größten Teil Lazarett. Wir haben nur einige wenige Räume gehabt. Die Fenster im Dom waren alle kaputt. Gottesdienste konnten nur in der Krypta gehalten werden, deren Fenster mit Strohsäcken versehen waren, damit man es aushalten konnte. Im Haus selbst, dem heutigen Kardinal-Döpfner-Haus, gab es nur zwei riesige Schlafsäle und zwei, drei Studiersäle. Wir waren im Wesentlichen nur im Altbau, der damalige Neubau diente praktisch als Lazarett. Übrigens mit den Ratzingers war ich nicht im selben Studiersaal. In dem einen Saal, in dem ich saß, war Alfred Läpple[2] der Präfekt.

Flecker: Wie waren die Studenten aufgeteilt? Nach Jahrgängen?

Berger: Anfangs sind alle Neulinge in einen Kurs zusammengeworfen worden, in einen philosophischen Kurs. Erst nach einer gewissen Zeit hat man die Kursteilnehmer wieder getrennt, die einen machten vier Semester Philosophie, die anderen zwei. Es ging mehr oder minder nach dem Alter. Die beiden Ratzingers wollten ganz gern die vier Semester Philosophie betreiben. Viele haben darauf gedrängt, gleich in den zweiten philosophischen Kurs zu kommen. Bei den Theologen war es ein bisschen anders, weil die alle schon vor oder während des Krieges einige Semester studiert haben. Wer das Theologiestudium schon so weit abgeschlossen hatte, ist bereits im November einberufen worden. Dieser Kurs hat das Alumnat gebildet, das so genannte praktische Jahr. Diese Alumnen hatten einen eigenen Saal im Parterre und führten ein ziemliches Eigenleben. Aber für uns waren das Vorbilder, da sie auch schon Brevier gebetet haben. Zum Teil waren sie ja bereits Diakone. Diese Gruppe war für sich. Dann gab es noch die Leute, die

[1] Johannes Evangelist Mair (1891-1971), 1928-1956 Direktor im Erzbischöflichen Studienseminar Traunstein.
[2] Alfred Läpple (geb. 1915), 1948-1952 Dozent und Präfekt am Erzbischöflichen Klerikalseminar Freising, vgl. das Biogramm zum Interview mit Alfred Läpple, S. 115.

schon ein halbes Theologiestudium „auf dem Rücken" hatten, die sind in die drei theologischen Kurse eingeteilt worden. Das waren die Weihekurse 1947-1949. Und dann kam dieser große Block der Philosophen. Ich glaube, wir sind alphabetisch eingeteilt worden. Genau kann ich das aber nicht mehr sagen.

Forstner: Wie war der Tagesablauf im Seminar in jenen Jahren, in denen Sie gemeinsam mit den Ratzinger-Brüdern dort gelebt und studiert haben?

Berger: Es waren große Schlafsäle, für über 20 Personen. Um halb sechs war Aufstehen. Danach hat man zunächst einmal um die Waschplätze gekämpft. An der Wand befand sich damals nur eine Blechrinne als Waschvorrichtung. Um sechs Uhr fanden in den Studiersälen das Morgengebet und eine „Stille Betrachtung" statt, was man am Pult gemacht hat. Wir haben ein entsetzliches Pult gehabt – mit Deckel. Um halb sieben war dann die Messfeier in der Hauskapelle und ungefähr Viertel nach sieben begann das erste Studium, also Studierzeit bis dreiviertel acht, und dann war Frühstück. Viertel nach acht begannen die Vorlesungen in der Hochschule, die bis zwölf dauerten. Danach gab es eine „Stille Anbetung" in der Hauskapelle. Um Viertel nach zwölf hat man den „Engel des Herrn" gebetet und danach ging es ab in den Speisesaal. Da gab es dann Futter für die hungrigen Mägen. Ja und danach, glaube ich mich erinnern zu können, hatten wir frei bis zwei Uhr. Anschließend begann das Studium, das bis sechs Uhr abends dauerte, und weitere Vorlesungen. Um vier Uhr aber gab es Kaffee. Um sechs Uhr abends oder etwas später – ich kann es nicht mehr genau sagen – war Abendessen. Um acht Uhr abends fanden in der Hauskapelle dann noch die Puncta statt, in denen der Spiritual jeden Abend eine Viertelstunde lang Betrachtungspunkte vorgegeben hat – Gedanken, die man am folgenden Morgen betrachten sollte. Ab Viertel nach acht hatte man sich zum Schlafen niederzulegen.
Diesbezüglich gab es auch mal einen großen Aufstand im Haus, weil die „alten" Soldaten sich kindisch über die Schnapsidee amüsiert haben, dass wir um acht Uhr ins Bett zu gehen haben. Nach langem Hin und Her ist dann durchgesetzt worden, an zwei Abenden – Mittwoch und Freitag – ein Spätstudium bis zehn Uhr zu erlauben. Da durfte man also nach den Puncta noch einmal in den Studiersaal gehen und an seinem Platz arbeiten. Man musste aber entweder sofort ins Bett gehen oder erst um zehn Uhr, sodass die Frühschläfer nicht gestört wurden durch ständige Nachzügler. Das war, mehr oder minder gesagt, der äußere Rahmen unseres Studiums.

Forstner: War das ein schwieriges Miteinander? Sie haben gerade von den „alten" Soldaten gesprochen, also jenen, die oft schon vor dem Krieg im Seminar gewesen waren und inzwischen – nach dem Kriegsdienst und eventueller Gefangenschaft – natürlich im Vergleich zu den anderen schon recht alt waren und auch einen ganz anderen Erfahrungshorizont hatten. Konnte sich da eigentlich eine Form vom Gemeinschaft bilden?

Berger: Die Spannungen hielten sich im Rahmen. Dass die Lebenseinstellungen unterschiedlich waren, kann man so nicht sagen. Selbst in unserem Alter waren praktisch alle noch mehr oder minder im Krieg gewesen. Ich selbst habe 1945 das Abitur gemacht. Da gab's noch den so genannten Reifevermerk. Spätestens 1944/45 ist man zum Arbeitsdienst oder zum Militärdienst gekommen. Direkt von der Schule kam also keiner. Es war aber natürlich ein Unterschied, ob einer sechs Jahre lang in Russland in Gefangenschaft war oder ob einer ein halbes Jahr lang hierzulande noch den Arbeitsdienst abgeleistet hat. Prinzipiell aber war die grundsätzliche Einstellung im Haus völlig einheitlich. Es hat geheißen: „Die Nazis sind weg, jetzt ran an die Arbeiten, so schnell wie möglich". Die meisten sprachen davon, die „blöde" Theorie schnell hinter sich zu bringen und dann nichts wie die Ärmel aufzukrempeln und in der Praxis etwas zu tun. Dieser Gedanke ging durch das ganze Haus.

Flecker: So eine Art Aufbruchstimmung?

Berger: Ja, und die war für die „alten Esel" genauso wichtig wie für die Jungen.

Forstner: War die Seminarzeit unmittelbar nach dem Krieg auch von Mangelerfahrungen geprägt, z.B. in Bezug auf das Essen. Oder kann man das so nicht sagen?

Berger: Nein. Die Freisinger hatten ja ein landwirtschaftliches Gut auf St. Veit`, dadurch gab es keine Not. Auch am Haus gab es einen größeren Garten, sodass Kartoffeln und Gemüse vorhanden waren.

Forstner: Hunger litt man folglich keinen?

Berger: Nein, das kann man wirklich nicht behaupten. Schwierig war eher das, dass man nicht an Bücher gekommen ist. Man hat sich ja sogar beinahe ums Papier raufen müssen, auch wenn es nur ums Mitschreiben ging. Die Komplikationen lagen eigentlich in der ganzen Situation auch darin, dass die Interessenslage so verschieden war. Als wir mit dem ersten Semester begonnen haben, gab es einen gewissen Professor Johann Nepomuk Espenberger`, damals bereits etwa 70 Jahre alt, welcher Philosophie gelesen hat. Inhaltlich war es reines Papier, was der erzählt hat. Logik- und Erkenntnistheorie hat das geheißen. Wir haben es mühsam mitgeschrieben. Wir haben gar nicht gewusst, was der eigentlich will.

Forstner: Wieso, weil es so abgehoben war, oder so banal?

` Stadt Neumarkt-St. Veit, Lkr. Mühldorf a. Inn.
` Johann Nepomuk Espenberger (1876-1954), 1914-1923 außerordentlicher Professor in Freising, 1923-1941 ordentlicher Hochschulprofessor in Freising.

Berger: Auf der einen Seite so banal, auf der anderen Seite so weltfremd und fern unserer Erfahrung. Zudem gab es überhaupt nichts Gedrucktes zu dieser Thematik, womit wir uns ein Gegenbild hätten schaffen können.

Flecker: Wie würden Sie allgemein die Qualität der Ausbildung auf dem Domberg beschreiben, die Sie selbst erlebt haben?

Berger: Das ist sehr unterschiedlich. Der Espenberger war nur noch ein Semester da. Sein Nachfolger Arnold Wilmsen[5] war an sich nicht schlecht, didaktisch sogar sehr gut – ein fanatischer Thomist[6], würde ich sagen. Fachmann war er für Logik und Erkenntnistheorie, die er bei Alexander Pfänder[7] in München studiert hatte. In dieser Hinsicht war er wirklich interessant. Er hat auch als einziger ein Seminar angeboten. So etwas gab es in Freising nicht, weil es keine Promovierenden gab. Dieses Seminar bestand darin, dass er nach der vierten Vorlesungsstunde eine fünfte Stunde angehängt hat, in der man Fragen stellen konnte.
Dann hatten wir Dr. Jakob Fellermeier[8]. Der hat bei uns Geschichte der Philosophie gelesen. Damals lehrte er noch nicht an der Hochschule, sondern nur bei uns im Priesterseminar – genau genommen im Speisesaal. Er hatte ein Skriptum und dieses Skriptum ist – nach dem alten System damals – hektographiert, also vervielfältigt worden. Das war eigentlich keine schlechte Sache, die er gemacht hat, ich meine für die Situation, in der wir uns befanden. Jemand, der an der Uni oder bei den Jesuiten Philosophie studiert hat, würde darüber wahrscheinlich eher lächeln. Aber er hat ganz systematisch Geschichte der Philosophie gelesen. Da hat man zumindest ziemlich viel gelernt. Dann haben wir Profangeschichte gehabt, bei Wilhelm Wühr[9]. Da ging es in „Allgemeine Geschichte" von den alten Griechen bis zu den Nazis – und das in einem Semester! Es war eigentlich mehr zur Umschulung gedacht. Es hat auch „Umschulung" geheißen. Die Geschichte konnte man nun nicht mehr mit Naziaugen sehen, sondern man lernte sie mit christlichen Augen zu betrachten.
Eigenartig war eine Professur für Biologie, für die Karl Andersen[10] zuständig war. Das war eine fünfstündige Vorlesung, didaktisch sicher ganz geschickt gemacht.

[5] Arnold Wilmsen (1901-1972), 1946-1950 außerordentlicher Professor für Philosophie in Freising, 1950-1966 ordentlicher Hochschulprofessor in Freising.
[6] Strömung innerhalb der Philosophie, die an die Lehren und Denkansätze des Thomas von Aquin (1224-1274) anknüpft.
[7] Alexander Pfänder (1870-1941), Philosoph.
[8] Jakob Fellermeier (1911-2004), 1950-1954 außerordentlicher Professor für Philosophie und Sozialwissenschaften in Freising, 1954-1968 ordentlicher Professor in Freising.
[9] Wilhelm Wühr (1905-1950), 1945-1950 außerordentlicher Professor für allgemeine Geschichte und Kulturgeschichte in Freising.
[10] Karl Andersen (geb. 1898), 1925-1948 außerordentlicher Professor für Biologie in Freising, 1948-1966 ordentlicher Professor in Freising.

Im Kern ist das ein Relikt aus früheren Zeiten gewesen, wo man Knaben übers Knabenseminar geschlossen ins Priesterseminar gesteckt hat, die nicht einmal gewusst haben, was für ein Unterschied zwischen einem Jungen und einem Mädchen besteht. Insofern hatte man da eine Vorlesung eingebaut, in der man im Rahmen der allgemeinen Biologie etwas darüber gehört hat. Wir haben es halt angehört und auswendig gelernt.

In der Theologie war die Dogmatik zu unserer Freisinger Zeit immer nur provisorisch besetzt. Zuerst gab es Josef Hasenfuss[11], der später dann in Würzburg lehrte. Aushilfsweise war auch mal Johann Auer[12] aus Regensburg da, damals noch Privatdozent in München. Moraltheologie gab Rupert Angermair[13], der eine Koryphäe war, würde ich sagen. Er lehrte: „Das Prinzip der Moral ist die Liebe." Damit hat er großen Eindruck auf uns gemacht und den Studenten damit sicher auch viel geholfen.

Der Exeget im Neuen Testament war Johann Michl[14]. Ich würde heute sagen, den kann man vergessen. Ich hatte ihn mir während des Philosophiestudiums schon angehört, weil Exegese mich interessiert hat. Im ersten Semester war ich begeistert, sowohl vom Lesen im griechischen Originaltext, als auch von dem, was er sonst dazu erklärt hat. Und dann bin ich nach München an die Uni gekommen, zu Friedrich Wilhelm Maier[15]. Da ist mir das erste Mal aufgegangen, was unter Exegese überhaupt zu verstehen ist, dass das also etwas anderes ist, als nur griechische Buchstaben zu entziffern.

Im Alten Testament hatten wir Vinzenz Hamp[16], der später nach München kam. Er war sehr beliebt, vor allem deswegen, weil er auf die Situation der Kriegsheimkehrer eingegangen ist. Wir haben alle Hebräisch lernen müssen, was mir selbst großen Spaß gemacht hat, den meisten jedoch große Mühe bereitete. Die Art und Weise, wie Hamp uns Hebräisch beigebracht hat und wie er dann geprüft hat, war sehr angenehm.

---

[11] Joseph Hasenfuss (1901-1983), 1945-1948 außerordentlicher Professor für Dogmatik und Fundamentaltheologie in Freising.

[12] Johann Auer (1910-1989), 1947/48 Vertreter der Professur für Dogmatik und Fundamentaltheologie in Freising, 1948-1950 außerordentlicher Professor in Freising

[13] Rupert Angermair (1899-1966), 1947/48 außerordentlicher Professor für Moraltheologie in Freising, 1948-1964 ordentlicher Professor in Freising.

[14] Johann Michl (1904-1977), 1945-1948 außerordentlicher Professor in Freising für Exegese des Neuen Testamentes, 1948-1969 ordentlicher Professor in Freising.

[15] Friedrich Wilhelm Maier (1883-1957), 1945-1951 Professor für neutestamentliche Exegese und biblische Hermeneutik an der Ludwig-Maximilians-Universität München.

[16] Vinzenz Hamp (1907-1991), 1945-1950 außerordentlicher Professor für Exegese des Alten Testamentes in Freising, 1950-1953 ordentlicher Professor in Freising.

Forstner: Wissen Sie, wer für den jungen Joseph Ratzinger in dieser Studienzeit die theologisch prägenden Gestalten waren, also die Vorbilder, an denen er sich orientiert hat?

Berger: In Freising hat ihm Alfred Läpple den Zugang vor allem zu den französischen Theologen eröffnet, die ihn interessiert haben, also zu Lubac[17], Congar[18] und diesen Leuten, zu diesen französischen Arbeiten, die uns damals noch völlig unbekannt waren. Das waren für Ratzinger prägende Theologengestalten. In München war es Gottlieb Söhngen[19]. Bei ihm hat er promoviert und sich auch habilitiert, allerdings sehr zum Ärger von Schmaus[20].

Forstner: Können Sie selbst etwas über Gottlieb Söhngen sagen? Haben Sie ihn gekannt? Können Sie etwas über ihn berichten?

Berger: Selbstverständlich, in Schloss Fürstenried, wohin die Münchener Theologische Fakultät nach dem Krieg ausgelagert war und wo wir dann auch studiert haben, hat Söhngen Tür an Tür mit uns gewohnt. Er war ein Rheinländer aus Köln mit einem angenehmen Umgangston. Man konnte mit ihm sehr gut reden und seine Vorlesungen waren hochinteressant. Ich kann mich noch erinnern, dass er gleich am ersten Tag, als wir in München angefangen hatten, eine Vorlesung gab, da hatte selbst Joseph {Ratzinger} noch gewisse Schwierigkeiten ihm zu folgen. Man musste erst in „seine Art" hineinkommen. Ich schaue auch heute noch manchmal in meine Vorlesungsmitschriften hinein – ich habe ja alles mitgeschrieben. Er war sehr kritisch. Er kam auch sehr stark von den deutschen Philosophen der damaligen Zeit her, so z.B. von den „Holzwegen"[21].

Flecker: Sie meinen die Philosophie Martin Heideggers[22].

Berger: Ja, Heidegger und Nikolai Hartmann[23], die waren bei ihm ganz lebendig

---

[17] Henri de Lubac SJ (1896-1991), Theologe, Jesuit, Vertreter der kirchlichen Reformbewegung „Nouvelle théologie", 1929-1961 Professor für Fundamentaltheologie und Religionsgeschichte in Lyon, 1950-1958 mit Lehrverbot belegt, Peritus des Zweiten Vatikanischen Konzils, 1983 Kardinal.

[18] P. Yves Congar OP (1904-1995), französischer katholischerTheologe.

[19] Clemens Gottlieb Söhngen (1892-1971), 1947-1958 Professor für Fundamentaltheologie und theologische Propädeutik an der Ludwig-Maximilians-Universität München.

[20] Michael Schmaus (1897-1993), 1946-1965 Professor für Dogmatik an der Ludwig-Maximilians-Universität München.

[21] Gemeint ist die 1950 erschienene Aufsatzsammlung „Holzwege" des Philosophen Martin Heidegger.

[22] Martin Heidegger (1889-1976), Philosoph, 1928-1951 Professor in Freiburg.

[23] Nikolai Hartmann (1882-1951), Philosoph, 1920-1950 Professor in Marburg, Köln, Berlin und Göttingen.

vorhanden, so dass die Vorlesung nicht einfach – so wie wir es sonst gewohnt waren – das Wiederkäuen scholastischer Ideen bedeutete, sondern wirklich ein kritisches Hinterfragen war. Im ersten Semester ging es um die Offenbarung. Es war keine Vorlesung in dem Sinne, wie wenn ich jetzt ein übliches Lehrbuch der Fundamentaltheologie hernehme würde. Da hätte ich lange suchen müssen, bis ich das finden würde. Inhaltlich war da aber alles drin, was es gab, und er hat wirklich die Fragen herausgenommen, die damals in den Vierziger-, Fünfzigerjahren akut waren. Er hat ja auch ganz frei gesprochen und die nachfolgende Vorlesung immer damit begonnen: „Ich habe Gewissenserforschung gehalten. Ich habe das oder jenes vergessen, etc." Er hat auch immer wieder kleine Zusammenfassungen gegeben für die etwas Schwächeren, die das etwas systematischer haben wollten. Im Examen war er mehr als gefürchtet. Es galt der Spruch: „Wen Gottlieb hat, den züchtigt er!" Aber für denjenigen, der seinen Stoff beherrscht hat, gab es überhaupt keine Schwierigkeiten. Einmal, da haben wir Examen gehabt, da hat es mir ein bisschen pressiert, ich war zugleich Mesner, da habe ich gesagt: „Ich bin sehr knapp dran." Da hat er eine Frage gestellt, zu der ich sofort eine klare Antwort geben konnte, daraufhin hat er gestrahlt und dann ist es ganz flott gegangen. Wenn er gemerkt hat, dass man sich mit der Sache beschäftigt hat, dann war er sehr offen. Wenn er jedoch bemerkte, dass jemand sich nicht in die Materie hineinknien wollte, dann war er sehr sauer.

Forstner: Gab es auch Veröffentlichungen Söhngens, die man gelesen hat?

Berger: Ja, die ersten kleineren Sachen, da war er hauptsächlich mit der Mysterientheologie beschäftigt. Diese Manuskripte konnte man zum Teil schon bekommen. Sonst in München haben wir vor allem die Schmaus-Sachen bekommen. Die Dogmatik von Schmaus ist damals gerade herausgekommen, die hat Schmaus dann im Hörsaal zu günstigen Preisen verkauft.

Forstner: Ist auch von der Art und Weise des intellektuellen Zugangs her ein großer Unterschied zwischen Söhngen und Schmaus gewesen?

Berger: Ja, es war eine völlig andere Art. Bei Schmaus war es so, dass im Kern ein Semester gereicht hat. Da haben wir schon gewusst, wie er die nächsten fünf lesen wird – stereotyp in immer gleichen Motiven. Und trotzdem hat er ein Heer von „Schmausinnen" um sich gehabt, viele Zuhörerinnen, die hingen geradezu an seinen Lippen. Heute würde man sagen, er hat die „Lebenswerte" aus den Dogmen herausgeholt. In seinen Vorlesungen ist er überhaupt nicht Punkt für Punkt vorgegangen, anders als die Systematik in seinen Büchern. Immer wieder sagte er, dass er nicht zuerst ans Theoretische gehen wolle, um dann einen vierten Punkt „Praktisches" anzuhängen, sondern das Ganze, Schrift, Tradition und Lehramt war für ihn auf das Leben bezogen. Und so ist halt ein „Gebräu" entstanden. Aber er hat natürlich eines sehr gut gekonnt, er hat uns die Heilige Schrift aufgeschlossen.

Das war etwas, das damals gar nicht modern war. Und er hat auch immer gezeigt, was dahinter steckt an religiösem Lebenswert, das hat er verstanden. Wenn er zur Tür hereinkam, hat er gleich losgelegt, und wenn es geläutet hat, hat er einfach weitergeredet, auch wenn der nächste Kollege bereits eintrat. In dieser Hinsicht war er hemmungslos. Auf der anderen Seite war er aber äußerst entgegenkommend und hilfsbereit.

Wer mich dagegen fasziniert hat, das war Friedrich Wilhelm Maier ein Neutestamentler. Der hat mich ungeheuer stark beeindruckt. Bei ihm ist mir überhaupt erst aufgegangen, was „Heilige Schrift" bedeutet.

Forstner: Wer waren die persönlichen Freunde Ratzingers in diesen Seminarjahren, außer Ihnen und seinem Bruder Georg?

Berger: Diejenigen, die er aus seiner Traunsteiner Zeit her bereits gekannt hat. Mit denen hatte er einen herzlichen Umgang. Wie es mit denen war, die später dazu gestoßen sind, davon weiß ich nicht so viel. In München hatten wir viel Kontakt mit Georg Schwaiger[24], dem Kirchengeschichtler. Der kam von Regensburg. Er hat bei Franz Xaver Seppelt[25] im Seminar für Kirchengeschichte gearbeitet. Mit ihm sind wir viel spazieren gegangen. Er war einer der Vertrauteren.

Forstner: Wie hat man denn in diesen theologischen Studienjahren seine Freizeit verbracht? Was haben die Studenten unternommen? Was hat der junge Joseph Ratzinger in seiner Freizeit gemacht?

Berger: Das Freizeitvergnügen bestand vor allem aus Spaziergängen. Wenn einmal in der Woche Sport getrieben wurde, ist er nie hingegangen, ich nach Möglichkeit auch nicht. Und Joseph ist oft in der Freizeit am Pult gesessen. Bei kleinen Feiern wie Geburtstagen hat Joseph schon mitgemacht und z.B. selbst verfasste lateinische und griechische Gedichte vorgetragen. Das ist dann allgemein bewundert worden.

Forstner: Hatte Joseph Ratzinger bereits als Student diese rednerische Gabe, dass er aus dem Stegreif druckreif formulieren konnte?

Berger: Ja, diese Begabung hat er schon immer gehabt.

---

[24] Georg Schwaiger (geb. 1925), 1962 Professor für Bayerische Kirchengeschichte an der Ludwig-Maximilians-Universität München, 1971-1993 Professor für Kirchengeschichte des Mittelalters und der Neuzeit ebenda.
[25] Franz Xaver Seppelt (1883-1956), 1946-1952 Professor für Kirchengeschichte an der Ludwig-Maximilians-Universität München.

Forstner: Welche Interessen haben Sie in dieser Zeit sonst noch gemeinsam mit ihm gepflegt?

Berger: Joseph hat eigentlich gerne Theater und Opern besucht, soweit es möglich war. Der Vorteil des Georgianums[26] in München, wo wir dann gelebt haben, als wir in München studierten, war der, dass man zweimal in der Woche weggehen durfte – auch am Abend – was in Freising undenkbar gewesen wäre. Ich habe damals öfters Freikarten organisieren können für die deutschen Klassiker: Kleist, Schiller, Goethe. Das war damals im Theater am Brunnenhof in der Münchener Residenz – ein Provisorium der Nachkriegszeit. In den Kammerspielen gab es den „Seidenen Schuh" von Paul Claudel[27]. Auch Opernaufführungen haben wir gesehen – im Prinzregententheater. Ich selbst bin gelegentlich auch ins Gärtnerplatztheater zu den Sonntagnachmittagsvorstellungen gegangen, die um 15.00 Uhr begannen. Da gab es Studentenkarten, die besten Plätze für 1,50 DM. Wir haben auch Ausflüge gemacht, z.B. zusammen mit Alfred Läpple, da sind wir ins Isartal hinausgewandert, etwa nach Schäftlarn[28].

Forstner: Hatte Joseph Ratzinger Kontakte zu studentischen Verbindungen, war er vielleicht Mitglied in einer Verbindung?

Berger: Nein, meines Wissens nicht. Abgesehen davon, dass diese damals – 1946 – im öffentlichen Leben noch kaum eine Rolle gespielt haben. Später in den Dozentenjahren in Freising hat er dann bei der Agilolfia öfters Vorträge gehalten, die haben ihn sehr oft eingeladen zu referieren.

Flecker: Können Sie uns vielleicht den Tag der gemeinsamen Priesterweihe 1951 schildern?

Berger: Daran habe ich nur noch schwache Erinnerungen. Wir haben die Exerzitien in Fürstenried gemacht und sind am Vorabend ins Seminar nach Freising zurückgekommen. Die Weihe hat an die vier Stunden gedauert. Wir waren ja 45 Leute. Die Eltern haben irgendwo in der Stadt zu Mittag gegessen. Heute gibt es ja Gott sei Dank ein gemeinsames Essen. Also wir haben im Speisesaal offiziell gespeist, der Kardinal[29] saß separat am Herrentisch und wir saßen an zwei langen Reihen –

---

[26] 1494 von Herzog Georg dem Reichen von Bayern-Landshut in Ingolstadt begründetes Priesterseminar in der Rechtsform einer Stiftung, welches mit der Verlegung der Universität nach München im Jahr 1826 hier etabliert wurde und Theologiestudenten aufnimmt, die ihr Studium an der Universität München absolvieren.

[27] Paul Claudel (1868-1955), französischer Schriftsteller.

[28] Benediktinerkloster Schäftlarn im Isartal südlich von München (Gde. Schäftlarn, Lkr. München).

[29] Michael Kardinal von Faulhaber (1869-1952), 1911-1917 Bischof von Speyer, 1917-1952 Erzbischof von München und Freising.

vor seinen Augen sozusagen. Die Nachspeise bestand aus einer kleinen Torte, ein alter Freisinger Brauch, der schon 100 Jahre alt war.

Forstner: Wie haben Sie Kardinal Faulhaber erlebt, der Sie und die Ratzingers zu Priestern geweiht hat?

Berger: Die erste Begegnung fand bei der Erteilung der niederen Weihen[30] statt. Wir sind einmal an einem Freitagabend nach München hineingefahren worden, wo in seiner Hauskapelle im Erzbischofshof die Tonsur[31] stattfand. Das war die erste Begegnung mit Faulhaber. Am Sonntag ist er dann rausgekommen nach Fürstenried zum Exorzistat und Akolythat. Aber man hatte ansonsten keinen weiteren Kontakt gehabt. Ich kann mich nicht erinnern, dass er auch nur ein Wort mit uns geredet hätte. Das war einfach eine andere Welt, die er verkörperte. Bei Kardinal Wendel[32] hat sich das langsam geändert. Und bei Kardinal Döpfner[33] ist es dann ganz anders gewesen.

Flecker: Wie ist es dann weitergegangen mit Ihrem persönlichen Kontakt zu Joseph Ratzinger nach der Priesterweihe?

Berger: Am Sonntag nach der Priesterweihe habe ich Primiz[34] gehabt und da war die Frage, wann der Empfang in Traunstein sein soll. Nach vielen Schwierigkeiten sind wir uns einig geworden, dass er am Freitag stattfinden soll. Wir sind also sofort nach der Vesper mit zwei Autos nach Traunstein gefahren, denn gegen 19.00 Uhr gab es einen Empfang für uns Traunsteiner Primizianten. Am Sonntag habe ich Primiz gehabt und die beiden Ratzingers am Sonntag darauf, zuerst Joseph und dann Georg.
Nach der Priesterweihe haben sich unsere Wege relativ schnell getrennt. Doch haben wir uns schon hin und wieder einmal getroffen, aber eher zufälligerweise.

---

[30] Niedere Weihen nannte man die bis zum Zweiten Vatikanischen Konzil durch den Bischof mit einer Weihe verbundenen, übertragenen Dienste an Priesteramtskandidaten: Ostiarier (Türhüter), Lektor, Exorzist und Akolyth (Altardiener). Seit 1972 ist an deren Stelle eine „Beauftragung" ohne Weihehandlung getreten. Die Dienste werden heute auch ohne den bischöflichen Auftrag von Laien ausgeübt.

[31] Die Tonsur (lateinisch: Abscherung, Ableitung von tondeo = ,ich schere') ist die geschorene Stelle auf dem Scheitel als Ehrenzeichen des katholischen Priesterstandes.

[32] Joseph Kardinal Wendel, geb. 1901, 1943-1952 Bischof von Speyer, 1952-60 Erzbischof von München und Freising, gest. 1960.

[33] Julius Kardinal Döpfner (1913-1976), 1948-1957 Bischof von Würzburg, 1957-1961 Bischof von Berlin, 1958 Kardinal, 1961-1976 Erzbischof von München und Freising, 1965-1976 Vorsitzender der Deutschen Bischofskonferenz.

[34] Unter einer Primiz versteht man die erste Eucharistiefeier (Heilige Messe) eines neugeweihten Priesters in der katholischen Kirche. In der Regel wird sie in der Heimatgemeinde des Priesters gefeiert.

Abb. 1: Die Brüder Joseph (links) und Georg Ratzinger (Mitte) mit dem Jugendfreund Rupert Berger bei Begrüßung der Neupriester in ihrer Heimatgemeinde Traunstein nach ihrer Priesterweihe am 29. Juni 1951; EAM Kardinal-Ratzinger-Archiv, Bildarchiv 1951.

1957 bin ich dann aber wieder mit Joseph zusammengekommen, als ich als Dozent nach Freising kam. Damals war er ja bereits an der Hochschule tätig. In den folgenden zwei Jahren haben wir viel miteinander geredet, sind meist nach dem Mittagessen spazieren gegangen.

Forstner: Wie war denn der Alltag während dieser Dozenten- und Professorenzeit auf dem Domberg? Wie sah der Tagesablauf aus? Hat jeder in seiner eigenen Wohnung gewohnt?

Berger: Sicher. Die meisten der Professoren hatten eine Wohnung im Umkreis des Doms. Sie haben in der Frühe die heilige Messe im Dom oder bei Schwestern gefeiert und dann waren Montag bis Freitag in der Zeit zwischen 8 Uhr und 12 Uhr die Vorlesungen zu halten. Gearbeitet wurde in der eigenen Wohnung, die Bibliothek war nach dem Krieg nicht einmal fest besetzt.

Forstner: Bestand ein über den Vorlesungsbetrieb hinausgehender Kontakt zu den Studenten? Hat man z.B. miteinander gegessen?

Berger: Nein, die Professoren haben zuhause gegessen. Es ist zwar schon mal vorgekommen, dass der eine oder andere im Seminar gegessen hat, z.B. wenn die Haushälterin krank war. Eine Ausnahme bildete der Namenstag oder der Geburtstag, Dann durfte der Professor am Herrentisch Platz nehmen und hat in der Regel einen „Haustus" gestiftet, eine Halbe Bier für jeden. Auch ansonsten waren die Kontakte zu den Studenten nicht so eng, Seminare gab es ja nicht, da man in Freising nicht promovieren konnte.

Flecker: Und wie waren die Kontakte unter den Professoren?

Berger: Die waren sehr verschieden ausgeprägt. Manche hatten relativ viel, manche eher weniger Kontakt. Ansonsten sind die Professoren einmal im Jahr an Silvester vom Seminar aus eingeladen worden. Bei dieser Gelegenheit war die ganze Professorenschaft anwesend; ähnlich an Fasching. Auch an Fronleichnam, nach der Prozession, gab es eine solche Einladung, im Prinzip waren es jedoch wenige.

Forstner: Wie waren Ihre Kontakte zu Joseph Ratzinger in den gemeinsamen Freisinger Dozentenjahren von 1957 bis 1959?

Berger: Ich habe ihn nach dem Mittagessen fast täglich aufgesucht. Je nach Wetter sind wir miteinander spazieren gegangen, gelegentlich auch zusammen mit Georg, sofern er da war, und dann haben wir miteinander Kaffee getrunken. Hin und wieder sind wir auch nach München gefahren, in die Oper.

Forstner: Hatten Sie auch zu den Eltern der Ratzingers Kontakte?

Berger: Ja, aber die gab es auch schon früher, während des Studiums. Sie haben ja in Hufschlag[35] gewohnt, und da habe ich sie immer wieder mal besucht. Ich wurde auch ab und zu eingeladen, meistens am Donnerstag nach Aschermittwoch. Da tauchte natürlich schon die Frage auf, ob man das machen dürfe, wo doch Fasttag war. Ja und dann haben wir uns die aufgetischte Brotzeit doch schmecken lassen. Auch kann ich mich noch an die langen Spaziergänge erinnern, oder an die Radl-

---

[35] Gde. Surberg, Lkr. Traunstein. Hufschlag gehört pfarrlich zur katholischen Stadtpfarrei Traunstein-St. Oswald.

touren, die wir oft unternommen haben. Man kann dort herrliche Wanderungen machen.

Forstner: Welche Aufgaben hatte Joseph Ratzinger eigentlich auf der Dozentenstelle, die er zunächst am Klerikalseminar hatte?

Berger: Zunächst einmal war es eine Präfektenstelle, obwohl man immer nur Dozent gesagt hat. Die Stellen wurden übrigens vom Freistaat bezahlt: ein Direktor, ein Subregens und zwei Präfekten. Die eine Stelle war mit „Liturgik" betitelt, Ratzingers Stelle hieß „Praktische Sakramentenlehre". Als wir im Alumnat waren, war es Läpple, der diese Stellen inne hatte. Diese Stellen waren vor allem für Priester, die sich promovieren oder habilitieren wollten.

Forstner: Hatte Ratzinger damals in Freising bereits einen Schülerkreis?

Berger: Nein, in dem Sinn nicht, aber enthusiastische Hörer, würde ich sagen, die ganz hingerissen waren.

Flecker: Können Sie etwas über seine Theologie sagen, die er in dieser Zeit vertreten hat? War das eine in ihrer Zeit besondere Theologie?

Berger: Ich würde sagen, bei den Studenten galt er als „Vorwärtsstimme", progressiv kann man auch sagen, weil das, was er machte, im Vergleich zu dem, was man bisher gehört hatte, fast eine Offenbarung war. Die Studenten waren von ihm deswegen so begeistert, weil sie gesagt haben, bei ihm hätten sie die Heilige Schrift kennen gelernt hat, was auch mir immer gut gefallen hat – denn bei den Exegeten der damaligen Zeit hat man die normalerweise nicht kennen gelernt, die haben fast nur Buchstaben zerlegt und nichts darüber hinaus. Und Ratzinger hat den Studenten durch seine Schulung bei Friedrich Wilhelm Maier die Schrift aufgeschlossen. Seine Dogmatik war sehr stark schriftbetont, sage ich mal. Die Akzentsetzungen, die schon seine Dissertation prägten, waren ganz deutlich zu spüren: Dass Eucharistie Konkretisierung von Kirche ist, ganz vereinfacht gesagt.

Forstner: Hat er theologische Fragen auch mit anderen diskutiert? Oder ist seine Theologie mehr aus der Arbeit mit den Texten und mit der Literatur entstanden?

Berger: Ich kann natürlich jetzt nur von den beiden Jahren reden, die wir miteinander verbracht haben. Ich glaube, dass er an sich im Kontakt mit den Hörern vieles entwickelt hat.

Forstner: Aber war dieser Kontakt denn überhaupt vorhanden? Sagten Sie nicht, dass es z.B. keine Seminare, sondern nur Vorlesungen gab?

Berger: Zunächst dadurch, dass er zuerst im Seminar gewohnt hat und auch dadurch, dass man sich auf dem Domhof häufig getroffen hat, da gab es natürlich schon Kontakt zwischen Ratzinger und den Studenten.

Forstner: Das Verhältnis war also durchaus so offen, dass man als Student nicht vor Ehrfurcht erstarren musste? Da hat man auch diskutiert und nachgefragt?

Berger: Nein, bei Ratzinger musste man bestimmt nicht vor Ehrfurcht erstarren, allerdings bei anderen schon ein bisschen. Bei Angermair sicher auch nicht, aber wenn ich etwa an den Kirchenrechtler Dominikus Lindner[36] denke – an eine Begebenheit kann ich mich erinnern: In der Sakristei hat er sich umgezogen, da kam ein Ministrant und sagt: „Entschuldigen Sie, Sie sind doch Kirchenrechtler". Da hat er ihn entsetzt angeschaut und gesagt: „Ich bin Professor der Kirchenrechtswissenschaften". So war der, ja, es gab eben beide Typen.

Forstner: Sie selbst sind Liturgiewissenschaftler. Lässt sich für diese Zeit sagen, wie das Verhältnis Ratzingers zur Liturgie war oder zur liturgischen Bewegung? Haben Sie mit ihm öfters darüber diskutiert?

Berger: Diskutiert weniger in dem Sinn, dass man sich in dieser Frage gestritten hätte. Ich würde sagen, sein primäres Anliegen war die Liturgie damals sicher noch nicht. Er war sehr geprägt von der Frömmigkeit, die im Seminar herrschte. Wir haben in einer kleinen Gruppe im Priesterseminar schon versucht, in den Gottesdiensten etwas an Gestaltung im Sinne der Gemeinschaftsmesse mit einzubringen; daran war er nicht beteiligt. Als wir in München waren, war natürlich Joseph Pascher[37] äußerst prägend, fürs ganze Haus und für die ganze geistliche Bildung, die war dort stark liturgisch geprägt. Davon war Ratzinger zunächst nicht besonders angetan. Aber mit der Zeit hat er dann doch langsam umgeschwenkt, d.h. einen gewissen Zugang dazu gefunden.

Forstner: Für welche Dinge hat Joseph Ratzinger sich eigentlich sonst interessiert? Hat er sich auch für andere Themengebiete außerhalb der Theologie interessiert? Oder war er mehr auf das wissenschaftliche Fragen konzentriert?

Berger: Ich würde sagen, er hat natürlich schon von Anfang an ein politisches Interesse gezeigt, von seinem Werdegang her, von seinem Vater her, der Polizist

---

[36] Dominikus Lindner (1889-1974), 1923-1930 außerordentlicher Professor für Kirchenrecht in Freising, 1930-1957 ordentlicher Professor in Freising.

[37] Joseph Pascher (1893-1979), 1936-1939/1946-1960 Professor für Pastoraltheologie, Homiletik und Liturgiewissenschaft an der Ludwig-Maximilians-Universität München, 1946-1960 Direktor des Herzoglichen Georgianums.

Abb. 2: Der junge Professor für Fundamentaltheologie und Dogmatik Joseph Ratzinger (im Hintergrund rechts) im Kreis des Lehrkörpers der Philosophisch-Theologischen Hochschule Freising bei den Feierlichkeiten zum 800. Todestag des Bischof Otto von Freising; vorne v.r. Professor Rupert Angermair und Prof. Dominikus Lindner; AEM Dokumentation Topographie.

gewesen ist und mit den Nationalsozialisten so seine Probleme gehabt hat. Eine Aufgeschlossenheit für große Entwicklungen hat er schon früh gezeigt. Aber das, was die Menschen im Allgemeinen bewegt hat, die Dinge des Alltags, oder Medienereignisse, das hat ihn nicht sonderlich bewegt.

Forstner: Können Sie etwas zu seinem Verhältnis zur Heimat sagen?

Berger: Darüber kann ich nicht allzu viel sagen. Das „Häusl" der Eltern in Hufschlag, das hatte für ihn schon eine gewisse Bedeutung. Nachdem das „Häusl" verkauft wurde, hat er in Freising ein Grundstück gekauft. Und als er dann nach verschiedenen Umwegen in Regensburg gelandet ist, hat er das Freisinger Grundstück wieder verkauft und in Pentling[38] dann ein Haus erworben. Man hat schon etwas von Bodenständigkeit bei ihm gemerkt. Auch nach Traunstein gab es noch gewisse Verbindungen – durch die Pfarrkirche. Wir sind ja in den Semesterferien jeden Tag in die Acht-Uhr-Messe gegangen. Man hat schon gemerkt, dass er an dieser Kirche hing. Es gab auch, was das Gymnasium betrifft, alljährlich ein Klassentreffen. Wenn er es irgendwie einrichten konnte, hat er daran teilgenommen. Bindung zur Heimat und zu den Menschen war ihm wichtig.

[38] Pentling, Lkr. Regensburg, südlich der Stadtgrenze von Regensburg. Pentling ist der deutsche Wohnsitz von Papst Benedikt XVI.

Forstner: Kürzlich ist in dem amerikanischen Magazin „New Yorker" ein Artikel erschienen[39], in welchem Joseph Ratzinger in sehr polemischer Weise ein gestörter Umgang mit Deutschland, mit dem Begriff der Nation und auch mit der deutschen NS-Vergangenheit vorgeworfen wurde. Können Sie dazu aus Ihrer Sicht etwas sagen? Was hatte er für ein Verhältnis zur Nation?

Berger: Also ich kann dazu nicht viel sagen. Eines ist sicher, dass er die Nationalsozialisten gehasst hat – wie auch ich – und dass wir 1945 das Gefühl gehabt haben, endlich frei zu sein. Also, ich denke, er hat sich grundsätzlich wohl auch stets mehr als Bayer empfunden denn als Deutscher, so wie auch ich. Für uns ist Bayern das Primäre. Und Deutschland hat halt sein müssen. In seiner Theologie war er viel stärker französisch orientiert. Aber innerhalb der Theologie spielt die Nation sowieso keine Rolle.

Forstner: Wie hat sich Ihr weiterer persönlicher Kontakt mit Ratzinger gestaltet, nachdem er 1959 an die Universität Bonn berufen wurde?

Berger: Wir haben uns alle Jahre – meist zum Kaffee – mal getroffen. Aber das waren immer sehr persönliche Treffen, in denen kaum sachliche Fragen erörtert wurden. Er ist auch während seiner römischen Zeit alle Jahre nach Bayern gekommen, und zwar nach Weihnachten. Neujahr hat er in Regensburg verbracht und ist dann vom 2. bis zum 5. oder 6. Januar in Traunstein gewesen und hat im Studienseminar St. Michael gewohnt. Um diese Zeit hatte auch ich meist ein paar freie Tage und war in Traunstein. Da haben wir dann wieder unsere Spaziergänge gemacht oder er ist zu uns zum Essen gekommen, oder er hat mich eingeladen. Zu unseren Weihekurstreffen, die wir regelmäßig abhalten, ist er manchmal von Rom her gekommen. Da gab es dann schon mal Gespräche, die in die heikleren kirchenpolitischen Fragen hineingegangen sind.

Forstner: Herr Pfarrer Berger, herzlichen Dank für das interessante Gespräch.

---

[39] Timothy Ryback, Forgiveness, in: The New Yorker vom 6. Februar 2006.

Zur Person

Alfred Läpple, geboren am 19. Juni 1915 als Sohn eines protestantischen Vaters und einer katholischen Mutter, erlebte seine Kindheit in Partenkirchen im Werdenfelser Land. Nach Besuch der Internatsschule der Barmherzigen Brüder in Algasing (1921-1927) und des Humanistischen Gymnasiums in Freising trat er 1936 in das Priesterseminar in Freising ein. Bei Kriegsausbruch wurde er zur Luftwaffe eingezogen. Nach Kriegseinsatz und amerikanischer Kriegsgefangenschaft kam Läpple 1946 in das Priesterseminar in Freising zurück und lernte im Januar 1946 die Brüder Ratzinger kennen. Am 29. Juni 1947 wurde er in Freising zum Priester geweiht. Er war 1948 Kaplan in München-Allerseelen, 1948-1952 Dozent am Erzbischöflichen Klerikalseminar in Freising. Im Jahre 1951 promovierte er an der Ludwig-Maximilians-Universität München zum Dr. theol. Er wirkte von 1952 bis 1970 als Religionslehrer und Seminarleiter für Studienreferendare am Max-Planck-Gymnasium in München-Pasing. 1970 bis 1972 war er ordentlicher Professor an der Erziehungswissenschaftlichen Hochschule in Landau/Pfalz, anschließend wurde er als Universitätsprofessor und erster Vorstand des neu gegründeten Instituts für Katechetik und Religionspädagogik an die Paris-Lodron-Universität nach Salzburg berufen (Emeritierung 1981). Von 1976 bis 1980 war er Dekan der Katholisch-Theologischen Fakultät und Mitglied des Senats der Universität Salzburg. 1981 ernannte ihn Papst Johannes Paul II. zum Päpstlichen Hausprälaten.

Der Text des Gesprächs

Forstner: Herr Prälat Läpple, wann haben Sie Joseph Ratzinger, unseren heutigen Papst, kennen gelernt?

Läpple: Ich wurde am 20. November 1945 aus amerikanischer Kriegsgefangenschaft entlassen und kam nach München – genau am Korbinianstag, einem denkwürdigen Tag unserer Erzdiözese. Sofort habe ich mich telefonisch im Priesterseminar gemeldet. Dieses war 1945 nur zu einem Drittel für Seminaristen frei, denn es war noch Lazarett. Nach meiner Rückkehr 1946 sagte der neue Regens[1], Dr. Michael Höck[2], den ich bereits vom Knabenseminar her als meinen Präfekten (1931-1934) kannte, zu mir: „Alfred, für Dich habe ich eine wunderbare Aufgabe.

---

[1] Der Regens (Partizip zu lat. *regere*, leiten) ist der Leiter eines Priesterseminares der katholischen Kirche.

[2] Michael Höck (1903-1996), 1945-1958 Regens und Dozent am Klerikalseminar in Freising.

Im „Roten Saal" sind jetzt 60 Neuanfänger. Für diese machst Du den Präfekten". Im „Roten Saal" saß unter diesen 60 ein Brüderpaar, nämlich Georg und Joseph Ratzinger. Dadurch bin ich 1946 zum ersten Mal beiden, zu denen ich auch heute noch Kontakt habe, begegnet.

Forstner: Was versteht man unter dem „Roten Saal"?

Läpple: Der „Rote Saal" ist ein Festsaal, der seinen Namen von der roten Damaststoffbespannung hat, mit der der ganze Saal ausgekleidet ist. Er ist aber nur dann benützt worden, wenn der Kardinal die Eltern der Weihekandidaten begrüßt hat, oder zu ähnlichen Anlässen, wie später (ab 1951) zum Adventssingen der Volksmusiker.

Forstner: Was waren Ihre Aufgaben als Präfekt?

Läpple: Meine Aufgabe war zunächst eine sehr persönliche. Ich hatte zu sorgen für die Stille der Betrachtung wie für das Studium der Anfänger, für die Einhaltung der Hausordnung und für das pünktliche Hinübergehen zur Hochschule. Diese befand sich dort, wo heute die Dombibliothek zu finden ist. Im Parterre und im 1. Stock war das Humanistische Gymnasium. Im 2. Stock waren die Vorlesungsräume der Philosophisch-Theologischen Hochschule. Im „Roten Saal" bin ich Ratzinger Anfang Januar 1946 erstmals begegnet.

Abb. 1: Dr. Michael Höck (1903-1996), von 1945 bis 1958 Regens des Erzbischöflichen Klerikalseminars Freising; AEM Priesterseminar Freising.

Flecker: War Ihr Verhältnis zu den Brüdern Ratzinger anders als Ihre Beziehung zu den anderen Philosophiestudenten?

Läpple: Ich hatte keinen von diesen 60 Seminaristen vorher gekannt. Fast alle hatten während des Krieges das Abitur gemacht. 1946 haben sie in Freising ihr erstes Semester der Philosophie begonnen. Die hatten keine Ahnung, wie man eine Vorlesung aufnimmt. Schreibt man alles mit? Oder nur Stichworte? Manche Professoren haben oft erst am Schluss einer Vorlesung in einem kurzen Diktat das Wesentliche der jeweiligen Vorlesung gebündelt. So habe ich den Neuen eine kleine Anleitung gegeben. Von diesen Neuen ist mir vor allem einer aufgefallen, da er in seiner Freizeit öfters zu mir gekommen ist und wissen wollte, was dieses oder jenes Fremdwort bedeutet oder was der Spiritual am Vorabend mit einer bestimmten Bemerkung in seiner Betrachtung gemeint habe und dieser eine war Joseph Ratzinger.
Er schreibt in seinen autobiographischen Erinnerungen „Aus meinem Leben." auch über mich, dass ich diskutierfreudig gewesen sei, und dass man mit mir reden konnte, und so hat sich aus anfänglichen Gesprächen eine Gesprächsgemeinschaft gebildet, eine Lebensfreundschaft entwickelt. Das ist so weit gegangen, dass Joseph Ratzinger fast nie mit seinem Bruder spazieren gegangen ist, sondern nur mit mir. Währenddessen hat er mir vielfältige Fragen gestellt. Die Isarauen entlang sind wir oft bis Marzling[1] oder in Richtung des Lankesberges gegangen, in Richtung Weihenstephaner Berg, vorbei an der Ruine der wahrscheinlichen Korbiniansquelle. Von der Natur jedoch haben wir nicht viel mitbekommen, weil wir ununterbrochen diskutiert haben. Der junge Philosophiestudent war ein junger Mensch mit einer grenzenlosen Neugier für Neues.

Forstner: Haben Sie in dieser Zeit auch schon seine besonderen intellektuellen Fähigkeiten erkennen können?

Läpple: Ich habe sehr bald bemerkt, dass Joseph ein ungeheures Interesse an Philosophie und am Glauben hatte. Mir war klar, dass man mit ihm, weil er so anhänglich und so interessiert war, etwas tun musste. Ich erinnerte mich, dass es von Thomas von Aquin (1224-1274), dem großen Dominikanertheologen, zwei Quaestiones, eine *quaestio disputata de veritate*, über die Wahrheit, und eine *quaestio disputata de caritate*, über die christliche Liebe, gibt. Die Erstere ist bereits übersetzt worden von Edith Stein[1]. Martin Grabmann[5] hatte in seinem Vorwort zu die-

[1] Marzling, Lkr. Freising.
[1] Edith Stein (1891-1942), im Vernichtungslager Auschwitz-Birkenau ermordet, Philosophin und katholische Nonne jüdischer Herkunft, 1998 heilig gesprochen.
[5] Martin Grabmann (1875-1949), 1918-1939 Professor für Dogmatik an der Ludwig-Maximilians-Universität München.

ser Übersetzung geschrieben: Es wäre sinnvoll, sogar notwendig, dass auch die zweite Quaestio, die *quaestio disputata de caritate* übersetzt würde. Daher habe ich zu Ratzinger gesagt: „Joseph, wir machen jetzt gemeinsam eine Riesen-Übersetzung". Ich habe ihm das lateinische Original von Thomas von Aquin vorgelegt. Neben dem „Roten Saal" befindet sich ein Zimmerchen vor der Bischofswohnung. In diesem Zimmer befand sich ein langer Tisch. Dann sagte ich zu Joseph: „Das ist das Originalwerk. In Deiner Freizeit kannst Du es übersetzen." Jeden Tag hat er mir den Text, den er übersetzt hat, vorgelegt. Ich habe ihn korrigiert und mit ihm besprochen. Eine Sonderaufgabe hatte ich ihm dann noch gegeben: „Jedes Zitat, ob von Aristoteles, Plato oder Augustinus, das in der *quaestio disputata de caritate* enthalten ist, prüfst Du in der Migne-Sammlung[6] genau nach und legst alle diese Bände auf den langen Tisch". Als erstes musste er nachprüfen, ob Thomas von Aquin auch genau zitiert hat. Er musste nachprüfen und genau angeben, in welchem Kapitel und in welchem Vers dieser Text steht. Die ganze Übersetzungsarbeit hat fast ein Jahr gedauert. Das ganze Manuskript betrug insgesamt 100 Seiten. Ich habe diesen Text bei mir behalten. Ich wunderte mich später, dass ich trotz der vielen Wohnungsumzüge den Text noch hatte.
Als ich bereits in Salzburg war, habe ich Kardinal Ratzinger gebeten, er möge bei der nächsten „Thomas-Feier" an der Universität einen Vortrag halten.

Flecker: Das war dann im Jahr 1979?

Läpple: Zu dieser Zeit war ich Dekan der Theologischen Fakultät Salzburg und Joseph Ratzinger schon Erzbischof von München und Freising. Ich habe das ganze Manuskript der Ratzinger-Übersetzung von *de caritate* mit all den Anmerkungen abtippen lassen. Ich habe dazu noch ein Vorwort geschrieben und es in Kardinalsrot einbinden lassen.
Es war und blieb guter Brauch der Theologischen Fakultät an der Salzburger Universität, alljährlich zu Ehren des großen Dominikanertheologen Thomas von Aquin eine wissenschaftliche Thomasfeier in der Aula Academica im ersten Stock der Theologischen Fakultät zu halten.
Am 14. März 1979 hielt Kardinal Joseph Ratzinger den Festvortrag „Konsequenzen des Schöpfungsglaubens". Nach dem Dank für den exzellenten Vortrag überreichte ich ihm das gebundene Werk. Er war sprachlos und überglücklich und konnte es kaum fassen, dass ich es so lange aufbewahrt hatte. In einem Brief, den ich Papst Benedikt XVI. kurz nach seiner ersten Enzyklika[7] nach Rom geschrieben habe, sprach ich von dem harmonischen Gleichklang, denn in seinem ersten wissenschaftlichen Werk wie in seiner ersten Enzyklika als Papst ist *caritas* der Grundakkord gewesen.

[6] Jacques Paul Migne (1800-1875), Priester, der weit verbreitete Ausgaben von theologischen Werken, Enzyklopädien und Texten der Kirchenväter veröffentlichte.
[7] Enzyklika „Deus caritas est" von Papst Benedikt XVI. vom 25. Dezember 2005.

Forstner: Waren die Gespräche, die Sie mit ihm geführt haben, stets rein theologischer oder philosophischer Natur?

Läpple: Diese Gespräche hatten zentral sicher theologische Themen. Ich würde sagen, dass sich die Gespräche häufig um meine Promotion drehten. Ich hatte mein Thema über den Begriff des Gewissens bei Kardinal Newman[8] von Theodor Steinbüchel[9] bekommen, der zu diesem Zeitpunkt in Tübingen Rektor war, meine Arbeit aber noch betreut hat und an der Universität durch Richard Egenter[10] übernommen wurde. Wir haben uns mit dem heute fast gar nicht mehr bekannten Ferdinand Ebner[11] beschäftigt, einem Österreicher, und mit Martin Buber[12], dem jüdischen Religionsphilosophen. Dieser hat gesagt: „Das Entscheidende im Glauben ist das ‚Du‘ und das ‚Ich‘. Ich glaube nicht an ein Es, nicht an ein *summum bonum*, sondern ich glaube an ein ‚Du‘. Ratzinger hat später einmal in Madrid, als er längst Präfekt der Glaubenskongregation war, folgenden Satz gesagt: „Ein Abstraktum braucht keine Mutter".

Diese personalistische Grundeinstellung war für ihn wichtig. Ich habe ihm damals ein Buch gegeben – von Henri de Lubac[13] – über den Katholizismus. Wenn ich heute noch dieses Buch lese, dann merke ich, dass dieser Personalismus von de Lubac meines Erachtens seine Theologie und sein Leben am nachhaltigsten beeinflusst hat. Eine Gestalt, die Ratzinger entscheidend geprägt hat, war Gottlieb Söhngen[14]. Er hat Ratzinger die Freude an der Theologie, die Freude etwas zu finden, übermittelt. Wir haben uns damals oft in München-Fürstenried bei dessen Vorlesungen getroffen, weil ich in dieser Zeit dort mein Doktoratsstudium absolviert habe.

---

[8] John Henry Kardinal Newman (1801-1890), Theologe.
[9] Theodor Steinbüchel (1888-1949), 1935-1939 Professor für Moraltheologie an der Ludwig-Maximilians-Universität München, 1941-1949 Professor in Tübingen, 1946-1948 Rektor ebenda.
[10] Richard Egenter (1902-1981), 1946-1968 Professor für Moraltheologie an der Ludwig-Maximilians-Universität München.
[11] Ferdinand Ebner (1882-1931), Philosoph.
[12] Martin Buber (1878-1965), Religionsphilosoph.
[13] Henri de Lubac SJ (1896-1991), Theologe, Jesuit, Vertreter der kirchlichen Reformbewegung „Nouvelle théologie", 1929-1961 Professor für Fundamentaltheologie und Religionsgeschichte in Lyon, 1950-1958 mit Lehrverbot belegt, Peritus des Zweiten Vatikanischen Konzils, 1983 Kardinal. Gemeint ist vermutlich sein Buch „Catholicisme, les aspects sociaux du dogme", welches 1938 erstmals erschienen und kurze Zeit darauf in die deutsche Sprache übersetzt worden war.
[14] Clemens Gottlieb Söhngen (1892-1971), 1947-1958 Professor für Fundamentaltheologie und theologische Propädeutik an der Ludwig-Maximilians-Universität München.

Forstner: Das heißt, Sie haben dieselben Vorlesungen gehört?

Läpple: Wir haben die gleichen Vorlesungen 1948 bis 1950 gehört und uns oft darüber unterhalten. Ich weiß noch, wie Söhngen zutiefst enttäuscht war, weil man Henri de Lubac seinen Lehrstuhl genommen hat, er durfte ja nichts mehr publizieren. Beide – de Lubac und Söhngen – vertraten die personalistische Grundtendenz, die sich auch bei Ratzinger findet. Er liebt den Dialog. Da blühte er auf. Söhngen hat einmal zu mir über Ratzinger gesagt: „Das ist *der* Schüler! Mir ergeht es ebenso wie seinerzeit Albertus Magnus[15], der auch einen Schüler hatte, von dem er sagte, dass er noch lauter brüllen würde als er selbst. Dieser Schüler war Thomas von Aquin.[16]" Söhngen hat das erkannt und zu mir gesagt: „Das ist der Schüler, der meine Gedanken aufnimmt, der sie weiterführt. Mein Schüler wird mehr finden als ich, der Maestro."

Auch Friedrich Nietzsche[17] ist bei unseren Spaziergängen immer wieder zitiert worden. Warum? Weil Nietzsche in der Nazizeit immer wieder zitiert und missbraucht worden ist. Ich weiß noch, wie Ratzinger mich einmal gefragt hat: „Warum konnte denn eigentlich Nietzsche im „Zarathustra" schreiben: „Bessere Lieder müssten sie mir singen, dass ich an ihren Erlöser glauben lerne: erlöster müssten mir seine Jünger aussehen". Friedrich Nietzsche, der evangelische Pastorensohn, erinnerte mich wie den Theologiestudenten Joseph Ratzinger daran, dass Christen, besonders Priester und Ordensleute, nur als glaubwürdige Nachfolger Christi eine Botschaft und eine Zukunft haben. Uns beiden wurde deutlich und geradezu handgreiflich: das Leben ist uns nach dem Zweiten Weltkrieg zum zweiten Mal geschenkt worden. Wir wollen Gott unser Leben weihen und unseren Dank zeigen, dass wir gute Priester werden, die in der Askese etwas von sich verlangen und die auch in einer Predigt oder im Religionsunterricht nicht etwas geben, was wir angelesen haben, sondern was durch unser eigenes Leben hindurchgegangen ist: eine existentielle Verkündigung!

Flecker: Hatten Sie auch Kontakt zur Familie Ratzinger?

Läpple: Anlässlich der Priesterweihe, am 29. Juni 1951, habe ich sie kennen gelernt, seine Eltern und seine sechs Jahre ältere Schwester Maria. An diesem Tag habe ich sie in Freising zu mir in meine Wohnung eingeladen. Dort habe ich Joseph auch um den Primizsegen gebeten. Dasselbe Zimmer hat er ein Jahr später als Dozent bewohnt, und am gleichen Schreibtisch wie ich seine Promotionsschrift verfasst.

---

[15] Albertus Magnus (1193-1280), Philosoph und Theologe.
[16] Thomas von Aquin (um 1225-1274), Philosoph und Theologe.
[17] Friedrich Nietzsche (1844-1900), Philosoph.

Abb. 2: Die Priester des Weihejahrgangs 1951 der Erzdiözese München und Freising; vierte Reihe von oben, vierter v. l. Joseph Ratzinger, oberste Reihe ganz rechts Georg Ratzinger, in der untersten Reihe Erzbischof Kardinal Michael von Faulhaber und die Vorstandschaft des Klerikalseminars, darunter zweiter v.l. Alfred Läpple; EAM NL Faulhaber C 10.

Forstner: Hatten Sie einen Einblick, wie sich das Verhältnis Ratzingers zu seinen Eltern gestaltete? Im Grunde war er doch ein außerordentlicher intellektueller Überflieger in einer doch relativ einfachen Familie. Musste dies nicht Spannungen hervorrufen?

Läpple: Nein. Er hatte einen ausgeprägten Familiensinn als Jüngster. Er hat immer mit seinem Bruder Georg die Ferien verbracht, sei es in Gastein[18], in Brixen[19] oder in Regensburg. Sie haben sich immer als Brüderpaar verstanden, einander ergänzt und geholfen.

Forstner: Hat sich Ihre Dozentenzeit in Freising mit seiner noch überschnitten oder waren Sie schon weg von Freising, als Ratzinger Dozent auf dem Domberg wurde?

Läpple: Ich habe Kardinal Faulhaber bereits 1951, nachdem ich meine Promotion in München gemacht hatte, gesagt, ich würde gerne, bevor ich einen Lehrstuhl für Religionspädagogik übernehme, in die Schulpraxis gehen. Da sagte Kardinal Faulhaber: „Sie bleiben jetzt noch ein Jahr auf dem Domberg. Aber in 14 Tagen werde ich anrufen und Sie fragen, wer Ihr Nachfolger sein könnte". Da erwiderte ich: „Herr Kardinal, dazu brauche ich keine 14 Tage, das weiß ich schon seit langem. Einer, der es so macht wie ich und vielleicht sogar besser als ich, das kann nur Joseph Ratzinger sein". Dadurch ist er unmittelbar mein Nachfolger geworden. Bis zum heutigen Tag weiß er nicht, dass ich ihn empfohlen habe. Ich habe es ihm nie gesagt.

Forstner: Wo lagen die Interessen von Joseph Ratzinger außerhalb der Theologie? Man weiß ja z.B., dass er sehr musikalisch ist, bis auf den heutigen Tag Klavier spielt und die Musik liebt. Mit was hat er sich noch beschäftigt?

Läpple: Ich glaube, er war von seinem Doktorvater Söhngen her offen für alles, was den philosophischen Raum umfasst, also klassische Musik ebenso wie Volksmusik, Literatur und Kunst. Ihn hat all das, was es sonst noch so gab, nur in Richtung auf seinen Beruf, in Richtung auf Vertiefung, Ergänzung, Illustrierung seiner theologischen Arbeit interessiert.

Flecker: Wissen Sie etwas über die Probleme und Schwierigkeiten bei Ratzingers Habilitationsverfahren in München?

Läpple: Es ist bekannt, dass es bei seiner Habilitation über Bonaventura[20] größte

---

[18] Bad Gastein (Salzburger Land) ist ein Kur- und Wintersportort im Gasteinertal, Österreich.
[19] Brixen (ital.: Bressanone) ist eine Stadt in Südtirol, Italien.
[20] Hl. Johannes Bonaventura (1221-1274), Franziskaner und Theologe.

Schwierigkeiten gegeben hat. Der heutige Papst ist von Michael Schmaus[21] als Modernist hingestellt worden! Ich war selbst bei der Habilitationsverteidigung am 21. Februar 1957 dabei, die an der Münchener Universität stattfand. Damals sagte Schmaus: „Die Sache mit Ihrer subjektivistischen Art, die Offenbarung zu deuten, ist nicht richtig katholisch." Ratzinger wollte beginnen zu erwidern. Doch da hat sich Söhngen eingeschaltet. Ein heftiger Streit entbrannte zwischen den beiden Professoren. Ratzinger blieb nur an der Seite stehen. Irgendwann sprach der Rektor: „Die Zeit ist um. Bitte, entscheiden Sie sich. Hat er bestanden, oder nicht"? Damit war Dr. Joseph Ratzinger habilitiert. So ist die Habilitation abgelaufen.

Forstner: Wie beurteilen Sie die Motive von Schmaus? Würden Sie sagen, dass er wirklich eine subjektivistische Theologie zu sehen geglaubt hat?

Läpple: Die theologischen Denkansätze bei Schmaus und bei Söhngen waren völlig unterschiedlich. Schmaus, so hat Söhngen immer wieder betont, würde Zitate sammeln, gute Texte von Nietzsche, von Kant[22], von Wolfgang Borchert[23] und modernen Schriftstellern. Aber verstanden hätte er nichts. Söhngen sagte: „Wenn ich zitiere, muss ich nicht nur die Wortbedeutung kennen, sondern ich muss auch wissen, welchen Stellenwert dieses Zitat im gesamten Denkprozess eines Philosophen oder eines Literaten einnimmt. In dieser Hinsicht war Söhngen genauer. Ich habe mich mit Söhngen gut verstanden. Zu Söhngen hat man gesagt, dass man eine Festschrift für ihn zum 60. Geburtstag machen wolle. Darauf Söhngen: „Wer will für Söhngen eine Festschrift machen? Das kann nur Söhngen". Einmal hat er in Bezug auf einen Sammelband zu mir gesagt: „Ist Ihnen aufgefallen, wen ich nicht zitiert habe"? Mir ist tatsächlich nichts aufgefallen. „Ich habe Schmaus nie zitiert!", sagte er.

Forstner: Was gab es sonst noch für wichtige Freunde und Weggefährten in dieser frühen Zeit in Freising?

Läpple: Wir haben während des Krieges mit großer Dankbarkeit Briefe vom damaligen Regens Johann Westermayr[24] bekommen. Als ich aus der Gefangenschaft kam, war ein neuer Regens da, Dr. Michael Höck. Dieser war ja fünf Jahre lang

---

[21] Michael Schmaus (1897-1993), 1946-1965 Professor für Dogmatik an der Ludwig-Maximilians-Universität München.

[22] Immanuel Kant (1724-1804), Philosoph.

[23] Wolfgang Borchert (1921-1947), Schriftsteller.

[24] Johann Baptist Westermayr (1884-1950), 1932-1945 Regens des Erzbischöflichen Klerikalseminars Freising, 1946-1950 ordentlicher Professor für Pädagogik, Psychologie und Religionspädagogik.

im Konzentrationslager in Sachsenhausen und Dachau und ist erst gegen Ende des Krieges von den Amerikanern in Dachau befreit worden. Ich habe ihn nicht nur als Regens erlebt, sondern auch in der Vorstandschaft. Er war sicher eine Vaterfigur für uns. Er ist im Konzentrationslager nicht hart geworden, sondern gütiger und versöhnlicher. Er ist für uns alle ein Beispiel gewesen. Wie, fragten sich viele, kann man, wenn man im Konzentrationslager war, so viel Verständnis haben. Dieses Väterliche und diese „Weite des Denkens", einander nicht zu verletzen, haben wir alle von Höck gelernt. Noch einen gab es, den Spiritual der Zeit von 1950 bis 1953, der für alle ein Glücksfall war. Der Spiritual hatte immer Zeit für uns.

Forstner: Wer war das?

Läpple: Franz Graf von Tattenbach.[25] Er stammte aus einem hohen adeligen Geschlecht Bayerns. Franz von Tattenbach hatte während der Nazizeit zu SS-Leuten Verbindungen, ohne Nazi zu sein. Er hat Alfred Delp[26] im Gefängnis Berlin-Plötzensee die letzten Jesuitengelübde abgenommen. Ich muss sagen, der Mann war erfüllt von einer großen Güte und inneren Weite. Er war später einige Zeit in Rom als Rektor am Collegium Germanicum[27] tätig und ist von dort aus nach Südamerika gereist, um eine Radiomission aufzubauen. Er starb am 11. August 1992. Seine letzte Ruhestätte fand er in Pullach auf dem Jesuitenfriedhof. Ich würde sagen, diese beiden, Tattenbach und Höck, haben am meisten die theologische Nachkriegsgeneration beeindruckt. Tattenbach war auch mit an der Tischrunde der Vorstandschaft. Wie ein Mensch so verzeihen kann, wie ein Mensch aus sich gar nichts macht. „Ich bin der Franz", hat er immer gesagt.

Forstner: Wissen Sie eigentlich, wer Ratzingers Beichtvater war? Konnte man sich den im Seminar aussuchen?

Läpple: Man hatte vielfältige Möglichkeiten. Entweder hat man im Haus, beim Spiritual, gebeichtet oder beim Predigtlehrer, Augustinerpater Schlachter[28] oder auch bei mir. Außerdem konnte man im Dom zur Beichte gehen, wo es ab 16.00 Uhr bis zum Abendessen vor jedem Sonn- und Feiertag Beichtgelegenheit gegeben hat. Am Sonntag gab es zwischen 6.00 und 9.00 Uhr Beichtgelegenheit bis zum Beginn des Hochamts. Wo Ratzinger gebeichtet hat, weiß ich nicht. Ich vermute, dass sein Beichtvater von Tattenbach war.

---

[25] P. Franz von Tattenbach SJ (1910-1992), Jesuit.
[26] P. Alfred Delp SJ (1907-1945), Jesuit, Mitglied des Kreisauer Kreises im Widerstand gegen den Nationalsozialismus.
[27] Das Pontificium Collegium Germanicum et Hungaricum ist ein 1552 gegründetes deutschsprachiges Priesterseminar in Rom.
[28] P. Gabriel Schlachter OESA (1901-1984), Dozent für Homiletik und Rhetorik am Erzbischöflichen Klerikalseminar Freising.

Vielleicht darf ich aber – um auf die vorige Frage zurückzukommen – doch noch einen wichtigen Weggefährten nennen: Es gab einen Theologiestudenten, der drei Jahre nach Ratzinger ins Seminar eintrat. Er kam aus Berchtesgaden: Franz Niegel[29]. Mit seiner Gitarre ist er ins Priesterseminar gekommen und sagte einmal: „Wenn man später einmal Jugendseelsorger ist, kann man kein Klavier mitnehmen, aber eine Gitarre".

Forstner: Hat man das gerne gesehen von Seiten des Hauses?

Läpple: Franz Niegel hat einmal zum Regens Höck, der aus Inzell stammte und das Berchtesgadener Brauchtum kannte, gesagt: „Herr Regens, könnt man nicht einmal ein Adventssingen machen?" Da hat der Regens gesagt: „Ja, wenn das einigermaßen geht." Der „Rote Saal" war frei und den konnten wir 1951 benutzen. Der Kiem Pauli[30], die Annette Thoma[31], der Wastl Fanderl[32], die Waakirchner Sänger und noch viele andere kamen im Laufe der Jahre. Dabei hatte der Dozent – im ersten Jahr also noch ich – die geistliche Einführung zu halten. Regens Höck hat begrüßt. Nach mir, als Dozent und auch als Sprecher beim Adventssingen, kam 1952 Ratzinger. Von ihm gibt es eine der schönsten Betrachtungen: „Wir sprechen vom Jodler." Ratzinger hat dort Bezüge hergestellt zwischen einer Stelle in den *Confessiones* des Kirchenvaters Augustinus und dem Jodler. Es gibt Dinge, die man nicht mehr mit Worten ausdrücken kann, nur in einem Jubilus. Dann hat Ratzinger überaus geschickt die Schlussfolgerung gezogen: „Der Jubilus ist die Voraussetzung vom Jodler. Denn der Jodler sagt ja auch nichts, das ist eine jubilierende Fülle von Tönen!"
Kardinal Ratzinger ist später oft nach Unterwössen[33] gefahren, als Franz Niegel dort Pfarrer war. Es gab immer wieder Volksmusikantentreffen in Unterwössen. Ratzinger ist übrigens oft von Rom aus dorthin gefahren. Im gemütlichen Pfarramt konnte er ausschlafen, in Ruhe arbeiten und die feinen Dampfnudeln mit der guten Vanille-Soße essen.
Kardinal Joseph Ratzinger hat am 10. Dezember 1978 in Unterwössen eine kaum bekannte, exegetische Anregung für das Adventssingen, ja für jedes Singen der Christen gegeben. In der Übersetzung von Jesaja 6,3 heißt es in den herkömmlichen Übersetzungen: „Die Engel riefen einander zu: Heilig …" Kardinal Ratzinger sagte, nach genauer Übersetzung aus dem Hebräischen müsste es heißen:

[29] Franz Niegel (geb. 1926), Priester der Erzdiözese München und Freising, lebt in Marquartstein im Landkreis Traunstein.
[30] Paul Kiem, genannt Kiem Pauli (1882-1960), bayerischer Volksmusiker und Volksliedsammler.
[31] Annette Thoma (1886-1974), bayerische Volksmusikpflegerin und Volkslieddichterin mit Schwerpunkt auf der Pflege des geistlichen Volkslieds.
[32] Sebastian Fanderl, gen. Wastl Fanderl (1915-1991), bayerischer Volksmusiker und Volksliedsammler.

„Die Engel schrien einander zu: Heilig …" Er fügte schmunzelnd dazu: Im Vorchristlichen, im Außerchristlichen schreien die Engel. Im Neuen Testament „singen" die Erlösten mit den Engeln und Heiligen.

Unterwössen bedeutete für Ratzinger immer ein Stück Erholung. Dort wurde er auch immer von Gebirgsschützen besucht.

Forstner: Würden Sie folglich sagen, dass bayerisches Brauchtum und Volksmusik wichtige Bezugsfaktoren für ihn sind?

Läpple: Leben und Denken, Beten und Glauben des heutigen Papstes Benedikt XVI. sind durchflossen von einer Theologie des Herzens (nach Augustinus, Bonaventura, Pascal[34], Newman, de Lubac und Hans Urs von Balthasar[35]), von den spürbaren Emotionen des Personalismus (nach Martin Buber, Ferdinand Ebner und Theodor Steinbüchel), vom Beten und Musizieren im Elternhaus, gewiss auch von der bayerisch-barocken Frömmigkeit und ihrem Harmoniegedanken, in der „die Musik die Grundkunst des Barock" (Heinrich Rombach) ist.

Sicherlich darf auch der spätere Pfarrer von Unterwössen, Franz Niegel, zu den Animatoren gerechnet werden, der schon im Freisinger Priesterseminar vielen Priestern der Nachkriegszeit die Volksmusik und Gitarrespiel beigebracht hat.

Flecker: Hat Ratzinger auch selbst Volksmusik gemacht oder hat er hauptsächlich Klavier gespielt?

Läpple: Eigentlich nur Klavier. Sein Vater hat Zither gespielt.

Flecker: Könnten Sie noch etwas zur Thematik „Heimat" sagen? Was hat Heimat für ihn bedeutet?

Läpple: Heimat ist für den heutigen Papst mehr als ein Wort, mehr als ein Begriff. Heimat ist ein Grundwort der Menschheit, des Glaubens, der Menschenwürde. Heimat ist Geschenk der Mütterlichkeit, der Zärtlichkeit Gottes. Man muss gleichsam den Durchbruch wagen, um Sinn und Tiefe zu erkennen und was hinter dem bloßen Wort steht.

Für Benedikt XVI. ist Heimat ein anderes Wort für das Du Gottes, ist Liebe Gottes, ist das unverdiente Gottesgeschenk der Gottesebenbildlichkeit[36]. Heimat ist Ich-Du-Bezogenheit. Wer glaubt, ist nicht allein. „Wehe dem, der keine Heimat hat", hat bereits Friedrich Nietzsche erfahren.

---

[33] Unterwössen, Lkr. Traunstein.
[34] Blaise Pascal (1623-1662), Mathematiker, Physiker, Literat und Philosoph.
[35] Hans Urs von Balthasar (1905-1988), Theologe.
[36] Gen 1,26-27.

Heimat ist Communio, Gemeinschaft des Glaubens. Als Kardinal hat Ratzinger bereits gesagt: „Der Einzelne glaubt nicht aus Eigenem, sondern mitglaubend mit der Kirche". Die Konsequenzen der Schöpfung wie vor allem der Erlösung erfahren und leben, ist Heimat im Schöpfer- und Erlösergott. Heimat erfahren – Heimat schenken ist das Ernstnehmen der Gottesebenbildlichkeit, die trotz Erbsünde als Autogramm Gottes in jedem Menschen, im Embryo, auch im ungetauften Menschen lebendig und wirksam geblieben ist.

Anlässlich des Weltjugendtags in Köln 2005 ist mir aufgefallen, dass Papst Benedikt hinter dem, was er gesagt und wie er von Christus gesprochen hat, völlig zurückgetreten ist. Sein Vorgänger ist viel stärker an die Rampe getreten. Der deutsche Papst nimmt sich eher zurück, um durch sein Wort zu Christus hinzuführen. Man überhört viele Facetten, viele Feinheiten, wenn man seine Reden hört. Ich habe die Gewohnheit, bei einem Text zuerst jenen Satz zu unterstreichen, der für mich der wichtigste ist. Bei Papst Benedikt bemerke ich, dass ein Satz nach dem anderen wichtig und gestochen genau formuliert ist. Er kann druckreif reden. Er hat das Charisma des Wortes[37].

Forstner: Konnte er das auch schon zu der Zeit, als Sie ihn kennen gelernt haben?

Läpple: Nein, er hat anfangs mehr disputiert und gefragt. Spätestens mit seiner Promotion war diese Fähigkeit ausgereift.

Forstner: Herr Prälat Läpple, ich bedanke mich für Ihre Ausführungen.

[37] 1Kor 12,10.

Zur Person

Hermann Theißing wurde am 30. Dezember 1932 als sechstes Kind einer großbürgerlichen Familie in München-Bogenhausen geboren. Zusammen mit seinen Brüdern war er in der Jugend der Pfarrei Hl. Blut-Bogenhausen stark engagiert, u.a. als Ministrant und nach dem Krieg auch in der katholischen Jugendbewegung „Neudeutschland". In seiner Heimatpfarrei lernte der Gymnasiast 1951 den jungen Joseph Ratzinger kennen, der dort seine erste Kaplansstelle inne hatte. Nach dem Abitur am Münchener Wilhelms-Gymnasium 1952 nahm Theißing das Studium der katholischen Theologie in Fribourg, Freising und München auf, 1958 wurde er in Freising zum Priester geweiht. Nach Kaplansjahren in Schliersee und München-Pasing wurde er 1963 zum Dr. theol. promoviert und war anschließend u.a. als Studentenseelsorger tätig. 1972 wurde er Assistent im Ordensreferat des Erzbischöflichen Ordinariats München, 1980 Prosynodalrichter des Erzbischöflichen Konsistoriums und Metropolitangerichts und 1995 schließlich Erzbischöflicher Vizeoffizial. Daneben war er von 1978 bis 2004 Kirchenrektor der Münchener Asamkirche (St. Johann Nepomuk), wo er eine reiche seelsorgerische Tätigkeit entfaltete. 1996 verlieh ihm Papst Johannes Paul II. den Titel „Monsignore".

Der Text des Gesprächs

Forstner: Monsignore Theißing, aus welcher Zeit resultiert Ihre Bekanntschaft mit Joseph Ratzinger, unserem jetzigen Papst?

Theißing: Die resultiert aus dem Jahr seiner Priesterweihe, 1951. Er kam, ich glaube im September 1951 zu uns. Einen Monat war er in Moosach und kam dann zu uns nach Hl. Blut-Bogenhausen und war dort ein Jahr lang als Kaplan tätig, also in der Zeit, in der ich mich zum Priesterberuf entschlossen bzw. vorbereitet und in der ich auch das Abitur gemacht habe, also in einer sehr interessierten und überaus angeregten und offenen Zeit.

Forstner: Hat die Bekanntschaft mit Joseph Ratzinger damals in dem Jahr, als Sie sich zum Priesterberuf entschlossen haben, einen Einfluss auf diese Entscheidung gehabt?

Theißing: Nein, das hatte keinen Einfluss. Obwohl Ratzinger den Entschluss mit Wohlwollen begleitet hat. Meine Priesterberufung geht eigentlich auf die

schon gute Verbindungen gehabt. Die „Fachschaft", um es einmal so zu sagen, die Professorenschaft ist sehr schnell draufgekommen, was in Ratzinger steckte.

Flecker: Monsignore, Sie selbst haben ja auch teilweise in Freising studiert. Haben Sie auch bei Ratzinger gehört?

Theißing: Nein, eigentlich weniger. Wir mussten ja auch noch Philosophie hören, gleich am Anfang. Wir sind dann miteinander von Heilig Blut weggegangen, er nach Freising, ich nach Fribourg. Der Kontakt blieb aber erhalten. Er hat auch immer mal wieder in der Pfarrei vorbeigeschaut, denn in Freising war ja nichts los an den Feiertagen. Zudem besuchte Ratzinger sehr gern Prälat Blumschein und hat auch die Trauermetten[15] sehr gern mitgemacht.

Forstner: Hat er seinen pfarrlichen Mittelpunkt denn auch dann noch in Bogenhausen gesehen, als er schon in Freising gewirkt hat?

Theißing: Mittelpunkt nicht, aber einen pfarrlichen Bezugspunkt, einen seelsorgerischen Bezugspunkt. Meine Primizpredigt hat er dann dort auch noch gehalten.

Forstner: Gab es zwischen ihnen auch eine Form des theologischen Austausches? Sie haben ja auch seine Dissertation zu „Volk und Haus Gottes in Augustins Lehre von der Kirche" Korrektur gelesen, wofür er Ihnen im Vorwort zu dieser Arbeit ausdrücklich gedankt hat. War etwa im Bezug auf diese Arbeit auch Ihre inhaltliche Stellungnahme gefragt?

Theißing: Eher nicht. Also erstens habe ich damals noch nicht so viel davon verstanden. Und als ich selbst dann in der Theologie flügge geworden bin, bin ich auf einem ganz anderen Gebiet gelandet, nämlich bei der Mediävistik, habe mich mit einem Franziskaner beschäftigt, einem Scotus-Schüler. Da hat es inhaltlich keine Berührungspunkte gegeben. Aber man hat sich sehr wohl ausgetauscht. Wir haben uns öfters getroffen, nach dem Motto: „Wie geht's Dir"? Er ist aber auch immer mit den Theologiestudenten in der Freisinger Hochschule zusammen gekommen und hat mit ihnen geredet und ihnen vieles erklärt, wie sie es verstehen müssen und wie es weitergehen könnte in der Theologie. Es war ja eine bewegte Zeit in der Kirche, in diesem Sinne ist die Papstwahl 1958 vollkommen wie ein Wunder von oben gekommen, und trotzdem war das Ganze theologisch vorbereitet. Johannes XXIII. hat dann Karl Rahner, Henri de Lubac[16], Yves Con-

---

[15] Ein schlichtes, aber feierliches Stundengebet an den Tagen der Karwoche.
[16] Henri de Lubac SJ (1896-1991), Theologe, Jesuit, Vertreter der kirchlichen Reformbewegung „Nouvelle théologie", 1929-1961 Professor für Fundamentaltheologie und Religionsgeschichte in Lyon, 1950-1958 mit Lehrverbot belegt, Peritus des Zweiten Vatikanischen Konzils, 1983 Kardinal.

gar[17] und viele andere, die unter seinem Vorgänger in Ungnade gefallen waren, wieder zurückgeholt.

Der ganz junge Ratzinger war noch kein führender Kopf, er war zunächst bekannt und geschätzt vor allem im Münchener Raum. Schmaus hat noch bei den Vorbereitungskommissionen für das Konzil Ratzinger und andere als „Twen-Theologen" tituliert.

Flecker: Wissen Sie, wie Ratzinger auf die Einberufung des Konzils reagiert hat?

Theißing: Natürlich positiv. Bei der damaligen Einstellung konnte ihm das nur recht sein. Er hat ja auch die berühmte „Frings"-Rede verfasst, in der Frings die Entwicklung des Konzils ganz scharf angemahnt hat. Das geht auf Ratzinger zurück, und dazu steht er heute noch, was aus seinen Interviews, die er in der Funktion als Präfekt der Glaubenskongregation gegeben hat, ja bekannt ist. Das sei damals notwendig gewesen, aber heute nicht mehr, so sagt er.

Forstner: Lässt sich zu dieser Frühzeit von Ratzinger zur Liturgie oder zu seinem Verhältnis zur liturgischen Bewegung, die seinerzeit bekanntlich sehr stark war, etwas sagen?

Theißing: Die hat er mitgemacht. Wir durften damals nicht viel machen, wir haben geträumt von einem Altar wie in der Kirche „Königin des Friedens" in München-Giesing, das war der einzige „Versus-populum-Altar"[18] in ganz München, der erlaubt war. Zu der Zeit, als Ratzinger noch Kaplan war, ist Romano Guardini[19] in die Pfarrei Hl. Blut gezogen und hat dort seine ersten Predigten in dieser Pfarrei gehalten – eine tolle Sache natürlich. 1954 feierten wir die erste Osternacht nach der neuen Ordnung. Der alte Guardini fragte da, als er gerade auf uns zukam: „Na, Herr Pfarrer, wie war denn die Osternacht?" Da sagte der Pfarrer Blumschein: „Wunderbar, wunderbar, Herr Professor". Darauf sagte Guardini: „Sehen Sie, so machen wir es seit 1919". Pfarrer Blumschein war sehr gewissenhaft, hat sich nichts getraut. „Gruppenliegemessen" und was da später in der Jugendbewegung ging, das war uns alles fremd. Bei uns ging es noch ganz linientreu zu.

Forstner: Der junge Joseph Ratzinger hat aber auch nichts der Art veranstaltet?

---

[17] P. Yves Congar OP (1904-1995), französischer katholischer Theologe.

[18] Altar mit Zelebrationsrichtung zum Kirchenvolk im Gegensatz zum vor der Liturgiekonstitution des Zweiten Vatikanischen Konzils allgemein üblichen Altar „versus orientem".

[19] Romano Guardini (1885-1968), katholischer Theologe und Religionsphilosoph.

Theißing: Nein, nein. Es gab auch keinen Anlass dazu. Wir waren sicher keine Bauernpfarrei draußen, aber auch keine stürmische progressive Pfarrei. St. Paul war eher was unter dem Prälaten Fröhlich[20], später St. Laurentius, als die Oratorianer[21] aufgetaucht sind. Das ist etwas ganz anderes gewesen. Zunächst einmal lief das so, wie es vorgegeben war. Experimente gab es überhaupt nicht. Aber er, Ratzinger, hat auf höchstem Niveau gepredigt. Das Erstaunliche war, dass er zunächst wie hilflos dagestanden hatte; mit seinen Händen konnte er sowieso nicht viel machen, er ließ die Hände bzw. Arme einfach herunterhängen. Dabei hat er faszinierend gut gepredigt. Ich erinnere mich noch an meine Primizpredigt. 1958 war das, da lag seine Priesterweihe ja bereits sieben Jahre zurück. Da fragten meine Primizgäste, seit wann denn bei uns bereits die Theologiestudenten predigen dürften. Er ist also von seinem Auftreten her eher den Theologiestudenten zugerechnet worden. Dabei war er zu diesem Zeitpunkt ja schon Professor!

Forstner: Wissen Sie noch, worüber er als Kaplan zu predigen pflegte?

Theißing: Die Primizpredigt ging über Christus den Hohepriester. Ratzinger hat sich in seinen Predigten immer sehr stark an die Liturgie angelehnt. Zykluspredigten gab es fast nie, auch kaum anlassbedingte. Er legte eher das Gewicht auf eine Interpretation des Festes oder der Heiligengestalt, also Homilie, Auslegung des Evangeliums. Eine ist mir in Erinnerung geblieben und jetzt wieder ganz deutlich geworden. Faulhaber[22] ist 1952 am Fronleichnamsfest gestorben, was damals ganz München bewegt hat. Wir haben damals gerade das Abitur gemacht. Und während der Sedisvakanz, also kurz bevor Erzbischof Wendel[23] kam, hat Ratzinger das zum Thema genommen. So hat er dann über die Aufgabe des Bischofs gesprochen, und zwar vom Episcopus her. Eine höchst anspruchsvolle Predigt war das. Man müsse schließlich für einen guten neuen Bischof beten. Damals kam es mir vor, als ob ein ganz anderer Ratzinger gepredigt hätte. Da hat er mit einer Autorität etwas gesagt, was man einem jungen Kaplan nicht zugetraut hätte.

[20] Karl Fröhlich (1906-1997), 1949-1974 Stadtpfarrer in München-St. Paul. Die Pfarrei St. Paul war seit den 1920er Jahren ein Zentrum der sog. Liturgischen Bewegung, die eine tätige Teilnahme der Gläubigen am Gottesdienst (actuosa participatio) anstrebte.
[21] Die Münchener Stadtpfarrei St. Laurentius bildete ab 1954 unter dem Einfluss der Priester- und Laiengemeinschaft „Oratorium vom hl. Philipp Neri" eine lokale Keimzelle der innerkirchlichen Strömung, die auf das Zweite Vatikanische Konzil hinführte.
[22] Michael Kardinal von Faulhaber (1869-1952), 1911-1917 Bischof von Speyer, 1917-1952 Erzbischof von München und Freising.
[23] Joseph Kardinal Wendel (1901-1960), 1943-1952 Bischof von Speyer, 1952-1960 Erzbischof von München und Freising.

Abb. 2: Der junge Priester Joseph Ratzinger (links) mit Jugendlichen der Pfarrei Hl. Blut München-Bogenhausen bei einem Zeltlager am Haarsee, Oberbayern, während seiner Kaplansjahre 1951/52; Privatbesitz Dr. Hermann Theißing, München.

Forstner: Was würden Sie als hervorstechende Eigenschaft des Kaplans Ratzinger bezeichnen?

Theißing: Seine Natürlichkeit, die war zu spüren. Wir hatten damals z.B. einmal eine Lichtstafette von Altenberg, dieses Jugendzentrum bei Köln. Dort gibt es einen Marienwallfahrtsort. Jedes Jahr ist da eine Lichtstafette gekommen, so ähnlich wie die olympische Flamme. Auch wir haben mitmachen müssen, obwohl das nicht so ganz „unser Bier" war. Also wir haben das Licht am Abend von der Nachbarpfarrei in Empfang genommen und haben den Leuchter in St. Georg, der Nebenkirche der Pfarrei Hl. Blut, auf den Seitenaltar gestellt. Am nächsten Morgen sollte dort eine Jugendmesse stattfinden, vor diesem Altenberger Licht. Der Mesner hat aber nicht gewusst, was das für ein Licht ist, und er hat – wie es sich für einen guten Mesner gehört – das Licht gelöscht. Als wir alle dann in der Früh gegen dreiviertel sechs auftauchten, weil um sechs bereits die Messe begann, und gesehen haben, dass kein Licht mehr brannte, fragten wir uns, was der Herr Kaplan Ratzinger wohl dazu sagen würde. Womöglich würde er uns die Schuld in die Schuhe schieben, von wegen nicht aufgepasst und so. Fürchterliche Gedanken schossen uns da durch den Kopf. Plötzlich kam Ratzinger daher und fragte, was denn los sei. Wir sagten: „Das Altenberger Licht ist ausgegangen." Er erwiderte: „Dann zündet es doch wieder an!"

Forstner: Läßt sich etwas über seine Haltung zur Ökumene in jener Zeit sagen?

Theißing: Das war damals kein Thema. Es gab damals schon den „Una-Sancta-Kreis"[24]. Aber die Gesamtkirche hat das noch nicht berührt. In der Zeit, um die es hier geht, in den Fünfzigerjahren, war das kein Thema.

Forstner: Zur „Una Sancta" hatte er auch keinerlei Verbindungen?

Theißing: Doch, doch. Aber damals stand die „Una Sancta" noch ganz im Hintergrund.

Flecker: Wissen Sie etwas über das Verhältnis von Ratzinger zu Kardinal Wendel, dem damaligen Münchener Erzbischof?

Theißing: Da gab es kein besonderes. Wendel hat sofort gespürt, was er da für ein „Ass" in seiner Mannschaft hatte. So viel ich weiß, hat Wendel Ratzinger nie was in den Weg gelegt, hat ihn aber auch nicht besonders gefördert.

Forstner: Wie würden Sie das Verhältnis Ratzingers zur außertheologischen Welt beschreiben? Hat er sich um die Welt gekümmert, sich mit Politik, Sozialem und ähnlichem beschäftigt?

Theißing: Die Probleme der Welt, der Politik und das Soziale spielten in unserer Welt keine besondere Rolle, auch für Ratzinger nicht. Wir haben gewusst, dass er sehr, sehr musikalisch ist. Er war später der einzige Erzbischof, der bei einem Konzert aufgetaucht ist, die anderen hatten angeblich immer keine Zeit. Aber, um auf Ihre Frage zurückzukommen: Ratzinger und die Politik und diese Themen, z.B. „Dritte Welt" oder „Erhaltung der Schöpfung", das war für uns damals überhaupt kein Thema. Wir sind damals ja gerade erst mit dem Aufbauen beschäftigt gewesen.

Forstner: 1954 war immerhin Fußballweltmeisterschaft in Deutschland – ein Ereignis, das die Nation seinerzeit bewegt hat. Könnte das ein Thema für Ratzinger gewesen sein?

Theißing: Nein, nicht dass ich wüsste. Ratzinger ist gern gewandert, aber nicht mit uns, dafür waren wir schon zu alt. Und er ist dann auch bald weggekommen, und wir sind weggekommen, ich ja nach Fribourg. Was ihn schon damals sehr interessiert hat, das ist die alpenländische Volksmusik, speziell die spirituelle Kono-

---

[24] Die „Una Sancta" (d.h. eine heilige [Kirche]) entstand als ökumenische Bewegung in Deutschland zur Zeit des Nationalsozialismus. Geistliche und Laien beider Konfessionen trafen sich in Kreisen vor Ort und schufen durch Gespräch und Gebet eine geistliche Verbundenheit im Glauben, die Vorurteile überwinden und die Glaubwürdigkeit der „einen Kirche" gerade bezüglich ihres Einsatzes für den Frieden zeigen sollte.

tation der alpenländische Volksmusik. Auf diesem Gebiet bestanden z.B. intensive Kontakte zu Pfarrer Niegel in Unterwössen[25]. Ich will ein Beispiel sagen. Im Seminar in Freising haben wir natürlich immer eine Adventsfeier gehabt. Die besten Sänger sind da aufgetreten. Das Herrlichste dabei, Ratzinger hat diese adventliche Haltung, die in den alpenländischen Liedern zum Ausdruck kommt, theologisch-philosophisch gedeutet – einfach hinreißend. Er hat mit Vergils „sunt lacrimae rerum" gearbeitet und diese Sachen hat er gebracht. Jeder fand das schön.

Flecker: Hat er eigentlich auch im bayerischen Dialekt gesprochen?

Theißing: Schon ein wenig, ja. Den bayerischen Akzent hat er ja immer noch, wenn auch abgeschwächt. Aber auch früher nicht in dem Maß, wie es sonst oft üblich war. Er war ein Musterschüler, durch und durch. Dass er die Bayern liebt, sehen Sie aber auch etwa an seinem Verhältnis zu den Gebirgsschützen.

Forstner: Würden Sie sagen, dass ihm „Heimat" also sehr viel bedeutet hat?

Theißing: Ja, sehr viel.

Forstner: War Heimat für ihn zunächst einmal Bayern? Was hatte er für ein Verhältnis zu Deutschland, hat das überhaupt eine Rolle gespielt?

Theißing: Er war ein ganz normaler Deutscher. Das war damals auch kein besonderes Thema. Eher noch hat man das Deutschtum verschwiegen, es jedenfalls in keiner Weise besonders betont. In der Zeit, in der ich ihn kennen gelernt habe, auch noch in Freising, hat das keine Rolle gespielt.

Flecker: Für viele Menschen geht von der Person Joseph Ratzinger eine starke Faszination aus – nicht erst, seitdem er zum Papst gewählt wurde. War das damals auch schon so? Haben Sie eine solche Faszination bereits in diesen frühen Jahren erlebt?

Theißing: Ja, schon. Er hatte damals schon eine gewaltige Ausstrahlung gehabt. Auch Pfarrer Blumschein ist schnell von seinem Plan abgerückt, Ratzinger nicht schon um ½ 8 Uhr predigen zu lassen. Trotz dieser Ausstrahlung war er zurückhaltend und bescheiden, er brauchte nicht „Schaum zu schlagen", das „Eigentliche" kam so durch. Er war einfach Joseph Ratzinger – auch später.

Forstner: Monsignore, wir bedanken uns recht herzlich für dieses interessante Gespräch.

---

[25] Franz Niegel (geb. 1926), Priester der Erzdiözese München und Freising.

Zur Person

Elmar Gruber wurde am 24. Mai 1931 in Prien am Chiemsee (Oberbayern) als Sohn eines Lehrers geboren. 1932 übersiedelte die Familie nach München. Nach dem Abitur auf dem Theresiengymnasium in München entschloss er sich wie sein älterer Bruder Gerhard (geb. 1928) zum Studium der Theologie. 1951-1957 studierte er an der Philosophisch-Theologischen Hochschule in Freising u.a. bei Joseph Ratzinger. Am 29. Juni 1957 wurde er in Freising zum Priester geweiht. Danach war er einige Jahre Kaplan in Feldkirchen, Glonn und Gräfelfing. Spiritual im Kloster Reutberg und Religionslehrer an verschiedenen Gymnasien in München. Seit 1964 ist Elmar Gruber Referent für religionspädagogische Aus- und Fortbildung von Priestern, Lehrern, Erziehern und anderen. Er ist in der Erwachsenenbildung und Lehrerseelsorge tätig und leitet Exerzitienkurse und Beratungen. Daneben ist Elmar Gruber einer der produktivsten spirituellen Autoren der Gegenwart und durch seine zahlreichen Publikationen einem breiten Publikum bekannt.

Der Text des Gesprächs

Forstner: Herr Pfarrer Gruber, Sie haben in den 1950er Jahren Ihr Theologie-Studium in Freising aufgenommen, und sind dort auch zum ersten Mal auf den jungen Dozenten Joseph Ratzinger getroffen.

Gruber: Ja, das ist richtig und das größte Erlebnis und Ereignis in dieser Zeit auf dem Domberg war Ratzinger. Ich habe seine Vorlesungen mitstenographiert und übertragen; das war ein großer Gewinn. Zunächst faszinierte die Sprache; es war eine brillante und vollkommen neue Sprache. Man könnte seine Sprache und sein Denken methodisch als „meditativ-reflexiv" bezeichnen, in der Art wie er Texte bearbeitete. In den Ferien habe ich dann die mitgeschriebenen Vorlesungen buchstäblich auswendig gelernt, nur, um mich in diese Sprache einzuklinken. Dazu hat er eine plausible Theologie vertreten, die faszinierend war, weil man immer gespürt hat, dass diese Antworten auf konkrete Fragen liefert. Das war in dieser ersten Zeit für mich eben etwas Neues. Ich habe damals beinahe die ganze Theologie bei Ratzinger gehört. Als ich dann meine Diakonsstelle antrat, hat ein Kollege die Übertragungen weitergeführt und mitgeschrieben. Diese „Gründerzeit" hat uns alle sehr bewegt; für mich war Ratzinger besonders bedeutsam vor allem durch seine Sprache.

Forstner: Sie haben einmal bemerkt, Ratzinger habe einen Art „Anbeterverein" gehabt? Wie ist das genau zu verstehen? Bestand dieser nur aus Theologiestudenten oder hatte Ratzinger bereits zu dieser Zeit auch andere Bewunderer?

Gruber: Es war eine Bewunderung für seine unerhörte Begabung und für die Brillanz seiner Ausdrucksweise. Ich will sagen, dass man sich auf die Vorlesungen gefreut hat. Hinzu kamen die Predigten im Freisinger Dom. Ich erinnere mich noch an einen Zyklus von Marienpredigten im Mai. Da war der Dom überfüllt. Und die Professorenkollegen sind nur auf der Seite hereingeschlichen. Einem solch jungen Kollegen zu lauschen, war vielleicht nicht ganz mit dem Ehrgefühl mancher Professoren zu vereinbaren.

Flecker: Wie haben Sie den jungen Joseph Ratzinger persönlich erlebt?

Gruber: Was auffallend war in der Begegnung mit Ratzinger, war seine Bescheidenheit. Einmal haben wir uns anlässlich des Korbiniansfestes zum Einzug in den Dom aufgestellt. Ein alter Pfarrer fühlte sich offenbar beleidigt und sagte zu uns Theologiestudenten, angesichts des jungenhaften, neben ihm stehenden Ratzinger, der ihn offensichtlich nicht in gebührendem Maße gegrüßt hatte: „Was habt's Ihr denn da für einen Lackel?" Worauf einer von uns ihn aufklärte: „Das ist unser Dogmatikprofessor." Dem Pfarrer war das dann natürlich furchtbar peinlich.

Forstner: Was war für Sie in diesem Jahren das Faszinierende am Denken dieses jungen Theologen?

Gruber: Das Bedeutsame für mich war gewiss seine Fundamentaltheologie und seine Religionsphilosophie. Ferner war für mich sein Kolleg über die Rechtfertigungslehre „De gratia" sehr wichtig. Am Schluss dieser Vorlesung sagte er: „Jetzt versuchen Sie, das was Sie gehört haben, in die Praxis umzusetzen." Wie kann ich praktisch davon leben? Das waren meine Gedanken daraufhin. Ich habe damals 31 Arten von „Gnade" gezählt, die wir gelernt haben. Aber was ist das ganz praktisch? Ratzingers Vorlesungen waren Grundlage und Voraussetzung dafür, dass mir das geglückt ist, soweit ich das von mir behaupten kann.
Ja, später bin ich dann Jugendseelsorger gewesen, im Landkreis Ebersberg. Ich war Religionslehrer in allen Schularten, man traut sich das heute den jungen Leuten gar nicht mehr zu sagen. Ich habe gleich angefangen mit 35 Wochenstunden, in Grund-, Haupt-, Berufsschule und Gymnasium. Dann musste ich 19 Pfarreien und sechs Filialen als Kooperator und Jugendseelsorger mitbetreuen. Da konnte man sich gar nicht auf viele Themen vorbereiten, da gab es fast nur ein Thema für die Schüler von 6 bis 18 Jahren, das Kirchenjahr: Ostern, Weihnachten, etc. Ich habe versucht, ein Thema für alle zu erschließen. Und dabei ist mir dann dieses meditativ-reflexive, dieses erfahrungsbezogene Denken sehr zugute gekommen, das ich bei Ratzinger gelernt hatte.
Ich war natürlich auch bei vielen Konferenzen dabei. Als Assistent im Schulreferat habe ich das Schulreferat gelegentlich vertreten in manchen gesamtdeutschen Konferenzen. Und da hat sich immer mehr eine „Spaltung" abgezeichnet; die eine Gruppe vertrat die Meinung, der Religionsunterricht müsse die Lehre unverkürzt

und unverfälscht an die Schüler weitergeben. Der Glaube des Religionslehrers ist gewünscht, aber letztlich nicht entscheidend. Ich vertrat mit der anderen, viel kleineren Gruppe den erlebnisorientierten Unterricht. Eben da kam die Frage auf: Was ist die wahre Lehre? Ich dachte dabei an die faszinierende Antrittsvorlesung Ratzingers in Freising zum Thema Wahrheit. Wahrheit ist Person, lautete die These. Und: die Wahrheit wird durch Liebe gewonnen. Da schließt sich für mich wieder der Kreis auch zum Papst Ratzinger und seiner ersten Enzyklika „Deus caritas est".

Forstner: Wo sehen Sie den Kern dieser Theologie, wie Ratzinger sie in dieser Zeit gelehrt hat?

Gruber: In seinem Bekenntnis, „dass die Theologie der Versuch ist, den ‚Geliebten' näher kennen zu lernen." Das ist natürlich eine ganz andere Glaubensverkündigung als die doktrinäre Glaubensunterweisung, bei der die Wahrheit systematisch-deduktiv gelehrt wird. Ich vertrete einen Religionsunterricht, bei dem Erfahrung und Erleben im Vordergrund stehen.
Das Wertvolle bei Ratzinger war zudem – das ist auch bei der Ansprache als Papst so gewesen und sichtbar geworden – der Umgang mit Bildern und Symbolen. Damals war das ja noch viel schwieriger als heute, in Symbolen und Bildern zu reden. Wenn man den Ausführungen Ratzingers gefolgt ist, ist man genau in den tiefen Wirklichkeitsbereich der Symbole, Zeichen und Bilder gelangt. Der Mensch kann mehr erleben, als er begreifen kann.

Forstner: Wissen Sie etwas über die Verbindungen Ratzingers zu den anderen Professoren in jener Zeit? Also zunächst zu den Kollegen an der Freisinger Hochschule, dann aber auch zu den Professoren an der Theologischen Fakultät der Münchener Universität? Welche Stellung hatte er denn als junger Privatdozent und Professor im Kreis dieser doch sehr viel älteren und bereits arrivierten Herrschaften?

Gruber: Auf jeden Fall waren für mich keine Spannungen spürbar, zumindest nicht für uns Studenten. Professor Angermair[1] war damals die zweite große Persönlichkeit in Freising. Er hat mal gefragt, ob Ratzinger ein Molinist[2] oder Thomist[3] sei. Ich war damals noch zu wenig gebildet, um eine Antwort geben zu können.

[1] Rupert Angermair (1899-1966), 1947/48 außerordentlicher Professor für Moraltheologie in Freising, 1948-1964 ordentlicher Professor in Freising.
[2] Vom spanischen Dogmatiker Luis de Molina SJ (1535-1600) 1588 entwickelte Gnaden- und Freiheitslehre, in der die freie Entscheidung des Menschen zum Heil von der Gnade Gottes zwar unmittelbar vorbereitet, aber nicht von ihr bewirkt wird; führte zum „Gnadenstreit" mit dem Thomismus.
[3] Strömung innerhalb der Philosophie, die an die Lehren und Denkansätze des Thomas von Aquin (1224-1274) anknüpft.

Abb. 1: Der junge Dozent Joseph Ratzinger während einer Vorlesung an der Philosophisch-Theologischen Hochschule Freising im Sommersemester 1955; KNA-Bild.

Flecker: Wie viele Theologiestudenten gab es in der Freisinger Zeit, die zum engeren Kreis der Bewunderer Ratzingers gehörten?

Gruber: Sechs bis acht, soweit ich mich erinnere.

Forstner: Eigentlich eine recht kleine Anzahl.

Gruber: Ja, eine relativ kleine, weil – Gott sei's geklagt – viele haben das Phänomen Ratzinger noch nicht erkannt.

Forstner: Seine Ausführungen waren also sehr anspruchsvoll?

Gruber: Ja, aber je mehr man in dieses für uns Studenten neue Erfahrungsdenken eingeübt war, desto stärker war man begeistert. Die Gruppe der Ratzinger-Verehrer war ständig im Wachsen.

Flecker: Wenn man vom Wissenschaftler und Theologen weg geht hin zum Privatmenschen Ratzinger, hat man da mitbekommen, was ihn interessierte an weltlichen Dingen? Woran nahm er Anteil? In welcher Weise hat er sich gesellschaftlich engagiert? Oder war man als Student viel zu weit weg von den Professoren um hier einen Einblick zu gewinnen?

Gruber: Also ich kann aus meiner Warte nur sagen, dass sein Interesse, was die Politik betraf, sehr im Hintergrund stand. Die Theologie war schon sein Hauptanliegen. Es war überdies schwer, mit Ratzinger zu diskutieren. Wenn Sie einmal was gesagt haben, kam eine derartig tiefschürfende und reichhaltige Antwort, dass man 1 ½ Tage Zeit gebraucht hätte, um es zu verarbeiten. Als junger Mensch ist man halt auch noch nicht so gewandt, dass man im Stegreif in einen Dialog hätte einsteigen können. Aber das hat dem keinen Abbruch getan, dass man sehr viel gelernt hat.

Forstner: Gab es eine Art ehrfurchtsvoller Haltung Ratzinger gegenüber, obwohl er noch so jung war?

Gruber: Ja, die gab es. Auch die Lehrer am Gymnasium in Freising haben ihn alle bewundert.

Forstner: Sie hatten vorher auch was zur Bescheidenheit gesagt. Wie hat sich das geäußert in seinem Auftreten?

Gruber: Ich meine, Bescheidenheit zu definieren ist schwierig, das sind Erfahrungswerte. Er hat sich nie in den Vordergrund gedrängt. Er ist aber dann doch zumeist immer im Vordergrund gestanden – durch seine Begabung.

Forstner: Aber dieses große Wissen, diese große Meisterschaft, ist offenbar nicht mit einem arroganten Gestus verbunden gewesen?

Gruber: Nein, überhaupt nicht, sondern es war eher eine demütige Theologie und sie war plausibel. Plausible Theologie, das ist das Stichwort. Ja, an eines erinnere ich mich z.B. noch deutlich. Da gab es mal eine Filmvorführung mit dem Titel „Der Abtrünnige"[1], ein französischer Film. Der Film handelte davon, dass ein älterer Priester einen jungen Priesterfreund gehabt hat, und dass dieser ältere Priester den jungen herausgefordert hat, indem er einen Kübel Wein konsekriert hat. Der Junge hat diesen ausgetrunken und war vollkommen betrunken. Wir haben Ratzinger gebeten, er möge zu dem Film etwas sagen. Er antwortete dahingehend, dass die Eucharistie wesentlich auf den sinnvollen Konsum ausgerichtet sei. Und dass er dafür plädieren würde, dass die im Film dargestellte Weihe des Weinkübels folglich überhaupt keine Konsekration gewesen sei. Das war das Ergebnis.

Forstner: Wie hat er in seinen Vorlesungen gesprochen? Hat er frei gesprochen oder abgelesen?

---

[1] Der Abtrünnige (franz.: Le défroqué), Spielfilm, Frankreich 1954, Regie: Leo Joannon.

Gruber: Er hat druckreif frei sprechen können. Er hat sich auch nie versprochen und nie wiederholt. Man konnte mitstenographieren und am Schluss hat man ein streng gegliedertes Skriptum in der Hand gehabt. Wir haben ihn einmal kontrolliert. Er hatte nämlich die Angewohnheit, beim Sprechen immer auf sein Pult zu schauen. Aber da lag – wie wir zu unserer Verwunderung festgestellt haben – überhaupt nichts.

Forstner: Haben Sie alle seine Vorlesungen mitstenographiert?

Gruber: Die meisten und dann wortwörtlich in die Maschine getippt. Ratzinger hat es zwar nicht gewünscht, zumindest anfangs nicht, dass mitgeschrieben wurde, als er aber davon erfahren hat, bat er mich einmal, ihm ein Skript zu überlassen, weil er es für jemanden anderen brauchte.

Forstner: Hatten Sie als Studenten auch Kontakt zum familiären Umfeld des Dozenten Ratzinger?

Gruber: Ich habe als Student auf dem Domberg einige Zeit in demselben Trakt mit Ratzingers gewohnt. Da ist man sich immer wieder begegnet, aber Kontakt gab es eigentlich nicht. Wir wollten den Vater einmal bezirzen, bei seinem Sohn ein gutes Wort einzulegen, da wir bei ihm Examen machen wollten. Da sagte er: „Nein, das tue ich nicht. Ich sage nur: Bepperl, sei gerecht."

Forstner: Haben Sie Prüfungen bei Ratzinger absolviert?

Gruber: Ja, in Dogmatik. Sein Verhältnis zu den Studenten war, soweit ich das aus meiner Warte sagen kann, sehr freundlich. Ratzinger hat immer gewusst, was der Student weiß, und so hat er auch nur das gefragt, was dieser wirklich wusste. Ich habe – wie gesagt – das Examen in Dogmatik bei ihm gemacht. Da hat er mich gefragt, wie das Vatikanische Konzil das Bußsakrament nennt. Aber was historisches Wissen und Daten anbelangt, habe ich überhaupt keine Begabung. Ich habe es nicht gewusst. Das zweite Brett nach dem Schiffbruch, wäre die Antwort gewesen. Dann hat er sofort umgeschaltet auf Religionsphilosophie – Husserl[5] und die Phänomenologen – was mir wieder sehr gelegen kam. Und so bin ich auch zu einer guten Note gekommen.

Flecker: Inwieweit hat die Begegnung mit der Theologie des jungen Joseph Ratzinger in Ihrem späteren Wirken als Seelsorger eine praktische Relevanz gehabt?

---

[5] Edmund Husserl (1859-1938), deutscher Philosoph und Begründer der Phänomenologie.

Gruber: Nun, ich hatte ja einen etwas ungewöhnlichen Berufsweg. Ich war über 40 Jahre in der Lehrerseelsorge; als Seelsorger hatte ich viel mit Suizidgefährdeten zu tun. Viele Suizidprobleme habe ich therapeutisch begleitet. Auch in der Krankheit, die ich selbst habe, Parkinson, spielt die Depression eine große Rolle. Ich begleite eine Gruppe von fünf ebenfalls betroffenen Priestern. Die Seelsorge gehört unabdingbar zur Behandlung von Krankheiten, gerade wenn es um Existenzfragen geht, die man nicht mehr medikamentös lösen kann. „Es ist gut, dass es mich gibt und zwar so, wie es mich gibt" – dieses Bewusstsein ist wesentlich zur Heilung vieler Krankheiten im Leib-Seele-Bereich. Ich habe viele Kurse gehalten, viel psychologisches Wissen habe ich mir selbst angeeignet, ich habe ja nicht Psychologie studiert. Fritz Riemann[6], Paul Watzlawick[7] auch Karl Herbert Mandel[8] sind wichtige Vorbilder und Lehrmeister für meine therapeutische Arbeit.

Die Wurzeln für einen heilenden Glauben liegen bei mir – und sicherlich bei vielen anderen auch – in dieser plausiblen Theologie von Ratzinger. Man hatte bereits damals das Gefühl: das ist eine Theologie, wie sie die Zeit erfordert.

Dieses Gefühl habe ich dann später weniger gehabt. In Ratzingers Zeit in der Glaubenskongregation haben wir das nicht mehr so gespürt, wahrscheinlich auch deshalb, weil Ratzinger auf eine ganz andere Weise in der intellektuellen Auseinandersetzung gefordert war, als in dieser seelsorglich orientierten Theologie der frühen Zeit.

Flecker: Welche Strömungen waren für Ratzingers frühe Religionsphilosophie wichtig? Sie hatten vorhin Edmund Husserl angesprochen.

Gruber: Ratzinger hatte schon eine grundsätzliche existentielle Motivation, das war nicht das rein Wissenschaftliche, sondern eine auf den Existenzvollzug des Menschen hin geordnete Weise, Wirklichkeiten zur Sprache zu bringen, und zwar so, dass diese Wirklichkeiten beginnen, sich im Leben der Menschen auszuwirken, indem sie zur Sprache gebracht werden. So ist das Wunder der Sprache, ganz allgemein gesagt. „Gott ist Wort, bei ihm ist alles erfahrbar geworden."

Forstner: Können Sie uns etwas über persönliche Freunde oder Verbindungen Ratzingers in dieser Zeit sagen?

---

[6] Fritz Riemann (1902-1979), deutscher Psychologe und Psychoanalytiker.

[7] Paul Watzlawick (geb. 1921), österreichischer Psychotherapeut und Kommunikationswissenschaftler.

[8] Karl Herbert Mandel (geb. 1938), Diplom-Psychologe und Verhaltenstherapeut, Erfinder der Kommunikations-Therapie, erster Leiter des Instituts für Forschung und Ausbildung in Kommunikationstherapie der Erzdiözese München und Freising.

Abb. 2: Joseph Ratzinger feiert 1952 zusammen mit Gläubigen eine Bergmesse bei Ruhpolding; KNA-Bild.

Gruber: Er hat eine sehr stille, zurückgezogene Lebensweise praktiziert. Auch seine Familie – seine Angehörigen sind sehr im Hintergrund wirksam gewesen. Ich glaube nicht, dass Verbindungen oder Netzwerke eine große Rolle gespielt haben.

Flecker: Können Sie etwas über sein Verhältnis zur Liturgie in dieser Zeit sagen?

Gruber: Das ist schwierig. Ich habe das Empfinden, dass die tiefen Glaubenserlebnisse der Evangelisation durch die Eltern eben sehr stark verknüpft waren mit der Art und Weise der früheren Liturgie. An sich ist es ein Segen, wenn ein Gegenstand oder eine Weise des Erlebens sich verfestigt und dann auch zur Quelle der Repräsentation oder sagen wir mal der Vergegenwärtigung wird. Ich könnte mir vorstellen, dass für viele in der modernen Liturgie dieser Vorgang nicht stattfindet und dadurch eine gewisse Abneigung gegenüber dieser Liturgie besteht, obwohl sie innerlich gar nicht vorhanden ist. Aber das ist wohl von der Zeichenhaftigkeit abhängig. Wenn ich z.B. an meine Glaubensgeschichte denke – bei uns hat der Pfarrer meiner Kindheit eine große Rolle gespielt. Er hat immer selbst das Kripperl in der Kirche aufgebaut und zwar nicht nur die Weihnachtskrippe. Ich freute mich jeden Sonntag, wenn wieder neue Darstellungen des Evangeliums zu sehen waren. Vieles im Bereich des Feierns kann einem so vertraut werden, dass man darauf nicht mehr verzichten mag. Darum bin ich auch sehr vorsichtig in der Beurteilung und Verurteilung von Haltungen gegenüber der Liturgie.
Es war immer schon mein Anliegen, dass Glaubensleben und Glaubensverkündigung authentisch sind. Wer Gott kennt, kann nur begeistert sein von Gott. Und wer nicht begeistert ist von Gott, der kennt ihn nicht. Aber wie lerne ich ihn kennen? Indem ich ihn gezeigt bekomme! Die große Offenheit für einen erfahrbaren Gott wäre schon da, es ist nur schade, dass sie zu wenig genützt wird. Vielleicht fehlen auch die Kräfte, die erfahrungsbezogen von Gott reden können. Die Verkündigung ist ein gestalterisches Tun. Bei Ratzinger hat man schon in diesen jungen Jahren das Gestalterische gespürt, nicht nur das Deduktive, sondern das Zeigen.

Forstner: Und er zeigte es im Wort?

Gruber: Ja, genau. Und es war authentisch! Der Papst hat bei seiner ersten Ansprache die beiden Bilder gebraucht: Der gute Hirte und der Fischer. Das war wieder typisch der Ratzinger, den auch wir verehrt haben. Betont hat er dabei: „... auf dein Wort hin will ich die Netze auswerfen". Da könnte man sogar noch einen Schritt weitergehen: „Auf dein Wort hin brauche ich überhaupt keine Netze mehr auszuwerfen". Die Fische kommen von selber. Das ist heute die große Chance. Ich würde mich freuen, wenn das auch von der Kirchenspitze her Bestätigung erfahren würde. Es ist heute wichtig, dass die Menschen den selbstständigen Glauben leben. Ein anderer Glaube trägt das Leben nicht.

Letztlich ist es immer das persönliche Zeugnis des Verkünders, das überzeugt. Wenn mich Kinder fragen, ob ich Gott kennen würde, sage ich: „Ja gewiss, sonst würde ich nicht von ihm reden." „Erzähle!", sagen sie dann. Da bin ich dann schon mitten drin.

Wenn ich Geschichten erzähle, findet das immer große Akzeptanz. Schade, dass die Apokryphen-Geschichten nicht mehr da sind und dass man sie nicht mehr neu entdeckt hat, z.B. die Geschichte vom Wolf, der das Jesulein fressen wollte. Eine ergreifende Legende, die das Erbarmen Gottes besser zeigt und vermittelt, als mancher „historischer Bericht"!

Flecker: Diese Geschichte ist Teil der Apokryphen?

Gruber: Ja, aus dem Jakobusevangelium, wo also die Hirten draußen sind und der Wolf jeden Abend ein Lamm frisst, und dann kommt die Heilige Nacht und dann ist alles anders. Dann kommt der Augenblick, in dem der Wolf das Jesukind fressen möchte. In diesem Moment langt das Kind mit seiner Kinderhand aus der Krippe und streichelt ihm die Schnauze. Und der Wolf kann nicht mehr zubeißen. Dann streichelt es ihn zwischen den Ohren. Just in dem Augenblick, in dem das Kind den Wolf streichelt, fängt das Fell an zu reißen, und es reißt durch bis zu den Pfoten, und fällt an ihm herunter, und was steht da: der Mensch.

Da sieht man: „Gott ist die Liebe". Und niemand braucht Angst zu haben allein zu sein. Das hat uns auch der Papst in seiner Predigt bei der Amtseinführung gesagt.

Forstner: Kann man sagen, dass Ratzinger – auch bereits in seinen jungen Jahren – für Sie ein großer Glaubenszeuge war?

Gruber: Ja, das kann man sagen.

Forstner: In seinem Bekenntnis, in seiner Theologie, in seinem Auftreten – würden Sie ihn auch als charismatische Person bezeichnen?

Gruber: Das würde ich unbedingt sagen, obwohl „charismatisch" leider nicht eindeutig ist.

Forstner: Herr Pfarrer Gruber, wir bedanken uns ganz herzlich für das interessante Gespräch.

DER KONZILSTHEOLOGE JOSEPH RATZINGER IM SPIEGEL DER KONZILS-
AKTEN DES MÜNCHENER ERZBISCHOFS JULIUS KARDINAL DÖPFNER

Guido Treffler

Im Jahr 1959 wurde Joseph Ratzinger von der Philosophisch-Theologischen
Hochschule Freising auf den fundamentaltheologischen Lehrstuhl an die Universität Bonn berufen. Im selben Jahr, am 25. Januar 1959, hatte Papst Johannes
XXIII. im römischen Kloster St. Paul vor den Mauern die Einberufung eines ökumenischen Konzils angekündigt, das schließlich am 11. Oktober 1962 eröffnet
wurde. In die Bonner Jahre fällt der Beginn der Bekanntschaft Ratzingers mit
dem damaligen Erzbischof von Köln, Josef Kardinal Frings, der als Vorsitzender
der Fuldaer Bischofskonferenz Mitglied der vorbereitenden Zentralkommission
des Konzils war. Zwischen Frings und Ratzinger entwickelte sich schnell ein „un-
kompliziertes, ja, herzliches Einvernehmen"[1]. Ratzinger nannte als Beginn der
Bekanntschaft ein Gespräch mit Frings nach einem Vortrag über die Theologie
des Konzils, den er während einer Tagung der Katholischen Akademie Bensberg
gehalten hatte.[2] Noch innerhalb der Vorbereitungszeit des Konzils zog Kardinal
Frings den jungen Bonner Theologieprofessor zunehmend als theologischen Berater heran. So bat er ihn um einen Entwurf für einen Vortrag zum Thema „Das
Konzil und die moderne Gedankenwelt", den er am 20. November 1961 in Ge-
nua im Rahmen einer Vortragsreihe des „Columbianum", einem von Angelo
d'Arpa SJ gegründeten Institut für Entwicklungsfragen, zur Vorbereitung des
Konzils halten sollte. In seinen Erinnerungen hielt Frings fest: „In einem Gür-
zenich-Konzert traf ich Professor Joseph Ratzinger, der kurz vorher als Fundamentaltheologe nach Bonn gekommen war und der sich bereits eines großen und
guten Rufes erfreute. Ich bat ihn, ob er mir bei der Bearbeitung des Themas be-
hilflich sein wollte, und auch ihn schien diese Themenstellung zu reizen. Er lieferte mir bald einen Entwurf, den ich so gut fand, dass ich nur an einer Stelle eine
Retuschierung vornahm."[3] Der Vortrag fand große Beachtung und weite Verbreitung.[4] Frings selbst übergab ein Exemplar auch an den Münchener Erzbischof

---

[1] Joseph Ratzinger, Aus meinem Leben. Erinnerungen (1927-1977), München 1998, 100.
[2] Ebd. Norbert Trippen verweist darauf, dass es sich wohl um einen Vortrag während der Tagung
„Konzil und Wiedervereinigung" am 25. und 26. Februar 1961 handeln musste. Vgl. Norbert
Trippen, Josef Kardinal Frings (1887-1978), Bd. 2: Sein Wirken für die Weltkirche und seine
letzten Bischofsjahre (= Veröffentlichungen der Kommission für Zeitgeschichte, Reihe B: Forschungen 104), Paderborn u.a. 2005, 241, Fußnote 97.
[3] Josef Frings, Für die Menschen bestellt.Erinnerungen des Alterzbischofs von Köln, Köln 1973, 248f.
[4] Ein vollständiger Abdruck findet sich in der Herder-Korrespondenz 16 (1961/62) 168-174.

Julius Kardinal Döpfner, der wie Frings Mitglied der vorbereitenden Zentral-kommission des Konzils war und seit der Ankündigung des Konzils intensiven Anteil an seiner Vorbereitung nahm.[5] Frings erinnerte sich, dass Döpfner diesen Vortrag als historisches Dokument eingestuft habe, allerdings mit der unausge-sprochenen Konnotation: „Das sind schöne Zukunftsträume, aber davon wird kaum etwas in Erfüllung gehen.“[6]

Die Zusammenarbeit des Kölner Erzbischofs mit dem Bonner Professor dürfte mit der „Genueser Rede“ von Kardinal Frings ihren Anfang genommen haben. Sie intensivierte sich, als Frings im April 1962 begann, die Entwürfe von Konzils-dokumenten, die von den vorbereitenden Konzilskommissionen an die Zentral-kommission übergeben wurden, an Ratzinger zur Stellungnahme weiter zu leiten, soweit sie dogmatische Probleme berührten. Konzilsväter und die ihnen zuarbei-tenden theologischen Berater waren dazu verpflichtet, über die Inhalte der konzi-liaren Vorarbeiten Stillschweigen zu bewahren. Zu dieser Verschwiegenheit mus-sten sich die Theologen durch eine schriftliche Eidesleistung verpflichten, die an das Konzilssekretariat übersendet wurde. Auch Joseph Ratzinger leistete am 4. April 1962 diesen Eid gegenüber Kardinal Frings[7] und durfte seitdem in die Entwürfe Einblick nehmen und für Frings Gutachten anfertigen, die dieser während der verbleibenden Vorbereitungszeit und vor allem während des Konzils selbst für ei-gene Stellungnahmen benutzte.

Der Kölner Erzbischof bot Ratzinger auch die Gelegenheit, den Konzilsverlauf vor Ort selbst mitzuerleben, denn er bat den jungen Professor, ihn als sein persönli-cher Konzilstheologe nach Rom zu begleiten. Der in Innsbruck lehrende Jesuit Karl Rahner, der in regem Kontakt mit Kardinal Döpfner stand und diesem offen-bar bereits seine Mitarbeit beim Konzil zugesagt, dann sich aber als theologischer

---

[5] Erzbischöfliches Archiv München (EAM) Kardinal Döpfner-Archiv, Konzilsakten 2557. Im An-hang ist der Vortragstext auf der Grundlage dieses Exemplars abgedruckt. Das Erzbischöfliche Archiv München hat in den letzten Jahren die Grundlage für eine eingehende Auseinander-setzung mit Julius Kardinal Döpfner als Konzilsvater geschaffen. Vgl. Peter Pfister (Hg.), Julius Kardinal Döpfner und das Zweite Vatikanische Konzil. Vorträge des wissenschaftlichen Kollo-quiums anläßlich der Öffnung des Kardinal-Döpfner-Konzilsarchivs am 16. November 2001 (= Schriften des Archivs des Erzbistums München und Freising 4), Regensburg 2002; Guido Treffler / Peter Pfister (Bearb.), Erzbischöfliches Archiv München, Julius Kardinal Döpfner. Ar-chivinventar der Dokumente zum Zweiten Vatikanischen Konzil (= Schriften des Archivs des Erzbistums München und Freising 6), Regensburg 2004; Guido Treffler (Bearb.), Julius Kar-dinal Döpfner. Konzilstagebücher, Briefe und Notizen zum Zweiten Vatikanischen Konzil (= Schriften des Archivs des Erzbistums München und Freising 9), Regensburg 2006.

[6] Frings, Für die Menschen (wie Anm. 3) 249.

[7] Die von Joseph Ratzinger unterschriebene Eidesleistung findet sich im Archivio Segreto Vatica-no, Concilio Vaticano II 395. Der Text der Eidesleistung ist im Anhang abgedruckt.

Berater dem Wiener Erzbischof Franz Kardinal König verpflichtet hatte,[8] teilte Döpfner bereits am 17. April 1962 mit, „daß Ratzinger wohl zur Zeit des Konzils mit dem Hochwürdigsten Herrn Kardinal von Köln in Rom sein wird, so ist eine nützliche Zusammenarbeit mit ihm zum Nutzen der Sache sehr leicht möglich. Wenn auch Ew. Eminenz einen solchen Theologen hätten, könnten diese drei Theologen sicher zusammen eine ordentliche Arbeit leisten."[9] Auf Bitten Döpfners schlug Rahner als theologischen Berater des Münchener Kardinals Heinrich Fries vor, der als Fundamentaltheologe an der Ludwig-Maximilians-Universität in München lehrte.[10] „Ich weiss, dass nicht nur ich, sondern auch Ratzinger gern mit ihm zusammen arbeiten würden"[11], schrieb Rahner am 27. April 1962 an Döpfner. Zwei Tage zuvor hatte sich Döpfner erfreut darüber gezeigt, auf die fachliche Kompetenz Rahners und Ratzingers während des Konzils in Rom zählen zu dürfen: „Ich bin froh, daß Sie und auch Herr Professor Ratzinger in Rom dabei sein werden."[12]

Wie Frings wohnte Ratzinger im deutschen Kolleg S. Maria dell'Anima, in dem während der vier Konzilsperioden regelmäßig die Zusammenkünfte der deutschsprachigen Konzilsväter stattfanden. Diese Sitzungen boten ein Forum, um über Konzilsschemata zu diskutieren und sich eine Meinung zu bilden. Dabei wurden auch regelmäßig von verschiedenen deutschsprachigen Theologen Referate gehalten. Noch vor der Eröffnung des Konzils erhielt Joseph Ratzinger am 10. Oktober 1962 die Gelegenheit, vor den deutschsprachigen Konzilsvätern auf einige Probleme hinzuweisen, die insbesondere die dogmatischen Schemata „De deposito fidei pure custodiendo" und „De fontibus revelationis" betrafen. Nach der Diskussion über die Zusammensetzung der Konzilskommissionen und der Verständigung auf Montag als Jour fixe für die Treffen der deutschsprachigen Bischöfe in der Anima erhielt Ratzinger das Wort. Kardinal Döpfner notierte sich stichpunktartig die Ausführungen Ratzingers. Da über die Zusammenkünfte der Bischöfe kein Protokoll geführt wurde, kommt derartigen Notizen um so größere Bedeutung zu; sie sollen nachfolgend im Wortlaut zitiert werden:[13]

---

[8] Rahner schrieb am 27. April 1962 an Döpfner: „Ich danke E. Eminenz sehr für das Verständnis hinsichtlich meines ‚Abfalles' zu dem Herrn Kardinal von Wien. Ich hoffe, auch so E. Eminenz in gleicher Weise dienen zu können." EAM Kardinal Döpfner-Archiv, Konzilsakten 1156. Tatsächlich arbeitete Rahner nicht nur Kardinal König zu, sondern übergab Durchschläge seiner Stellungnahmen auch an Kardinal Döpfner.

[9] EAM Kardinal Döpfner-Archiv, Konzilsakten 1152.

[10] Heinrich Fries (1911-1998), deutscher Fundamentaltheologe und Ökumeniker. Fries erklärte sich zwar bereit, Gutachten für Döpfner zu erstellen, bat aber, von seiner Person als persönlichem Berater abzusehen; EAM Kardinal Döpfner-Archiv, Konzilsakten 1174.

[11] EAM Kardinal Döpfner-Archiv, Konzilsakten 1156.

[12] EAM Kardinal Döpfner-Archiv, Konzilsakten 1155.

[13] EAM Kardinal Döpfner-Archiv, Konzilsakten 3287.

„Ratzinger: über die Schemata.

Liturgie und Unitate.

De instrumentis ...: Nicht von einschneidenden Problemen nicht[14], doch zu lang, zu klerikal.

Hauptprobleme bei den theologischen Schemata.

de deposito ...: sollte ganz verschwinden.

De fontibus ...: Nicht das problematischste, aber auch nicht das unbedenklichste.

3 Fragekreise: (in einem Mindestvorschlag!)

1. Schrift und Überlieferung.

Schon: Überschrift! duplex fons! Hinter ihr steht eine Verengung des Offenbarungsbegriffs.

Unus fons: revelatio ipsa, ex quo duo rivuli.

Modus cognoscendi et essendi wird verwechselt.

Beginn gleich mit den Dokumenten

Cap. IV des 2. Schemas müßte hier 1. Kap. werden.

Konsequenzen:

1. Titel abändern!

2. Cap. I voranzuschicken

3. fons ist möglichst zu ändern (transmissio)

4. Verhältnis von Schrift und Überlieferung nur zu verstehen in der Unterordnung unter Revelatio.

Zu ändern vor allem in Cap. I, n. 4-6.

vor allem gegen Geiselmann[15]!

Durch das gegenwärtige Schema würde das partim-partim festgelegt.

Zwei Gründe dagegen:

1. Kein Satz, der nicht in der Schrift enthalten und doch auf die Apostel zurückgeht.

Kanon eben nicht fertig. Siebenzahl, geworden aus Ringen um Hl. Geist.

Einwand: Dogmen, bewiesen aus der Überlieferung. Überlieferung weiß von dem 5. Jahrhundert nichts. Es geht um Erkenntnisse, die neu ans Licht dräng[en]. Tradition als Materialprinzip von fertigen Sätzen. Überlieferung nicht materiale Weitergabe von fertigen Sachen.

2. Väter und Scholastiker kennen nicht diese Weise von Überlieferung. Für sie Einfügung der Schrift in die lebendige Aneignung der geisterfüllten Kirche.

Dennoch Thomas und Bonaventura keine Skripturisten.

Also: Schrift – Überlieferung – Lehramt nicht statisch nebeneinander!

Anzustreben Offenheit.

4-6: wesentliche Änderungen zugunsten eines lebendigen Organismus.

---

[14] Lesung des nachfolgenden Wortes unklar.
[15] Josef Rupert Geiselmann (1890-1970), deutscher Dogmatiker, Tübingen.

2. Inspiration und Irrtumlosigkeit

n. 8-11.

Konzil möge keine unnötigen Fixierungen.

n. 8; 1. Teil kürzen!

Inspirationsschilderung nach Augustin (also Philo-Hellenismus!). Heidnische Inspirationsvorstellung nicht glücklich.

Zwei Nachteile:

1. Vollkommene Überwältigung durch die Gottheit („organon")

2. Ungeschichtliche Charakter dieser Inspiration. Bibel hingegen gerade Geschichte.

Also Ergänzung der philonischen Inspirationslehre. Es wäre ein Unglück, sie gerade zu fixieren.

Vgl. Ergänzungen des Blattes! So auch Licht auf die Irrtümer der Schrift! Bei einer Inspirationslehre, die anders gefaßt wird, eine andere Auffassung von Irrtümern möglich.

Ergänzung am Schluß von 2. Kap. nicht tragbar.

Andere Ausstellungen.

Cap. IV: Auctores Evangeliorum sollte offen gehalten werden.

n. 21: Kindheit zu sehr neben Auferstehung.

n. 22: Authentizität der Worte Jesu.

3. Alte Testament

n. 15: unbefriedigend. Stimmt nicht mit der paulinischen Fassung überein.

n. 16: genügt nicht für das heutige Geschichtsverständnis. ,Ecclesia ab Abel': neue Bedeutung. Deutlicher: Christusheil für alle offen!

cap. V müßte durch die Vorlage ,De Verbo Dei' des Bea-Sekretariates[16] ersetzt werden."

In seinem Referat zeigte Ratzinger die Problematik der beiden von der vorbereitenden Theologischen Kommission vorgelegten Schemata auf. Viele Bischöfe, unter ihnen die Kardinäle Achille Liénart (Lille, Frankreich), Josef Frings, Paul Émile Léger (Montréal, Kanada), Franz König (Wien, Österreich), Bernard Jan Alfrink (Utrecht, Niederlande), Léon-Joseph Suenens (Mechelen-Brüssel, Belgien), Joseph Elmer Ritter (Saint Louis, USA) und Augustin Bea (Kurienkardinal, Präsident des Sekretariats für die Einheit der Christen), machten ihre Unzufriedenheit in Reden vor der Vollversammlung des Konzils öffentlich. Ratzinger selbst legte unmittelbar nach der ersten Sitzungsperiode des Konzils nochmals die Probleme des Schemas über die „Quellen der Offenbarung" für eine breitere Öffentlichkeit dar: „Der Text war, wenn man ein Etikett wagen darf, ganz und gar

---

[16] Sekretariat für die Einheit der Christen.

bestimmt von der antimodernistischen Geistesart, die sich um die Jahrhundertwende ausgeprägt hatte, also von einem ‚Anti', von einer Negation, die neben dem großen positiven Aufbruch des Liturgieschemas frostig, ja, schockierend wirken mußte, obwohl das, was gesagt wurde, niemandem neu sein konnte: Es steht genauso in Dutzenden von Lehrbüchern zu lesen, sicherlich auch in denjenigen, aus denen ein nicht unbedeutender Teil der Bischöfe gelernt hatte, die ja vielfach jene Professoren zu Lehrern hatten, von denen der Text maßgebend gestaltet worden war."[17]

Um die Möglichkeiten darzulegen, wie man anders als in der traditionellen Weise in der Theologie denken konnte, legten Joseph Ratzinger und Karl Rahner ein alternatives Schema mit dem Titel „De revelatione Dei et hominis in Jesu Christo facta" vor. Zunächst, so Kardinal Ratzinger in seinen Erinnerungen, habe er auf Wunsch von Kardinal Frings ein Schema entworfen und einigen Kardinälen vorgestellt. „Nun war mein kleiner Versuch in großer Eile niedergeschrieben worden und konnte es natürlich an Solidität und Gründlichkeit nicht von ferne mit dem amtlichen Schema aufnehmen, das in einem langen Prozeß der Bearbeitungen entstanden und durch viele Revisionen kompetenter Gelehrter gegangen war. Es war klar, der Text mußte weiter bearbeitet und vertieft werden. Dazu waren auch andere Augen und Hände nötig. So wurde vereinbart, daß ich mit Karl Rahner zusammen eine zweite, vertiefte Fassung erstellen sollte. Dieser zweite Text, der weit mehr auf das Konto Rahners als auf meines geht, ist dann unter den Vätern verbreitet worden und hat zum Teil erbitterte Reaktionen hervorgerufen. Bei der gemeinsamen Arbeit wurde mir klar, daß Rahner und ich trotz der Übereinstimmung in vielen Ergebnissen und Wünschen theologisch auf zwei verschiedenen Planeten lebten."[18] Auch in den Konzilsakten Kardinal Döpfners ist ein neunseitiges, maschinenschriftliches Exemplar dieses neuen Entwurfs überliefert, das zwar nicht vom Verfasser bzw. den Verfassern gezeichnet und auch nicht datiert ist, dennoch aber Joseph Ratzinger und Karl Rahner eindeutig zuzuordnen ist, da der Konzilssekretär Kardinal Döpfners, Dr. Gerhard Gruber, auf dem Dokument handschriftlich vermerkt hat: „Beispiel eines neuen Schemas anstelle der vorliegenden ‚De Fontibus' u. ‚De Deposito' (ausgearb. v. Prof. Ratzinger; korr. v. P. Rahner u.a.)."[19] Yves Congar OP, der selbst auch über ein Exemplar verfügte, hat den Text dieses Schemas im Jahr 1984 in der Festschrift für Karl Rahner zusammen mit einer deutschen Übersetzung veröffentlicht.[20] Das Exemplar in den Kon-

---

[17] Joseph Ratzinger, Die erste Sitzungsperiode des Zweiten Vatikanischen Konzils. Ein Rückblick, Köln 1963, 38f.

[18] Ratzinger, Leben (wie Anm. 1) 130f.

[19] EAM Kardinal Döpfner-Archiv, Konzilsakten 3321.

[20] Yves Congar, Erinnerungen an eine Episode auf dem II. Vatikanischen Konzil, in: Elmar Klinger/ Klaus Wittstadt (Hg.), Glaube im Prozeß. Christsein nach dem II. Vatikanum. Für Karl Rahner, Freiburg/Br. u.a. 1984, 22-64.

zilsakten von Julius Kardinal Döpfner unterscheidet sich allerdings an einigen Stellen, insbesondere im Kapitel III, und wird deshalb im Anhang dieses Beitrages veröffentlicht.

Gegen Ende der ersten Konzilsperiode wurde Joseph Ratzinger auf Fürsprache von Kardinal Frings zum Peritus, d.h. zu einem der offiziellen Konzilstheologen ernannt.[21] Die Bedeutung der Theologen für das Zweite Vatikanum ist nicht zu unterschätzen, denn sie nahmen mitunter starken Einfluss auf die Meinung der Bischöfe und prägten die inhaltliche Arbeit der Konzilskommissionen.[22] Am 28. September 1962 wurde eine erste Liste von Periti veröffentlicht, die 224 Namen beinhaltete. Im November 1962 ernannte Papst Johannes XXIII. hundert weitere Theologen zu Konzilsperiti, zudem wurden wiederholt Einzelernennungen vorgenommen.[23] Die Geschäftsordnung des Konzils regelte die Kompetenzen der Periti: So durften sie an den Vollversammlungen des Konzils teilnehmen, aber selbst das Wort nur nach Aufforderung ergreifen. Außerdem regelte die Geschäftsordnung, dass die Vorsitzenden der Konzilskommissionen Periti für die Beratung und Bearbeitung der Schemata heranziehen konnten. Für Joseph Ratzinger eröffnete sich damit die Möglichkeit, inhaltlich auf das Konzil nicht nur über seine Beratertätigkeit für Kardinal Frings Einfluss zu nehmen, sondern auch über die Mitwirkung bei der Ausarbeitung und Verbesserung einzelner Schemata.

Ein weiteres Gutachten, das Ratzinger zusammen mit dem französischen Jesuiten Gustave Martelet und Karl Rahner ausgearbeitet hat, ist in den Konzilsakten von Julius Kardinal Döpfner überliefert: „De primatu et collegio episcoporum in regimine totius ecclesiae" – „Über den Primat und das Kollegium der Bischöfe in der Leitung der ganzen Kirche". Diese Stellungnahme vom Oktober 1963 behandelt ein intensiv diskutiertes Kapitel des Schemas über die Kirche. Die drei Theologen behandeln darin die Bedeutung der bischöflichen Kollegialität in ihrem Verhältnis zum päpstlichen Primat und sprechen sich für die Einführung des Diakonats als eines eigenständigen Standes innerhalb der kirchlichen Hierarchie aus.[24]

In den Konzilsakten Kardinal Döpfners finden sich nur wenige persönliche Kontakte zwischen ihm und Joseph Ratzinger. Für Ratzinger war ohne Zweifel Josef Frings die wichtigste Bezugsperson im deutschen Episkopat. Ebenso ist deutlich zu erkennen, dass sich Döpfner fachlichen Rat von verschiedenen Theologen aus seinem Münchener Umfeld, aber auch von anderen deutschen Fachleuten geben

[21] Ratzinger, Leben (wie Anm. 1) 101.

[22] Giuseppe Alberigo / Klaus Wittstadt (Hg.), Geschichte des Zweiten Vatikanischen Konzils (1959-1965), Bd. 1: Die katholische Kirche auf dem Weg in ein neues Zeitalter. Die Ankündigung und Vorbereitung des Zweiten Vatikanischen Konzils (Januar 1959 bis Oktober 1962), Mainz – Löwen 1997, 503f.

[23] Ebd. 505.

[24] EAM Kardinal Döpfner-Archiv, Konzilsakten 4045. Auch dieses Dokument ist im Anhang im Wortlaut abgedruckt.

ließ – Joseph Ratzinger ist dabei eher selten zu finden. Ob die Kontakte nun tatsächlich so spärlich waren oder ob sie im nichtschriftlichen Bereich, d.h. in der persönlichen Begegnung doch zahlreicher waren, ist fraglich. Immer wieder sind sie sich jedenfalls bei den Treffen der deutschsprachigen Bischöfe in der Anima in Rom begegnet, wenn Ratzinger an diesen Besprechungen teilnahm, wie z.B. am 28. September 1964, als Döpfner in seinem Tagebuch festhielt: „3. Referat von Ratzinger über ‚De divina revelatione‘. 3 Fragekreise: 1. Überlieferung. Ansatz in ‚Offenbarung‘. Streit um ‚sufficientia‘ im Prinzip überholt. 2. Inspiration und Irrtumslosigkeit.“[25] Die Terminkalender Kardinal Döpfners für die Zeit des Zweiten Vatikanums weisen nur ein persönliches Treffen aus, ein Abendessen in der Anima am 27. September 1965, in der Anfangsphase der vierten und letzten Sitzungsperiode des Konzils.[26] Zu dieser Zeit debattierte das Konzil über das Schema „De Ecclesia in mundo huius temporis“ – „Über die Kirche in der Welt von heute“. Die Frage, ob die Gespräche während des Abendessens dieses Schema zum Inhalt hatten, kann aufgrund der Konzilsakten Kardinal Döpfners nicht beantwortet werden. So müssen viele Fragen zum jetzigen Zeitpunkt noch offen bleiben und das Gesagte Fragment. „Aber die Menschheit müßte wohl überhaupt verstummen, wenn ihr versagt würde, wenigstens in Fragmenten zu reden.“[27]

[25] EAM Kardinal Döpfner-Archiv, Konzilsakten 4008.
[26] Helmut Witetschek, Julius Döpfner – Vergleichende Zeittafel, Ms., o.O. o.J., 147.
[27] Joseph Ratzinger, Das Konzil auf dem Weg. Rückblick auf die zweite Sitzungsperiode des Zweiten Vatikanischen Konzils, Köln 1964, 8.

Quellenanhang

1 Das Konzil und die moderne Gedankenwelt. Vortrag des Kölner Erzbischofs Josef Kardinal Frings in Genua, 20. November 1961
EAM Kardinal Döpfner-Archiv, Konzilsakten 2557

A. Zwei Vorüberlegungen.

1. Konzil und Gegenwart.
Konzilien wachsen immer aus einer bestimmten Zeit hervor, in der sie das Wort Gottes auf eine neue Weise zur Geltung bringen, so wie es gerade für diese bestimmte Zeit vonnöten ist. Gewiß gilt, was sie sagen, für alle Zeit, weil im zeitgebundenen, geschichtlichen Wort sich die immer gültige Wahrheit inkarniert, aber sie alle tragen doch auch unverwechselbar das Gesicht der ganz bestimmten Zeit, in der die Forderung einer ganz bestimmten geistigen Lage die schärfere Formulierung eines Gedankens, die Prägung eines Wortes nötig machte, das fortan zum bleibenden Besitz der Kirche gehören und sie doch auch immer an die Stunde erinnern wird, in der ihr dieser Gedanke, dieses Wort zugewachsen ist. Wenn es jederzeit Aufgabe der Konzilien war, mit den geistigen Waffen, welche die Stunde gerade bot, von neuem den eigenmächtigen Intellekt der Menschen zu bezwingen und gefangenzunehmen für Christus (2 Kor. 10,5), um so die Kirche zu neuem geistigen Wachstum und schließlich zum Vollalter Jesu Christi (Eph. 4,13) zu führen, dann gilt dies erst recht für ein Konzil, als dessen Aufgabe der Heilige Vater selbst das „aggiornamento" der Kirche bezeichnet hat. So wird es für das rechte Gelingen dieses Konzils von grundlegender Bedeutung sein, die Geisteswelt von heute sorgfältig zu prüfen, in der es den Leuchter des Evangeliums von neuem aufstellen soll, so daß sein Licht nicht unter den Scheffel veralteter Formen gerät, sondern unübersehbar all denen leuchtet, die im Hause unserer Gegenwart wohnen (Mt. 5,15).

2. Veränderungen in der geistigen Lage seit dem ersten Vatikanischen Konzil.
Welches also ist die geistige Situation von heute, der das Konzil christlich Rede und Antwort stehen soll? Vielleicht ist es nützlich, hier zunächst einen kurzen Rückblick zu versuchen. Das letzte Konzil, das erste vom Vatikan, liegt knapp hundert Jahre zurück. Das ist weltgeschichtlich gesehen eine kurze Zeit, aber angesichts der rasenden Schnelligkeit, in der sich heute die Geschichte voranbewegt, doch auch wieder eine sehr lange Zeit. Damals war der Stern (oder sollte man lieber sagen der Unstern?) des Liberalismus mächtig im Steigen, er beherrschte die Politik, er hatte in der Wirtschaft seine ersten großen Erfolge errungen, er begann auf dem Felde der Theologie, vor allem durch die immer deutlicher sich abzeichnende Alleinherrschaft des Historismus, seine ersten Triumphe zu feiern, welche um die Jahrhundertwende zu jener Krise innerhalb der katholischen Theologie

führten, die unter dem Namen Modernismus in die Geschichte eingegangen ist. Die Wiedergeburt der Theologie und einer für sie unerläßlichen gesunden Philosophie hatte zwar nach den schweren Erschütterungen der Aufklärung bereits kräftig eingesetzt, aber die gärende Unsicherheit eines neuen Anfangs, der in der Abwehr des liberalistischen Angriffs zwischen den Extremen des Rationalismus und des Fideismus schwankte, war doch noch keineswegs überwunden. Überdies klopfte in Denkern wie Feuerbach oder gar Haeckel der Materialismus bereits kräftig an die Tore der Zeit. Wie gegenwärtig klingt uns das alles, wenn wir es hören! Und doch dürfen wir nicht übersehen, wieviel sich seitdem gewandelt hat. Zwar rüttelte das italienische risorgimento schon mächtig an den Grenzen des Kirchenstaates, als die Väter des ersten Vatikanischen Konzils zu ihren Beratungen in der ewigen Stadt versammelt waren, aber noch hielt der tausendjährige Bau des Patrimonium Petri stand. Sein Zusammenbruch, der dem Konzil unmittelbar folgte bzw. dessen vorzeitigen Abbruch bedingte, war zweifellos eine der wichtigsten Strukturverschiebungen in der Kirche der Neuzeit. Ähnliche Veränderungen trugen sich aber auch in großen Teilen der übrigen katholischen Welt zu: Frankreich erlebte den Sieg des Laizismus und die Trennung von Kirche und Staat, in Deutschland brachte der Sturz der Monarchien gewichtige Verschiebungen für die politische Situation der Kirche, in Lateinamerika erstarkten zusehends die Kräfte, die die Kirche aus dem öffentlichen Leben verdrängen wollten. Hinzu kommt das immer stärkere Gewicht, das sich der nordamerikanische Katholizismus, der von vornherein eine andere Orientierung seines Verhältnisses zur Welt kannte als der Katholizismus in Europa, allmählich im Ganzen der Welt verschaffen konnte. Durch diese Verschiebungen, die hier nur angedeutet sind, hat sich der Weltbezug des Katholizismus in den letzten hundert Jahren zwar nicht in seinem Wesen, wohl aber in wichtigen Elementen seiner konkreten Form weitgehend gewandelt.

Vor allem aber trennen uns von dem Zeitalter des ersten Vatikanischen Konzils zwei Weltkriege mit all ihren einschneidenden Folgen für das physische und geistige Leben der Menschheit. Der erste Weltkrieg ist für unsere Betrachtung insofern von Bedeutung, als er weitgehend das Ende der bisherigen Form von Liberalismus mit sich brachte. Es war die liberale Welt, die hier zusammenbrach, deren stolze Zuversicht in den Trümmern des großen Krieges in Scherben ging. Der Fall des Liberalismus schien eine Renaissance katholischen Glaubens und Lebens zu verheißen, von der noch zu sprechen sein wird. Äußerlich mindestens erwiesen sich zunächst zwei andere Mächte als stärker, die nun anstelle des abgedankten Liberalismus auf der Bühne erschienen: der materialistische Marxismus, der in Rußland die Macht an sich reißen konnte, und ein romantisierender Nationalismus, der in Deutschland und (gemäßigter) in Italien an die Herrschaft kam und im zweiten Weltkrieg seine sinnlosen und grausamen Triumphe feierte. Die Niederlage und die nachfolgende erschreckende Entlarvung der Abgründe dieser Bewegung ließ den einst verdammten Liberalismus wieder in einem besseren Licht erscheinen, so daß man heute in der Tat auf vielen Gebieten Ansätze zu einer

Restauration des Liberalismus erkennen kann. Vieles kehrt zurück, was nach 1918 gründlich überwunden schien, und in manchem sind wir so der Situation von 1870 heute wieder sehr viel näher, als man dies noch vor zwanzig Jahren für möglich halten konnte. Insofern zeichnet sich bei näherem Zusehen eine Kontinuität der geistigen Lage ab, die man aufs erste in unserer schnellebigen Zeit kaum für möglich halten würde.

Dennoch gibt es in der Geschichte keine einfache Rückkehr des Vergangenen, und Geschehenes kann nicht ungeschehen gemacht werden, sondern wirkt in irgendeiner Weise fort. Ungeachtet mancher Rückkehr zu Früherem und Altem ist unsere Zeit eben doch neue Zeit, bestimmt von den vielfältigen Kräften eines wandlungsreichen Jahrhunderts, die sich in ihr auswirken. Vielleicht kann man tatsächlich sagen, daß nichts von dem, was unsere Gegenwart bestimmt, nicht im Keim auch schon in der geistigen Situation von 1870 gegeben war, aber die Keime sind weitergewachsen und was sie bedeuten, wird uns heute in einer Weise sichtbar, die damals noch nicht vorausgeahnt werden konnte. Wir wollen nunmehr versuchen, einige der geistigen Grundbestimmtheiten unserer Zeit zu erfassen, um damit zugleich die Aufgabe in den Blick zu bekommen, die dem Konzil als dem Mund der lehrenden Kirche in dieser Zeit zufallen wird.

B. Das Konzil und die moderne Geisteswelt: Die geistige Situation der Menschheit am Vorabend des Konzils.

1. Das Erlebnis der Einheit der Menschheit.
Vielleicht das auffälligste Erlebnis, das die geistige Situation der Gegenwart von Grund auf prägt, ist das Kleinwerden der Welt und eine gänzlich neue Einheit der Menschheit. Gewiß ist dies Erlebnis schon wenigstens seit der Entdeckungsfahrt des Christoph Columbus unterwegs, aber erst heute, unter den unerhörten Möglichkeiten der Technik, gewinnt es seine bestürzende Aktualität, welche das Bewußtsein auch noch des einfachsten Menschen erreicht. Wer in Deutschland frühstückt, kann zum Mittagessen schon in Ägypten sein und das nächste Frühstück irgendwo im Fernen Osten zu sich nehmen. Wer in London am Fernsehapparat eine Rede des amerikanischen Präsidenten anhört, kann seine Worte früher vernehmen als wer zu Füßen des Präsidenten sitzt, weil die elektrischen Wellen das Wort schneller weitertragen als die akustischen. Funk und Fernsehen tragen die ganze Welt in jedes Haus, und überdies kann man in jeder größeren Stadt Menschen aus allen Erdteilen begegnen – die Welt ist eben zusammengerückt. Dazu kommt ein weiteres: Während die Menschheit bis vor kurzem in eine Vielzahl nationaler Sonderkulturen aufgeteilt war, sieht heute eine Stadt in China oder Japan nicht wesentlich anders aus als in Südafrika, Europa oder Amerika. Die Sonderkulturen werden in zunehmendem Maß überdeckt von einer technischen Einheitskultur, die zwar gleichsam noch einzelne Dialekte zuläßt, aber im großen und ganzen so etwas wie eine geistige Einheitssprache der Menschheit geworden ist.

Die ganze Menschheit denkt und spricht heute in den Kategorien der technischen Zivilisation europäisch-amerikanischer Prägung und ist damit als ganze in jenes Stadium der Vereinheitlichung getreten, das im Mittelmeerbecken zur Zeit Jesu durch die hellenistische Einheitskultur erreicht war. Es ist klar, daß eine solche Situation für die Kirche neue Möglichkeiten, aber auch neue Aufgaben und Gefahren bietet. Als die Catholica war sie schon immer grundsätzlich auf die ganze Menschheit bezogen, und die Bewegung auf die Vereinigung der Menschheit hin, die sich vor unseren Augen abspielt, bietet ihr neue Voraussetzungen für die Erfüllung ihrer menschheitlichen Sendung. Wenn die geschichtliche Stunde jeweils auch Ausdruck einer besonderen göttlichen Berufung ist, eines Kairos, den wir zu ergreifen haben, dann ist klar, daß die besondere Aufgabe der Kirche von heute der Blick auf das Ganze der Menschheit ist. Sie wird in einem noch volleren Sinn als bisher Weltkirche werden müssen. Mit der Bestellung einheimischer Hierarchien in den Missionsländern ist ein wichtiger Schritt in dieser Richtung getan, weitere werden folgen müssen. Vor allem wird dabei auch folgendes zu überlegen sein: Als das Christentum seinen Weg in die Welt antrat, fand es allenthalben die sog. Koine, das heißt die Einheitssprache der griechisch-römischen Kultur vor. Diese Sprache war geistig geprägt vor allem von der pantheistisch-immanentistischen Philosophie der Stoa. Aber es war die Sprache, die überall verstanden, in der allerwärts gedacht und geredet wurde. Die christliche Mission zögerte nicht, diese Sprache aufzugreifen und in ihr die Botschaft Jesu Christi zu verkündigen. So wurde aus der Koine des alten Heidentums schließlich eine wahrhaft christliche Sprache. Die Kirche sieht sich heute wieder einer Art Koine gegenüber: dem einheitlichen Denken und Sprechen aus der technischen Zivilisation heraus, das sogar über die Grenzen hinweg gilt, die der Eiserne Vorhang quer durch die Menschheit hindurch aufgerichtet hat. Ob sie nicht eine ganz neue Anstrengung machen müßte, sich diese Koine dienstbar zu machen? Man spricht im Zusammenhang des missionarischen Problems viel von der Akkomodation, der Angleichung des Glaubensgutes an die verschiedenen nationalen Kulturen. Ohne die fortbestehende Bedeutung dieses Problems zu leugnen, von dem gleich noch einmal zu sprechen sein wird, kann doch gefragt werden, ob nicht wenigstens ebenso dringlich die Aufgabe besteht, nach einer neuen Form der Verkündigung Ausschau zu halten, in der das Denken der technischen Einheitskultur von heute gefangengenommen wird für Jesus Christus und die neue Koine der Menschheit zu einem christlichen Dialekt umgeformt wird. Noch ein weiterer Gedanke drängt sich auf. Der Sieg der technischen Zivilisation stellt an sich einen Sieg des Europäismus dar. Dennoch ist dieser Sieg von einer fortschreitenden Entmächtigung des Europäischen begleitet. Der vor einem halben Jahrhundert unternommene Versuch des protestantischen Dogmatikers Ernst Tröltsch, aus der Überlegenheit der europäischen Kultur, die vom Christentum hervorgebracht wurde, zugleich die Überlegenheit des Christentums über alle anderen Religionen zu beweisen, wäre heute undenkbar: Die Erfahrung zweier Weltkriege, in denen das Abgründige und die finsteren Möglichkeiten der europäischen Kultur deutlich wurden, steht dem im

Wege. Die Furchtbarkeit dieser Kriege, die Grausamkeiten, die von den sog. christlichen Völkern verübt wurden, haben in der nichtchristlichen Welt eine tiefe Skepsis gegenüber dem Christentum und seinen Möglichkeiten, den Menschen und die Welt zu verwandeln, ausgelöst. Der Asiate (der hier vor allem in Betracht kommt) differenziert dabei nicht zwischen Christen und Ungläubigen, die es in den christlichen Ländern gibt, er ist auch nicht bereit, sauber zu scheiden zwischen grundsätzlichem Recht des Christentums und tatsächlichem Versagen der Christen. Er verweist auf die Wirklichkeit, darauf, daß zweitausend Jahre christlicher Geschichte immerfort erfüllt waren von Schlachtenlärm und Blutvergießen, von Grausamkeit, Intoleranz und blutiger Verfolgung Andersgläubiger. Demgegenüber wird er etwa auf den duldsamen Genius Indiens, auf das verzichtende und verzeihende Lächeln Buddhas hindeuten und darin eine glaubhaftere Verheißung des Friedens für die Menschheit finden, als sie das Christentum bieten kann. Das Versagen der christlichen Gegenwart wird ihm zu einer nachträglichen Bestätigung seiner eigenen nationalen und religiösen Vergangenheit. So erleben wir heute das paradoxe Phänomen, daß sich gleichzeitig mit dem Sieg einer technischen Menschheitszivilisation doch auch eine – freilich begrenzte – Renaissance der jeweiligen nationalen Kulturen vollzieht: Lateinamerika wird von einer Welle des „Indianismus" ergriffen, die arabischen Völker versuchen das Erbe des Koran neu zu durchdenken, Buddhismus und Hinduismus beginnen sogar, um die Seele des westlichen Menschen zu werben. Dem Eingeweihten klingen hier freilich viele Töne falsch, denn er weiß, daß in all diese Bewegungen ein gut Stück des stillschweigend übernommenen christlichen Geistesgutes eingearbeitet ist, und daß vielfach erst dieses dem Ganzen seinen verführerischen Glanz gibt, aber andererseits wird er die Eigenwerte des Fremden, Vor- und Außerchristlichen, die sich hier zu Worte melden, doch nicht leugnen können. All das wirkt auch auf das Bewußtsein der Christenheit zurück, die bisher unter dem Eindruck der politischen Machtstellung Europas allzu sehr dazu geneigt war, dem kulturellen Erbe des Abendlandes eine gewisse Absolutheit beizulegen, die es verhältnismäßig leicht machte, auch an die Absolutheit des Christentums zu glauben. Das Auftauchen neuer, weltweiter Perspektiven hat den Abendländer desillusioniert, ihm die Grenzen seiner kulturellen und geschichtlichen Bedeutung bewußt gemacht, aber damit zugleich eine der wichtigsten äußeren Stützen seines Glaubens an die Absolutheit des Christentums weggezogen und ihn einem Relativismus ausgeliefert, der wohl zu den kennzeichnendsten Zügen des Geisteslebens unserer Zeit gehört und untergründig bis weit in die Reihen der Gläubigen hineinreicht. Man darf sich nicht täuschen: Relativismus muß nicht in allen Stücken etwas Schlechtes sein. Wenn er dazu führt, die Relativität aller menschlichen Kulturgestaltungen zu erkennen, und so zu einer gegenseitigen Bescheidung führt, in der keiner sein menschlich-geschichtliches Erbe absolut setzt, kann er einer neuen Verständigung zwischen den Menschen dienen und Grenzen öffnen helfen, die bisher verschlossen schienen. Wenn er dazu dient, das Relative und daher Veränderliche der bloß menschlichen Formen und Einrichtungen zu erkennen, kann er beitragen, das wirklich Absolute von der Umklammerung durch das Schein-Absolute zu befreien und es in seiner wahren Reinheit deutlicher zu sehen. Nur wenn er alles Absolute überhaupt aufhebt und bloß noch Relativitäten zuläßt, ist er allerdings eine Negation des Glaubens. Wie man sieht, kann er aber auf jeden Fall zu einer christlichen Gewissenserforschung zwingen und eine der Aufgaben anweisen, um die sich das Konzil wird zu mühen haben: die Kirche mehr noch als bisher jener ganzen Vielfalt des menschlichen Geistes zu öffnen, die ihr als der Catholica zukommt, welche die Väter gern mit der Braut verglichen, über die der Psalmist sagt, sie sei von Vielfalt umgeben (Ps. 44,10). Auf jeden Fall darf man nicht vergessen, daß die ungeheure Vereinigungsbewegung, die sich heute in der Menschheit abspielt, doch auch begleitet ist von einer starken Rückbesinnung auf die jeweiligen nationalen Sonderwerte der zu neuem Selbstbewußtsein erwachten außereuropäischen Völker. Auf beide Bewegungen muß die Kirche in dieser Zeit Bedacht nehmen, beide können ihrer Aufgabe dienstbar gemacht werden: Als das eine neue Volk aus allen Völkern versucht sie immer schon, der Menschheit das Zeichen der Einheit einzuprägen und in der Einheit des Glaubens und des Kultes ihre Friedenssendung über alle Grenzen hin zu erfüllen. Als das wahrhaft geistliche Volk, das sich mit keinem irdisch-geschichtlichen Volk einfach deckt, sondern in der neuen Geburt aus Geist und Wasser (Joh. 3,5) gründet, muß sie aber auch der ganzen Vielfalt des menschlichen Wesens offenstehen und in dem übergeordneten Rahmen der Einheit auch das Gesetz der Mannigfaltigkeit zur Geltung bringen. Im Zeitalter eines wahrhaft global und so wahrhaft katholisch gewordenen Katholizismus wird sie sich immer mehr darauf einstellen müssen, daß nicht alle Gesetze für jedes Land gleichermaßen gelten können, daß vor allem die Liturgie wie ein Spiegel der Einheit so auch ein angemessener Ausdruck der jeweiligen geistigen Besonderheit sein muß, wenn sie die Menschen zu einer wahrhaft „geisterfüllten Gottesverehrung" (Röm. 12,1) führen soll. Daraus wird sich von selbst eine stärkere Intensivierung der bischöflichen Gewalt ergeben, die ja ortsgebunden und so der besonderen Aufgabe der Einzelkirchen zugewiesen ist, zugleich aber das einzelne an den Gesamtepiskopat bindet und so in die Einheit hineinträgt, die in Petri Stuhl ihre unverrückbare Mitte hat.

2. Das technische Erlebnis.
Die geistige Einheitsprache, in der sich die Menschheit von heute begegnet, wurde im vorigen als technische Zivilisation oder auch als technische Kultur bezeichnet. Bisher achteten wir dabei einzig und allein auf das Phänomen der Einheit als solches. Nun müssen wir aber auch noch näherhin fragen: Wie ist diese Zivilisation denn innerlich beschaffen, und vor allem: Wir wirkt sie sich auf den Menschen aus? Das ist freilich eine so umfangreiche Frage, daß wir uns hier, in dem begrenzten Rahmen, der zur Verfügung steht, mit einer einzigen, für uns besonders wichtigen Andeutung begnügen müssen, welche sich auf die besondere religiöse Situation des Menschen von heute bezieht. Überlegen wir folgendes:

In allen bisherigen Kulturen lebte der Mensch in einer engen und direkten Angewiesenheit auf die Natur. In dem größten Teil der Berufe, die ihm offenstanden, war er in eine einfache, direkte Begegnung mit der Natur als solcher geführt. Das hat sich seit dem Durchbruch der Technik weitgehend geändert. Die Technisierung der Welt hat nämlich zur Folge, daß der Mensch es meist nicht mehr mit der Natur in ihrer einfachen Unmittelbarkeit zu tun hat, er begegnet ihr vielmehr erst durch das Medium des technischen Werkes hindurch. Etwas so Gewöhnliches z.B. wie das Wasser nimmt er nicht mehr aus einer Quelle oder einem Brunnen, es kommt zu ihm durch ein System von Rohren, das heißt durch den vielfältigen Filter menschlicher Werke hindurch. Und so steht es auch mit fast allen anderen Dingen des täglichen Lebens. Die Welt, mit der er es zu tun hat, trägt das Gesicht des Menschen, ist bereits vorgeformt und geprägt von ihm. Der Mensch begegnet kaum noch irgendwo der Natur, sondern er trifft immer wieder stets auf sein eigenes Werk, auf sich selbst. Ein wenig zugespitzt könnte man sagen: Er begegnet nicht Gottes Werk, sondern den Werken der Menschen, die sich darüber gelegt haben. Es ist klar, daß das auf seinen ganzen geistigen Standort entscheidende Rückwirkungen hat. In der Geschichte der Menschheit war die Begegnung mit der Natur immer einer der wichtigsten Ausgangspunkte religiöser Erfahrung, kann doch nach dem Wort der Schrift das Unsichtbare Gottes von Anbeginn der Schöpfung an aus seinen Werken denkend erschaut werden (Röm. 1,20). Wenn also der Zugang zur Natur verstellt oder grundlegend verändert ist, dann ist damit eine der ursprünglichsten Quellen religiösen Daseins abgeschnitten. Daß sich die Gottlosigkeit der Neuzeit zuerst im technischen Milieu der Industriearbeiter auszubreiten und hier auch am wirksamsten zu behaupten vermochte, hat vielerlei Gründe (von den Ungerechtigkeiten des Frühkapitalismus angefangen), aber hier liegt gewiß einer der besonders wichtigen. Nun soll man sich freilich hüten, die Technik zu verketzern. Schließlich ist ja die Welt am Schöpfungsmorgen dem Menschen übergeben worden, damit er sie beaue, damit er sein Werk einzeichne in des Schöpfers Werk (Gen. 2,15; 1,28). Aber so ist das Gesagte auch gar nicht gemeint. Es soll nur behauptet sein, daß jede Situation der menschlichen Geschichte ihre besonderen Möglichkeiten wie auch ihre besonderen Gefahren in sich birgt, und daß die Gefahren von heute andere sind als die von gestern. Auch die religiöse Kraft, die in der Natur liegt, war ja keineswegs ohne Gefahren. Denn in der erbsündigen Geschichte des Menschen führte sie meist keineswegs zur direkten Erkenntnis des Schöpfers, sondern zur Vergötzung seines Werkes, der Natur. So entstanden anstelle des einen wahren Gottes die vielen falschen Götter, die Anbetung des Werkes anstelle dessen, der es gemacht hat (Röm. 1,21-26). Heute begegnet der Mensch der Natur meist durch den Filter seines eigenen Werks, also den Spuren seines eigenen Geistes und Könnens. Von selbst tritt damit an die Stelle der Naturreligion die technische religio, das heißt die Verehrung des Menschen für sich selbst: Die Selbstvergöttlichung der Menschheit löst die Vergöttlichung der Natur mit innerer Notwendigkeit ab.

Das bedeutet aber auch, daß das neue Heidentum, welches sich seit einem Jahrhundert mitten im Herzen der christlichen Welt entwickelt, grundlegend unterschieden ist vom früheren: Es gibt keine Götter mehr, sondern die Welt ist unwiderruflich entgöttert, profan geworden, nur noch der Mensch ist auf dem Plan geblieben und empfindet nun freilich eine Art religiöser Verehrung für sich selbst oder jedenfalls für jenen Teil der Menschheit, dem der technische Fortschritt zu verdanken ist. Es ist klar, daß damit die Situation der Religion in der Menschheit sich grundlegend verändert hat, und daß es eine ihrer vordringlichsten Aufgaben von heute sein wird, in dieser veränderten Welt ihr bleibendes Recht auf den Menschen neu auszulegen und in neuer Weise verständlich zu machen. Aber wie kann das geschehen? Um darauf Antwort zu finden, müssen wir noch eine neue Überlegung einschalten.

3. Die Wissenschaftsgläubigkeit.

Eine der auffälligsten Folgen, die sich aus dem Siegeszug der Technik ergab, ist das, was man die Wissenschaftsgläubigkeit der Massen nennen könnte. Der Mensch, der erlebt hat, wie immer wieder möglich wurde, was man vielleicht noch ein Jahrzehnt zuvor für gänzlich unmöglich erklärt hatte, ist schließlich dahin gekommen, nichts mehr für unmöglich zu halten. Er erwartet von der Wissenschaft alles, auch die Lösung seiner tiefsten menschlichen Nöte, für die er bisher die Religion um Rat gefragt hatte. Die Verheißung Comtes, die soziale Physik, das heißt die wissenschaftliche Behandlung des menschlichen Phänomens, werde genau so positiv sein wie jede andere exakte Wissenschaft, wirkt untergründig nach und steht (bewußt oder unbewußt) als geistiger Hintergrund hinter Verfahren wie dem Kinsey-Report, die aus statistischen Mittelwerten menschliche Verhaltensnormen ableiten möchten, in denen an die Stelle der ethischen Forderung die einfache wissenschaftliche Auskunft tritt. Von den Erkenntnissen der Psychologie erwartet sich der Mensch, der zum Psychotherapeuten seine Zuflucht nimmt, vielleicht nicht gar zu selten die Befreiung von der Not des ethischen Ringens und Versagens durch eine wissenschaftliche Erklärung, die das gestörte Funktionsgefüge seines seelischen Daseins in Zukunft ohne die belastenden Begriffe von Schuld und Sünde in Gang erhält. Aber gerade hier dürfte der Punkt sein, an welchem dem technischen Menschen der Sinn des Glaubens von neuem erschlossen werden kann. Der Mensch bleibt „das unbekannte" Wesen (A. Carrel), „der große Abgrund" (Augustinus), an dem sich gewiß vieles mit den wissenschaftlichen Methoden von heute aufklären läßt, aber der doch immer für alle Soziologie, Psychologie, Pädagogik oder was immer es sei, einen ungeklärten und unklärbaren Rest hinterläßt, und dieser Rest ist im Grunde sogar stets das eigentlich Entscheidende, nämlich das eigentlich Menschliche des Menschen. Die Liebe bleibt das große Wunder, das sich aller Berechnung entzieht, die Schuld bleibt die dunkle Möglichkeit, die durch keine Statistik zu zerreden ist, und auf dem Grunde des menschlichen Herzens bleibt jene Einsamkeit, die nach dem Unendlichen ruft und durch nichts anderes letztlich zu stillen ist, weil das Wort bleibt „solo dios basta" – der Unendliche allein ist genug für den Menschen, dessen Maß nun einmal nicht niedriger als auf unendlich gestellt ist. Sollte es unmöglich sein, das dem technischen Menschen zum Bewußtsein zu bringen? Wenn er schon die Natur nicht mehr hat, die ihm von Gott redet, so hat er doch noch immer sich selbst, dessen Herz nach Gott ruft, auch wenn er oft diese Sprache seiner Einsamkeiten nicht mehr versteht und den Dolmetscher braucht, der ihm die Sinne öffnet. Gewiß, die Religion wird in vielem eine andere Gestalt annehmen im technischen Zeitalter, sie wird karger werden in Gehalt und Form, aber vielleicht auch tiefer. Der Mensch dieser Zeit darf mit Recht darauf warten, daß die Kirche ihm in diesem Prozeß der Umwandlung hilft, daß sie vielleicht von manchen alten Formen läßt, die ihm nicht mehr gemäß sind, daß sie da, wo eine weniger entwickelte geistige Situation eine gewisse Vermischung von Weltbild und Glaube zuließ, ja, forderte, ohne Zögern das eigentlich Glaubensmäßige von seiner zeitbedingten Einkleidung löst, daß sie so, indem sie das Vergehende läßt, umso deutlicher ihn auf das Bleibende weist. Der Mensch von heute muß wieder erkennen können, daß die Kirche sich vor der Wissenschaft weder fürchtet noch zu fürchten braucht, weil sie in der Wahrheit Gottes geborgen ist, der keine echte Wahrheit und kein echter Fortschritt widersprechen kann. Wenn der Mensch die Freiheit und Gelassenheit spürt, die aus solcher Gewißheit kommt, wird sie ihm vielleicht schon wie eine erste Wegweisung sein können zu jenem unbesiegbaren Glauben, den die Welt nicht überwinden kann, der aber seinerseits die Kraft in sich trägt, die Welt zu überwinden (1 Joh. 5,4).

4. Die Ideologien.
Wenn von moderner Gedankenwelt die Rede ist, denkt man wohl zuerst an die großen geistigen Strömungen unserer Zeit: Marxismus, Existentialismus, Neoliberalismus, und es mag auffallen, daß davon bisher noch kaum etwas gesagt wurde. Allein, man muß bedenken, daß diese Bewegungen, zu denen auch noch der nationalistische Mythos in seinen verschiedenen Formen zu rechnen wäre, ihrerseits nur Konkretisierungen einer geistigen Grundsituation sind, von der man ausgehen muß, wenn man die Aufgaben der Gegenwart in ihrer wirklichen Tiefe verstehen will. Das Phänomen der Ideologie, das diese Bewegungen je in verschiedenen Formen ausprägen, ist nur zu begreifen auf dem Hintergrund einer endgültig götterlos, profan gewordenen Welt, in der an die Stelle des Glaubens die Ideologie tritt. Diese ermöglicht dem Menschen eine zusammenfassende Weltdeutung und einen übergreifenden Lebenssinn, ohne ihm einen Glauben an transzendente, göttliche Wesen abzuverlangen. Sie ist also ihrem Wesen nach das genaue Produkt einer Welt, in der das alte Heidentum durch die technische Situation endgültig überholt ist, in der Götter unmöglich geworden sind, die aber auch das Wagnis des Glaubens an den einen Gott scheut und sich eine Religion ohne Religion schafft – denn das genau ist das Wesen von Ideologie, welche verspricht, die Aufgabe der Religion – die Sinngewährung – zu erfüllen, ohne Religion zu

sein. Insofern ist der Ausdruck Ersatzreligion, der heute vielfach gebraucht wird, richtig, aber nicht ganz genau: Ideologie ist etwas Neues, das sich erst aus der totalen Rückverwiesenheit des Menschen auf sich selbst im naturwissenschaftlich-technischen Zeitalter ergibt, in der der Mensch keinen Zugang zur Religion mehr findet und doch noch immer das braucht, was einst Religion ihm gab: den geistigen Zusammenhang und den Sinn, ohne den er nun einmal nicht leben kann.

Als die beiden beherrschenden Ideologien muß man wohl heute den Marxismus und den Neoliberalismus ansprechen. Wenn auch in vielen westlichen Ländern heute überzeugte Katholiken die Führung in Händen haben (wie in Italien, Spanien, Frankreich, Belgien, Deutschland und auch in den Vereinigten Staaten), und die Kirche sich dort nicht nur der Freiheit, sondern auch eines nicht ganz unerheblichen Einflusses auf das öffentliche Leben erfreut, so ist man doch versucht, den Neoliberalismus als die einzige Klammer anzusehen, die das geistig so inhomogene und uns doch so werte Gebilde umspannt, das wir ein wenig verschwommen „den Westen" nennen. Zwischen beiden gibt es Mischformen, als welche man den sog. demokratischen Sozialismus ansprechen muß, der neben den marxistischen Elementen eine gute Dosis Liberalismus in sich aufgenommen hat; vielleicht muß man hier in großem Abstand auch den aus einer Philosophie zu einer Ideologie gewordenen Existenzialismus anführen, der im Grunde liberal ist, aber von seiner nihilistischen Tendenz her sich mitunter stark zum Marxismus hingezogen fühlt. Der nationalistische Mythos ist in Europa durch den Zusammenbruch des Faschismus weitgehend desavouiert, seine neuen Ausbrüche in den ehemaligen Kolonialvölkern sind wohl noch zu ungeklärt, als dass man sich ein deutliches Urteil darüber bilden könnte. Noch eins muss man bei dieser Bestandsaufnahme beachten: Man hat gelegentlich darauf hingewiesen, dass es im eigentlichen Herrschaftsraum der Ideologien, das heisst in Europa, Amerika und Russland, auch so etwas wie eine Entideologisierung der Massen gebe. Liberalismus und Sozialismus hätten ihren weltanschaulichen Charakter grossenteils verloren, in beiden Bewegungen sei der Elan des ersten kämpferischen Aufbruchs verdampft und eine mehr pragmatische Schrumpfideologie übriggeblieben, die darauf verzichte, das irdische Paradies herbeizuführen (das ja beide ursprünglich verhiessen) und sich stattdessen mit dem erreichten Lebensstandard begnüge, sich sozusagen auf dem Konsumpolster zur Ruhe setze. Daran ist zweifellos sehr viel Richtiges, aber man darf den Vorgang doch nicht übertreiben. Der Wohlstand kann zwar das Verlangen des Menschen nach Sinn zeitweilig hinter der Bequemlichkeit des Erreichten stark zurücktreten lassen, es aber doch nicht auf die Dauer ersticken. So vermag zweifellos die augenblicklich entbehrliche Ideologie jederzeit wieder stärker in den Vordergrund zu treten, sobald eine neue Situation den Menschen aus dem Schlaf seiner Behäbigkeit aufstört.

Es ist hier nicht der Ort, die genannten Ideologien darzustellen und zu widerlegen. Stattdessen wollen wir in diesem Zusammenhang die Frage stellen, was für eine positive Aufgabe sie der Kirche in dieser Zeit auferlegen. Nun, zunächst ganz einfach die, den Ideologien den Glauben gegenüberzustellen als die wahre Antwort auf das Sinnverlangen des Menschen. Aber vielleicht kann man noch ein Stück mehr sagen. Auch wenn der Mensch in die Irre geht, tut er es immer noch, weil ihn ein Gut lockt, das er fälschlich höheren Gütern vorzieht, das aber dabei doch ein Gut bleibt. So müssen auch in den Irrwegen der Zeit Werte sichtbar sein, die den Menschen locken, und die Aufgabe der Kirche wird es sein, diese Werte, die der Mensch bei ihr nicht mehr zu finden glaubte, wieder von neuem an der rechten Stelle ins Licht zu heben. Der Marxismus ist eine Ideologie der Hoffnung, in welcher die Hoffnung Israels und der hoffende Glaube der Christen umgesetzt ist in eine profane irdische Verheissung, die aber immer noch die alten Züge des Reiches Gottes erkennen läßt, das hier in ein Reich des Menschen umgewandelt wird. Der Existenzialismus hat dem eine Philosophie der Hoffnungslosigkeit gegenübergestellt, in der der Mensch anerkennen soll, dass alles keinen Sinn hat, um dann „trotzdem" zu leben, mit der trotzigen Geste dessen, der sich entschließt, das Sinnlose zu tun. Auch in dieser Perversion bezeugt er im Grunde noch einmal das Gleiche wie der Marxismus: das Verlangen des Menschen nach einer grossen, tragenden Hoffnung, nach einer Verheissung nicht nur für sich selbst, sondern für die Menschheit, für die Erde, für die Welt als Ganzes. Vielleicht hatte sich das Christentum des vergangenen Jahrhunderts wirklich ein wenig zu sehr zurückgezogen auf das Seelenheil des Einzelnen, das er im Jenseits finden soll, und nicht laut genug vom Heil der Welt, von der universalen Hoffnung des Christentums gesprochen. So würde ihm die Aufgabe zuwachsen, diese Gedanken wieder neu zu durchdenken und zugleich der Inbrunst für die Erde, die beim modernen Menschen spürbar ist, neu eine positive Auslegung der Welt als Schöpfung gegenüberzustellen, die von Gottes Herrlichkeit zeugt und als ganze zum Heil bestimmt ist in Christus, der nicht nur das Haupt seiner Kirche, sondern auch der Herr der Schöpfung ist (Eph. 1,22; Kol. 2,10; Phil. 2,9f). Ähnliche Gedanken lassen sich auch beim Blick auf den Liberalismus entwickeln. Die Idee der Toleranz, die Achtung vor der geistigen Freiheit des anderen Menschen, der unbedingte Wille zur Wahrhaftigkeit gegen alle geistigen Schablonen, das sind die echten Werte, die der Mensch hier glaubt suchen zu dürfen und die ihn mit Recht anziehen. Sollten wir es etwa bloss den anderen überlassen, sie zu realisieren, oder sollten wir uns nicht lieber daran erinnern, dass sie samt und sonders ohne das Christentum undenkbar wären und sich also nirgendwo mehr finden müssten als bei uns? Der Mensch von heute, der die unglückselige Erfahrung des Totalitarismus hinter sich und noch immer Gelegenheit genug hat, Anschauungsunterricht über das Wesen des Totalitären zu empfangen, ist gegen alle Anzeichen totalitären Verhaltens ausserordentlich feinfühlig und kritisch geworden und gerade von daher zur Flucht ins Liberale geneigt. Allzu schnell wittert er auch hinter überkommenen kirchlichen Formen, wie z.B. dem Index, totalitäre Praktiken, vermutet, im Katholizismus könne es gar kein echtes Ringen mit geistigen Fragen, sondern nur von oben dirigierte Meinungen geben, die dann auch von dem vertreten werden müssten, der gar nicht mit persönlicher Wahrhaftigkeit dahinterstehe; er fürchtet demgemäss, auch das Konzil sei gar kein echtes „concilium", kein wirklich gemeinsames Suchen nach der Wahrheit. Wir wissen, dass es nicht so ist, aber sollten wir nicht in der Tat mehr als bisher darauf achten, dem Menschen Vorwände dieser Art für seine Abwendung von der Kirche aus der Hand zu nehmen, indem wir unsere ganze einschlägige Praxis überprüfen? Das kommende Konzil ist vom Heiligen Vater vor allem als ein Reformkonzil praktischer Art angekündigt worden – hier, in der Überprüfung alter Formen, wird es gewiss eine Reihe von Aufgaben finden, die äusserlich, ja kleinlich erscheinen mögen, deren Erfüllung aber mehr als viele Worte wird dazu beitragen können, dem Menschen von heute das Haus der Kirche wieder als sein Vaterhaus zugänglich zu machen, in dem er freudig und geborgen wohnen kann.

C. Abschliessende Gedanken.

Wir müssen abbrechen, obwohl wir jetzt erst ans eigentliche Zentrum herankommen könnten: Wir haben bisher ja immer nur von der geistigen Situation der Menschheit ausserhalb der Kirche gesprochen, die gewiss auf mancherlei Weise auch in die Kirche selbst hineinragt, aber doch nicht einfach die der Kirche selber ist. Es gibt nämlich in der Kirche eine Besonderheit der modernen Situation, die nicht bloss negativ aus dem Ansturm des Unglaubens, sondern positiv aus dem Wachstum des Glaubens heraus kommt. Die Kirche lebt noch immer unter dem Wehen des Heiligen Geistes, und sie hat gerade im letzten halben Jahrhundert eine Zeit ganz besonderer Fruchtbarkeit erlebt, die in ihr eine Situation geschaffen hat, von der man zur Zeit des ersten vatikanischen Konzils noch kaum eine Ahnung haben konnte. Dabei drängt gerade diese Situation, die aus der positiven Fülle neuen Lebens herausgewachsen ist, immer mehr auf eine Klärung hin. Wenn man unter Charisma jenes Wirken des Gottesgeistes versteht, das über die regelmässige Ordnung des Amtes hinaus vorherberechnet in der Mitte der Kirche neues Leben schafft, dann kann man sagen, unser Jahrhundert sei durch zwei grosse charismatische Bewegungen gekennzeichnet, die freilich – das ist das Auffallende – in einem gewissen Gegensatz zueinander zu stehen scheinen und auch tatsächlich weithin als gegensätzlich empfunden wurden und werden. Da steht auf der einen Seite die marianische Bewegung, die besonders durch Lourdes und Fatima ihre grossen charismatischen Antriebe empfangen hat und dann auch vom kirchlichen Amt, besonders unter Pius XII. aufgegriffen und zur Sache der ganzen Kirche gemacht worden ist. Dem steht auf der anderen Seite gegenüber die liturgische Bewegung, die von den grossen französischen, belgischen und deutschen Benediktinerabteien – Solesmes, Maredsous, Beuron, Maria-Laach – ihren Ausgangspunkt nahm, und heute, wie der Eucharistische Weltkongress in München 1960 bezeugte, gleichfalls Sache der ganzen Kirche geworden ist, deren Lehramt durch Enzykliken, liturgische Reformen und manches andere sich deutlich auch hinter diese Bewegung gestellt hat. Die liturgische Bewegung hat darüber hinaus ihrerseits einen ganzen Umkreis von weiteren Bewegungen ausgelöst: In ihrem

Gefolge kam es zu einer neuen Entdeckung der Kirche, die sich in einer unerhört reichen und immer noch weiter anwachsenden Literatur über die Kirche niedergeschlagen hat; des weiteren kam es zu einer neuen Entdeckung der Heiligen Schrift und der Kirchenväter; dies wiederum führte zu neuen Möglichkeiten des Gesprächs mit den getrennten christlichen Gemeinschaften, welches seinerseits inzwischen im Sekretariat „Ad unitatem christianorum fovendam" eine tiefgehende Verankerung im Lehramt der Kirche gefunden hat. Wenn wir all diese neuen Anstösse einmal etwas vereinfachend unter dem Namen „Liturgische Bewegung" zusammenfassen und dem marianischen Strom entgegenstellen, dann müssen wir sagen, wir seien Zeugen zweier grosser Bewegungen, die aus dem Herzen der Kirche spontan emporgestiegen sind, die beide inzwischen das entschiedene Ja der lehrenden Kirche gefunden haben, die aber beide seltsam fremd einander gegenüberstehen. Die liturgische Frömmigkeit ist, mit einem etwas ungenauen Schlagwort gesagt, objektiv-sakramental, die marianische subjektiv-persönlich; die liturgische Frömmigkeit steht unter dem Gesetz „per Christum ad patrem", die marianische sagt „per Mariam ad Jesum". Und so liessen sich noch mancherlei Unterschiede anführen bis hin zu der oft angemerkten geographischen Grenze, dass die marianische Bewegung mehr in Italien und in den Ländern spanischer und portugiesischer Zunge, die liturgisch-ekklesiologische mehr in Deutschland und Frankreich verwurzelt sei. Man darf freilich gerade diese Grenzziehung nicht übertreiben, weil es heute überall in der Kirche beides gibt, lediglich liegen die Akzente verschieden. Das kann uns freilich noch einmal darauf hinweisen, dass die Vielheit der Völker der Reichtum der Kirche ist, denn jedes bringt sein eigenes Charisma in die Einheit des Leibes Christi mit, und wir können heute wohl noch gar nicht ahnen, welch neuer Reichtum der Kirche zuwachsen wird, wenn die Charismen Asiens und Afrikas sich für sie auftun werden.

Aber bleiben wir bei der Frage nach dem Verhältnis der beiden Geistesströme, die wir heute in der Kirche wirksam finden. Es scheint, dass wir nicht mehr so fern davon sind, die innere Einheit zu sehen und damit die Richtung zu erkennen, in der die weitere Entwicklung gefördert werden muss. Immer deutlicher stellt sich ja heraus, dass Maria nicht isoliert für sich steht, sondern Urgestalt und Bild der mater ecclesia überhaupt ist. Sie ist das lebendige Zeichen dafür, dass christliche Frömmigkeit nicht einsam Gott gegenübersteht, dass es im Christentum niemals bloss geht um „Christus und mich", sondern dass immer mit dabei ist das marianische Geheimnis, dass das Ich immer hineingestellt ist in die ganze Gemeinschaft der Heiligen, deren Mitte Maria ist, die Mutter des Herrn. Sie ist das Zeichen dafür, dass Christus nicht allein bleiben wollte, sondern dass die erlöste, gläubige Menschheit mit ihm ein Leib geworden ist, ein einziger Christus, „der ganze Christus, Haupt und Glieder", wie Sankt Augustinus unübertrefflich schön gesagt hat. So weist also Maria auf die Kirche hin, auf die Gemeinschaft der Heiligen, die sich in der Liturgie betend zusammenfindet. Es möchte wohl die Aufgabe der kommenden Jahrzehnte sein, von solchen Gedanken her die marianische Bewegung in die liturgische hineinzuholen, sie deren grossen theologischen Motiven einzuordnen. Sie sollte dem liturgischen Menschen etwas von ihrer Herzwärme, von ihrer persönlichen Innigkeit und Ergriffenheit, von ihrer tiefen Bereitschaft zu Busse und Sühne geben, und sie könnte umgekehrt von dort her etwas von der heiligen Nüchternheit und Klarheit, von der Helligkeit und dem strengen Ernst der grossen alten Gesetze christlichen Betens und Denkens empfangen, das die allzu beflügelte Phantasie des liebenden Herzens in Grenzen hält und ihr den richtigen Ort anweist.

Noch eins soll zum Schluss nicht unausgesprochen bleiben: Der Kirche ist in dieser unserer Zeit auch das grösste Zeugnis abgefordert worden, das Zeugnis des Leidens. Man darf nie vergessen, dass das letzte halbe Jahrhundert allein mehr Martyrer hervorgebracht hat als die ganzen drei Jahrhunderte der römischen Christenverfolgungen. Sollten wir uns da noch gottverlassen dünken in einem Jahrhundert, das solcher Zeugnisse fähig ist? Sollten wir da noch über Glaubensarmut und Müdigkeit der Kirche klagen? Dass die Kirche noch immer und mehr denn je Kirche der Martyrer ist, ist die Gewähr dafür, dass die Kraft des Heiligen Geistes noch immer ungebrochen in ihr lebt. Das Zeichen des Leidens ist das Zeichen ihres unbesiegbaren Lebens. Diesem Leben zu dienen wird die Aufgabe des kommenden Konzils sein, das als ein Konzil der Erneuerung weniger die Aufgabe haben wird, Lehren zu formulieren als vielmehr das Zeugnis christlichen Lebens in der Welt von heute neu und tiefer zu ermöglichen, auf dass sich wahrhaft erweise, dass Christus nicht bloss ist ein „Christus gestern", sondern der eine Christus „gestern, heute und in Ewigkeit" (Hebr. 13,8).

2 Eidesleistung Joseph Ratzingers als persönlicher Konzilstheologe von Josef Kardinal Frings, 4. April 1962
Archivio Segreto Vaticano, Concilio Vaticano II 395

Formula Iuramenti

Praestandi coram Em.mo Cardinali Praeside eiusve delegato ab iis qui operam navant in Pontificiis Commissionibus Concilio Oecumenico Vaticano II apparando.

In nomine Domini.

Ego Joseph Ratzinger spondeo, voveo ac iuro, fidelem et oboedientem me semper futurum beato Petro et Domino Nostro Papae Ioanni XXIII eiusque legitimis Successoribus, ministeria mihi ab Em.mo P. D. Josepho Card. Frings, Sodal. Pont. Comm. Centralis Praeparatoriae Concilii Vaticani II commissa diligenter impleturum et secretum officii religiose servaturum; simulque promitto munera mihi in remunerationem, etiam sub specie doni, oblata non recepturum.
Sic me Deus adiuvet et haec Sancta Dei Evangelia, quae manibus meis tango.

Coloniae[a], die IV mensis Aprilis anni 1962

[b]Joseph Ratzinger[c]

Supradictus hodie coram me juravit

Coloniae, 4.4.1962

[d]+ Jos. Card Frings[e]
Archiepiscopus Coloniensis

3 Entwurf eines neuen Offenbarungsschemas von Joseph Ratzinger und Karl Rahner SJ, {Oktober/November 1962}
EAM Kardinal Döpfner-Archiv, Konzilsakten 3321

Quia impossibile apparet, Concilium omnia schemata tractare et de eis votare posse, necesse videtur, alia ommittere, alia abreviare et inter se coniungere. Quapropter praesides conferentiarum episcopalium Austriae, Belgii, Galliae, Germaniae, Hollandiae sequens compendium materiae priorum duorum schematum, et quidem in tono magis positivo et pastorali, prout fundamentum disceptationis proponere audent.

De revelatione Dei et hominis in Jesu Christo facta.

Caput I
De vocatione hominis divina.

1. (Finis vocationis). Homo ab exordio generis humani ad imaginem Dei factus (cf Gen 1,26a) et ad Deum ordinatus est. Ex libera Dei voluntate et gratia ad id destinatus est, ut Dei vocem audiens, Dei caritatem, qua prior dilexit nos (1 Jo 4,19) recipiens, Deo uniatur et per eum mundus in Deum reducatur, ut ita sit „Deus omnia in omnibus" (1 Cor 15,28). Hic ergo est finis cuiuscumque actionis et locutionis divinae, ut universus a Deo creatus mundus fiat regnum Dei, „Regnum veritatis et vitae, regnum sanctitatis et gratiae, regnum iustitiae, amoris et pacis"[1], et ita Deus glorificetur per dona, quae creaturis suis impertitur.[2]
2. (Vocatio ipsa). Confitetur ergo Ecclesia hominem super omnes alias creaturas

[a] In der Vorlage handschriftlich eingefügt, ersetzt gestrichenes ‚Romae'.
[b-c] In der Vorlage eigenhändige Unterschrift.
[d-e] In der Vorlage eigenhändige Unterschrift.

terrenas ad Dei imaginem creatum (Gen 1,26) et ad hoc vocatum, ut Deo assimiletur et divinae caritatis sibi gratis datae particeps fiat. Quapropter credit hominem ineluctabiliter ad Deum referri, sive explicite iam cognoscat et agnoscat hanc suam ad Deum habitudinam, sive implicite occultis secundum Dei dispositionem modis tantum in ea vivat, sive veritatem in iniustitia detineat (cf Rom 1,28). Experitur enim homo semper sese tali mentis et voluntatis amplitudine praeditum, ut infiniti capax recte appellari possit et sic in finitis numquam quiescens saltem implicite ad illud ineffabile referatur mysterium, in cuius infinito abysso finita omnia suam habet originem, Deum. Ecclesia profitetur ergo hominem esse personam intellectus et voluntatis dono praeditam et inde ab omnibus animalibus essentialiter diversam, quia ipsius Dei capax creata est. Tali modo individualis est, ut omnis homo ut singularis a Deo vocetur et ametur et ideo vera et aeterna coram Deo dignus sit existentia; tali autem modo socialis, ut nemo sibi soli vivere, nemo etiam immemor fratrum ad Patrem communem redire possit et uniuscuiusque hominis perfectio non aliter nisi in regno Dei genus humanum in unum congregante obtineri possit. Ex hac etiam sociali natura est, quod genus humanum ex suo principio atque radice unum, secundum ordinationem divinam in differentia sexuum et populorum explicatum, iam in historia sua magis magisque consocietur et in fine aeterno Dei regno uniendum credi debeat.

3. (Modus vocationis). Ad hunc finem, scilicet regnum Dei, prosequendum Deus hominem „Multifariam multisque modis" (cf Hebr 1,1) alloquitur per totum cursum historiae humanae, alliciens homines arcanis suae bonitatis viis in desiderium bonitatis infinitae pulchritudinis aeternae, veritatis absolutae, amoris numquam deficientis. Ad hunc etiam finem prosequendum ex Abraham populum sibi congregavit clariusque in dies verbum suum, vocans hominem manifestavit et denique in homine Christo Jesu, nato ex Mariae Virgine, ipsum suum Verbum internum, in quo aeternaliter seipsum loquitur et aeternaliter omnia opera sua cognoscit, verbum factum est externum: Verbum suum vocans hominem factus est homo (cf Jo 1,14).

In hunc ergo hominem Jesum Christum, qui est vivum Dei Verbum quaerens nos, omnis creatura recapitulanda est. Ipse est revelatio revelans Deum et hominem hominemque reducens ex abalienationibus suis (cf Eph 4,18) in veram vitam, quae est Deus ipse. In ipso Verbo Dei incarnato revelatur veritas tam hominis quam Dei. Revelatur, quis sit homo: est ex Verbo Dei creante eum et ad Verbum Dei amans eum; factus est mendax, sibi ipse sufficere volens Deumque negans sicque contra veritatem suam vivens et misere vivens; est nihilominus a Dei amore assumptus et assumptione hac redemptus a servitute illa, cui ipse sese tradidit. Revelatur quis sit Deus: est Pater qui fecit nos; est Verbum, quod quaerit nos; est caritas quae amat nos quamvis fugientes ad nosmetipsos, cum ipsi velimus esse sicut Deus (cf Gen 3,5-10). Dominus Jesus Christus revelans haec est revelatio efficax, quia, quod dicit est: Veritas eripiens nos de mendacio, caritas redimens nos de solitudine, in quam fugimus, quomodo Adam fugit vocem divinam, cum tentasset esse aequalis Deo et se Deum non esse cognovisset (Gen 3,8). Idem ipse, qui est revelatio, est et gratia Dei pro nobis, et hoc duplici modo: gratia est, quia in ipso communicatur dilectio, qua Deus prior nos diligit (1 Jo 4,19), cum praeveniat nos ab aeterno et illud super omnem naturam existens donum nobis det, quod ipse est. Gratia est etiam, quia in ipso amatur genus humanum a Deo, quamvis in Adae peccato eum fugerit. Immo dilectione, qua maiorem nemo habet (Jo 15,13), Christus ipse sese tradidit pro nobis, vincens peccatum nostrum maiore caritate sua (cf Rom 5,8-11; Jo 3,16). „Ubi enim abundavit delictum, superabundavit gratia" (Rom 5,20).

4. (Huius vocationis sublimitas). Ut omnis ergo historia generis humani sic etiam vita singulorum hominum ex hoc intime afficitur, quod Deus pura gratia hominem libere amat et libere ad sui ipsius vitam participandam vocat. Haec participatio, quae Dei ipsius communicatio est, ex una parte ita naturam, vires, exigentias hominis transcendit, ut principio et fine prorsus sit gratuita, ex altera parte qua finis obligans semper hominem afficiat eiusque naturam totam pervadat, ut sine ea ipse totus in ordine nostro historico adaequato modo concipi nequeat. Immo cum nihil gravioris possit esse momenti quam a Deo ita vocari et amari, homo ultimatim non iam aliter considerari potest quam ut is, quem Deus ad mysticam et prorsus liberam sui ipsius communicationem ordinavit. Ita naturam eius constituit, cui hoc sui ipsius donum liberum in caritate concedere possit. Praecelsa huius vocationis sublimitas tamen non recte perpenditur, nisi simul scitur, eam dari homini peccatori qui tanta gratia positive indignus est.

Totum enim genus humanum secundum fidem Ecclesiae imprimis in Synodo Tridentina[3] fuse declaratam originale labe infectum est, quae veram etsi analogice, rationem peccati in singulis habet. Ut propago enim protoparentum homo privatur dono gratiae iustificantis, quo fit, ut huic suo principio misere fidelis per totam suam historiam a Deo se avertens et solum quae sua sunt quaerens, vanitati subiectus sit (cf Rom 8,20) et miseriae traditus. Hanc autem peccati miseriam, quam sibi ipse intulit, nemo alius nisi solus Deus penitus vincere potest, qui vanitatem nostram superat plenitudine sua. Attamen, ut in hoc mundo miseria vitae humanae mitigetur, etiam humana industria, cui Deus terram subiciendam tradidit (Gen 1,28), non paulum valet. Qua de causa homo non solum in explicitis religionis suae actibus fini sibi a Deo dato inservit, sed etiam labore multiformi, quo terram colit ut spiritui suo subiecta humaniorem vitae conditionem praebeat et sic, quamvis semper imperfecte et non sine divino auxilio, adventui regni Spiritus Dei praeparetur.

Caput II
De occulta Dei in generis humani historia praesentia.

1. (Gratia Dei semper praesens). Finis, ad quem historia generis humani tendit, in homine Jesu Christo iam praesens est. Ipse enim est regnum Dei, quia in ipso verus Deus et verus homo substantialiter uniuntur. Omnis ergo actio et locutio divina hanc historiam transcurrens occulte de eo agit, in eum tendit, in eo completur. Ergo ubi voci Dei, quamvis occulte loquenti, oboeditur, ipse et salus ab eo praestita

adsunt et vice versa, ubi ipse est, ubi explicite in eum loquentem creditur et ex eo vivitur, nihil veritatis generi humano umquam datae aut ab eo aquisitae perit, sed potius in plenam lucem adducitur. Humanae enim conscientiae arcano modo gratia indebita semper adest Dei, qui omnes homines vult salvos fieri (1 Tim 2,4) atque salutem efficit, nisi homo mirabili a Deo libertatis dono praeditus culpa sese huic superno afflatui denegat. Homo ergo, cum ita ad Deum creatus sit, numquam potest efficere, ne saltem arcano quasi instinctu referatur ad Deum verum, numquam, ne professio explicita et cultus Dei in orbe terrarum penitus evanescant. Saepe homines, ignorantes Deum verum, tamen eum coluerunt et colent et numquam cessarunt nec cessabunt quaerere, „Si forte attrectent eum aut inveniant" (Act 17,23.27). Quapropter Ecclesia memor semper universalis voluntatis salvifice divinae scit neminem, qui ad usum rationis pervenerit, posse perire, nisi sua propria formali culpa, neminem salvari nisi gratia et fide in Deum (cf Hebr 11,6).

2. (Homo gratiae et revelationis capax). Homo ergo ab initio ita creatus est, ut aptum subiectum sit divinae revelationis, ita etiam, ut possit audire verbum Dei eique rationabile praestare obsequium[4] (cf Rom 12,1). Quapropter Ecclesia docuit et docet, „Deum, rerum omnium principium et finem naturali rationis lumine e rebus creatis certo cognosci posse"[5]. Item docuit et docet hanc cognitionem „in praesenti .. generis humani conditione"[6] multis obtenebrari erroribus, multis impediri obstaculis, ita ut haec cognitio vere proficere non possit, nisi miserentis Dei gratia a figmentis nostris liberemur in veritatem Christi (cf Jo 8,32).

3. (Praeparatio evangelica in historia humana). His ex suppositis diversas generis humani religiones et philosophias religiosas Ecclesia considerat et diiudicat. Adventum his quidem praedicat Christi, qui est plenitudo temporum (cf Gal 4,4) et omnis boni, quod in omni religione habetur et simul finis earum; scit tamen in earum umbris et imaginibus ignotum Deum quaeri hominisque cor terrena transcendens veri luminis desiderio inflammatum hoc lumine perfundi posse, ita ut etiam istae religiones tamquam paedagogi in Christum evadere possint, de eo occulte loquentes, eum occulte praedicantes (cf Act 17,23). Quidquid igitur in eis boni invenitur quoad Dei cognitionem, id Ecclesiae annuntiatio evangelica aestimat tamquam lumen a Deo datum; quae falsa, depravata, superstitiosa in eis habentur, ea eliminat, ut in thesauros Christi et Ecclesiae recondat ea, quae gentes in suis paternis religionibus non sine auxilio divino tradiderunt.

4. (Praeparatio evangelica in oeconomia Veteris Testamenti). Res, quae per totam historiam occulte agitur, vocatio scilicet generis humani ad mysticas nuptias Agni (cf Apoc 19,7 ss; 21,9; Lc 13,29), id est ad unionem Dei cum hominibus, specialissimo modo in Veteris Testamenti oeconomia operatur in qua Deus ut sponsus sponsam populum vocat, ita ut Vetus Testamentum fundamentum sit religionis christianae eiusque interna vis et ratio in ea non solvatur, sed adimpleatur (cf Mt 5,17; Rom 3,31). Totius ergo Veteris Testamenti momentum in hoc est, ut in Novum tendat et in Novo pateat. „Quaecumque enim scripta sunt, ad nostram doctrinam scripta sunt, ut per patientiam et consolationem Scripturarum spem habeamus" (Rom 15,4).

Caput III
De revelata praesentia Dei in praedicatione Ecclesiae.

1. ([a]Revelatio completa in Domino Jesu[b]). Quod in tota historia salutis[c], specialius autem in historia Veteris Testamenti latet, id in Jesu Christo patet. Ipse est (ut iam dictum est) Verbum Dei (cf Jo 1,1-18; Apoc 19,13), est veritas erudiens nos (Tit 2,12), est via revelans vitam (cf Jo 14,6). Haec viva veritas, qua ipse est id, quod revelat, praesens est in Ecclesia, quae est Corpus Christi Spiritu eius vivens. Non ergo novas veritates Ecclesia quasi ex proprio sumens et a semetipso loquens (cf Jo 16,13) praedicat, sed hanc unam veritatem, quae in Domino Jesu apparuit, quam Apostoli eorumque scripta testantur, fideliter custodit; hac veritate ligata est, ex huius fonte haurit aquam in vitam aeternam salientem (cf Jo 4,14). Singulae autem veritates revelatae, quae in [d]viva traditione et Sacris Scripturis continentur[e] quaeque in Sanctae Matris Ecclesiae doctrina et praedicatione explicantur, omnes in hanc unam veritatem reducuntur, quae Jesus Christus est, Deus et homo, in quo omne genus humanum ad intimam unionem cum Deo vocatum est.

[f]2. (Dominus praesens in traditione Ecclesiae).[g] Pro testimonio et praedicatione huius veritatis Ecclesia instructa et solidata est missione et auctoritate Christi. Ipse, „Qui est testis fidelis" (Apoc 1,5) et simul res ipsa in testimonio annuntiata, ut caput corporis, quod est Ecclesia (Col 1,18), huic suae Ecclesiae magisterium infallibile concredidit; ipsa enim a capite suo, quod est Verbum Dei in carne revelatum, avelli nequit. Hoc magisterii munere fungens Ecclesia secundum exemplum sibi a Domino datum viva et orali praedicatione auctoritativa hominibus semper tradit vivum Dei verbum. Haec praedicatio, ut actio et ut res praedicata, a legitimis successoribus apostolorum exercita, traditio vocari solet. Hac igitur traditione, quam Ecclesia secundum mandatum Domini administrat, sermo Dei currit per saecula (cf 2 Thess 3,1); haec ut aliquis[h] modus praesentiae actualis Christi revelati in Ecclesia veneranda est. Sed quia verba Domini „spiritus et vita" sunt (Jo 6,64), haec traditio non solum praedicatione legitima verbi, sed tota vita Ecclesiae exercetur, inprimis usu sacramentorum ab ipso institutorum et inter ea prae ceteris celebratione Sacrae Eucharistiae, sub cuius signis Christus sese tradit hominibus et homines tradit Patri per corpus suum crucifixum, resuscitatum, vivens in gloria Dei.

3.[i] (Revelatio in Sacra Scriptura contenta). Ut revelatio divina in Jesu Christo facta fideliter custodiatur eiusque cognitio crescat de die in diem, Deus ipse aliquod[j] tes-

---

[a-b] In der Vorlage handschriftlich eingefügt, ersetzt gestrichenes ‚Dominus Jesus praesens in Ecclesia'. Die handschriftlichen Verbesserungen sind wohl von Döpfners Konzilssekretär Dr. Gerhard Gruber vorgenommen worden.

[c] In der Vorlage handschriftlich eingefügt.

[d-e] In der Vorlage handschriftlich eingefügt, ersetzt gestrichenes ‚sacris scripturis tam Veteris quam Novi Testamenti leguntur'.

[f-g] In der Vorlage handschriftlich eingefügt.

[h] In der Vorlage handschriftlich eingefügt.

[i] In der Vorlage verbessert aus ‚2.'

[j] In der Vorlage handschriftlich eingefügt.

timonium revelationis irrefragabile instituere voluit in Sacris Scripturis quae Spiritu Sancto inspirante conscripta sunt.[7] Deus ergo ipse est auctor harum Scripturarum et tamen etiam homines, quos ipse arcanis modis ad scribendum movit, ut praedicationem apostolicam litteris consignarent eamque variis modis pro data occasione sincere exhiberent, suo modo auctores sunt. Ita vere divinae et non minus vere humanae habendae sunt hae Scripturae, sicut Dominus Jesus simul verus Deus et verus homo est, inconfuse et indivise habens deitatem et humanitatem. Et ideo, quamvis humanum aspectum praebeant, Scripturae revelationem tamen divinam – in pannis humanitatis involutam – sine errore non solum continunt, sed ipsae sunt verbum infallibile Dei ipsius, qui nec fallere nec falli potest. In explicandis ergo Scripturis hoc maxime attendendum est, earum verba insimul esse vere verba Dei et vere verba certorum hominum suis temporibus suisque modis loquentium et cogitantium, ita ut eorum locutio humana quasi sit caro verbi Dei.

Ex his apparet, verbum Dei in Sacris Scripturis non nudum in claritate sua immediata nobis sese exhibere, sed quasi carnis velamine tectum, licet utrumque inconfuse et indivise unum semper maneat. Haec vera humanitas verbi Dei dignitatem Sacrae Scripturae adeo non minuit, sed elevat ut, quo altius Deus in abyssum nostrum descendere dignatus est, eo clarius mysterium infinitae suae erga nos bonitatis et misericordiae splendeat. Ut ergo Scriptura bene explicetur eiusque sensus de die in diem plenius cognoscatur, sedulo exquirendi sunt modi humani loquendi, qui in ea continentur, ne cortex pro medulla habeatur neque litterae serviatur quae occidit, sed Spiritui qui vivificat (2 Cor 10,6). Haec humilis et assidua exploratio sensus litteralis pars vera et necessaria est ministerii verbi quod Ecclesiae a Christo traditum est. Spiritus autem vivificans, qui in litteris latet, nonnisi duce Sancta Matre Ecclesia certo inveniri potest, quae ipsa est quasi caro Christi, Verbi Dei, Spiritu Sancto saginata.

4.[k] (Sacra Scriptura per Ecclesiam tradita). Ecclesia est custos verbi divini in Sacris Scripturis exhibiti, huic verbo inservit, ex hoc verbo vivit, in hoc verbo veras suas divitias invenit, immo ipsa est et continuo de novo evadit congregatio hominum „qui audiunt verbum Dei et custodiunt illud" (Mt 11,28). Econtra etiam Sacra Scriptura non sine Ecclesia est. Novi enim Testamenti auctores, qui ut tales singulariter inspirati sunt, tamen non aliter quam in Corpore Christi, quod est Ecclesia, Spiritum Christi habuere. Ecclesia ergo quodammodo in electis membris auctor fuit Scripturae[l] et hac de causa iure explicat Scripturas, quae ex eius sinu natae sunt, quarum testimonium iam ante ortum earum exhibuit, quaeque conscripta sunt, ut vivum Ecclesiae verbum expeditius currat (cf 2 Thess 3,1). Quia autem iam Vetus Testamentum latenter Christum praedicabat et ad id tendebat,

---

[k] In der Vorlage verbessert aus ‚3.'
[l] In der Vorlage handschriftlich eingefügt.

ut genus humanum ad mysticam cum Deo unionem pararet, et ideo de hoc, quod Christi est sumptum erat, antequam in carne apparuit, etiam huius scriptores quasi ad carnem Christi pertinebant. Iam enim ex externa historia Veteris Testamenti elucet prophetas aliosque auctores, quibus Deus inspirans ad sacros componendos libros utebatur, Spiritum Dei in populo Dei et pro populo Dei habuisse utpote ministros foederis ab eo cum Israel initi.

Pleno ergo iure Sacras Scripturas tam Veteris quam Novi Testamenti Ecclesia suas reclamat, quippe cum numquam aliter nisi in fide ab Ecclesiae traditione accepta certo cognosci posset, qui libri insimul corpus unius Sacrae Scripturae constituant; nemo etiam alius nisi ipsa, quae de Spiritu Sancto vivit, discernere potuit, quid inter libros in oeconomia Veteri aut tempore Apostolico conscriptos divinitus inspiratum sit, quid non. Numquam ergo Scriptura sola sibi sufficit, sed in viva tantum traditione Ecclesiae fit pro nobis illud vivum Dei verbum, quod vocat nos ex dispersione nostra in unum novum hominem (cf Eph 2,15).

Duplex ergo est relatio Scripturam inter et Ecclesiam. Una ex parte Ecclesia verbis Sacrae Scripturae ligata est: non est domina verbi, sed eius ancilla (cf 2 Cor 1,24), ita ut ipsa cum S. Paulo dicere debeat: „Licet nos aut angelus de caelo evangelizet vobis praeterquam quod evangelizavimus, anathema sit“ (Gal 1,8). [m]Alium nuntium non habet, alium proferre non potest, sed haec Scriptura est panis ei a Deo datus, de quo vivit, quem hominibus porrigit.[n] Altera autem ex parte Scriptura eget Ecclesia, quae illam praedicat eamque ex auctoritate sibi a Domino data explicat. Ipse enim Christus est clavis Scripturarum [o]earumque canon interior[p] aperiens quod in eis est (cf Lc 24,32; Jo 5,36); [q]Jesus Christus autem non in morte remansit, sed resurrexit et vivit in Ecclesia sua secundum illud: „Ecce ego vobiscum sum omnibus diebus usque ad consummationem saeculi“ (Mt 28,20).[r] Ipse est, qui promisit Ecclesiae[s] Spiritum Sanctum, ut inducat eam in omnem veritatem, in multa etiam, quae discipuli olim portare non potuerunt (cf Jo 16,12 s). [t]Et quia Christus non solum heri erat, sed hodie est et in saecula (cf Hebr 13,8),[u] eius enim[v] verba non quasi praeterita solummodo conservanda, sed denuo hodie audienda, praedicanda, explicanda sunt, quod facit Ecclesia auctoritate Christi viventis in ea. Haec duplex relatio, quae Ecclesiam et Sacram Scripturam intime[w] coniungit, [x]ut Ecclesia nihil aliud praedicare possit quam Scripturam et Scriptura non aliter vivat nisi praedicatione et fide Ecclesiae explicantis eam eiusque sensum verum ex auctoritate difinientis,[y] revera circumscribit unam vitam indivisam

[m-n] In der Vorlage gestrichen.
[o-p] In der Vorlage gestrichen.
[q-r] In der Vorlage gestrichen.
[s] In der Vorlage handschriftlich eingefügt, ersetzt gestrichenes ‚ei‘.
[t-u] In der Vorlage gestrichen.
[v] In der Vorlage handschriftlich eingefügt.
[w] In der Vorlage handschriftlich eingefügt, ersetzt gestrichenes ‚ita‘.
[x-y] In der Vorlage gestrichen.

atque indivisibilem, quam vivit verbum Dei revelatum revelans Deum et in lumine divino hominem, ut salvet eum et perducat eum ad coenam caelestem, quae est regnum Dei et finis mundi, in quo omnia complentur.

[aa]5. (De habitudine traditionem inter et Ecclesiam). Traditio et veritas tradita ex una parte non existunt nisi in viva praedicatione Ecclesiae eiusque vita, ex altera parte Ecclesia praedicans subiecta manet veritati a Christo eiusque Apostolis traditae, quam Ecclesia audiens et auctoritative docens a generatione in generationem heretitate accipit et transmittit, fideliter custodiens evolvit atque explicat et tamquam vivum sermonem Dei et efficacem (cf. Hebr 4,12) praedicat.[bb]

Sequens prooemium praemittendum commendatur.

Prooemium.

1. Haec Sacra Synodus in Spiritu Sancto congregata omnibus hominibus, imprimis autem filiis Ecclesiae in caligine huius saeculi viventibus, denuo annuntiare vult Dei bonum verbum in Jesu Christo Ecclesiae concreditum. Ab ipso enim Christo Jesu mandatum accepit praedicandi Evangelium omni creaturae (Mt 28,19 s). Conditio autem temporis huic manato novam et urgentiorem addit vim et instantiam. Omnes enim homines hodie omnibus propinqui facti sunt. Qui usque adhuc in diversis orbis terrarum partibus segregati et hinc se invicem fere nescientes vixerunt, hodie novis vinculis oeconomicis, socialibus, politicis, culturalibus intime coniuncti et unus ab alio dependentes unam tantum familiam immediate efformant. In una sorte aut fortunae aut interitus coniunguntur. Cum ergo Ecclesia vicinior omnibus facta sit quam umquam fuit et reapse mundi totius Ecclesia evadat, decet eam omnes instantius alloqui, ad quos missam sese agnoscit.

2. Praedicat Ecclesia semper Evangelium Christi Dei Filii, Redemptoris mundi eiusque salutem aeternam hominibus administrat, quod unicum munus ei a Deo traditum est. Haec Ecclesiae annuntiatio, cum spectet habitudinem hominis ad Deum eiusque vitam aeternam, absque dubio non praetendit afferre immediatam atque plenam solutionem omnium quaestionum socialium, oeconomicarum, politicarum, culturalium, quibus ex nova sua conditione premitur hodiernum genus humanum. Tradidit enim Deus mundum disputationi hominum (cf Eccle 3,11), ut ipsi sub divinae providentiae ductu terram sibi subiciant suaeque prosperitati terrenae proposse consulant, id evolventes, quod Deus germine et destinatione ab initio indidit mundo et generi humano. Attamen quia in Christo iam appropinquavit regnum Dei (Mc 1,15), Evangelii in Ecclesia praedicatio non solum est

---

[aa-bb] In der Vorlage nicht vorhanden, eingefügt von einer zusätzlichen Seite; eingefordert durch den handschriftlichen Vermerk: ‚Sequitur paragraphus 5, vide paginam complementariam!'

promissio futurae in caelis beatitudinis, sed etiam nunc proposse^{cc} huic mundo inserit germina novae vitae ex quibus Deus suo tempore „novum caelum et novam terram" creabit (cf Apoc 21,1).

3. Pastorali ergo cura mota Ecclesia tam filios suos quam omnes homines verbo Dei apertos alloqui vult neque systema theologicum proponens neque nova dogmata statuens, sed in tribulationibus huius temporis (cf Rom 5,3) lumen Evangelii boni nuntii Dei super candelabrum ponit (cf Mt 5,14 ss), ita ut eius serena lux omnibus efulgeat, qui in domo nostri temporis vivunt. Sicuti enim crux Christi in paschalem gloriam commutata est, ita e tribulationibus huius temporis sub quibus gementes (cf Rom 8,23) cruci configimur (cf Gal 2,19), denuo paschale gaudium eiusque consolatio effulgeat hominibus „qui in tenebris et in umbra mortis sedent ad dirigendos pedes nostros in viam pacis" (Lc 1,79). Quae sequentur, tal[i] ratione igitur dicta et tali cum respectivi assensus obligatione imposita intelligantur oportet, qualis fide bene edoctis nota iam est ex praedicatione magisterii ordinarii Ecclesiae.

Notae.
1) Missale Romanum, Praefatio de Jesu Christo Rege.
2) Cf Conc. Vatic. I (Denzinger 1783)
3) Conc. Trid., Sessio V (Denzinger 787-792).
4) Conc. Vat. I (Denzinger 1790); Encycl. Humani generis (Denz. 2308).
5) Conc. Vat. I (Denzinger 1785).
6) Denzinger 1785.
7) Denzinger 1787.

4 Gutachten von Gustave Martelet SJ, Karl Rahner SJ und Joseph Ratzinger zur Frage des päpstlichen Primats und der bischöflichen Kollegialität, Oktober 1963
EAM Kardinal Döpfner-Archiv, Konzilsakten 4045

De primatu et collegio episcoporum in regimine totius ecclesiae.

I. De rationibus et motivis doctrinae de Collegialitate
Episcoporum agnoscendae et proponendae.

1. Ut demonstretur existere episcoporum Collegium, semper ab initio prae oculis habeatur oportet Mt 28,18 ss. Una hic declaratur potestas Christi plena; una mis-

cc In der Vorlage handschriftlich eingefügt.

sio ad totum mundum proclamatur, quae continet triplex munus docendi, sanctificandi, regendi; omnibus insimul apostolis et missio et potestas haec una concreditur.

2. Haec una missio et potestas et Petro (Mt 16,18) et huic collegio (Mt 18,18) confertur, quod collegium iam ut tale constitutum est et sub Petro capite adunatum (Mt 16,18). Hoc Collegium apostolicum juxta testimonium Scripturae existere est doctrina catholica de fide divina, ut ait v.g. Salaverri. Petrus praecise constitutus est a Christo, ut episcopatus sit unus et indivisus, ut dicit Vaticanum I (D. 1821).

3. Sicuti in Concilio Oecumenico, quod suprema pollet in Ecclesiam potestate (vere doctrinali et iurisdictionali), potestas Romani Pontificis nullatenus minuitur aut obscuratur praerogativas Primatus. Quae dantur a Christo collegio (Mat 28,16 ss), non auferuntur Petro, nec reciprociter, cum utraque potestas existat a Christo data, sibi contradicere nequeunt, pacificam earum conspirationem spiritus Christi Ecclesiae assistens tuetur, et conspiratio ista inde concrete resultat, quod collegium non est nisi cum suo capite. Quaestiones speculativae ulteriores ad theologiam spectant, tractantur ibi pacifice in quaestione de accurata habitudine inter Pontificem et Concilium Oecumenicum, sed non praeiudicium afferre possunt ipsis istis potestatibus earumque fundamento in Scriptura et Traditione inconcusso.

4. Si haec in Concilio non dicuntur, non apparet, quo iure et quo momento Concilium loquatur de Hierarchia in hoc schemate, quippe cum omnia alia aliunde iam abunde constent; non satisfit traditioni clarae et antiquissimae fidei, praxeos et theologiae Orientis nec legitimis desideriis oecumenicis. Si haec docentur, structura intima „Catholicae" apparet, quae est una et mult[i]plex ita, ut structura regiminis totius Ecclesiae simul primatu et collegio constet.

II. Quae spectant difficultates, quae solent proferri.

1. Si dicitur collegialitatem non bene elucere ex Scriptura, respondendum est:

a) de facto sufficienter ex Scriptura elucet, sicut omnia manualia theologiae fundamentalis clare docent.

b) Scriptura non debet loqui terminis posterioris theologiae et iurisprudentiae. Haec collegialitas saltem aeque invicte ac Primatus et infallibilita[s] Petri ex Scriptura apparet. Semper traditio et magisterium germen Scripturae evolvere debent.

2. Si dicitur priora saecula doctrinam non satis clare exhibere, respondendu[m] est: Et iam habentur ipsi hodierni termini rei (quod de primatu dici nequit) et habetur praxis collegialitatis multiplex. Et valent ea, quae modo 1b dicta sunt.

3. Si dicitur collegium tale esse tertium quid praeter Pontificem et Concilium, respondendum est:

a) non est tertium quid, quia Concilium non est nisi certus modus exercitii ipsius potestatis huius collegii.

b) Collegium hoc non est nisi sub et cum Romano Pontifice, proinde et ita et unum cum eo et distinctum ab eo est, sicut Concilium.

4. Si dicitur tale collegium esse superfluum, quia Romanus Pontifex solus omnia ea praestare potest, quod collegii potestati adscribitur, respondendum est:

a) eadem difficultas fieri potest contra potestatem et sensum Concilii, in quo tamen episcopi ab omnibus agnoscuntur iudices fidei. Unde apertissime constat hanc difficultatem esse vanam.

b) Concilium quidem non accipit proprie suam potestatem tamquam delegatam aut participatam a Romano Pontifice, quippe cum potestas delegata et participata non possit esse suprema, et clarissime affirmet CIC can 228 Concilium suprema pollere potestate. In Concilio tamen Romanus Pontifex et retinet suas praerogativas et est elementum constitutivum Concilii et principium unitatis eiusdem.

c) Cum saltem haec duo „subiecta" unius missionis et potestatis saltem non sint adaequate distincta, repugnantia inter utrumque subiectum apriori est impossibilis (cfr etiam I,3). Ex fonte et radice huius unius potestatis, Christo scilicet, dualitas inadaequata supremae potestatis et profluit et servatur a ruptura.

5. Si quis dicit existere quidem aliquod collegium, sed ei non convenire illam potestatem quae ei a schemate attribuitur, respondendum est:

a) Infallibilitas doctrinalis quae absque dubio collegio in suo magisterio ordinario convenit, necessario potestatem summam iurisdictionalem supponit.

b) distinctio variarum potestatum in antiqua Ecclesia nondum tam clare apparet, sed in praxi actio collegii, quae habebatur, omnem potestatem includebat.

Diaconatus restauratio commendatur:

1. Quia sacramentum re et veritate ministrari debet.

2. Quia de facto iam munera in Ecclesia existunt, ad quae haec sacramentalis gratia diaconatus spectat.

3. Quia hodierna situtatio pastoralis in multis regionibus id vehementer exigit.

4. Quia secus exponimur objectioni Protestantium nos munera negligere, quae Scriptura explicite profitetur.

Composuerunt: R. Martelet
                              K. Rahner
                              J. Ratzinger

hen[6]. Erzbischof Kardinal Ratzinger nahm außerdem die Weihe der Pfarrkirchen in Ottobrunn-St. Albertus Magnus, München-St. Stephan/Sendling, München-St. Ignatius und Baldham-Maria Königin vor. Altarkonsekrationen, Benediktionen und Segnungen kamen dazu. Das Firmsakrament spendete er in den fünf Jahren seiner Erzbischofszeit an insgesamt 9135 Firmlinge. Viele erinnern sich noch heute an die guten Begegnungen mit dem Erzbischof in den Pfarreien.

Die Liste der ordentlichen und außerordentlichen Funktionen zeigt die Vielfalt des Hirtenamtes des Münchener Erzbischofs. So gehört es für den Erzbischof zu seiner vornehmlichen Pflicht, in seiner Kathedralkirche die Pontifikalämter und Vespern an den Hochfesten des Kirchenjahres zu feiern. Ebenso hielt er dort an den Papstsonntagen Gottesdienste und in der Fastenzeit Fastenpredigten. Die Beauftragung zum Akolytat und Lektorat, die Verleihung der Missio Canonica an Religionslehrer, die Aussendung der Pastoralassistenten gehörten neben der Priesterweihe und der Diakonenweihe zu seinen zahlreichen Terminen. Dazu kamen Gottesdienste mit kirchlichen Berufsgruppen, geistlichen Gemeinschaften, den Ordensgemeinschaften und die ökumenischen Gottesdienste. Gespräche mit Vertretern der Orthodoxie gehören ebenso hierher, aber auch interreligiöse Begegnungen, wie z.B. der Empfang anlässlich des 50-jährigen Bestehens der Hauptsynagoge der israelitischen Kultusgemeinde Münchens. Die vielen Festgottesdienste zu Jubiläen von kirchlichen Einrichtungen und Vereinen, wie z. B. zur Einweihung der Stiftungsfachhochschule der Universität Eichstätt in München, schließen sich an. In Begegnungstagen und bei Betriebsbesuchen pflegte er den Austausch mit den diversen kirchlichen Berufsgruppen und auch mit der Arbeitswelt. Die jährliche Verabschiedung des Sonnenzugs am Münchener Hauptbahnhof, der vom Münchener Caritasverband organisiert wird, gehörte ebenso in seinen Terminkalender. Kontakte pflegte er auch bei den Empfängen mit den diplomatischen Corps und anderen Staatsvertretern. Dazu kamen die Jahresfeiern der Katholischen Akademie und die jährlichen Stiftungsfeste im Herzoglichen Georgianum in München. Zahlreich war auch sein Sitzungsprogramm.[7] Die Sitzungen des Ständigen Rats der Deutschen Bischofskonferenz, die Vollversammlungen der Deutschen Bischofskonferenz und der Freisinger Bischofskonferenz, aber auch die Sitzungen des Zentralrats von Missio München, des Priesterrats, des Seelsorgerats, des Diözesansteuerausschusses und der Dekanekonferenz waren zahlreich.

Schon aus dem ersten Amtsblatt anlässlich der Amtübernahme des neuen Erzbischofs Joseph Ratzinger wird die Vielfalt des bischöflichen Wirkens sichtbar. Dort wird zunächst die Vorlage der päpstlichen Ernennungsurkunde (an das Domkapitel), der Vollzug der Bischofsweihe, die Ernennungen von Offizial und

---

[6] Erzbischof Kardinal Ratzinger weihte von 1977 bis 1981 32 Ständige Diakone: am 17. September 1977 vier, am 17. Dezember 1978 vier, am 16. Dezember 1979 elf, am 14. Dezember 1980 sechs, am 13. Dezember 1981 acht.

[7] Amtsblatt für das Erzbistum München und Freising Nr. 8 vom 14. Juni 1977.

Generalvikar, sowie (im Erzbistum zusätzlich) des Finanzdirektors erwähnt. Als vornehmliche Aufgabe sieht es der neue Erzbischof an, sein Hirtenamt auszuüben. Deshalb wird sogleich der erste Hirtenbrief an die Gemeinden des Erzbistums bekannt gemacht, Thema ist „der österliche Friedensgruß".

Auch die Silvesterpredigten[8] und Hirtenbriefe[9] wurden im Sinne von hirtenamtlichen Dokumenten im Amtsblatt veröffentlicht. Die Predigten des Münchener Erzbischofs erlebten bald eine solche Nachfrage, dass die Erzbischöfliche Pressestelle eine Schriftenreihe einrichtete, in der die Texte zusätzlich zur Amtsblattveröffentlichung für ein breiteres Publikum zugänglich gemacht und sogar mit entsprechender Bebilderung versehen wurden.

Die Verwaltung der Erzdiözese zu Beginn der Amtszeit von Erzbischof Joseph Kardinal Ratzinger

Wenige Tage vor dem Amtsantritt von Joseph Ratzinger als Erzbischof von München und Freising stellte Domkapitular Dr. Gerhard Gruber (noch in der Sedisvakanz) einen Organisations- und Geschäftsverteilungsplan für die Leitung und Verwaltung der Erzdiözese München und Freising (Stand vom Frühjahr 1977)[10] zusammen. Er verwies darauf, dass der Personalrat des Erzbischöflichen Ordinariats, die Mitglieder der diözesanen Räte und die Pfarrer der Erzdiözese mehrfach den Wunsch nach einer übersichtlichen Darstellung geäußert hätten, um die Zusammenarbeit zwischen den einzelnen Stellen im Erzbischöflichen Ordinariat und zwischen Ordinariat und Diözese zu erleichtern. In diesem Zusammenhang war zugleich von Bedeutung, dass auch die Synode der Bistümer in der Bundesrepu-

---

[8]   Amtsblatt für das Erzbistums München und Freising Nr. 1 vom 26. Januar 1978 Silvesterpredigt 1977; Amtsblatt für das Erzbistum München und Freising Nr. 2 vom 23. Januar 1979 Silvesterpredigt 1978 (als Beilage); Amtsblatt für das Erzbistum München und Freising Nr. 1 vom 15. Januar 1980 Silvesterpredigt 1979; Amtsblatt für das Erzbistum München und Freising Nr. 2 vom 19. Januar 1981 Silvesterpredigt 1980 des Erzbischofs von München und Freising im Münchener Dom; Amtsblatt für das Erzbistum München und Freising Nr. 1 vom 25. Januar 1982 Silvesterpredigt 1981 des Erzbischofs von München und Freising im Münchener Dom „Im Frieden leben: Anforderungen an Staat und Kirche".

[9]   Amtsblatt für das Erzbistum München und Freising 1978 Nr. 3 vom 8. Februar 1978: Hirtenbrief des Erzbischofs zur Fastenzeit 1978; Amtsblatt für das Erzbistum München und Freising 1979 Nr. 4 vom 26. Februar 1979: Hirtenbrief des Erzbischofs von München und Freising zur Fastenzeit 1979; 1979 Nr. 17 vom 9. Oktober 1979: Hirtenwort des Erzbischofs von München und Freising zum geistlichen Jahresthema „Beten in der Familie"; Amtsblatt für das Erzbistum München und Freising 1980 Nr. 4 vom 15. Februar 1980: Fastenhirtenbrief des Erzbischofs von München und Freising zur Fastenzeit 1980 (die Ehe als Sakrament, die Problematik von Ehe und Familie heute, die christliche Ehe als Antwort auf die Fragen der Gegenwart); Amtsblatt für das Erzbistum München und Freising 1981 Nr. 6 vom 26. Februar 1981: Hirtenbrief des Erzbischofs von München und Freising zur Fastenzeit 1981 (der christliche Sonntag).

[10] Persönliche Unterlagen des Autors.

blik Deutschland eine „Rahmenordnung für die pastoralen Strukturen und für die Leitung und Verwaltung der Bistümer in der Bundesrepublik Deutschland"[11] beschlossen und den einzelnen Diözesen dringend zur Anwendung empfohlen hatte. Es galt also im Frühjahr 1977[12] anhand der Bestandsaufnahme diesen Synodenbeschluss auf die konkrete Situation der Erzdiözese anzuwenden.

Als Arbeitsgrundlage für die weiteren Überlegungen bedurfte es der Darstellung des gegenwärtigen Organisationsplans. Demgemäß leitete der Erzbischof mit ordentlicher, eigenständiger und unmittelbarer Gewalt das Erzbistum im Zusammenwirken mit seinen Mitarbeitern, den diözesanen Organen und Beratungsgremien. Dem Erzbischof standen die Stellen und Einrichtungen der Diözesanleitung und -verwaltung zur Beratung und Durchführung der Beschlüsse, die diözesanen Räte zur Beratung zur Verfügung. Der Erzbischof hatte den Vorsitz (persönlich; bei Verhinderung durch Vertreter) zu führen in der Ordinariatssitzung, in der Regionarii-Konferenz, im Seelsorgerat, im Priesterrat. Er sollte von allen Ordinariatskommissionen die Tagesordnungen und Protokolle erhalten.

Die Regionarii-Konferenz

Die Regionarii-Konferenz, zugleich Konferenz der Bischöfe des Erzbistums, war hauptsächlich zuständig für:
- die Beratung des Erzbischofs und mit ihm in Fragen der Deutschen Bischofskonferenz, besonders auch hinsichtlich der Beschlüsse des Ständigen Rats der Deutschen Bischofskonferenz gemäß Ordnung des Ständigen Rats Nr. 1, und in Fragen der Bayerischen Bischofskonferenz (sofern nur Fragen dieses Bereichs zur Beratung anstanden, nahmen nach Wunsch des Erzbischofs an der Konferenz nur die bischöflichen Mitglieder der Regionarii-Konferenz teil).
- die Beratung des Erzbischofs und Vorüberlegungen für die Ordinariatssitzung in wichtigen Belangen des Erzbistums, vor allem in pastoralen Fragen von grundsätzlicher Bedeutung.

Mitglieder der Regionarii-Konferenz waren der Erzbischof (Vorsitz), der Bischofsvikar für die Region München, der Bischofsvikar für die Region Nord, der Bischofsvikar für die Region Süd, der Bischofsvikar für die Ordensleute, der Generalvikar (in Vertretung: der ständige Vertreter des Generalvikars), der Seelsorgereferent. Soweit ein Protokoll gefertigt wurde, erhielten es je nach Anordnung des Erzbischofs nur die Bischöfe oder alle Mitglieder. Es war streng vertraulich.[13]

[11] Ludwig Bertsch u.a. (Hg.), Gemeinsame Synode der Bistümer in der Bundesrepublik Deutschland. Beschlüsse der Vollversammlung. Offizielle Gesamtausgabe I, 2. durchges. und verb. Aufl., Freiburg/Br. u.a. 1976, 688-709.

[12] Das Gutachten ist auf den 20. März 1977 datiert.

[13] Es fanden Regionarii-Konferenzen statt am 9. März 1978, 11. Dezember 1978, 28. Mai 1979, 19. Dezember 1979, 17. März 1980, 7. November 1980, 19. Oktober 1981, jeweils im Erzbischöflichen Palais.

Die Ordinariatssitzung

Die Ordinariatssitzung diente der Beratung des Erzbischofs und soweit betreffend der Bischofsvikare, des Generalvikars und des Finanzdirektors und der übrigen Mitglieder mit Vollmacht, in allen wichtigen Fragen der Leitung und Verwaltung des Erzbistums. Die Beschlüsse der Ordinariatssitzung verstanden sich zunächst immer als Beratungsbeschlüsse; sie erhielten Rechtskraft zur Durchführung, d.h. Anordnungscharakter, jeweils durch die ausdrückliche oder einschlussweise Entscheidung des Erzbischofs bzw. – soweit zutreffend – eines oder mehrerer Mitglieder, die in der betreffenden Sache ordentliche oder delegierte Vollmacht besaßen. Da der Ordinariatssitzung auch alle Mitglieder des Domkapitels angehörten, verstanden sich die Beschlüsse der Ordinariatssitzung immer auch „per modum unius" als Beschlüsse des Domkapitels, insbesondere in den Materien, in denen das Kirchenrecht Anhörung bzw. Beschlussfassung des Domkapitels vorschrieb, ausgenommen jene Materien, in denen sich das Domkapitel generell oder im Einzelfall getrennte Abstimmung oder gesonderte Sitzung vorbehielt. Mitglieder der Ordinariatssitzung waren der Erzbischof (Vorsitz), der Bischofsvikar für die Region München (in Personalunion Liturgiereferent), der Bischofsvikar für die Region Nord (in Personalunion Missionsreferent), der Bischofsvikar für die Region Süd (in Personalunion Ökumenereferent), der Bischofsvikar für die Ordensleute, der Generalvikar (Moderator), der Stellv. Generalvikar (in Personalunion Seminarreferent), der Finanzdirektor, der Personalreferent I (für Priester, Diakone und Pastoralreferenten), der Seelsorgereferent, der Referent für Öffentlichkeitsarbeit und Personalreferent II (für Laienmitarbeiter), der Caritasreferent, der Schulreferent I (Grund-, Haupt und Sonderschulen), der Schulreferent II (Gymnasien und Hochschulen), der Kirchenrechtsreferent, der Baureferent (nur bei Behandlung von Baufragen anwesend), der Priesterausbildungsreferent (der Regens), der Kunstreferent, der Protokollführer (ohne Stimmrecht, in Personalunion der Sekretär des Generalvikars). Das Protokoll erhielten alle Mitglieder sowie die Domkapitulare und Ordinariatsräte i. R. Es war streng vertraulich.

Während der Amtszeit von Erzbischof Joseph Kardinal Ratzinger fanden statt: im Jahr 1977 (ab der 15. Sitzung: Generalvikar Dr. Gerhard Gruber konnte Erzbischof Ratzinger am 7. Juni 1977 in der 15. Ordinariatssitzung begrüßen und ihn zugleich zur Kardinalsernennung beglückwünschen) 19 Sitzungen; im Jahr 1978 34 Sitzungen; im Jahr 1979 33 Sitzungen; im Jahr 1980 34 Sitzungen, im Jahr 1981 37 Sitzungen und im Jahr 1982 4 Sitzungen.[14]

---

[14] Insgesamt also 161 Ordinariatssitzungen. War der Erzbischof an der Teilnahme an einer Sitzung verhindert, so erfolgten alle Beschlüsse unter dem Vorbehalt der nachträglichen Genehmigung durch ihn. Kardinal Ratzinger nahm an folgenden Ordinariatssitzungen nicht teil: 12. Februar 1980, 22. Juli 1980, 5. August 1980, 30. September 1980, 7. Oktober 1980, 14. Oktober 1980, 3. Februar 1981, 10. Februar 1981, 17. März 1981, 7. April 1981, 21. Juli 1981, 15. September 1981, 6. Oktober 1981, 20. Oktober 1981, 10. November 1981, 8. Dezember 1981.

Die Ordinariatssitzungen hatten stets denselben Ablauf, den der Autor aus 13-jähriger Tätigkeit in diesem Gremium referiert[15]: Zu Beginn der Sitzung, die jeweils dienstags ab 9.00 Uhr im sogenannten Ordinariatssitzungssaal stattfand und meist bis 13.00 Uhr (selten bis 13.30 Uhr) dauerte, wurde die Terz des jeweiligen Tages gebetet, der der Erzbischof vorstand. Der Generalvikar (als Sitzungsleiter) eröffnete dann in Gegenwart des Erzbischofs die Sitzung. Daran schloss sich die Besprechung des Protokolls der vorangegangenen Sitzung, die Kommemorierung der verstorbenen Geistlichen, der Krankmeldungen und die Genehmigung der vom Generalvikar versandten Tagesordnung an. Es folgten die Punkte des Erzbischofs, die entweder Berichte von Ereignissen, an denen er in der vergangenen Woche teilgenommen hatte, oder andere wichtige Fragen zum Thema hatten. Daran schlossen sich unter I. Grundsatzfragen, II. Einzelfragen und schließlich unter III. Informationen und Termine an.

Themen bei I. Grundsatzfragen waren in den 161 Ordinariatssitzungen zur Erzbischofzeit von Kardinal Ratzinger u. a.: die diversen Feierlichkeiten zur Bischofsweihe 1977, mündliche Berichte über die Papstwahlen zu Johannes Paul I. und Johannes Paul II.; Zusatzversorgungskasse für die Mitarbeiter des Erzbischöflichen Ordinariats bei der Bayerischen Versicherungskammer; Pastorale Hinweise zur Erstbeichte und Erstkommunion; Personalplanung (Bedarfsplan) für die Erzdiözese; Grundstücksgeschäfte der Erzbischöflichen Finanzkammer; die Jahresrechnungen und der jeweilige Diözesanhaushalt; Priesternachwuchsförderung; Errichtung einer „Diözesanstelle für Mission, Entwicklung und Frieden" gemäß dem Synodenbeschluss „Missionarischer Dienst an der Welt"; Organisationsstrukturen im Erzbischöflichen Ordinariat; Satzung der Erzbischöflichen Finanzkammer; Feiertagsregelung in Bayern; Papstbesuch 1980; Erhebung des Freisinger Doms zur Konkathedrale; Neubesetzung von Stellen (Erzbischöflicher Finanzdirektor, Personalreferent, Regens des Erzbischöflichen Priesterseminars, Kunstreferent); Neuordnung des Seelsorgereferats in drei Abteilungen; Einführung eines Katholischen Schulwerks in Bayern; Dienstordnungen für Pastoral- und Gemeindereferenten; Geschäftsordnung der Erzbischöflichen Finanzkammer; Erhebung der Seminarien in Traunstein und Waldram zu kirchlichen Stiftungen.

Unter „II. Einzelfragen" wurden u.a. alle Personalentscheidungen, die Gestaltung des Münchener Doms und die Anbringung des Kardinal-Döpfner-Epitaphs im Dom erörtert.

Unter „III. Informationen und Termine" wurden alle Einladungen, die an den Erzbischof oder den Generalvikar ergangen waren, angesprochen und gegebenenfalls eine Vertretung zur Teilnahme erbeten.

---

[15] Der Autor war in seiner Funktion als Sekretär des Generalvikars von Januar 1981 bis Oktober 1993 Mitglied der Ordinariatssitzung (mit ständigem Sitz, ohne Stimmrecht). Es ging am 24. Oktober 1980 ein Vorstellungsgespräch bei Generalvikar Dr. Gruber voraus, und am 13. April 1981 folgte ein ausführliches Gespräch bei Erzbischof Kardinal Joseph Ratzinger, ehe das erste Protokoll vom Autor erstverantwortlich als Protokollführer am 19. Mai 1981 erstellt wurde.

Die diözesanen Räte (Seelsorgerat, ab 1979 Pastoralrat; Priesterrat)

Die diözesanen Räte berieten den Erzbischof und die Organe der Diözesanleitung in den Fragen ihres Zuständigkeitsbereiches. Der Zuständigkeitsbereich, die Zusammensetzung, Vollmachten und Arbeitsweise der diözesanen Räte regelten sich nach den geltenden Bestimmungen des allgemeinen und regionalen kirchlichen Rechts (Beschlüsse des Zweiten Vatikanischen Konzils und der Synode der Bistümer in der Bundesrepublik Deutschland) sowie nach den jeweiligen Statuten und Geschäftsordnungen.

Im Seelsorgerat hatte der Erzbischof den Vorsitz. Der Sprecher des Seelsorgerats wurde aus den stimmberechtigten Mitgliedern gewählt. Er hatte die Moderation der Sitzungen. Sekretär war der Leiter der Pastoralen Planungsstelle im Erzbischöflichen Ordinariat, geborenes Mitglied war der Seelsorgereferent, weitere stimmberechtigte Mitglieder, Teilnehmer ohne Stimmrecht von Fall zu Fall: die Regionalbischöfe, der Generalvikar und sonstige Mitglieder der Ordinariatssitzung. Es galten die Verordnung über die Errichtung vom 6. Juni 1967, das Statut und die Geschäftsordnung des Seelsorgerates.[16]

Erzbischof Kardinal Ratzinger nahm am 29. September 1977 zum ersten Mal an einer Sitzung (4. Sitzung des 3. Seelsorgerates) teil. Der Erzbischof sprach zu Beginn dieser Sitzungen jeweils ein geistliches Wort[17], ehe die einzelnen Tagesordnungspunkte (nach der Protokollgenehmigung der jeweils vorangegangenen Sitzung) aufgerufen wurden. Es kamen grundsätzliche pastorale Themen zur Sprache: Berichte über die Arbeit der Kommission zu den Synodenbeschlüssen Nr. 2 und 12 (sog. Strukturkommission) mit Vorlage von Entwürfen für eine Satzung des Pastoralrats (bisher Seelsorgerat) des Erzbistums München und Freising, für eine Geschäftsordnung des Pastoralrats, für eine Satzung für die Pfarrgemeinderäte, für eine Satzung des Diözesanrats der Katholiken; Entwurf eines Ausbildungskurses für Leiter von Wortgottesdiensten mit Kommunionhelfern; Jahresthema „Beten in der Familie"; Verbesserung des Kontaktes der Bistumsleitung zu den einzelnen Pfarreien und den in der Pastoral tätigen Personen; Anfragen zu aktuellen Problemen.

Es fanden unter der Leitung von Erzbischof Kardinal Ratzinger 4 Sitzungen des 3. Seelsorgerates (1977 und 1978) und nach der Neuwahl zum Pastoralrat 4 Sitzungen des 4. Pastoralrates (1979 bis 1981) statt, wobei die 3. Sitzung des 4. Diözesanpastoralrates zugleich die 1. Gemeinsame Sitzung des Diözesanpastoralrates

---

[16] Verordnung über Errichtung: Amtsblatt für das Erzbistum München und Freising Nr. 11 vom 6. Juni 1967, 258. Zum Pastoralrat: Satzung des Diözesanpastoralrats vom 22. Mai 1979 und die Geschäftsordnung des Diözesanpastoralrats vom 22. Mai 1979 (beide ohne Veröffentlichung im Amtsblatt).

[17] In der Sitzung des 4. Diözesanpastoralrates (zugleich 1. gemeinsame Sitzung des Diözesanpastoralrates und der Ordinariatssitzung) am 21. Februar 1980 erschloss Kardinal Ratzinger zum Beispiel die Bedeutung der verschiedenen Bezeichnungen der Zeit von Aschermittwoch bis Ostern.

und der Ordinariatssitzung (am 21. Februar 1980) war.

Auch im Priesterrat hatte der Erzbischof den Vorsitz. Der Sprecher wurde aus den stimmberechtigten (gewählten) Mitgliedern gewählt. Teilnehmer ohne Stimmrecht – von Fall zu Fall - waren: Regionalbischöfe, Generalvikar, sonstige Mitglieder der Ordinariatssitzung. Es galt die Verordnung über die Errichtung des Priesterrats vom 6. Juni 1967.[18]

Die 7. bis 10. Sitzung des 3. Priesterrates der Erzdiözese, die zumeist mittwochs im Kardinal-Wendel-Haus[19] (dem Sitz der Katholischen Akademie) in der Münchener Mandlstraße stattfanden[20], und die 1. bis 11. Sitzung des 4. Priesterrates fielen in die Amtszeit von Erzbischof Joseph Kardinal Ratzinger statt.[21] Im Rahmen von Klausurtagungen befasste sich der Priesterrat mit den Themen: „Leben des Priesters", „Nachwuchsförderung" und „Jugendarbeit in der Erzdiözese".

Die diözesanen Konferenzen und Kommissionen
(Dekanekonferenz; Diözesansteuerausschuss)

Die diözesanen Konferenzen und Kommissionen beraten die Diözesanleitung und führen Aufträge der Diözesanleitung durch, jeweils im Bereich ihrer Zuständigkeit, die durch den Auftrag des Erzbischofs und eventuell durch Statuten und dergleichen geregelt war.

Vorsitz in der Dekanekonferenz hatte der Erzbischof, Moderator war der Generalvikar. Das Protokoll wurde vom Leiter der Registratur des Generalvikars, später (ab 1981) vom Sekretär des Generalvikars geführt. Mitglieder waren die Dekane des Erzbistums, die Mitglieder der Ordinariatssitzung und kraft ihres Amtes berufene Mitglieder.

Die Sitzungen fanden entweder im Exerzitienhaus Schloss Fürstenried (Frühjahr) oder im Kardinal-Döpfner-Haus in Freising (Herbst) statt, insgesamt von 1977

---

[18] Verordnung über die Errichtung des Priesterrats im Amtsblatt für das Erzbistum München und Freising Nr. 11 vom 6. Juni 1967, 258.

[19] Nach Aussage des früheren Leiters der Katholischen Akademie in Bayern, Prof. Dr. Franz Henrich, wurde jeweils zu einer Sitzung in das Kardinal-Wendel-Haus eingeladen, wenn es sich dabei um eine Veranstaltung der Erzdiözese München und Freising handelte. Sobald ein überdiözesanes Gremium oder eine Erwachsenenbildungsveranstaltung bzw. wissenschaftliche Veranstaltung in den Räumen an der Mandlstraße stattfand, wurde in die Katholische Akademie in Bayern eingeladen. Diesen Hinweis erhielt der Autor, als er 1981 versehentlich zu einer Sitzung des Priesterrates im Auftrag des Generalvikars in die Katholische Akademie einlud.

[20] Die 6. Sitzung des 4. Priesterrates fand in Dietramszell, woran der Erzbischof nicht teilnahm, und die 7. und 11. Sitzung im Traunsteiner Rupertusheim statt.

[21] An der 8. Sitzung des 3. Priesterrates und folgenden Sitzungen des 4. Priesterrates nahm Herr Kardinal infolge anderer Verpflichtungen nicht teil: konstituierende 1. Sitzung am 17. Januar 1979, 2. Sitzung am 16. Mai 1979, 3. Sitzung am 19. September 1979, 6. Sitzung am 16. Juli 1980.

bis 1981 sechs[22], und eine Dekane-Fortbildungswoche im Herbst 1979 in Batschuns (Vorarlberg)[23]. Das Ende der Konferenz am 20. November 1981, die vom 18. bis 20. November 1981 in Freising im Anschluss an das Korbiniansfest tagte[24], wurde mit der Grundsteinlegung für das neue Priesterseminar der Erzdiözese an der Münchener Georgenstraße und anschließender gemeinsamer Vesper im Dom verbunden.

Im Diözesansteuerausschuss[25] hatte der Erzbischof den Vorsitz, den stellvertretenden Vorsitz der Finanzdirektor. Weitere 14 stimmberechtigte Mitglieder (drei gewählte Geistliche, neun gewählte Laien, zwei ernannte Mitglieder) gehörten ihm an.

Entwicklung der Diözesanverwaltung zur Zeit von Erzbischof Joseph Kardinal Ratzinger

In den Jahren 1977 bis 1981 wurde die Organisation des Erzbischöflichen Ordinariats München schrittweise neu geordnet. Von der eigens hierfür bestellten Organisationskommission wurden für jedes Referat Organisations- und entsprechende Stellenpläne erarbeitet, im Rahmen der „Tarifkommission" mit der Mitarbeitervertretung beraten und dann dem Erzbischof und der Ordinariatssitzung zum Beschluss vorgelegt.

Unter dem Titel „Neuordnung von Seelsorge und Verwaltung im Erzbistum München und Freising" wurden bereits in den 1960er Jahren Überlegungen zu einer Verbesserung der Strukturen der Bistumsleitung angestrengt. In einem Arbeitspapier vom 8. Januar 1979 erinnerte Generalvikar Dr. Gruber an die Silvesterpredigt 1967 von Erzbischof Julius Kardinal Döpfner mit dem Thema „Unsere Aufgabe: Die Kirche von München und Freising" und an die „Denkschrift zu einer Neuordnung von Seelsorge und Verwaltung im Erzbistums München und Freising" des damaligen Generalvikars und späteren Weihbischofs Matthias Defregger vom 7. Mai 1968. Im Bereich der Leitungsstrukturen war damals das herausragende Ergebnis dieser Bemühungen die Schaffung der drei Seelsorgeregionen

---

[22] Themen bei der Konferenz am 17/18. November 1977 waren u.a. Pastorale Hinweise zur Erstbeichte und Erstkommunion, das Dekanatsstatut, Veranstaltungen von Kirchenkonzerten und z. B. bei der Konferenz am 12. April 1978, an der Herr Kardinal nicht teilnehmen konnte, ein Exposé von Bundesverfassungsrichter Prof. Dr. Niebler zum Thema „Gedanken zur Reform des Ehe- und Familienrechts (1976)".

[23] Dabei referierte Kardinal Joseph Ratzinger am 12. und 13. Oktober 1979 in Batschuns in Vorarlberg zum Thema „Die Botschaft von Gott und des Menschen Antwort im Gebet in der Verkündigung der Kirche".

[24] 1981 wurde das Korbiniansfest in Freising zum ersten Mal am Buß- und Bettag gefeiert. - Hauptthema dieser Dekane-Herbstkonferenz war „Das Sakrament der Firmung".

[25] Im Diözesansteuerausschuss galt die Satzung der gemeinschaftlichen kirchlichen Steuerverbände der Bayerischen (Erz-)Diözesen in der Fassung vom 5. November 1981.

München, Nord und Süd mit je einem Bischofsvikar an der Spitze. Diese neuen Strukturen hatten sich seither vielfältig bewährt, besonders auch hinsichtlich der spezifischen Probleme des Großraums München, hatte doch Kardinal Döpfner in der erwähnten Silvesterpredigt gesagt: „Der Großraum München wird in nächster Zeit die herausragende pastorale Aufgabe unserer Diözese sein".

Nach der Einführung der Seelsorgeregionen waren die generellen Überlegungen zur Verbesserung der Leitungs- und Verwaltungsstrukturen nicht mehr intensiv weitergeführt, da die Synode der deutschen Bistümer angesagt war und man zunächst deren Ergebnisse abwarten wollte. Im Beschluss „Rahmenordnung für die pastoralen Strukturen und für die Leitung und Verwaltung der Bistümer in der Bundesrepublik Deutschland" fanden sich dann hauptsächlich im „Kapitel III Obere pastorale Ebene" die einschlägigen Beschlüsse und Richtlinien.[26] Dabei erhielt der folgende Abschnitt besondere Bedeutung: „3.1.2 Leitung. Der Bischof ist als Nachfolger der Apostel Inhaber jeder ordentlich eigenständigen und unmittelbaren Gewalt, die zur Ausübung seines Amtes erforderlich ist, unbeschadet der päpstlichen Autorität gegenüber allen Teilkirchen. (CD 8a). Er leitet das Bistum im Zusammenwirken mit seinen Mitarbeitern (Weihbischof, Generalvikar, Hauptabteilungsleitern) sowie dem Pastoralrat, dem Priesterrat und anderen zuständigen Gremien des Bistums. Umfang und Art der Mitwirkung von Mitarbeitern und Gremien ergeben sich aus dem allgemeinen oder teilkirchlichen Recht oder aus ihrem speziellen Auftrag. Bezüglich der diözesanen Räte regelt Näheres der Beschluss der Synode ‚Verantwortung des ganzen Gottesvolkes für die Sendung der Kirche'".

In der Amtszeit von Erzbischof Ratzinger wurde im Bereich der dem Generalvikar zugeordneten Referate vor allem das Seelsorgereferat neu geordnet; es wurde in drei Abteilungen[27], die dem Erzbischof bzw. Generalvikar unmittelbar verantwortlich waren, aufgegliedert. Der neue Organisationsplan des Seelsorgereferats wurde im Amtsblatt veröffentlicht[28] und war ab 1. Januar 1981 in Geltung. Weniger tief greifend war die Neuordnung der übrigen Referate, sie wurde jeweils durch hausinterne Bekanntmachungen in Kraft gesetzt.

Eine umfassende Neustrukturierung erfuhr die Erzbischöfliche Finanzkammer; sie wurde rechtswirksam am 1. Juni 1979 nach Veröffentlichung einer neuen Satzung am 19. Juni 1979.[29] Weitere Überlegungen machten dann eine nochmalige Überarbeitung der Satzung notwendig, eine Neufassung wurde mit Wirkung vom 1. Januar 1982 in Kraft gesetzt.[30]

---

[26] Bertsch, Gemeinsame Synode (wie Anm. 11) 701-705.

[27] Abteilung I: Allgemeine Seelsorge, Abteilung II: Territoriale Seelsorge; Abteilung III: Bildung und Beratung

[28] Amtsblatt für das Erzbistum München und Freising Nr. 18 vom 18. Dezember 1980, 337ff.

[29] Amtsblatt für das Erzbistum München und Freising Nr. 13 vom 19. Juli 1979, 326f.

[30] Amtsblatt für das Erzbistum München und Freising Nr. 20 vom 29. Dezember 1981, 430f.

Überdiözesane Verpflichtungen des Münchener Erzbischofs

Neben seinen diözesanen Aufgaben war der Münchener Erzbischof Mitglied der Vollversammlung, des Ständiges Rates und von Kommissionen der Deutschen Bischofskonferenz sowie der Vollversammlung des Verbands der Diözesen Deutschlands und Vorsitzender der Bayerischen (Freisinger) Bischofskonferenz.[31] In seiner Eigenschaft als Kardinal (wozu seit Erzbischof Franziskus von Bettinger die Erzbischöfe von München und Freising erhoben wurden) war der Erzbischof Mitglied römischer Kongregationen.

Die Konferenz der Bayerischen Bischöfe[32] tagte regelmäßig zweimal im Jahr unter dem Vorsitz des Münchener Erzbischofs: im Frühjahr (meist im März/April) und im Herbst (November). Dazu kamen am Rande der Sitzungen der Vollversammlung der Deutschen Bischofskonferenz im Frühjahr (Februar/März) und im Herbst (September) gegebenenfalls noch außerordentliche Sitzungen der Konferenz der Bayerischen Bischöfe. Seelsorgsfragen, Schule und schulische Glaubensunterweisung, Theologenausbildung und Hochschulfragen, kirchliche Einrichtungen, Verwaltungsfragen, Finanzfragen und Verschiedenes standen jeweils auf der Tagesordnung. Nach der Gewohnheit der Freisinger Bischofskonferenz hatten Außenstehende keinen direkten Zugang zu den Beratungen. Die Konferenz zog jedoch stets, soweit es von der Sache her geboten erschien, Experten nach eigenem Entscheid bei. Gruppierungen und Verbände waren grundsätzlich nicht zugelassen. Einzelne Persönlichkeiten konnten zu Information und Beratung für bestimmte Tagesordnungspunkte eingeladen werden.

Schwerpunkte der Entscheidungen während der Amtszeit von Erzbischof Ratzinger waren: die Richtlinien der „Arbeitsgemeinschaft christlicher Kirchen in Bayern" (1978)[33], der Aufbau der Impulsstelle für Frauenseelsorge in Bayern (1979)[34] und die Gründung eines katholischen Schulwerks in Bayern (1979/1980/1982).

[31] Der Sekretär des Münchener Erzbischofs war Mitglied des Koordinationskreises im Auftrag der Bayerischen Bischofskonferenz. Zur Freisinger Bischofskonferenz vgl. Peter Pfister, Bayerische Bischofskonferenz, in: Historisches Lexikon Bayerns, URL: <http://www.historisches-lexikon-bayerns.de/artikel/artikel_44418> (29.06.2006).

[32] Seit der Frühjahrskonferenz 1980 bezeichnet sich die Versammlung der Bischöfe der Kirchenprovinzen München und Freising und Bamberg mit Rücksicht auf die Zugehörigkeit des Bistums Speyer zur Kirchenprovinz Bamberg als „Freisinger Bischofskonferenz" bezeichnet.

[33] Der „Arbeitsgemeinschaft christlicher Kirchen in Bayern" gehören an: die Altkatholische Kirche, die Evangelisch-lutherische Kirche, die Evangelisch-methodistische Kirche, die Evangelisch-reformierte Kirche, die Griechisch-orthodoxe Metropolie von Deutschland (Ökumenisches Patriarchat), die römisch-katholischen Bistümer in Bayern. Einen Gaststatus haben die Mitglieder „Bund Evangelisch-freikirchlicher Gemeinden-Vereinigung Süddeutschland", „Religiöse Gesellschaft der Freunde (Quäker)" und die „Vereinigung der bayerischen Mennoniten-Gemeinden".

[34] Amtsblatt für das Erzbistum München und Freising Nr. 2 vom 23. Januar 1979.

Das Amtsblatt für das Erzbistum als Quelle zur Tätigkeit von Erzbischof Joseph Kardinal Ratzinger

Da dem Bischof für seine Diözese gesetzgebende Kraft zukommt, erlangen die Beschlüsse der Deutschen Bischofskonferenz erst dann in der Erzdiözese Rechtskraft, wenn sie vom Diözesanbischof in kraft gesetzt werden. Wichtige Vorschriften werden nach Unterzeichnung durch den Erzbischof an entsprechender Stelle unter der Rubrik „Der Erzbischof von München und Freising" (unmittelbar hinter den Veröffentlichungen des Hl. Stuhls und vor den Verordnungen, Bekanntmachungen und Terminen des Erzbischöflichen Generalvikariats) im Amtsblatt für das Erzbistum München und Freising veröffentlicht. Das Amtsblatt ist das amtliche Veröffentlichungsorgan der Erzdiözese, das allen haupt- und nebenamtlich in der Erzdiözese Tätigen und allen kirchlichen Vereinen und Institutionen sowie den Vorsitzenden der Laiengremien zugesandt wird und das allen die vorgenannten Vorschriften und Diözesangesetzen zur Kenntnis bringt.

Wichtige Amtsblatt-Veröffentlichungen in der Amtszeit von Erzbischof Ratzinger waren:

- Bekanntgabe des Schreibens der Kongregation für die Sakramente und den Gottesdienst und der Kleruskongregation bezüglich der Reihenfolge Erstbeichte – Erstkommunion und Durchführung der Anordnung über die Reihenfolge Erstbeichte – Erstkommunion[35]
- Satzung für Pfarrgemeinderäte der Erzdiözese, die Ausführungsrichtlinien zu der Satzung für Pfarrgemeinderäte und die Wahlordnung für den Pfarrgemeinderat[36]
- Satzung des Diözesanrats der Katholiken, Satzung des Katholikenrats der Region München, Satzung über die Mitverantwortung der Laien für die mittlere Ebene, Wahlordnung für die Wahl des Vorstands des Dekanatsrates; Errichtung einer Diözesankommission für den Ständigen Diakonat[37]
- Ordnung zur Mitwirkung zur Gestaltung des Arbeitsvertragsrechtes durch eine Kommission für den Bereich der bayerischen Diözesen (Regional-KODA); Wahlordnung für die Vertreter der Mitarbeiter in der Regional-KODA der bayerischen Bistümer; Inkraftsetzung der bayerischen Regional-KODA und der zugehörigen Wahlordnung[38]
- Richtlinien zur Verwaltung ortskirchlichen Grundvermögens[39]
- Satzung der Erzbischöflichen Finanzkammer (zum 1. Juli 1979)[40]

---

[35] Amtsblatt für das Erzbistum München und Freising Nr. 11 vom 6. September 1977.
[36] Amtsblatt für das Erzbistum München und Freising Nr. 15 vom 20. Dezember 1977.
[37] Amtsblatt für das Erzbistum München und Freising Nr. 6 vom 9. Mai 1978.
[38] Amtsblatt für das Erzbistum München und Freising Nr. 1 vom 19. Januar 1979.
[39] Amtsblatt für das Erzbistum München und Freising Nr. 6 vom 12. April 1979.
[40] Amtsblatt für das Erzbistum München und Freising Nr. 13 vom 19. Juli 1979.

- Wahlordnung für die Vertreter der Mitarbeiter in der Regional-KODA der bayerischen Bistümer[11]
- Ordnung für die Zweite Dienstprüfung von Priestern in bayerischen Diözesen; Ordnung für die Zweite Dienstprüfung von Pastoralassistenten/-innen in den bayerischen Diözesen; Neuordnung des Seelsorgereferats des Erzbischöflichen Ordinariats München (zum 1. Januar 1981) mit den drei Abteilungen: Abteilung I: Allgemeine Seelsorge, Abteilung II: Territoriale Seelsorge; Abteilung III: Bildung und Beratung[12]
- Ordnung für das Schlichtungsverfahren nach der Mitarbeitervertretungsordnung für den Bereich der Erzdiözese München und Freising in Kraft[13]

Der Erzbischof von München und Freising nahm folgende personelle Veränderungen im Erzbischöflichen Ordinariat vor, die im Amtsblatt veröffentlicht wurden: Mit Wirkung vom 15. April 1981 wurde Domkapitular Dr. Friedrich Fahr, zum Erzbischöflichen Finanzdirektor, Domkapitular Dr. Johann Strasser zum Referenten für Weltkirchliche Aufgaben des Erzbischöflichen Ordinariats und Weihbischof Heinrich Graf von Soden Fraunhofen zum Referenten der Erzbischöflichen Studienseminare und der Werbung für geistliche Berufe im Erzbistum München und Freising berufen.[14] Mit Wirkung vom 1. Mai 1981 ernannte der Erzbischof Pfarrer Dr. theol. habil. Lothar Waldmüller, bisher Bischöflicher Beauftragter für den Ständigen Diakonat, zum Ordinariatsrat und zur Leitung der Stelle des Personalreferenten für Priester, Ständige Diakone und Pastoralreferenten.[15] Der Erzbischof von München und Freising ernannte mit Wirkung vom 1. November 1981 Dr. Hans Ramisch zum Ordinariatsrat und zum Leiter des Kunstreferats des Erzbischöflichen Ordinariats München.[16]

Eine noch weitaus entscheidendere Bekanntmachung brachte dann das Amtsblatt vom 14. Dezember 1981: „Wie bereits von Presse, Rundfunk und Fernsehen am Mittwoch, 25. November 1981, gemeldet wurde, hat Papst Johannes Paul II. unseren Hochwürdigsten Herrn Erzbischof Joseph Kardinal Ratzinger nach Rom berufen und ihn zum Präfekten der Glaubenskongregation ernannt. Kardinal Joseph Ratzinger bleibt bis zur Übernahme seines neuen Amtes und dem damit notwendigen Verzicht auf das Erzbistum weiterhin Erzbischof von München und Freising. Wir geben das hiermit der Diözese offiziell bekannt. Es ist wohl das erste Mal in der Geschichte der Kirche, dass ein deutscher Kardinal zum Präfekten dieser für die Kirche hochbedeutsamen Kongregation berufen wird. Da Erzbischof Karl August Graf von Reisach im Dezember 1855 zum Kurienkardinal ernannt wurde, ist es das zweite Mal, dass ein Erzbischof von München und Freising an die

---

[11] Amtsblatt für das Erzbistum München und Freising Nr. 5 vom 28. Februar 1980.
[12] Amtsblatt für das Erzbistum München und Freising Nr. 18 vom 18. Dezember 1980.
[13] Amtsblatt für das Erzbistum München und Freising Nr. 4 vom 13. Februar 1981.
[14] Amtsblatt für das Erzbistum München und Freising Nr. 9 vom 6. Mai 1981.
[15] Amtsblatt für das Erzbistum München und Freising Nr. 10 vom 2. Juni 1981.
[16] Amtsblatt für das Erzbistum München und Freising Nr. 17 vom 23. November 1981.

Kurie nach Rom gerufen wird. Wenn wir uns auch der hohen und verantwortungswürdigen Berufung unseres verehrten Erzbischofs bewusst sind, so bedeutet sein Weggang doch ein großes Opfer für die Ortskirche von München und Freising, deren Erzbischof er von März 1977 an ist. Wir empfehlen in diesen Wochen und Monaten ihn und unser Erzbistum dem besonderen Gebet der Geistlichen und aller Gemeinden."[47]

Noch in den letzten Wochen seiner Münchener Amtszeit setzte Kardinal Ratzinger folgende Ordnungen in Kraft: Dienstordnung für Pastoralassistenten und Pastoralreferenten in der Erzdiözese München und Freising; Vergütungsordnung für Pastoralassistenten und Pastoralreferenten; Dienstordnung für Gemeindereferenten und -referentinnen; Vergütungsordnung für Gemeindereferenten und -referentinnen; Ordnung für die Ausbildung „Berufseinführung und Fortbildung von Gemeindeassistenten und Gemeindereferenten" in der Erzdiözese München und Freising.[48]

Aufgrund der Berufung zum Präfekten der Kongregation für die Glaubenslehre in Rom hatte der Erzbischof Joseph Kardinal Ratzinger den Heiligen Vater um die Resignation auf das Erzbistum München und Freising gebeten. Papst Johannes Paul II. hatte diese Resignation angenommen. Die Annahme wurde am 15. Februar 1982 bekannt gegeben; daher endete an diesem Tag die Amtszeit von Kardinal Ratzinger als Erzbischof von München und Freising. Zugleich damit erloschen die Amtszeit des Generalvikars, des Stellvertretenden Generalvikars und des Finanzdirektors[49].

Die Erzbischofsjahre von Joseph Ratzinger im Spiegel der Ordinariats-Korrespondenz

In den ersten Jahren der Amtszeit von Erzbischof Julius Kardinal Döpfner wurde die Erzbischöfliche Pressestelle eingerichtet. Zu ihrer Hauptaufgabe wurde die Information der Öffentlichkeit durch Pressemitteilungen über das aktuelle Geschehen im Erzbistum München und Freising. Aus den einzelnen Pressemitteilungen wurde von der Pressestelle zunächst wöchentlich und später, ab Mitte der 1990er Jahre, monatlich ein Exemplar der „Ordinariats-Korrespondenz (ok)" zusammengestellt und an ca. 3000 verschiedene Empfänger versandt. Dieser „Ordinariats-Korrespondenz" angefügt war der Informationsdienst der katholischen Aktion, des späteren „Landeskomitees der Katholiken in Bayern", ebenso wie der Informationsdienst der Katholikenräte („IKR") und der Nachrichtendienst des Bundes der Katholischen Jugend (BDKJ) der Erzdiözese (Jugendkorrespondenz „JK"). So ist mit den Ordinariatskorrespondenzen eine inhaltlich vollständige, chronolo-

---

[47] Amtsblatt für das Erzbistum München und Freising Nr. 18 vom 14. Dezember 1981.
[48] Amtsblatt für das Erzbistum München und Freising Nr. 3 vom 10. Februar 1982.
[49] Amtsblatt für das Erzbistum München und Freising Nr. 5 vom 15. Februar 1982.

gische und damit sehr wichtige zeitgeschichtliche Dokumentation über wichtige Themen und Ereignisse des Erzbistums München und Freising entstanden. Natürlich spiegeln sich auch die Bischofsjahre von Joseph Ratzinger (1977-1982) in den Meldungen der „Ordinariats-Korrespondenz". Ein umfangreiches Themenspektrum wird hier sichtbar, wie eine Durchsicht der in diesem Band in vollem Wortlaut abgedruckten Ordinariats-Korrespondenzen zeigt:

Die Städte Freising und München werden als ehemalige und aktuelle Bischofsstadt immer wieder erwähnt. So wurde über das Gebet des neu ernannten Erzbischofs am Korbiniansschrein (31. März 1977)[50] ebenso wie über die jährlich stattfindenden Priesterweihen informiert. Sein Gebet an der Münchener Mariensäule zu Beginn seiner Münchener Tätigkeit[51] und zu seinem Abschied[52] waren ebenso Gegenstand wie die jährlich stattfindenden Fronleichnamsprozessionen in München[53]. Ein besonders trauriger Anlass war das Bombenattentat auf dem Münchener Oktoberfest, zu dem der zu diesem Zeitpunkt in Rom weilende Erzbischof Stellung nahm[54].

Marienverehrung wurde bei der Stadtwallfahrt nach Maria Eich im September 1977 zum Thema[55]. Um bayerische Kultur, bayerische Frömmigkeit und christlichen Glauben ging es in einem Interview mit der Zeitschrift „Bayerland"[56] und in den Gästebriefen, in denen der Erzbischof die Urlauber in Oberbayern begrüßte[57]. Einen Appell zur Bewahrung des christlichen Erbes Bayerns unternahm Kardinal Ratzinger 1979[58]: „Religion zentral und begründend für Menschenrechte". Er appellierte an die Katholiken, sie sollten sich das christliche Erbe Bayerns nicht nehmen und auch nicht die Geschichte der Kirche entwinden lassen. Dass er dabei die christlichen Feste höher einstufte als schlichtweg „Freizeit" war schon zuvor zur Sprache gekommen[59]. Er hatte dafür plädiert, sich vom Freizeitbetrieb ab – und den christlichen Festen zuzuwenden. Die Geschichtslosigkeit als Verlust der Erinnerung des Guten griff Joseph Ratzinger im Advent 1981 auf, wo er dazu aufrief, das Gedächtnis des Herzens zu wecken[60]. Bayerische Frömmigkeit wurde auch im Zusammenhang mit dem Eröffnungsgottesdienst der Passionsspiele in Oberammergau 1980[61] zur Sprache gebracht. Die Kapellenweihe auf der Zugspitze 1981[62] nützte er ebenfalls zu einem Plädoyer für bayerische christliche Frömmigkeit.

[50] ok Nr. 12 vom 31. März 1977.
[51] ok Nr. 18 vom 6. Juni 1977.
[52] ok Nr. 9 vom 4. März 1982.
[53] Z.B. ok Nr. 19 vom 16. Juni 1977, ok Nr. 19 vom 7. Juni 1979.
[54] ok Nr. 34 vom 3. Oktober 1980.
[55] ok Nr. 27 vom 21. September 1977.
[56] ok Nr. 1 vom 5. Januar 1978.
[57] ok Nr. 23 vom 29. Juni 1978; ok Nr. 24 vom 23. Juli 1981.
[58] ok Nr. 30 vom 25. Oktober 1979.
[59] ok Nr. 18 vom 31. Mai 1979.
[60] ok Nr. 39 vom 3. Dezember 1981.
[61] ok Nr. 7 vom 14. Februar 1980; ok Nr. 20 vom 22. Mai 1980.
[62] ok Nr. 31 vom 7. Oktober 1981.

Mit dem Thema Europa griff er zugleich weit über die bayerischen Landesgrenzen hinaus. Die christliche Grundordnung in Europa ist für ihn zentral[63], ebenso wie er schon im Oktober und November 1977 das christliche Europa unterstrich[64]. Auf dem Sudetendeutschen Tag am 3. Juni 1979 rief er zur Versöhnung in Europa auf[65]. Die aus ihrer Heimat vertriebenen Deutschen sollten Brücke der Einheit und der Versöhnung sein. 1978 gedachte er der Katholiken in den Diasporagebieten in der DDR[66]: Sie lebten in einer totalen Diaspora im atheistischen Weltanschauungsstaat.

Weltpolitische Themen griff er als Legat in Ecuador im September 1978[67] auf, ebenso auf der Polenfahrt der deutschen Bischöfe 1979[68], wobei er die Situation in Polen 1981 angesichts der Ausrufung des Kriegsrechts noch einmal in einer Erklärung in den Blick nahm[69]: „Ich bitte die Pfarrgemeinden darum, in dieser Situation … um einen Frieden zu beten, der es allen Menschen in Europa möglich macht, in der von ihnen ersehnten Weise ihre Zukunft im Geiste der Toleranz und der Freiheit selbst zu gestalten." Das friedliche Zusammenleben der Völker wurde ebenso Thema[70] wie die Entwicklungsländer und die Flüchtlinge aus Vietnam[71]. Bei der Ankündigung der Verleihung des Friedensnobelpreises an Mutter Teresa 1979 sah er darin „ein Licht und Zeugnis, auf das viele mit Hoffnung schauen. … Ein Zeugnis für den Frieden, wie ihn die Welt nicht geben kann, wie ihn die Welt aber umso notwendiger braucht."[72] Zur deutschen Politik wird anlässlich des Parteienstreits im Bundestagswahlkampf 1980[73] Stellung genommen.

Natürlich wurde zu den verschiedensten Zeiten die Herrschaft des nationalsozialistischen Systems thematisiert, so anlässlich des Gedenkens „40 Jahre Reichskristallnacht" 1978[74] oder im Zusammenhang mit einem Hungerstreik von Sinti 1980[75] und bei einer Unterredung mit Vertretern der Sinti 1981[76]. 1981 besuchte Joseph Ratzinger die Jüdische Gemeinde in München[77].

Daneben waren natürlich die Themen des kirchlichen Umfeldes wichtig. Das Requiem für Papst Paul VI.[78], die Wahl von Johannes Paul I.[79], die Wahl von Johan-

---

[63] ok Nr. 15 vom 3. Mai 1979.
[64] ok Nr. 36 vom 24. November 1977.
[65] ok Nr. 19 vom 7. Juni 1979.
[66] ok Nr. 19 vom 1. Juni 1978.
[67] ok Nr. 31 vom 28. September 1978.
[68] ok Nr. 15 vom 3. Mai 1979; ok Nr. 20 vom 21. Juni 1979.
[69] ok Nr. 41 vom 17. Dezember 1981.
[70] ok Nr. 29 vom 6. Oktober 1977.
[71] ok Nr. 1 vom 4. Januar 1979.
[72] ok Nr. 29 vom 18. Oktober 1979.
[73] ok Nr. 33 vom 25. September 1980.
[74] ok Nr. 35 vom 9. Oktober 1978.
[75] ok Nr. 17 vom 16. April 1980.
[76] ok Nr. 17 vom 21. Mai 1981.
[77] ok Nr. 28 vom 17. September 1981.
[78] ok Nr. 28 vom 14. August 1978.
[79] ok Nr. 30 vom 14. September 1978.

nes Paul II.[80], das Gedenken an seine Amtsvorgänger Julius Kardinal Döpfner[81] und Michael Kardinal Faulhaber[82].

1977 wurde die Namensnennung der Freisinger Bischofskonferenz im „Annuario Pontificio"[83] ebenso erwähnt wie der Ad limina-Besuch der Freisinger Bischofskonferenz (am 6. Oktober 1977[84]). Im kirchlichen Adressbuch war nämlich 1977 die Freisinger Bischofskonferenz nicht mehr aufgeführt worden. In diesem Zusammenhang äußerte der Kardinal, er sei entschiedener Anhänger des Föderalismus im staatlichen Bereich und einer entsprechenden Einstellung auch im kirchlichen Raum. Christliche Liberalität, wie sie in Bayerns Kultur ausgeprägt sei, bedeute jene heitere Einheit von Glauben und Leben, wie man sie an den großen Festtagen in Bayern am schönsten erleben könne.

Differenzen mit den Theologie-Professoren Hans Küng[85], Karl Rahner SJ[86] und Johann Baptist Metz[87] wurden in Pressemeldungen ebenso deutlich.

Joseph Ratzingers Hirtenamt in München durchzogen die Themen „Priesterbild"[88], und „Priesternachwuchs"[89], auch im Zusammenhang mit der Grundsteinlegung des Münchener Priesterseminars 1981[90]. Appelle an die Seelsorger richtete er mehrfach[91]: Seelsorger seien keine Richter des Glaubens. Selbst Glaubensfragmente müsse man ernst nehmen. In seinem Abschiedsappell forderte er die Priester auf[92], die Einheit im Glauben zu wahren, die konkrete Gestalt der Kirche zu bejahen, den persönlichen Zusammenhalt untereinander zu suchen und junge Menschen für geistliche Berufe zu werben.

Wichtig war ihm in diesem Zusammenhang, die Parteiungen in der Kirche anzusprechen[93], das Grundrecht auf den ganzen Glauben einzufordern[94], wobei die Kultur der Liebe die Entfremdung überwinden sollte[95]. Die Herrschaft der Ideologien[96] grenzte er immer wieder gegen den christlichen Glauben ab. Der Glaube dürfe nicht im Zugriff der Ideologien, nicht im Zugriff der anpassenden Bequemlichkeit versumpfen und versickern, sondern müsse seine Freiheit, seine eigene

[80] ok Nr. 34 vom 19. Oktober 1978.
[81] ok Nr. 24 vom 28. Juli 1977.
[82] ok Nr. 19 vom 16. Juni 1977.
[83] ok Nr. 27 vom 21. September 1977.
[84] ok Nr. 29 vom 6. Oktober 1977.
[85] ok Nr. 33 vom 15. November 1979.
[86] ok Nr. 37 vom 13. Dezember 1979.
[87] ok Nr. 37 vom 13. Dezember 1979.
[88] ok Nr. 22 vom 5. Juli 1979.
[89] ok Nr. 33 vom 15. November 1979.
[90] ok Nr. 37 vom 17. November 1981.
[91] ok Nr. 11 vom 2. April 1981.
[92] ok Nr. 7 vom 18. Februar 1982.
[93] ok Nr. 9 vom 2. März 1978; ok Nr. 10 vom 9. März 1978.
[94] ok Nr. 23 vom 16. Juli 1981.
[95] ok Nr. 34 vom 3. Oktober 1980.
[96] ok Nr. 4 vom 22. Januar 1979; ok Nr. 20 vom 21. Juni 1979; ok Nr. 24 vom 19. Juni 1980.

Gestalt bewahren. Die Missachtung der Person und den Missbrauch der Materie kritisierte er 1979 in seiner Osterpredigt[97]. Für ihn ist die Sonntagskultur[98] wie auch die christliche Friedensarbeit[99] wichtig.

Die Würde des Menschen war ein weiteres wichtiges Thema: Einrichtungen für Behinderte[100], Schwangere in Not[101], Obdachlose[102], die Vermarktung der Frau[103], die Geringachtung der Person[104], die Achtung vor dem menschlichen Leben[105] und sein Plädoyer für Behinderte[106] gehören hierher.

Öfters unternahm der Kardinal Betriebsbesuche, so 1978 bei der Post[107] und 1980 bei der KAB[108]. Zum Tag der Arbeit am 1. Mai predigte er 1979[109]. Zu den katholischen Verbänden sprach er 1977[110]. Die Bedeutung der nachkonziliaren Räte für das Leben der Kirche und der Gesellschaft würdigte er[111] als „ein unentbehrliches Instrument innerkirchlichen Lebens". Zur Katholischen Erwachsenenbildung nahm er mit dem Motto „Damit im Wissen Werte bleiben" Stellung[112].

Er pflegte Kontakte zu kirchlichen Gruppierungen wie der Integrierten Gemeinde[113] und zum Opus Dei[114].

Seelsorgsthemen trieb er durch viele kleinere Publikationen (unter der Verantwortlichkeit des Seelsorgereferats) voran. So ging es um die Erstbeichte und die Erstkommunion[115], das Eucharistieverständnis[116], die Sakramentenvorbereitung[117], die Sexualerziehung[118], den Religionsunterricht[119] und vor allem das Gebet[120] und die Sozialordnung der Familie[121]. Überhaupt sind seine Äußerungen zu Ehe und

[97] ok Nr. 13 vom 10. April 1979.
[98] ok Nr. 41 vom 4. Dezember 1980; ok Nr. 8 vom 5. März 1981.
[99] ok Nr. 30 vom 1. Oktober 1981.
[100] ok Nr. 31 vom 20. Oktober 1977.
[101] ok Nr. 26 vom 15. September 1977.
[102] ok Nr. 39 vom 22. Dezember 1977.
[103] ok Nr. 38 vom 23. November 1978.
[104] ok Nr. 13 vom 19. April 1979.
[105] ok Nr. 30 vom 1. Oktober 1981.
[106] ok Nr. 35 vom 5. November 1981.
[107] ok Nr. 25 vom 13. Juli 1978.
[108] ok Nr. 3 vom 17. Januar 1980.
[109] ok Nr. 15 vom 3. Mai 1979.
[110] ok Nr.28 vom 29. September 1977.
[111] ok Nr. 3 vom 19. Januar 1978; ok Nr. 9 vom 5. Oktober 1978.
[112] ok Nr. 20 vom 8. Juni 1978.
[113] ok Nr. 40 vom 7. Dezember 1978.
[114] ok Nr. 33 vom 22. Oktober 1981.
[115] ok Nr. 35 vom 17. November 1977.
[116] ok Nr. 8 vom 23. Februar 1978.
[117] ok Nr. 4 vom 28. Januar 1982.
[118] ok Nr. 40 vom 7. Dezember 1978.
[119] ok Nr. 13 vom 29. [März] 1980.
[120] ok Nr. 38 vom 18. November 1978.
[121] ok Nr. 15 vom 7. Mai 1981.

Familie[122] weit über die Diözesangrenzen hinaus bekannt geworden. Das Thema „Kreuz" stand 1980[123] im Mittelpunkt. Der Kardinal bat, dem Kreuz in den Wohnungen einen Platz zu geben.

Ökumenische Kontakte pflegte der Münchener Erzbischof in großem Umfang. So traf er bei diversen Gelegenheiten mit dem evangelisch-lutherischen Landesbischof Johannes Hanselmann zusammen[124], feierte den 70. Geburtstag des Altlandesbischofs Hermann Dietzfelbinger[125] mit, äußerte sich zum Augsburger Bekenntnis[126] und sprach anlässlich eines ökumenischen Vespergottesdienstes in der evangelischen Münchener Matthäuskirche am 13. Januar 1981 („Im Bemühen um Einheit der Kirche nicht nachlassen")[127]. Daneben pflegte er auch den Dialog mit der Orthodoxie: 1981 war der armenische Patriarch Vasken I. Baldjian in München, wobei Kardinal Ratzinger betonte: „Viele der gegenseitig jahrhundertelang vorgebrachten Lehrunterschiede sind mehr nominell als substantiell."[128] Die orthodox-katholische Kommission war vom 30. Juni bis 6. Juli 1981[129] zu Gast. Sie war anlässlich eines Besuches von Papst Johannes Paul II am 30. November 1979 beim ökumenischen Patriarchen Dimitrios I. von Konstantinopel beschlossen worden. Im September 1981 äußerte er sich erneut bei einem Gespräch mit dem russisch-orthodoxen Erzbischof Wladimir Sabodan in München, die Ökumene mit der „orthodoxen Schwesterkirche sei ihm ein großes und bewegendes Anliegen"[130].

In der Ordinariatssitzung am Dienstag, dem 24. November 1981, teilte Kardinal Ratzinger mit, dass ihn Papst Johannes Paul II. zum Nachfolger von Kardinal Šeper als Präfekt der römischen Glaubenskongregation berufen hatte. Einen Tag später, wurde dies öffentlich bekannt gegeben[131]. In der darauf folgenden Ordinariatssitzung am 1. Dezember 1981 berichtete Kardinal Ratzinger über die mit seiner Berufung entstandene neue Situation[132]. Schließlich verzichtete Kardinal Joseph Ratzinger am 15. Februar 1982 durch die vom Heiligen Vater angenommene Resignation auf sein Erzbistum München und Freising.[133]

---

[122] ok Nr. 8 vom 21. Februar 1980; ok Nr. 11 vom 2. April 1980.

[123] ok Nr. 30 vom 31. Juli 1980.

[124] ok Nr. 23 vom 21. Juli 1977; ok Nr. 2 vom 12. Januar 1978; ok Nr. 24 vom 6. Juli 1978.

[125] ok Nr. 25 vom 13. Juli 1978.

[126] ok Nr. 22 vom 5. Juli 1979.

[127] ok Nr. 1 vom 13. Januar 1981.

[128] ok Nr. 15 vom 7. Mai 1981.

[129] ok Nr. 18 vom 4. Juni 1981.

[130] ok Nr. 28 vom 17. September 1981.

[131] ok Nr. 38 vom 25. November 1981.

[132] ok Nr. 39 vom 3. Dezember 1981.

[133] Peter Pfister, Joseph Kardinal Ratzinger. Abschied von München 1982, in: Diakon Anianus Nr. 39, 7/2005, 37-39.

1977

27. Mai 1977	München-Erzbischofshof: Besitzergreifung von der Erzdiözese München und Freising vor dem Metropolitankapitel.
28. Mai 1977	München-Dom: Empfang der Bischofsweihe und Inthronisation als neuer Erzbischof von München und Freising.
29. Mai 1977	München-Dom: Pontifikalamt zum Pfingstfest; Pontifikal-Vesper.
6. Juni 1977	München-Georgianum: Beauftragung von sechs Theologen zum Akolythat und Lektorat.
7. Juni 1977	München-Kleiner Rathaussaal: Teilnahme am Empfang von Oberbürgermeister Georg Kronawitter für den neuen Erzbischof von München und Freising.
12. Juni 1977	München-Dom: Pontifikalgottesdienst zum 25. Todestag von Kardinal Faulhaber.
13. Juni 1977	Würzburg: Teilnahme an der Sitzung des Ständigen Rates der Deutschen Bischofskonferenz (DBK).
15. Juni 1977	München-Alois-Lang-Haus: Teilnahme an der Sitzung des MISSIO-Zentralrates.
17. Juni 1977	Firmung in München-St. Rupert.
18. Juni 1977	München-Königin des Friedens: Gottesdienst mit Aussendung von vier Pastoralassistenten.
20. Juni 1977	Wolfratshausen-Waldram: Gottesdienst zum 50-jährigen Bestehen des Seminars St. Matthias.
23. Juni 1977	Firmung in München-St. Martin-Moosach II.
24. Juni 1977	Freising: Teilnahme am Empfang der Stadt und des Dekanats Freising für den neuen Erzbischof.
25. Juni 1977	Freising-Dom: Erteilung der Priesterweihe an vier Diakone der Erzdiözese München und Freising.
27. Juni 1977	Rom: Teilnahme am geheimen Konsistorium und Empfang der Kardinalswürde.
29. Juni 1977	Rom: Teilnahme am Pontifikalgottesdienst des Heiligen Vaters Paul VI. mit den kreierten Kardinälen.
1. Juli 1977	München-Staatskanzlei: Teilnahme am Empfang der Staatsregierung für den neukreierten Kardinal von München.
2. Juli 1977	Bamberg-Dom: Teilnahme an der Bischofsweihe von

	Elmar Maria Kredel, des ernannten Erzbischofs von Bamberg.
10. Juli 1977	München-St. Michael: Pontifikalamt zum Papstsonntag.
	München-Deutsches Museum: Teilnahme am Festakt der Erzdiözese aus Anlass der Kardinalskreierung des Erzbischofs von München und Freising.
14. Juli 1977	München-Fürstenried: Gottesdienst und Verleihung der Missio Canonica an 20 Lehrer an Höheren Schulen.
16. Juli 1977	Firmung in Traunstein-Hl. Kreuz.
17. Juli 1977	Firmung in Traunstein-St. Oswald.
23. Juli 1977	München-Dom: Requiem für Kardinal Döpfner.
29. Juli 1977	Ansbach: Teilnahme an einem ökumenischen Gottesdienst.
29. August 1977	Würzburg: Teilnahme an der Sitzung des Ständigen Rates der Deutschen Bischofskonferenz (DBK).
1. September 1977	München-Unteranger: Gottesdienst zur Eröffnung des neuen Kurses der Vereinigung der Ordensoberinnen Deutschlands (VOD).
4. September 1977	Sachrang: Gottesdienst mit Ansprache anlässlich der bayerisch-tirolischen Wallfahrt zur Ölbergkapelle.
11. September 1977	Scheyern-Abtei: Pontifikalgottesdienst zum Kreuzfest.
12. September 1977	Freising-Domberg: Gottesdienst und Begegnung mit Missionaren auf Heimaturlaub.
17. September 1977	München-Dom: Erteilung der Diakonenweihe an vier Bewerber für den Ständigen Diakonat der Erzdiözese München und Freising.
18. September 1977	Teilnahme an der Wallfahrt des Katholikenrates der Region München nach Maria-Eich.
19.-22. September 1977	Fulda: Teilnahme an der Herbstvollversammlung der deutschen Bischöfe.
24. September 1977	München-Zirkus-Krone-Bau: Festgottesdienst mit Ansprache anlässlich des 125. Jubiläums von Kolping-München.
25. September 1977	Haar-St. Bonifatius: Weihe der neuen Pfarrkirche.
29. September 1977	München-Karmelitensaal: Teilnahme an der Sitzung des Seelsorgerates.
2. Oktober 1977	Ottobrunn-St. Albertus Magnus: Weihe der neuen Pfarrkirche.
8. Oktober 1977	München-St. Michael: Erteilung der Priesterweihe an fünf Jesuiten-Fratres.
9. Oktober 1977	München-Dom: Pontifikalgottesdienst zum Tag des ausländischen Mitbürgers.

10.-18. Oktober 1977	Rom: Teilnahme an der Bischofssynode.
13. Oktober 1977	Rom: Ad-limina-Besuch.
15. Oktober 1977	Rom: Inbesitznahme der Titelkirche Santa Maria Consolatrice.
19. Oktober 1977	München-Kardinal-Wendel-Haus: Teilnahme an der Tagung des Priesterrates.
22. Oktober 1977	Freising-Domberg: Gottesdienst aus Anlass der Vollversammlung des Diözesanrates der Katholiken.
23. Oktober 1977	München-Dom: Ansprache zum Weltmissionstag. München-St. Stephan/Sendling: Weihe der neuen Pfarrkirche.
24. Oktober 1977	Firmung in München-St. Rita.
28. Oktober 1977	München-St. Michael: Gottesdienst mit Predigt für die Ordensfrauen.
29. Oktober 1977	Firmung in München-Hl. Blut.
30. Oktober 1977	München-Kardinal-Wendel-Haus: Gottesdienst mit Ansprache anlässlich der Tagung der Katholischen Männergemeinschaft in Deutschland.
31. Oktober 1977	München-Nußbaumstraße: Gottesdienst anlässlich des Generalkapitels der Barmherzigen Schwestern.
2. November 1977	München-Domkrypta: Pontifikalmesse für die verstorbenen Münchener Erzbischöfe.
3. November 1977	München-St. Ludwig: Semestereröffnungsgottesdienst mit Ansprache.
4. November 1977	Ecksberg: Gottesdienst mit Predigt anlässlich der 125-Jahr-Feier der Behinderten-Einrichtung Ecksberg.
5. November 1977	Firmung in Taufkirchen-St. Georg.
6. November 1977	München-Dom: Pontifikalamt zum Weltkongress der Audiovisuellen Verkündigung.
9.-10. November 1977	Freising-Domberg: Teilnahme an der Herbstkonferenz der bayerischen Bischöfe.
11. November 1977	Firmung in Ismaning.
13. November 1977	Freising-Dom: Pontifikalamt mit Predigt zum Korbinianstag der Jugend.
15. November 1977	München-St. Sylvester: Pontifikalgottesdienst mit Predigt aus Anlass des 25-jährigen Bestehens der Katholischen Nachrichtenagentur KNA. Teilnahme am Empfang von Ministerpräsident Alfons Goppel im Prinz-Carl-Palais.
16.-18. November 1977	Freising-Domberg: Teilnahme an der Herbstkonferenz der Dekane.
19. November 1977	Freising-Dom: Pontifikalamt mit Predigt zum Korbiniansfest. Pontifikalvesper.

21. November 1977	Firmung in Abens.
23. November 1977	Firmung in München-Maria vom Guten Rat.
27. November 1977	München-Christkönig: Konsekration des neuen Altars.
30. November –	
6. Dezember 1977	Rom: Teilnahme an der Plenaria der Internationalen Päpstlichen Theologenkommission.
7. Dezember 1977	München-Alois-Lang-Haus: Teilnahme an der Sitzung des MISSIO-Zentralrates.
8. Dezember 1977	München-Hl. Blut: Gottesdienst mit der Equipe Notre-Dame.
11. Dezember 1977	Jetzendorf: Konsekration des neuen Altars der Pfarrkirche zu Ehren des heiligen Johannes des Täufers.
14. Dezember 1977	München-Preysingstraße: Einweihung der Stiftungsfachhochschule: Gottesdienst, Ansprache und Segnung des Hauses; Teilnahme am Festakt.
24. Dezember 1977	München-Schwabinger Bräu: Teilnahme an der Weihnachtsfeier der Obdachlosen. München-Dom: Christmette.
25. Dezember 1977	München-Dom: Pontifikalamt mit Ansprache zum Weihnachtsfest. Pontifikalvesper.
31. Dezember 1977	München-Dom: Silvesterpredigt. München-St. Michael: Jahresschlussandacht.

1978

8. Januar 1978	München-Kardinal-Wendel-Haus: Empfang für afro-asiatische Studenten des Johannes-Kollegs München.
10. Januar 1978	München-Antiquarium der Residenz: Teilnahme am Neujahrsempfang des Bayerischen Ministerpräsidenten Alfons Goppel.
11. Januar 1978	Ettal-Abtei: Teilnahme am Treffen von Priestern aus der Region Süd der Erzdiözese München und Freising.
13. Januar 1978	München-Kardinal-Wendel-Haus: Teilnahme am Neujahrsempfang der Räte der Erzdiözese München und Freising.
14. Januar 1978	München-Kolpinghaus: Teilnahme an der Plenarversammlung des Diözesanrates der Katholiken.
16. Januar 1978	Würzburg: Teilnahme an der Sitzung des Ständigen Rates der Deutschen Bischofskonferenz (DBK).
17. Januar 1978	München-Nußbaumstraße: Hausinterne Einweihung der Medienzentrale.

18. Januar 1978	Ebersberg: Teilnahme am Treffen von Priestern aus der Region Nord der Erzdiözese München und Freising.
20. Januar 1978	München-Dom: Teilnahme am ökumenischen Gottesdienst; Ansprache.
23. Januar 1978	Eichstätt-Gesamthochschule: Gastvorlesung.
7. Februar 1978	München: Empfang von Armando Pesantes García, Botschafter von Ecuador, und Max Schlereth, Honorargeneralkonsul von Ecuador, dem Patenland der Erzdiözese München und Freising.
8. Februar 1978	München-St. Bonifaz: Gottesdienst zum Aschermittwoch der Künstler; anschließend Empfang.
9. Februar 1978	Gmund: Teilnahme am Treffen von Priestern aus der Region Süd der Erzdiözese München und Freising.
12. Februar 1978	München-St. Michael: 1. Fastenpredigt.
13.-16. Februar 1978	Ludwigshafen: Teilnahme an der Vollversammlung der Deutschen Bischofskonferenz (DBK).
19. Februar 1978	München-Dom: Erteilung der Diakonenweihe an sieben Theologen der Erzdiözese München und Freising und an je einen Franziskaner und Redemptoristen.
19. Februar 1978	München-St. Michael: 2. Fastenpredigt.
20. Februar 1978	Bonn: Teilnahme an der Begegnung von Vertretern der Deutschen Bischofskonferenz (DBK) mit Bundeskanzler Schmidt.
22. Februar 1978	Waldkraiburg: Teilnahme am Treffen von Priestern aus der Region Nord der Erzdiözese München und Freising.
23. Februar 1978	München-Karmelitensaal: Vortrag vor den Schulreferenten der deutschen Diözesen.
23. Februar 1978	München-Karmelitensaal: Teilnahme an der Sitzung des Seelsorgerates.
23. Februar 1978	München-Kardinal-Wendel-Haus: Empfang für die Teilnehmer an der Ratssitzung der Weltunion der katholischen Presse.
24. Februar 1978	München-Kardinal-Wendel-Haus: Teilnahme an der Haushaltssitzung des Diözesansteuerausschusses.
25. Februar 1978	München-Angerkloster: Gottesdienst für die Teilnehmer an der Mitgliederversammlung der Vertretergemeinschaften der Ordensfrauen im Erzbistum München und Freising.
26. Februar 1978	München-St. Michael: 3. Fastenpredigt.
1. März 1978	Traunstein: Teilnahme am Treffen von Priestern aus der Region Süd der Erzdiözese München und Freising.
3. März 1978	Firmung in Erdweg.
4. März 1978	Firmung in München-St. Agnes.

5. März 1978	München-St. Michael: 4. Fastenpredigt.
7. März 1978	München-Peterhof: Gespräch mit Vertretern des Münchener Presseclubs.
8. März 1978	München-Kardinal-Wendel-Haus: Teilnahme an der Sitzung des Priesterrates.
10. März 1978	Firmung in München-St. Franz Xaver.
12. März 1978	Landshut-St. Martin: Gottesdienst anlässlich des Hauptfestes der Marianischen Männerkongregation.
14. März 1978	München-Kardinal-Wendel-Haus: Teilnahme an der Jahresfeier der Katholischen Akademie in Bayern.
15.-16. März 1978	Freising-Bildungszentrum: Teilnahme an der Bayerischen Bischofskonferenz (BBK).
17. März 1978	Firmung in München-St. Ludwig.
19. März 1978	München-Dom: Palmweihe, Prozession und Pontifikalamt.
22. März 1978	München-Dom: Missa Chrismatis.
23. März 1978	München-Dom: Feier der Gründonnerstagsliturgie.
24. März 1978	München-Dom: Teilnahme an der Karfreitagsliturgie.
26. März 1978	München-Dom: Feier der Osternacht; Pontifikalamt, Pontifikalvesper.
6. April 1978	München-Pestalozzistraße 1: Vortrag vor der Noviziatsschule; Eucharistiefeier.
7. April 1978	Firmung in München-Maria 7 Schmerzen.
8. April 1978	Firmung in Prien.
9. April 1978	Firmung in Traunstein-Studienseminar.
10. April 1978	Würzburg: Teilnahme an der Sitzung des Ständigen Rates der Deutschen Bischofskonferenz (DBK).
12. April 1978	Firmung in Kirchdorf bei Haag.
12. April 1978	Dekanekonferenz im Exerzitienhaus Schloss Fürstenried.
13. April 1978	Firmung in München-St. Maximilian.
14. April 1978	Verabschiedung des Sonnenzugs mit 230 Behinderten nach Umbrien.
15. April 1978	Firmung in Oberschleißheim-St. Wilhelm.
19. April 1978	Reichersberg: Referat anlässlich der deutsch-österreichischen Priestertagung.
20. April 1978	Firmung in München-St. Raphael.
21. April 1978	München-Rathaus: Teilnahme am Empfang anlässlich des Geburtstages des vormaligen Oberbürgermeisters der Stadt München, Georg Kronawitter.
23. April 1978	München-Kardinal-Wendel-Haus: Gottesdienst anlässlich des Vertretertages des Deutschen Katechetenvereins.

24. April 1978	München-Bayerische Akademie der Wissenschaften: Eröffnung des Symposiums über Glaube und Wissenschaft.
25. April 1978	Firmung in München-Perlach-Chapel.
27. April 1978	Firmung in Moosinning.
30. April 1978	München-St. Peter: Gottesdienst anlässlich des Bezirkstages der Katholischen Arbeiternehmer-Bewegung (KAB).
3. Mai 1978	Firmung in Berchtesgaden.
4. Mai 1978	Firmung in Bad Reichenhall-St. Nikolaus. Firmung in Bad Reichenhall-St. Zeno.
5. Mai 1978	Freising-Bildungszentrum: Begegnungstag mit alten Priestern der Erzdiözese München und Freising.
7. Mai 1978	München-Dom: Gottesdienst für Behinderte.
8. Mai 1978	München-Alois-Lang-Haus: Teilnahme an der Sitzung des Zentralrates von MISSIO-München.
12. Mai 1978	München-Theatinerstraße 3: Einweihung des Erweiterungsbaues des Erzbischöflichen Jugendamtes.
12. Mai 1978	Firmung in Trostberg-Schwarzau.
13. Mai 1978	Firmung in Trostberg-St. Andreas.
20. Mai 1978	München-St. Michael: Gottesdienst anlässlich des Hauptfestes der Marianischen Männerkongregation.
20. Mai 1978	München: Empfang des Weihbischofs von Ljubljana, Stanislav Lenic, zu einem Gespräch.
20. Mai 1978	München-St. Michael: Festgottesdienst anlässlich der 200-Jahr-Feier der Kirchweihe der Münchener Bürgersaalkirche und der Überführung von Pater Rupert Mayer in die Unterkirche des Bürgersaals vor 30 Jahren.
21. Mai 1978	München: Empfang des Erzbischofs von Salisbury in Rhodesien, Patrick Chakaipa, zu einem persönlichen Gespräch.
23. Mai 1978	München-Erzbischöfliches Palais: Segnung von drei Einsatzfahrzeugen des Malteser-Hilfsdienstes.
26. Mai 1978	München-Cuvilliéestheater: Teilnahme an der Eröffnungsfeier des Bundestages des Deutschen Sportbundes; Empfang.
30. Mai 1978	München-Marienplatz: Öffentliche Maiandacht mit Ansprache.
31. Mai 1978	München-St. Andreas: Gottesdienst für Mitarbeiter der Diözesancaritas.
2. Juni 1978	Firmung in Markt Schwaben.
2. Juni 1978	München: Empfang des Bischofs von Cheong Ju in Korea, Nicholas Jin-Suk Cheong.

3. Juni 1978	München-Kardinal-Wendel-Haus: Teilnahme am Empfang anlässlich der ordentlichen Mitgliederversammlung der Katholischen Landes-arbeitsgemeinschaft für Erwachsenenbildung e.V.
4. Juni 1978	Seebruck: Gottesdienst anlässlich der 500-Jahr-Feier der Seebrucker Kirche.
7. Juni 1978	München: Empfang von Paul Khoarai, Bischof von Leribe (Lesotho).
7. Juni 1978	München-Kardinal-Wendel-Haus: Teilnahme an der Sitzung des Priesterrates.
8. Juni 1978	München-Antiquarium der Residenz: Entgegennahme des Bayerischen Verdienstordens.
8. Juni 1978	München-Kolpinghaus: Begegnung mit Mitgliedern des Bayerischen Presseclubs.
8. Juni 1978	München-Karmelitensaal: Teilnahme an der Sitzung des Seelsorgerates.
9. Juni 1978	München-Kardinal-Wendel-Haus: Empfang für die Oberstudiendirektoren an Gymnasien.
9. Juni 1978	Firmung in München-Mariahilf.
11. Juni 1978	Erding: Gottesdienst anlässlich der 750-Jahr-Feier der Stadt Erding.
12. Juni 1978	Würzburg: Teilnahme an der Sitzung des Ständigen Rates der Deutschen Bischofskonferenz (DBK).
15. Juni 1978	Firmung in München-Maria Ramerscorf.
16. Juni 1978	München-Dom: Gottesdienst für die Opfer des 17. Juni.
17. Juni 1978	Firmung in Bad Tölz-Hl. Familie.
18. Juni 1978	Firmung in Bad Tölz-Maria Himmelfahrt.
20. Juni 1978	Freising-Bildungszentrum: Teilnahme an der Tagung der Betriebsseelsorger.
21. Juni 1978	München-Brunnenhof der Residenz: Teilnahme an der Feierstunde zum 75-jährigen Bestehen des ADAC.
21. Juni 1978	München-Kardinal-Wendel-Haus: Vortrag anlässlich der Tagung der Religionslehrer an Volksschulen.
22. Juni 1978	München-St. Michael: Gottesdienst anlässlich der Selig-sprechung von Bischof Johann Nepomuk Neumann.
23. Juni 1978	Firmung in München-Gehörlosenschule.
24. Juni 1978	München-Hl. Familie: Aussendung von zwei Pastoral-assistenten der Erzdiözese München und Freising.
25. Juni 1978	Maria-Thalheim: Gottesdienst anlässlich der Wallfahrt des Landkreises Erding nach Maria-Thalheim.
1. Juli 1978	Freising-Dom: Erteilung der Priesterweihe an sechs Diakone der Erzdiözese München und Freising.

2. Juli 1978	München-Dom: Pontifikalgottesdienst zum Papstsonntag.
5. Juli 1978	München-Kardinal-Wendel-Haus: Teilnahme am Treffen der Priester aus der Region München.
7. Juli 1978	Frankfurt/Main: Teilnahme an der Sitzung der Glaubenskommission der Deutschen Bischofskonferenz (DBK).
9. Juli 1978	Freising-Bildungszentrum: Gottesdienst anlässlich der Tagung der Katholischen Religionslehrer an Gymnasien in Bayern.
10. Juli 1978	Freising-Bildungszentrum: Gottesdienst anlässlich des Urlaubertreffens Münchener Missionare.
11. Juli 1978	Schäftlarn: Gottesdienst zum Benediktusfest.
12. Juli 1978	München: Betriebsbesuch bei verschiedenen Institutionen der Deutschen Bundespost.
15. Juli 1978	Firmung in Wolfratshausen-St. Andreas.
16. Juli 1978	Fürstenfeldbruck: Pontifikalgottesdienst aus Anlass der Wiedereröffnung der Klosterkirche Fürstenfeld.
22. Juli 1978	Firmung in Eichenau I und II.
24. Juli 1978	München-Dom: Requiem für den verstorbenen Erzbischof von München und Freising, Julius Kardinal Döpfner.
30. Juli 1978	Garsten (Diözese Linz): Pontifikalgottesdienst zum Bertholdsfest; Teilnahme an der Prozession.
10. August 1978	München-Dom: Requiem für den verstorbenen Papst Paul VI.
12. August 1978	Rom: Teilnahme an den Beisetzungsfeierlichkeiten für den verstorbenen Papst Paul VI. In den Tagen danach Teilnahme am Konklave.
2. September 1978	Rom: Teilnahme an der Inthronisationsfeier des neugewählten Papstes Johannes Paul I.
10. September 1978	München-Dom: Pontifikalgottesdienst aus Anlass der Wahl von Papst Johannes Paul I.
11. September 1978	Würzburg: Teilnahme an der Sitzung des Ständigen Rates der Deutschen Bischofskonferenz (DBK).
12. September 1978	München-Erzbischöfliches Palais: Empfang der sieben neuernannten Geistlichen Räte.
15. September 1978	Freiburg-Katholikentag: Geistliches Wort bei der Veranstaltung „Vergiß´ die Freude nicht!"
16. September 1978	Freiburg-St. Martin: Pontifikalgottesdienst in Konzelebration mit Ausländerseelsorgern für Ausländer.

17. September 1978	Freiburg: Teilnahme am Hauptgottesdienst des Katholikentages. Mitwirkung an der Aktion „Telephonische Kontaktaufnahme". Teilnahme an der Schlusskundgebung.
19.-30. September 1978	Besuch des Patenlandes Ecuador und Teilnahme am Marianischen Kongress in Guayaquil als Päpstlicher Legat.
28. September 1978	Rom: 33 Tage nach seiner Papstwahl stirbt Johannes Paul I. eines plötzlichen Todes.
4. Oktober 1978	Rom: Teilnahme am Requiem für den verstorbenen Heiligen Vater Papst Johannes Paul I. An den folgenden Tagen Teilnahme am Konklave.
21. Oktober 1978	Rom: Teilnahme an der Inthronisationsfeier für den neugewählten Papst Johannes Paul II.
22. Oktober 1978	München-Dom: Gottesdienst zum Weltmissionstag.
25. Oktober 1978	München-Dom: Teilnahme am Requiem für den verstorbenen Prälaten Irschl.
25. Oktober 1978	München-Kardinal-Wendel-Haus: Teilnahme an der Sitzung des Priesterrates.
26. Oktober 1978	München-Karmelitensaal: Teilnahme an der Sitzung des Seelsorgerates.
28. Oktober 1978	München-Mutterhaus der Barmherzigen Schwestern: Gottesdienst anlässlich des Generalkapitels der Barmherzigen Schwestern vom hl. Vinzenz von Paul.
29. Oktober 1978	München-Dom: Gottesdienst anlässlich der Inthronisation von Papst Johannes Paul II.
29. Oktober 1978	München-St. Achaz: Konsekration des neuen Altares.
30. Oktober 1978	München-St. Kajetan: Gottesdienst anlässlich der Eröffnung des neugewählten Landtages.
2. November 1978	München-Domkrypta: Gottesdienst für die verstorbenen Erzbischöfe und Bischöfe von München und Freising.
3. November 1978	München-Regierung von Oberbayern: Teilnahme an der Verabschiedungsfeier von Ministerpräsident Goppel.
6. November 1978	Bad Tölz: Teilnahme an der Leonhardifahrt.
6. November 1978	München-Residenz: Teilnahme am Empfang des neugewählten Bayerischen Ministerpräsidenten Franz Josef Strauß.
8.-9. November 1978	Freising-Bildungszentrum: Teilnahme an der Bayerischen Bischofskonferenz.
12. November 1978	Freising-Dom: Gottesdienst zum Korbiniansfest der Jugend.

16.-17. November 1978	Freising-Bildungszentrum: Teilnahme an der Dekanekonferenz.
18. November 1978	Freising-Dom: Pontifikalgottesdienst zum Korbiniansfest; Pontifikalvesper.
18. November 1978	Freising-Dom: Teilnahme am ökumenischen Gottesdienst der Jugend mit Prior Roger Schutz/Taizé.
20. November 1978	Würzburg: Teilnahme an der Sitzung des Ständigen Rates der Deutschen Bischofskonferenz (DBK).
22. November 1978	München-Dreifaltigkeitskirche: Gottesdienst für hauptamtliche Kirchenmusiker.
25. November 1978	Freising-Bildungszentrum: Gottesdienst anlässlich der Konstituierung des neugewählten Diözesanrates der Katholiken im Erzbistum München und Freising.
26. November 1978	Innsbruck: Pontifikalgottesdienst aus Anlass des 40-jährigen Bischofsjubiläums von Dr. Paul Rusch, Bischof von Innsbruck.
30 November 1978	München-St. Peter und Paul/Trudering: Konsekration des neuen Altares.
2. Dezember 1978	München-Lateinamerikakolleg: Gottesdienst anlässlich des 10-jährigen Bestehens des Kollegs.
3. Dezember 1978	München-Dom: Teilnahme am Pontifikalgottesdienst von Weihbischof Dr. Ernst Tewes anlässlich dessen 10-jährigen Jubiläums als Regionalbischof der Region München, Predigt.
7. Dezember 1978	München-Namen Jesu: Gottesdienst mit gehörlosen Frauen; Teilnahme an der Adventfeier.
9. Dezember 1978	Freising-Bildungszentrum: Gottesdienst anlässlich des 10-jährigen Bestehens des Bildungszentrums; Teilnahme an der Festakademie.
10. Dezember 1978	Unterwössen: Gottesdienst anlässlich des alpenländischen Musikantentreffens.
13. Dezember 1978	München-Alois-Lang-Haus: Teilnahme an der Zentralratssitzung von MISSIO-München.
16. Dezember 1978	München-Georgianum: Gottesdienst zum Stiftungsfest des Herzoglichen Georgianums.
17. Dezember 1978	München-Dom: Erteilung der Diakonenweihe an vier Bewerber für den Ständigen Diakonat der Erzdiözese München und Freising.
21. Dezember 1978	Köln: Teilnahme an den Beisetzungsfeierlichkeiten für den verstorbenen Alt-Erzbischof von Köln, Josef Kardinal Frings.
23. Dezember 1978	München-Stadelheim: Ansprache bei der Weihnachtsfeier der Häftlinge.

24. Dezember 1978	München-Dom: Christmette.
25. Dezember 1978	München-Dom: Pontifikalgottesdienst zum Weihnachtsfest; Pontifikalvesper.
27. Dezember 1978	Mainz: Festvortrag zum 75. Geburtstag des Bischofs von Mainz, Hermann Kardinal Volk.
31. Dezember 1978	München-Dom: Silvesterpredigt. München-St. Michael: Jahresschlussandacht

1979

5. Januar 1979	München-Kardinal-Wendel-Haus: Gottesdienst mit Vertretern der Arbeitsgemeinschaft deutschsprachiger Dogmatiker und Fundamentaltheologen.
6. Januar 1979	München-St. Peter: Feierliche Vesper mit Mitgliedern der Corpus-Christi-Bruderschaft.
9. Januar 1979	München-Antiquarium der Residenz: Teilnahme am Neujahrsempfang des Bayerischen Ministerpräsidenten Franz Josef Strauß.
19. Januar 1979	München-Kardinal-Wendel-Haus: Teilnahme am Neujahrsempfang der Räte der Erzdiözese München und Freising.
21. Januar 1979	München-Dreifaltigkeitskirche: Teilnahme an der Liturgie der Unierten Rumänischen Gemeinde München.
22. Januar 1979	Würzburg: Teilnahme an der Sitzung des Ständigen Rates der Deutschen Bischofskonferenz (DBK).
25. Januar 1979	München-St. Matthäus: Teilnahme am ökumenischen Gottesdienst; Ansprache.
26./27. Januar 1979	Frankfurt/Main: Teilnahme an der Sitzung der Glaubenskommission der Deutschen Bischofskonferenz (DBK).
28. Januar 1979	München-St. Ignatius: Konsekration der neuen Pfarrkirche und Einweihung des Pfarrzentrums.
12. Februar 1979	München-Kardinal-Wendel-Haus: Begegnung mit Professoren und Dozenten der Katholisch-Theologischen Fakultät der Universität München
14. Februar 1979	München-Hotel Deutscher Kaiser: Begegnung mit Mitgliedern des Ritterordens vom Heiligen Grab zu Jerusalem; Gottesdienst mit Ansprache.
15. Februar 1979	München-Fürstenried: Begegnung mit Gemeindeassistenten der Erzdiözese München und Freising.
18. Februar 1979	München-Dom: Erteilung der Diakonenweihe an fünf Theologen der Erzdiözese München und Freising, zwei Ordensfratres der Benediktiner und an einer Professen der Franziskaner.

21. Februar 1979	München-Ramersdorf: Begegnung mit Priestern aus den Dekanaten Münchens.
23. Februar 1979	München-Kardinal-Wendel-Haus: Teilnahme an der Sitzung des Diözesansteuerausschusses.
28. Februar 1979	München-St. Bonifaz: Gottesdienst zum Aschermittwoch der Künstler, anschließend Empfang.
1. März 1979	München-St. Lukas: Begegnung mit Priestern aus den Dekanaten Münchens.
2. März 1979	Firmung in München-St. Rupert.
4. März 1979	München-St. Paul: Konzelebration eines Gottesdienstes zur Eröffnung der Fastenaktion MISEREOR; Teilnahme am anschließenden Festakt auf dem Messegelände.
4. März 1979	München-Kardinal-Wendel-Haus: Teilnahme an der Feierstunde für Professor Karl Rahner.
6.-8. März 1979	Stapelfeld (Oldenburg): Teilnahme an der Vollversammlung der Deutschen Bischofskonferenz (DBK).
11. März 1979	München-Hl. Blut: Konsekration des neuen Altares.
14. März 1979	Salzburg-Universität: Teilnahme an der Thomasfeier der Theologischen Fakultät, Festvortrag.
16. März 1979	München-Kardinal-Wendel-Haus: Begegnung mit Religionslehrern an Berufsschulen der Erzdiözese München und Freising.
21. März 1979	München-Jugendseelsorgeamt: Treffen mit Leitern der Katholischen Jugendverbände.
22. März 1979	Pullach-Pater-Rupert-Mayer-Schule: Segnung einer Pater-Rupert-Mayer-Büste.
22. März 1979	Firmung in Pullach.
24. März 1979	Firmung in Dachau-St. Jakob.
26. März 1979	Firmung in Schäftlarn.
27. März 1979	Wiener Neustadt-Dom: Pontifikalamt mit Ansprache anlässlich der 700-Jahr-Feier des Doms.
31. März 1979	Firmung in Pfaffenhofen.
1. April 1979	Firmung in Rosenheim-St. Nikolaus.
4.-5. April 1979	Freising-Bildungszentrum: Teilnahme an der Bayerischen Bischofskonferenz (BBK).
8. April 1979	München-Dom: Palmweihe, Prozession und Pontifikalamt zum Palmsonntag.
11. April 1979	Würzburg-Dom: Pontifikalrequiem mit Ansprache und Beisetzung von Alt-Bischof Josef Stangl.
11. April 1979	München-Dom: Missa Chrismatis.
12. April 1979	München-Dom: Feier der Gründonnerstagsliturgie.
13. April 1979	München-Dom: Teilnahme an der Karfreitagsliturgie.

15. April 1979	München-Dom: Feier der Osternacht, Pontifikalamt. Pontifikalvesper.
29. April 1979	Straßburg: Teilnahme an der Europatagung der Katholischen Akademie in Bayern; Vortrag.
30. April 1979	Würzburg: Teilnahme an der Sitzung des Ständigen Rates der Deutschen Bischofskonferenz (DBK).
1. Mai 1979	München-St. Paul: Gottesdienst mit der Integrierten Gemeinde; Ansprache.
2. Mai 1979	München-St. Ludwig: Begegnung mit Priestern aus der Region München.
3. Mai 1979	Firmung in München-St. Lorenz.
5. Mai 1979	München-Angerkloster: Teilnahme an den Feiern zum 100. Todestag der Schwester Gerhardinger, Gründerin der Kongregation der Armen Schulschwestern.
5. Mai 1979	Firmung in München-Hl. Kreuz/Forstenried.
7. Mai 1979	München: Gespräch mit dem Bundesvorstand der Sudentendeutschen Landsmannschaft.
8. Mai 1979	München-St. Kajetan: Gottesdienst mit Ansprache anlässlich der Amtseinführung von Weihbischof Pieschl als Beauftragter der Deutschen Bischofskonferenz (DBK) für Polizeiseelsorge.
10. Mai 1979	München, Lilienstraße: Begegnung mit Mitgliedern der jüdischen Loge B´nai B´rith und Vortrag zum Stand des Katholisch-Jüdischen Dialogs.
12. Mai 1979	München-Ostbahnhof: Verabschiedung des Sonnenzuges.
12. Mai 1979	München-Dom: Gottesdienst mit Ansprache anlässlich des Europa-Tages der Paneuropa-Union Bayerns.
14. Mai 1979	München: Gespräch mit dem Bischof der Altkatholiken, Josef Brinkhues.
16. Mai 1979	Teilnahme an der Sitzung des Priesterrates.
18. Mai 1979	Firmung in Neubiberg.
21. Mai 1979	München-Kardinal-Wendel-Haus: Begegnung mit Professoren des Münchener Hochschulkreises; Vortrag.
21. Mai 1979	Firmung in München-Landesschule für Blinde.
22. Mai 1979	München-Kardinal-Wendel-Haus: Teilnahme an der Sitzung des Seelsorgerates.
23. Mai 1979	Firmung in Velden.
24. Mai 1979	München-Sophie-Barat-Haus: Einführung des neuernannten Leitungsgremiums für Pastoralassistenten.
26. Mai 1979	Firmung in Miesbach.
27. Mai 1979	Schliersee: Gottesdienst mit Ansprache zum 1200-jährigen Jubiläum von Schliersee.

30. Mai 1979	München-St. Lantpert: Begegnung mit Priestern aus der Region München.
31. Mai 1979	München-Dom: Feier der letzten Maiandacht; Ansprache.
2. Juni 1979	Firmung in Fürstenfeldbruck-St. Magdalena.
3. Juni 1979	München-Messegelände: Gottesdienst mit Predigt zum Fronleichnamsfest, Prozession.
4. Juni 1979	Altötting: Teilnahme an der Wallfahrt der Legio Mariae.
6.-10. Juni 1979	Polen: Teilnahme an verschiedenen Feierlichkeiten anlässlich des Polenbesuchs des Heiligen Vaters Johannes Paul II.
12. Juni 1979	München: Gespräch mit den Vertretern der Vereinigung der Arbeitgeberverbände in Bayern.
14. Juni 1979	München-Marienplatz: Pontifikalamt mit Predigt zum Fronleichnamsfest; Prozession.
16. Juni 1979	München-St. Michael: Gottesdienst mit Predigt anlässlich der Seligsprechung der Dienerin Gottes Dorothea von Montau.
18. Juni 1979	Würzburg: Teilnahme an der Sitzung des Ständigen Rates der Deutschen Bischofskonferenz (DBK). Anschließende Teilnahme an der Sitzung des Verbandes der Diözesen Deutschlands.
20. Juni 1979	München-Kardinal-Wendel-Haus: Begegnung mit Mitarbeitern der Jugendpflegestellen der Region Nord und Süd.
22. Juni 1979	Firmung in Peiting.
23. Juni 1979	Firmung in Partenkirchen-Mariä Himmelfahrt.
24. Juni 1979	München-St. Johann Baptist: Feierlicher Gottesdienst mit Ansprache anlässlich des 100. Weihetages der Kirche St. Johann Baptist/Haidhausen.
24. Juni 1979	Firmung in Garmisch-St. Martin.
25. Juni 1979	Freising-Dom: Gemeinsame Eucharistiefeier mit Angehörigen des Weihejahrgangs 1939.
30. Juni 1979	Freising-Dom: Erteilung der Priesterweihe an sechs Diakone der Erzdiözese München und Freising und zwei Benediktinerfratres.
1. Juli 1979	Tacherting: Festgottesdienst mit Ansprache zum 300-jährigen Pfarrjubiläum.
3. Juli 1979	Eichstätt: Pontifikalamt mit Predigt zum Walburga-Jubiläum der Diözese Eichstätt.
4. Juli 1979	Firmung in Ampfing.
6.-7. Juli 1979	Frankfurt/Main: Teilnahme an der Sitzung des Ständigen Rates der Deutschen Bischofskonferenz (DBK).

9. Juli 1979	Freising-Domberg: Treffen mit Urlaubermissionaren der Erzdiözese München und Freising.
20. Juli 1979	Firmung in Isen.
22. Juli 1979	Traunstein: Eucharistiefeier mit Predigt zum 50-jährigen Bestehen des Erzbischöflichen Studienseminars.
24. Juli 1979	München-Dom: Requiem für den verstorbenen Erzbischof von München und Freising, Julius Kardinal Döpfner.
25. Juli 1979	Firmung in Grafing.
27. August 1979	Würzburg: Teilnahme an der Sitzung des Ständigen Rates der Deutschen Bischofskonferenz (DBK).
29. August 1979	Neu-Ulm: Vortrag beim Bildungswerk über die Confessio Augustana.
2. September 1979	Rom: Eucharistiefeier mit Ansprache für den Münchener Domchor in der Titelkirche S. Maria Consolatrice.
9. September 1979	Firmung in Aschau/Inn.
17. September 1979	München-Kardinal-Wendel-Haus: Begegnung mit Vertretern der „Arbeitsgemeinschaft Frauenseelsorge, München".
19. September 1979	München-Kardinal-Wendel-Haus: Teilnahme an der Sitzung des Priesterrates.
20. September 1979	München-Rochusstraße: Einweihung des neuen Gebäudes des Erzbischöflichen Ordinariates; zuvor Eucharistiefeier in der Dreifaltigkeitskirche.
20. September 1979	München-Kardinal-Wendel-Haus: Empfang für die Teilnehmer am Internationalen Moraltheologenkongress.
23. September 1979	Regensburg-Dom: Eucharistiefeier für die Teilnehmer an der 35. Generalversammlung des Cäcilienverbandes.
24.-27. September 1979	Fulda: Teilnahme an der Vollversammlung der Deutschen Bischofskonferenz (DBK).
30. September 1979	Baldham: Konsekration der neuerbauten Pfarrkirche Maria Königin.
3. Oktober 1979	München-Unsöldstraße: Eucharistiefeier mit den Schwestern der Katholischen Heimatmission.
8.-12. Oktober 1979	Batschuns (Vorarlberg): Teilnahme an der Fortbildungstagung der Dekane und Mitglieder der Ordinariatssitzung.
13. Oktober 1979	München-Erzbischöfliches Palais: Empfang für das Organisationskomitee des Verbandes Katholischer Akademiker Deutschlands.
14. Oktober 1979	München-St. Kajetan: Eucharistiefeier mit Ansprache anlässlich des Deutschen Akademikertages in München.

16. Oktober 1979	München-St. Sylvester: Eucharistiefeier mit der Vertreterversammlung des Deutschen Caritasverbandes.
17. Oktober 1979	Firmung in Emmering.
19. Oktober 1979	Bonn: Teilnahme an der Gemeinsamen Konferenz der Deutschen Bischofskonferenz (DBK) und des Zentralkomitees der deutschen Katholiken.
20. Oktober 1979	Firmung in Weihenlinden.
21. Oktober 1979	München-Dom: Pontifikalamt mit Predigt zum Papstsonntag.
22.-26. Oktober 1979	Rom: Teilnahme an der Sitzung der Internationalen Theologenkommission.
27. Oktober 1979	Firmung in Freising-St. Georg II.
28. Oktober 1979	München-Dom: Pontifikalamt zum Weltmissionssonntag.
29. Oktober 1979	Freising-Dom: Eucharistiefeier mit Angehörigen des Weihekurses 1954.
30. Oktober 1979	München-Residenz: Teilnahme am Empfang der Bayerischen Staatsregierung für Bundespräsident Karl Carstens.
2. November 1979	München-Dom: Requiem für die verstorbenen Erzbischöfe und Bischöfe von München und Freising in der Domkrypta.
5.-9. November 1979	Rom: Teilnahme an der Versammlung des Kardinalkollegiums.
11. November 1979	Freising-Dom: Eucharistiefeier mit Jugendlichen der Erzdiözese München und Freising zum Korbiniansfest der Jugend.
13. November 1979	München-Kardinal-Wendel-Haus: Eucharistiefeier mit Vertretern der KRGB (Katholische Religionslehrer an Gymnasien in Bayern) München.
17. November 1979	Freising-Dom: Korbiniansfest – Pontifikalamt mit Predigt; Pontifikalvesper.
19. November 1979	München-St. Karl Borromäus: Begegnung mit Priestern aus Dekanaten Münchens.
20.-21. November 1979	Bad Adelholzen: Teilnahme an der Klausurtagung des Priesterrates.
24. November 1979	Firmung in Freilassing-St. Rupert.
25. November 1979	Firmung in Freilassing-St. Korbinian.
27.-28. November 1979	Augsburg-Haus St. Ulrich: Teilnahme an der Vollversammlung der Bayerischen Bischofskonferenz (BBK).
29. November 1979	Firmung in München-Hl. Kreuz/Giesing.
2. Dezember 1979	Paris: Vortrag in Notre-Dame.

4. Dezember 1979	München-Erzbischöfliches Palais: Empfang für die neuernannten Geistlichen Räte.
6. Dezember 1979	München-Fürstenried: Besuch der im Exerzitienhaus tagenden Seminarsprecherkonferenz.
9. Dezember 1979	Rosenheim-St. Michael: Feierliche Einweihung der neuerrichteten Kirche und Gottesdienst.
15. Dezember 1979	Dem katholischen Theologen Hans Küng in Tübingen wird entsprechend einer Erklärung der römischen Kongregation für die Glaubenslehre vom Rottenburger Bischof die missio canonica entzogen. Professor Küng spricht nach Kardinal Ratzinger nicht mehr im Namen der Kirche.
16. Dezember 1979	München-Dom: Erteilung der Diakonenweihe an elf Bewerber für den Ständigen Diakonat der Erzdiözese München und Freising.
17. Dezember 1979	München-St. Sylvester: Eucharistiefeier mit den Mitarbeitern des Erzbischöflichen Ordinariates; Teilnahme an der Weihnachtsfeier.
21. Dezember 1979	Berlin-St. Matthias: Predigt beim Requiem für den verstorbenen Kardinal Alfred Bengsch.
22. Dezember 1979	Berlin-St. Hedwig: Teilnahme am Requiem und an der Beisetzung des verstorbenen Kardinals Alfred Bengsch.
23. Dezember 1979	Unterpfaffenhofen: Besuch im Caritas-Altersheim Don Bosco.
24. Dezember 1979	München-Dom: Christmette.
25. Dezember 1979	München-Dom: Pontifikalamt zum Weihnachtsfest, Pontifikalvesper.
28. Dezember 1979	Rom: Begegnung mit dem Heiligen Vater Johannes Paul II. in der Angelegenheit Professor Küng.
31. Dezember 1979	München-Dom: Silvesterpredigt. München-St. Michael: Jahresschlussandacht.

1980

6. Januar 1980	München-St. Peter: Teilnahme an der feierlichen Vesper mit Mitgliedern der Corpus-Christi-Bruderschaft.
7. Januar 1980	Würzburg: Teilnahme an der Sitzung des Ständigen Rates der Deutschen Bischofskonferenz (DBK).
8. Januar 1980	München-Antiquarium der Residenz: Teilnahme am Neujahrsempfang des Bayerischen Ministerpräsidenten Franz Josef Strauß.

9. Januar 1980	München-Erzbischöfliches Ordinariat: Eucharistiefeier mit den Mitarbeitern des Erzbischöflichen Ordinariates.
11. Januar 1980	München-Kardinal-Wendel-Haus: Teilnahme am Neujahrsempfang der Räte der Erzdiözese München und Freising.
13. Januar 1980	Lauingen: Pontifikalamt mit Predigt zum Albertus-Jubiläum.
20. Januar 1980	München-Dom: Erteilung der Diakonenweihe an sechs Theologen der Erzdiözese München und Freising.
21. Januar 1980	Würzburg: Teilnahme an der Tagung des Ständigen Rates der Deutschen Bischofskonferenz
22. Januar 1980	München-Dom: Teilnahme am ökumenischen Gottesdienst, Ansprache.
25.-26. Januar 1980	Ludwigshafen: Teilnahme an der Sitzung der Glaubens-kommission der Deutschen Bischofskonferenz (DBK).
4.-9. Februar 1980	Rom: Teilnahme an der Vollversammlung des Sekretariats für die Einheit der Christen.
10. Februar 1980	Frauenchiemsee: Erteilung der Äbtissinnenweihe an Frau M. Domitilla Veith OSB.
20. Februar 1980	München-St. Bonifaz: Gottesdienst zum Ascher-mittwoch der Künstler; anschließend Empfang.
25.-28. Februar 1980	Vierzehnheiligen: Teilnahme an der Vollversammlung der Deutschen Bischofskonferenz (DBK).
5. März 1980	München-Kardinal-Wendel-Haus: Teilnahme an der Sitzung des Priesterrates der Erzdiözese München und Freising.
6. März 1980	Firmung in Altfraunhofen.
9. März 1980	Scheyern: Pontifikalgottesdienst mit Predigt anlässlich der Erhebung der Abteikirche zur Basilika.
9. März 1980	München-Rathaus: Teilnahme am Festakt zur Eröffnung der Woche der Brüderlichkeit.
10. März 1980	München-Herkulessaal der Residenz: Teilnahme an der Trauerfeier für den verstorbenen Ministerpräsidenten a.D. Dr. Wilhelm Hoegner.
12. März 1980	Firmung in Holzkirchen.
15. März 1980	Firmung in Neufahrn b. Freising.
20. März 1980	München-Berg am Laim: Kapellenbenediktion im Altenheim der Barmherzigen Schwestern mit Konse-kration des Altares zu Ehren des heiligen Michael.
21. März 1980	Firmung in Großkarolinenfeld.
23. März 1980	Firmung in Dachau-Hl. Kreuz.

24. März 1980	München-Kardinal-Wendel-Haus: Begegnung mit Schulräten im Bereich der Erzdiözese München und Freising.
25. März 1980	München-Kardinal-Wendel-Haus: Teilnahme an der Jahresfeier der Katholischen Akademie in Bayern.
26.-27. März 1980	Freising-Domberg: Teilnahme an der Bayerischen Bischofskonferenz (BBK).
30. März 1980	München-Dom: Palmweihe, Prozession und Pontifikalamt zum Palmsonntag.
2. April 1980	München-Dom: Missa Chrismatis.
3. April 1980	München-Dom: Feier der Gründonnerstagsliturgie.
4. April 1980	München-Dom: Teilnahme an der Karfreitagsliturgie.
6. April 1980	München-Dom: Feier der Osternacht, Pontifikalamt. Pontifikalvesper.
11. April 1980	München-Kardinal-Wendel-Haus: Gottesdienst für die Teilnehmer am Christologischen Symposium.
12. April 1980	Ettal-Abtei: Requiem für verstorbenen Alt-Abt Dr. Karl Groß OSB; Teilnahme an der Beisetzung.
17. April 1980	München-Caritas-Zentrum am Luitpoldpark: Kapellenbenediktion mit Altarweihe zu Ehren des heiligen Willibrord, anschließend Haussegnung.
19. April 1980	Freising-Dom: Eucharistie mit Priestern des Weihejahrgangs 1940.
23. April 1980	München-Schloss Fürstenried: Teilnahme an der Dekanekonferenz.
25. April 1980	Firmung in Taufkirchen-St. Johannes der Täufer.
26. April 1980	Firmung in Oberaudorf.
27. April 1980	Firmung in Traunstein-Erzbischöfliches Studienseminar.
28. April 1980	Ettal-Abtei: Pontifikalamt mit Predigt anlässlich der 650-Jahr-Feier der Gründung der Abtei Ettal.
30. April 1980	Firmung in Gars.
3. Mai 1980	Firmung in Mühldorf-St. Peter und Paul.
4. Mai 1980	Firmung in Mühldorf-St. Nikolaus.
5. Mai 1980	München-Kardinal-Wendel-Haus: Teilnahme an der Informationstagung mit Priestern der Erzdiözese München und Freising.
6. Mai 1980	Firmung in Neugermering.
8. Mai 1980	München-Sophie-Barat-Haus: Gottesdienst mit künftigen Pastoralassistenten.
11. Mai 1980	Tuntenhausen: Gottesdienst anlässlich der Männerwallfahrt.

12. Mai 1980	Rosenheim-Kreisbildungswerk: Teilnahme an der Informationstagung mit Priestern der Erzdiözese München und Freising.
15. Mai 1980	Passau: Pontifikalamt mit Predigt anlässlich des Passauer Domjubiläums.
17. Mai 1980	Oberammergau: Gottesdienst zur Eröffnung des Passionsspiels.
18. Mai 1980	Oberammergau: Teilnahme an der Eröffnungsvor-stellung des Passionsspiels.
21. Mai 1980	Firmung in Unterstein.
23. Mai 1980	Firmung in München-Zu den 12 Aposteln.
23. Mai 1980	München: Empfang zum Antrittsbesuch von Ignace Van Steenberge, Generalkonsul von Belgien.
25. Mai 1980	München-Dom: Pontifikalamt mit Predigt zum Pfingstfest; Pontifikalvesper.
30. Mai-3. Juni 1980	Rhodos: Teilnahme am ökumenischen Gespräch mit Vertretern der Orthodoxie.
5. Juni 1980	München-Marienplatz: Pontifikalamt mit Predigt zum Fronleichnamsfest; Prozession.
6.-8. Juni 1980	Berlin: Teilnahme am Deutschen Katholikentag. Am 7. Juni Gottesdienst mit Ansprache in der Rosenkranz-basilika Berlin-Steglitz.
10. Juni 1980	München-St. Ludwig: Vortrag „Theologie und Kirchenpolitik".
11. Juni 1980	München-Nationaltheater: Teilnahme am Festakt anlässlich der Übertragung der bayerischen Herzogs-würde auf das Haus Wittelsbach vor 800 Jahren. Teilnahme an der Eröffnung der Ausstellung „Wittelsbach und Bayern".
12. Juni 1980	Firmung in Mittenwald.
12. Juni 1980	Firmung in Hohenpeißenberg.
14. Juni 1980	München-St. Ignatius: Aussendungsfeier von fünf Pastoralassistenten der Erzdiözese München und Freising.
15. Juni 1980	München-Dom: Pontifikalvesper anlässlich des Bennojubiläums.
15. Juni 1980	München-Rathaus: Teilnahme am Empfang der Stadt München anlässlich des Bennojubiläums.
16. Juni 1980	München-Kardinal-Wendel-Haus: Begegnung mit Professoren der Katholisch-Theologischen Fakultät der Universität München.
18. Juni 1980	Firmung in Siegsdorf.
19. Juni 1980	Firmung in Teisendorf.

21. Juni 1980	Freising-Dom: Gottesdienst mit Priestern des Weihe- jahrgangs 1950.
22. Juni 1980	Freising-St. Georg: Pontifikalgottesdienst anlässlich des 50-jährigen Bestehens des Pallottiheims Freising.
23. Juni 1980	Würzburg: Teilnahme an der Sitzung des Ständigen Rates der Deutschen Bischofskonferenz (DBK).
25. Juni 1980	Firmung in München-St. Margaret.
25. Juni 1980	München: Empfang des italienischen Generalkonsuls zu einem Abschiedsbesuch.
26. Juni 1980	Eichstätt: Aus Anlass der Erhebung der Gesamt- hochschule Eichstätt zur Universität: Teilnahme an der außerordentlichen Konferenz der bayerischen Bischöfe; Pontifikalvesper; Festakt.
28. Juni 1980	Freising-Dom: Erteilung der Priesterweihe an sechs Diakone der Erzdiözese München und Freising, einen Benediktiner und einen Priesteramtskandidaten aus Korea.
29. Juni 1980	Augsburg: Teilnahme an der Schlussveranstaltung „400 Jahre Confessio Augustana" in der St. Anna- Kirche. Teilnahme an der Schlussversammlung am Rathausplatz.
30. Juni 1980	München-Rathaus: Festakt anlässlich des 30-jährigen Bestehens des Münchener Presseclubs.
1. Juli 1980	Firmung in München-Maria Immaculata.
2. Juli 1980	München-Bayerischer Hof: Teilnahme am Empfang anlässlich des 150-jährigen Bestehens des Verlages Manz.
2. Juli 1980	München-Kardinal-Wendel-Haus: Teilnahme am Treffen der Geistlichen aus der Region München.
4.-5. Juli 1980	Frankfurt/Main: Teilnahme an der Sitzung der Glaubenskommission der Deutschen Bischofskon- ferenz (DBK).
7. Juli 1980	Freising-Kardinal-Döpfner-Haus: Begegnung mit Urlaubermissionaren aus der Erzdiözese München und Freising.
9. Juli 1980	Regensburg-Dominikanerkirche: Gottesdienst anläss- lich der Albertus-Magnus-Feier.
11. Juli 1980	Firmung in München-St. Theresia.
14. Juli 1980	München-Dom: Eucharistiefeier mit Priestern des Weihejahrgangs 1955.
16. Juli 1980	Dietramszell: Teilnahme an der Sitzung des Priesterrates der Erzdiözese München und Freising.
16. Juli 1980	Firmung in Tittmoning.

16. Juli 1980	Firmung in Traunreut.
21. Juli 1980	München-Nußbaumstraße: Dankgottesdienst anlässlich des 50. Professjubiläums der Generaloberin der Barmherzigen Schwestern, Mutter M. Gundebalda Engelhart.
24. Juli 1980	München-Dom: Requiem für den verstorbenen Erzbischof von München und Freising, Julius Kardinal Döpfner.
27. Juli 1980	Firmung in Flintsbach.
27. Juli 1980	Firmung in Rosenheim-Christkönig.
25. August 1980	Würzburg: Teilnahme an der Sitzung des Ständigen Rates der Deutschen Bischofskonferenz (DBK).
30. August 1980	Dachau-Karmel: Entgegennahme der Feierlichen Profess von zwei Schwestern.
7. September 1980	Attel: Besuch und Gottesdienst bei der Behinderteneinrichtung „Stiftung Attl".
11. September 1980	Polen/Krakau: Deutsche Bischöfe kommen zu einer Pilgerfahrt nach Polen als Gegenbesuch auf die Deutschlandreise einer polnischen Bischofsdelegation im Jahr 1978. Joseph Kardinal Ratzinger hält dabei in Krakau Gottesdienst und Predigt, in der Bischofskirche von Kardinal Macharski, dem Nachfolger des jetzigen Papstes als Erzbischof von Krakau.
16. September 1980	München-Dom: Pontifikalamt anlässlich des 800-jährigen Jubiläums des Hauses Wittelsbach.
22.-25. September 1980	Fulda: Teilnahme an der Vollversammlung der Deutschen Bischofskonferenz (DBK).
26. September – 26. Oktober 1980	Rom: Teilnahme an der Bischofssynode.
26. September 1980	München: Durch ein terroristisches Attentat auf der Münchner Theresienwiese während des Oktoberfestes werden 13 Menschen getötet und eine große Anzahl schwer verletzt. Joseph Kardinal Ratzinger, der zur Bischofssynode in Rom weilt, und der Papst selbst geben in Telegrammen ihrer Bestürzung und Trauer Ausdruck.
29. Oktober 1980	München-St. Georg/Bogenhausen: Gottesdienst anlässlich der Jahrestagung der Arbeitsgemeinschaft Katholische Presse; Teilnahme am Empfang.
30. Oktober 1980	München-Haus des Presseclubs: Pressekonferenz über die römische Bischofssynode.
3. November 1980	Wien: Vortrag über „Eschatologie" vor der österreichischen Bischofskonferenz.
5.-6. November 1980	Freising-Domberg: Teilnahme an der Vollversammlung der Bayerischen Bischofskonferenz (BBK).

11. November 1980	Firmung in München-St. Michael/Perlach.
15.-19. November 1980	Begleitung des Heiligen Vaters Johannes Paul II. auf dessen Deutschlandbesuch in Köln, Mainz, Fulda, Altötting und München.
22. November 1980	Firmung in München-St. Monika.
24. November 1980	Würzburg: Teilnahme an der Sitzung des Ständigen Rates der Deutschen Bischofskonferenz (DBK).
26. November 1980	München-Mandlstraße: Gottesdienst mit den Studentinnen des Studentenwohnheims Theresianum.
27. November 1980	Firmung in München-St. Albert/Freimann.
29. November 1980	München-Bürgersaal: Gottesdienst mit Familien.
30. November 1980	München-Schwanthalerstraße: Einweihung des kroatischen Pfarrheims.
1. Dezember 1980	München-Missio: Gottesdienst für Mitarbeiter und Mitglieder des Zentralrats von MISSIO-München.
4. Dezember 1980	München-Nußbaumstraße: Gottesdienst zum Generalkapitel der Barmherzigen Schwestern.
6. Dezember 1980	München-Angerkloster: Gottesdienst mit Kursteilnehmern des Instituts der Vereinigung der Ordensoberinnen Deutschlands (VOD).
7.-8. Dezember 1980	Traunstein: Teilnahme an der Klausurtagung des Priesterrates der Erzdiözese München und Freising.
11. Dezember 1980	München-Kardinal-Wendel-Haus: Gottesdienst mit Teilnehmern an der deutschen Seelsorgeamtsleiterkonferenz.
13. Dezember 1980	München-Dom: Erteilung der Diakonenweihe an sechs Bewerber für den Ständigen Diakonat in der Erzdiözese München und Freising.
17. Dezember 1980	München-St. Sylvester: Eucharistiefeier mit den Mitarbeitern des Erzbischöflichen Ordinariats; Teilnahme an der vorweihnachtlichen Feier im Kardinal-Wendel-Haus.
18. Dezember 1980	München-Erzbischöfliches Palais: Empfang für elf neuernannte Geistliche Räte der Erzdiözese.
23. Dezember 1980	Schonstett: Besuch im Heim für Körperbehinderte.
24. Dezember 1980	München-Dom: Christmette.
25. Dezember 1980	München-Dom: Pontifikalamt zum Weihnachtsfest, Pontifikalvesper.
31. Dezember 1980	München-Dom: Silvesterpredigt. München-St. Michael: Jahresschlussandacht.

1981

5. Januar 1981	Freising: Teilnahme an der Tagung deutschsprachiger Dogmatiker und Fundamentaltheologen.
13. Januar 1981	München-Antiquarium der Residenz: Teilnahme am Neujahrsempfang des Bayerischen Ministerpräsidenten Franz Josef Strauß.
16. Januar 1981	München-Kardinal-Wendel-Haus: Teilnahme am Neujahrsempfang der Räte der Erzdiözese München und Freising.
18. Januar 1981	München-Kolpinghaus-Zentral: Gottesdienst anlässlich der Verabschiedung von Präses Msgr. Josef Grabmaier und der Einführung des neuen Präses Hans Stadler.
19. Januar 1981	Würzburg: Teilnahme an der Sitzung des Ständigen Rates der Deutschen Bischofskonferenz (DBK).
20. Januar 1981	München: Teilnahme am ökumenischen Gottesdienst in der evangelischen St. Matthäuskirche zur Gebetswoche für die Einheit der Christen; Ansprache.
25. Januar 1981	Firmung in München-St. Bernhard.
27. Januar 1981	München-Exerzitienhaus Fürstenried: Erteilung der Missio canonica an sechs Religionslehrer an Gymnasien.
30.-31. Januar 1981	Frankfurt-St. Georgen: Teilnahme an der Sitzung der Glaubenskommission der Deutschen Bischofskonferenz (DBK).
15. Februar 1981	München-Dom: Erteilung der Diakonenweihe an drei Theologen der Erzdiözese München und Freising.
16. Februar 1981	München-Kardinal-Wendel-Haus: Gottesdienst und Teilnahme an der Tagung des Westdeutschen Fakultätentages der Katholisch-Theologischen Universitätsfakultäten.
18. Februar 1981	München-Kardinal-Wendel-Haus: Teilnahme an der Sitzung des Priesterrates.
19. Februar 1981	München-Fürstenried: Begegnung mit höheren Ordensoberinnen.
25. Februar 1981	München-Fürstenried: Begegnung mit höheren Ordensoberen.
27. Februar 1981	Bonn: Teilnahme an der Gemeinsamen Konferenz von Vertretern der Deutschen Bischofskonferenz (DBK) und des Zentralkomitees der deutschen Katholiken (ZdK).
4. März 1981	München-St. Bonifaz: Gottesdienst mit Predigt zum Aschermittwoch der Künstler.
6. März 1981	Firmung in München-St. Leonhard.

26. Oktober 1981	Traunstein: Teilnahme an der Klausurtagung des Priesterrates.
28. Oktober 1981	Firmung in Egling.
29. Oktober 1981	Firmung in Kirchseeon.
31. Oktober 1981	München-St. Kajetan: Gottesdienst für Behinderte.
2. November 1981	München-Domgruft: Requiem für die verstorbenen Bischöfe der Erzdiözese München und Freising.
3. November 1981	München-Priesterseminar (z. Zt. im Georgianum): Einführung des neuen Regens Msgr. Georg Mangold.
4.-5. November 1981	Freising: Teilnahme an der Herbstvollversammlung der Bayerischen Bischofskonferenz (BBK).
8. November 1981	München-St. Stephanuskirche am Südfriedhof: Gottesdienst mit Predigt für die tschechische Gemeinde in München.
9.-14. November 1981	Rom: Teilnahme an der Sitzung des Einheitssekretariats.
15. November 1981	Rom-Anima-Kirche: Firmung bei einem Gottesdienst der Deutschen Gemeinde in Rom.
16. November 1981	Würzburg: Teilnahme an der Sitzung des Ständigen Rates der Deutschen Bischofskonferenz (DBK).
18. November 1981	Freising-Dom: Pontifikalamt mit Predigt zum Korbinianstag; Pontifikalvesper.
18.-20. November 1981	Freising: Teilnahme an der Dekanekonferenz.
20. November 1981	München-Leopold-/Georgenstraße: Grundsteinlegung für das neue Priesterseminar der Erzdiözese.
21. November 1981	Firmung in Freising-St. Peter und Paul.
24. November 1981	München-Erzbischöfliches Palais: Empfang für die neuernannten Geistlichen Räte.
25. November 1981	Firmung in Bad Kohlgrub.
25. November 1981	Joseph Kardinal Ratzinger, seit März 1977 Erzbischof von München und Freising, wird zum Präfekten der Glaubenskonkregation, der erstrangigen aller Vatikanischen Kongregationen, nach Rom berufen.
26. November 1981	Bonn: Gottesdienst mit Ansprache für katholische Abgeordnete des Deutschen Bundestags.
27. November 1981	München-St. Ludwig: Requiem für den verstorbenen Prälaten Prof. Dr. Karl Forster; zuvor Teilnahme an der Beerdigung.
29. November 1981	München-St. Monika: Weihe der Pfarrkirche.
30. November 1981	München-Pettenkoferstraße: Teilnahme an der Sitzung des Zentralrates von MISSIO München.
2. Dezember 1981	München-St. Elisabeth: Gottesdienst mit Predigt zum 25-jährigen Bestehen der Pfarrei.

3. Dezember 1981	München: Treffen mit den Mitgliedern des Münchener Presseclubs.
5. Dezember 1981	München-Solln: Gottesdienst mit Predigt für die Hausgemeinschaft der Guten Hirtinnen.
8. Dezember 1981	Roduc/Holland: Pontifikalgottesdienst; Vortrag.
9. Dezember 1981	München-Meisterstraße: Teilnahme an dem Treffen von Mitgliedern der Bayerischen Bischofskonferenz (BBK) und der Evangelischen Kirche Deutschlands (EKD) in Bayern.
10. Dezember 1981	Bonn: Teilnahme am Empfang des Bundespräsidenten Karl Carstens für die deutschen Diözesanbischöfe.
13. Dezember 1981	München-Dom: Erteilung der Diakonenweihe an acht Bewerber für den Ständigen Diakonat in der Erzdiözese München und Freising.
16. Dezember 1981	München-St. Sylvester: Eucharistiefeier mit den Mitarbeitern des Erzbischöflichen Ordinariats. Teilnahme an der vorweihnachtlichen Feier im Kardinal-Wendel-Haus.
18. Dezember 1981	München-Studentenheim Paulinum: Eucharistiefeier und Ansprache für Studenten aus Osteuropa.
21. Dezember 1981	München-Feldherrnhalle: Teilnahme an der Kundgebung anlässlich der Verhängung des Kriegsrechts in Polen. Teilnahme am Bittgang nach St. Anna.
23. Dezember 1981	Bernau: Gottesdienst mit Ansprache für die in der Justizvollzugsanstalt Inhaftierten.
24. Dezember 1981	München-Dom: Christmette.
25. Dezember 1981	München-Dom: Pontifikalamt zum Weihnachtsfest; Pontifikalvesper.
31. Dezember 1981	München-Dom: Silvesterpredigt.
31. Dezember 1981	München-St. Michael: Jahresschlussandacht.

1982

5. Januar 1982	Zagreb: Teilnahme an den Beisetzungsfeierlichkeiten für den Präfekten der Glaubenskongregation, Franjo Kardinal Šeper.
6. Januar 1982	München-St. Peter: Chorassistenz bei der Vesper der Corpus-Christi-Bruderschaft.
7. Januar 1982	München-Ukrainisches Zentrum: Teilnahme an der Weihnachtsliturgie der Ukrainer.
10. Januar 1982	München-Kardinal-Wendel-Haus: Teilnahme am Neujahrsempfang der Räte der Erzdiözese München und Freising.

18.-22. Januar 1982	Rom: Vorbereitung und Teilnahme an der Plenaria der Glaubenskongregation.
25. Januar 1982	Würzburg: Teilnahme an der Sitzung des Ständigen Rates der Deutschen Bischofskonferenz (DBK).
29.-30. Januar 1982	Frankfurt/Main: Teilnahme an der Sitzung der Glaubenskommission der Deutschen Bischofskonferenz (DBK).
12. Februar 1982	München-Justizministerium: Unterzeichnung des Vertrages über die Seelsorge in Justizvollzugsanstalten.
12. Februar 1982	München-Antiquarium der Residenz: Teilnahme am Empfang der Staatsregierung aus Anlass der Berufung Kardinal Ratzingers zum Präfekten der Glaubenskongregation und dessen Abschieds von München.
13. Februar 1982	Freising-Dom: Pontifikalgottesdienst mit dem Klerus der Erzdiözese zum Abschied.
14. Februar 1982	München-Dom: Erteilung der Diakonenweihe an neun Theologen der Erzdiözese München und Freising, einen Frater der Franziskaner und einen Frater der Benediktiner.
15. Februar 1982	Aufgrund der vom Heiligen Vater Johannes Paul II. angenommenen Resignation endet mit diesem Tag die Amtszeit von Joseph Kardinal Ratzinger als Erzbischof von München und Freising. Das Metropolitankapitel wählt den Weihbischof und Dompropst Ernst Tewes zum Kapitularvikar.

Sonderpressedienst zur Ernennung des neuen Erzbischofs von München und Freising, Professor Dr. Joseph Ratzinger [ohne Datum]
> Der Glauben ermöglicht wahres Menschsein. Joseph Ratzinger neuer Erzbischof von München und Freising (Portrait des neuen Erzbischofs).
> Aus Meditationen und Predigten des neuen Erzbischofs.
> Von der Kandidatenernennung zur Bischofsweihe. Modalitäten und Abläufe einer Bischofsernennung.

Nr. 12 vom 31. März 1977
Korrespondenz
> Erzbischof Ratzinger besucht sein Erzbistum. Gebet am Korbiniansschrein.
> Besuch bei Bayerischer Bischofskonferenz.

Nr. 16 vom 18. Mai 1977
Korrespondenz
> Terminüberblick zur Bischofsweihe.
> Empfang des neuen Erzbischofs in München.
> Empfang und Treueid in der Staatskanzlei.
> Amtsübernahme und Besitzergreifung.
> Bischofsweihe im Liebfrauendom.
> Erzbischof Ratzinger in drei Sendungen des Schulfernsehens.

Nr. 17 vom 2. Juni 1977
Korrespondenz
> Erzbischof Ratzinger überrascht und erfreut über bevorstehende Kardinalsernennung.
> Erzbischof lädt zum Fronleichnamsfest ein „Wir alle bedürfen der sichtbaren Zeichen".
> Appell an die Einheit der Menschen. Erzbischof Ratzinger: Pfingsten ein Fest der Vereinigung.
Dokumentation
> Pfingstpredigt des Erzbischofs von München und Freising, Joseph Ratzinger, im Münchner Liebfrauendom am 29. Mai 1977.

Nr. 18 vom 6. Juni 1977
Zusammenfassung des bei den beiden Pressekonferenzen am 25. und 27. Mai 1977 anlässlich der Eidesleistung, der Amtsübernahme und der Bischofsweihe von Prof. Joseph Ratzinger an die Vertreter von Presse, Funk und Fernsehen verteilten Materials

Die Bischofsweihe (Von Weihbischof Ernst Tewes).
Das Bischofsamt und seine Bedeutung heute (Von Weihbischof Tewes).
Ein Bischof ist Nachfolger der Apostel – kein Kirchenfürst oder Beamter in violett (Aus einem Referat von Kardinal Paolo Marella).
Treueeid gegenüber der verfassungsmäßigen Regierung.
Ansprache von Joseph Ratzinger bei der Vereidigung am 26. Mai in der Bayerischen Staatskanzlei.
Vom Hochstift zum Erzbistum – aus der Geschichte des Erzbistums München und Freising.
Wortlaut der päpstlichen Ernennungsurkunde.
Beschreibung und Photo, beziehungsweise Photokopie des Bischofswappens.
Ansprache des Bischofs von Würzburg, Dr. Josef Stangl, bei der Bischofsweihe.
Erste Predigt von Erzbischof Ratzinger im Liebfrauendom.
Das von Erzbischof Ratzinger verfaßte Gebet, das er im Anschluß an die Bischofsweihe vor der Mariensäule auf dem Marienplatz betete.

Nr. 19 vom 16. Juni 1977
Korrespondenz

Erster Hirtenbrief von Erzbischof Joseph Ratzinger
„Mit fast unbegreiflicher Sicherheit den Weg in der Zeit gefunden".
Erzbischof Ratzinger hielt Gedenkgottesdienst für Kardinal Faulhaber.
Über 40.000 Teilnehmer bei der Fronleichnamsprozession. Ratzinger: Prozession einer Demonstration für die Nähe Gottes.

Dokumentation

Erster Hirtenbrief des Erzbischofs von München und Freising, Prof. Dr. Joseph Ratzinger.

Nr. 20 vom 23. Juni 1977
Korrespondenz

Erzbischof Ratzinger zur Kardinalserhebung in Rom. Empfang durch Ministerpräsident Goppel nach Rückkehr.
Die Kardinalsfamilie.
Dem Sport verstärkt Beachtung schenken. Erzbischof Ratzinger für Zusammenarbeit zwischen Kirche und Sport.

Dokumentation

Predigt des Erzbischofs von München und Freising, Professor Dr. Joseph

Ratzinger, zum Todestag von Michael Kardinal Faulhaber im Münchener Liebfrauendom am 12. Juni 1977.

Nr. 21 vom 7. Juli 1977
Korrespondenz
Festgottesdienst und Festakt. Programm der Feierlichkeiten zur Kardinalsernennung.

Nr. 22 vom 14. Juli 1977
Korrespondenz
Kardinal Ratzinger betont Einheit mit Kirche und Papst. Absage an Selbstherrlichkeit und Spaltungstendenzen.
Dokumentation
Predigt des Erzbischofs vom München und Freising, Joseph Kardinal Ratzinger, zum Papstsonntag am 10. Juli 1977 in der St. Michaelskirche in München.

Nr. 23 vom 21. Juli 1977
Korrespondenz
90.000 Gästebriefe des Kardinals.
Erste offizielle Begegnung zwischen Kardinal und Landesbischof. Gemeinsamer Wortgottesdienst im Münchner Dom vereinbart.
Kardinal Ratzinger zur Bach-Woche in Ansbach. Anschließender Urlaub in Südtirol.
Dokumentation
Ein Bischof muß auch Theologe sein. Interview von Radio Vatikan mit dem Erzbischof von München und Freising, Joseph Kardinal Ratzinger.

Nr. 24 vom 28. Juli 1977
Korrespondenz
Kardinal Joseph Ratzinger. Kardinal Döpfner hat die Kirche zusammengehalten. Kritik an „Kultur, die von Verhöhnung des Kreuzes lebt".
„Flucht auf die Räder" offenbart „Verlangen nach Freiheit". Kardinal Ratzinger zur „Völkerwanderung auf den Straßen".
Dokumentation
Predigt des Erzbischofs von München und Freising, Joseph Kardinal Ratzinger, zum ersten Jahrestag des Todes von Julius Kardinal Döpfner im Münchner Liebfrauendom am 23. Juli 1977.
Ansprache des Erzbischofs von München und Freising, Joseph Kardinal Ratzinger, in der Sendung „Zum Sonntag" des Bayerischen Rundfunks am 6. August 1977.

Nr. 26 vom 15. September 1977
Korrespondenz

Schwangeren in Not helfen. Aufruf Kardinal Ratzingers an Gemeinden. Ein Haus in München, wo Mütter Schutz finden.

Dokumentation

Wort des Erzbischofs von München und Freising, Joseph Kardinal Ratzinger zur Unterstützung der Aktion für das Leben.

Nr. 27 vom 21. September 1977
Korrespondenz

Bayerische Bischofskonferenz wieder in Päpstliches Jahrbuch aufnehmen. Kardinal Ratzinger: „Ich bin ein entschiedener Anhänger des Föderalismus". Stellungnahme der Pressestelle des Ordinariates zu einem Angriff auf Kardinal Ratzinger durch das SPD-Parteiorgan „Vorwärts".

Kardinal warnt vor zerstörerischen Tendenzen. Wallfahrt der Katholiken nach Maria Eich.

Diakone vergegenwärtigen den Auftrag Christi. Ratzinger: Den Leidenden geben, was Technik ihnen nicht geben kann.

Nr. 28 vom 29. September 1977
Korrespondenzen

Ratzinger wünscht starke katholische Verbände. Katholische Arbeitnehmer-Bewegung in „gesunder Mitte".

Schwester des amerikanischen Präsidenten traf Kardinal.

„Die Unfähigkeit, den Engel zu denken". Kardinal Ratzinger: Die Welt ist von Gottes Gegenwart erfüllt.

Nr. 29 vom 6. Oktober 1977
Korrespondenz

Egon Bahr distanziert sich vom „Vorwärts". Partei-Zeitung hat Ratzinger-Zitat „falsch interpretiert". SPD wünscht „sachkundige theologische Begleitung".

Wortlaut des Briefes des Bundesgeschäftsführer der SPD, Egon Bahr, an den Erzbischof von München und Freising, Joseph Kardinal Ratzinger, zur Kontroverse um einen Artikel im „Vorwärts".

Gottesdienst der Nationen im Liebfrauendom. Ratzinger: „In der Kirche kann es keine Fremdlinge geben".

Bayerns Bischöfe erstmals gemeinsam in Rom. Ad limina-Besuch des bayerischen Episkopats beim Papst.

Dokumentation

Ansprache des Erzbischofs von München und Freising, Joseph Kardinal Ratzinger, in der Sendung „Zum Sonntag" des Bayerischen Rundfunks am 2. Oktober 1977.

Aufruf des Erzbischofs von München und Freising, Joseph Kardinal Ratzinger, zum Tag des ausländischen Mitbürgers 1977.

Nr. 30 vom 13. Oktober 1977
Korrespondenz
Probe für ein vereintes Europa. Gottesdienst der Nationen im Liebfrauendom.

Nr. 31 vom 20. Oktober 1977
Korrespondenz
Älteste Einrichtung für Behinderte im Erzbistum wird 125 Jahre alt. Kardinal Ratzinger und Ministerpräsident Goppel beim Jubiläum.
Sonntag der Weltmission: Grundlagen für das Leben. Predigt des Kardinals – Vollversammlung des Diözesanrates.
Diareihe, Tonkassette und Texte zur Bischofsweihe und Kardinalserhebung von Joseph Ratzinger.

Nr. 32 vom 27. Oktober 1977
Korrespondenz
Materielle Hilfe allein „Geste des Hochmuts". Entwicklungsländer brauchen „Zeugen der Liebe und der Wahrheit".
Informationsdienst der Katholikenräte (IKR)
Entwicklungsländer brauchen Partnerschaft, nicht Almosen. Kardinal Ratzinger fordert neues Verhältnis zum Besitz.

Nr. 33 vom 3. November 1977
Korrespondenz
Gegensätze im Glauben überwinden. Kardinal Ratzinger: Klöster sind Werkstätten der Kirche.
Dokumentation
Klugheit, Ausdauer und Mut. Ansprache des Papstes beim „ad-limina"-Besuch der bayerischen Bischöfe am 13. Oktober 1977.
Grußansprache von Kardinal Ratzinger.

Nr. 34 vom 10. November 1977
Korrespondenz
Erstmals Korbiniansfest mit Kardinal Ratzinger. Nachtwallfahrt der Jugend, Lichter und Reliquienprozession.

Nr. 35 vom 17. November 1977
Korrespondenz
Neuregelung von Erstbeichte und Erstkommunion dient der Einheit. Kardinal Ratzinger: Den theologischen Sinn der Regel vermitteln.

Dokumentation

Predigt des Erzbischofs von München und Freising, Joseph Kardinal Ratzinger, beim Gottesdienst zum 25jährigen Bestehen der Katholischen Nachrichten-Agentur am 15. November 1977 in der Pfarrkirche St. Sylvester in München.

Nr. 36 vom 24. November 1977
Korrespondenz

Nur christliches Europa kann die Grenzen öffnen. Kardinal Ratzinger erteilt totalitären Tendenzen eine Absage.

Bodenlosigkeit des Daseins – Herausforderung des Christentums. Kardinal Ratzinger: Bloße Nutzungsgesinnung zerstört den Menschen.

Dokumentation

Predigt des Erzbischofs von München und Freising, Joseph Kardinal Ratzinger, zum Korbiniansfest am 19. November 1977 im Dom zu Freising.

Nr. 37 vom 2. Dezember 1977
Korrespondenz

Ratzinger: Schenken beibehalten und Adventssingen pflegen. Den aufgeklärten Menschen an Quellen des Menschseins erinnern.

Betriebsbesuch des Kardinals im Ordinariat.

Dokumentation

Ansprache des Erzbischofs von München und Freising, Joseph Kardinal Ratzinger, in der Hörfunkreihe des Bayerischen Rundfunks „Besuch am Krankenbett" am 30. November 1977.

Ansprache des Erzbischofs von München und Freising, Joseph Kardinal Ratzinger, in der Sendung „Zum Sonntag" des Bayerischen Rundfunks am 3. Dezember 1977.

Nr. 39 vom 22. Dezember 1977
Korrespondenz

Weihnachten und Jahreswechsel im Münchener Liebfrauendom.

Kardinal besucht am Heiligen Abend Obdachlose.

Vertrag zwischen Kirche und Architekten angestrebt. Präsidium der Bayerischen Architektenkammer beim Kardinal.

Nr. 1 vom 5. Januar 1978
Korrespondenz

Ratzinger warnt vor Abgleiten in Anarchie und Tyrannei. „Frage nach Gott ist Kernfrage der Existenz unseres Volkes".

Den Hochmut vor der Weihnachtsbotschaft ablegen. Kardinal Ratzinger: Glauben, daß die Wahrheit schön ist.

In Bayern ist christlicher Glaube lebendig. Kardinal Ratzinger: Ausstrahlung über die Parteien hinweg. Katholische Tradition in allen Lebensbereichen wirksam.

Dokumentation

Silvesterpredigt des Erzbischofs von München und Freising, Joseph Kardinal Ratzinger, am 31. Dezember 1977 im Münchner Liebfrauendom.

Nr. 2 vom 12. Januar 1978

Korrespondenz

Erster ökumenischer Gottesdienst mit Ratzinger und Hanselmann. Christen sollen sich nicht an Spaltung der Kirche gewöhnen.

Besondere Verantwortung der Familie für Erstbeichte und Erstkommunion. „Die Entscheidung liegt in erster Linie bei Eltern und Kindern".

Nr. 3 vom 19. Januar 1978

Korrespondenz

Kardinal Ratzinger betont Bedeutung der Räte. Ministerpräsident Goppel dankt dem Katholiken für Engagement.

Beilagen zum Pressedienst

Wortlaut der Ansprache des Erzbischofs von München und Freising, Joseph Kardinal Ratzinger, zum Neujahrsempfang des Diözesanrates und des Seelsorgerates der Erzdiözese München und Freising am 13. Januar 1978.

Nr. 4 vom 26. Januar 1978

Korrespondenz

Die Einheit der Christen gewinnt an Bedeutung. Ökumenischer Gottesdienst mit Kardinal Ratzinger und Landesbischof Hanselmann.

Dokumentation

Predigt des Erzbischofs von München und Freising, Joseph Kardinal Ratzinger, beim ökumenischen Gottesdienst im Münchener Liebfrauendom am 20. Januar 1978.

Predigt von Landesbischof D. Dr. Johannes Hanselmann beim ökumenischen Gottesdienst am Freitag, 20. Januar 1978, im Liebfrauendom zu München.

Nr. 5 vom 2. Februar 1978

Korrespondenz

Aschermittwoch der Künstler mit Kardinal Ratzinger.

Nr. 6 vom 9. Februar 1978

Korrespondenz

Ratzinger betont Notwendigkeit christlicher Bußgesinnung. Leugnen von Schuld – ein wunder Punkt unserer Zeit.

Hinter der Alltäglichkeit das Größere finden. Kardinal Ratzinger zum Aschermittwoch der Künstler.
Dokumentation
Hirtenbrief des Erzbischofs von München und Freising, Joseph Kardinal Ratzinger, zur Fastenzeit 1978.

Nr. 7 vom 16. Februar 1978
Korrespondenz
Erfolg ist keiner der Namen Gottes. Kardinal Ratzinger: Kirche der Leidenden beglaubigt Gott.
Kardinal empfing Vorsitzenden des Christlichen Gewerkschaftsbundes.
Dokumentation
Brief des Erzbischofs von München und Freising, Joseph Kardinal Ratzinger, an die Betriebsräte im Bereich des Erzbistums zur Betriebsratswahl 1978.

Nr. 8 vom 23. Februar 1978
Korrespondenz
Den Tod als Fest des Lebens begehen. Kardinal Ratzinger: Neue Ehrfurcht vor Eucharistie finden.
Zölibatsversprechen ist „tief sinnvoll": Kardinal Ratzinger: Mit Leib und Seele für das Evangelium.

Nr. 9 vom 2. März 1978
Korrespondenz
Parteiungen verdunkeln die Mitte der Kirche. Kardinal Ratzinger: Wieder eins werden in der Vielfalt.

Nr. 10 vom 9. März 1978
Korrespondenz
Die Nähe Gottes verwandelt das Angesicht der Welt. Kardinal Ratzinger: „Wieder betende und offenen Kirche werden."
Kardinal gratuliert neuem Münchner Oberbürgermeister. Generalvikar Gruber bietet Unterstützung an.
Kardinal Ratzinger für Klarheit mit Traditionalisten. Münchner Erzbischof glaubt nicht an Kirchenspaltung.

Nr. 11 vom 21. März 1978
Korrespondenz
Bayerische Bischöfe fordern: „Arbeitsfrieden wiederherstellen". Erklärung zum schulischen Sexualkundeunterricht angekündigt.
Bayerns Bischöfe: Wertneutrale Sexualkunde nicht möglich. Regelung muß Verfassung und Volksschulgesetz entsprechen.

Erklärung der Bayerischen Bischöfe zum Sexualkundeunterricht.
Die Karwoche und Ostern im Münchner Liebfrauendom.
Papst Paul VI. gratuliert Kardinal Ratzinger zum Namenstag.

Nr. 12 vom 30. März 1978
Korrespondenz
Tod und Verwesung sind aus den Angeln gehoben. Kardinal Ratzinger: Christus ist wahrhaftig auferstanden.
Dokumentation
Osterpredigt des Erzbischofs von München und Freising, Joseph Kardinal Ratzinger, am 26. März 1978 im Münchner Liebfrauendom.

Nr. 13 vom 6. April 1978
Korrespondenz
Ratzinger verteidigt Romano-Guardini-Preis für Goppel. Antwort auf offenen Brief des Schriftstellers Carl Amery.
Dokumentation
Ansprache des Erzbischofs von München und Freising, Joseph Kardinal Ratzinger, in der Sendung „Zum Sonntag" des Bayerischen Rundfunks am 2. April 1978.

Nr. 14 vom 13. April 1978
Korrespondenz
Kronawitter zu Abschiedsbesuch bei Ratzinger.
Startsignal für den Caritas-Sonnenzug 78. Zum dritten Mal über die Grenzen. Verabschiedung durch Kardinal Ratzinger.

Nr. 15 vom 20. April 1978
Korrespondenz
Kardinal Ratzinger zur Frage: „Gibt es den Teufel?"

Nr. 16 vom 27. April 1978
Korrespondenz
Erstmals Gottesdienst für Behinderte im Liebfrauendom. Kardinal Ratzinger hält den Gottesdienst und die Predigt.

Nr. 18 vom 18. Mai 1978
Korrespondenz
Pfingstpredigt Kardinal Ratzingers. Der geistigen Umweltverschmutzung entgegentreten.
Ratzinger: Glaube und Theologie untrennbar verbunden. Kirchliches Leben nimmt demokratische Funktion wahr.
Kardinal lädt zur Großen Münchener Fronleichnamsprozession ein.

Pontifikalamt an der Mariensäule – Prozession durch die Innenstadt.
Dokumentation
Pfingstpredigt des Erzbischofs von München und Freising, Joseph Kardinal Ratzinger, am 14. Mai 1978 im Münchner Liebfrauendom.

Nr. 19 vom 1. Juni 1978
Korrespondenz
40.000 Menschen bei Münchner Fronleichnamsprozession. Ratzinger mahnt zur Einheit über Parteiungen hinweg.
Marienverehrung steht nicht gegen Christusglauben. Marienandacht mit Kardinal Ratzinger auf dem Münchner Marienplatz.
Katholiken in der DDR brauchen Unterstützung. Ratzinger: Totale Diaspora im atheistischen Weltanschauungsstaat.
Fußballbegeisterung kann mehr sein als Unterhaltung. Kardinal Ratzinger. Vom Spiel das Leben neu lernen.
Dokumentation
Predigt des Erzbischofs von München und Freising, Joseph Kardinal Ratzinger, zum Fronleichnamsfest am 25. Mai 1978 auf dem Marienplatz. Ansprache des Erzbischofs von München und Freising, Joseph Kardinal Ratzinger, in der Sendung „Zum Sonntag" des Bayerischen Rundfunks am 3. Juni 1978. Fußballbegeisterung kann mehr sein als Unterhaltung.

Nr. 20 vom 8. Juni 1978
Korrespondenz
„Damit im Wissen Werte bleiben". Ratzinger bestärkt Katholische Erwachsenenbildung.
Am 16. Juni Gottesdienst im Dom für die Opfer jeglicher Gewalt.
Bayerischer Verdienstorden für Ratzinger.

Nr. 21 vom 14. Juni 1978
Korrespondenz
Sechs Diakone zur Priesterweihe zugelassen.

Nr. 23 vom 29. Juni 1978
Korrespondenz
120.000 Gästebriefe der Kirche für Urlauber in Oberbayern. Grußwort des Kardinals, Gottesdienstanzeiger, Kirchenführer.

Nr. 24 vom 6. Juli 1978
Korrespondenz
„Inmitten der Spezialisierung der Menschen für die Menschen". Kardinal Ratzinger weiht sechs Diakone zu Priestern.

Papst Paul VI. „ein Mann des Gewissens“. Kardinal Ratzinger: „Moral läßt sich nicht durch Chemie ersetzen“.

Ökumene ist Sache des Gewissens, nicht Geschäftsabschluß. Kardinal Ratzinger zu Vorwürfen, Ökumene sei abgekühlt.

Kardinal ernennt sieben Geistliche Räte.

Dokumentation

Predigt des Erzbischofs von München und Freising, Joseph Kardinal Ratzinger, beim Gottesdienst zum Papstsonntag am 2. Juli 1978 im Münchner Liebfrauendom.

Nr. 25 vom 13. Juli 1978

Korrespondenz

Erklärung des Erzbischofs von München und Freising, Joseph Kardinal Ratzinger, zur Lage der bedrängten Christen im Libanon.

Kardinal Ratzinger bei der Bundespost. Erster Betriebsbesuch seit seinem Amtsantritt.

Ökumene war ihm „Herzensanliegen“. Kardinal Ratzinger zum 70. Geburtstag von Landesbischof Dietzfelbinger.

Nr. 26 vom 20. Juli 1978

Korrespondenz

Kardinal ernennt neuen Regens. Bischofssekretär Obermeier wird Nachfolger von Regens Niggl.

Nr. 27 vom 27. Juli 1978

Korrespondenz

Ratzinger: Verschlossene Kirchen sind ein Alarmzeichen. Gotteshäuser durch das Gebet als „offene Kirche“ erhalten.

Dokumentation

Ansprache des Erzbischofs von München und Freising, Joseph Kardinal Ratzinger, in der Sendung „Zum Sonntag“ des Bayerischen Rundfunks am 5. August 1978.

Nr. 28 vom 14. August 1978

Korrespondenz

Ratzinger: Paul VI. trug sein Amt aus dem Glauben. „Sein Sinnbild sind die offenen Hände, nicht die geballt Faust“. Der Münchner Erzbischof hielt Pontifikalrequiem im Liebfrauendom.

Trauerbeflaggung und Trauergeläut für den toten Papst. Pontifikalrequiem am Donnerstag im Münchner Liebfrauendom.

Paul VI.: Der Papst des II. Vatikanischen Konzils. Erste Stellungnahme des Erzbischofs von München und Freising, Joseph Kardinal Ratzinger, zum Tod von Papst Paul VI. im Bayerischen Rundfunk.

Kardinal Ratzinger am Freitag nach Rom. Bereits über 500 Unterschriften im Kondolenzbuch.

Dokumentation

Predigt des Erzbischofs von München und Freising, Joseph Kardinal Ratzinger, beim Gedenkgottesdienst für Papst Paul VI. im Münchner Liebfrauendom am 10. August 1978.

Nr. 29 vom 7. September 1978

Korrespondenz

Ratzinger als persönlicher Papstvertreter in Ecuador. Ernennung zum Päpstlichen Legaten bei Marianischen Kongress.

„Den Glauben wachsen lassen wie das Denken". Kardinal wendet sich an Eltern der Schulanfänger.

Nr. 30 vom 14. September 1978

Korrespondenz

„Das katholische Bayern betet für sie. Kardinal Ratzinger hielt Gottesdienst für Papst Johannes Paul I.

Dokumentation

Ansprache des Erzbischofs von München und Freising, Joseph Kardinal Ratzinger, am Sonntag, 10. September 1978, anläßlich der Einführung des neuen Papstes Johannes Paul I. im Münchner Liebfrauendom.

Nr. 31 vom 28. September 1978

Korrespondenz

Kardinal Ratzinger als Legat in Ecuador: Kritik am westlichen Positivismus und östlichem Marxismus. Schwerpunkt der Weltkirche verlagert sich nach Lateinamerika.

Nr. 32 vom 5. Oktober 1978

Informationsdienst der Katholikenräte (IKR)

Laienräte ein unentbehrliches Instrument innerkirchlichen Lebens: Kardinal Ratzinger spricht Pfarrgemeinderäten Mut für ihre Arbeit zu.

Nr. 33 vom 12. Oktober 1978

Korrespondenz

Politischer Druck auf die Papstwahl. Kardinal Ratzinger: „Wir handeln nach religiösem Gesichtspunkt".

Dokumentation

Predigt des Erzbischofs von München und Freising, Joseph Kardinal Ratzinger, beim Pontifikalrequiem für Papst Johannes Paul I. am 6. Oktober 1978 im Münchner Liebfrauendom.

Nr. 34 vom 19. Oktober 1978
Korrespondenz

> Karol Kardinal Wojtyla: Papst Johannes Paul II. Wortlaut der Würdigung des neuen Papstes im Amtsblatt des Erzbistums.
> Freude im Erzbistum über Johannes Paul II.

Dokumentation

> Predigt, die der Erzbischof von Krakau, Karol Kardinal Wojtyla, der am 16. Oktober, dem Fest der heiligen Hedwig, gewählte neue Papst Johannes Paul II. im Münchner Liebfrauendom am 24. September 1978 bei einem Gottesdienst gehalten hat.

Nr. 35 vom 26. Oktober 1978
Korrespondenz

> Große Hoffnungen richten sich auf Johannes Paul II. Ökumenische Einheit und innere Einheit der Kirche finden.

Nr. 35 [sic!] vom 9. [November] 1978
Korrespondenz

> Presseerklärung des Erzbischofs von München und Freising, Joseph Kardinal Ratzinger, zum 40. Jahrestag der „Reichskristallnacht".
> Mahnung zu verantwortlicher Gemeinsamkeit. Kardinal Ratzinger zur Landtageröffnung.

Dokumentation

> Predigt des Erzbischofs von München und Freising, Joseph Kardinal Ratzinger, zur Wahl und Inthronisation von Papst Johannes Paul II., im Münchner Liebfrauendom am 29. Oktober 1978.
> Predigt des Erzbischofs von München und Freising, Joseph Kardinal Ratzinger, bei einem Gottesdienst zur Eröffnung des Bayerischen Landtages am 30. Oktober 1978 in der Theatinerkirche zu München.

Nr. 37 vom 16. November 1978
Dokumentation

> Predigt des Erzbischofs von München und Freising, Joseph Kardinal Ratzinger, zum Korbiniansfest der Jugend am 12. November 1978 im Freisinger Dom.

Nr. 38 vom 23. November 1978
Korrespondenz

> Ohne Familien kann unser Volk nicht bestehen. Kardinal Ratzinger fordert Einsatz für Ehe und Familie. Warnung vor Vermarktung der Frau unter Etikett der Freiheit.

Dokumentation
> Predigt des Erzbischofs von München und Freising, Joseph Kardinal Ratzinger, zum Korbiniansfest am 18. November 1978 im Dom zu Freising.

Nr. 39 vom 30. November 1978
Korrespondenz
> Presseverlautbarung über das Zusammentreffen zwischen Kardinal Ratzinger und dem evangelischen Landesbischof Hanselmann am 24. November 1978.

Dokumentation
> Ansprache des Erzbischofs von München und Freising, Joseph Kardinal Ratzinger, in der Sendung „Zum Sonntag" des Bayerischen Rundfunks am 2. Dezember 1978.

Nr. 40 vom 7. Dezember 1978
Korrespondenz
> Sexualerziehung muß christliche Werte verstehbar machen. Ratzinger für Gesetz, das Verantwortung der Eltern sichert.
> Katholizität ohne Exklusivitätsanspruch. Ratzinger approbiert Statuten der Integrierten Gemeinde.

Dokumentation
> Predigt des Erzbischofs von München und Freising, Joseph Kardinal Ratzinger, bei einem Gottesdienst, den der Bischof der Seelsorgeregion München, Ernst Tewes, aus Anlaß seines 70. Geburtstages am 3. Dezember 1978 im Münchner Liebfrauendom gehalten hat.

Nr. 41 vom 21. Dezember 1978
Korrespondenz
> Weihnachten und Jahreswechsel im Münchner Liebfrauendom
> Ansprachen des päpstlichen Legaten, Joseph Kardinal Ratzinger, Erzbischof von München und Freising, anläßlich des Marianischen Nationalkongresses von Ecuador im September 1978.
> Ansprache an die Bevölkerung des lateinamerikanischen Landes über das ecuadorianische Fernsehen am 21. September 1978.
> Ansprache zur Eröffnung des Marianischen Nationalkongresses von Ecuador am 21. September 1978.
> Ansprache an die Priester in Ecuador.
> Ansprache an die Ordensleute, insbesondere die Ordensfrauen in Ecuador.

Nr. 1 vom 4. Januar 1979
Korrespondenz
> Warnung vor unmenschlichem Fortschrittsdenken. Kardinal Ratzinger: Nur Glaube an Gott ist Alternative.

Kinder sind eine Chance der Freiheit. Kardinal Ratzinger: Wahrheit der Menschwerdung Gottes erkennen.

Erklärung des Erzbischofs von München und Freising, Joseph Kardinal Ratzinger, zur Situation der Flüchtlinge aus Vietnam.

Dokumentation

Silvesterpredigt 1978 des Erzbischofs von München und Freising, Joseph Kardinal Ratzinger, im Münchner Liebfrauendom.

Predigt des Erzbischofs von München und Freising, Joseph Kardinal Ratzinger, am ersten Weihnachtsfeiertag 1978 im Münchner Liebfrauendom.

Nr. 2 vom 11. Januar 1979

Korrespondenz

Ökumenischer Gottesdienst mit Landesbischof und Kardinal.

Nr. 3 vom 18. Januar 1979

Korrespondenz

Pressemitteilung über ein Gespräch zwischen einer Delegation aus Oberammergau und Kardinal Ratzinger am 9. Januar 1979 in München.

Bayerns Bischöfe dringen auf christliche Sexualerziehung. Unter Hinweis auf Verfassung „qualifiziertes Mitspracherecht" gefordert.

Nr. 4 vom 22. Januar 1979

Korrespondenz

Sexualerziehung muß christlich sein. Empfehlung der Bayerischen Bischofskonferenz

Münchner Pfarrgemeinden rufen zur Organspende auf.

Ratzinger warnt vor „Herrschaft der Ideologien". „Der Bestand des Rechtsstaates ist keine Selbstverständlichkeit."

Dokumentation

Leitlinien und Inhalte schulischer Sexualerziehung.

Nr. 5 vom 25. Januar 1979

Korrespondenz

Gemeinsame Anstrengungen um Einheit im Glauben. Ökumenischer Wortgottesdienst mit Ratzinger und Hanselmann.

Neues Pfarrzentrum in St. Ignatius (München-Neuhadern). Am Sonntag weiht Kardinal Ratzinger die Kirche.

Dokumentation

Predigt des Erzbischofs von München und Freising, Joseph Kardinal Ratzinger, beim ökumenischen Gottesdienst in der Matthäuskirche am 25. Januar 1979.

Predigt von Landesbischof D. Dr. Hanselmann beim ökumenischen Gottesdienst in der Matthäuskirche in München am 25. Januar 1979.

Nr. 7 vom 8. Februar 1979
Korrespondenz

> Interview des Erzbischofs von München und Freising, Joseph Kardinal Ratzinger, zum Besuch Papst Johannes Paul II. bei der Lateinamerikanischen Bischofskonferenz in Puebla mit dem Kirchenfunk des Bayerischen Rundfunks.
> Wird das „Kamel" der Werbung angebetet? Ratzinger: „Aus der Herrschaft der Kamele heraustreten"

Dokumentation

> Ansprache des Erzbischofs von München und Freising, Joseph Kardinal Ratzinger, in der Sendung „Zum Sonntag" des Bayerischen Rundfunks am 3. Februar 1979.

Nr. 8 vom 22. Februar 1979
Korrespondenz

> Aschermittwoch der Künstler mit Kardinal Ratzinger.
> Ratzinger: Christus ist Einigkeit und Wahrheit. Der Kardinal wendet sich gegen negative Tendenzen.

Dokumentation

> Predigt des Erzbischofs von München und Freising, Joseph Kardinal Ratzinger, anläßlich der Diakonatsweihe am 18. Februar 1979 im Münchner Liebfrauendom.

Nr. 9 vom 8. März 1979
Korrespondenz

> Appell Kardinal Ratzingers: Nur Kurskorrektur kann Katastrophe der Gesellschaft abwenden.
> Aschermittwoch der Künstler in München. Kardinal Ratzinger: Leben im Horizont der Ewigkeit. Prof. Biser: Das Kreuz versöhnt nicht vordergründig.
> Ratzinger regt Eindämmung kirchlicher Verwaltung an. Weiteres Anwachsen ist auf Dauer nicht zu vertreten.

Dokumentation

> Hirtenbrief des Erzbischofs von München und Freising, Joseph Kardinal Ratzinger, zur Fastenzeit 1979.

Nr. 11 vom 29. März 1979
Korrespondenz

> Kardinal verleiht hohe päpstliche Auszeichnung. Sozialminister Pirkl für Schutz ungeborenen Lebens geehrt.

Nr. 12 vom 5. April 1979
Korrespondenz

Die Karwoche und Ostern im Münchner Liebfrauendom.
Die Feier der Karwoche und des Osterfestes. Der Höhepunkt des katholischen Kirchenjahres.

Nr. 13 vom 19. April 1979
Korrespondenz

Auferstehung Christi ein Bekenntnis der Liebe und des Lebens. Ratzinger warnt vor Mißachtung der Person und Mißbrauch der Materie. Osterpredigt des Münchner Erzbischofs im überfüllten Dom.
Die Not der Menschen erkennen. Kardinal Ratzinger nahm Zeremonie der Fußwaschung vor.
Enzyklika ist kein Parteiprogramm. Kardinal Ratzinger: Entscheidende Konzentration aufs Religiöse

Dokumentation

Osterpredigt des Erzbischofs von München und Freising, Joseph Kardinal Ratzinger, im Münchner Liebfrauendom am 15. April 1979.
Ansprache des Erzbischofs von München und Freising, Joseph Kardinal Ratzinger, in der Sendung „Zum Sonntag" des Bayerischen Rundfunks am 7. April 1979.

Nr. 14 vom 26. April 1979
Korrespondenz

Wortlaut des Schreibens des Landesvorsitzenden der SPD in Bayern, Helmut Rothemund, an den Erzbischof, von München und Freising, Joseph Kardinal Ratzinger.
Antwortschreiben des Erzbischofs von München und Freising, Joseph Kardinal Ratzinger, an den Vorsitzenden des Landesverbandes der SPD in Bayern, Dr. Helmut Rothemund, auf dessen Brief vom 6. April 1979 um Auskünfte über eine Veranstaltung der Paneuropa-Union am 12. Mai in München.
Pressemitteilung über ein Gespräch zwischen dem Erzbischof von München und Freising, Joseph Kardinal Ratzinger, und dem Vorsitzenden des Landesverbandes der SPD in Bayern, Dr. Helmut Rothemund.

Dokumentation

Grußwort des Erzbischofs von München und Freising, Joseph Kardinal Ratzinger, zur 25-Jahrfeier der Fachgruppe „Konfessionelle Presse".

Nr. 15 vom 3. Mai 1979
Korrespondenz

Herrschaft über die Welt im Sinne Gottes. Predigt Kardinal Ratzingers zum ersten Mai.

Ratzinger für christliche Grundordnung Europas. Absage an schranken-
losen Pluralismus und an Marxismus.
Kardinal Ratzinger und Weihbischof Tewes fahren nach Polen.

Nr. 16 vom 10. Mai 1979
Korrespondenz
Ratzinger: Polizei verteidigt die Demokratie. Bischöflicher Beauftragter
für Polizeiseelsorge im Amt.

Nr. 17 vom 17. Mai 1979
Korrespondenz
Sittliche Werte müssen Europas Leitsterne bleiben. Kardinal Ratzinger:
Der Staat darf Maßstäbe nicht verlieren.
Dokumentation
Ansprache von Kardinal Ratzinger bei Gottesdienst am 12. Mai im
Münchner Liebfrauendom anläßlich des Europatages.
Referat von Kardinal Ratzinger bei der Tagung der Katholischen Akade-
mie in Bayern „Europa und die Christen" am 29. April in Straßburg.

Nr. 18 vom 31. Mai 1979
Korrespondenz
Christliche Feste sind mehr als Freizeit. Kardinal Ratzinger: weg vom
Freizeitbetrieb
Dokumentation
Ansprache des Erzbischofs von München und Freising, Joseph Kardinal
Ratzinger, in der Sendung „Zum Sonntag" des Bayerischen Rundfunks
am 2. Juni 1979.

Nr. 19 vom 7. Juni 1979
Korrespondenz
Brücke der Einheit und der Versöhnung in Europa sein. Appell Kardinal
Ratzingers an den Sudetendeutschen Tag.
Die Prozession lebt im Herzen der Münchner. Aufruf des Kardinals zur
Münchner Fronleichnamsprozession.
Dokumentation
Predigt des Erzbischofs von München und Freising, Joseph Kardinal Rat-
zinger, beim Festgottesdienst zum Sudentendeutschen Tag am Pfingst-
sonntag, 3. Juni 1979.

Nr. 20 vom 21. Juni 1979
Korrespondenz
Der Glaube: Eine Wirklichkeit ersten Ranges. Kardinal Ratzinger über
Papstbesuch in Polen. Absage an Erlösungsideologien in Ost und West.

Ratzinger warnt vor neuer Barbarei. Appell an die Christen: Tag um Tag der Menschlichkeit dienen.

Nr. 21 vom 28. Juni 1979
Korrespondenz
 Kardinal weiht acht junge Männer zu Priestern

Nr. 22 vom 5. Juli 1979
Korrespondenz
 Der Welt des Todes die Antwort des Lebens geben. Ratzinger: Priester vergegenwärtigen die Auferstehung.
 Ökumene spiritueller Prozeß, kein Historikergeschäft. Ratzinger zur Diskussion um Augsburger Bekenntnis
Dokumentation
 Predigt des Erzbischofs von München und Freising, Joseph Kardinal Ratzinger, anläßlich der Priesterweihe im Dom zu Freising am 30. Juni 1979.

Nr. 23 vom 19. Juli 1979
Korrespondenz
 Erzbischof Coffy traf sich mit Kardinal Ratzinger.

Nr. 24 vom 26. Juli 1979
Dokumentation
 Predigt des Erzbischofs von München und Freising, Joseph Kardinal Ratzinger, zum Jahresgedenktag des Todes von Julius Kardinal Döpfner und zum Gedenken an den verstorbenen Papst Paul VI. am 24. Juli 1979 im Münchner Liebfrauendom.

Nr. 25 vom 2. August 1979
Dokumentation
 Ansprache des Erzbischofs von München und Freising, Joseph Kardinal Ratzinger, in der Sendung „Zum Sonntag" des Bayerischen Rundfunks am 4. August 1979.

Nr. 26 vom 6. September 1979
Korrespondenz
 Die Gegenwart Gottes erkennen. Ratzinger: Kirchen dürfen nicht tote Häuser sein.
 Die schöne Gewißheit, daß die Kirche lebt. Impressionen aus Kardinal Ratzingers römischer Titelkirche.

Dokumentation

Predigt des Erzbischofs von München und Freising, Joseph Kardinal Ratzinger, in seiner Titelkirche Santa Maria Consolatrice in Rom am 2. September 1979.

Nr. 28 vom 11. Oktober 1979
Dokumentation

Predigt des Erzbischofs von München und Freising, Joseph Kardinal Ratzinger, zum Abschluß der Deutschen Bischofskonferenz im Dom zu Fulda am 27. September 1979 über „das gottesdienstliche Leben in den Gemeinden 15 Jahre nach dem Konzil".

Ansprache des Erzbischofs von München und Freising, Joseph Kardinal Ratzinger, in der Sendung „Zum Sonntag" des Bayerischen Rundfunks am 6. Oktober 1979.

Nr. 29 vom 18. Oktober 1979
Korrespondenz

Erklärung des Erzbischofs von München und Freising, Joseph Kardinal Ratzinger, zur Ankündigung der Verleihung des Friedensnobelpreises an Mutter Teresa in Kalkutta.

Kardinal Ratzinger hält Gottesdienst zum Papstsonntag. Festliche Gottesdienste zum Kirchweihsonntag in Münchens Kirchen.

Die menschliche Gesellschaft braucht das Gebet. Kardinal Ratzinger: Kirche lebt nicht nur von Lehrverkündigungen.

Dr. Benker zum Prälaten ernannt. Ratzinger: Kunst gehört zum Wesensvollzug der Kirche.

Nr. 30 vom 25. Oktober 1979
Korrespondenz

Religion zentral und begründend für Menschenrechte. Kardinal Ratzinger: Das christliche Erbe Bayerns bewahren.

Kardinal Ratzinger hält Gottesdienst zum Weltmissionstag. Letztes Orgelkonzert in der Klosterkirche in Fürstenfeld.

Dokumentation

Predigt des Erzbischofs von München und Freising, Joseph Kardinal Ratzinger, beim Gottesdienst zum ersten Jahrestag der Amtseinführung von Papst Johannes Paul II. am 21. Oktober 1979 im Münchner Liebfrauendom.

Nr. 31 vom 31. Oktober 1979
Korrespondenz

Mission „grundlegend für die Entwicklung". Ratzinger: Missionare machen Fremde zu Freunden.

Prälat Delagera geht in den Ruhestand. Kardinal wünscht weiterhin Beratung im Kunstreferat.

Predigten von Kardinal Ratzinger liegen gedruckt vor.

Nr. 33 vom 15. November 1979
Korrespondenz

Ratzinger: Küng spricht nicht im Namen der Kirche. „Er bestreitet energisch wesentliche Lehren der Kirche."

Ratzinger über Priesternachwuchs zuversichtlich. „Die Großmut junger Menschen heute nicht geringer als früher."

Hochfest des hl. Korbinian im Freisinger Dom. Kardinal Ratzinger hält Pontifikalgottesdienst mit Festpredigt.

Nr. 34 vom 22. November 1979
Korrespondenz

„Der Sucht, alles zu zerstören, entgegentreten." Ratzinger: Gute Sitten wieder als Markierung annehmen.

Erklärung des Sprechers des Pastoralrates des Erzbistums München und Freising, Dr. Werner Buchner, zu Angriffen auf den Erzbischof von München und Freising, Joseph Kardinal Ratzinger.

Dokumentation

Predigt des Erzbischofs von München und Freising, Joseph Kardinal Ratzinger, zum Korbiniansfest 1979 am Samstag, 17. November, im Dom zu Freising.

Informationsdienst des Landeskomitees (ILK)

Ratzinger begrüßt Aktion des Landeskomitees. „Wir wissen, in welchen Passionen Kinder leben müssen."

Nr. 35 vom 29. November 1979
Dokumentation

Ansprache des Erzbischofs von München und Freising, Joseph Kardinal Ratzinger, in der Sendung „Zum Sonntag" des Bayerischen Rundfunks am 1. Dezember 1979.

Nr. 36 vom 6. Dezember 1979
Korrespondenz

Presseerklärung zur Feiertagsregelung

Presseerklärung zu Äußerungen von Prof. Küng.

Nr. 37 vom 13. Dezember 1979
Korrespondenz

Antwort des Erzbischofs von München und Freising, Joseph Kardinal Ratzinger, auf öffentliche Vorhaltungen von Professor Dr. Karl Rahner SJ wegen der Nichtberufung von Prof. Dr. Johann Baptist Metz auf den Lehrstuhl für Fundamentaltheologie der Universität München.

Nr. 38 vom 20. Dezember 1979
Korrespondenz
Weihnachten und Jahreswechsel im Münchner Liebfrauendom.
Kardinal Ratzinger zum Tode von Kardinal Bengsch.

Nr. 1 vom 3. Januar 1980
Korrespondenz
Warnung vor dem Triumph des „absoluten Bösen". Ratzinger: Verzicht auf die Wahrheit ist die eigentliche Krise. Lehramt verteidigt „Glauben der Einfachen" gegen Anmaßung.
Der Geist der Verneinung ist nicht der Geist Christi. Ratzinger: Weihnachtsbotschaft ist die stärkste Bejahung der Schöpfung.
Dokumentation
Silvesterpredigt 1979 des Erzbischofs von München und Freising, Joseph Kardinal Ratzinger, im Münchner Liebfrauendom.
Weihnachtspredigt 1979 des Erzbischofs von München und Freising, Joseph Kardinal Ratzinger, im Münchner Liebfrauendom.

Nr. 2 vom 10. Januar 1980
Korrespondenz
Ökumenische Vesper mit Ratzinger und Hanselmann. Predigt des evangelischen Landesbischofs im Liebfrauendom.

Nr. 3 vom 17. Januar 1980
Korrespondenz
Die Kirche braucht Solidarität. Programmatische Erklärung beim Neujahrsempfang mit Kardinal Ratzinger.
KAB Süddeutschlands sprach mit Kardinal Ratzinger. Entwicklungshilfe als Gesamtkonzeption – Frage der Feiertagsregelung.

Nr. 4 vom 24. Januar 1980
Korrespondenz
Zeugnis der gemeinsamen Hoffnung auf Einheit. Ökumenischer Gottesdienst mit Ratzinger und Hanselmann.
Ansprache des Erzbischofs von München und Freising, Joseph Kardinal Ratzinger, in der Sendung „Zum Sonntag" des Bayerischen Rundfunks am 2. Februar 1980 zum Fest Maria Lichtmeß.
Grußwort des Erzbischofs von München und Freising, Joseph Kardinal Ratzinger, an die Vertreterversammlung des Instituts „Glaube in der zweiten Welt" vom 26. bis 27. Januar in Regensburg.

Nr. 7 vom 14. Februar 1980
Korrespondenz
     Aschermittwoch der Künstler mit Kardinal Ratzinger.
     Oberammergauer Passionsspiele werden seelsorglich begleitet. Kardinal Ratzinger feiert den Eröffnungsgottesdienst.

Nr. 8 vom 21. Februar 1980
Korrespondenz
     Einstellung zur Ehe entscheidet unsere Zukunft. Fastenhirtenbrief Ratzingers: Achtet die Würde von Mann und Frau.
     Aschermittwoch der Künstler in München. Die Fastenzeit als Fest der 40 Tage begehen. Kardinal Ratzinger: Die Kunst des Menschseins wieder lernen.

Nr. 10 vom 6. März 1980
Korrespondenz
     Stellvertretender Generalvikar Egger wurde Prälat. Kardinal Ratzinger überreicht päpstliche Auszeichnung.

Nr. 13 vom 29. [März] 1980
Korrespondenz
     Religionsunterricht antwortet auf die Sinnfrage. Ratzinger schreibt an Eltern von Grund- und Hauptschülern.
     Ähnliche Glaubenssituation der Christen in Ost und West. Ratzinger appelliert an Katecheten: Der Herausforderung stellen.
Dokumentation
     Brief des Vorsitzenden der Bayerischen Bischofskonferenz, Joseph Kardinal Ratzinger, an die Eltern von Grund- und Hauptschülern zum Unterrichtsfach Kath. Religionslehre.

Nr. 14 vom 2. April 1980
Korrespondenz
     Wohin treibt die Welt? Zur Ermordung von Erzbischof Romero von Joseph Kardinal Ratzinger.
     Wort des Kardinals über die Ehe enorm gefragt.

Nr. 15 vom 10. April 1980
Korrespondenz
     Auferstehung – Hymnus auf die Macht der Liebe Gottes. Kardinal Ratzinger: „Wer nicht gibt, empfängt auch nicht."
     Warnung vor einer Diktatur des Scheins. Kardinal Ratzinger: Wieder Demut lernen.

Dokumentation
    Osterpredigt des Erzbischofs von München und Freising, Joseph Kardinal
    Ratzinger, im Münchner Liebfrauendom am 6. April 1980.

Nr. 16 vom 17. April 1980
Korrespondenz
    Gemeinsame Erklärung des Erzbischofs von München und Freising,
    Joseph Kardinal Ratzinger, und des Landesbischofs der Evangelisch-
    Lutherischen Kirche in Bayern, Dr. Johannes Hanselmann, zum Hunger-
    streik der Sinti in Dachau.

Nr. 20 vom 22. Mai 1980
Korrespondenz
    Ratzinger betont religiösen Charakter der Passionsspiele. Kardinal bittet:
    Mit dem Vorwurf des Antisemitismus aufhören.
Dokumentation
    Predigt des Erzbischofs von München und Freising, Joseph Kardinal
    Ratzinger, zur Eröffnung der Oberammergauer Passionsspiele 1980 in der
    Pfarrkirche von Oberammergau am 18. Mai 1980.

Nr. 21 vom 29. Mai 1980
Korrespondenz
    Pfingstevangelium eine Botschaft der Hoffnung. Ratzinger warnt vor
    „Heiligsprechung der Beliebigkeit"
    Partnerschaft statt Klassenkampf. Kardinal Ratzinger für Mitbeteiligung
    und Vermögensbildung.
    Aufruf zu einer menschlichen Gesellschaft von Joseph Kardinal Ratzinger.
    Kardinal lädt zur großen Fronleichnamsprozession ein. Gottesdienst auf
    dem Marienplatz – Prozession durch die Innenstadt.
Dokumentation
    Pfingstpredigt des Erzbischofs von München und Freising, Joseph Kar-
    dinal Ratzinger, am 25. Mai 1980 im Münchner Liebfrauendom.

Nr. 22 vom 3. Juni 1980
Korrespondenz
    Pressemitteilung über ein Gespräch, das Kardinal Ratzinger mit dem
    Diözesanvorstand des BDKJ geführt hat.
    Kardinal Ratzinger hält Vortrag in der Universität München.

Nr. 23 vom 12. Juni 1980
Korrespondenz
    Erklärung des politischen Referenten im Erzbischöflichen Ordinariat Mün-
    chen zu der Störaktion gegen Kardinal Ratzinger an der Universität München.

40.000 bei der Münchner Fronleichnamsprozession. Kardinal Ratzinger: Der Gastlichkeit für die Mitmenschen dienen.

Nr. 24 vom 19. Juni 1980
Korrespondenz
Presseerklärung zu öffentlichen Äußerungen des Pfarrers von Arget.
Kardinal Ratzinger weiht acht Männer zu Priestern.
Es geht um die „Unterscheidung des Christlichen". Ratzinger: Gottes Wort gegen verkehrte Ideologien aufrichten.
Dokumentation
Ansprache des Erzbischofs von München und Freising, Joseph Kardinal Ratzinger, bei der Pontifikalvesper anläßlich des Bennofestes 1980 im Münchner Liebfrauendom am 15. Juni 1980.

Nr. 26 vom 2. Juli 1980
Korrespondenz
Ratzinger weiht acht Diakone zu Priestern. Kardinal „Die Ampel der Frohen Botschaft vorantragen".
Dokumentation
Predigt des Erzbischofs von München und Freising, Joseph Kardinal Ratzinger, bei der Priesterweihe im Freisinger Mariendom am 28. Juni 1980.

Nr. 30 vom 31. Juli 1980
Korrespondenz
Ratzinger: „Auch mit dem Leib beten". Kardinal bittet, dem Kreuz in Wohnungen Platz zu geben.
Dokumentation
Wortlaut der Ansprache des Erzbischofs von München und Freising, Joseph Kardinal Ratzinger, in der Sendung „Zum Sonntag" des Bayerischen Rundfunks am 2. August 1980.

Nr. 31 vom 6. August 1980
Korrespondenz
Herzliches Willkommen für Johannes Paul II. in Bayern. Kardinal Ratzinger sieht eine Ermutigung für den Glauben.

Nr. 32 vom 18. September 1980
Korrespondenz
Ratzinger betont in Polen Einheit Europas. Glaube als Grundlage für Humanismus und Fortschritt.

Dokumentation

Predigt des Erzbischofs von München und Freising, Joseph Kardinal Ratzinger, anläßlich des Besuches deutscher Bischöfe in Polen in der Krakauer Marienkirche am 13. September 1980.

Nr. 33 vom 25. September 1980
Korrespondenz

Kardinal beunruhigt über Parteienstreit. Antwort an SPD: Entstellung zurückgewiesen.

Pressemitteilung über ein Gespräch zwischen Kardinal Ratzinger und Pfarrer Glas.

Dokumentation

Briefwechsel zwischen dem Landesvorsitzenden der bayerischen SPD, Dr. Helmut Rothemund, und dem Erzbischof von München und Freising, Joseph Kardinal Ratzinger, zum Thema Wort der deutschen Bischöfe zur Bundestagswahl 1980.

Nr. 34 vom 3. Oktober 1980
Korrespondenz

Erklärung des Erzbischofs von München und Freising zum Bombenattentat in München.

Telegramm des Heiligen Vaters, Papst Johannes Paul II., an Kardinal Ratzinger.

Kardinal Ratzingers Beileidstelegramme an den bayerischen Ministerpräsidenten und den Münchner Oberbürgermeister.

Terroranschlag – eine Mahnung an die Parteien. Kardinal Ratzinger: Demokratische Gemeinsamkeit zeigen.

Neue Kultur der Liebe überwindet Entfremdung. Bericht Kardinal Ratzingers vor der Bischofssynode in Rom.

Nr. 35 vom 10. Oktober 1980
Korrespondenz

Ratzinger: Bereitet dem Papst einen herzlichen Empfang. Kardinal lädt zum Gottesdienst auf die Theresienwiese ein.

Dokumentation

Predigt des Erzbischofs von München und Freising, Joseph Kardinal Ratzinger, beim Pontifikalrequiem für die Opfer des Bombenanschlags auf der Theresienwiese im Münchner Liebfrauendom am 2. Oktober 1980.

Nr. 37 vom 23. Oktober 1980
Korrespondenz

Kardinal Ratzinger ernennt elf Geistliche Räte.

Nr. 39 vom 13. November 1980
Korrespondenz

Aufruf des Erzbischofs von München und Freising, Joseph Kardinal Ratzinger, zum Papstbesuch in München am 19. November 1980.

Nr. 40 vom 27. November 1980
Korrespondenz

Danktelegramm von Papst Johannes Paul II. an den Erzbischof von München und Freising, Joseph Kardinal Ratzinger.

Persönliches Dankschreiben des Erzbischofs von München und Freising, Joseph Kardinal Ratzinger, an Papst Johannes Paul II.

Dank des Erzbischofs von München und Freising, Joseph Kardinal Ratzinger, aus Anlaß des Besuches von Papst Johannes Paul II. am 19. November 1980 in München.

Nr. 41 vom 4. Dezember 1980
Korrespondenz

Die Güte des Alltags: Das Wunder des heiligen Nikolaus. Von Joseph Kardinal Ratzinger.

Der Sonntag muß ein Tag Gottes bleiben. Ratzinger plädiert für menschliche Sonntagskultur.

Nr. 42 vom 22. Dezember 1980
Korrespondenz

Weihnachten und Jahreswechsel im Münchner Liebfrauendom.

Kardinal Ratzinger besucht Behinderte. Obdachlosen-Feier im Schwabinger Bräu.

Das Evangelium nicht verstecken. Ratzinger: Zum Christsein gehört der Mut des Kreuzes.

Ja zur Liebe – Ja zum Leben. Ratzinger erläutert Ergebnisse der Bischofssynode.

Dokumentation

Predigt des Erzbischofs von München und Freising, Joseph Kardinal Ratzinger, zur Diakonatsweihe im Münchner Liebfrauendom am 14. Dezember 1980.

Nr. 1 vom 13. Januar 1981
Korrespondenz

Im Bemühen um Einheit der Kirche nicht nachlassen. Ökumenischer Gottesdienst in St. Matthäus. Kardinal predigt bei evangelisch-lutherischer Vesper.

Silvesterpredigt des Erzbischof von München und Freising: Wer die Familie zerstört, gefährdet die Freiheit.

Die im Glauben mühsam Gewordenen stärken. Weihnachtspredigt Kardinal Ratzingers im Liebfrauendom.
Dokumentation
Silvesterpredigt 1980 des Erzbischofs von München und Freising, Joseph Kardinal Ratzinger.
Weihnachtspredigt 1980 des Erzbischofs von München und Freising, Joseph Kardinal Ratzinger.

Nr. 2 vom 21. Januar 1981
Korrespondenz
Die Ökumene im Gebet vertiefen – Ratzinger erinnert an grundlegendes gemeinsames Bekenntnis – Ökumenischer Gottesdienst mit Landesbischof Hanselmann und evangelisch-reformiertem Pfarrer in der Münchner Matthäuskirche.
Verbundenheit mit Erfurter Katholiken. Kardinal kondoliert zum Tode von Bischof Aufderbeck.
Neujahrsempfang mit Kardinal Ratzinger. Katholikenräte betonen Verantwortung der Christen.
Ratzinger würdigt Leistungen der Medien zum Papstbesuch.
Dokumentation
Predigt des Erzbischofs von München und Freising, Joseph Kardinal Ratzinger, beim ökumenischen Gottesdienst in der St. Matthäuskirche in München am 20. Januar 1981.

Nr. 4 vom 5. Februar 1981
Unsere Meinung
Die Welt braucht das Erbarmen Gottes. Kommentar des Erzbischofs von München und Freising, Joseph Kardinal Ratzinger, zur Enzyklika „Dives in misericordia" von Papst Johannes Paul II. in der Sendung „Zum Sonntag" am 7. Februar 1981 im Bayerischen Rundfunk.

Nr. 6 vom 19. Februar 1981
Korrespondenz
Gütig sein mit den Menschen. Appell des Kardinals an die Seelsorger.

Nr. 7 vom 26. Februar 1981
Korrespondenz
Aschermittwoch der Künstler mit Kardinal Ratzinger.
Kardinal Ratzinger hält Fastenpredigten. Sein Thema: Ich glaube an Gott, den Schöpfer.
Treffen Ratzinger – Hanselmann.
Ratzinger: Tun, was der Papst gesagt hat. Appell an Pfarrgemeinden: Den Glauben konkret leben.

Festliche Tage der Salesianer Don Boscos in Benediktbeuern. 10 Jahre Stiftungsfachhochschule München, Abteilung Benediktbeuern. Ratzinger hält Gottesdienst am 29. Mai.

Dokumentation

Predigt Kardinal Ratzingers bei Gottesdienst für Papst in St. Peter.

Nr. 18 vom 4. Juni 1981

Korrespondenz

Kardinal hält Pfingstgottesdienst im Freisinger Dom. Direktübertragung im Ersten Fernsehprogramm.

Orthodox-Katholische Kommission kommt nach München.

„Opferdienst für das Bistum Berlin". Ratzinger würdigt den verstorbenen Weihbischof Kleineidam.

Gemeinsames Gebet: Quelle der Einheit. Ökumenischer Appell Kardinal Ratzingers zum Pfingstfest.

Dokumentation

Pfingstpredigt des Erzbischofs von München und Freising, Joseph Kardinal Ratzinger, in der Domkirche zu Freising am 7. Juni 1981.

Nr. 19 vom 11. Juni 1981

Korrespondenz

Kardinal lädt zur großen Fronleichnamsprozession ein. Gottesdienst auf dem Marienplatz – Prozession durch die Innenstadt.

Nr. 20 vom 25. Juni 1981

Korrespondenz

Kardinal weiht fünf Diakone zu Priestern. Ermächtigung im Sakrament der Weihe.

Kardinal ruft zur Wallfahrt nach Lourdes auf. Fronleichnam bereitet Eucharistischen Weltkongreß 1981 vor.

Nr. 21 vom 2. Juli 1981

Korrespondenz

Ratzinger weiht fünf Diakone zu Priestern. Verkündigung Inhalt des priesterlichen Dienstes.

Nr. 22 vom 9. Juli 1981

Korrespondenz

Ratzinger beglückwünscht Primas Glemp.

Ratzinger: Gott riskiert auch Mißerfolge. Freiheit und Liebe – die Macht des Christen.

Caritas-Sonnenzug fährt nach Österreich. Kardinal Ratzinger verabschiedet Kranke am Ostbahnhof.

Dank an Kardinal für „aufopferungsvollen Dienst".

Nr. 23 vom 16. Juli 1981
Korrespondenz

Kardinal Ratzinger und Professor Wimmer stellen Döpfner-Denkmal im Liebfrauendom vor. Gedächtnisgottesdienste in München und Freising.

Ratzinger betont Grundrecht auf den „ganzen Glauben". Der Kardinal: Freiheit hat immer mit Wahrheit zu tun.

Nr. 24 vom 23. Juli 1981
Korrespondenz

„Grüß Gott" des Kardinals für Feriengäste. Erzdiözese verteilt 150.000 Gästebriefe an Urlauber.

Ratzinger dankt Priestern für ihre Arbeit. „Die Kirche trägt die Kraft Gottes in sich"

Nr. 25 vom 30. Juli 1981
Korrespondenz

Kardinal ernennt neuen Diözesanjugendpfarrer. Jugendarbeit auf religiöse Mitten hin ausrichten.

Christliche Frömmigkeit bezieht die Sinne ein: Kardinal Ratzinger: Der christliche Gott hat ein Herz.

Nr. 27 vom 10. September 1981
Korrespondenz

Empfang von Erzbischof Wladimir durch Kardinal Ratzinger im V.I.P.-Raum des Flughafens München-Riem.

Erzbischof Wladimir von Dmitrow Gast Kardinal Ratzingers. Hoher Repräsentant der orthodoxen Kirche besucht Bayern. Begegnung mit katholischen und evangelischen Christen.

Nr. 28 vom 17. September 1981
Korrespondenz

Kardinal verabschiedet russischen Erzbischof.

Ökumene mit orthodoxer Schwesterkirche ein großes Anliegen. Ratzinger begrüßt Repräsentanten der Ostkirche in München. Russischer Patriarch Pimen schenkt dem Kardinal sein Brustkreuz.

Ratzinger würdigt orthodoxen Beitrag zur Ökumene. Grußwort bei Eröffnung erster orthodoxer Woche in München.

Kardinal besucht jüdische Gemeinde.

Nr. 29 vom 24. September 1981

Korrespondenz

Marienverehrung „Unterpfand und Realität der Einheit". Kardinal und russischer Erzbischof betonen Gemeinsamkeit. Erzbischof Wladimir dankt Christen in Bayern für Verständnis.

Nr. 30 vom 1. Oktober 1981

Korrespondenz

Blutige Spur der Gewalt erschreckt. Glaubenslosigkeit – die Wurzel des Unfriedens. Kardinal Ratzinger: Christliche Friedensarbeit muß Maßstäbe setzen.

Priester zu geistlichem Leben ermuntert. Kardinal warnt vor reinem Aktionismus.

Ratzinger erwartet Euthanasie-Kampagne. Menschliches Leben ist immer verehrungswürdig.

Unsere Meinung

Die Rangordnung der Werte sichtbar machen. Ein Kommentar von Kardinal Ratzinger zum Friedensthema.

Nr. 31 vom 7. Oktober 1981

Korrespondenz

Kapellenweihe auf der Zugspitze. Kardinal weiht höchstgelegene Kirche Deutschlands. Kirchenstifter gibt ihr den Namen „Maria Heimsuchung". Ratzinger würdigt Sadat als Mann des Friedens.

Nr. 32 vom 15. Oktober 1981

Korrespondenz

Papst ernennt Ehrenprälaten. Hohe Auszeichnung für vier Priester im Erzbistum. Kardinal ernennt zehn Priester zu Geistlichen Räten.

Nr. 33 vom 22. Oktober 1981

Korrespondenz

Vom Optimismus des Papstes lernen. Ohne Arbeit und Technik keine Entwicklung. Kardinal Ratzinger interpretiert Sozialenzyklika.

Bildungsarbeit von Opus Dei in München. Kardinal Ratzinger besuchte „Bildungszentrum Weidenau".

Dokumentation

Predigt des Erzbischofs von München und Freising, Joseph Kardinal Ratzinger, zum Papstsonntag im Münchner Liebfrauendom am 18. Oktober 1981.

Nr. 34 vom 29. Oktober 1981
Korrespondenz

> Jungsein nicht nur ein biologisches Datum. Ratzinger: Einen Weg, eine Hoffnung, eine Zukunft finden.

Nr. 35 vom 5. November 1981
Korrespondenz

> Behinderte leisten mehr als andere. Ratzinger: Sie sind maßgebliche Menschen, nicht Randexistenzen.
>
> „Vor uns liegen nicht 2000 dunkle Jahre". Ratzinger ermutigt Christen in Ost- und Westeuropa.
>
> Das Hochfest des heiligen Korbinian. Wallfahrt der Jugend – Festgottesdienst mit dem Kardinal.

Dokumentation

> Predigt des Erzbischofs von München und Freising, Joseph Kardinal Ratzinger, bei einem Gottesdienst mit Behinderten in der Münchner Theatinerkirche St. Kajetan am 31. Oktober 1981.
>
> Predigt des Erzbischofs von München und Freising, Joseph Kardinal Ratzinger, zum 30jährigen Bestehen der tschechischen Pfarrgemeinde in München am 8. November 1981.

Nr. 36 vom 12. November 1981
Korrespondenz

> Kardinal ernennt neuen Kunstreferenten. Kunsthistoriker Dr. Ramisch löst Prälat Delagera ab.
>
> Kardinal würdigt Sozialpolitiker von Prümmer. Er verlangt Belange der Kirche vor Staat und Öffentlichkeit.
>
> Das Hochfest des heiligen Korbinian. Kardinal hält Festgottesdienst: Reliquienprozession im Dom.

Nr. 37 vom 17. November 1981
Korrespondenz

> Kardinal Ratzinger empfing Oberbürgermeister Kiesl. Gespräch zwischen Ordinariat und Landeshauptstadt.
>
> „Im Glauben aller Christen des Erzbistums begründet". Kardinal legt Grundstein für Münchner Priesterseminar.
>
> Wortlaut der Urkunde zur Grundsteinlegung des Priesterseminars.

Nr. 38 vom 26. November 1981
Korrespondenz

> Papst ruft Kardinal Ratzinger nach Rom. Zum Präfekt der Römischen Glaubenskongregation ernannt.

„Die Entscheidung ist mir nicht leicht gefallen". Kardinal Ratzinger erläutert seine Berufung nach Rom.

Ratzinger warnt vor einem bequemen Christsein. Die Kirche ist kein Lautsprecher für Parteigeschrei. „Ein bloß verstehender Jesus wäre nicht gekreuzigt worden."

Ratzinger informiert über Libanon-Konflikt. Generaloberer der Manoriten-Mönche in München empfangen.

Prof. Dr. Karl Forster gestorben. Ratzinger: „Er diente der Kirche mit ganzer Bereitschaft".

Advent im Münchner Liebfrauendom.

Dokumentation

Predigt des Erzbischofs von München und Freising, Joseph Kardinal Ratzinger, bei einem Gottesdienst am Hochfest des hl. Korbinian im Freisinger Mariendom am 18. November 1981.

Nr. 39 vom 3. Dezember 1981

Korrespondenz

Ratzinger warnt vor „mythologischer Politik". Zerfall des Glaubens führt zur Staatsvergötzung.

Nicht defensiv, sondern positiv handeln. Ratzinger betont Freiheitsraum der Theologie. Neuer Präfekt der Glaubenskongregation um Einheit bemüht.

Geschichtslosigkeit als Verlust der Erinnerung des Guten. Ratzinger zum Advent: Das Gedächtnis des Herzens wecken.

Dokumentation

Predigt des Erzbischofs von München und Freising, Joseph Kardinal Ratzinger, beim Gottesdienst für die katholischen Bundestagsabgeordneten in der Bonner Pfarrkirche St. Winfried am 26. November 1981.

Nr. 40 vom 10. Dezember 1981

Korrespondenz

Presseerklärung zu einem Kommentar des Informationsdienstes der Diözese Augsburg über Kardinal Ratzinger.

„Joseph möge seine Brüder wie bisher erkennen". Hunderte von Glückwünschen erreichen Kardinal Ratzinger. Neuer Präfekt der Glaubenskongregation bittet um Gebet.

Dokumentation

Wort des Erzbischofs von München und Freising, Joseph Kardinal Ratzinger, zum Advent in der Sendung „Zum Sonntag" des Bayerischen Rundfunks am Samstag, 5. Dezember 1981.

Nr. 41 vom 17. Dezember 1981

Korrespondenz

Erklärung des Erzbischofs von München und Freising zur Situation in Polen.

Buch mit Predigten des Kardinals erschienen. Deutungen christlicher Lebenszeugnisse in Europa.

Ratzinger und Hanselmann danken Polizeibeamten. „Sie handeln letztlich in unser aller Auftrag".

Am Montag Kundgebung der Solidarität mit Polen. Gemeinsamer Aufruf Kardinal Ratzingers und Katholischer Jugend.

Weihnachten und Jahreswechsel im Liebfrauendom.

Pressemitteilung über ein Gespräch zwischen Kardinal und dem Landesvorsitzenden des christlichen Gewerkschaftsbundes.

Nr. 1 vom 7. Januar 1982

Korrespondenz

Programmatischer Friedensappell Kardinal Ratzingers: „Wer den Frieden will, muß den Kompromiß lernen". Vernichtungswaffen auf dem Verhandlungsweg abbauen.

Ratzinger ruft zu verstärkter Polen-Hilfe auf. Appell an die Gesellschaft: „Wir brauchen eine Kurskorrektur".

Ratzinger zum Tode von Kurienkardinal Šeper. Weltkirche verlor eine hervorragende Bischofsgestalt.

Dokumentation

Silvesterpredigt 1981 des Erzbischofs von München und Freising, Joseph Kardinal Ratzinger.

Weihnachtspredigt des Erzbischofs von München und Freising, Joseph Kardinal Ratzinger, am 25. Dezember 1981.

Predigt des Erzbischofs von München und Freising, Joseph Kardinal Ratzinger, in der Christnacht 1981.

Nr. 2 vom 14. Januar 1982

Korrespondenz

Die Welt braucht geistige Einheit. Ratzinger: Die Menschen bedürfen einander.

Nr. 3 vom 21. Januar 1982

Korrespondenz

Erzbischofsstuhl in München wird vakant. Metropolitankapitel wird einen Kapitularvikar wählen. Abschied des Erzbistums von Kardinal Ratzinger Ende Februar.

Christlich gelebte Ehe verteidigt Menschenrechte. Appell Ratzingers: Der Entwürdigung des Menschen begegnen. Präfekt der Glaubenskongregation kommentiert Brief des Papstes.

Dokumentation

Ehe und Familie im Plan Gottes. Kommentar zum zweiten Teil des apostolischen Schreibens. Familiaris consortio von Joseph Kardinal Ratzinger.

Nr. 4 vom 28. Januar 1982

Korrespondenz

Den Kindern ein Glaubenszeugnis geben. Für Sakramentvorbereitung sind alle verantwortlich. Kardinal Ratzinger appelliert an Eltern und Gemeinden.

Probleme des Friedens mit Augenmaß behandeln. Kardinal Ratzinger mahnt zu unpathetischer Politik.

Mariä Lichtmeß und Blasiussegen.

Funk und Fernsehen direkt bei Ratzinger-Abschied dabei.

Nr. 5 vom 4. Februar 1982

Korrespondenz

Kardinal empfiehlt „Frühjahrskur des Herzens". Ohne Dankbarkeit gibt es keine Menschlichkeit.

Die „Empörung des Herzens" wachhalten. Münchner Schüler organisieren Polen-Kundgebung. Grußwort des Kardinals: „Für die Verfolgten einstehen".

Papst dankt den Münchnern für Polen-Kundgebung. Kardinalstaatssekretär Casaroli schreibt an Ratzinger.

Kardinal ernennt 13 Priester zu Geistlichen Räten.

Dokumentation

Ansprache des Erzbischofs von München und Freising, Joseph Kardinal Ratzinger, in der Sendung „Zum Sonntag" des Bayerischen Rundfunks am Samstag, 6. Februar 1982.

Nr. 6 vom 12. Februar 1982

Korrespondenz

Bayern verabschiedet Kardinal Ratzinger. Danksagung und Verbundenheit im Gebet.

Gefängnis-Seelsorge in Bayern amtlich geregelt. Kardinal und Justizminister unterzeichnen Vereinbarung.

Nr. 7 vom 18. Februar 1982

Korrespondenz

Die Einheit wahren – die konkrete Kirche bejahen. Programmatischer Abschiedsappell Ratzingers an die Priester.

„Steuermann durch die Stürme der Zeit." Ministerpräsident Strauß würdigt Kardinal Ratzinger. Der Kardinal: „Bayern möge ein christlicher Staat bleiben."

Augustinus-Bild für Kardinal Ratzinger. Privater Abschied des Domkapitels.

Dokumentation

Ansprache des Bayerischen Ministerpräsidenten Franz Joseph Strauß im Antiquarium der Münchner Residenz am 12. Februar 1982.

Ansprache des Erzbischofs von München und Freising, Joseph Kardinal Ratzinger, im Antiquarium der Münchner Residenz am 12. Februar 1982.

Predigt des Erzbischofs von München und Freising, Joseph Kardinal Ratzinger, im Freisinger Mariendom am 13. Februar 1982.

Gebet des Erzbischofs von München und Freising, Joseph Kardinal Ratzinger, am Reliquienschrein des heiligen Korbinian.

Nr. 8 vom 25. Februar 1982

Korrespondenz

Abschiedswort Kardinal Ratzingers: Betend im gemeinsamen Glauben der Kirche bleiben. Die christliche Alternative mutig und entschieden leben.

Abschied Kardinal Ratzingers: Gottesdienst im Liebfrauendom – Marienandacht auf dem Marienplatz – Festakt in der Residenz.

Dokumentation

Abschiedspredigt Kardinal Ratzingers im Münchner Liebfrauendom am 28. Februar 1982.

Nr. 9 vom 4. März 1982

Korrespondenz

Gebet an der Mariensäule, das Joseph Kardinal Ratzinger aus Anlaß seines Abschieds vom Erzbistum München und Freising am 28. Februar 1982 vor der Münchner Mariensäule gebetet hat.

„Arriverderci und bis bald! Pfüa Gott und alles Gute halt!" Bayern verabschiedet Kardinal Ratzinger.

Joseph Kardinal Ratzinger, Präfekt der Römischen Glaubenskongregation.

Ordinariat: Keine Empfehlung für „Ratzinger Medaillen".

Dokumentation

Ansprachen beim Festakt zur Verabschiedung von Kardinal Ratzinger im Herkulessaal der Residenz am 28. Februar 1982.

Nr. 10 vom 11. Februar 1982
Korrespondenz

>Wagt den Lebensstil, der Zukunft hat! Die materialistischen Lebensprojekte scheitern! Kardinal Ratzingers geistliches Testament für die Gemeinden.

Dokumentation

>Wagt den Lebensstil der Zukunft hat,

Abschiedshirtenbrief des Erzbischofs von München und Freising, Joseph Kardinal Ratzinger.

Brief des Erzbischofs von München und Freising, Joseph Kardinal Ratzinger, an die Priester, Diakone und Mitarbeiter in der Seelsorge.

1

31. März 1977   ok Nr. 12 vom 31. März 1977

Erzbischof Ratzinger besuchte sein Erzbistum
Gebet am Korbiniansschrein – Besuch bei Bayerischer Bischofskonferenz

Der ernannte Erzbischof von München und Freising, Prof. Dr. Joseph Ratzinger, hat am Donnerstag, 31. März, seiner Erzdiözese und der in Freising tagenden Bayerischen Bischofskonferenz einen ersten Besuch abgestattet. Zusammen mit dem Kapitularvikar, Weihbischof Ernst Tewes, und dem Rektor der Freisinger Domkirche, Prälat Dr. Michael Höck, betete Ratzinger in der Krypta des Freisinger Domes am Reliquienschrein des heiligen Korbinian, der das Bistum im Jahre 724 begründete.
Im Namen der Bayerischen Bischofskonferenz begrüßte der amtierende Vorsitzende der Konferenz, der Bischof von Würzburg, Dr. Josef Stangl, den ernannten Erzbischof als Kollegen und künftigen Vorsitzenden der Freisinger Bischofsversammlung. Kapitularvikar Tewes hieß ihn namens der Erzdiözese herzlich willkommen. Ratzinger bezeichnete es als besondere Fügung, daß die erste Begegnung mit dem Bayerischen Bischofskollegium in Freising stattfindet, wo er seine ersten Schritte als Student der Theologie getan habe.
In einer Erklärung teilte Kapitularvikar Tewes mit, daß Bischofsweihe und Inthronisation des neuen Erzbischofs am Samstag vor Pfingsten, am 28. Mai, um 9.00 Uhr, im Münchener Liebfrauendom stattfinden werden. Erzbischof Ratzinger habe die Bischöfe von Regensburg und Würzburg, Dr. Rudolf Graber und Dr. Josef Stangl, sowie Weihbischof Ernst Tewes, gebeten, ihm die Bischofsweihe zu erteilen. Am Tag vor der Bischofsweihe, am 27. Mai, übernimmt Ratzinger in einem offiziellen Rechtsakt vor dem Domkapitel die Leitung des Erzbistums München und Freising. Als Wahlspruch bestätigte Ratzinger das bereits angekündigte Wort aus dem 3. Brief des Apostels Johannes: „Cooperatores veritatis – Mitarbeiter der Wahrheit".

2

17. Mai 1977   ok Nr. 16 vom 18. Mai 1977

Empfang des neuen Erzbischofs in München

Der ernannte Erzbischof von München und Freising, Professor Dr. Joseph Rat-

3

Erzbischof Ratzinger in drei Sendungen des Schulfernsehens

Das Schulfernsehen des Bayerischen Rundfunks strahlt an drei Tagen eine Sendung mit dem ernannten Erzbischof von München und Freising, Professor Dr. Joseph Ratzinger, aus. Titel der Sendung: Sechs Jahrzehnte Erzbistum München und Freising. Gezeigt werden kurze Portraits der letzten drei Erzbischöfe: Faulhaber, Wendel und Döpfner. Professor Franz Schneider von der Universität München interviewt Professor Ratzinger über seine Vorgänger im Amt des Erzbischofs und seine Auffassung vom Amt des Bischofs.
Die Sendetermine: 20. Mai: 17.15 Uhr, 24. Mai: 8.50 Uhr, 26. Mai: 11.35 Uhr.

4

2. Juni 1977 ok Nr. 17 vom 2. Juni 1977

Erzbischof Ratzinger überrascht und erfreut über bevorstehende Kardinalserhebung

Mit Überraschung und Freude hat der Erzbischof von München und Freising, Joseph Ratzinger, die Nachricht von seiner bevorstehenden Kreierung zum Kardinal am 27. Juni aufgenommen.
Damit wird Ratzinger Mitglied des Kollegiums der Kardinäle und ist berechtigt, an der Papstwahl teilzunehmen. Er ist damit auch unmittelbarer Berater des Papstes. Nach seiner Rückkehr von der feierlichen Überreichung der Abzeichen der Kardinalswürde, dem Kardinalspurpur und dem Kardinalsbirett, beim Konsistorium in Rom, wird auch in der Erzdiözese München und Freising eine Feier zu Ehren des neuen Kardinals stattfinden.

5

ok Nr. 18 vom 6. Juni 1977

Wortlaut der päpstlichen Ernennungsurkunde

Paulus, Bischof, Knecht der Knechte Gottes entbietet dem geliebten Sohn Joseph Ratzinger aus dem Klerus der Erzdiözese München und Freising, Professor der Theologie an der Universität Regensburg, dem erwählten Erzbischof des Metropolitansitzes von München und Freising Heil und Apostolischen Segen. Unsere

Hirtensorge drängt Uns, Uns um die weiterstreckte und bedeutende Kirche von München und Freising, die nach dem unerwarteten Tod von Julius Cardinal Döpfner ihren Hirten verloren hat, zu bekümmern. Im Geist blicken Wir auf Dich geliebter Sohn: Du bist mit vorzüglichen Geistesgaben ausgestattet, vor allem bist Du ein bedeutender Meister der Theologie, die Du als Theologischer Lehrer an Deine Hörer weise, voller Eifer und Frucht weitergegeben hast. Wir bestellen also Dich in Übereinstimmung mit den bestehenden Verträgen kraft Unserer apostolischen Vollmacht zum Erzbischof des vorgenannten Metropolitansitzes von München und Freising, wir ernennen und bestimmen Dich dazu und legen Dir alle Rechte und Pflichten auf, die dieses Dein Amt und diese Würde einschließen. Wir gestatten, daß Du die Weihe außerhalb Roms von einem katholischen Bischof empfängst, dem gemäß den liturgischen Normen mit zwei Mitkonsekranten derselben Würde und Weihestufe assistieren müssen. Vorher mußt Du das Bekenntnis des katholischen Glaubens in Anwesenheit eines rechtgläubigen Bischofs ablegen sowie den Eid der Treue gegenüber Uns und Unserem Nachfolger. Die angewandten Formeln, die in der gewohnten Weise unterzeichnet und durch Siegel bekräftigt sein müssen, wirst Du zu der Hl. Kongregation für die Bischöfe senden lassen. Außerdem ordnen wir an, daß dieser Unser Brief dem Klerus und dem Volk in der Kathedralkirche Deiner Diözese an einem gebotenen Feiertag vorgelesen werde. Deine im Herrn geliebten Söhne ermahnen Wir, daß sie Dich nicht nur als ihren Lehrer, sondern auch als ihren Leiter gerne annehmen, Deinen Anordnungen willig folgen, Deine pastoralen Unternehmungen tatkräftig unterstützen. Zuletzt ermahnen Wir Dich, lieber Sohn, herzlich mit Worten des heiligen Augustinus: Arbeite auf dem Ackerfeld Gottes; mit allen Kräften mühe Dich darum, daß alle, die Deiner Sorge anvertraut sind, in der Kirche lebendige Steine seien, vom Glauben geformt, in der Hoffnung gefestigt, in der Liebe einander verbunden.
Gegeben zu Rom, bei St. Peter, am 24. März im Jahre des Heiles 1977, im vierzehnten Unseres Pontifikates.

Joannes Card. Villot Staatssekretär
Marcellus Rossetti, Apost. Protonotar

6

ok Nr. 18 vom 6. Juni 1977

Gebet an der Mariensäule

Heilige Maria, Mutter Gottes, vom Heiligen Geist bewegt, hat einst Elisabeth dich selig gepriesen als die gesegnete unter den Frauen, weil dein Glaube dem Herrn die Tür in diese Welt aufgetan hat. Wie du es unter dem Anhauch des gleichen Geistes vorhergesagt hast, preisen dich seither selig alle Geschlechter. Voller

Freude treten wir in dieser Stunde ein in den Lobpreis, den der Geist deines Sohnes, unseres Herrn Jesus Christus, in allen Generationen erweckt hat. Unsere Vorfahren haben Dich als ihre Schutzherrin erwählt, als die Herzogin ihres Landes, deren mütterliche Güte über aller menschlichen Herrschaft als Zeichen der neuen, befreienden Herrschaft Jesu Christi steht. Die Wege unseres Landes kommen von dir und gehen durch dich zu ihm, der der Weg selber ist. So bitten wir dich in dieser Stunde: Sei die Patronin unseres Landes, unseres Bistums auch in dieser Zeit. In dem Streit der Parteien sei du Versöhnung und Friede; in den Weglosigkeiten unserer offenen Fragen zeige du uns den Weg; die Streitenden sänftige, die Müden erwecke; gib den Mißtrauischen ein offenes Herz, den Verbitterten Trost, den Selbstsicheren Demut, den Ängstlichen Zuversicht, den Stürmern Besonnenheit, den Zaudernden Mut, uns allen aber die tröstende Zuversicht deines Glaubens. Stärke die Leidenden und die Kranken; erleuchte die regierenden und führe uns zueinander im Frieden des Herrn. Schenke uns, zu glauben, wie du geglaubt hast. Mutter Gottes, Patronin Bayerns, bitte für uns jetzt und in der Stunde unsres Todes. Amen.

7

16. Juni 1977   ok Nr. 19 vom 16. Juni 1977

Einheit: „Grundlegende Bauform der Kirche"
Erster Hirtenbrief von Erzbischof Joseph Ratzinger

Zur Einheit als „grundlegender Bauform" der Kirche und zu einem lebendigen, weitherzigen und freien Christsein „ohne Bissigkeit und ohne verkrampfte Enge" hat in seinem ersten Hirtenbrief der Erzbischof von München und Freising, Prof. Dr. Joseph Ratzinger, die Katholiken aufgerufen. In dem am Sonntag, 19. Juni, in allen katholischen Kirchen der Erzdiözese München und Freising verlesenen Hirtenbrief äußerte der Erzbischof über die Bedeutung des Hirtenamtes, Christus habe die Kirche „nicht auf Prinzipien gebaut, sondern auf Menschen, und er wollte seinen Geist nicht anonym wirken lassen, sondern durch die persönliche Verantwortung von Menschen hindurch, die er als seine Diener beruft". Wörtlich sagte er in diesem Zusammenhang: „Die Einheit mit den Nachfolgern der Apostel und deren Einheit mit dem Nachfolger des heiligen Petrus gehört zur grundlegenden Bauform der Kirche; an dieser Einheit können wir immer wieder messen, ob wir nur uns selber folgen oder ob wir uns wirklich ins Ganze der Kirche aller Orte und aller Zeiten hineinbegeben, die ob dieser Ganzheit die katholische heißt".

Weitherziges Christsein ohne verkrampfte Enge

Diese Einheit, der Glaube mit dem gemeinsamen Bekenntnis und die Sakramente, welche die Kirche von Christus empfangen habe, seien die Maßstäbe, an denen sich die Katholiken in dem mannigfaltigen Streit, der in den letzten Jahren viele verwirrt und unsicher gemacht habe, prüfen sollten. Nicht jeder Einzelne könne in jeder Frage sofort und eindeutig entscheiden, was wahr und was falsch ist. Die Kirche sei ein lebendiger Organismus, zu dem die Geduld des Wachsens und des Reifens gehöre. Aber wer sein Christsein an diesen Maßstäben prüfe, erhalte ein inneres Augenmaß, das ihm helfe, Spreu und Weizen zu unterscheiden: „Solches Christsein wird weitherzig und frei, ohne Bissigkeit und ohne verkrampfte Enge, aber es verläuft sich auch nicht ins Unverbindliche oder gar in scheinchristliche Ideologien hinein".

Wenn Christus heute sichtbar käme ...

Wenn Christus heute sichtbar in die Mitte irgendeiner Pfarrgemeinde träte, würden sich, wie Ratzinger sagte, „die meisten von uns sehr gestört fühlen durch ihn, denn er träfe auf viel Gleichgültigkeit und Lauheit, auf ein bequemes und auf ein ängstliches Christentum, das seine Furcht vor der Welt unter starken und gelehrten Worten geschickt verdeckt". Er träfe auch auf eine zerstrittene Kirche. Er würde nebeneinander finden „einerseits eine Selbstherrlichkeit, die das Christentum nach eigenem Geschmack baut und andererseits den Starrsinn wie die Lieblosigkeit derer, die sich allein für die rechten Christen halten und sich so gegen die Einheit seines Leibes stellen". Von denjenigen, die im Widerspruch zu dem von Christus verkündeten Frieden lebten, würde er verlangen, „die Furcht und die Selbstherrlichkeit abzustreifen, die diesem Frieden im Wege stehen und auch die Kirche friedlos machen, welche doch der Raum des Friedens in dieser Welt sein sollte".

Aufforderung zum Frieden nicht mit Schwäche verwechseln

Die Aufforderung zum Frieden Christi darf nach den Worten Ratzingers jedoch nicht mit dem „Verlangen nach einer Gutmütigkeit" verwechselt werden, „die in Wirklichkeit bloß Schwachheit ist und sich vor dem Ärger schützen möchte, der entsteht, wenn man offen für seine Überzeugung eintritt". Wörtlich führte der Bischof aus: „Die Forderung nach Einheit der Kirche bedeutet daher auch nicht das Verlangen, daß alle alles gelten lassen sollten. Das bloße Beieinanderbleiben ist keine Einheit, sondern letztlich ein Ausweichen vor ihr". Die Parole „seid nett zueinander" sei zwar nicht zu verachten, aber sie erreiche nicht die Höhe des Evangeliums, „weil sie uns die Mühsal erspart, uns auf den Weg der Wahrheit zu machen und so wirklich zueinander zu kommen".

16. Juni 1977   ok Nr. 19 vom 16. Juni 1977

„Mit fast unbegreiflicher Sicherheit den Weg in der Zeit gefunden"
Erzbischof Ratzinger hielt Gedenkgottesdienst für Kardinal Faulhaber

Als einen Mann, der mit einer fast unbegreiflichen Sicherheit seinen Weg in einer Zeit gefunden habe, „in der die Theologie fast ähnlich wie heute zerrissen war zwischen Modernismus und Restauration", bezeichnete der Erzbischof von München und Freising, Joseph Ratzinger, den am Fronleichnamstag des Jahres 1952 verstorbenen Kardinal Michael von Faulhaber. Bei einem Gedenkgottesdienst anläßlich der 25. Wiederkehr seines Todestages bemerkte Ratzinger, Faulhaber habe aus der Gegenwart des Glaubens gelebt, der stets derselbe bleibe und dennoch stetig neu sei. Von einer solchen Einstellung her habe er auch in der vordersten Front der Fragen seiner Zeit gestanden. Ratzinger nannte im einzelnen das kämpferische Eintreten Faulhabers für die Einrichtung von überkonfessionellen Gewerkschaften und für die Frauenfrage. Von seiner Herkunft her sei er zutiefst den Armen verbunden gewesen und habe sich als einer von ihnen gefühlt.
Erzbischof Ratzinger wies ferner auf den Protest Faulhabers gegen die „Versklavung des Glaubens an Rasse und Volk" durch die nationalsozialistischen Machthaber hin. Der Wahlspruch Faulhabers „Vox temporis, vox Dei – die Stimme der Zeit ist die Stimme Gottes" sei zum unüberhörbaren Hinweis darauf geworden, daß das Wort Gottes zuerst an die Juden ergangen sei, und daß es allen Völkern gehöre und nicht einer Rasse.
Als Professor habe er das eigentliche Ziel und die Größe der Wissenschaft nicht in dem engen Bereich der Gelehrten gesehen, sondern darin, das Wort Gottes neu allen hörbar zu machen.

16. Juni 1977   ok Nr. 19 vom 16. Juni 1977

Über 40.000 Teilnehmer bei der Fronleichnamsprozession
Ratzinger: Prozession eine Demonstration für die Nähe Gottes

Mehr als 40.000 Menschen haben in diesem Jahr wieder an der großen traditionellen Münchener Fronleichnamsprozession teilgenommen. Am Fronleichnamstag, Donnerstag, 9. Juni, zogen sie bei strahlendem Sonnenschein singend und betend in der Prozession mit oder säumten die Straßen. Die Prozession hatte vom Marienplatz ihren Ausgang genommen, wo der Erzbischof von München und Freising, Joseph Ratzinger, ein festliches Pontifikalamt gefeiert hatte.

Ratzinger bezeichnete in seiner Predigt das Fronleichnamsfest als ein Fest der Freude, bei dem der Christ das Erfülltsein von der Nähe Gottes hineintrage in den Alltag. Die Prozession sei ein Fest der Straße, eine Demonstration für die Nähe Gottes, „der uns ganz gehören will". Das Anerkennen seines Herrentums münde ein in Anbetung, wo wir ihn so empfangen, wie es ihm gebühre. Zugleich sei die Fronleichnamsprozession eine Segensprozession, bei der Worte des Segens hineingetragen werden in die Straßen und Plätze der Stadt, wo alltäglich auch so viel Böses geschehe. Erzbischof Ratzinger erinnerte daran, daß wir in einer Zeit leben, in der es mehr Hunger gebe als irgendwann zuvor in der Geschichte. So könne es nicht sinnlos sein, irdisches und himmlisches Brot zusammenzusehen. Mit der Freude um das himmlische Brot möge Gott den Hunger der Welt stillen.

Auch heuer fiel wieder die große Zahl der mitgeführten und mit Blumen geschmückten Banner, Traditionsfahnen und Prozessionsstangen auf. Eine große Anzahl Kleinkinder, Schüler und Jugendliche, Ministranten in roter Chorkleidung, sowie mehr als 1.000 Ordensschwestern, die in Münchener Krankenhäusern und Heimen Dienst tun, und Ordenspriester führten die Prozession an. Zahlreich waren auch die Abordnungen der katholischen Verbände und der Stadtpfarreien Münchens mit ihren Pfarrern. Ein farbenprächtiges Bild boten die Gruppen katholischer Gastarbeiter und Angehöriger der im Exil lebenden Volksgruppen aus Osteuropa in ihren Nationaltrachten und Vertreter von Studentenverbindungen, die sich in voller Montur an der Prozession beteiligten.

Neben den Bischöfen Ernst Tewes, Matthias Defregger und Platon Kornyljak, Exarch der Ukrainer in Deutschland, nahmen an der Prozession, die im Liebfrauendom mit dem eucharistischen Segen endete, der bayerische Ministerpräsident Dr. Alfons Goppel und der Präsident des bayerischen Landtags, Dr. Rudolf Hanauer, teil. Der Einladung zur Prozession waren ferner zahlreiche Vertreter des öffentlichen Lebens, unter ihnen Kabinettsmitglieder der bayerischen Staatsregierung, Vertreter des Bundesgrenzschutzes, der Bundeswehr, Polizei, der Universität und ihrer Fakultäten, der Konsulate und der Stadt München gefolgt. Mit musikalischen Darbietungen einer Münchener Musikkapelle und folkloristischen Darbietungen der russischen Gemeinde, sowie von Gruppen aus Kroatien, Lateinamerika, Rumänien und Ungarn auf dem Domplatz fand die Prozession einen von Tausenden mit großem Beifall bedachten Ausklang.

10

23. Juni 1977   ok Nr. 20 vom 23. Juni 1977

Erzbischof Ratzinger zur Kardinalserhebung in Rom
Empfang durch Ministerpräsident Goppel nach Rückkehr

Zur Kardinalserhebung durch Papst Paul VI. wird der Erzbischof von München und Freising, Prof. Dr. Joseph Ratzinger, am kommenden Sonntag, 26. Juni, um 9.15 Uhr vom Flughafen München-Riem mit einer Linienmaschine nach Rom abfliegen. Der Erzbischof wird begleitet von einer 38 Personen umfassenden Gruppe, welche die sogenannte „Kardinalsfamilie" bildet. Ratzinger hat damit von seinem Recht Gebrauch gemacht, aus Anlaß seiner Kardinalsernennung, diese Kardinalsfamilie zusammenzustellen und zur Teilnahme an den Feierlichkeiten im Vatikan einzuladen. Die „Familie" des Kardinals bildet einen repräsentativen Querschnitt der wichtigsten Vertreter der Erzdiözese München und Freising. Zur Kardinalskreierung werden auch der bayerische Ministerpräsident, Dr. Alfons Goppel, und Bayerns Kultusminister, Prof. Dr. Hans Maier, als Vertreter der Staatsregierung nach Rom reisen.

Die Kardinalsfamilie repräsentiert Erzbistum

Außer den Geschwistern Ratzingers, seiner Schwester Maria und seinem Bruder Georg, dem Domkapellmeister und Chordirigenten der Regensburger Domspatzen, gehören zur Kardinalsfamilie die Weihbischöfe Ernst Tewes und Franz Schwarzenböck, Generalvikar Dr. Gerhard Gruber, Domdekan Dr. Heinrich Eisenhofer, Vertreter des Domkapitels und der Ordinariatsräte, der Dekan der Theologischen Fakultät der Universität München, Prof. Dr. Hans Schilling, vier Doktoranden Prof. Ratzingers aus Regensburg, der erste Vorsitzende des Bayerischen Klerusverbandes und Vertreter der Dekane des Erzbistums, der Münchener Stadtpfarrer Msgr. Konrad Miller, Diözesancaritasdirektor und erster Vorsitzender des Priestervereins der Erzdiözese, Geistlicher Rat Franz Xaver Ertl, je ein Pfarrer und ein Pfarrgemeinderatsvertreter aus den drei Seelsorgsregionen der Erzdiözese, ein Diakon, eine Gemeindeassistentin, ein Vertreter der Religionslehrer, Angehörige weiblicher und männlicher Orden, unter ihnen Barmherzige Schwestern, die dem Erzbischof den Haushalt führen und im Sekretariat tätig sind, Bürgermeister Helmut Gittel in Vertretung des Münchener Oberbürgermeisters für die Stadt München, der Geschäftsführer des Diözesanrates und des Landeskomitees der Katholiken in Bayern, Toni Böck, der Vorsitzende des Diözesanrates, Ermin Brießmann, und der Sprecher des Seelsorgerates, Dr. Werner Buchner.

Ablauf der Kardinalserhebung

Am Montag, 27. Juni, wird die Kardinalserhebung des Erzbischofs von München und Freising nach der von Papst Paul VI. erlassenen neuen Konsistorien-Ordnung im Vatikan vollzogen. Nach dieser Ordnung beginnt zunächst um 10.00 Uhr ein geheimes Konsistorium im Konsistoriensaal des Apostolischen Palastes. Nach einem Gebet wird der Papst seine Konsistorialansprache zur Ernennung der neuen Kardinäle halten. Dabei erhalten die neuen Kardinäle vom Kardinalstaatssekretär Jean Villot ihre Ernennungsurkunde. Nach der Ernennung des neuen Camerlengo des Kardinalskollegiums (Chef der Kardinalsernennung) beginnt das „vereinheitlichte" Konsistorium (Consistorio Unico), das am gleichen Ort stattfindet. Dabei können die dazu berechtigten Erzbischöfe und Bischöfe, zu denen auch Erzbischof Ratzinger gehört, das sogenannte „Pallium" beantragen, ein Schmuckband aus weißer Wolle, das mit sechs schwarzen Kreuzen geziert ist, ringförmig auf den Schultern aufliegt und das liturgische Amtszeichen eines Metropoliten innerhalb seiner Kirchenprovinz ist. Dieses Pallium entstand im 5. Jahrhundert als kaiserliche Auszeichnung und wird jetzt vom Papst persönlich verliehen.

Nach dem geheimen und dem vereinheitlichten Konsistorium findet um 11.30 Uhr in der Audienzhalle des Vatikans das öffentliche Konsistorium (Consistorio publico) statt. Bei einem Wortgottesdienst wird Papst Paul VI. den neuen Kardinälen Giovanni Benelli, Bernardin Gantin, Luigi Ciappi, Frantisek Tomasek und Joseph Ratzinger das rote Kardinals-Birett aufsetzen und ihnen traditionsgemäß eine römische Titelkirche zuweisen. Erst an diesem Tag wird die Titelkirche, die dem Erzbischof von München und Freising zugewiesen wird, bekanntgegeben werden. Die Besitzergreifung der Titelkirche findet zu einem späteren Zeitpunkt statt. Am Dienstag, 28. Juni, findet in der Mathildenkapelle im Vatikan eine Eucharistiefeier statt. Dabei erhalten die Erzbischöfe, die darum ersucht haben, das Pallium überreicht. Den Vorsitz bei diesem Gottesdienst, der in Konzelebration gefeiert wird, führt der rangälteste Kardinaldiakon, zur Zeit Kardinal Pericle Felici. Am Mittwoch, 29. Juni, dem Fest der Apostel Petrus und Paulus findet im Petersdom ein Festgottesdienst zum 14. Jahrestag der Krönung Pauls VI. statt. Diesen Gottesdienst feiert der Papst in Konzelebration mit den neuen Kardinälen, die dabei den Kardinalsring überreicht bekommen. Während seines Romaufenthaltes wird Kardinal Ratzinger auch vom Botschafter der Bundesrepublik Deutschland beim Heiligen Stuhl, Alexander Böker, empfangen. Für geladene Gäste und die Kardinalsfamilie gibt der Kardinal außerdem einen Empfang in Rom.

Rückkehr am 1. Juli – Öffentliche Ehrung am 10. Juli

Am Freitag, 1. Juli, wird Kardinal Ratzinger um 16.50 Uhr auf dem Flughafen in München-Riem zurückerwartet. Dort wird er von Mitgliedern der Staatsregierung, an ihrer Spitze Ministerpräsident Alfons Goppel und von Repräsentanten der Erzdiözese auf dem Flughafen begrüßt. Der Kardinal und der Ministerpräsident werden dabei kurze Ansprachen halten. An die Presse ergehen dazu gesonderte Einladungen. Zusammen mit dem Ministerpräsidenten wird der Kardinal im Anschluß an diese Begrüßung in seine Wohnung in der Kardinal-Faulhaber-Straße 7 fahren, wo er gegen 17.15 Uhr eintreffen wird. Am Abend des 1. Juli um 20.00 Uhr wird die Staatsregierung in der Münchener Residenz für den Kardinal einen Empfang geben.

Eine öffentliche Ehrung des Kardinals findet am Sonntag, 10. Juli, in München statt. Der Kardinal wird an diesem Tag um 9.00 Uhr in der St. Michaelskirche im

Stadtzentrum einen Gottesdienst halten. Um 11.00 Uhr beginnt im Kongreßsaal des Deutschen Museums ein Festakt. Grußworte werden dabei sprechen: Ministerpräsident Goppel, der Landesbischof der Evangelisch-Lutherischen Kirche in Bayern, Dr. Johannes Hanselmann, der Münchener Oberbürgermeister Georg Kronawitter und Generalvikar Dr. Gerhard Gruber. Den Festvortrag hält Prof. Dr. Peter Stockmeier, München, über das Thema „München und Rom – Epochen und Pole der Katholizität". Bereits am 4. Juli wird sich Kardinal Ratzinger bei einer Festsitzung des Münchener Stadtrates um 15.00 Uhr in das goldene Buch der Stadt München eintragen.

11

ok Nr. 21 vom 7. Juli 1977

Festgottesdienst und Festakt
Programm der Feierlichkeiten zur Kardinalsernennung

Aus Anlaß der Ernennung des Erzbischofs von München und Freising, Prof. Dr. Joseph Ratzinger, zum Kardinal findet am kommenden Sonntag, 10. Juli, um 9.00 Uhr in der traditionsreichen Münchener St. Michaelskirche ein Gottesdienst statt. Kardinal Ratzinger wird diesen Gottesdienst feiern und die Predigt halten. Zugang zu diesem Gottesdienst haben alle Gläubigen, die dies wünschen und die rechtzeitig ihre Plätze einnehmen. Nur wenige Plätze sind für geladene Gäste reserviert.

Im Anschluß an den Gottesdienst, um 11.00 Uhr, findet im Kongreßsaal des Deutschen Museums ein Festakt statt. Dafür wurden Eintrittskarten an alle Pfarreien der Erzdiözese verteilt. Die Kartenverteilung ist abgeschlossen. Nachfragen sind daher zwecklos. Bei dem Festakt werden Grußworte sprechen: Generalvikar Prälat Dr. Gerhard Gruber, Ministerpräsident Dr.h.c. Alfons Goppel, Münchens Oberbürgermeister Georg Kronawitter, der Landesbischof der Evangelisch-Lutherischen Kirche in Bayern, Dr. Johannes Hanselmann, der Sprecher des Priesterrates, Pfarrer Dr. Rupert Berger, der Vorsitzende des Diözesanrates der Katholiken im Erzbistum München und Freising, Ermin Brießmann. Den Festvortrag hält Universitätsprofessor Dr. Peter Stockmeier über das Thema: „München und Rom – Epochen und Pole der Katholizität".

An der musikalischen Gestaltung wirken mit: Franz Lehrndorfer, Orgel, das Kammerorchester Musica Bavarica unter der Leitung von Alois Kirchberger. Die Partituren besorgte Dr. Robert Münster. Ferner wirken mit die Fischbachauer Sängerinnen, die Pienzenauer Sänger und Kreuther Hausmusi.

14. Juli 1977   ok Nr. 22 vom 14. Juli 1977

Kardinal Ratzinger betont Einheit mit Kirche und Papst
Absage an Selbstherrlichkeit und Spaltungstendenzen

Zur Einheit mit der Kirche und zur Gemeinschaft mit dem Papst hat in seiner
ersten Predigt als Kardinal der Erzbischof von München und Freising, Prof. Dr.
Joseph Ratzinger, aufgerufen. Gleichzeitig erteilte Ratzinger der Selbstherrlichkeit in der Liturgie und Spaltungstendenzen eine klare Absage. Vor Tausenden
von Katholiken erklärte der Kardinal am Sonntag, 10. Juli, in der Münchener St.
Michaelskirche, die Gemeinschaft mit dem Papst sei „die Gemeinschaft mit dem
Ganzen, ohne die es die Gemeinschaft mit Christus nicht gibt". Wie kein anderer
Papst seit Pius IX. sei Paul VI. „der Kritik, ja der Beschimpfung" ausgesetzt. Als
einer, der um die Einheit der Kirche leide, stehe er in der Nachfolge der Apostel,
von denen Paulus gesagt habe, sie seien „in der Welt zum letzten Dreck geworden, von allen angespuckt". In diesem Leiden könne in einer Zeit der Papstkritik
das eigentliche Wesen des Papsttums „tiefer und größer aufgehen als in einer Zeit
der Papstbegeisterung".
Ausführlich nahm Ratzinger zu Spaltungstendenzen in der katholischen Kirche
Stellung. Es gebe Katholiken, die in den Reformen des Konzils eine Zerstörung
der Kirche zu sehen meinen und die darüber „aus enttäuschter Liebe" Klage
führen. Nicht selten freilich gebe es auch „den Ton der Gehässigkeit und der
Selbstgerechtigkeit, die Absage an die Gemeinschaft der Glaubenden. Ebenso
wahr sei aber auch, daß es in den Jahren nach dem Konzil eine „Selbstgerechtigkeit" gegeben habe, „die nicht mehr nach dem Glauben der Kirche, sondern
nur noch nach dem eigenen Belieben fragte". So sei vielerorts die Liturgie „zum
Probierfeld eigener Einfälle" geworden. Zu diesen Strömungen erklärte der Kardinal wörtlich: „Es ist nicht wahr, daß die Kirche aufgehört hat, katholisch zu sein.
Nichts wahrhaft Katholisches, nichts wahrhaft Glaubensgemäßes hat seinen Ort
in der Kirche verloren". Durch Trennung könne weder etwas erhalten, noch etwas
gewonnen werden. Man könne Christus „nirgend anders als in der sichtbaren
Kirche suchen, wo Petrus ist".

21. Juli 1977   ok Nr. 23 vom 21. Juli 1977

Erste offizielle Begegnung zwischen Kardinal und Landesbischof
Gemeinsamer Wortgottesdienst im Münchener Dom vereinbart

Eine erste offizielle Begegnung zwischen dem Landesbischof der Evangelisch-Lutherischen Kirche in Bayern, D. Dr. Johannes Hanselmann, und dem Vorsitzenden der Bayerischen Bischofskonferenz, Prof. Dr. Joseph Kardinal Ratzinger, kam es am 15. Juli in München. Ratzinger hatte dem Landeskirchenamt der Evangelisch-Lutherischen Kirche in Bayern einen Besuch abgestattet.

Die erste Unterredung zwischen Ratzinger und Hanselmann dauerte etwa eine Stunde und fand, wie es in einem anschließend veröffentlichten Kommunique hieß, „in herzlicher Atmosphäre" statt. Für Januar 1978 wurde ein gemeinsamer Wort- und Gebetsgottesdienst im Münchener Liebfrauendom vereinbart. Weiter wurden Fragen der ökumenischen Zusammenarbeit auf Ortsebene angesprochen. Dazu heißt es in dem Kommunique wörtlich: „Als besonders hilfreich hierfür wurde das Dokument ‚Pastorale Zusammenarbeit der Kirche im Dienst der christlichen Einheit' der Gemeinsamen Synode der katholischen Bistümer erwähnt".

Schließlich seien auch die Bemühungen um eine Anerkennung der Augsburgischen Konfession (Confessio Augustana) durch die katholische Kirche „und die sich daraus ergebenden Konsequenzen für die evangelische Kirche" Gegenstand des Gespräches gewesen. Hanselmann und Ratzinger vereinbarten, „über die beide Kirchen berührenden Fragen weiter Kontakt zu halten". Damit hat Ratzinger die von seinem Vorgänger, Julius Kardinal Döpfner, begründete Tradition regelmäßiger Kontakte mit dem Landesbischof weitergeführt.

14

28. Juli 1977   ok Nr. 24 vom 28. Juli 1977

Kardinal Joseph Ratzinger: Kardinal Döpfner hat die Kirche zusammengehalten
Kritik an „Kultur, die von Verhöhnung des Kreuzes lebt"

Die aktuelle Bedeutung des vor einem Jahr am 24. Juli 1976 verstorbenen Vorsitzenden der Deutschen Bischofskonferenz, Julius Kardinal Döpfner, hat der neue Erzbischof von München und Freising, Joseph Kardinal Ratzinger, herausgestellt. Bei einem Requiem zum Jahrestag des Todes von Döpfner erklärte Ratzinger am 23. Juli vor mehreren tausend Gläubigen im Münchener Liebfrauendom, die eigentliche „Last und Größe" Döpfners in den letzten zehn Jahren seines Lebens habe darin bestanden, daß er angesichts einer „im Aufbegehren ganz neuer Fragen" vom Auseinanderbrechen bedrohten Kirche, die Auseinanderstrebenden „zusammengehalten und sie ausgespannt an das Kreuz des Herrn hingehalten und in ihm die gemeinsame Mitte gewiesen hat".

Seinen Wahlspruch, „Praedicamus crucifixum – wir verkündigen Christus, den Gekreuzigten" habe Döpfner als Wort des Trostes, der Wegweisung, aber auch „kämpferisch" interpretiert. In dem Gegeneinander und auch „in dem neu aufbrechenden Spott und der Verachtung" der Welt für das Kreuz habe er Gelegenheit genug gehabt, „das Bekenntnis zum Gekreuzigten furchtlos immer neu aufzurichten". Wörtlich erklärte Ratzinger in diesem Zusammenhang: „Auf solche Weise redet er gerade auch uns hier und heute an. Denn wir leben ja nach wie vor und in wachsendem Maße in einer Kultur, die, ihrem wahren Ursprung zuwider, anstatt von der Verehrung des Heiligen von seiner Verhöhnung lebt und sich auch nicht scheut, das heilige Zeichen unserer Erlösung zum Requisit ihrer niedrigen Späße zu machen. Wir aber verkündigen Christus, den Gekreuzigten".

Im Anschluß an den Gottesdienst, den Ratzinger in Konzelebration mit den drei Regionalbischöfen des Erzbistums gefeiert hat, verweilte der Kardinal zu einem kurzen Gebet in der Krypta des Domes am Grabe Döpfners. Der bayerische Ministerpräsident Dr. Alfons Goppel und der Münchener Oberbürgermeister Georg Kronawitter hatten dort Kränze niederlegen lassen. Zahlreiche Münchener suchten das Grab Döpfners auf, um davor zu beten.

15

15. September 1977 ok Nr. 26 vom 15. September 1977

Schwangeren in Not helfen
Aufruf Kardinal Ratzingers an Gemeinden
Ein Haus in München, wo Mütter Schutz finden

Der Erzbischof von München und Freising, Joseph Kardinal Ratzinger, hat in einer Erklärung alle Gemeinden seines Erzbistums aufgefordert, verstärkt Frauen zu helfen, die durch Schwangerschaft in Not geraten. In der Erklärung, die in München von der vor allem in Bayern tätigen überparteilichen und überkonfessionellen „Aktion für das Leben" veröffentlicht worden ist, heißt es, jede Abtreibung sei eine ungeheure Herausforderung an die Christen. Gerade diese müßten „denen ein Dach der Liebe bereiten, denen sonst nur Verzweiflung und Not über den Kopf wachsen". Mit den Spenden aus den Gemeinden soll ein kürzlich in München (Pasing, Dachstraße 33) für Frauen mit Problemschwangerschaften eingerichtetes Haus finanziert werden. In dem Haus, das vom Sozialdienst katholischer Frauen, der vor allem in der Schwangerschaftsberatung tätig ist, betreut wird, können Mütter mit ihren Kleinkindern über längere Zeit leben. Dort werden ihnen vor allem auch finanzielle Hilfen und Arbeitsmöglichkeiten vermittelt.

Das Gebot der Liebe verpflichtet vor allem die Christen

Nach den Worten des Kardinals zeigen die Abtreibungsstatistiken, die in den letzten Wochen veröffentlicht wurden, „mit erschreckender Deutlichkeit, daß viele tausend ungeborene Menschen unter uns getötet werden". Nicht ohne Erschütterung müsse man feststellen, „daß die Gesellschaft eines wohlhabenden Landes duldet, wie Frauen so sehr in Not und Bedrängnis geraten können, daß sie keinen anderen Ausweg mehr sehen, als ihr ungeborenes Kind abzutreiben". Oft seien es die eigenen Familien, die unglückliche Mütter ausstoßen, oft auch Freunde, Bekannte, Arbeitskollegen, die außer schönen Worten nichts zu bieten haben. Wörtlich äußerte der Kardinal in diesem Zusammenhang: „Aber urteilen wir nicht über andere: Die Gesellschaft, in der das geschieht, das sind letztlich wir alle". Das Gebot der Liebe verpflichte besonders die Christen, den Verzweifelten und in Not Geratenen durch die Tat zu helfen. Eine Spende für die von der „Aktion für das Leben" durchgeführte Bausteinsammlung für das Haus in München wertete der Kardinal als „Chance für das Leben und als Zeichen, daß wir tun, was wir glauben".

Das Haus steht allen werdenden Müttern offen

Das Haus in München steht allen werdenden Müttern offen, die aufgrund ihrer Schwangerschaft nicht in ihrer gewohnten Umgebung bleiben können und die in schwierigen Verhältnissen leben, durch die Schwangerschaft arbeits- und obdachlos geworden sind. Die Aufnahmekapazität des Hauses wird nach Angabe des Sozialdienstes katholischer Frauen „flexibel" gehandhabt. Bis zu 20 Frauen können dort Aufnahme finden. Für Mütter mit Kindern stehen Einzelzimmer zur Verfügung. Werdende Mütter sind in Zwei- und Dreibettzimmern untergebracht. Die Betreuung durch ein Mitarbeiterteam des Sozialdienstes ist fachkundig. Unter anderem arbeiten in dem Haus eine Kinderkrankenschwester mit psychosomatischer Zusatzausbildung, eine Sozialarbeiterin und eine Sozialpädagogin. In der freundlichen Atmosphäre dieses angekauften Privathauses wird neben Säuglingspflege, Schwangerschaftsgymnastik, Partnerschafts- und Sexualberatung auch auf das Berufsleben vorbereitet. Nach Auszug aus dem Haus können die Frauen auch eine „intensive Nachbetreuung" in Anspruch nehmen.

Neue Diskriminierung durch Abtreibungsmentalität

Der Vorsitzende der „Aktion für das Leben", Prof. Dr. Hans Wagner, erklärte bei einer Pressekonferenz, es gebe derzeit eine „neue Diskriminierung durch Abtreibungsmentalität". Dies sei einer der Gründe, weshalb solche Häuser notwendig sind. Die 600.000 DM, die das Haus die Aktion gekostet hat, will Wagner mit einer Bausteinsammlung, vor allem in Oberbayern, aufbringen. Er sagte, man müsse aufhören darüber zu reden, was denn getan werden soll, statt dessen sei unbürokratische, schnelle und „was man immer wieder betonen muß, finanzielle Hilfe" notwendig. Man habe die Erfahrung gemacht, daß die Entscheidungsfreiheit werdender Mütter oft erst durch einen namhaften finanziellen Beitrag wiederherzustellen sei. Die Konstruktion der „Aktion für das Leben" lasse es zu, daß solche finanzielle Hilfe „von einer Stunde auf die andere", ohne Einschaltung von Verwaltungsorganisationen, oft sogar noch während einer Schwangerschaftsberatung vermittelt werden könne. Die Aktion hat derzeit nach Angaben ihres Geschäftsführers Sepp Brunner 2.000 fördernde Mitglieder in Bayern.

16

21. September 1977   ok Nr. 27 vom 21. September 1977

Bayerische Bischofskonferenz wieder in Päpstliches Jahrbuch aufnehmen
Kardinal Ratzinger: „Ich bin ein entschiedener Anhänger des Föderalismus"

Die Bayerische Bischofskonferenz soll nach Auffassung ihres Vorsitzenden, des Erzbischofs von München und Freising, Joseph Kardinal Ratzinger, wieder in das Päpstliche Jahrbuch „Annuario Pontificio" aufgenommen werden, aus dessen letzter Ausgabe sie ohne Angabe von Gründen gestrichen worden war. In einem Interview mit der kommenden Samstagausgabe des „Freisinger Tagblatts", einer Regionalausgabe des „Münchner Merkur", sagte Ratzinger wörtlich: „Ich strebe auch eine Verankerung der Bayerischen Bischofskonferenz im Annuario Pontificio an, das zwar, wie mir der Nuntius bei einem ersten Gespräch über dieses Thema sagte, nur ein Adreßbuch sein will, aber eben doch auch eine Präsentation der katholischen Kirche nach außen darstellt". In welcher Form dies gelinge, könne er freilich noch nicht vorhersagen. Die Bayerische Bischofskonferenz bestehe selbstverständlich weiter, „nicht nur aus Tradition, sondern weil die sachlichen Notwendigkeiten es gebieten, die sich aus dem bundesstaatlichen Aufbau Deutschlands ergeben." Für eine Wiederaufnahme der Bischofskonferenz in das Päpstliche Jahrbuch hatte sich auch der bayerische Ministerpräsident, Dr. Alfons Goppel, eingesetzt.
Ausdrücklich erklärte der Erzbischof in dem Interview, von der Geschichte „und von ihrer Gegenwartskraft" her sei er „ein entschiedener Anhänger des Föderalismus im staatlichen Bereich und einer entsprechenden Einstellung auch im kirchlichen Raum". Christliche Liberalität, wie sie in Bayerns Kultur ausgeprägt sei, „bedeutet jene heitere Einheit von Glauben und Leben, die man an den großen Festtagen bei uns am schönsten erleben kann". Christlicher Glaube heißt die Schöpfung lieben und daher auch das Schöne der Schöpfung heiter und unverkrampft anzunehmen. Wörtlich äußerte Ratzinger: „Dieser fröhliche Glaube, der ohne Puritanismus in das ganze Leben ausstrahlt und dieses in den Glauben zurückwirken läßt, ist mir ein großes Anliegen. Deswegen bin ich auch gegen Uniformierung im kirchlichen Bereich – zwischen Hamburg und Berchtesgaden muß nicht alles dasselbe sein; unsere gewachsene Gestalt sollten wir niemand aufdrängen, aber wo sie lebendig ist, auch festhalten und weiterentwickeln".
Zu einer Frage nach dem Verständnis des Bischofsamtes in Konfliktsituationen

äußerte der Kardinal, „daß heute die christliche Botschaft in vielem den gängigen Maßstäben widerspricht, ist in der Debatte um den Paragraphen 218 sichtbar geworden und wird vermutlich nur immer deutlicher bei den verschiedensten Anlässen in Erscheinung treten". Nach Auffassung Ratzingers soll ein Bischof „nicht den Konflikt suchen, aber er darf auch nicht ausweichen, wenn die Botschaft es verlangt, in deren Dienst er steht". Wörtlich fügte Ratzinger hinzu: „Ich werde mir Mühe geben, dieser Forderung so gut zu entsprechen, wie ich es vermag". Auf die Frage, weshalb er den vom heiligen Korbinian nach der Legende gezähmten Bären in sein Wappen aufgenommen habe, äußerte der Kardinal, der Bär symbolisiere die ständig bleibende missionarische Aufgabe des Bischofs, „er symbolisiert unser aller Gefahr und Chance". Wo nicht der Glaube den Menschen verwandelt und seiner Kraft die Richtung gebe, „tritt die Barbarei hervor und läßt das alte Wort wahr werden: der Mensch sei ein Wolf für den Menschen – das erleben wir ja gegenwärtig auf drastische Weise".

17

21. September 1977   ok Nr. 27 vom 21. September 1977

Kardinal warnt vor zerstörerischen Tendenzen
Wallfahrt der Katholiken Münchens nach Maria Eich

Vor zerstörerischen Tendenzen in der Gesellschaft hat der Erzbischof von München und Freising, Joseph Kardinal Ratzinger, gewarnt. Bei einem Gottesdienst im Wallfahrtsort Maria Eich bei München erklärte der Kardinal am Sonntag, 18. September, vor mehreren tausend Katholiken, durch Zerstörung könne eine Veränderung des Menschen nicht erreicht werden. In diesem Zusammenhang kritisierte Ratzinger eine Schule der Kritik an den Universitäten, die vor etwa 20 Jahren damit begonnen habe zu sagen, durch Reformen sei nichts zu ändern, nur durch Zerstörung. Aus diesen Lehren sei die „Saat der Gewalt aufgegangen, vor der wir jetzt mit Entsetzen stehen".

Bei einer anschließenden Kundgebung setzte sich der langjährige Präsident des Familienbundes der deutschen Katholiken, Dr. Hans Hutter, mit der Situation der Familien in der Bundesrepublik Deutschland auseinander. Die Familien, die in Staat, Gesellschaft und Kirche eine unersetzliche Aufgabe erfüllten, „genießen nicht die Achtung und das Ansehen, das sie verdienen". Die Familie werde von Gesellschaft und Wirtschaft „rücksichtslos ausgebeutet", vom Staat und den politischen Kräften vernachlässigt, vom Recht „auf der Seite liegen gelassen". Energisch bestritt Hutter in diesem Zusammenhang, daß die neuen gesetzgeberischen Maßnahmen zum Paragraphen 218 eine größere Effektivität des Lebensschutzes gewährleisten. Für die reiche Bundesrepublik sei es eine Schande, daß annähernd 50 Prozent aller Abtreibungen aus sozialen Gründen erfolge. Dies stelle der Bundesrepublik und ihren sozialen Errungenschaften „ein schlechtes Zeugnis" aus. Während des Gottesdienstes sammelten Vorsitzende von Münchener Pfarrgemeinderäten für ein von der Aktion für das Leben in München gekauftes und eingerichtetes Haus, das bei Problemschwangerschaften Mütter mit ihren Kindern aufnimmt. Die Sammlung erbrachte den Betrag von mehr als 13.000 DM.

18

29. September 1977   ok Nr. 28 vom 29. September 1977

Ratzinger wünscht starke katholische Verbände
Katholische Arbeitnehmer-Bewegung in „gesunder Mitte"

Für den Aufbau und Ausbau starker katholischer Verbände hat sich der Erzbischof von München und Freising, Joseph Kardinal Ratzinger, ausgesprochen. In einem Grußwort zum Diözesantag der Katholischen Arbeitnehmer-Bewegung (KAB) der Erzdiözese, der am 8. und 9. Oktober unter dem Motto „Für Gerechtigkeit und menschliche Entfaltung" in Holzkirchen stattfinden wird, äußerte der Kardinal wörtlich: „Ich möchte unmißverständlich sagen, daß ich den Aufbau und Ausbau starker katholischer Verbände – und dazu gehört wesentlich die KAB als Verband der katholischen Arbeitnehmer – zu meinen wichtigsten bischöflichen Aufgaben zähle".

Den mehr als 10.000 Mitgliedern der KAB im Erzbistum München und Freising bestätigte der Kardinal, sie hätten sich mit ihrem Bekenntnis zur „gesunden Mitte" nicht nur „von Extremisten, Wirrköpfen und Unterwanderern" distanziert, sondern von der Mitte, vom tragenden Grund unseres unverfälschten und unverkürzten katholischen Glaubens her, entsprechend den Leitlinien der katholischen Soziallehre", die Welt mitgestalten. Welt bedeute für die Katholische Arbeitnehmer-Bewegung „vor allem die Welt der Betriebe, die Arbeitswelt, aber auch das gewerkschaftliche wie politische Aufgabenfeld". Viele aus den Reihen der KAB setzten sich „oft unter großen persönlichen Opfern" als Betriebsräte, Personalräte, als Politiker von der Kommunalebene bis zu Landtag und Bundestag für die „gesunde Mitte" ein.

Das Motto des Diözesantages „Für Gerechtigkeit und menschliche Entfaltung" ist dem Synodenbeschluß über „Kirche und Arbeiterschaft" entnommen. Nach Auffassung Ratzingers zählt es „zu den bewegendsten der Gegenwart". Von der KAB würden die Fragen der Menschenwürde, der Grundwerte und Grundrechte sicher nicht akademisch-unverbindlich behandelt, sondern „angesichts der besorgniserregenden Lage auf dem Arbeitsmarkt sehr konkret". Der Kardinal empfahl, darüber hinaus die weltweiten Aspekte „Europa, Dritte Welt, technischer Fortschritt, Zukunftshorizonte" mitzubeachten. Vor allem aber werde die KAB immer wieder „erkennen und betonen müssen, daß die Gerechtigkeit und menschliche Entfaltung, also die Würde der menschlichen Person, letztlich nur vom Glauben an den persönlichen Gott her überzeugend begründet und verwirklicht werden kann".

19

6. Oktober 1977   ok Nr. 29 vom 6. Oktober 1977

Gottesdienst der Nationen im Liebfrauendom
Ratzinger: „In der Kirche kann es keine Fremdlinge geben"

Mit einem Gottesdienst der Nationen wird in München der Tag des ausländischen Mitbürgers am kommenden Sonntag, 9. Oktober, festlich begangen. Der Erzbischof von München und Freising, Joseph Kardinal Ratzinger, feiert den Gottesdienst im Münchener Liebfrauendom um 9.30 Uhr in Konzelebration mit Seelsorgern europäischer Länder sowie aus Lateinamerika und Asien. Fürbitten im Gottesdienst werden von der italienischen, kroatischen, polnischen, spanischen und tschechischen Mission gestaltet.
Zum Tag des ausländischen Mitbürgers hat der Kardinal außerdem die Gemeinden des Erzbistums zu entsprechenden Gottesdiensten und Veranstaltungen aufgefordert. Dieser Tag solle unter dem Motto stehen: „In der Kirche kann es keine Fremdlinge geben, auch keine zeitweiligen Gäste, sondern nur Brüder!" Dieses Wort möchte der Kardinal an alle Verantwortlichen weitergegeben wissen, damit sie es „in die Gemeinden hineintragen und somit das Bewußtsein wecken, daß diese Menschen, die wir hierher geholt haben, weil wir sie brauchten, nicht Fremde bleiben". Es sei Aufgabe jeder christlichen Gemeinde, dafür die Grundlagen zu schaffen, daß die ausländischen Mitbürger bei uns eine Heimat finden, wo sie neu Wurzeln schlagen könnten.

20

6. Oktober 1977   ok Nr. 29 vom 6. Oktober 1977

Bayerns Bischöfe erstmals gemeinsam in Rom
Ad Limina-Besuch des bayerischen Episkopats beim Papst

Die bayerischen Bischöfe, zusammengeschlossen in der Bayerischen Bischofskonferenz, werden zum ersten Mal gemeinsam dem Papst den alle fünf Jahre fälligen „Ad limina"-Besuch abstatten. Angeführt vom Vorsitzenden der Bayerischen Bischofskonferenz, Joseph Kardinal Ratzinger, wird Papst Paul VI. den bayerischen Episkopat am 13. Oktober in Audienz empfangen.

Der Besuch im Vatikan, eigentlich Besuch der Gräber der Apostel Petrus und Paulus (Ad limina apostolorum), ist für die Diözesanbischöfe Pflicht. Aber auch mehrere Weihbischöfe werden an dem Besuch teilnehmen. Noch im vergangenen Jahr waren die Bischöfe aus aller Welt einzeln zu einem solchen Besuch in Rom erschienen. In diesem Jahr gilt die Regelung, daß die Bischöfe gemeinsam einen schriftlichen Bericht über die Situation ihrer Bistümer vorlegen. Auch die bayerischen Bischöfe haben einen solchen gemeinsamen Bericht eingereicht. In den vergangenen Monaten waren bereits die Bischöfe Norddeutschlands, von Rheinland-Westfalen und Südwestdeutschland zur Gruppenaudienz in Rom.

Die neue Regelung für den Besuch beim Papst beruht auf einem Dekret der römischen Bischofskongregation vom 29. Juni 1975. Mit dieser Neuregelung wurde die Möglichkeit geschaffen, daß sich die Bischöfe dem Papst in Gruppen vorstellen. Bei der Audienz ist es üblich, daß der Papst eine Ansprache hält, die auch veröffentlicht wird. Bisher war dies bei Einzelaudienzen nicht der Fall.

Im Verlauf seines Rom-Besuches wird Kardinal Ratzinger am 16. Oktober auch von seiner römischen Titelkirche „Santa Maria Consolatrice al Tiburtino" Besitz ergreifen. Außerdem wird Ratzinger, der Mitglied der Römischen Bischofssynode ist, an den Beratungen des Gremiums teilnehmen.

21

20. Oktober 1977   ok Nr. 31 vom 20. Oktober 1977

Älteste Einrichtung für Behinderte im Erzbistum wird 125 Jahre alt
Kardinal Ratzinger und Ministerpräsident Goppel beim Jubiläum

Die älteste Einrichtung für Behinderte im Erzbistum München und Freising, die Stiftung Ecksberg bei Altmühldorf, Landkreis Mühldorf, feiert am Freitag, 4. November, ihr 125jähriges Bestehen. Das Haus für Behinderte bietet 270 Menschen Platz und wird von der Schwesternschaft des Dritten Ordens des heiligen Franziskus geführt.

Rechtzeitig zum Jubiläum wurde ein moderner Pflegebau für Frauen fertiggestellt. Der Pflegebau für Männer steht bereits im Rohbau. Im weiteren Ausbau der Einrichtung sind eine Mehrzweckhalle, ein Haus für das Personal und Werkstätten vorgesehen. Mit dem Bau von Werkstätten wird berücksichtigt, daß Behinderteneinrichtungen nicht nur der Bewahrung, sondern der beruflichen Weiterbildung dienen.

Aus Anlaß des Jubiläums wir der Erzbischof von München und Freising, Joseph Kardinal Ratzinger, am Freitag, 4. November, um 9.30 Uhr in der Pfarrkirche von Altmühldorf einen Festgottesdienst halten. Beim anschließenden Festakt spricht auch der bayerische Ministerpräsident Dr. Alfons Goppel.

17. November 1977   ok Nr. 35 vom 17. November 1977

Neuregelung von Erstbeichte und Erstkommunion dient der Einheit
Kardinal Ratzinger: Den theologischen Sinn der Regel vermitteln

Die von verschiedener Seite kritisierte Praxis, künftig in der gesamten katholischen Kirche wieder die Erstbeichte vor der Erstkommunion zur Regel zu machen, hat der Erzbischof von München und Freising, Joseph Kardinal Ratzinger, vor dem Priesterrat seines Erzbistums erläutert. Die römische Entscheidung in dieser Frage dient nach Auffassung des Kardinals vor allem dazu, die unterschiedliche Praxis innerhalb der Pfarreien der Bistümer wieder zur Einheit zu bringen. Bei der amtlichen Einführung dieser Regelung in der Erzdiözese habe er darauf geachtet, die neue verbindliche Reihenfolge nicht nur als amtliche Verordnung herauszugeben, sondern sie auch durch ein Begleitschreiben zu erläutern. Ratzinger betonte, ihm gehe es vor allem darum, den theologischen Sinn der Neuregelung zu vermitteln und auch die positiven Elemente des Experimentes, Kinder ohne Erstbeichte zur Erstkommunion zu führen, in diesen Zusammenhang zu stellen. Das Ziel, eine Einheit in dieser Praxis zu gewinnen, schließe aus, daß es dabei „Gewinner oder Verlierer" gebe.

„Offene Fragen" bei Einführung der Neuregelung

Für eine vernünftige und praktikable Lösung bei der Einführung der Neuregelung setzte sich der Leiter des Referates für die Grund- und Hauptschulen im Münchener Ordinariat, Prälat Dr. Hubert Fischer, ein. Er sagte, es gebe noch „offene Fragen", die in Ruhe besprochen werden müßten. Das Neue der Regelung sei nicht die Reihenfolge als solche, die auch von den deutschen Bischöfen bereits empfohlen worden sei, sondern „die Ausnahmslosigkeit, mit der diese Forderung erhoben wird". So müsse man etwa fragen, ob auch für die Frühkommunion eine vorausgehende Beichte gefordert werde. Wenn dies der Fall sei, dürfte die Frühkommunion „kaum mehr praktikabel sein". Ebenso sei zu fragen, in welcher Jahrgangsstufe die Erstkommunion erfolgen solle, wenn die Erstbeichte unbedingt vorausgehen müsse. Der Zeitpunkt von Erstbeichte und Erstkommunion müsse auch in Übereinstimmung mit den anderen bayerischen Bischöfen geregelt werden, da der Lehrplan für alle bayerischen Diözesen gleichlautend sein müsse und nur so vom Kultusministerium genehmigt werden könne.

Mitwirkung der Laien bleibt wichtig

Einen wichtigen Akzent in der gegenwärtigen Praxis der Hinführung der Kinder zur Erstbeichte und zur Erstkommunion sieht Fischer in der Mithilfe der Laien bei der außerschulischen Vorbereitung. Dies gehöre „zu den wichtigsten und besten Erfahrungen mit der neuen Sakramentenpastoral". In diesem Zusammenhang müsse auch die Frage nach dem Elternrecht gestellt werden. Wörtlich führte Fischer aus: „Wenn die Eltern in erster Linie für die Vorbereitung der Kinder auf Erstbeichte und Erstkommunion verantwortlich sind, so ist zu fragen, ob sie dann auch das Recht haben, den Zeitpunkt von Erstbeichte und Erstkommunion mitzubestimmen". Dies entspreche auch den vom Erzbischöflichen Ordinariat in München 1974 verabschiedeten pastoralen Hinweisen.

Elternpastoral wird zum Hauptanliegen

Nach Fischers Auffassung ist die Elternpastoral in Zukunft wohl das Hauptanliegen unserer Pastoral überhaupt. Wörtlich sagte er: „ Wenn man bedenkt, daß in München etwa 25 Prozent der Kinder nicht mehr getauft werden und daß auch die getauften Kinder zu einem leider großen Teil, wenigstens in der Großstadt München, aber nicht nur hier, nicht mehr praktizieren, wie die Eltern nicht mehr praktizieren, kann man dieser Frage nicht mehr ausweichen, sondern muß sich ihr stellen und eine realistische Lösung suchen". Die römische Verordnung, die Erstbeichte vor der Erstkommunion durchzuführen, könne das eigentliche Problem, „nämlich die zunehmende Säkularisierung des Elternhauses und der rapide Verlust der religiösen Substanz unserer Kinder", nicht lösen. Bei der Diskussion um die Neuordnung sollte man daher nicht den Hauptakzent auf die Reihenfolge legen, sondern die Gelegenheit benutzen, „um die Verantwortung der Eltern und der Gemeinde für die Hinführung der Kinder zu den Sakramenten wieder nachdrücklich herauszustellen".

Kardinal Ratzinger: „Das Kind als Kind beichten lassen"

In der Diskussion betonte Kardinal Ratzinger, die außerschulische Hinführung zur Beichte bleibe wichtig. Der Kardinal warnte jedoch davor, die Beichterziehung der Kinder zu eng aufzufassen. Sie könne nicht schon „mit einer ganzen Moraltheologie und allen ihren Details" verbunden sein. Das Kind müsse lernen, in kindgemäßer Form zu beichten. An die Seelsorger appellierte der Kardinal, sie müßten lernen, „das Kind als Kind beichten zu lassen". In verschiedenen Wortmeldungen wurde diese Auffassung des Kardinals bestätigt. Dagegen meldeten einige Mitglieder des Priesterrates unter Hinweis auf die Situation ihrer Gemeinden Bedenken an. Ein Münchener Dekan äußerte, es gebe Gemeinden, in denen 80 bis 85 Prozent der Mitglieder „jahraus, jahrein" keine Praxis haben. In einer anderen Wortmeldung wurde die Krise der Beichte grundsätzlich beschrieben. Es fehle die Einsicht, warum überhaupt noch gebeichtet werden solle. Von den Kindern werde etwas verlangt, was die Erwachsenen selbst nicht praktizieren.

Minimalvoraussetzungen, ein Sakrament würdig zu spenden

Ein individualistisches Sakramentenverständnis, so wurde weiter gesagt, sei ein Hindernis für das Hineinwachsen in die Kirche. Auch auf dem Land gebe es bereits Säkularisation. Die Erstkommunion werde oft lediglich „als schönes Familienfest" bejaht. Trotzdem gebe es eine „massive Antipraxis" im Sakramentenempfang: Die Seelsorger müßten wenigstens an „Minimalvoraussetzungen festhalten, damit man anständig noch ein Sakrament spenden darf". Dies seien die Priester der Würde des Sakramentes schuldig. Der Priesterrat einigte sich darauf, die Kinder, soweit sie in der Schule auf den Sakramentenempfang vorbereitet werden, in der dritten Klasse zur Erstbeichte zu führen und in diesem Schuljahr auch die Erstkommunion durchzuführen. Eine Vertiefung des Beichtunterrichtes solle allerdings erst wie bisher im vierten Schuljahr erfolgen.

23

19. November 1977   ok Nr. 36 vom 24. November 1977

Nur christliches Europa kann die Grenzen öffnen
Kardinal Ratzinger erteilt totalitären Tendenzen eine Absage

Für ein geeintes Europa auf christlicher Grundlage hat sich der Erzbischof von München und Freising, Joseph Kardinal Ratzinger, ausgesprochen. Bei einem Gottesdienst zum Fest des Diözesanpatrons Korbinian erklärte er am Samstag, 19. November, im Freisinger Mariendom, nur die Kraft des christlichen Glaubens könne Grenzen öffnen, Vorurteile überwinden, Haß abbauen und wirkliche Einheit geben. Darin liege der große Auftrag für die Christen Europas. Wörtlich sagte der Kardinal: „Nur wenn wir die lebendige Kraft des Glaubens wiederzuerwecken vermögen, werden die Strategien der Wirtschaftsmänner und Politiker den Boden haben, ohne den ihr Tun ins Leere entgleitet". Nur der Geist, „der offensteht für das Heilige, das ihn lehrt, sich selbst zu überschreiten", sei imstande, Europa zu einigen. Scharfe Kritik übte der Kardinal an innereuropäischen Zuständen und Auseinandersetzungen, die dem Einigungsbemühen entgegenstehen. Nach 30 Jahren unablässigen Ringens um die Einheit des Kontinents genüge „ein Wink einiger Ideologen im Hintergrund, um die Fackel des Deutschenhasses in ganz Europa anzuzünden". Zur selben Zeit müsse man erleben, wie die einzelnen europäischen Staaten sich im Streit um ihre Eigenrechte „in den Egoismus ihres Besitzes verkrallen und sich gegeneinander verqueren". Wörtlich sagte Ratzinger: „Das bloße Habenwollen, wenn es von noch so viel Strategie gedeckt ist, einigt nicht, sondern weckt nur den Neid, der trennt". Eine Absage erteilte der Kardinal totalitären Tendenzen: „Die Internationale der Revolte und des Hasses, die sich als Hoffnung der Einheit anbietet, kann in Wirklichkeit nur Diktatur oder Anarchie schaffen".

Bayerns noble Kultur versteht sich nicht von selbst

Einen besonderen Appell richtete der Erzbischof an die Katholiken Bayerns. Er sagte: „Die große, noble und warme Kultur Bayerns, auf die wir mit Recht stolz sind, versteht sich nicht von selbst". Es gebe heute „einen Bayernkitsch, der uns beschämt". Dem inneren Adel, der gerade den einfachen bayerischen Menschen auszeichne, stünden oft auch „Indolenz, Härte, Eigensinn und Enge" gegenüber. Auch dies stecke im bayerischen Menschen. Wörtlich sagte Ratzinger: „Wir sind nicht von selbst gut. Nur der Glaube schafft den Adel des Herzens, der beständig ist und der dieses Land liebenswert halten kann".

24

1. Dezember 1977   ok Nr. 37 vom 2. Dezember 1977

Betriebsbesuch des Kardinals im Ordinariat

Der Erzbischof von München und Freising, Joseph Kardinal Ratzinger, hat alle Dienststellen seines Ordinariates in München besucht. In Begleitung des Generalvikars, Dr. Gerhard Gruber, des Personalreferenten für die Laienmitarbeiter, Prälat Anton Maier, und des Vorsitzenden der Mitarbeitervertretung im Ordinariat, Josef Brunner, informierte sich der Kardinal in allen Räumen über die Arbeitsbedingungen und Aufgaben der Mitarbeiter. Die Außenstellen des Ordinariates wird der Kardinal in absehbarer Zeit ebenfalls zu einem Informationsbesuch aufsuchen. Zum Programm gehörte auch eine Unterredung mit den gewählten Mitgliedern der Mitarbeitervertretung des Ordinariates.

25

22. Dezember 1977   ok Nr. 39 vom 22. Dezember 1977

Kardinal besucht am Heiligen Abend Obdachlose

Der Erzbischof von München und Freising, Joseph Kardinal Ratzinger, wird am Heiligen Abend kranke Priester besuchen und an einer Weihnachtsfeier für Obdachlose teilnehmen. Ratzinger nimmt damit die Tradition seiner Vorgänger auf, am Heiligen Abend Menschen zu besuchen, die durch Krankheit oder ihre soziale Situation am Weihnachtsfest besonderer Anteilnahme bedürfen. Die Weihnachtsfeier für die Obdachlosen wird vom Katholischen Männerfürsorgeverein ausgerichtet. Sie wurde von dem als Münchner „Bunkerpfarrer" bekannten ehemaligen Landescaritasdirektor Adolf Mathes erstmals durchgeführt. Gegen

20.00 Uhr wird der Kardinal im „Schwabinger-Bräu" eintreffen, wo die Feier stattfindet. Der Kardinal wird zu den Obdachlosen sprechen.

26

5. Januar 1978   ok Nr. 1 vom 5. Januar 1978

In Bayern ist christlicher Glaube lebendig
Kardinal Ratzinger: Ausstrahlung über die Parteien hinweg
Katholische Tradition in allen Lebensbereichen wirksam

Bayern ist nach Auffassung des Erzbischofs von München und Freising, Joseph Kardinal Ratzinger, „von seiner ganzen Geschichte her so stark von christlichem Glauben und katholischer Tradition geformt, daß das auch heute in allen Lebensbereichen eine sehr lebenskräftige Wirkung hat." In einem Interview mit der traditionsreichen Zeitschrift „Bayerland", deren neueste Ausgabe ausschließlich der Geschichte und dem gegenwärtigen Leben der Erzdiözese München und Freising gewidmet ist, äußerte der Kardinal, im Ringen der politischen Kräfte sei die christliche Wertvorstellung bei aller Gegensätzlichkeit eine Komponente, „die über die Parteien hinweg ihre Ausstrahlung behalten haben". Unter Hinweis auf die künstlerischen Schöpfungen, besonders des Barock und Rokoko, in denen sich „das bayerische Lebensgefühl in seiner ganzen Fülle in den Glauben hinein" habe aussagen können, sagte der Kardinal: „Diese Kunstwerke stehen mit einer solchen Kraft und Schönheit in unserem Land, daß sie Quellen der Inspiration sind, an denen der Mensch nicht vorbeigehen kann". Diese Kunst mache den Glauben stets gegenwärtig und der Glaube wiederum sei die Kraft, die diese Kunst lebendig hält und dafür sorge, daß sie nicht bloß Denkmalobjekt sei.

Dem Menschen Realitäten anbieten, die er braucht

Eine Gefahr sieht der Kardinal in der Gebietsreform. Wörtlich erklärte er in dem Interview: „Die Zusammenfassung in eine mehr oder minder anonyme, technisch natürlich viel perfektere Bürokratie birgt die Gefahr, daß auch die Dörfer nur noch ‚Schlaforte' werden und die geistige Initiative verkümmert". Für die Kirche sei es sehr betrüblich, daß im selben Augenblick der Priestermangel den Zwang auferlege, Zusammenfassungen in Gestalt von Pfarrverbänden vorzunehmen. Wörtlich erklärte der Kardinal in diesem Zusammenhang: „Wir wollen aber ganz entschieden die Bildung von geistlichen Großraumstationen verhindern". Die Kirche im Dorf müsse lebendig bleiben, und um das zu erreichen, „wollen wir keinen Versuch unterlassen". Er, Ratzinger, denke dabei „an eigene Aktivitäten der Gemeinde, beispielsweise Wortgottesdienste und Andachten". In dem Maß, in dem die Technik immer mehr Lebensbereiche erfasse, wachse das Bedürfnis, die vielfältigen seelischen Kräfte wirksam werden zu lassen. So werde doch sichtbar, „daß die Kirche dem Menschen Realitäten darzubieten hat, die er braucht".

Die Familien zusammenhalten

Die Probleme der Familie bezeichnete der Kardinal als „bedrückend". An den Problemen unserer jungen Menschen könne man erkennen, „wie wichtig und unerläßlich die soziale Grundform der Familie ist, in der Liebe und Vertrauen erfahren werden". Die Kirche habe hier eine große Aufgabe und könne manches tun. Dazu gehöre, daß sie die Politiker immer wieder mit Wertforderungen und mit konkreten Vorschlägen konfrontiert. Mit den Aussagen des christlichen Glaubens solle den Familien Mut gegeben werden, Krisen zu bestehen und als Familie zusammenzuhalten. Es sei eine der Schwierigkeiten, daß die Familie entfunktionalisiert sei als Stätte, „die früher Sicherheit im Alter geboten, die in der Krankheit getragen hat, die in Krisen und Höhepunkten menschlichen Lebens da war". In diesem Sinne betreibe die Kirche jetzt die Katechese, die Vorbereitung auf Beichte, Kommunion und Firmung sehr viel stärker mit der Familie und nicht mehr nur als eine schulische Unternehmung allein".

Christlicher Optimismus gegen utopische Ideologien

Zum Verhältnis zwischen Kirche und Jugend äußerte Ratzinger, dieses sei in den letzten zehn Jahren „ziemlich schwierig" gewesen. Vielen Jugendlichen sei die Kirche als Institution erschienen, die sich nicht rational legitimiere und mit autoritativ empfundenen Forderungen auftrete. Ohne Zweifel stehe die Kirche in ihrem Verhältnis zur Jugend heute „vor einer gewissen Wende". Die Elemente, um die es im christlichen Glaube gehe, seien in der Jugend wirksam. Das Merkwürdige bestehe darin, „daß die Grundkomponenten des Christlichen auseinandergefallen sind und so eine Sperre hin zum christlichen Glauben bilden". Auf der einen Seite gebe es einen politischen Messianismus, in der Kräfte christlicher Hoffnung nachwirken, auf der anderen Seite gebe es die Suche nach neuen Formen der Innerlichkeit, wie sie etwa durch asiatische Lebenshilfen und durch die Jugendreligionen angeboten würden. Dies führe zu einer Vereinseitigung des Menschen und zur Vergewaltigung der Wirklichkeit. Es komme darauf an, jetzt sichtbar zu machen, daß in der Kirche diese Komponenten zusammengehalten sind, „daß der Glaube schöpferische Möglichkeiten in sich trägt und dem Menschen die Antworten gibt, die er selbst nicht erfinden kann". Es sei wichtig, den realistischen christlichen Optimismus den utopischen Ideologien entgegenzusetzen. Es werde immer schwer, aber immer auch möglich sein, ein Mensch zu sein. Es werde nie die perfekte Welt geben, aber auch niemals die ganz unmögliche Welt. Gott lasse die Welt nicht aus den Händen. Dieser realistische Optimismus habe es nicht nötig, Vergangenes zu verketzern, er führe auch nicht zur Verzweiflung, wenn es nicht gelingt, das Paradies auf dieser Welt zu konstruieren.

27

12. Januar 1978   ok Nr. 2 vom 12. Januar 1978

Erster ökumenischer Gottesdienst mit Ratzinger und Hanselmann
Christen sollen sich nicht an Spaltung der Kirche gewöhnen

Zum ersten Mal werden der Erzbischof von München und Freising, Joseph Kardinal Ratzinger, und der Landesbischof der Evangelisch-Lutherischen Kirche in Bayern, Dr. Johannes Hanselmann, gemeinsam einen ökumenischen Gottesdienst halten. Der Gottesdienst findet am Freitag, 20. Januar, um 19.30 Uhr im Münchener Liebfrauendom statt. Der Kardinal und der evangelische Landesbischof setzen damit eine Tradition fort, die der verstorbene Kardinal Döpfner und Landesbischof Dietzfelbinger, der Vorgänger Hanselmanns, begonnen hatten. Bei dem Gottesdienst, der anläßlich der Gebetswoche für die Einheit der Christen stattfindet, werden Ratzinger und Hanselmann predigen. Das Leitwort des Gottesdienstes und der Gebetswoche ist dem Epheserbrief entnommen: „Ihr seid nicht mehr Fremde".

In den Gebeten, die ein ökumenisches Team vorbereitet hat, wird der Wunsch nach Versöhnung zum Ausdruck gebracht. Die Kirche solle „mehr und mehr zum Zeichen des Friedens und der Versöhnung unter den Völkern" werden. Die Spaltung der Kirche sollten die Christen „als Ärgernis" erkennen und sich nicht daran gewöhnen. „Liebgewordene kirchliche Gewohnheiten" sollten nicht wichtiger genommen werden „als das Gebot des Herrn, das uns aufruft, umzukehren und gemeinsam unseren Auftrag als Christen zu erfüllen". Das gemeinsame Fürbittgebet gilt der „Überwindung von Haß und Zwietracht in unserem Land" und der Erweckung der Bereitschaft zu Brüderlichkeit und gegenseitiger Rücksichtnahme. Gebetet wird auch für die Politiker, daß sie ihre Verantwortung für den Frieden der Welt erkennen, Prestigedenken hintanstellen, Mißtrauen überwinden und den Mut finden „zu Wegen des Ausgleichs und der Versöhnung". Weitere Gebetsanliegen sind die Überwindung von „Rassendiskriminierung und Unfreiheit in vielen Ländern der Erde", die sozialen Probleme der Dritten Welt, die Zusammenarbeit der Völker und die Ausbreitung der Botschaft des christlichen Evangeliums. Die evangelischen und katholischen Christen werden auch gemeinsam das Glaubensbekenntnis und das „Vaterunser" beten.

Die Kollekte bei dem Gottesdienst ist für das ökumenische Versöhnungszentrum in Glencree in Irland bestimmt. In dieser Einrichtung werden Flüchtlingsfamilien aus Nordirland betreut. Mütter und Kinder aus dem Norden und Süden Irlands, die Frieden und Ruhe nötig haben, verbringen dort ihre Ferien, ebenso gemischte Jugendgruppen und Workcamps, die gebildet wurden, um Jugendlichen aus Nord- und Südirland, England, der Schweiz, Holland, Frankreich, Kanada, den USA, Deutschland, Belgien, Finnland und Schweden Gelegenheit zur Zusammenarbeit und zum Zusammenleben „im Geiste des Friedens und der Versöhnung" zu geben. Im Anschluß gibt der Kardinal für geladene Gäste des Gottesdienstes einen Empfang.

28

19. Januar 1978   ok Nr. 3 vom 19. Januar 1978

Kardinal Ratzinger betont Bedeutung der Räte
Ministerpräsident Goppel dankt den Katholiken für Engagement

Die Bedeutung der nachkonziliaren Räte für das Leben der Kirche und der Gesellschaft haben übereinstimmend der Erzbischof von München und Freising, Joseph Kardinal Ratzinger, der Vorsitzende des Diözesanrates der Katholiken im Erzbistum, Ermin Brießmann, und der Sprecher des Seelsorgerates der Erzdiözese, Dr. Werner Buchner, herausgestellt. Bei einem Neujahrsempfang der Räte des Erzbistums München und Freising am Freitag, 13. Januar, im Münchener Kardinal-Wendel-Haus betonte der Kardinal, daß sich die Räte zu unersetzlichen Instrumenten des kirchlichen Lebens entwickelt hätten. Er hob vor allem ihr Wirken im Bereich der Seelsorge hervor. Der Auftrag der persönlichen Verantwortung der Laien ist nach den Worten Ratzingers nur realisierbar, wenn er ganz hineingestellt sei in die Übereinstimmung der Glaubensgemeinschaft. Der Kardinal bezeichnete die Basis gegenseitigen Vertrauens als wichtigste Voraussetzung für die Übernahme von Verantwortungen und Entscheidungen durch den Einzelnen. Der bayerische Ministerpräsident Dr. Alfons Goppel dankte den Laien und den Katholiken für ihre Initiative und ihr Engagement im Bereich des Staates und der Gesellschaft und betonte die gemeinsame Verantwortung vor Gott.

Immer mehr Christen zu aktiver Religionsausübung bereit

Für ein gesellschaftspolitisches Mandat der Katholikenräte, die den Beweis für die „Durchsetzbarkeit eines christlichen Menschenbildes" erbringen müßten, setzte sich der Vorsitzende des Diözesanrates der Katholiken im Erzbistum München und Freising, Ermin Brießmann, ein. Das Verständnis für den Mitmenschen müsse weiterhin zu „sichtbarer Hilfe und tatkräftiger Aktion der Nächstenliebe, aber auch zu entschiedener Mitarbeit am Prozeß der politischen Meinungsbildung führen". Nach Brießmanns Auffassung sind die Katholiken heute in der Konfrontation mit den marxistischen Vorstellungen vom Menschen in der Lage, „bewußter und akzentuierter" ein christliches Menschenbild zu zeichnen. Man könne feststellen, „daß sich immer mehr Christen von passiver Religionsausübung zu aktivem Einsatz für die Kirche entschließen". Unter Hinweis auf das neue Ehescheidungsgesetz, dessen Grundtenor das Leugnen persönlicher Schuld darstelle, erklärte Brießmann, Schuld, Verantwortlichkeit und Moral seien „zu entscheiden-

nerung und Verbrämung der Welt. Sie reiche hinab bis in den tiefsten Grund, den Tod, und „stößt den Weg auf in das Leben, das den Tod überwindet". In seiner zweiten Fastenpredigt in der Münchener St. Michaelskirche am Sonntag, 19. Februar, forderte der Kardinal die Katholiken auf, „eine neue Ehrfurcht vor dem eucharistischen Geheimnis zu finden". In der Eucharistie als Opfer und Vergegenwärtigung des Kreuzesopfers Jesu geschehe Größeres als Menschen machen können. Eucharistie sei weit mehr als ein bloßes Mahl. In ihr sei die Majestät des Todes anwesend und zugleich auch, „daß dieser Tod überwunden wurde durch Auferstehung und daß wir deshalb diesen Tod begehen können als das Fest des Lebens, als die Verwandlung der Welt". In diesem Zusammenhang erinnerte der Kardinal daran, daß zu allen Zeiten und in allen Völkern die Menschen in ihren Festen letztlich versuchten, „die Tür des Todes aufzustoßen".

Eucharistie „niemals bloß Werk einer Gemeinde"

Die Größe der Eucharistiefeier hängt nach Meinung des Kardinals nicht von der Gestaltung ab, „sondern all unser Gestalten kann immer nur ein Dienen sein an dem Großen, das uns vorausgeht und das wir nicht schaffen". Man müsse neu lernen, daß die Eucharistie „niemals das Werk bloß einer Gemeinde ist, sondern daß wir vom Herrn her empfangen, was der Einheit der Kirche geschenkt ist. „Es sei immer wieder bewegend, Berichte aus Konzentrationslagern oder aus russischer Gefangenschaft zu lesen, wo Menschen über Wochen und Monate die Eucharistie entbehren mußten „und nicht zu der Eigenmacht griffen, sie sich selbst zu erschaffen, sondern die Eucharistie der Sehnsucht feierten, das Verlangen nach dem Herrn, der allein sich selber schenken kann".

Nicht selbst so tun, als ob Einheit wäre

In diesem Zusammenhang forderte der Kardinal in der Frage der Interkommunion eine, wie er sagte, „gebührende Demut und Geduld". Wörtlich sagte er: „Es ist nicht unsere Sache, selbst zu tun als ob Einheit wäre, wo sie nicht gegeben ist". Eucharistie sei niemals ein Mittel, sondern „Gabe des Herrn und Mitte der Kirche selbst". Es gehe hier nicht um persönliche Freundschaft, um ohnehin nicht meßbare subjektive Glaubensgrade, „sondern um das Stehen in der Einheit der einen Kirche und um unser demütiges Warten darauf, daß Gott selbst sie uns schenken möge". Weiter führte der Kardinal aus: „Statt hier zu experimentieren und dem Geheimnis seine Größe zu nehmen, sollten auch wir lernen, die Eucharistie der Sehnsucht zu feiern und im gemeinsamen Beten und Hoffen auf neue Weise der Einheit mit dem Herrn entgegenzugehen".

Tägliche Mahlzeiten zu „heiligen Zeiten" machen

Ausdrücklich erinnerte der Kardinal daran, daß im Kanongebet der katholischen

Kirche von der ganzen Schöpfung gesprochen wird, „von den guten Gaben, die wir aus Gottes guten Händen empfangen". Jede Mahlzeit sollte ein Abbild sein „der neuen Mahlzeit, die Christus uns schenkt" und etwas von dem „Dank für den schöpferischen Gott" in sich tragen. Das Bewußtsein daran, daß all unsere Mahlzeiten letzten Endes von der Schöpfergüte Gottes leben und hinweisen auf diese höchste Mahlzeit, in der wir nicht mehr nur irdische Dinge, sondern Gottes leibhaftiges Erbarmen empfangen", bedarf nach Meinung des Kardinals der Erneuerung. In der Fastenzeit sollten sich die Katholiken vornehmen, ihre Mahlzeiten „wieder mehr zu heiligen Zeiten zu machen; sie mit dem Gebet zu eröffnen und zu schließen". Dann werde man erkenne, daß solches ein „neues Klima in die Familien trägt, daß da, wo gemeinsam gebetet wird, „wo die Gaben Gottes nicht mehr einfach gleichgültig angenommen, sondern dankend empfangen werden, eine neue Mitte entsteht, die auch uns verändert".

31

23. Februar 1978   ok Nr. 8 vom 23. Februar 1978

Zölibatsversprechen ist „tief sinnvoll"
Kardinal Ratzinger: Mit Leib und Seele für das Evangelium

Die Verbindung des Diakonates als Stufe zum Priestertum mit dem Zölibatsversprechen hat der Erzbischof von München und Freising, Joseph Kardinal Ratzinger, als „tief sinnvoll" charakterisiert. Das Zölibatsversprechen, so äußerte der Kardinal bei der Weihe von neun Diakonen, die sich auf den Beruf des Priesters vorbereiten, am Sonntag, 19. Februar, im Münchener Liebfrauendom, sei Ausdruck der Bereitschaft, „mit dem ganzen Leben auf die Karte des Evangeliums zu setzen". Wörtlich sagte der Kardinal: „Wir wissen, wie sehr heute diese Einrichtung kritisiert wird. Wir wissen, wieviel ernste und vor allem praktisch-pragmatische Fragen daran gerichtet werden im Blick auf die Priesternot unserer Zeit. Aber ich glaube, es ist unerhört groß und kühn, daß die Kirche über allen Pragmatismus hinweg diesen Mut des Glaubens, diese wirkliche Handlung des Protestes gegen eine im Genuß sich verfilzende Gesellschaft hinstellt, daß sie dieses Zeichen des Glaubens als Ausdruck unseres wirklichen Ja zum Evangelium festhält".
Soviel auch gegen den Zölibat protestiert werde, „irgendwie bleibt es ein Stachel im Fleisch dieser Zeit, daß es da Menschen gibt, die so dem Evangelium glauben, daß sie dafür das Irdisch-Unvernünftige tun und daß sie dafür mit ihrer ganzen Existenz, bis in Leib und Seele hinein, einstehen". Der Kardinal erinnerte daran, daß es nicht nur „ein altes Herkommen" sei, daß auf dem Weg zur Priesterweihe die Diakonatsweihe steht. Ein Priester, der aufhören würde, Diakon zu sein, würde auch seinen priesterlichen Dienst nicht mehr recht erfüllen. Und ein Bischof, der

der banalen Alltäglichkeit Verständliche übrig bliebe" und die Eucharistie „ins Nationale" zurückgenommen würde. Der Kardinal empfahl, sowohl die normale Form der Eucharistie in der Muttersprache anzunehmen als auch nicht zu verlernen, „sie in der gemeinsamen Sprache der Kirche der Jahrhunderte zu beten und zu lieben". Auch in dieser Frage sollten die Katholiken „den unfruchtbaren Streit überwinden und eins werden in der Vielfalt … eins darin, das Umgreifende und über die Vernunft des augenblicklichen Verstehens Hinausreichende anzuerkennen und zu lieben".

33

9. März 1978   ok Nr. 10 vom 9. März 1978

Kardinal Ratzinger für Klarheit mit Traditionalisten
Münchener Erzbischof glaubt nicht an Kirchenspaltung

Als eine große Aufgabe hat es der Erzbischof von München und Freising, Kardinal Joseph Ratzinger, bezeichnet, in der katholischen Kirche Klarheit hinsichtlich der traditionalistischen Kreise, insbesondere um den französischen Alterzbischof Marcel Lefebvre, zu schaffen. Ratzinger, der am 7. März vor dem Internationalen Presseclub in München sprach, äußerte Zweifel an der Auffassung, daß es durch die Lefebvre-Bewegung zu einer Kirchenspaltung kommen könne.

Kardinal Ratzinger verteidigte die nach dem Zweiten Vatikanischen Konzil durchgeführte Liturgiereform, die bei den Lefebvre-Anhängern auf erbitterten Widerstand stößt, räumte aber ein, daß es nicht klug gewesen sei, mit der Einführung des neuen Meßbuches gleichzeitig das alte zu verbieten. Es sei von vornherein klar gewesen, daß die Liturgiereform nicht „unter dem Gesichtspunkt des Erfolges" gesehen werden konnte. Der Grundduktus der Reform könne auch nicht zur Debatte stehen. Er sei jedoch, so betonte Ratzinger, für eine „große Toleranzbreite", damit die alte Liturgie „auslaufen" könne. Eine Reform der Liturgiereform könne er sich nicht vorstellen, wohl aber, daß einige Bestandteile der alten (tridentinischen) Liturgie in die neue Liturgie wieder integriert würden, um insofern die Kontinuität mit der Vergangenheit herzustellen.

In seiner Analyse der Situation der Kirche stellte der Münchener Erzbischof fest, daß es für diese in der Bundesrepublik derzeit keine großen Streitfragen wie etwa bei der Auseinandersetzung um die Reform des Abtreibungsparagraphen gebe. Die innerkirchliche Problematik habe Vorrang. Dazu gehörten u.a. „Erschütterungen auf einer niedrigen Etage" wie die Spannungen in der kirchlichen Jugendarbeit. Namentlich nannte Ratzinger die Katholische Junge Gemeinde (KJG), mit der die Bischöfe sich in einer Auseinandersetzung befinden und die Arbeitsgemeinschaft der katholischen Studenten- und Hochschulgemeinden (AGG). In diesen zeige sich nach wie vor eine Tendenz, das Christentum politisch

Kirche von der ganzen Schöpfung gesprochen wird, „von den guten Gaben, die wir aus Gottes guten Händen empfangen". Jede Mahlzeit sollte ein Abbild sein „der neuen Mahlzeit, die Christus uns schenkt" und etwas von dem „Dank für den schöpferischen Gott" in sich tragen. Das Bewußtsein daran, daß all unsere Mahlzeiten letzten Endes von der Schöpfergüte Gottes leben und hinweisen auf diese höchste Mahlzeit, in der wir nicht mehr nur irdische Dinge, sondern Gottes leibhaftiges Erbarmen empfangen", bedarf nach Meinung des Kardinals der Erneuerung. In der Fastenzeit sollten sich die Katholiken vornehmen, ihre Mahlzeiten „wieder mehr zu heiligen Zeiten zu machen; sie mit dem Gebet zu eröffnen und zu schließen". Dann werde man erkenne, daß solches ein „neues Klima in die Familien trägt, daß da, wo gemeinsam gebetet wird, „wo die Gaben Gottes nicht mehr einfach gleichgültig angenommen, sondern dankend empfangen werden, eine neue Mitte entsteht, die auch uns verändert".

31

23. Februar 1978   ok Nr. 8 vom 23. Februar 1978

Zölibatsversprechen ist „tief sinnvoll"
Kardinal Ratzinger: Mit Leib und Seele für das Evangelium

Die Verbindung des Diakonates als Stufe zum Priestertum mit dem Zölibatsversprechen hat der Erzbischof von München und Freising, Joseph Kardinal Ratzinger, als „tief sinnvoll" charakterisiert. Das Zölibatsversprechen, so äußerte der Kardinal bei der Weihe von neun Diakonen, die sich auf den Beruf des Priesters vorbereiten, am Sonntag, 19. Februar, im Münchener Liebfrauendom, sei Ausdruck der Bereitschaft, „mit dem ganzen Leben auf die Karte des Evangeliums zu setzen". Wörtlich sagte der Kardinal: „Wir wissen, wie sehr heute diese Einrichtung kritisiert wird. Wir wissen, wieviel ernste und vor allem praktisch-pragmatische Fragen daran gerichtet werden im Blick auf die Priesternot unserer Zeit. Aber ich glaube, es ist unerhört groß und kühn, daß die Kirche über allen Pragmatismus hinweg diesen Mut des Glaubens, diese wirkliche Handlung des Protestes gegen eine im Genuß sich verfilzende Gesellschaft hinstellt, daß sie dieses Zeichen des Glaubens als Ausdruck unseres wirklichen Ja zum Evangelium festhält".

Soviel auch gegen den Zölibat protestiert werde, „irgendwie bleibt es ein Stachel im Fleisch dieser Zeit, daß es da Menschen gibt, die so dem Evangelium glauben, daß sie dafür das Irdisch-Unvernünftige tun und daß sie dafür mit ihrer ganzen Existenz, bis in Leib und Seele hinein, einstehen". Der Kardinal erinnerte daran, daß es nicht nur „ein altes Herkommen" sei, daß auf dem Weg zur Priesterweihe die Diakonatsweihe steht. Ein Priester, der aufhören würde, Diakon zu sein, würde auch seinen priesterlichen Dienst nicht mehr recht erfüllen. Und ein Bischof, der

nicht Diakon bliebe, wäre kein wirklicher Bischof mehr, ebenso wäre ein Papst, der nicht Diakon wäre, kein rechter Papst mehr. Der Diakonat sei und bleibe eine Dimension jedes geistlichen Amtes, weil Christus, der alle diese Ämter trage, „selbst unser Diakon geworden ist und in der heiligen Eucharistie bis zum Ende aller Tage bleibt".

32

2. März 1978   ok Nr. 9 vom 2. März 1978

Parteiungen verdunkeln die Mitte der Kirche
Kardinal Ratzinger: Wieder eins werden in der Vielfalt

Unter Hinweis auf den innerkirchlich geführten Streit um die Eucharistie, bei dem „das Gegenüber von Parteiungen die heilige Mitte der Kirche zu verdunkeln droht", hat der Erzbischof von München und Freising, Joseph Kardinal Ratzinger, die Katholiken zu einer Neubesinnung aufgerufen. Bei seiner dritten Fastenpredigt in der Münchener St. Michaelskirche erklärte der Kardinal am 26. Februar, alle sollten wieder neu erkennen, daß die Eucharistie nicht in der Verfügung des Priesters und nicht in der Verfügung einer einzelnen Gemeinde steht, „sondern daß sie das Geschenk Jesu Christi an die ganz Kirche ist und daß sie in ihrer Größe nur bleibt, wenn wir sie in dieser Unbeliebigkeit annehmen".

Auferstehung: der neue Ansatz der Eucharistie

Der Kardinal widersprach in seiner Predigt der Auffassung, mit ihrer Meßfeier habe sich die Kirche weit vom ursprünglichen Willen Christi entfernt und anstelle eines schlichten Mahles der Brüderlichkeit eine sakrale kultische Handlung gesetzt, prunkvolle Kathedralen und die Größe einer erhabenen Liturgie darum herumgebaut und so das einfache Wesen dessen, was Jesus aufgetragen hat, bis zur Unkenntlichkeit verunstaltet. So plausibel dies auch scheinen möge, wer ein wenig näher in die Heilige Schrift hineinhöre und sich nicht mit ihrer Oberfläche begnüge, werde sehr schnell „die Falschheit" dieses Einwandes erkennen. Der Sonntag als der Auferstehungstag wurde, wie Ratzinger betonte, „der innere Ansatz, der innere Ort für die Eucharistiefeier der werdenden Kirche". Von daher habe die Eucharistiefeier ihre Gestalt. Sie sei in den neuen Zusammenhang der Auferstehung eingepflanzt worden und von daher hätten sich auch die Anbetung, der kultische Charakter und der Lobpreis, „die Freude über die Herrlichkeit des Auferstandenen" ergeben. „Ohne Bruch" habe die Messe in Erfüllung des ursprünglichen Auftrags auch dazu offengestanden, „den Reichtum des Tempels, den Reichtum der Völker aufzunehmen".

Reinigung der Liturgie: Aufgabe aller Jahrhunderte

Diese Offenheit bedarf nach Ansicht des Kardinals als „Aufgabe aller Jahrhunderte" immer wieder der Reinigung. So sei auch der Prozeß der Liturgiereform in unserem Jahrhundert nichts Erstmaliges: „Immer einerseits den Reichtum des Betens und Hoffens und Glaubens der Völker einzulassen, aber andererseits ihn doch so zu reinigen, daß die Mitte nicht verdeckt wird, daß das eigentliche Geheimnis Jesu Christi rein und groß sichtbar bleibt". Wer dies verstanden habe, wisse, „daß die Eucharistie der Kirche nicht Abfall vom Ursprung ist, sondern dessen wahre Frucht; daß jene Versuche, die uns lehren wollen, zu einem profanen Mahl, zu Mehrzweckräumen und dergleichen zurückzugehen, nur scheinbar in den Ursprung gehen, in Wirklichkeit hinter die Wände der Auferstehung und des Kreuzes zurückschreiten, dies eigentlich Große und Neue nicht annehmen und sich so dem Geheimnis Jesu Christi verschließen".

Toleranz gegenüber Mund- und Handkommunion

In der innerkirchlich immer noch kontrovers geführten Diskussion über den Empfang der Kommunion in die Hand oder in den Mund, vertrat der Kardinal die Auffassung, „daß beide Haltungen möglich sind". Ratzinger appellierte an alle Priester, diese Toleranz zu üben und eines jeden Entscheidung anzuerkennen. Niemand solle verdächtigt werden, der sich zu einer Form entschieden habe. In diesem Zusammenhang erinnerte der Kardinal daran, daß bis zum 9. Jahrhundert die Kommunion stehend in die Hand empfangen worden sei. Dies müsse gewiß nicht besagen, daß es immer so bleiben solle. Das Große und Schöne an der Kirche sei, „daß sie wächst, daß sie reift, daß sie das Geheimnis tiefer begreift". Insofern habe die Entwicklung nach dem 9. Jahrhundert durchaus als Ausdruck der Ehrfurcht ihr Recht und ihre guten Gründe. Umgekehrt müsse man aber auch sagen, „daß unmöglich die Kirche 900 Jahre lang unwürdig die Eucharistie gefeiert haben kann". Vor und nach dem 9. Jahrhundert habe die Kirche darum gerungen, was das Eigentliche sei, nämlich die Ehrfurcht des Herzens. Die Christen sollten daran denken, „daß nicht nur unsere Hände unrein sind, sondern unsere Zunge auch, und daß wir mit der Zunge oft mehr sündigen als mit den Händen". Es sei das größte Wagnis und zugleich Ausdruck der erbarmenden Güte Gottes, daß nicht nur Hand und Zunge, „sondern unser Herz ihn berühren darf".

Muttersprache und gemeinsame Sprache der Kirche pflegen

Ausführlich nahm der Kardinal auch zum Gebrauch der Muttersprache in der Liturgie Stellung. Bei der Eucharistie werde ein größeres, reiferes und umfassenderes Verständnis verlangt. Auch das Herz müsse verstehen. So sei die Muttersprache berechtigt. Gefährlich würde sie dann werden, äußerte Ratzinger, „wenn wir sie solange übersetzen wollten, bis nur noch das unmittelbar dem Verstand, gar

der banalen Alltäglichkeit Verständliche übrig bliebe" und die Eucharistie „ins Nationale" zurückgenommen würde. Der Kardinal empfahl, sowohl die normale Form der Eucharistie in der Muttersprache anzunehmen als auch nicht zu verlernen, „sie in der gemeinsamen Sprache der Kirche der Jahrhunderte zu beten und zu lieben". Auch in dieser Frage sollten die Katholiken „den unfruchtbaren Streit überwinden und eins werden in der Vielfalt … eins darin, das Umgreifende und über die Vernunft des augenblicklichen Verstehens Hinausreichende anzuerkennen und zu lieben".

33

9. März 1978   ok Nr. 10 vom 9. März 1978

Kardinal Ratzinger für Klarheit mit Traditionalisten
Münchener Erzbischof glaubt nicht an Kirchenspaltung

Als eine große Aufgabe hat es der Erzbischof von München und Freising, Kardinal Joseph Ratzinger, bezeichnet, in der katholischen Kirche Klarheit hinsichtlich der traditionalistischen Kreise, insbesondere um den französischen Alterzbischof Marcel Lefebvre, zu schaffen. Ratzinger, der am 7. März vor dem Internationalen Presseclub in München sprach, äußerte Zweifel an der Auffassung, daß es durch die Lefebvre-Bewegung zu einer Kirchenspaltung kommen könne.

Kardinal Ratzinger verteidigte die nach dem Zweiten Vatikanischen Konzil durchgeführte Liturgiereform, die bei den Lefebvre-Anhängern auf erbittertsten Widerstand stößt, räumte aber ein, daß es nicht klug gewesen sei, mit der Einführung des neuen Meßbuches gleichzeitig das alte zu verbieten. Es sei von vornherein klar gewesen, daß die Liturgiereform nicht „unter dem Gesichtspunkt des Erfolges" gesehen werden konnte. Der Grundduktus der Reform könne auch nicht zur Debatte stehen. Er sei jedoch, so betonte Ratzinger, für eine „große Toleranzbreite", damit die alte Liturgie „auslaufen" könne. Eine Reform der Liturgiereform könne er sich nicht vorstellen, wohl aber, daß einige Bestandteile der alten (tridentinischen) Liturgie in die neue Liturgie wieder integriert würden, um insofern die Kontinuität mit der Vergangenheit herzustellen.

In seiner Analyse der Situation der Kirche stellte der Münchener Erzbischof fest, daß es für diese in der Bundesrepublik derzeit keine großen Streitfragen wie etwa bei der Auseinandersetzung um die Reform des Abtreibungsparagraphen gebe. Die innerkirchliche Problematik habe Vorrang. Dazu gehörten u.a. „Erschütterungen auf einer niedrigen Etage" wie die Spannungen in der kirchlichen Jugendarbeit. Namentlich nannte Ratzinger die Katholische Junge Gemeinde (KJG), mit der die Bischöfe sich in einer Auseinandersetzung befinden und die Arbeitsgemeinschaft der katholischen Studenten- und Hochschulgemeinden (AGG). In diesen zeige sich nach wie vor eine Tendenz, das Christentum politisch

zu sehen und Politik marxistisch zu deuten. Grundsätzlich sei die unausgesproche-
ne Frage der späten 60er Jahre: „Wohin soll Kirche gehen?" immer noch virulent.
Auf Befragen nahm Kardinal Ratzinger auch zu der Situation in Oberammergau
Stellung, wo die bayerischen Kommunalwahlen die Position der Reformgegner
der Passionsspiele im Gemeinderat erheblich gestärkt haben. Er erklärte, daß ein
Eingreifen der Kirche nicht so leicht sei. Bei den Passionsspielen handle es sich
nicht um eine Veranstaltung der Kirche, sondern der Gemeinde. Kirchenrechtlich
fehlten die Möglichkeiten zu einer Einflußnahme, da das Gelübde, das den Passionsspielen einmal zugrunde lag, sich „verselbständigt" habe. Ratzinger kündigte
allerdings Gespräche mit den Beteiligten, auch mit der jüdischen Seite an. Zu diesem Zweck wird u.a. Regionalbischof Franz Schwarzenböck nach Oberammergau
fahren. „Das Minimum ist", unterstrich der Kardinal, „daß der Daisenberger-Text
anhand der Konzilstexte revidiert wird. Sehr viel mehr können wir nicht tun".

34

20. April 1978   ok Nr. 15 vom 20. April 1978

Kardinal Ratzinger zur Frage: „Gibt es den Teufel?"

Der Erzbischof von München und Freising, Joseph Kardinal Ratzinger, wird in
der Sendung „Im Gespräch" des Bayerischen Fernsehens am kommenden Freitag,
21. April (von 20.45 bis 21.45 Uhr), zu der Frage Stellung nehmen: Gibt es den
Teufel? Die Gesprächsleitung hat Dr. Ernst Emrich. Anlaß dafür, die Sendung aufzunehmen, war der Fall Klingenberg. Er wird aber nicht Diskussionsgegenstand
der Fernsehsendung sein. Im Gespräch wird der Kardinal erläutern, was die
Kirche über Teufel und Dämonen lehrt und was sie unter Besessenheit und Exor-
zismus versteht.

35

18. Mai 1978   ok Nr. 18 vom 18. Mai 1978

Pfingstpredigt Kardinal Ratzingers
Der geistigen Umweltverschmutzung entgegentreten

Der in vielen Bereichen der Gesellschaft anzutreffenden „geistigen Umweltverschmutzung" entgegenzuwirken, hat der Erzbischof von München und Freising,
Joseph Kardinal Ratzinger, die Katholiken aufgefordert. Vor mehreren tausend
Menschen kritisierte der Kardinal bei seiner Predigt am Pfingstsonntag, 14. Mai,
im Münchener Liebfrauendom, daß im Gegensatz zu der von der Zivilisation ver-

ursachten Umweltverschmutzung, nicht von der geistigen Umweltverschmutzung gesprochen werde, welche die Atmosphäre zerstört, in der der Geist leben kann. Dabei seien die Vergiftungen des Herzens und des Geistes, die durch solch seelische Umweltvergiftung entstünden, weit alarmierender als die Erkrankungen, die durch physische Umweltverschmutzung verursacht werden. Namentlich wies der Kardinal in diesem Zusammenhang auf eine wachsende Zahl verhaltensgestörter Kinder hin, die das Urelement der Liebe nicht einatmen könnten, dessen der Mensch zu seinem Wachsen und zu seinem Sein bedürfe. Außerdem habe man sich daran gewöhnt, daß im Namen der Freiheit die Würde des Menschen verhöhnt und mit Füßen getreten wird. Die Christen müßten es in dieser Situation als ihren Auftrag ansehen, der geistigen Umweltverschmutzung entgegenzutreten und in der Gemeinschaft der Glaubenden „Oasen des Glaubens, des Atmens und des Aufatmens für Herz und Seele zu schaffen".

Mit Nachdruck kritisierte der Kardinal, daß es in der Kirche „kaum noch jenes stille Verweilen vor dem Wort Gottes gibt, in dem sich unser Wollen und Tun entkrampfen und gerade so frei und fruchtbar werden kann". Es gebe sehr viele Aktivitäten in der Kirche von heute und einen Fleiß, der die Menschen bis an die Grenzen ihrer Kräfte und oft darüber hinaus beansprucht. Die Christen müßten aber „den Mut zum Ungetanen und die Demut des Wartens vor dem Wort Gottes" neu lernen. Wörtlich sagte Ratzinger: „Sehr oft würde eine einzige Stunde des stillen Hineinhörens in Gottes Wort mehr wirken als ganze Tagungen mit Sitzungen und Diskussionen und ein Augenblick des Gebetes fruchtbarer sein als ganze Stöße von Papier". Mitunter entstehe der Eindruck, daß hinter der übersteigerten Hektik dieser Aktivitäten ein Mißtrauen gegenüber der Kraft Gottes stehe und ein Lahmwerden des Glaubens, „in dem wir letzten Endes nur auf das vertrauen, was wir selber leisten und bewerkstelligen". Der Erzbischof appellierte an die Katholiken, dadurch reif, frei und wahr zu werden, „daß wir die Wurzeln unseres Seins in die fruchtbare Stille Gottes hineinhalten".

36

1. Juni 1978   ok Nr. 19 vom 1. Juni 1978

Marienverehrung steht nicht gegen Christusglauben
Maiandacht mit Kardinal Ratzinger auf dem Münchener Marienplatz

Marienverehrung steht nach den Worten des Erzbischofs von München und Freising, Joseph Kardinal Ratzinger, nicht gegen Christusglauben und stellt auch nicht etwas zweites neben ihn. Bei einer vom Katholikenrat der Region München am Dienstag, 30. Mai, veranstalteten Maiandacht auf dem Münchener Marienplatz bezeichnete Ratzinger Maria als „Ikone Christi, das Bild, in dem er selbst durchleuchtet". Wo sie weggenommen werde, werde fast immer der Christusglaube verkürzt.

Der Vorsitzende des Katholikenrates, Prof. Dr. Hans Wagner, begründete, warum es Sache des Laiengremiums sei, eine solche Maiandacht zu veranstalten. Wagner sagte, daß damit eine Bitte des verstorbenen Kardinals Julius Döpfner erfüllt werde, der den Katholikenrat vor vielen Jahren ermuntert habe, im Lauf des Jahres aus den Aktionen und Aktivitäten heraus auch geistige Schwerpunkte zu setzen, Besinnung zu halten und religiöse Traditionen aufzubauen und zu pflegen.

37

1. Juni 1978   ok Nr. 19 vom 1. Juni 1978

Katholiken in der DDR brauchen Unterstützung
Ratzinger: „Totale Diaspora im atheistischen Weltanschauungsstaat"

Zur Unterstützung insbesondere der katholischen Diasporagemeinden in der DDR hat für das Erzbistum München und Freising Joseph Kardinal Ratzinger die Katholiken aufgerufen. Aus Anlaß des in allen Diözesen der Bundesrepublik Deutschland durchgeführten Diasporasonntags am 4. Juni erinnerte der Kardinal daran, daß in der DDR die katholischen Christen nur eine Minderheit von acht Prozent der Gesamtbevölkerung darstellen, die „dazu in der totalen Diaspora eines atheistischen Weltanschauungsstaates" leben. Außerdem erinnerte der Kardinal an die Situation der katholischen Christen in den skandinavischen Ländern, die dort in einer kaum vorstellbaren Vereinzelung leben, und eine Minderheit von nicht einmal ein Prozent der Bevölkerung bilden.
In beiden Diasporaräumen, in der DDR und in Skandinavien, könnten die Gemeinden aus eigener Kraft nicht existieren. Sie seien daher auf die umfangreiche und stetige Hilfe der Katholiken in der Bundesrepublik angewiesen, stellt Ratzinger fest. Die Deutsche Bischofskonferenz hat das Bonifatiuswerk der deutschen Katholiken beauftragt, die Diasporagemeinden wirksam zu unterstützen und auf die Not in der Diaspora aufmerksam zu machen. Die Katholiken sind gebeten worden, ihre Glaubensbrüder in der Diaspora durch Gebet und eine hochherzige Gabe zu unterstützen. Gleichzeitig haben die deutschen Bischöfe die Katholiken zu dauernder Unterstützung in Form der Mitgliedschaft im Bonifatiuswerk zugunsten der Gläubigen in der Diaspora aufgerufen.

38

1. Juni 1978   ok Nr. 19 vom 1. Juni 1978

Fußballbegeisterung kann mehr sein als Unterhaltung
Kardinal Ratzinger: Vom Spiel das Leben neu lernen

Bei einer tieferen Betrachtung könne das Phänomen einer fußballbegeisterten Welt, in der jetzt zur Fußballweltmeisterschaft die Menschen rund um den Erdkreis über alle Grenzen hinweg in ein und derselben Seelenlage, in Hoffnungen, Ängsten, Leidenschaften und Freuden verbunden sind, mehr geben als bloße Unterhaltung. Dies äußerte der Erzbischof von München und Freising, Joseph Kardinal Ratzinger, am Samstag, 3. Juni, in der Sendung „Zum Sonntag" des Bayerischen Rundfunks. Nach Ratzingers Auffassung kann kaum irgendein anderer Vorgang auf der Erde eine ähnliche Breitenwirkung erzielen. Dies zeige, daß hier etwas Urmenschliches angesprochen sein müsse und es stelle sich die Frage, worin die Macht eines Spieles begründet liegt. Im Spiel trete der Mensch in einer Art von „versuchter Heimkehr ins Paradies" heraus aus dem „versklavenden Ernst des Alltags und seiner Lebensbesorgung in den freien Ernst dessen, was nicht sein muß und gerade darum schön ist". Das in gewisser Hinsicht das Alltagsleben überschreitende Spiel sei aber auch Einübung ins Leben. Es symbolisiere das Leben selbst und nehme es sozusagen in einer frei gestalteten Weise voraus. Wörtlich sagte der Kardinal: „Mir scheint, die Faszination des Fußballs bestehe wesentlich darin, daß er diese beiden Aspekte in einer sehr überzeugenden Form verbindet". Bei diesem Spiel werde der Mensch genötigt, zunächst sich selbst in Zucht zu nehmen, so daß er durch Training die Verfügung über sich gewinnt, durch Verfügung Überlegenheit und durch Überlegenheit Freiheit. Vor allem lerne er dann auch das disziplinierte Miteinander. Als Mannschaftsspiel zwinge der Fußball zur Einordnung des Eigenen ins Ganze, er verbinde durch das gemeinsame Ziel und lehre schließlich ein faires Gegeneinander, bei dem die gemeinsame Regel in der Gegnerschaft das Verbindende und Einende bleibt und den Ernst des gespielten Gegeneinander wieder in die Freiheit des beendigten Spiels auflöst. Im Zusehen identifizieren sich, so sagte Ratzinger, die Menschen mit dem Spiel und den Spielern und sind so selber am Miteinander und Gegeneinander an seinem Ernst und seiner Freiheit beteiligt: „Die Spieler werden zum Symbol des eigenen Lebens; das wirkt wieder auf sie zurück. Sie wissen, daß die Menschen in ihnen sich selbst dargestellt und bestätigt finden". Dies alles, erklärte Ratzinger, könne verdorben werden durch einen Geschäftsgeist, der das Ganze dem „düsteren Ernst des Geldes unterwirft und das Spiel in eine Industrie verkehrt, die eine Scheinwelt von erschreckendem Ausmaß hervorbringt". Aber selbst diese Scheinwelt könnte nicht bestehen, wenn es nicht den positiven Grund gäbe, der dem Spiel zugrunde liegt: die Vorübung des Lebens und die Überschreitung des Lebens in Richtung des verlorenen Paradieses. Beide Male gehe es darum, eine Disziplin der Freiheit zu suchen: in der Bindung an die Regel das Miteinander, das Gegeneinander und das Auskommen mit sich selbst zu üben. Indem man dies bedenkt, könne man vom Spiel her das Leben neu erlernen. Grundlegendes werde sichtbar: „Der Mensch lebt nicht vom Brot allein, ja, die Brotwelt ist eigentlich nur die Vorstufe für das eigentlich Menschliche, für die Welt der Freiheit". Die Freiheit aber lebe von der Regel, von der Zucht, die das Miteinander und das rechte Gegeneinander, die Unabhängigkeit vom äußeren Erfolg und von der Willkür erlernt und eben damit wirklich frei wird.

8. Juni 1978　　　　　　　　　　　　　　　ok Nr. 20 vom 8. Juni 1978

„Damit im Wissen Werte bleiben"
Ratzinger bestärkt katholische Erwachsenenbildung

Die Bedeutung und die Notwendigkeit eines landesweiten Netzes katholischer
Erwachsenenbildung hat der Erzbischof von München und Freising, Joseph Kardinal Ratzinger, bei der Mitgliederversammlung der Katholischen Landesarbeits-
gemeinschaft für Erwachsenenbildung in Bayern am 3. Juni im Münchener
Kardinal-Wendel-Haus herausgestellt. Ratzinger erinnerte daran, daß schon die
frühe Kirche es für nötig gehalten habe, neben dem engsten Auftrag der Glau-
bensübermittlung „dem darüber hinausgehenden, umfassenden Lehren und Lernen, dem Bedenken des Menschseins in seiner ganzen Breite von der Mitte des
Christlichen her Raum zu schaffen." Zur gegenwärtigen Situation äußerte der
Kardinal: „Wenn in einem freien Staat die Werte frei sein und frei angeeignet werden müssen, wenn es andererseits aber letzten Endes kein wertfreies Wissen gibt,
dann müssen gerade die freien Träger im Ringen um Wissen und Bildung präsent
sein, damit im Wissen Werte bleiben und damit so in einer freien Gesellschaft in
der Freiheit die Wertbeständigkeit erhalten werden und so die Freiheit selbst bestehen kann".
Die Bereitstellung katholischer Erwachsenenbildung ist nach Auffassung des
Erzbischofs staatsbürgerliche und christliche Aufgabe zugleich. In der Tat schließe
die Heilwerdung des Menschen gerade auch ein, „daß er sich in seinem Denken
entfalten kann, daß er vom Denken her auf die vielfältigen Bereiche des Lebens zu
antworten lernt und daß die vielfältigen Möglichkeiten des gesamtmenschlichen
Seins an Leib und Seele ihre Erfüllung finden". Natürlich gebe es Bildungs-
bereiche, in denen die Kirche höchstens sekundär und subsidiär tätig sein werde.
Aber in dem ganzen sehr weiten Bereich, in dem Wertungen im Spiel und Fragen
nach dem Menschsein mit am Werke sind, müsse der Glaube anwesend sein. Der
Glaube müsse sich in dieses Ringen hineinbegeben, „um einerseits den Menschen
zu geben und andererseits selbst immer wieder davon Reifung erlangen". Die
Verantwortung für diese Aufgabe werde durch die katholische Erwachsenenbildung wahrgenommen.

8. Juni 1978　　　　　　　　　　　　　　　ok Nr. 20 vom 8. Juni 1978

Am 16. Juni Gottesdienst im Dom für die Opfer jeglicher Gewalt

Die Bundesrepublik Deutschland gedenkt in diesem Jahr der 25. Wiederkehr des Aufstandes am 17. Juni 1953 auf dem Staatsgebiet der DDR. Für den Frieden in der Welt, insbesondere für die Opfer jeglicher Gewalt findet im Münchener Liebfrauendom am Freitag, 16. Juni, um 18.00 Uhr ein Gottesdienst statt, den der Erzbischof von München und Freising, Joseph Kardinal Ratzinger, halten wird. Das fürbittende Gebet bei diesem Gottesdienst gilt vor allem der Verwirklichung der Menschenrechtscharta der Vereinten Nationen und aller Vereinbarungen der Konferenz von Helsinki für Sicherheit und Zusammenarbeit in Europa.

41

8. Juni 1978   ok Nr. 20 vom 8. Juni 1978

Bayerischer Verdienstorden für Ratzinger

Zusammen mit 122 anderen Persönlichkeiten, unter ihnen auch zahlreiche Ordensschwestern und Geistliche, ist der Erzbischof von München und Freising, Joseph Kardinal Ratzinger, am 8. Juni vom bayerischen Ministerpräsidenten Dr. Alfons Goppel mit dem Bayerischen Verdienstorden ausgezeichnet worden. Gegenwärtig sind 1.691 Bürger des Freistaates Träger des Verdienstordens, der seit seiner Gründung an insgesamt 2.789 Persönlichkeiten, unter ihnen 174 Frauen, verliehen worden ist.

42

29. Juni 1978   ok Nr. 23 vom 29. Juni 1978

120.000 Gästebriefe der Kirche für Urlauber in Oberbayern
Grußwort des Kardinals, Gottesdienstanzeiger, Kirchenführer

Mit einer Auflage von rund 120.000 Exemplaren ist auch in diesem Jahr der vom Seelsorgereferat des Erzbistums München und Freising herausgegebene Gästebrief für die Urlauber, speziell im oberbayerischen Raum, erschienen. Der Gästebrief erfreut sich bei den Feriengästen in Pensionen und Hotels großer Beliebtheit. Er gilt als begehrte Erinnerung an die Ferien, und er vermittelt Informationen über historisch wertvolle Kirchen ebenso wie über Gottesdienstzeiten in der bayerischen Landeshauptstadt und in den Fremdenverkehrsorten. Im diesjährigen Gästebrief werden die Kirchen in Dietramszell, Urschalling, Prien und Berchtesgaden, ferner das Diözesanmuseum auf dem Domberg in Freising vorgestellt.
In einem Grußwort, das in dem mehrfarbigen und mit schönen Bildern ausgestatteten Prospekt gedruckt ist, erinnert der Erzbischof von München und Frei-

sing, Joseph Kardinal Ratzinger, daran, daß die für Bayern so charakteristische Verbindung von Landschaft und tief wurzelnder Religiosität, „am sinnfälligsten zum Ausdruck gebracht im bayerischen Barock", für viele ein Anstoß sein könne, „den tieferen Sinn des Lebens neu zu bedenken und einen fröhlichen Glauben neu zu finden". Ferner enthält der Gästebrief den Wortlaut einer der Urlaubs- gewohnheiten des heutigen Menschen gewidmeten Ansprache des Kardinals in einer Sendung des Bayerischen Rundfunks.

43

6. Juli 1978   ok Nr. 24 vom 6. Juli 1978

„Inmitten der Spezialisierungen der Mensch für die Menschen" Kardinal Ratzinger weihte sechs Diakone zu Priestern

Sechs Diakone seines Erzbistums hat der Erzbischof von München und Freising, Joseph Kardinal Ratzinger, am Samstag, 1. Juli, im Freisinger Dom zu Priestern geweiht. Vor 5.000 Gläubigen wandte sich der Kardinal in seiner Ansprache gegen die vielfach vertretene Auffassung, der Priester müsse zu einem Spezialisten für theologische Fragen werden, der dafür der Gemeinde zur Verfügung steht und sie berät. Das Große und immer Notwendige des Priesters bestehe jedoch darin, daß er in einer Welt, die in Spezialisierungen zerfasert ist und daran leidet und zer- fällt, der Mensch für das Ganze bleibt, der das Menschsein von innen zusammen- hält.
Wörtlich sagte Ratzinger: „ Wenn es den Priester nicht gäbe, es müßte der erfun- den werden, der inmitten der Spezialisierungen der Mensch für die Menschen ist". Es sei das eigentlich Schöne, tief Menschliche und zugleich Heilige und Sakra- mentale am Priestertum, daß der Priester bei aller Schulung, die er brauche, letzt- lich nicht einer unter vielen Spezialisten sei, sondern Diener des Geschöpfseins und Menschseins, „der uns über die Zerspaltung des Lebens zusammenführt in die erbarmende Liebe Gottes".
Den Neupriestern legten nach ihrem Gelöbnis, dem Erzbischof Ehrfurcht und Gehorsam zu leisten, der Kardinal und 150 Priester der Erzdiözese in einer feier- lichen Zeremonie die Hände auf.

44

6. Juli 1978   ok Nr. 24 vom 6. Juli 1978

Papst Paul VI. „ein Mann des Gewissens" Kardinal Ratzinger: „Moral läßt sich nicht durch Chemie ersetzen"

Als ein „Mann des Gewissens", der sich der Treue zum Evangelium verpflichtet weiß, hat der Erzbischof von München und Freising, Joseph Kardinal Ratzinger, Papst Paul VI. gewürdigt. Bei einem Gottesdienst zum Papstsonntag aus Anlaß der 15. Wiederkehr des Jahrestages der Krönung Pauls VI. zum Papst erklärte Ratzinger am Sonntagabend, 2. Juli, vor mehreren tausend Gläubigen im Münchener Liebfrauendom, der Heilige Vater sei nicht an Demoskopie oder an Mehrheiten gebunden, sondern an den Glauben, wie er sich in der Schrift und in den Konzilien ausdrückt. Dem Kreuz Christi dürfe die „Wucht und Größe" nicht genommen werden.

Die Enzyklika „Humanae vitae" zur Geburtenregelung, die vor 10 Jahren veröffentlicht worden ist und die man vielfach als reaktionär verschimpft habe, bezeichnete Ratzinger als „schwer durchlittene" Entscheidung des Papstes. Paul VI. habe gewußt, daß die Enzyklika gegen die Erwartungen der Christenheit stand. Gerade dort aber, wo es sich noch so nahegelegt hätte, anders zu handeln, habe sich gezeigt, daß die Bindung des Gewissens stärker gewesen sei. Paul VI. habe als Mann des Gewissens gehandelt, der sich aus dem Glauben „unseren selbstverständlichsten Meinungen" entgegenstellte. Allein dies schon sei ein Zeichen, das unser Jahrhundert brauche. Es habe einer solchen Warnung bedurft, die den Menschen vor seiner Erfindung schützt und die seine Grenzen an den bleibenden Maßen der Schöpfung Gottes aufdeckt. Wörtlich sagte der Kardinal: „Moral läßt sich nicht durch Chemie ersetzen und der Mensch kann sich am Drama seiner Freiheit und am Leiden seiner Freiheit nicht vorbeistehlen." Geschlechtlichkeit sei eindeutig dazu da, um der Zukunft die Türe zu öffnen und neuem Leben Raum aufzutun. Nichts könne auch davon entbinden, daß Geschlechtlichkeit immer der geistigen Verantwortung und der Treue zugeordnet sei.

Ratzinger appellierte an die Gläubigen, zu den im Evangelium aufgegebenen Werten zu stehen. Dies bedeute, der Eigenmacht der technischen Manipulation und der selbstgefertigten Welt zu widerstehen, die keine Maßstäbe als das eigene Können mehr anerkennen will, „auch wenn Liebe und Recht anderes verlangen würden". Unter Hinweis auf die Dynamik des Evangeliums, das dieser Eigenmacht entgegenwirke, äußerte sich der Kardinal auch zur Problematik christlicher Parteien. Eine christliche Partei könne niemals bloß dem Fortschritt als Programm nachlaufen, aber auch niemals einfach nur konservativ sein. Sie habe vielmehr den Auftrag, die Dinge der Zeit immer neu an den bleibenden Werten des Evangeliums zu messen, „die zugleich auch immer wieder unseren Egoismus nach den Maßstäben der Gerechtigkeit über den Haufen werfen, uns zwingen, voranzugehen und neue Wege zu suchen".

Ökumene ist Sache des Gewissens, nicht Geschäftsabschluß
Kardinal Ratzinger zu Vorwürfen, Ökumene sei abgekühlt

Um Vertrauen und Verständnis dafür, daß Ökumene eine Sache des Gewissens sei, die im Ringen um die Wahrheit reifen müsse, hat der Erzbischof von München und Freising, Joseph Kardinal Ratzinger, gebeten. In seiner Predigt zum Papstsonntag am 2. Juli im Münchener Liebfrauendom aus Anlaß der 15. Wiederkehr des Jahrestages der Krönung Pauls VI. zum Papst würdigte Ratzinger die ökumenischen Bemühungen des Heiligen Vaters. Paul VI. werde als „Papst der Ökumene" in die Geschichte eingehen. Er habe die ökumenischen Anfänge von Papst Johannes XXIII. übernommen „und die Türen weit aufgetan". Ratzinger nahm in seiner Predigt auch zu Vorwürfen Stellung, Ökumene sei abgekühlt und es werde nur noch gebremst. In jüngster Zeit war dieser Vorwurf aus Kreisen der evangelischen Kirche in Bayern erhoben worden. Wörtlich sagte dazu der Kardinal: „Wir wollen die Vorwürfe nicht leicht nehmen. Immer neu müssen wir das Gewissen gegen unsere Bequemlichkeit erforschen, fragen, ob wir tatsächlich von jener Leidenschaft für die Einheit und von jener Bereitschaft, um ihretwegen weiterzugehen, erfüllt sind, die der Ruf des Herrn verlangt, der will, daß man die Seinigen an ihrer Einheit erkenne."

Zugleich stellt der Kardinal jedoch fest, Ökumene könne nicht wie ein Geschäftsabschluß vor sich gehen. Der „große Begründer der Ökumene im 19. Jahrhundert", Johann Adam Möhler, habe darüber gesagt, daß ein solches Vorgehen nur beiden Seiten Verachtung voreinander einflößen könnte. Wenn der Eindruck entstehen müsse, „daß wir nicht wirklich aus dem Gewissen handeln, aus der inneren Bindung an die Wahrheit, daß wir letzten Endes Krämer sind, die Positionen feilbieten, dann kann kein Ernst des Ganzen mehr angenommen werden". Nach Auffassung Ratzingers kommen sich die getrennten Christen nicht dadurch nahe, daß sie selbst eine Kirche „basteln", sondern „nur dadurch, daß wir in dem Ringen des Gewissens einander vertrauen, daß wir im Wettbewerb um die größere Nähe zum Herrn stehen und daß wir im inneren Hineingehen in die Wahrheit, in der Trennung uns doch gerade so ob der Verantwortung für das Evangelium lieben und einander aufgegeben bleiben".

13. Juli 1978 ok Nr. 25 vom 13. Juli 1978

Kardinal Ratzinger bei der Bundespost
Erster Betriebsbesuch seit seinem Amtsantritt

Seinen ersten Betriebsbesuch seit seinem Amtsantritt als Erzbischof von München und Freising stattete Joseph Kardinal Ratzinger am Mittwoch, 12. Juli, der Deutschen Bundespost in München ab. Dabei erläuterte der Präsident der Oberpostdirektion München, Dipl.-Ing. Alfred Meier, die Bedeutung der beiden großen Ämter, des Bahnpostamtes und des Paketpostamtes.

Im Mittelpunkt der Gespräche mit Mitgliedern der Betriebsabteilung, der Personalabteilung und des Betriebsrates der Oberpostdirektion München standen vor allem die sozialen Probleme bei der Deutschen Bundespost. Im besonderen wurde auch die bei der Post herrschende Nachtarbeit von verheirateten Frauen angesprochen. Kardinal Ratzinger wies in diesem Zusammenhang auf einen wichtigen Punkt der katholischen Soziallehre hin, wonach die Familie vom Einkommen des Familienvaters leben und somit ein Zusatzverdienst der Ehefrau nicht nötig sein solle. Außerdem müsse die soziale Sicherheit gewahrt werden.

Präsident Meier führte aus, daß die Deutsche Bundespost mit rund einer halben Million Arbeitnehmern der größte Dienstleistungsbetrieb in Europa sei. Die Oberpostdirektion München gehöre mit rund 40.000 Beschäftigten zu den größten Bezirken in der Bundesrepublik. Die Deutsche Bundespost nimmt nach den Worten von Präsident Meier die soziale Verpflichtung für das Personal sehr ernst. Er nannte im einzelnen die Sozialbetreuung für Jugendliche, werdende Mütter, Alleinstehende mit kleinen Kindern, Familien mit behinderten Kindern und kranke Postangehörige. Im OPD-Bezirk München seien allein 99 Betreuer und Betreuerinnen im Einsatz. Grundproblem der Post sei die Synthese, der Bevölkerung einen guten und preiswerten Service zu bieten und gleichzeitig dem Personal menschenwürdige Arbeitsbedingungen.

Im Anschluß an die Gespräche besichtigte der Kardinal das Bahnpostamt in der Hopfenstraße und das Paketpostamt in der Arnulfstraße.

13. Juli 1978 ok Nr. 25 vom 13. Juli 1978

Ökumene war ihm „Herzensanliegen"
Kardinal Ratzinger zum 70. Geburtstag von Landesbischof Dietzfelbinger

Den Einsatz und das Bemühen des ehemaligen Landesbischofs der Evangelisch-

Lutherischen Kirche in Bayern, D. Hermann Dietzfelbinger, für die Ökumene hat der Erzbischof von München und Freising, Joseph Kardinal Ratzinger, gewürdigt. In einem persönlichen Brief Ratzingers an Dietzfelbinger, der am 14. Juli 70 Jahre alt geworden ist, heißt es, der Landesbischof habe sich vor allem „für das gegenseitige Verstehen und Aufeinanderzugehen von katholischer und evangelisch-lutherischer Kirche eingesetzt und bemüht". Für Dietzfelbinger sei Ökumene kein bloßes Aushängeschild gewesen, „sondern echtes Anliegen des Herzens".

Unter Hinweis auf die regelmäßigen Begegnungen zwischen Dietzfelbinger und Ratzingers Vorgänger, Kardinal Döpfner, heißt es in dem Schreiben, der Landesbischof habe „viel dazu beigetragen, daß ein gutes Einvernehmen von der obersten Kirchenleitung bis zu den Gemeinden und ihren Pfarrern hin hier in Bayern wachsen konnte". In diesem Zusammenhang verwies Ratzinger auf eine Äußerung Döpfners, der diese Begegnungen als „wahrhaft brüderliche Nachbarschaft" gewertet hatte. Zur Arbeit Dietzfelbingers, der 20 Jahre lang Landesbischof der Evangelisch-Lutherischen Kirche in Bayern (1955–1975) war, sechs Jahre lang (1967–1973) den Vorsitz des Rates der Evangelischen Kirche in Deutschland und auf dieser Ebene das Referat für katholische Fragen führte, äußerte der Kardinal, welche Fülle an Arbeit und Sorgen solche Aufgaben beinhalten, wisse wohl nur derjenige einzuschätzen, dem ein ähnliches Amt übertragen ist. In allem habe Dietzfelbinger um die Führung Gottes gewußt. Dies habe ihm die tägliche Kraft gegeben, sich dem Ruf der Zeit, in dem er zugleich den Ruf Gottes erkannte, dienstbereit zu stellen.

48

10. August 1978   ok Nr. 28 vom 14. August 1978

Ratzinger: Paul VI. trug sein Amt aus dem Glauben
„Sein Sinnbild sind die offenen Hände, nicht die geballte Faust"
Der Münchener Erzbischof hielt Pontifikalrequiem im Liebfrauendom

Papst Paul VI. hat nach den Worten des Erzbischofs von München und Freising, Joseph Kardinal Ratzinger, sein Amt aus dem Glauben getragen. Bei einem Pontifikalrequiem für den Verstorbenen am Donnerstag, 10.8., im überfüllten Münchener Liebfrauendom, das der Kardinal in Konzelebration mit den Münchener Weihbischöfen, dem Generalvikar, dessen Stellvertreter und dem Domdekan hielt und an dem auch namhafte Vertreter des öffentlichen Lebens, unter ihnen Ministerpräsident Goppel, Landtagspräsident Hanauer, Regierungspräsident Eberle, CSU-Generalsekretär Tandler, Bundesernährungsminister Ertl und der evangelische Landesbischof Hanselmann, teilnahmen, hob Ratzinger sowohl die Festigkeit Pauls VI. als auch seine Bereitschaft zum Kompromiß hervor. Für beides habe er Kritik hinnehmen müssen und auch in manchen Kommentaren nach seinem Tod habe es an Geschmacklosigkeiten nicht gefehlt. Doch ein Papst, der heute nicht der Kritik verfiele, so Ratzinger, hätte „seine Aufgabe gegenüber diesem Jahrhundert nicht erfüllt".

Paul VI. habe der Telekratie und der Demoskopie, „den beiden diktatorischen Mächten der Gegenwart", widerstanden, da sein Maßstab nicht der Erfolg und der Beifall gewesen sei, sondern das Gewissen, „das sich an der Wahrheit, am Glauben mißt". So habe er in vielen Fällen um Kompromisse gerungen. Seine Kompromißlosigkeit und Entschiedenheit in Fragen, bei denen die wesentliche Überlieferung der Kirche auf dem Spiel stand, sei jedoch nicht Dickfelligkeit gewesen, sondern sie sei aus der Tiefe des Glaubens gekommen, „die ihn fähig machte, den Widerspruch zu ertragen". Daß überzeugter Glaube nicht eng mache, sondern weit, sei an ihm deutlich geworden. Er habe Autorität als Dienst neu beglaubigt, indem er sie als Leiden getragen habe. Der Kardinal bezeichnete in diesem Zusammenhang den verstorbenen Papst als das Bild eines Mannes, der die Hände ausstreckt: „Sein Sinnbild sind die offenen Hände, nicht die geballte Faust".

Ratzinger würdigte auch das diplomatische Geschick von Paul VI.: „Er hatte das Instrumentar der Diplomatie in seiner kurialen Laufbahn virtuos zu beherrschen gelernt". Aber es sei ihm immer zweitrangiger geworden in der Metamorphose des Glaubens, „der er sich unterstellte". So sei er immer mehr zu einem Mann einer tiefen, reinen und reifenden Güte geworden: „Dem Mann, der von Natur aus ein Intellektueller war, war anzumerken, wie sehr er sich Tag um Tag Christus auslieferte, sich von ihm ändern, umwandeln, reinigen ließ und wie er darin immer freier, immer tiefer, immer gütiger, sehender und einfacher wurde". Zum Schluß seiner Gedächtnisansprache forderte der Kardinal die Gläubigen auf, das Beispiel Papst Pauls VI. als „Anruf in unserer Seele" zur Frucht kommen zu lassen.

49

14. September 1978   ok Nr. 30 vom 14. September 1978

„Das katholische Bayern betet für sie"
Kardinal Ratzinger hielt Gottesdienst für Papst Johannes Paul I.

„Das ganze katholische Bayern betet für Sie". Dieses Versprechen gab der Münchener Kardinal Joseph Ratzinger Papst Johannes Paul I. unmittelbar nach dessen Wahl in der Sixtinischen Kapelle in Rom. „Jetzt bitte ich Sie alle darum", wandte sich Ratzinger bei einem Bittgottesdienst für den neuen Papst am Abend des 10. September im Münchener Liebfrauendom an die Gläubigen, „daß Sie dieses Versprechen wahrmachen".

Der Erzbischof von München und Freising berichtete in seiner Ansprache über das Konklave und die Maßstäbe, nach denen die Kardinäle aus aller Welt den obersten Hirten der katholischen Christen gewählt haben. Dabei zitierte Ratzinger einen amerikanischen Journalisten; dieser habe geschrieben, der Papst müsse vorab „ein heiliger Mann sein, der lächeln kann". Das Eigentliche der Kirche, so der Amerikaner, seien nicht noch so wichtige Aufgaben wie Sozialdienst, Entwicklungshilfe oder Bildungsarbeit; wenn die Kirche nach den Regeln der Soziologie überleben wolle, dann könne sie es nur, wenn sie sich bewähre in dem, was ihr Besonderes sei, der „Vermittlung des Heiligen".

Daher müsse der Mann, der sie vor dem Angesicht der Welt vertritt, ein Mann sein, „der den Atem des Heiligen ausstrahlt, ein Mann, dem man ansehen kann, daß er Christus begegnet ist und seine Stimme gehört hat, ein Mann, von dem man merkt, daß er wohnt und lebt im Wort Gottes, ein Mann, den der Mut und die Freude des Evangeliums erfüllen, ein Mann also, der vor Entscheidungen nicht zuerst das Orakel der Demoskopen anhört, der nicht nach Erfolg oder Mißerfolg, Lob oder Tadel umschaut, sondern den Willen Gottes sucht". Diese Gedanken des amerikanischen Autors seien für die Papstwahl wegweisend geworden, sagte Kardinal Ratzinger.

50

28. September 1978   ok Nr. 31 vom 28. September 1978

Kardinal Ratzinger als Legat in Ecuador:
Kritik an westlichem Positivismus und östlichem Marxismus
Schwerpunkt der Weltkirche verlagert sich nach Lateinamerika

Der lateinamerikanische Kontinent muß nach Auffassung des Erzbischofs von München und Freising, Joseph Kardinal Ratzinger, in den wirtschaftlichen und technischen Disput der Gegenwart eintreten „und den Platz beanspruchen, der ihm aufgrund seiner geistigen und materiellen Energie zusteht". Der als Legat des Papstes zum Marianischen Nationalkongreß von Ecuador in die größte Stadt des lateinamerikanischen Staates, nach Guayaquil, entsandte Kardinal betonte in diesem Zusammenhang jedoch, Lateinamerika dürfe sich auf seinem Weg in die Zukunft nicht abbringen lassen von jener Kultur des Herzens, mit der es der Welt etwas geben kann, was sie genauso notwendig braucht wie Rohstoffe und Technologien.

Lateinamerika sucht Weg in die Zukunft

In seiner Ansprache zur Eröffnung des Kongresses hatte der Legat auf dessen Verbindung mit der Konferenz von Puebla in Mexiko hingewiesen, wo sich demnächst die Bischöfe von ganz Lateinamerika treffen werden, um, wie Ratzinger sagte, „die richtigen Wegweisungen für die Kirche in diesem Kontinent und so für das ganze Leben dieses Kontinents zu suchen". Zu der Tatsache, daß in etwa

Obwohl er eine hohe soziale Verantwortung trage, sei der Priester „mehr als ein Sozialarbeiter und als ein Funktionär". Im Priesterberuf habe jedes Alter seine eigene Bedeutung, der Eifer der Jungen sei so wichtig wie die Reife der Alten: „Gerade auch die Weisheit, die Stille, das Leiden der Alten ist ein ganz eigener Beitrag, in dem sich der Beruf noch einmal als sinnvoll und ausfüllend bis zuletzt bewährt".

51

5. Oktober 1978   ikr Nr. 9 vom 5. Oktober 1978

Laienräte ein unentbehrliches Instrument innerkirchlichen Lebens
Kardinal Ratzinger spricht Pfarrgemeinderäten Mut für ihre Arbeit zu

Die Laienräte sind nach Ansicht des Erzbischofs von München und Freising, Joseph Kardinal Ratzinger, heute bereits zu einem nicht mehr wegzudenkenden Mittel innerkirchlichen Lebens geworden. In einem Leitwort zum Beginn der Herbstarbeit der vor einigen Monaten auf vier Jahre neugewählten Räte im Mitteilungsblatt des Diözesanrats der Katholiken, „Katholikenrat", äußerte der Kardinal wörtlich: „Sie erweisen sich als ein unentbehrliches Instrument, um den vielfältigen Aufgaben gerecht zu werden, die sich in dieser Zeit den Christen und der kirchlichen Gemeinschaft stellen".
Angesichts des Aufgabenkatalogs, dem ein Pfarrgemeinderat gegenüberstehe, forderte Ratzinger die Räte auf, nicht in Mutlosigkeit zu verfallen. Vielmehr sollten sie bemüht sein, aus den Reihen der Gemeinden möglichst viele Mitarbeiter zu gewinnen. Keine Gemeinde sollte auf jene verzichten, die sich zur Wahl gestellt haben und oftmals nur mir wenigen Stimmen unterlegen seien. Auch sollte sich jeder Pfarrgemeinderat jener Erfahrung versichern, die von solchen Pfarrgemeinderäten in den letzten Jahren gesammelt wurden, die sich jetzt nicht mehr zur Wahl gestellt haben.
Als Schwerpunkt ihrer Tätigkeit legte der Kardinal den Räten die soziale Arbeit (Ratzinger: „In keiner Gemeinde darf es Menschen geben, die keine Hilfe erlangen, wenn sie derer bedürfen") und die Öffentlichkeitsarbeit nahe. Wörtlich schrieb der Kardinal: „Lassen Sie den Mut nicht sinken und werfen Sie die Flinte nicht ins Korn, wenn sich die Arbeit im Pfarrgemeinderat nicht als ein frohgestimmtes Arbeiten in einem Rosengarten erweist, sondern mitunter eher der Schwerarbeit in einem Steinbruch gleicht. Resignieren Sie bitte auch dann nicht, wenn Ihre Arbeit mißdeutet, mißverstanden und eventuell auch als Wichtigtuerei abgewertet werden sollte".
Zu Beginn seiner Ausführungen hatte Ratzinger den Räten für ihr Engagement gedankt, die dadurch ein großes Stück Freizeit in den Dienst der Kirche und des Glaubens stellten und damit beitrügen, „daß Kirche auch im 20. Jahrhundert präsent ist in unserer Gesellschaft und im kleineren Lebensbereich einer Pfarrgemeinde".

ok Nr. 33 vom 12. Oktober 1978

Politischer Druck auf die Papstwahl
Kardinal Ratzinger: „Wir handeln nach religiösem Gesichtspunkt"

Nach Aussagen des Erzbischofs von München und Freising, Joseph Kardinal Ratzinger, hat in Italien wegen der bevorstehenden Neuwahl eines Papstes ein, wie Ratzinger wörtlich sagte, „starker politischer Druck" eingesetzt. Nach seiner Rückkehr von einer Reise nach Ecuador, wo er als Legat des Papstes an einem Marianischen Nationalkongreß teilgenommen hatte, und nach seiner Teilnahme an der Beerdigung des Papstes Johannes Paul I. in Rom erklärte Ratzinger am 5. Oktober vor der Presse in München wörtlich: „Die Linke hat es sehr übel genommen, daß Luciani sich sehr offen zum Libanon-Konflikt geäußert und sehr dezidiert auch in Sachen Befreiungstheologie Stellung genommen hat, so daß sie jetzt ihre Forderungen lauter auf den Tisch legt als vorher und sagt, welche Päpste sie nicht dulden wird und welche sie akzeptieren will".

Der Kardinal fuhr fort: „Sie hat ganz klar ausgedrückt: Sie will einen Papst, der den ‚Compromesso storico' annimmt und der in den erwähnten Fragen sich mehr zurückhält. Und sie hat auch Namen genannt, die sie akzeptieren will". Insofern, so stellte Ratzinger fest, habe sich das Klima „etwas verschärft". Der Kardinal, der nach der Beerdigung des Papstes an zwei Kardinalskongregationen teilgenommen hatte und der von einer „Art Depression" sprach, die über dem Kardinalskollegium liege, fügte hinzu: „Es ist klar, daß wir von dorther nicht unsere Wegweisung beziehen werden, sondern daß wir aus dem religiösen Gesichtspunkt handeln müssen". Auf die Frage eines Journalisten nach Kandidaten für das Amt des Papstes äußerte Ratzinger: „Über irgendwelche Kandidaten könnte ich selbst dann nichts sagen, wenn ich wollte, weil wir eben ganz neu anfangen müssen".

Auf eine weitere Frage, ob er befürchte, daß politischer Druck ausgeübt wird, wenn ein „den Linken nicht genehmer Papst gewählt wird", sagte Ratzinger: „Man spielt zunächst natürlich so hoch wie man kann. Das ist klar. Das gehört ja zum politischen Geschäft. Insofern würde ich die jetzt ausgegebenen Dinge nicht zu tragisch nehmen. Daß man natürlich immerfort das Mögliche tun wird, um die Kirche für die jeweiligen politischen Ziele zu gewinnen – da nehme ich jetzt auch die anderen Parteien nicht aus – das ist klar. Aber es wird auch zur Standfestigkeit eines Papstes gehören müssen, daß er sich nicht instrumentalisieren läßt". Zur Präzisierung seiner Aussage über den politischen Druck verwies Ratzinger auf den Artikel einer italienischen Zeitung und fügte hinzu, er habe „natürlich auch allerlei gehört". Der Druck komme „zunächst schon von außen. Aber er wird zweifellos von bemerkenswerten Teilen in der Kirche, Klerus und Laien, auch mitgetragen. Insofern ist er nicht einfach außerkirchlich".

Pression marxistischer Gruppen auf Lateinamerikas Bischöfe

Über die Eindrücke seiner Reise nach Lateinamerika sprach der Kardinal ausführlich. Er erinnerte daran, daß der Kontinent, „gezeichnet einerseits durch eine intensive religiöse Vergangenheit und Gegenwart, andererseits sehr stark um soziale Probleme auch in der Kirche ringt, um den richtigen Ausgleich zwischen sozialem Auftrag und religiöser Mitte". Wörtlich sagte der Kardinal: „Die Gefahr nach der einen oder anderen Seite hin einseitig zu werden, über dem Religiösen das Soziale zu vergessen oder zu einem reinen Instrument sozialer Veränderung zu werden und den religiösen Auftrag zu verlieren, ist immer gegeben". In diesem Zusammenhang kam Ratzinger auch auf die kommende Konferenz der lateinamerikanischen Bischöfe im mexikanischen Puebla zu sprechen: „Es gibt von marxistischen Gruppierungen unter dem Etikett der Befreiungstheologie einen sehr massiven Druck auf Puebla, um über die Konferenz die Umfunktionierung des Episkopates und der Kirche in ein Instrument ideologischer Veränderung zu erreichen". Ratzinger teilte mit, „maßgebende Köpfe dieser Bewegung", er nannte unter anderem namentlich den Belgier Comblin und den Brasilianer Assmann, seien „schon angereist". Interessanterweise seien „das überwiegend Europäer oder ganz in Europa gebildete Leute, die mit großem finanziellen Aufwand schon eine starke ideologische Pression eingeleitet haben".

In diesem Zusammenhang verwies der Erzbischof auf den Marianischen Nationalkongreß in Ecuador, an dem er als Legat des Papstes teilgenommen hatte: „Der Kongreß selbst hatte keine politische Absicht. Aber er wollte nun doch umgekehrt ein sehr starkes religiöses Gewicht setzen und damit auch aus einer tiefen Glaubensüberzeugung heraus der Pression der Propaganda die Kraft des Gebetes entgegenstellen. Insofern steht er also doch sehr stark in dem Drama der lateinamerikanischen Kirche, in der Sorge eines großen Teils der Bischöfe, diese Kirche einerseits in ihrer religiösen Mitte zu halten, ohne sie darob auf der anderen Seite aus ihrer sozialen Aufgabe zu entlassen, die fruchtbar nur aus einer starken religiösen Kraft gespeist werden kann".

Religion sei für die Menschen in Lateinamerika „nicht nur eine Frage überlieferter äußerer Pflicht oder eine durch Reflexion festgehaltene intellektuelle Angelegenheit, sondern eine vitale Lebenskraft, ohne die diese Menschen überhaupt nicht zu leben vermöchten". Zu den Elementen der kirchlichen Situation in Ecuador gehöre aber auch, daß die katholische Kirche sich stark bedrängt fühle durch eine „mit gewaltigem Geld" geführte „massive antikatholische Propaganda" seitens der Mormonen und Zeugen Jehovas: „Sie erreichen ihre Erfolge vor allen Dingen dort, wo Priester zu sehr oder ausschließlich auf soziale Bewußtseinsbildung umsteigen". Ratzinger verwies darauf, daß dort, wo streckenweise kaum noch religiöse Verkündigung praktiziert worden sei, „ganze Pfarreien abgewandert sind", und dort ein „starker Einbruch" seitens der Sekten erfolgt sei. Die besondere Beziehung der Erzdiözese München und Freising zu Ecuador, dem Patenland des Erzbistums, charakterisierte Ratzinger mit den Worten, es habe sich eine besondere Art „gegenseitiger Hilfestellung" eingespielt, deren Eigentümlichkeit es sei, „daß sie bewußt jedes ideologischen Charakters entbehrt, auch nicht den Anspruch erhebt – dazu wären unsere Mittel viel zu bescheiden – das Land entwickeln zu wollen". Durch persönliche Freundschaft und Hilfe im Geiste der Bruderliebe sei doch „sehr viel Konkretes an Impulsen und an Erweckung des eigenen Mutes zum Vorangehen geleistet" worden. Ratzinger würdigte in diesem Zusammenhang besonders die Verdienste seines Vorgängers im Amt des Erzbischofs von München und Freising, Julius Kardinal Döpfner, und des langjährigen Caritasdirektors der Erzdiözese, Prälat Dr. Oskar Jandl, denen in Ecuador große Verehrung entgegengebracht werde.

53

8. [November] 1978   ok Nr. 35 vom 9. [November] 1978

Presseerklärung des Erzbischofs von München und Freising, Joseph Kardinal Ratzinger, zum 40. Jahrestag der „Reichskristallnacht"

Am 9. November gedenken wir des Tages, an dem vor 40 Jahren auf Befehl der NS-Machthaber die Synagogen unserer jüdischen Mitbürger zerstört, ihr Eigentum vernichtet und sie selbst einer bis dahin beispiellosen Verfolgung ausgesetzt wurden. Niemand, der weiß, was damals unter uns geschehen ist, kann sich dessen ohne Abscheu und Scham erinnern. Noch heute hat unser Volk an den Folgen jener Tage zu tragen.
Es darf ebenso nicht vergessen werden, daß dieselben Machthaber in den genannten Tagen auch der katholischen Kirche offen den Kampf ansagten, „den schwarzen Bundesgenossen des Weltjudentums". So war es zwei Tage nach dem 9. November auf den Plakaten in München am Morgen des 11. November 1938 zu lesen. Am Abend desselben Tages versuchte eine organisierte grölende Menge mit den Rufen „Nach Dachau" – „In Schutzhaft mit dem Hochverräter" das Haus des Erzbischofs, des Kardinals Faulhaber, zu stürmen. Wie bei den jüdischen Geschäften wurden die Fenster des Hauses eingeschlagen und zertrümmert.
Wir wollen nicht Schuld aufrechnen. Nur ein guter Anfang hilft weiter. Jeder Art von Diskriminierung, aus welchem Grund sie auch immer geschieht, müssen wir mit aller Entschiedenheit absagen und widerstehen. Sie ist die Quelle solcher unmenschlichen Taten.
Dazu gehört die entschiedene Abwehr jeder totalitären Ideologie und ihrer Ziele. Denn die Waffen totalitärer Systeme sind Diskriminierung, Unterdrückung und Vergewaltigung des Gewissens, wie sie gerade heute in manchen Ländern der Welt systematisch angewandt werden. Gelebter Glaube, dessen Mitte die Liebe zu Gott und zum Nächsten – ohne Unterschied von Rasse, Stand oder Religion – darstellt, ist die stärkste Schutzmauer gegen die Ideologien des Hasses. Solcher-

weise die Kräfte der Versöhnung und des Friedens zu stärken, ist der Anruf, den wir aus dem Gedenken dieses Tages empfangen.

Joseph Kardinal Ratzinger

54

8. [November] 1978   ok Nr. 35 vom 9. [November] 1978

Mahnung zu verantwortlicher Gemeinschaft
Kardinal Ratzinger zur Landtagseröffnung

Zu einer am Gewissen und an der Verantwortlichkeit orientierten „Verwaltung der Macht" hat der Vorsitzende der Bayerischen Bischofskonferenz und Erzbischof von München und Freising, Joseph Kardinal Ratzinger, die Abgeordneten des neugewählten Bayerischen Landtages aufgerufen. Bei einem Gottesdienst zur Eröffnung des Landtages empfahl der Kardinal am Montag, 30. Oktober, in der Münchener Theatinerkirche den Volksvertretern, die ihre Macht nur „zu leihen" hätten, sich nicht nur am Wähler, an einem „statistischen Meinungsmittel", sondern an einer anderen, höheren Instanz, am Gewissen, zu orientieren. Wörtlich sagte der Kardinal in diesem Zusammenhang: „Nicht alles, was wir können, dürfen wir auch; das bloße Können, die bloße Machbarkeit allein ist noch kein Maß. Recht können wir nicht einfach beliebig setzen und erfinden, wir müssen es finden aus der Wahrheit. Es kann nicht einfach alles Recht werden. Es gibt Unrecht, das durch keine Setzung zu Recht würde und es gibt Recht, das durch keine Setzung – welcher Autorität auch immer – Unrecht werden könnte.
Wenn die Kirche „in diesem unserem Lande" zur Politik spreche, dann gehe es ihr nicht um ein „Arrangement der Interessen" und darum, Interessen, die sie nicht selbst vertreten könne, durch den Arm des Staates wahrnehmen zu lassen, „sondern dann geht es ihr darum, diese Bindung der Macht, diese Verantwortung, ohne die nicht Recht sein kann, vor das Gewissen derer hinzustellen, die die Verantwortung in unserem Staate tragen". Damit sorge die Kirche für die Fundamente, „die uns alle angehen und die über alle Interessen hinausreichen, ohne die kein Interesse letzten Endes heil sein kann". Ausdrücklich betonte der Kardinal, zur Verteilung und Kontrolle der Macht gehöre in der Demokratie die „gegenseitige Kritik", die als „Weise von Machtverantwortung etwas sehr Gutes und Notwendiges" sei. Wo diese Kritik aber zu bloßer Machtverdrängung und zu bloßer Parteienkonkurrenz degeneriere, verliere sie ihren konstruktiven Sinn: „Wo sie nur noch als Griff nach der Macht erscheint, zerstört sich die Demokratie von innen her und kann nicht mehr glaubhaft bleiben".
Die gegenseitige Kritik muß nach Ratzingers Auffassung als „Suchen und Ringen in der gemeinsamen Verantwortung vor den tragenden Werten, vor der Wahrheit selbst" geschehen. Wörtlich sagte er den Abgeordneten: „Um diese Weise der Kri-

tik, um diese Weise des Stils im Umgang miteinander bitte ich Sie alle mit großer Dringlichkeit. Denn davon hängt so viel ab. Ich denke, es müßte doch möglich sein, daß gerade bei uns in Bayern, mit seiner großen christlichen Tradition, mit seiner Lust am Streit und seiner manchmal gewiß gefährlichen Lust an starken Worten, aber auch mit seiner Versöhnungsbereitschaft solches auf rechte Weise sich vollzieht." Der Kardinal ermahnte die Abgeordneten, sich in der kommenden Legislaturperiode nicht nur „materielle Planziele" zu setzen. Ein Staat, der dies tue, zerstöre sich von innen her, weil er die entscheidenden Fragen der Menschen nicht beantworte: „Auch ein Staat muß zuerst und zuletzt nach den grundlegenden und tragenden Werten des Menschseins fragen, muß von der Frage nach der Einsicht in das wirklich Wahre und Gute geprägt sein, muß von daher die materiellen Ziele bestimmen und von daher sie auch erreichen".

55

18. November 1978   ok Nr. 38 vom 23. November 1978

Ohne Familien kann unser Volk nicht bestehen
Kardinal Ratzinger fordert Einsatz für Ehe und Familie
Warnung vor Vermarktung der Frau unter Etikett der Freiheit

Die Familie wieder als „lebendigen Ort der Gemeinsamkeit" aufzubauen, wo man „miteinander sprechen, beten, singen und füreinander da sein kann", hat der Erzbischof von München und Freising, Joseph Kardinal Ratzinger, am Samstag, 18. November, im Freisinger Mariendom aufgerufen. Bei einem Gottesdienst anläßlich der Feiern zum Gedenken an den Bistumsgründer, den hl. Korbinian, erklärte der Kardinal vor mehreren tausend Gläubigen, Volk und Kirche könnten nicht mehr bestehen, wo die Familie nicht mehr lebe und bestehe, „weil der innere Ort des Vertrauens entschwindet, an dem man glauben lernen könnte und an dem die Worte des Glaubens ihren menschlichen Sinn gewinnen". Korbinian, der vor mehr als 1200 Jahren in Bayern missionierte, habe sich mit Nachdruck für die Heiligkeit der Ehe und damit für die Ordnung der Familie eingesetzt, „eine Sache, die uns gegenwärtig besonders betrifft", sagte der Kardinal.
Energisch wandte sich Ratzinger in diesem Zusammenhang gegen das „schmutzige Geschäft mit dem menschlichen Leib, das in dieser unserer Zeit blüht". Es werde viel protestiert, sagte er, wer aber protestiere im Ernst „gegen die Vermarktung der Frau, die unter dem Etikett der Freiheit betrieben wird, während es allein darum geht, die Versuchlichkeit des Menschen zum Geldmachen und dazu auszunützen, den Menschen von innen her wurzellos zu machen und ihn so zu bereiten, daß ihm Terror und Gewalttat als Hoffnung erscheinen können". Der Kardinal bezeichnete die „falsche Idee von Freiheit, die Freiheit mit Beliebigkeit verwechselt", als „Krankheit unserer Zeit", die zwar „maßlos informiert" sei, aber oft um

das Wesentliche nicht wisse. Dies bewiesen unter anderem die ansteigenden Zahlen der Selbstmorde und die Zuflucht zu Droge und Gewalt. Der Erzbischof rief dazu auf, den „Mut des Glaubens" wieder zu haben. Dieser Glaube „an den lebendigen Gott, an Jesus Christus als den menschgewordenen Sohn Gottes" beanspruche den Menschen gegen seine Bequemlichkeit, aber gerade so mache er reich.

Bei der feierlichen Prozession durch den Kreuzgang des Freisinger Doms mit dem Reliquienschrein des hl. Korbinian hatten zahlreiche Eltern dem Erzbischof ihre Kinder zur Segnung gebracht. Mit einem Festakt, bei dem der Historiker Professor Dr. Benno Hubensteiner über Bürger- und Bauernfrömmigkeit im alten Bayern gesprochen hatte, wurde durch Kardinal Ratzinger die Abteilung Volkskunst des Diözesanmuseums auf dem Freisinger Domberg eröffnet. Insgesamt haben in diesem Jahr an den Feiern zum Korbiniansfest, die bereits am 11. November begonnen hatten, mehr als 20.000 Katholiken aus der Erzdiözese München und Freising, darunter allein 10.000 Jugendliche bei der Korbinianswallfahrt der Jugend am 12. November, teilgenommen.

56

7. Dezember 1978   ok Nr. 40 vom 7. Dezember 1978

Sexualerziehung muß christliche Werte verstehbar machen
Ratzinger für Gesetz, das Verantwortung der Eltern sichert

Zu dem heftig umstrittenen Fragenbereich der Sexualerziehung hat sich jetzt der Erzbischof von München und Freising, Joseph Kardinal Ratzinger, vor Mitgliedern des Diözesanrats der Katholiken im Erzbistum geäußert. Ratzinger erinnerte daran, daß die Einführung des sexualkundlichen Unterrichts in den Schulen in der zweiten Hälfte der sechziger Jahre zunächst vielfach unter neomarxistischen Vorzeichen mit der stillen oder auch offen erklärten Absicht betrieben worden sei, „auf solche Weise die vom Christentum formulierten sittlichen Werte zu unterlaufen und sexuelle ‚Emanzipation' zugleich als Mittel der Gesellschaftsveränderung einzusetzen". In der gegebenen Situation, so betonte Ratzinger, könne dieser besonderen Weise „antiautoritärer Erziehung" nicht durch Schweigen, sondern „nur positiv, das heißt, durch eine Sexualerziehung begegnet werden, die die sittlichen Werte nicht unterläuft, sondern verstehbar macht und zu ihrer Verwirklichung beiträgt". Es gehe daher nicht an, unterschiedslos gegen Sexualerziehung überhaupt Sturm zu laufen, weil damit im Grunde der Ausklammerung der christlichen Werte aus diesem Erziehungsbereich Vorschub geleistet werde. Wörtlich sagte Ratzinger in diesem Zusammenhang: „Es muß vielmehr jeweils gefragt werden, welche Art von Erziehung hier gemeint ist: Der bloß emanzipatorischen Aufklärung muß positiv die christliche Erziehung entgegengesetzt werden".

Das Elternrecht am wirksamsten zur Geltung bringen

Zur Frage der konkreten Gestaltung dieses Erziehungsbereiches stellte der Kardinal fest, daß die primäre Verantwortung eindeutig bei den Eltern liege, daß dieser Bereich aber „jedenfalls in der gegebenen Lage" aus dem Erziehungsauftrag der Schule nicht einfach ausgeklammert werden könne. Die grundlegende praktische Frage sei daher, wie das Elternrecht auch im Rahmen schulischer Sexualerziehung am wirksamsten zur Geltung gebracht werden könne. Ratzinger ging in diesem Zusammenhang auf den neuerlich vielfach als beste Lösung empfohlenen Vorschlag ein, ein eigenes Fach Sexualkunde zu schaffen, von dem die Schüler durch ihre Eltern abgemeldet werden könnten. Die positive Absicht dieses Vorschlags wurde vom Kardinal nicht bestritten. Er hielt ihm jedoch ein mehr praktisches und ein grundsätzliches Bedenken entgegen. Die praktische Wirkung der Abmeldung sei insofern fraglich, als zweifellos ein Austausch über die angebotenen Unterrichtsstoffe unter den Schülern stattfinden werde, der eher zu Vergröberungen führen müsse und daher den Wert der Abmeldung zweifelhaft erscheinen lasse. Die grundsätzliche Frage bestehe einmal darin, daß in diesem Fall die elterliche Mitwirkung rein ins Negative der Abmeldbarkeit verlegt werde; noch schwerwiegender aber sei die Tatsache, daß diesem Stoff mit der Bildung eines das ganze Jahr oder sogar mehrere Jahre hindurch zu lehrenden Faches eine quantitative Ausdehnung gegeben werden, die unvertretbar sei.

Das erzieherisch Nötige tun

Aus solchen Überlegungen heraus hätten die bayerischen Bischöfe bereits im Frühjahr ein anderes Konzept entwickelt, das freilich vielfach mißverstanden worden sei und zu Protesten geführt habe, die auf einer unrichtigen Auslegung des Ganzen beruht hätten. Auslöser des Mißverständnisses sei wohl der Begriff einer „fächerübergreifenden" Unterrichtung in diesem Bereich gewesen. Daraus hätten manche den Schluß gezogen, die Bischöfe wollten offenbar möglichst viel Sexualunterricht in die Schule importieren. Das Gegenteil sei der Fall: Hier gehe es eben darum, das Ganze nicht zu einem jahrgangsfüllenden Fach ausufern zu lassen. Vielmehr sei damit gemeint, daß entsprechend der jeweiligen Altersstufe zwar das „erzieherisch Nötige" getan werden solle, „aber eben auch nur das erzieherisch Nötige und das ist gewiß nicht so viel, daß man ein ganzes Jahr ein eigenes Fach Sexualkunde betreiben muß".

Rechtzeitige Information und volles Einverständnis der Eltern notwendig

Praktisch sei dies so vorzustellen, daß an geeigneter Stelle des jeweiligen Jahrgangsstoffes in altersgemäßer Weise auf die Fragen einzugehen sei; rechtzeitig vorher müßten aber die Eltern über den beabsichtigten Unterricht, den Inhalt, wie die dabei geplanten Hilfsmittel, voll in Kenntnis gesetzt werden. Je nach Jahrgangsstufe könne demgemäß die aufgewendete Stundenzahl variieren; immer sei das Einverständnis mit den Eltern vorab herzustellen und ebenso eine Verbindung zwischen dem Klassenlehrer und dem Religionslehrer zu schaffen, so daß nur in Kooperation aller Erziehungsträger eine gemeinsam positiv verantwortete Erziehungsarbeit geleistet werde. Wörtlich sagte Ratzinger: „Dies schien uns die sachgemäßeste Weise zu sein, um die Sexualerziehung in den Schulen wirklich unter den Schutz des Elternwillens zu bringen und um eine entsprechende Kontrolle über die Inhalte zu haben". Weil ein solches Vorgehen nur durch den Gesetzgeber festlegbar sei, seien die bayerischen Bischöfe für eine gesetzliche Regelung der Materie eingetreten. Auch dies sei in einer großen Zahl von Briefen unsachgemäß als Votum für die Sexualisierung der Schule gewertet worden, während es gerade darum gehe, durch den Gesetzgeber den Schutz des Elternwillens gegenüber bürokratisch verordneter rein biologischer Sachinformation zu gewährleisten. Der Vorstellung einer bloß biologischen Aufklärung gegenüber hätten die Bischöfe betont, daß es nicht „unter der Hand als pure Sachlichkeit getarnte Wertungen" geben dürfe.

Appell an die Katholiken: Im Sinne der Bischöfe dolmetschen

Ratzinger kündigte an, die Bayerische Bischofskonferenz werde dem Kultusministerium eine inhaltliche Entscheidungshilfe zukommen lassen, die unter Federführung des Bischofs von Augsburg in Zusammenarbeit mit erfahrenen Pädagogen ausgearbeitet werde und vor dem Abschluß stehe. An die Gläubigen appellierte der Kardinal, in allen Streitfällen um die Sexualerziehung im Sinne der bayerischen Bischöfe „dolmetschend zu wirken und darzulegen, um was es eigentlich geht". Es sei wichtig, daß die verantwortlichen Laien in den Gemeinden wüßten, worum es den Bischöfen tatsächlich gehe und dies geduldig darstellten. Die Bischöfe hätten nicht, wie in zahlreichen Briefen behauptet werde, die Eltern in der Frage der Sexualerziehung „total verraten", sondern im Gegenteil hätten sie die Sache der Eltern mit Nachdruck vertreten.

57

7. Dezember 1978 ok Nr. 40 vom 7. Dezember 1978

Katholizität ohne Exklusivitätanspruch
Ratzinger approbiert Statuten der Integrierten Gemeinde

Zur Erprobung auf fünf Jahre hat der Erzbischof von München und Freising, Joseph Kardinal Ratzinger, die Statuten der „Integrierten Gemeinde" im Erzbistum approbiert. Die Gemeinde, die mehrere Niederlassungen in der Bundesrepublik, aber auch in Österreich und Tansania hat, ist damit als Apostolische Gemein-

schaft im Sinne des Dekrets „Apostolicam actuositatem" des Zweiten Vatikanischen Konzils anerkannt. Gleichzeitig bestätige Ratzinger die Wahl der Vorsitzenden aller Integrierten Gemeinden, Traudl Wallbrecher. Als verantwortlicher
Priester für die Arbeit der Integrierten Gemeinde im Erzbistum München und
Freising beauftragte der Kardinal den aus dem Erzbistum Wien stammenden
Geistlichen Dr. Peter Zitta, dem, wie es im Ernennungsschreiben heißt, „die besondere Verantwortung für die Lehre, den Vollzug der Sakramente gemäß den
kirchlichen Vorschriften und die Einheit der Gemeinschaft mit dem Bischof und
der Gesamtkirche" obliege. Um „die Verbindung zwischen der Gemeinde und
dem Bischof mit seinem Presbyterium möglichst breit zu gewährleisten", hat Kardinal Ratzinger außerdem einen Diözesanpriester, Dr. Dieter Katte, mit „dem besonderen Kontakt" zur Integrierten Gemeinde betraut.

In einem Schreiben an die Vorsitzenden aller Integrierten Gemeinden, Traudl
Wallbrecher, nannte Kardinal Ratzinger Gesichtspunkte, die als „wesentliche
innere Voraussetzungen" der Approbation zugrunde lägen. Sie lauten; „1. Mit diesem Schritt wird die Lebensweise der Integrierten Gemeinde als eine Möglichkeit
der Verwirklichung des Glaubens in der katholischen Kirche anerkannt, zu deren
Katholizität es gehört, sich ohne Exklusivitätsanspruch ins Ganze der Kirche einzufügen und neben sich andere Weisen des Glaubensvollzugs – alterprobte wie
neue – anzuerkennen. 2. Die zentrale Form der Verwirklichung des Stehens in der
Einheit der Gesamtkirche ist die Feier der heiligen Eucharistie. Deshalb ist es
wichtig, daß diese unter voller Einhaltung der kirchlichen Bestimmungen (natürlich einschließlich der besonderen Möglichkeiten für die Eucharistiefeier in kleinen Gruppen) geschieht. Es darf daher keinen einseitigen Überhang des Wort-
gottesdienstes über den eigentlich sakramentalen Teil der eucharistischen Liturgie
geben und die Letztverantwortung des Priesters für die Verkündung in der
Eucharistie muß voll gewahrt bleiben". Ratzinger brachte seine Freude zum Ausdruck, daß damit „eine schwierige Aufgabe" zu einer positiven Lösung geführt
worden sei und daß dies „der Anfang für eine immer fruchtbarere Entwicklung
werden kann".

Die Integrierte Gemeinde geht zurück auf eine Initiative des Ehepaars Herbert
und Traudl Wallbrecher aus München. 1968 wurde die Gemeinde gegründet, die
sich im Statut als apostolische Gemeinschaft von Priestern und Laien bezeichnet,
in der sowohl Familien als auch Alleinstehende leben. Laut Statut versucht die
Gemeinde in einer der Kirche entfremdeten Welt „das Evangelium in einer solchen Gestalt präsent zu machen, daß auch Fernstehende wieder einen Zugang zum
Glauben der Kirche finden können". Die Mitglieder der Gemeinde verknüpfen
„in allen Bereichen ihr Leben auf vielfältige Weise miteinander". So ergreifen sie
gemeinsame Initiativen auf dem Gebiet der handwerklichen und künstlerischen
Gestaltung, der Wirtschaft, der Medizin und der Pädagogik. Sie betreiben in
München zwei Schulen, ein Gymnasium und eine Grund- und Hauptschule, ferner eine ärztliche Gemeinschaftspraxis sowie kleinere Industrie- und Hand-
werksbetriebe. In Tansania leistet die Gemeinde Hilfe beim Aufbau einer einhei-

mischen Integrierten Gemeinde. Sie übernimmt dort in einem Jahr eine Schule. Zur Zeit befinden sich eine Reihe von Afrikanern aus Tansania zur Ausbildung bei der Integrierten Gemeinde in München. Das Durchschnittsalter der etwa 500 Mitglieder der Gemeinde in der Bundesrepublik beträgt 33 Jahre. Der größte Teil der Gemeindemitglieder wohnt in Form von Großfamilien in 35 Hausgenossenschaften. Aus Anlaß der Approbation durch Kardinal Ratzinger veranstaltet die Integrierte Gemeinde am Samstag, 16. Dezember, um 18.00 Uhr in der Bürgersaalkirche in der Fußgängerzone einen Dankgottesdienst.

58

3. Januar 1979 ok Nr. 1 vom 4. Januar 1979

Warnung vor unmenschlichem Fortschrittsdenken
Kardinal Ratzinger: Nur Glaube an Gott ist die Alternative

Das im Glauben an Gott und an das ewige Leben begründete Menschsein ist nach Auffassung des Erzbischofs von München und Freising, Joseph Kardinal Ratzinger, die einzige Alternative zu den unmenschlichen, rein materialistischen und gottlosen Zukunftsmodellen der Gegenwart. In einer programmatischen Silvesterpredigt im Münchener Liebfrauendom bezeichnete es der Kardinal als „trügerische Versprechung des Fortschritts", in Wissenschaft und Technik gebe es die Mittel und im Marxismus die nötigen politischen Strategien, um die Welt so einzurichten, „daß Menschsein nicht mehr weh tut, daß überhaupt nichts mehr weh tun kann". Gerade bei Menschen der freien Welt, die doch die Praxis des Marxismus erleben könnten, sei die Anhängerschaft an die Hoffnung, man könne die Welt notfalls zu ihrem Glück zwingen, „verzweifelte Empörung gegen eine Welt, in der das Menschsein so schwer ist". Wörtlich sagte der Kardinal: „Eine Erlösung, die uns das Menschsein ersparen will, die nimmt uns eben auch das Menschsein ab und hebt damit die Menschlichkeit auf".

Das KZ erst ein Vorspiel größerer Schrecknisse

Sinn der christlichen Botschaft, der oft entgegengehalten werde, es sei ihr in zweitausend Jahren mißlungen, die Menschheit zu verändern, könne es nicht sein, „die Welt in einer berechenbaren Kurve in ein immer üppiger ausgestattetes und immer lückenloseres Paradies umzuwandeln". Das Erlösende des christlichen Glaubens bestehe darin, „daß er jeder Generation neu die Kräfte anbietet, von denen sie leben und mit denen sie sterben kann". Wörtlich sagte der Kardinal: „Wir müssen wieder lernen, daß die Erde und das Menschsein Leiden bleibt und daß es als solches von jedem angenommen und bestanden werden muß". Diejenigen, die den Glauben an den Himmel ausreden wollten, hätten den Menschen nicht die

Erde geschenkt, sondern sie wüst, leer und dunkel gemacht. Ratzinger sagte: „Wir müssen wieder den Mut finden, an das ewige Leben zu glauben – dann werden wir auch den Mut haben, die Erde zu lieben und ihre Zukunft zu bauen". Angesichts der Ankündigung einer Welt ohne Christus könne einem schon „ein Frösteln" kommen: Anstelle eines verdrängten Christentums steige „Okkultismus und Aberglaube unheimlichster Art" herauf, andererseits breche eine „eiskalte planerische Verachtung des Menschen" hervor, die Heisenberg geahnt habe, als er sagte, „das KZ sei erst das Vorspiel größerer Schrecknisse, wenn wirklich das Licht des christlichen Glaubens ausgelöscht werden sollte".

Parallele zwischen Ereignissen in Persien und in Guayana

Als „Krise des Fortschritts, die im Aufeinanderprallen einer entwurzelten Wissenschaftsgläubigkeit und einer noch mittelalterlich ruhenden Religion entstand", bewertete Ratzinger die Vorgänge in Persien und der Türkei. Dort sei „der Ausgleich zwischen den tragenden seelischen Kräften der Religion und den neuen wirtschaftlichen Mächten und Möglichkeiten nicht gelungen".
Beide Länder seien im Zeichen der „Segnungen des Fortschritts" durch Import wirtschaftlichen und technischen Könnens überstürzt europäisiert worden. Jetzt zeige sich, daß die Entleerung der Seelen „für die Menschen schwerer wiegt als die Füllung der Taschen, die man für reinen Fortschritt hielt". Das europäisch-amerikanische Gegenstück dazu sei der Massenmord im Dschungel von Guayana, und „im versteckteren Dschungel unserer Großstädte spielt sich bemerkt oder unbemerkt immer wieder ähnliches ab". Ebenso sei der Terrorismus „Protest einer ortlos und unvernünftig gewordenen religiösen Romantik gegen die gnadenlose Macht einer wissenschaftlich verplanten Welt, in der das Herz keinen Raum mehr finde, weil man es nicht in Zahlen ausdrücken könne. Erst wenn der Hochmut einer alles zählen wollenden Fortschrittlichkeit abgelegt sei und der Glaube seinen ihm zukommenden Raum erhalte, werde das religiöse Potential des Menschen aus zerstörerischem Fanatismus wieder zur rettenden Kraft werden.

„Gefährliches Menschenbild" im Gesetz über elterliches Sorgerecht

An die Bevölkerung in der Bundesrepublik appellierte der Kardinal, in den Kindern wieder die Zukunft und in der Familie „den Raum der Zukunft" zu sehen. Mehr als die Strategie der Planer werde das Geschick der Familie über die Zukunft entscheiden. In diesem Zusammenhang übte Ratzinger scharfe Kritik an der Neufassung des vor der Verabschiedung stehenden Gesetzes über das elterliche Sorgerecht. Das dem Gesetz zugrundeliegende Bild vom Menschen und die Vorstellung, „die Weisheit des Staates könne die gegeneinander kehrten Menschen in ihrer planenden Vernunft wieder zusammenführen", bezeichnete der Kardinal als das eigentlich Bedenkliche und Gefährliche. Die Familie erscheine nicht mehr als der Raum des Vertrauens, in dem Menschen „voneinander und füreinander das

Leben empfangen und geben", sondern als „Raum grundsätzlichen Mißtrauens, in dem es nur einzelne Individuen gibt, die gegenseitig voreinander geschützt werden müssen". Der „Gehorsamsanspruch der Eltern" an die Kinder erscheine „ständig unter dem Verdacht eines Verhältnisses von Unterdrückern und Unterdrückten, bei dem der Staat als Rechtswahrer der Unterdrückten zumindest Gewehr bei Fuß stehen muß". Gewiß sei der Gesetzentwurf Spiegelbild einer Gesellschaft, in der es zerstörte Familien, zerbrochene Ehen und achtlos weggeschobene Kinder gebe. Aber man könne die Krankheit der Gesellschaft nicht zum Maßstab erheben und sie vollends unheilbar machen.

59

4. Januar 1979   ok Nr. 1 vom 4. Januar 1979

Erklärung des Erzbischofs von München und Freising, Joseph Kardinal Ratzinger, zur Situation der Flüchtlinge aus Vietnam

Wir haben in den letzten Wochen erschütternde Bilder von den Flüchtlingen aus Vietnam gesehen und in der Verweigerung ihrer Aufnahme auch einen erschreckenden Absturz der Menschlichkeit erlebt. Bisher galt als Uranforderung der Menschlichkeit, Schiffbrüchigen zu helfen. Bei diesen Flüchtlingen schien das nicht mehr in Geltung zu sein.
Gott sei Dank hat sich in letzter Zeit einiges gebessert. Auch europäische Nationen – unter ihnen unser Land – haben wenigstens ein Stück weit die Tür aufgemacht für diese ausgestoßenen Menschen. Ich möchte von Herzen all denen Dank sagen, die sich angeboten, bereitgestellt und darum gerungen haben, daß die Türe aufgetan wird. Aber damit sind die Dinge noch nicht zu Ende. Wenn die Tatsachen – ständig neue Flüchtlinge – auf uns zukommen, wird es neue Mühseligkeiten und gewiß sehr vernünftig klingende Gründe dafür geben, uns der Liebe zu verweigern und zu sagen, es gehe einfach nicht mehr.
Überlegen wir in diesem Augenblick einmal dieses: Es wird der Ruhm des deutschen Volkes in der Nachkriegsgeschichte bleiben, daß es in einem zerstörten, mittellosen, vernichteten Land die Millionen der Heimatvertriebenen aufgenommen hat, gewiß manchmal mit Murren, aber schließlich eben doch ihnen die Türen aufgetan hat. Auch damals gab es ja vernünftige Gründe, sich zurückzuziehen, zu sagen: Es ist ohnedies alles zerstört, wir haben selber nichts – wenn wir noch teilen, bleibt weniger als nichts für jeden. Es wurde doch ja gesagt! Wir wissen heute, daß die nicht recht hatten, die in dem anderen den Konkurrenten gesehen haben, der den Lebensraum wegnimmt. Wir wissen, daß der große wirtschaftliche Aufstieg und die seelische Stabilität der ersten Nachkriegsgeneration in Deutschland entscheidend ermöglicht worden ist durch die geistige, seelische und menschliche Kraft derer, die in unserem vernichteten Land angekommen

waren und die eben nicht zuerst Konkurrenten, sondern Kräfte eines neuen Lebens und einer neuen Zukunft gewesen sind. Wir kennen auch das Gegenbeispiel. Im Nahen Osten ist den Flüchtlingen aus Palästina nirgends eine Tür aufgetan worden. So wie der angenommene Mensch eine Kraft des Schöpfertums, der Hoffnung und der Liebe ist, so entsteht da, wo der Mensch abgewiesen wird, eine Vergiftung von weitreichender Kraft. Und wir sehen, wie dieser Giftherd nicht nur den Nahen Osten aufwühlt und bis an die Wurzeln bedroht, sondern weil die Welt nur eine ist, auch die ganze Welt in Frage stellt. Es wäre eine furchtbare Schande, wenn wir, die wir in einem zerstörten, zerbombten, ausgeplünderten Land Menschen aufnehmen und ihnen Raum schaffen konnten, jetzt in unserem vom Reichtum vollgestellten Land sagen müßten: Nein, wir haben keinen Platz mehr!

60

18. Januar 1979   ok Nr. 3 vom 18. Januar 1979

Pressemitteilung über ein Gespräch zwischen einer Delegation aus Oberammergau und Kardinal Ratzinger am 9.1.1979 in München

Zu einem Gespräch über die Passionsspiele im Jahre 1980 hat der Erzbischof von München und Freising, Joseph Kardinal Ratzinger, eine Delegation aus Oberammergau, darunter Bürgermeister Ernst Zwink, Pfarrer Josef Forstmayr und den designierten Spielleiter für 1980, Hans Maier, empfangen. Von Seiten des Erzbischöflichen Ordinariates München nahm der Bischof der Seelsorgsregion Süd, Franz Schwarzenböck, an der Unterredung teil.
Kardinal Ratzinger berichtete, aus verschiedenen Teilen der Welt – unter anderem von jüdischen Organisationen – seien im Hinblick auf die Passionsspiele von 1980 verschiedene Anfragen an ihn gerichtet worden.
In dem Gespräch wurde dann ausführlich die 1978 im Kloster Ettal erstellte Neufassung des Passionsspieltextes erörtert. Diese Neufassung stellt eine Revision des im Jahre 1810 von Pater Othmar Weiß, Ettal, geschaffenen und 1860 vom Geistlichen Rat Daisenberger neu bearbeiteten Textes dar. Im Sinn einer möglichst genauen Orientierung an Geist und Wort der Bibel sowie einer strikten Vermeidung von Aussagen, in denen antisemitische Tendenzen und damit zugleich ein Verstoß gegen die Konzilserklärung über Juden und Christen (Nostra Aetate) gesehen werden könnten, wurden noch einige zusätzliche Verbesserungen diskutiert.
Von Seiten der teilnehmenden Bischöfe wurde erklärt, daß gegen die jetzige Textfassung keine theologischen Bedenken bestehen. Sie entspreche den Forderungen des Zweiten Vatikanischen Konzils und bei sachlicher Beurteilung könnten antisemitische Tendenzen nicht festgestellt werden. In diesem Zusammenhang wurde betont, daß eine Stellungnahme zu künstlerischen Problemen nicht die Absicht des Gespräches gewesen sei.

Als ein Hauptanliegen bezeichnete der Kardinal in der Unterredung die Aussöhnung der beiden um die Gestalt des Passionsspieles rivalisierenden Gruppen in Oberammergau. Jetzt, da die Entscheidung für die jüngere Passionsspielfassung auf der Grundlage von Weiß/Daisenberger durch die zuständigen Gremien der Gemeinde Oberammergau getroffen worden sei und man sich mit Riesenschritten auf die Aufführung der Passion im Jahre 1980 zubewege, sollten sich die Kontrahenten die Hand zur Versöhnung reichen. Alles möge versucht werden, um die während der Auseinandersetzung entstandenen Wunden zu heilen. Ratzinger brachte zum Ausdruck, wenn die Passion 1980 weltweit die Versöhnung der Menschheit mit Gott in Christus bezeugen wolle, dann müsse zuvor die Versöhnung der im Meinungsstreit um die geeignete Spielfassung entstandenen Parteien erfolgen. Dies sei auch erforderlich, um dem Passionsspiel zu einer optimalen Aufführung zu verhelfen. Die Delegation aus Oberammergau brachte in diesem Zusammenhang ihren Willen zu konstruktiver Zusammenarbeit zum Ausdruck. Im Verlauf der Unterredung kam auch die Frage eines seelsorglichen Angebotes und seelsorglicher Begleitung für die Besucher der kommenden Passionsspiele zur Sprache. Eine Arbeitsgruppe, gebildet aus dem Pfarrer von Oberammergau, je einem Vertreter des Klosters Ettal und des Seelsorgereferates im Münchener Ordinariat soll mit dem zuständigen Bischof der Seelsorgsregion Süd, Schwarzenböck, die dazu notwendigen Maßnahmen planen.

Am Rande des Gesprächs wurde auch die Frage der Verpflichtung aus dem Gelübde-Versprechen aus dem Jahre 1633 erörtert. Es wurde deutlich gemacht, daß es sich dabei nicht um ein Gelübde im streng theologischen Sinn handelt, sondern um eine innere menschliche Verpflichtung zur Treue gegenüber dem Willen und Auftrag der Väter. Der in Aussicht genommene traditionelle Akt der sogenannten Gelübde-Erneuerung wird im Rahmen eines Festaktes erfolgen, bei dem im Passionsspielhaus der Eröffnungsgottesdienst für die Spieler gefeiert wird. Im Sinne der gewachsenen Überlieferung, so wurde vereinbart, eröffnet Kardinal Ratzinger selbst als der zuständige Diözesanbischof am ersten Spieltag die Passionsspiele 1980 in der Oberammergauer Pfarrkirche mit Gottesdienst und Predigt.

61

19. Januar 1979   ok Nr. 4 vom 22. Januar 1979

Ratzinger warnt vor „Herrschaft der Ideologien"
„Der Bestand des Rechtsstaates ist keine Selbstverständlichkeit"

Zur Wachsamkeit gegenüber der „Herrschaft der Ideologien, die schließlich die Parteilichkeit über das Recht setzen", hat der Erzbischof von München und Freising, Joseph Kardinal Ratzinger, am Freitag, 19. Januar, beim traditionellen Neujahrsempfang der Räte des Erzbistums im Münchener Kardinal-Wendel-

Haus aufgerufen. Diese Wachsamkeit, so sagte der Kardinal wörtlich, sei „heute eine dringende Aufgabe". Damit stehe und falle die Freiheit des christlichen Glaubens. In diesem Zusammenhang, so führte Ratzinger aus, bedränge ihn die Beobachtung einer Tendenz, „die Kirche immer mehr auf die Ebene irgendwelcher Interessenverbände abzuschieben". Wörtlich sagte er: „Wo es etwa um die Erziehung und um die tragenden Werte unserer Gesellschaft insgesamt geht, da hat die Kirche sowohl von der geschriebenen Verfassung unseres Landes wie von ihrer geistigen Konstruktion her einen anderen Rang". Sie kämpfe nicht um ihre Privatinteressen, sondern sie ringe um die Werte, „die unsere Freiheit erhalten und die das Recht in Geltung halten".

Unter Hinweis auf den christlichen Widerstand gegen den nationalsozialistischen Parteistaat, in dem der Parteinutzen an die Stelle des Rechts getreten sei, sagte der Kardinal: „Wir leben in einem demokratischen Rechtsstaat, aber das Bestehen eines Rechtsstaates und sein Bestehenbleiben sind keine Selbstverständlichkeit". Ausdrücklich würdigte er in diesem Zusammenhang den, wie er sagte, „unersetzlichen Part des Laien, der in einer konkreten Erfahrung der Situation der jeweiligen Zeit steht, die den Trägern des Amtes meist nicht in gleicher Weise gegeben ist". Überdies hätten die Laien in der Kirche in einzelnen Gebieten größere Sachkenntnis und damit häufig auch die Möglichkeit einer schärferen Diagnose. Initiativen würden daher nicht selten von Seiten der Laien kommen müssen, „um dann im Miteinander zwischen geistlichem Amt und Laien gemeinsames Tun in der Kirche zu werden". Der Kardinal hob in diesem Zusammenhang besonders die Verdienste des Münchener Stadtrates Toni Böck hervor, der 27 Jahre lang in der verantwortungsvollen Position des Geschäftsführers des Diözesanrates der Katholiken gedient hatte und der, wie der Kardinal eigens erwähnte, schon im Dritten Reich zu denen gehört habe, die sich für den Glauben eingesetzt und damit im radikalen Gegensatz zum damaligen System den Kampf um den Menschen und die Gesellschaft geführt hätten.

Einen ausdrücklichen Dank richtete Ratzinger an Parlament und Regierung des Freistaates. Er sagte: „Wir wollen ausdrücklich dafür danken, daß wir in Bayern und bei der Staatsregierung offene Ohren finden, auch wenn nicht immer und in allem sofort Übereinstimmung besteht". Auch der Vorsitzende des Diözesanrates der Katholiken im Erzbistum, Ermin Brießmann, rief zur Solidarität mit den, wie er formulierte, Personen auf, „die sich in der oft so hochmütig wie leichtfertig als schmutzig verurteilten Politik engagieren". Wer das Vertrauen in das ehrliche Bemühen jedes Christen nicht mehr aufbringe, wer das Gespräch abbrechen lasse und das Verständnis für den anderen verliere, „wer also mehr nach rückwärts als nach vorwärts blickt, der gibt Christen in der freiheitlichen Demokratie und Christen in Europa kaum mehr eine Chance." Grußworte an die mehr als 300 Repräsentanten der Räte des Erzbistums und der Persönlichkeiten des öffentlichen Lebens, unter ihnen auch Mitglieder der Staatsregierung, richtete der Sprecher des Seelsorgerates, Dr. Werner Buchner.

25. Januar 1979   ok Nr. 5 vom 25. Januar 1979

Neues Pfarrzentrum in St. Ignatius (München-Neuhadern)
Am Sonntag weiht Kardinal Ratzinger die Kirche

Nach zehn Jahren Aufbauarbeit erhält jetzt die Pfarrei St. Ignatius in München-Neuhadern ein Gotteshaus und ein Pfarrzentrum. Im August 1969 war die Kirchenstiftung St. Ignatius durch die Pfarrei St. Canisius in Großhadern errichtet worden. Am 28. Januar wird der Erzbischof von München und Freising, Joseph Kardinal Ratzinger, die Kirche weihen und die Segnung des Pfarrzentrums vornehmen. Bisher hatte die Gemeinde in einer provisorischen Holzkirche ihre Heimat. In der aus Anlaß des Kirchweihtages von Pfarrkurat Johannes Hain, dem Pfarrgemeinderat und der Kirchenstiftung von St. Ignatius herausgegebenen Festschrift äußerte Ratzinger den Wunsch, das neue Gotteshaus mit Pfarrheim, Pfarrbüro, Pfarrhaus und Kindergarten bedeute „eine ständige Einladung an alle Bewohner von Neuhadern" im Gebet und Sakrament Gottes heilbringende Nähe zu erfahren. Der Pfarrkurat sprach die Erwartung aus, daß die Pfarrkuratie Heimat für viele sein könne. Ein Grußwort übermittelten auch die Pfarrer der evangelischen Nachbargemeinden.

Mitten in einem reinen Wohngebiet erhebt sich das vom Architekten Prof. Josef Wiedemann, München, entworfene Zentrum und bildet nach Wiedemanns Ansicht zu der umgebenden Wohnbebauung „einen wohltuenden Gegensatz". Das Holz, die Durchlässigkeit, die Gliederung im Grund- und Aufriß, aus der sammelnden Mitte heraus, auf die hin alles geordnet sei, lasse „das Zentrum weithin ausstrahlen und lädt zugleich auch ein in den zentralen Raum und zu dessen Mitte: dem Altar". Die Mitte des Gebäudes bildet der Kirchenraum, den die Bauten der Gemeinde spiralenförmig umschließen. Die Mitte des Kirchenraumes ist zugleich die Mitte aller Innen- und Außenräume. Von ihr aus ist die Anlage zwölfteilig gegliedert. Die von dort radikal nach außen verlaufenden Wände sind in Ziegeln gemauert. Alle dazwischen gespannten 12- und 24seitigen Holz-Glas-Elemente öffnen sich nach außen. Nur den Kirchenraum umschließt eine massive, 12seitige, sechs Meter hohe Wand, die zum Hof hin und zur anliegenden Werktagskapelle weit geöffnet ist. Die Disposition des Grundrisses wird auch im Aufriß sichtbar. Die Anlage, konsequent aus der Mitte entwickelt, ist der Gliederung des Grundrisses entsprechend durch ein gestuftes, gegeneinander geneigtes Dach gedeckt, das im Zentrum der Kirche gipfelt. Wiedemann dazu: „Die Spannungsreiche, rhythmisch gegliederte Bewegung führt umgekehrt zur Mitte hin, zum Altar". Die technischen Daten und die Kosten: Kirche, Pfarrheim, Pfarrhaus und Pfarrbüro umfassen 10.689 Kubikmeter – sie kosteten mit Einrichtung 6,5 Millionen DM. Der Kindergarten umfaßt 2.267 Kubikmeter. Er kostete mit Einrichtung 1,46 Millionen DM.

8. März 1979 ok Nr. 9 vom 8. März 1979

Appell Kardinal Ratzingers:
Nur Kurskorrektur kann Katastrophe der Gesellschaft abwenden

Eine „Kurskorrektur" vorzunehmen und die wesentlichen Dinge des Menschlichen wieder zu erkennen und zu tun, hat der Erzbischof von München und Freising, Joseph Kardinal Ratzinger, in seinem jetzt in München veröffentlichten Hirtenbrief zur Fastenzeit angeregt. Wörtlich äußerte der Kardinal: „Wir müssen in unseren Wertungen dringend zu einer Kurskorrektur kommen, wenn die Gleichgewichtsverschiebung nicht zur Katastrophe werden soll, die unsere Gesellschaft durch die Unterernährung der Mitte des Menschlichen bedroht". Dazu ist es nach Auffassung des Kardinals notwendig, zu einer „Disziplin des Betens und des inneren Lebens" zu finden. Es sei unwahr, wenn gesagt werde, es sei besser, die Welt zu verändern, als zu beten. Die Welt werde nicht positiv verändert, wenn die Menschen es nicht würden: „Es gibt keine wirksamere Kraft der Veränderung als das Gebet, durch das wir uns Gott aussetzen und uns von ihm umschmelzen lassen".

Mißverhältnis zwischen vordergründigen und entscheidenden Dingen

Ratzinger sagte, es bestehe „ein offenkundiges Mißverständnis zwischen dem, was wir für verhältnismäßig vordergründige Dinge einzusetzen bereit sind und dem, was wir für die eigentlich entscheidenden Dinge tun". So übe der Sportler mit unnachsichtiger Härte ein ihn bis ins Letzte beanspruchendes Training aus und erstaunlich sei oft auch der Einsatz, den Menschen auf sich nehmen, um ihre Figur zu erhalten: „Daß indes unser eigentliches Leben, das Werden unseres Selbst auch etwas wert ist, das ist uns fast völlig fremd geworden". Der Kardinal bezeichnete es als „Alarmzeichen", wenn das Beten als langweilig empfunden oder überhaupt nicht mehr gekonnt werde. „Wer nicht persönlich betet, der kann auf die Dauer auch nicht am Glauben an Gott festhalten, denn ein Gott, der für das Leben bedeutungslos ist, ist eben kein Gott, sondern ein Niemand". Wie ungenügend auch Glaube und Erkennen beim einzelnen Menschen seien: „Es ist wichtig, bei Gott zu bleiben, nicht von ihm zu lassen, gleichsam an seiner Tür zu rütteln, bis er öffnet".

Eine Familie, die zusammen betet, hält auch zusammen

Einen besonderen Appell richtete der Kardinal an die Familie, die, wenn sie zusammen bete, auch zusammenhalte. Eine Ehe habe immer noch eine Möglichkeit der Einigung, „wenn Mann und Frau nicht mehr bloß zueinander und gegeneinander sprechen, sondern gemeinsam vor Gott hintreten und von ihm sich beide richten und zurechtweisen lassen". Der Kardinal forderte dazu auf, „das gemeinsame Beten und Singen in der Familie wieder zu einer festen Übung zu machen, die religiösen Bräuche in der Familie zu verlebendigen und so auch wieder zu erlernen, vom Kirchenjahr und von unseren schönen christlichen Überlieferungen her häusliche Feste zu gestalten". Vielfach habe die Konzentration auf das Fernsehen zu einer Passivität geführt, die auch die Familien mit wachsender Öde bedrohe. Andererseits sei die Religion „intellektualisiert und damit freudlos geworden". Dagegen zeichne der Glaube der Kirche im Lauf des Jahres „die ganze Geschichte Gottes mit den Menschen nach und durchleuchtet es mit den Gestalten der Heiligen, in denen das Wort der Bibel ins Leben übersetzt ist".

Den Reichtum der Liturgie entdecken

Für die kommende Arbeit in der Erzdiözese, die den Gläubigen „zu einer tieferen Gemeinsamkeit" verhelfen soll, kündigte Ratzinger eine Aktion unter dem Christuswort an: „Wo zwei oder drei in meinem Namen versammelt sind, da bin ich mitten unter ihnen". Dazu würden Anregungen und Materialien für das gemeinsame Gebet in der Familie angeboten. Auch eine neue Hinwendung zur Liturgie, „wie es in der Zeit der liturgischen Bewegung vielfach geschehen ist", hält Ratzinger für erforderlich: „Denn die Liturgie erhält ihre Schönheit und Fruchtbarkeit letzten Endes nicht dadurch, daß sie abwechslungsreich gestaltet wird, sondern dadurch, daß wir immer mehr in die Tiefe ihres Gehalts eindringen und so einen Reichtum finden, der uns versagt bleibt, wenn wir sie wie eine Art ‚Service' über uns ergehen lassen".

64

8. März 1979   ok Nr. 9 vom 8. März 1979

Ratzinger regt Eindämmung kirchlicher Verwaltung an
Weiteres Anwachsen ist auf die Dauer nicht zu vertreten

Für eine weltkirchlichen Maßstäben entsprechende Eindämmung des kirchlichen Verwaltungsapparates in der Bundesrepublik Deutschland hat sich mit Nachdruck der Erzbischof von München und Freising, Joseph Kardinal Ratzinger, ausgesprochen. In seinem Schlußwort anläßlich der Eröffnungsveranstaltung der Fastenaktion „Misereor" am 4. März in München hatte Ratzinger unter anderem gesagt, wenn man als Kardinal zu konkret werde, laufe man Gefahr, von seinen Prälaten korrigiert zu werden. Er sage das, weil ihm seit einiger Zeit ein zweifellos sehr kritikfähiger Gedanke durch den Kopf gehe, der ihm aber doch so wichtig scheine, daß er ihn aussprechen wolle. Besonders stark sei ihm dieser Gedanke

„auf die Seele gefallen", als ihm bekannt wurde, „daß die Kurie des Patriarchen von Venedig vier Personen zählt, während die eines normalen deutschen Erzbischofs so etwa um 500 Personen umfaßt".

Welche Sorgen haben die Ordinariate?

Nach Meinung Ratzingers könne man an dieser Situation augenblicklich ohne „gewaltige Ungerechtigkeiten" nichts ändern. Unter Hinweis auf eine große Anzahl von „Service-Institutionen" verschiedener Art, die von der Kirche in Deutschland nach dem Krieg gegründet worden seien und die alle ihr Recht und ihren Sinn hätten, gab der Kardinal jedoch zu überlegen: „Wenn eine solche Institution lebt, expandiert sie, sie wird größer und so werden die Volumina natürlich auch immer größer". Im Blick auf die Not und das Elend in der Welt stelle sich die Frage, ob man dies auf die Dauer vertreten könne. In diesem Zusammenhang verwies der Kardinal auch auf die jüngsten Beratungen des Diözesanhaushaltes im Münchener Ordinariat: Er versuche sich vorzustellen, was man in Lateinamerika oder Afrika sagen würde, „wenn man solche Sorgen zu hören bekäme".

Appell des Kardinals: „Nicht in unserer eigenen Welt einhausen"

Angesichts dieser Situation werde doch sichtbar, wie weit das Misereor-Motto „Anders leben: teilen lernen" reiche, wenn man es ganz ernst nimmt: „Irgendwann muß es ja dazu führen, daß wir uns nicht in unserer eigenen Welt einhausen, sondern die Kirche wirklich als eine und die Welt als eine betrachten und von daher gemeinsam unsere Maße nehmen". Davon sei man jedoch noch zu weit entfernt, um diesem „weiten Auftrag" auch nur annähernd entsprechen zu können. Der Kardinal schloß mit den Worten: „Ich glaube, es ist doch schon viel, wenn wir anfangen, diesen Auftrag zu erkennen und uns von ihm beunruhigen lassen, damit in uns die Vernunft und die Liebe erwachen und wir so fähig werden, dem Auftrag des Glaubens zu genügen".

65

19. April 1979   ok Nr. 13 vom 19. April 1979

Auferstehung Christi ein Bekenntnis der Liebe und des Lebens
Ratzinger warnt vor Mißachtung der Person und Mißbrauch der Materie
Osterpredigt des Münchner Erzbischofs im überfüllten Dom

Der Erzbischof von München und Freising, Joseph Kardinal Ratzinger, bezeichnete die Auferstehung Christi als das Bekenntnis zum Vorrang der Liebe und des Lebens gegenüber den „Strategien des Klassenkampfes und einer Bewußtseinsbildung, die auf die Weckung des Neides abzielt". Im überfüllten Münchner Lieb-frauendom forderte der Kardinal am Ostersonntag, 15. April, die Gläubigen dazu auf, zu Dienern der Liebe a[m] Auferstandenen zu werden und nicht zu Strategen der Gewalt, des Hasses und des Neides.

Auferstehung bedeute, so Ratzinger, den Vorrang der Person vor der Sache. Der Kardinal wandte sich entschieden gegen die häufig gebrauchte Formel, die „Sache Jesu geht weiter". Wörtlich sagte er dazu: „Christus ist nicht für eine Sache gestor-ben, er ist für Gott und die Menschen gestorben und darin liegt der Sieg Gottes und der Sieg für den Menschen". Die grausamen und menschenverächterischen Ideologien beruhten letzten Endes auf dieser Mißachtung der Person. Der Kardi-nal erwähnte in diesem Zusammenhang die gegenwärtige Situation im Iran. Wörtlich sagte er: „Das grausame Schauspiel, das wir derzeit in Persien erleben, wo Freiheit und Religion durch Blut gefeiert und gefestigt werden sollen, kann im Angesicht des auferstandenen Christus nur als eine Perversion erscheinen". Die Sachen würden nicht edel bleiben, wenn für sie Menschen getötet werden.

In seinen weiteren Ausführungen bezeichnete der Kardinal den Glauben an die Auferstehung als die radikalste und dramatischste Absage an jede Form von Materialismus. Er warnte entschieden vor dem Mißbrauch der Materie und damit der Schöpfung. Dem marxistischen Materialismus würde seine Chance nur da-durch gegeben, „daß wir in einem ideenlosen Materialismus des Konsums und des Genusses leben, die Materie anbeten und sie eben darin zerstören und vergewalti-gen". Der Auferstandene, so Ratzinger, „sollte uns neu herauswenden aus solchen Materialismen zur Freiheit des Geistes, der auch die Materie würdigt und groß sein läßt".

66

3. Mai 1979 ok Nr. 15 vom 3. Mai 1979

Herrschaft über die Welt im Sinne Gottes
Predigt Kardinal Ratzingers zum ersten Mai

Den biblischen Auftrag, der Mensch solle sich die Erde untertan machen, hat der Erzbischof von München und Freising, Joseph Kardinal Ratzinger, gegen den Vorwurf in Schutz genommen, dies sei der Ursprung für die Ausbeutung der Welt durch den Menschen, die zur Ausbeutung des Menschen selbst geworden sei. Bei einem Gottesdienst aus Anlaß des 10jährigen Bestehens der „Integrierten Ge-meinde" – einem Zusammenschluß engagierter Christen – erklärte der Kardinal am 1. Mai in der Münchner St. Paulskirche, der Auftrag zur Herrschaft über die Welt sei an die Gottesebenbildlichkeit des Menschen gebunden. Diese Herrschaft bedeute nicht, daß man tun könne, was man wolle, sondern sei vielmehr der Auf-trag, mit den Dingen so umzugehen, wie jemand, der sie liebt. In diesem Zusammenhang betonte der Kardinal den Vorrang der Ethik vor der Technik, des Geistes vor der Materie, der Person vor den Sachen.

Militärparaden im Osten – fatale Pflichterfüllung im Westen

Ausführlich befaßte sich der Kardinal in seiner Predigt mit der Entwicklung des 1. Mai als Festtag der Arbeiter, der als „Absage an die bisherige und als Schrei nach einer neuen Welt" entstanden sei. Was als Verheißung zu beginnen schien, habe im Osten mit Militärparaden die Gestalt der Drohung angenommen und im Westen würden Kundgebungen in einer Art von fataler Pflichtübung abgehalten. Die Antwort der Kirche sei erst „nach langem Zögern" mit der Einrichtung des Festes des heiligen Josefs des Arbeiters erfolgt. Vielen Christen erscheine dies aber in einer Welt, „die mit ihrem Schrei nach Freiheit, mit ihren Verzweiflungen, Enttäuschungen und Vergeblichkeiten lebt, merkwürdig kleinkariert und ungenügend", als laufe die Kirche hinter der Welt her, nur um sagen zu können: „Was wollt ihr eigentlich, wir sind ja schon immer für die Arbeiter". Hinter der Feier des 1. Mai stehe als menschliche Grunderfahrung von Unfreiheit, die die Maschine mit sich gebracht habe. Der in der Namenlosigkeit einer neuen Abhängigkeit von anonymer, unbekannter Macht stehende Mensch wolle loskommen von der Entfremdung durch das Unbekannte: „Er will die gleiche Würde mit allen anderen erlangen, die gemeinsame gleiche Verfügung über das, was wir in unserem Tun erwirken".

Erfahrungen der Zeit mit Erfahrungen des Evangeliums begegnen

Ratzinger forderte dazu auf, von dieser „Erfahrung unserer Zeit" auf das Zeugnis der Evangelien zu hören, die auch Ausdruck menschlicher Erfahrung seien; des Menschen mit sich selbst, mit der Welt und „mit jener neuen und anderen Macht, die wir Gott nennen". Nur wenn der Mensch mehr vom Leben erwarten könne als das, was er produziere, wenn das Sein mehr sei als das Haben, könne er wirklich leben und frei sein. Dann gewinne die Arbeit auch ihre Würde, „weil der Mensch dann nicht von ihr abhängt und die Welt nicht mit ihr ruiniert, sondern die Dinge darin erlöst, ihnen und sich selbst Bedeutung und Sinn verleiht." Angesichts dessen gewinne die kirchliche Antwort auf den 1. Mai Bedeutung, an diesem Tag das Fest des heiligen Josef zu begehen, „eines jüdischen Arbeiters, der ein Königssohn war und als Vater gelten durfte für den, der der wahre König der Welt ist, der die wahre Freiheit zeigt und selbst Arbeiter gewesen ist, Jesus Christus".

Der Mensch braucht, was mehr ist als seine Produkte

Wer dies als schöne, idealistische Worte abtue, die außerhalb der Wirklichkeit stünden, die durch Machtblöcke bestimmt sei und Gruppen, die Druck ausüben können, müsse zur Kenntnis nehmen, daß der Geist Institutionen benötige, um in dieser Welt wirksam werden zu können. Ihrem Wesen nach sei die Kirche eine Institution, die dem Geist Macht gibt, „daß nicht nur die Waren, der Konsum und die Divisionen etwas ausrichten, sondern daß die Wirklichkeit des Geistigen, das Größere, Raum gewinne in der Welt und nicht zertreten werde durch die bloße Notdurft des Alltags". Der Mensch brauche das, was mehr ist als seine Produkte, mehr auch als seine geistigen Produkte; er brauche „was wir nicht mehr mit dem Verstand zerlegen können, weil uns das Größere gegenübersteht; er braucht das Mysterium".

67

3. Mai 1979   ok Nr. 15 vom 3. Mai 1979

Ratzinger für christliche Grundordnung Europas
Absage an schrankenlosen Pluralismus und an Marxismus

Für ein an den grundlegenden sittlichen Werten des Christlichen orientiertes demokratisches, freiheitliches und rechtsstaatliches Europa hat sich der Erzbischof von München und Freising, Joseph Kardinal Ratzinger, ausgesprochen. Gleichzeitig warnte der Kardinal vor einem über „jede sittliche Verankerung" hinausgehenden Pluralismus und vor dem Marxismus, den er als „radikalste Antithese" nicht nur zum Christlichen als solchem, sondern auch zu der vom Christentum geprägten Geschichtsgestalt Europas charakterisierte.

Maßstäbe für Beurteilung und Vollzug der Europapolitik

Anläßlich einer am 28. und 29. April in Straßburg veranstalteten Studientagung der Katholischen Akademie in Bayern zum Thema „Europa und die Christen" erklärte der Kardinal in programmatischen Thesen, konstitutiv für Europa müsse sein die Anerkennung und Wahrung der Gewissensfreiheit, der Freiheit der Wissenschaft, der Menschenrechte „und von daher die freiheitliche menschliche Gesellschaft". Diese Errungenschaften der Neuzeit seien zu wahren und zu entwickeln, „ohne in die Bodenlosigkeit einer transzendenzlosen Vernunft abzufallen, die ihre eigene Freiheit von innen her aufhebt". An diesen Maßstäben werde der Christ Europapolitik messen und von ihnen her seinen politischen Auftrag vollziehen.

Für ein Europa der offenen Gesellschaft und gegenseitigen Verantwortung

Zu den Bemühungen, Europa politisch zu einigen, merkte Ratzinger an, eine politische oder ökonomische Vereinigung, deren einziger Maßstab in der Konsumsteigerung liege, bedeute deswegen nicht schon europäische Zukunft. Solche

Institutionen hätten ihren Wert in einem größeren Kontext: „Als Überwindung der Anbetung der Nation, als Teil einer Friedensordnung und als gemeinsame Teilhabe an den Gütern der Welt". Unter Hinweis auf die Probleme der armen Völker appellierte der Kardinal an die Europäer, auch im wirtschaftlichen Bereich über den Gruppenegoismus hinaus für ein „offenes System" einzutreten. Ratzinger sagte: „An die Stelle der Weltbeherrschung und der Angliederung der übrigen Weltteile als Kolonien muß die Idee der offenen Gesellschaft und der gegenseitigen Verantwortung treten".

Verketzerung von „law and order" ist antidemokratisch

Als unverzichtbar und konstitutiv für ein künftiges Europa bezeichnete der Kardinal die innere Zuordnung von Demokratie und einem auf sittlichen Maßstäben ruhenden, unmanipulierbaren Recht. Herrschaft der Vernunft und Freiheit könne „nur als Herrschaft des Rechts" bestehen. Wörtlich bemerkte Ratzinger in diesem Zusammenhang: „Ich halte es für antidemokratisch, ‚law and order' zu Schimpfworten zu machen – jede Diktatur beginnt mit der Verketzerung des Rechts". Das europäische Vernunftrecht sei in eine Krise geraten, nachdem es sich selbst seiner religiösen Grundlage „gänzlich begeben hat und faktisch in eine Herrschaft der Anarchie umzuschlagen droht". Wer für Europa kämpfe, müsse für Demokratie in der „unlösbaren Bindung" an ein ethisch normiertes Recht kämpfen. Grundlegende Voraussetzung dafür sei die „gemeinsame und für das öffentliche Wohl verbindliche Ehrfurcht vor den sittlichen Werten und vor Gott".

Gegen das öffentliche „atheistische Dogma"

Nach des Kardinals Auffassung gibt es einen Trend, den Atheismus zum „grundlegenden öffentlichen Dogma" zu machen, während der Glaube abgedrängt, lediglich als private Meinung toleriert und damit letztlich in seiner Essenz nicht toleriert werde. „Unter dem so gefaßten atheistischen Dogma" werde es auf Dauer keine Chance für das Überleben des Rechtsstaates geben. Hier sei eine grundlegende Besinnung als „Überlebensfrage" notwendig, Gott auch öffentlich als Inbegriff höchsten Wertes („summum bonum") zu erkennen. Wörtlich sagte der Kardinal: „Ich wage zu behaupten, daß Demokratie nur funktionsfähig ist, wenn das Gewissen funktioniert. Das Gewissen wird aussagelos, wenn es sich nicht an der Geltung der grundlegenden Werte des Christlichen orientiert, die auch ohne christliche Konfession, ja auch im Kontext nichtchristlicher Religion realisierbar sind".

3. Mai 1979 ok Nr. 15 vom 3. Mai 1979

Kardinal Ratzinger und Weihbischof Tewes fahren nach Polen

Der Erzbischof von München und Freising, Joseph Kardinal Ratzinger, und der Münchener Weihbischof Ernst Tewes gehören der Delegation der Deutschen Bischofskonferenz an, die aus Anlaß des Besuches von Papst Johannes Paul II. in Polen am 10. Juni an einem Gottesdienst in Krakau teilnehmen wird. Angeführt wird die Delegation vom Vorsitzenden der Deutschen Bischofskonferenz, dem Erzbischof von Köln, Joseph Kardinal Höffner. In seiner Eigenschaft als Vorsitzender der Kommission Weltkirche der Deutschen Bischofskonferenz gehört auch der Bischof von Essen, Franz Hengsbach, der Delegation an.

31. Mai 1979 ok Nr. 18 vom 31. Mai 1979

Christliche Feste sind mehr als Freizeit
Kardinal Ratzinger: Weg vom Freizeitbetrieb

Vor dem Hintergrund der Diskussion um eine einheitliche Feiertagsregelung in ganz Bayern hat der Erzbischof von München und Freising, Joseph Kardinal Ratzinger, die Bedeutung der christlichen Feste für das Leben der Menschen herausgestellt. In der Sendung „Zum Sonntag" des Bayerischen Rundfunks erklärte der Kardinal am Samstag, 2. Juni, die Wurzeln der großen kirchlichen Feste reichten weit in den Glauben Israels, ja bis in die Naturreligionen der bäuerlichen und nomadischen Welt hinein: „Sie führen uns aus der Oberflächlichkeit und Eilfertigkeit unserer Alltags und unseres Freizeitbetriebs heraus, der uns deswegen immer mehr zu langweilen beginnt, weil wir doch immer nur dem Ewiggleichen, unserer eigenen Erfindung begegnen und der Ausflug ins Ganz-Andere nicht gelingen will, den wir uns immerfort erträumen". Die christlichen Feste seien mehr als Freizeit „und darum so unentbehrlich: In ihnen begegnen wir den Wurzeln unserer Geschichte, den Urerfahrungen der Menschheit und durch sie hindurch der ewigen Liebe, die das wahre Fest des Menschen ist".
Das Pfingstfest, so betonte der Kardinal, solle zu einem Fest des Dankes für die Schöpfung werden, zu einer Besinnung auf die schöpferische Vernunft, „die sich in der Schönheit der Welt zugleich als schöpferische Liebe erweist". Der Dank für die Schöpfung könne dann Besinnung auf ein der Schöpfung gemäßes Verhalten sein, „das zeitgemäßes Verhalten ist, Abkehr von dem Materialismus, der die Welt mißbraucht und zerstört." Die Probleme unserer Zeit beruhen nach Meinung des

Kardinals zu einem guten Teil darauf, daß die Welt nur noch als Materie und die Materie nur noch als Material für unsere Produktionen angesehen werden. Daß eine solche Welt unwohnlich werde, brauche nicht zu wundern. Dabei hätten gerade die Naturwissenschaften „die wundervolle Logik des Schöpfergeistes fast greifbar werden lassen".

70

7. Juni 1979 ok Nr. 19 vom 7. Juni 1979

Brücke der Einheit und Versöhnung in Europa sein
Appell Kardinal Ratzingers an den Sudetendeutschen Tag

Nach Auffassung des Erzbischofs von München und Freising, Joseph Kardinal Ratzinger, ist es die „besondere Sendung" der nach dem 2. Weltkrieg aus ihrer Heimat vertriebenen Deutschen, „Brücke der Einheit und der Versöhnung" zu sein. Anläßlich seiner Predigt beim Festgottesdienst zum Sudetendeutschen Tag sagte der Kardinal am Pfingstsonntag, 3. Juni, in München an die Adresse der Heimatvertriebenen: „Sie haben den Ungeist des Nationalsozialismus leidvoll erleben müssen, Sie könnten die Brückenpfeiler eines neuen Europa sein, das nicht auf dem Nationalismus gründet, sondern auf dem friedvollen Miteinander unterschiedlicher Stimmen und Gruppen, in dem auch die Minderheiten ihr eigenes Gesicht wahren können und gerade so integriert sind in das Ganze".
Ausdrücklich erinnerte der Kardinal an das Unrecht der Vertreibung, das 15 Millionen Deutschen nach dem Krieg unter „schrecklichen Begleitumständen" widerfahren sei. Die Weltöffentlichkeit höre aus vielen Gründen nicht gern davon. Sie dränge dazu, „dieses Unrecht zu verschweigen und auch Wohlgesinnte meinen, daß man um der Versöhnung willen nicht mehr davon sprechen wolle". In diesem Zusammenhang sagte der Kardinal: „Unterdrückte Wahrheiten werden zu gefährlichen Mächten, die den Organismus von innen vergiften und irgendwo herausbrechen – nur die Annahme der Wahrheit kann heilen". Allerdings genüge es nicht, nach rückwärts zu schauen und „das Unrecht zu benennen, es muß in Versöhnung umgewandelt werden – nur die Versöhnung kann die Kette des Bösen abbrechen".
Namentlich gedachte der Kardinal in seiner Predigt auch „unserer tschechischen Brüder und Schwestern, die um des Glaubens willen Verfolgung leiden". Unter Berufung auf die Tatsache, daß Schüler und Jugendliche in der Tschechoslowakei darauf hingewiesen werden, daß religiöse „Belastung" als „schwerwiegendes Hindernis im Blick auf den künftigen Beruf" zu bewerten sei, sagte Ratzinger: „Im Grunde ist es dort zum Verbrechen geworden, ein Christ zu sein". Aber so schwer der Druck der Verfolgung auf diesen Menschen laste, auch heute sei „wie in der Kirche der frühen Jahrhunderte das Martyrium Kraft neuen Lebens". Das Leiden

des Prozessionsweges richten die Veranstalter die Bitte, dem Festtag entsprechend die Gebäude mit Fahnen und Birkengrün zu schmücken.

72

21. Juni 1979   ok Nr. 20 vom 21. Juni 1979

Der Glaube: Eine Wirklichkeit ersten Ranges
Kardinal Ratzinger über Papstbesuch in Polen
Absage an Erlösungsideologien in Ost und West

Der Besuch von Papst Johannes Paul II. in seiner polnischen Heimat hat nach Auffassung des Erzbischofs von München und Freising, Joseph Kardinal Ratzinger, sichtbar gemacht, „daß der Glaube eine Wirklichkeit eigenen Ranges ist, ohne die der Mensch letztlich nicht Mensch sein kann". Ratzinger, der offiziell als Mitglied der Delegation der Deutschen Bischofskonferenz beim Papstbesuch in Polen mit dabei war, sagte in seiner Predigt am Fronleichnamsfest, 14. Juni, im Münchener Liebfrauendom über die Begegnung mit den polnischen Katholiken: „Wir haben gesehen, daß der Glaube eine eigene Kraft ist, daß er dem Menschen erst die Weite, die Freiheit und die Größe des menschlichen Lebens auftut und sie ihm auch da geben kann, wo ihm äußerlich vieles versagt ist."

Unter Hinweis auf das Evangelium von der Versuchung Jesu durch den Satan in der Wüste verurteilte der Kardinal die Ideologien der Erlösung in Ost und West, die das Eigentliche des Menschen zerstören. Im Westen mehr noch als im Osten habe es weithin die Idee gegeben, der Glaube könne allenfalls als soziale Strategie Nutzen haben, die abgelöst werden müsse, wenn sie ihre Wirkung erreicht habe. Bei der Versuchung Jesu sei es letztlich um die Frage gegangen, was der Mensch brauche und was ihn erlöse. Christus habe sich als Erlöser dadurch ausweisen sollen, „daß nun endlich das Schlaraffenland kommt". Dieses Erlösungsbild – und die westliche Welt ist nach Auffassung des Kardinals „in einer großen Gefahr, diesem satanischen Trick zu verfallen" – habe Christus selbst als einen „Betrug am Menschen", der nicht allein vom Brot lebe, zurückgewiesen.

Der Kardinal erklärte, die Welt sei geteilt in den Westen, der durch Genuß erlösen wolle, und in den Osten, der durch seine Geschichtsphilosophie und seine sozialen Strategien Erlösung verspreche. Dabei hätten Ost und West die sogenannte Dritte Welt zur „Vorratskammer ihrer eigenen Ansprüche" gemacht. Diesen Ideologien der Erlösung stehe der christliche Glaube gegenüber, der allein die wirkliche Erlösung bringen könne. Um die Menschen zu erlösen, nehme Christus „uns nicht die Mühsal der irdischen Dinge ab. Er nimmt uns nicht das ab, was wir selbst besorgen können. Er gibt uns das, was nicht machbar ist: Das Wort Gottes, das nichts bloß Geistiges ist, sondern das Fleisch geworden ist und damit immerdar unser Brot sein kann".

Nur kleine Fronleichnamsprozession im Dombereich

Die traditionelle Münchener Fronleichnamsprozession konnte erstmals seit 1974 wegen schlechten Wetters nicht wie sonst stattfinden. Stattdessen hielt Kardinal Ratzinger das ursprünglich auf dem Marienplatz vorgesehene Pontifikalamt im Liebfrauendom und trug anschließend in einer kurzen Prozession um den Dom das Allerheiligste. Der Prozession schlossen sich der bayerische Landtagspräsident Dr. Franz Heubl, Ministerpräsident Franz Josef Strauß, Senatspräsident Hippolyt Freiherr von Poschinger, ebenso andere Kabinettsmitglieder an. Die Stadträte Münchens führte Oberbürgermeister Erich Kiesl. An dem Gottesdienst und an der kurzen Prozession nahmen auch zehn Bischöfe aus Indien, an ihrer Spitze der Vorsitzende der Indischen Bischofskonferenz, der Erzbischof von Kalkutta, Kardinal Lawrence Picachy, teil. Die Bischöfe befanden sich auf Einladung der Deutschen Bischofskonferenz in der Bundesrepublik Deutschland.

73

5. Juli 1979   ok Nr. 22 vom 5. Juli 1979

Der Welt des Todes die Antwort des Lebens geben
Ratzinger: Priester vergegenwärtigen die Auferstehung

Den Auftrag, in einer Welt des Todes die Antwort des Lebens zu geben und die Auferstehung zu vergegenwärtigen, hat der Erzbischof von München und Freising, Joseph Kardinal Ratzinger, als das innerste Wesen des Priesterberufes bezeichnet. Anläßlich der Weihe von acht Diakonen zu Priestern am 30. Juni im Freisinger Mariendom verwies der Kardinal in diesem Zusammenhang auf die Eucharistiefeier, die Papst Johannes Paul II. auf dem Gelände des ehemaligen Konzentrationslagers Auschwitz/Birkenau gehalten hatte. Ratzinger, der als Mitglied einer Delegation der Deutschen Bischofskonferenz an diesem Gottesdienst teilgenommen hatte, sagte: „Es war ein erregender Gedanke und eine erregende Erfahrung, über diesem ungeheueren Erntefeld des Todes, auf diesem Totenacker, auf dem vier Millionen Menschen den Tod gefunden haben, die Gegenwart der Auferstehung als die einzig wahre und einzig genügende Antwort zu erleben; es war erregend, zu erleben, wie aus dieser Gedenkstätte des Hasses und der Unmenschlichkeit eine Stätte des Sieges der Liebe Jesu Christi und des Lebens wurde".

Zu der oft gestellten Frage, ob man nach Auschwitz noch an einen gütigen Gott glauben könne, sei ihm auf dem Gelände des ehemaligen Konzentrationslagers die Antwort deutlich geworden: „Gerade weil Auschwitz ist, brauchen wir den Glauben, brauchen wir die Gegenwart der Auferstehung und des Sieges der Liebe; nur die Auferstehung kann den Stern der Hoffnung aufgehen lassen, der uns leben

ger nach Liebe. Einsamkeit verbreitet sich immer mehr im Westen. Die große Armut ist das Nichtgewolltsein. Das geborene ebenso wie das ungeborene Kind ist ein Geschenk Gottes. Wir sollen die Armen zuerst in unserem Heim suchen, dann beim Nachbarn, in der Straße, in der Stadt, in der ganzen Welt. Christus hat uns in diese Welt gesandt, um seine Liebe und sein Mitleid zu sein".

Joseph Kardinal Ratzinger
Erzbischof von München und Freising

76

18. Oktober 1979 ok Nr. 29 vom 18. Oktober 1979

Die menschliche Gesellschaft braucht das Gebet
Kardinal Ratzinger: Kirche lebt nicht nur von Lehrverkündigung

Die Bedeutung des Gebetes in den Familien und in kleinen Gruppen für das Leben der Kirche und den Zusammenhalt der menschlichen Gesellschaft überhaupt hat zum Kirchweihsonntag (21. Oktober) der Erzbischof von München und Freising, Joseph Kardinal Ratzinger, herausgestellt. In einem Wort, das in allen Gottesdiensten des Erzbistums verlesen werden wird, sagte Ratzinger, es zeige sich, „daß die Kirche nicht nur aus Priestern und Bischöfen besteht, nicht nur in der großen Liturgie und in der amtlichen Lehrverkündigung lebt, sondern sich gerade auch im gemeinsamen Gebet der kleinen Gruppe verwirklicht". Der Kardinal, der die Familie als „Urzelle aller Gemeinschaft" bezeichnete, deren gemeinsames Gebet ihre „Lebenswurzel" sei, warnte: „Wenn in der Familie nicht mehr gebetet wird, stirbt auch die Liturgie der Kirche von innen her ab; es verdorrt dann aber auch allmählich die Familie und die menschliche Gesellschaft selbst, weil ihr die verbindende Kraft abgeht, die das Nebeneinander zum Miteinander machen könnte".

In diesem Zusammenhang kündigte der Erzbischof an, daß die seelsorgliche Arbeit in der Erzdiözese in den kommenden drei Jahren das gemeinsame Gebet in den Mittelpunkt stellen werde. Schon in einem Hirtenwort zur Fastenzeit dieses Jahres hatte der Kardinal die Notwendigkeit des Gebetes für die Erneuerung der Kirche und des menschlichen Lebens betont und erklärt, die Welt und das Zusammenleben der Menschen würden durch die wirksame Kraft des Gebetes umgestaltet und positiv verändert. Mit dem neuen Kirchenjahr, das im kommenden Advent beginnt, soll nun im Erzbistum mit dem geistlichen Jahresthema „Beten in der Familie" ein Impuls gegeben werden. Wie Ratzinger weiter ankündigte, werden dazu in nächster Zeit eigene Texte für einen Familiengottesdienst im Advent und für eine gemeinsame religiöse Gestaltung des Weihnachtsabends angeboten werden. Es handelt sich dabei um Texte, die in der Familie selbst von den

Eltern und von den Kindern gebetet werden können. Das Seelsorgereferat der Erzdiözese ist für die Herausgabe der Gebetstexte verantwortlich. Die Erzdiözese München und Freising folgt damit einem Beispiel der Diözese Regensburg, die schon mehrfach Familiengottesdienste dieser Art angeregt hat.

77

21. Oktober 1979 ok Nr. 30 vom 25. Oktober 1979

Religion zentral und begründend für Menschenrechte
Kardinal Ratzinger: Das christliche Erbe Bayerns bewahren

Die grundlegende Bedeutung der freien Ausübung der Religion für die Menschenrechte hat in seiner Predigt zum Papstsonntag (21. Oktober) im Münchener Liebfrauendom der Erzbischof von München und Freising, Joseph Kardinal Ratzinger, herausgestellt. Während die Welt, in der heute mehr gefoltert werde als je im sogenannten finsteren Mittelalter, mit Recht für politische Widerstandskämpfer ein offenes Ohr habe, finde sie für Menschen, die um ihres Glaubens willen verfolgt werden, keine Zeit. Ratzinger erinnerte in diesem Zusammenhang an die Verfolgung der Christen in der Tschechoslowakei, an die „Auslöschung" einst blühender christlicher Gemeinden in der Türkei und an die „Peinigung" der Christen in Äthiopien, von der niemand spreche. Unter Hinweis auf die Ansprache von Johannes Paul II. vor den Vereinten Nationen bezeichnete der Kardinal die freie Ausübung der Religion als „zentral und begründend" für die Menschenrechte.

Mit Nachdruck verwahrte sich der Kardinal dagegen, den Menschen in einen geschichtslosen Raum zu stellen und verwies in diesem Zusammenhang auf den Appell des Papstes an seine polnischen Landsleute, am geistigen Erbe festzuhalten. Die grundsätzliche Krise des heutigen Menschen sei im Versuch des Marxismus und des liberalen Rationalismus begründet, ihm seine Geschichte zu nehmen, sie verächtlich zu machen, indem man sagt: „Alles, was bisher war, das war doch nichts". Man trenne die Menschen von ihren Wurzeln, mache sie zu willfährigen manipulierbaren Werkzeugen, wenn man ihnen die Geschichte verekle und verleide. In diesem Zusammenhang appellierte der Kardinal an die Katholiken, sie sollten sich das christliche Erbe Bayerns nicht nehmen und auch nicht die Geschichte der Kirche entwinden lassen: „Stehen wir zu unserer Identität und zu der großen Tradition unserer Kultur, die durch den Glauben immer neu gereinigt und Wurzel ist, die trägt. Lassen wir uns auch die Geschichte der Kirche nicht entwinden, indem man sagt, sie könne allenfalls jetzt beginnen mit einer anderen und besseren Kirche: Leben wir aus dem immer neu wachsenden Glauben unserer Väter, der uns trägt und der die Fackel ist, die allen den Weg in die Zukunft weisen kann".

Es gibt kein Voranschreiten ohne Richtung

Zur Kritik an der Person des Papstes, er sei Vertreter einer konservativen Theologie und könne die ganz andere Lebensart des Westens auch nicht beurteilen, sagte der Kardinal: „Wer wirklich zuhört, der weiß, daß dieser Papst nicht in einer engen kleinen Welt gelebt hat". Bezeichnenderweise sei der Widerstand gegen ihn in dem Augenblick am stärksten hervorgetreten, in dem er in den USA in die „typische Welt des Westens, in unsere Lebenswelt" hineingesprochen und „unsere Wunden in das Licht der Botschaft Jesu Christi gerückt und als Wunden sichtbar gemacht hat". Der Kardinal charakterisierte den Papst als einen Mann, der vor allem „im Raum des menschlichen Herzens" die Welt des Menschen mit ihren Nöten entdeckt, neu bedacht und bestanden habe. Das Wort des Glaubens in seiner Beständigkeit habe er neu vernehmbar gemacht, das Wort, das gewiß in dem Sinn konservativ sei, „indem es die Gründe des Menschen bewahrt und gerade darin schöpferisch ist, weil es ihm so die Möglichkeit des Reifens und Voranschreitens schenkt, die es ohne eine Richtung nicht geben kann".

78

30. Oktober 1979 ok Nr. 31 vom 31. Oktober 1979

Mission „grundlegend für Entwicklung"
Ratzinger: Missionare machen Fremde zu Freunden

Die christliche Mission ist nach Auffassung des Erzbischofs von München und Freising, Joseph Kardinal Ratzinger, „die grundlegende und unersetzliche Form auch jeder Entwicklung".
Bei einer Predigt im Münchener Liebfrauendom sprach Ratzinger zum Weltmissionssonntag am 28. Oktober in diesem Zusammenhang von einer Krise, die in den 60er Jahren die Kirche, die ganze Welt und so auch den Missionsgedanken erfaßt habe. Missionare hätten gesagt, sie könnten nicht mehr missionieren, weil sie nicht mehr wüßten, wozu und ob sie es noch dürften. Hinter all dem habe die brennende Frage gestanden, ob es nicht sinnvoll sei, statt zu predigen technische und soziale Entwicklung zu betreiben, und ob nicht gar die christliche Mission eine besonders gefährliche Form des europäischen Kolonialismus darstelle.
Der Kardinal sagte, es habe sich gezeigt, daß es nicht zum Heil der Völker führe, „Fabriken abzuliefern". Die Völker brauchen nicht „den Hochmut, der das Unsere verordnet". Sie wünschten die Kraft der Sinngebung, die keinen Bruch mit ihrer Vergangenheit darstellt und ihnen die Richtung auf eine Zukunft gibt, in der sie fähig sind, eigene Wege zu bauen. Ratzinger sprach in diesem Zusammenhang von Missionaren, „oft sind es die einfachsten unter ihnen", die ein langes Leben „in der Fremde verbracht und Fremde uns zu Freunden gemacht haben". Aus diesen

Menschen spreche Demut, Güte und Freiheit des Daseins für andere. Ein Glaube, der solche Menschen forme, sei wahr, ein Glaube, der solche Liebe wirke, sei gut. Unter Hinweis auf die kürzlich mit dem Friedensnobelpreis ausgezeichnete Ordensfrau Mutter Teresa von Kalkutta sagte der Kardinal: Es gibt Mutter Teresa unerkannt vieler Orten – diese Menschen sind das kostbarste Gut, das Europa der Dritten Welt geschenkt hat, sie sind der einzig wirkliche Ausgleich für so viel Böses, das von unserem Erdteil ausgegangen ist.

79

11. November 1979   ok Nr. 33 vom 15. November 1979

Ratzinger: Küng spricht nicht im Namen der Kirche
„Er bestreitet energisch wesentliche Lehren der Kirche"

Der Tübinger Theologieprofessor Dr. Hans Küng vertritt nach Auffassung des Erzbischofs von München und Freising, Joseph Kardinal Ratzinger, nicht mehr den Glauben der katholischen Kirche. Der Kardinal erklärte bei einer Diskussionsveranstaltung mit Jugendlichen seines Erzbistums anläßlich der Korbinianswallfahrt der Jugend am Sonntag, 11. November, in Freising: „Die Wirklichkeit ist doch eben ganz einfach die – das kann ich jetzt literarisch nicht belegen, aber wenn wir Texte zur Hand nehmen, kann man es jederzeit zeigen –, daß Hans Küng, mit dem ich mich persönlich immer sehr gut verstanden habe, ganz einfach nicht mehr den Glauben der katholischen Kirche vertritt". Es sei „eine Frage der Redlichkeit und der Ehrlichkeit, zu sagen, daß er nicht den Glauben der katholischen Kirche darbietet, also auch nicht in deren Namen sprechen kann".
Küng habe, wie Ratzinger weiter sagte, bestritten, daß die Kirche einem Theologieprofessor überhaupt eine missio (einen kirchlichen Lehrauftrag) erteilen könne, weil ein Professor „aus sich selbst" spreche. Gleichzeitig habe Küng jedoch den größten Wert darauf gelegt, daß ihm die missio nicht entzogen wird. Dazu sagte der Kardinal wörtlich: „Ich kann mir ja schließlich nicht von der Kirche den Auftrag geben lassen, zu sagen, daß sie keine Aufträge geben kann". Darin sehe er, Ratzinger, jedenfalls einen Widerspruch. Es sei jedes Menschen Freiheit, zu denken, was er wolle, „und wir hoffen, daß es immer so bleibt". Man könne beispielsweise im Sinne einer Partei oder sonstwie denken, aber natürlich könne ein engagierter CSU-Mann nicht als SPD-Generalsekretär auftreten oder umgekehrt. Er müsse halt „unter der Firma in Erscheinung treten, deren Meinung er von innen her vertreten kann und vertreten will; und da muß ganz schlicht gesagt werden, daß Küng energisch wesentliche Lehren der katholischen Kirche bestreitet, also nicht in ihrem Namen redet". Ihm sei zu empfehlen, in seinem eigenen Namen oder in jemandes anderen Namen zu sprechen.
Im Zusammenhang seiner Ausführungen zu diesem Thema nahm der Kardinal

auch zu der kürzlich in der Presse bekanntgewordenen Intervention des Regensburger Ordinariates gegen die Absicht der Katholischen Hochschulgemeinde Regensburg Stellung – die Hochschulgemeinde hatte Küng zu einem Vortrag über das Thema „Woran man sich halten kann" eingeladen und war aufgrund der Intervention veranlaßt worden, den Professor wieder auszuladen. Die Studentengemeinde, so erklärte dazu der Kardinal, sei eine Einrichtung des Bischofs. Wer dort spreche, sei ein vom Bischof Eingeladener, auch wenn diese Einladung nicht persönlich durch den Bischof erfolgt sei. Die Dinge hätten hier eine andere Qualität. Auch er, Ratzinger, müßte „in einer Veranstaltung, die unter meinem Namen stattfindet, sagen: Das tut er nicht – er spricht nicht in meinem Namen". Unter diesem Aspekt teilte Ratzinger mit, daß Küng mit dem gleichen Vortragsthema vom Katholischen Kreisbildungswerk Rosenheim eingeladen worden sei. Es sei überlegt worden, ob man angesichts „der bestehenden Lage" versuchen sollte, das Auftreten Küngs auch dort zu verhindern. Dazu der Kardinal wörtlich: „Ich habe gesagt, es soll so stattfinden, denn Rosenheim hat einen eigenen Rechtsträger. Dem kann man sagen, durch diese Rede werde wirklich nicht klargestellt, woran man sich halten kann". Der Rechtsträger müsse selbst dafür die Verantwortung übernehmen, und man werde sich über dessen Kompetenz eben selbst ein Urteil bilden.

Um, wie Ratzinger ironisch anmerkte, „Martyriumsbefürchtungen", die jetzt um Küng entstehen könnten, ein wenig einzuschränken, wies der Kardinal darauf hin, daß es dem Tübinger Professor an Möglichkeiten des Redens nicht fehle: „Es gibt, glaube ich, keinen Bischof auf der ganzen Welt, den Papst ausgenommen, der soviel Möglichkeit hat, sich der Menschheit kundzutun, wie er". Der Artikel beispielsweise, den Professor Küng über das 1. Jahr des Pontifikates von Papst Johannes Paul II. geschrieben habe, sei gleichzeitig in vielen großen Zeitungen der Erde erschienen „von der FAZ über Le Monde bis nach Amerika und Italien". Dieses Instrumentarium stehe ihm jederzeit zur Verfügung, „und ein deutscher Professor ist ja auch kein unbedingter Vertreter der Kirche der Armen".

80

11. November 1979   ok Nr. 33 vom 15. November 1979

Ratzinger über Priesternachwuchs zuversichtlich
„Die Großmut junger Menschen heute nicht geringer als früher"

Seine feste Überzeugung, daß gerade auch in der Gegenwart junge Männer den Mut finden, den „Ruf zum zölibatären Priestertum anzunehmen, wenn sichtbar wird, wie sehr die Welt das braucht", hat der Erzbischof von München und Freising, Joseph Kardinal Ratzinger, geäußert. Bei einer Diskussion mit Jugendlichen seines Erzbistums anläßlich der traditionellen Korbinianswallfahrt der

Jugend sagte Ratzinger am 11. November in Freising: „Wir sehen heute schon, daß eine ganze Reihe großer deutscher Diözesen einen Nachwuchs in den Priesterberufen hat, der den besten Zeiten voll entspricht, und ich bin ganz fest überzeugt, daß die Großmut unter den jungen Menschen heute nicht geringer ist als früher". Den jugendlichen Teilnehmern der Wallfahrt überbrachte der Erzbischof Grüße von Papst Johannes Paul II. Der Papst habe gesagt, er spüre, daß die Jugend überall neu nach Christus und dem Glauben sucht; sie schicke sich an, „in ein neues Leben mit Christus aufzubrechen".

In der Diskussion sprach sich der Kardinal dagegen aus, die „Durststrecke" des Mangels an Priesterberufen in vielen Bereichen durch Ordination verheirateter Männer oder von Frauen überwinden zu wollen. Es wäre beispielsweise nicht gut, „wie manche Leute uns einreden wollen", wenn man jetzt etwa über die theologisch voll ausgebildeten Laien im Beruf des Pastoralassistenten sagen würde, dies sei „eigentlich ein Fonds, aus dem wir verheiratete Priester schöpfen können", und es sei zu überlegen, wie man sie „möglichst bald durch Abschaffung des Zölibats zu Priestern kriegen würde". Der Laie habe in der Kirche als Laie eine eigene Aufgabe, die nur er wahrnehmen könne, nicht aber eine Aufgabe als Ersatzpriester. Man müsse auch akzeptieren, daß die Berufung von Priestern eine Sache ist, „die wir nicht machen können, und wenn wir sie zum Schein machten, würden wir überspielen, daß da einfach noch nicht wirklich etwas gewachsen ist."

Auf Konflikte mit der Problematik des Zölibats angesprochen, sagte der Kardinal, er wisse, was es bedeute, sich zwischen der Liebe und Bindung zu einem Menschen einerseits und der Wahl zum priesterlichen Dienst und der Bindung an Kirche und Gemeinde andererseits zu entscheiden. Die Kirche nehme hier niemandem die persönliche Entscheidung ab. Konflikte könne man aber nicht dadurch beseitigen, daß man einfach erkläre, organisatorisch alles anders machen zu wollen. Die ehelos lebenden Priester seien keine zölibatären Sonderlinge, die das private Temperament hätten, Menschen zu sein, die nicht heiraten, sondern vielmehr Menschen, „die an sich heiraten wollten und würden, aber gerade weil sie die Größe des Dienstes und der Forderung durch Christus anerkennen", keine Ehe schließen. Unter Berufung auf das Neue Testament und den Befund der Tradition könne man auch sagen, daß es in der Kirche das Priestertum der Frau nicht gegeben habe. Jesus selbst habe Frauen gegenüber kein Vorurteil gehabt, sondern sie „in ganz ungewöhnlicher Form" in seine Nachfolge eingeschlossen. So sei das Neue Testament in seinen Schriften eine klare und offene Annahme der Frau in ihrem vollen menschlichen Rang. Das Spezifische der Frau werde nicht kleiner als das Priestertum gesehen, aber anders. Ratzinger sagte: „Ich sehe nicht ein, daß die Kirche das Recht hätte, diesen Entscheid des Neuen Testamentes und der gesamten großkirchlichen Tradition zu ändern". Sie dürfe die Frau nicht zu einem männlichen Typ hin verändern, wie es in einem großen Teil der Emanzipationsbewegung geschehe. Vielmehr müsse die Kirche das Unersetzliche der Frau herausfordern und zum Vorschein bringen. Der Befund der Überlieferung habe seinen tiefen Grund darin, daß die Frau nicht zum Manne gemacht wird, sondern daß sie etwas eigenes und anderes beizutragen hat: „Man ist Mensch als Mann und Frau – und beides ist unersetzlich und hat sein Eigenes einzubringen".

81

11. Dezember 1979   ok Nr. 37 vom 13. Dezember 1979

Antwort des Erzbischofs von München und Freising, Joseph Kardinal Ratzinger, auf öffentliche Vorhaltungen von Professor Dr. Karl Rahner SJ wegen der Nichtberufung von Prof. Dr. Johann Baptist Metz auf den Lehrstuhl für Fundamentaltheologie der Universität München

Als Mitte November Karl Rahner seinen Protest anläßlich der Neubesetzung des Münchener Lehrstuhls für Fundamentaltheologie veröffentlichte, schien mir nach Abwägung der Gewichte angebracht, der Öffentlichkeit selbst das Urteil über die Vorgänge zu überlassen, zumal mir der Respekt vor der Lebensleistung von Rahner eine öffentliche Auseinandersetzung nicht sinnvoll erscheinen ließ. Da nun aber anhaltend mit Berufung auf Rahners Brief der Eindruck verbreitet wird, als sei die Freiheit der Wissenschaft durch hierarchischen Machtmißbrauch ernstlich gefährdet, sehe ich mich aus Verantwortung vor der Sache selbst zu einigen Richtigstellungen und Klärungen genötigt.

1. Bei den Angaben Rahners über die Einstimmigkeit der Benennung von Metz für die Nachfolge Fries werden zwei wesentliche Tatbestände geschickt übergangen:

a) In dem für den Vorschlag entscheidenden Gremium, dem Fakultätsrat, ist die Benennung von Metz nicht einstimmig erfolgt.

b) Ein Fakultätsrat ist heute nur noch ein Auswahlgremium, das in München von rund 30 Hochschullehrern 7 umfaßt. Im Kreis der so zur Zeit nicht stimmberechtigten Hochschullehrer, die insgesamt die Verantwortung für Lehre und Forschung tragen, gab es gewichtige kritische Stimmen gegen die Berufung von Metz auf den fundamentaltheologischen Lehrstuhl zu München.

2. Bei den Beratungen zur Neubesetzung des fundamentaltheologischen Lehrstuhls hat die Katholisch-Theologische Fakultät zu München über ihren Dekan von Anfang an Kontakt mit mir gehalten, weil sie offenbar von einer sehr viel sinnvolleren Vorstellung über das Verhältnis von Bischof und Theologischer Fakultät ausgeht, als sie bei Rahner in Erscheinung tritt. Da ich an dem betreffenden Lehrstuhl promoviert und habilitiert wurde, sowie an ihm als Privatdozent tätig war, war ihr offenbar meine fachliche Beurteilung der Frage von Interesse; da sie ein vertrauensvolles Verhältnis zwischen Bischof und Fakultät bei voller Wahrung ihrer je eigenen Funktionen und Kompetenzen im Interesse der Ausbildung selbst für sachgemäß ansieht, war auch von da aus eine Verständigung nur natürlich. Durch den Dekan war der Fakultätsrat unterrichtet, daß ich aus verschiede-

nen Gründen Döring gegen Metz vorziehen würde. Der Dekan konnte mir namens der Fakultät erklären, die Liste sei bewußt so gebaut, daß jeder der drei genannten Kandidaten als Nachfolger für Fries ohne Einschränkung willkommen sei. Von einer groben Verletzung des Fakultätsentscheids kann hier keine Rede sein.

3. Was die rechtliche Seite des Sachverhalts angeht, so räumt das Bayerische Konkordat dem Bischof bei Lehrstuhlbesetzungen insofern ein wesentliches, wenn auch negatives Gestaltungsrecht ein, als er zu einem Veto ohne Angabe von Gründen berechtigt ist. Dieses Veto muß sich nach übereinstimmender Auslegung keineswegs ausschließlich auf Fragen von Glaube und Sitte beziehen. Der Verzicht auf die Begründung dient auch dem Schutz des Betroffenen, weil auf Seiten eines Bischofs Kenntnisse vorliegen können, die ihn zur Ablehnung des betreffenden Gelehrten bestimmen, die aber nicht in die Öffentlichkeit gezerrt werden sollen. Ich nenne dafür ein Beispiel: Im Jahr 1938 hat Kardinal Faulhaber einen Berufungsvorschlag abgelehnt, weil der betreffende (der NS-Partei offensichtlich nahestehende) Gelehrte im Jahre 1934 für einige Zeit suspendiert gewesen war. Ich zitiere dazu Faulhaber: „Wie ich bereits im Schreiben vom 29. Mai 1938 zum Ausdruck brachte, kann der Sinn der in Art. 3 des Bayerischen Konkordats getroffenen Vereinbarung nur der sein, daß der Kirche für die Ausbildung ihrer künftigen Geistlichen nicht ein Lehrer aufgezwungen oder im Lehramt belassen werden soll, dem nach kirchlichem Urteil die volle Geeignetheit zur Ausübung des Lehramtes fehlt ... Der Ortsbischof einer Hochschule kann also für sich das Recht in Anspruch nehmen, über einen Kandidaten sich sein eigenes Urteil zu bilden, natürlich nach kirchlichen Gesichtspunkten. Ähnlich wie die Fakultät in ihrem Dreier-Vorschlag, vielleicht auch der bisherige Fachvertreter ... in einem Sondergutachten, die Geeignetheit eines Kandidaten nach wissenschaftlichen Gesichtspunkten prüfen, wird der Ortsbischof sein Urteil nach kirchlichen Gesichtspunkten bilden". Die damaligen Machthaber haben dann auf dieses völlig korrekte, konkordatsgemäße Handeln des Kardinals hin die Münchener Theologische Fakultät mit der Begründung aufgehoben, die Freiheit der Wissenschaft sei nicht mehr gegeben ...

Sachlich ergibt sich ein solches Gestaltungsrecht des Bischofs ganz logisch aus der Tatsache, daß er sowohl den Theologen wie den Gemeinden gegenüber, in denen sie später tätig werden, für deren Ausbildung zu Lehrern des Glaubens der Kirche eine letzte Verantwortung trägt. Die Schelte, die Rahner dem Bayerischen Konkordat gegenüber zum Ausdruck bringt, kann ich nur als Affront gegen den völkerrechtlich besiegelten freien Entscheid zweier souveräner Vertragspartner betrachten.

4. Ich hielt es aus Achtung vor der Arbeit von Professor Metz nicht für angebracht, das Instrument des Veto anzuwenden, wohl aber im Blick auf die Ausbildungssituation und -aufgabe an der Münchener Universität für sachgemäß und nötig, meinen Rat im vorrechtlichen Raum zu erteilen. Dies aus verschiedenen Gründen, von denen ich zwei nenne:

a) Ich halte gerade in der gegenwärtigen Situation eine gründliche inhaltliche ökumenische Ausbildung der Theologen für unerläßlich; das ökumenische Institut, das unter Professor Fries entstand, läßt dies zugleich als eine wichtige Forschungsaufgabe für München erscheinen. Ich muß in diesem Zusammenhang die Behauptungen von Rahner über meinen Lehrer Söhngen leider als völlig falsch zurückweisen. Für Söhngen, der aus einer Mischehe stammte, war das Ökumenische die eigentliche Mitte seiner ganzen theologischen Arbeit, wie jeder seiner Hörer bezeugen kann – auch wenn dies in seinen Veröffentlichungen vielleicht nicht in der Breite deutlich wird, die dem Akzent seines Denkens und Wollens entspricht. Auch hat er dem von Bischof Stählin und Erzbischof Jäger gegründeten offiziösen ökumenischen Gesprächskreis, der zur Vorstufe des römischen Einheitssekretariates geworden und aus dem auch Kardinal Willebrands hervorgegangen ist, nicht „eine Zeitlang" zugehört, sondern von der Gründung unmittelbar nach dem Krieg bis zu seinem eigenen Tod 1971. Über seine Profilierung dort urteilen andere „profilierte" Mitglieder sehr anders als Rahner. In Münster ist die Lage hinsichtlich der ökumenischen Ausbildung der Theologen insofern völlig anders, als dort ein eigener Lehrstuhl für ökumenische Theologie besteht, der Inhaber des fundamentaltheologischen Lehrstuhls also von dieser Aufgabe entbunden ist.

b) Professor Metz widmet sich auch in seiner Lehrtätigkeit ganz den Problemstellungen, die seiner spezifischen Forschungsrichtung entsprechen. Der normale Lern- und Wissensstoff des fundamentaltheologischen Unterrichtszyklus wird von ihm nicht angeboten. Dies ist in Münster wegen des dort außerordentlich starken akademischen Mittelbaues möglich, der im Bereich der Fundamentaltheologie die elementaren Lehr- und Informationsaufgaben des Faches offenbar wahrzunehmen in der Lage ist. In München ist eine solche Mittelbaustruktur nicht gegeben und bei den anderen Studentenzahlen auch nicht zu verwirklichen. Die Sorge um den normalen Unterricht beziehungsweise die grundlegende Stoffvermittlung entspricht der kirchlichen Verantwortung und den „kirchlichen Gesichtspunkten", die ich als Erzbischof bei der Besetzung des Lehrstuhls im Auge haben mußte.

5. Ich muß gestehen, daß mir auch noch aus anderen Gründen Rahners Protestpathos, mit dem er schließlich seinen Text gar an die Bekämpfung der Hexenverbrennungen durch Friedrich von Spee heranrückt, durch und durch hohl klingt. Er erwähnt selbst sein Sondervotum, mit dem er gegen die Fakultätsmehrheit bei der Berufung seines Nachfolgers in Münster tätig geworden ist. Aber er erwähnt nicht die Pressionen, die er gegen die vom Minister bestellten Sondergutachter angewandt hat, deren einer ich gewesen bin und er erwähnt auch nicht die anderen recht unerfreulichen Formen des Drucks, zu denen zu greifen ihm damals sinnvoll schien. Ich deute derlei ungern an, aber angesichts von Sätzen wie „rechtlich und machtmäßig ist einer unten in der Kirche eigentlich hilflos ... Und also ist man in der Kirche an der Basis wehrloser als sonstwo" kann ich nicht völlig schweigen. Im übrigen zählt nicht zu den Ohnmächtigen, wer jederzeit über das Fernsehen sich zu Worte melden und Macht ausüben kann: Hier scheint Rahners Reflexion des Begriffs der Macht in einer modernen Gesellschaft noch wenig entwickelt zu sein.

6. Professor Metz hat durch seine Nichtberufung nach München keinerlei Einbuße an Lehrfreiheit erlitten. Seine personelle Ausstattung hätte überdies in München nicht dieselbe Größenordnung wie in Münster erreichen können, auch eine sachliche Verbesserung scheint mir schwer vorstellbar. Der Freiheit der Wissenschaft ist kein Schaden geschehen. Die Unterstellung Rahners, ich wüßte zwischen meinem Amt und meinen privaten theologischen Auffassungen nicht zu unterscheiden und mißbrauche demgemäß mein Amt, weise ich mit Nachdruck zurück.

82

3. Januar 1980   ok Nr. 1 vom 3. Januar 1980

Warnung vor dem Triumph des „absoluten Bösen"
Ratzinger: Verzicht auf Wahrheit ist die eigentliche Krise
Lehramt verteidigt „Glauben der Einfachen" gegen Anmaßung

Vor einem weltumfassenden absoluten Bösen, das in die entscheidende Phase des Angriffs eingetreten sei und für dessen Triumph in der Welt durch die Vermischung von Wahrheit mit Unwahrheit der Boden bereitet werde, hat unter Berufung auf den russischen Schriftsteller Alexander Solschenizyn der Erzbischof von München und Freising, Joseph Kardinal Ratzinger, gewarnt. In seiner traditionellen Jahresschlußpredigt am Silvesterabend äußerte der Kardinal im Münchener Liebfrauendom, die Menschheit sei bedroht, weil die Wahrheit von der notwendigen sozialen Umgestaltung und Erneuerung mit der Unwahrheit vermischt werde, als sei „die atheistische Geschichtstheorie des Marxismus und ihre Strategie der Gewalt die einzige und einzig wahre Form sozialer Erneuerung und als sei derjenige reaktionär und antisozial, der diesem Weg der Veränderung entgegensteht". Ohne dem Ernst dieser Warnung etwas nehmen zu wollen, gebe das verflossene Jahr aber auch zur Dankbarkeit dafür Anlaß, „daß wir noch immer in Frieden leben, daß wir in Frieden und Freiheit glauben dürfen".
In seiner Predigt nahm Ratzinger auch zur Kritik an Papst Johannes Paul II. und am Entzug der Lehrerlaubnis für den Tübinger Theologen Prof. Dr. Hans Küng Stellung. Der Papst habe die Stimme der Kirche in einer immer skeptischeren Welt weithin hörbar gemacht, sagte der Kardinal, und wo der Glaube eine solche Resonanz gewinne, könne auch der Widerspruch nicht ausbleiben. So habe logischerweise die erste Begeisterung für den Papst „langsam einem Prozeß der Scheidung der Geister weichen müssen". Unter Hinweis auf die Auseinandersetzungen um Küng sagte Ratzinger, in der Bundesrepublik sei die Kritik am Papst „in ein dramatisches Stadium" getreten. Wenn der Entzug des kirchlichen Lehrauftrags für Küng als Ausdruck autoritärer Machtausübung, Angriff auf die Freiheit in der Kirche oder gar als Verletzung der Menschenrechte hingestellt werde, vergesse

man dabei, daß seit vielen Jahren immer neue vergebliche Versuche einer gütlichen Bereinigung unternommen wurden und daß der Papst den Gedanken einer nochmaligen Vermittlung sofort „aufgegriffen und nichts dringender gewünscht hat, als daß sie gelänge". Die Vermittlung sei aber nicht am Papst gescheitert, sondern daran, daß Küng „aus zeitlichen und sachlichen Gründen", wie er gesagt habe, „keine Erklärung abgeben wollte, die einen neuen Entscheid ermöglicht hätte".

Grundsätzliche Ausführungen widmete der Kardinal dem Verhältnis von Freiheit und Wahrheit, Glaube und Kirche zueinander. Der christliche Glaube sei eindeutig in seinem wesentlichen Kern und er könne nicht eine schillernde Vermischung von Ja und Nein sein. Im Glauben gehe es um die „gemeinsame Verständigung in dem gemeinsamen Wort des Bekenntnisses der Kirche zu Jesus Christus, das in allen Sprachen, in allen Kulturen und allen Zeiten dasselbe bleibt". Ratzinger betonte in diesem Zusammenhang den Wahrheitsanspruch des christlichen Glaubens: „Wo es keine Wahrheit mehr gibt, kann man jeden Maßstab ändern, überall im Grunde auch das Gegenteil tun: Der Verzicht auf Wahrheit ist der eigentliche Kern unserer Krise". Außerdem warnte der Kardinal vor einer „Verächtlichmachung des einfachen Glaubens durch die Intellektuellen und ihrer Auslegungskünste". Er sagte: „Nicht die Intellektuellen messen die Einfachen, sondern die Einfachen messen die Intellektuellen. Nicht die intellektuellen Auslegungen sind das Maß für das Taufbekenntnis, sondern das Taufbekenntnis in seiner naiven Wörtlichkeit ist das Maß aller Theologie ... Auf der Linie der Bergpredigt ist und bleibt der christliche Glaube die Verteidigung der Einfachen gegen die elitäre Anmaßung der Intellektuellen".

Das kirchliche Lehramt hat nach den Worten Ratzingers den Auftrag, „den Glauben der Einfachen gegen die Macht der Intellektuellen zu verteidigen". Wörtlich sagte der Kardinal: „Gegenüber Künsten, die die Wörtlichkeit des Glaubens als unerträgliche Naivität denunzieren, und uns vielleicht sogar sagen, auch Formulierungen, die das genaue Gegenteil ausdrücken, könnten sachlich das Gleiche bedeuten, muß es an der Wörtlichkeit des Glaubens, an der Eindeutigkeit des gemeinsamen Grundbekenntnisses festhalten ... Das kirchliche Lehramt schützt den Glauben der Einfachen, derer, die nicht Bücher schreiben, nicht im Fernsehen sprechen und keine Leitartikel in den Zeitungen verfassen können: das ist sein demokratischer Auftrag. Es soll denen Stimme geben, die keine haben". Unabhängig davon müsse jedermann das Recht haben, frei seine Meinung zu bilden und zu äußern, wie er es wolle und vor seinem Gewissen vertreten könne: „Aber das bedeutet nicht, daß jede geäußerte Meinung als katholische anerkannt werden muß ... Die Kirche muß ihren Gläubigen sagen können, welche Meinungen ihrem Glauben entsprechen, welche nicht. Dies ist ihr Recht und ihre Pflicht, damit Ja Ja und Nein Nein bleibt und jene Eindeutigkeit gewahrt wird, die sie ihren Gläubigen schuldet und der Welt.

83

KAB Süddeutschlands sprach mit Kardinal Ratzinger
Entwicklungshilfe als Gesamtkonzeption – Frage der Feiertagsregelung

Zu einem Gespräch über gemeinsam interessierende Fragen hat der Erzbischof von München und Freising, Joseph Kardinal Ratzinger, den Vorstand der Katholischen Arbeitnehmer-Bewegung (KAB) Süddeutschlands in München empfangen. Von Seiten der KAB nahmen an dem Gespräch teil: Präses Johann Ascherl, der auch Präses der Weltbewegung christlicher Arbeitnehmer ist, die Vorsitzenden Karl Nothof, Speyer, und Pauline Gradl, Ingolstadt, der Rektor des Sozialinstituts der KAB in Freising, Hans Ludwig, sowie der Geschäftsführer der KAB Süddeutschlands, Toni Lindermüller. Bei dem Gespräch kam die interne Situation der KAB zur Sprache, ferner wurde die Arbeitsmarktsituation, insbesondere im Zusammenhang mit Fragen der Hilfeleistung christlicher Arbeitnehmer für die Menschen in den Entwicklungsländern erörtert. Auch die Feiertagsregelung in Bayern kam zur Sprache.

Übereinstimmend vertraten die Gesprächspartner die Auffassung, daß Entwicklung und Fortschritt in den Ländern der Dritten Welt nicht allein durch Industrialisierung erzielt werden können. Unter Berücksichtigung der Tatsache, daß es in westlichen Ländern auch deswegen eine Arbeitsplatzkrise gebe, weil Arbeitsplätze in anlernbaren Berufen ins Ausland verlagert werden, wo in der gleichen Qualität, aber billiger produziert werden könne, hielten die Gesprächspartner eine Gesamtkonzeption für erforderlich, die sowohl die Situation in den westlichen Industrieländern Europas als auch in den Entwicklungsländern berücksichtigt. Jedoch dürfe man bei einer solchen Konzeption nicht grundsätzlich davon ausgehen, das Marktsystem und das Gewerkschaftsmuster westlicher Länder einfach zu exportieren. Vielmehr müsse man an einer solchen Gesamtkonzeption gemeinsam mit Partnern in Entwicklungsländern, gerade auch mit denen der Kirche, zusammenarbeiten. Dort wie auch in den westlichen Ländern könne das Problem der Arbeit nicht nur aus der Sicht der Gewerkschaften und anderer Tarifpartner gesehen werden. Es sei vielmehr erforderlich, für die notwendige ethische Sicht der Probleme das Gewicht der Kirche auf breiter Basis zur Geltung zu bringen.

Gemeinsam erörtert wurden auch die Schwierigkeiten, die sich bei der Einführung einer einheitlichen Feiertagsregelung für ganz Bayern ergeben haben. Dabei kam zur Sprache, daß es in rein evangelischen Gegenden Bayerns schwierig sei, die zusätzliche Einführung von drei ausdrücklich katholisch motivierten Feiertagen verständlich zu machen. Dies sei dort nicht nur aus der Sicht von Arbeitgebern, sondern auch in den Augen der übrigen Bevölkerung problematisch. Das Verständnis für die Mitchristen und die Berücksichtigung der ökumenischen Situation müsse sehr ernst genommen werden, ebenso sei aber auch Verständnis

schen Christus und seiner Kirche, in der Gottes Liebe Leib geworden ist und sich leibhaftig mit den Menschen vereinigt hat. Die Gemeinschaft von Mann und Frau sei nicht etwas bloß Rechtliches und Äußerliches, das die Menschen einmal vereinbart haben und je nach Umständen auch wieder ändern könnten. In der Gemeinschaft von Mann und Frau rühre der Mensch an den geheimen Grund des Weltalls. Hier könne er sich versündigen oder aber in besonderer Weise seinem Gott nahe werden. Den Menschen sei immer deutlich gewesen, daß die Verbindung von Mann und Frau niemals etwas bloß Privates oder Beliebiges sein könne. Hier gehe es um das Tiefste des Menschen und der ganzen menschlichen Familie.

Tiefgehende geistige und moralische Revolution

Zur Problematik von Ehe und Familie heute erklärte Ratzinger, in dem Augenblick, in dem die Familie nicht mehr wünschbar erscheine, verliere auch die Ehe zunehmend ihre Bedeutung; indem das Sexuelle völlig von der Fruchtbarkeit losgetrennt werde, drohe es sich auch aus dem geistigen Zusammenhang der Liebe von Mann und Frau und der mit ihr wesentlich verbundenen Gemeinschaft der Treue zu lösen. Das Auftreten der Pille, „ein eher pharmazeutisches und technisches Ereignis", sei Ausdruck für eine tiefgehende geistige und moralische Revolution geworden, die an die Fundamente der Gesellschaft rühre. In diesem Zusammenhang verwies der Kardinal auf die Vermarktung der menschlichen Sexualität, auf die Entwürdigung des menschlichen Körpers zu Werbung und Ware und auf die vielfach geäußerte Meinung, die Bindung der körperlichen Vereinigung von Mann und Frau an die geistige und seelische Vereinigung der Liebe in einem Raum lebenslanger Treue sei eine unerträgliche Versklavung. Unter dem Schlagwort der Selbstverwirklichung würden andere Menschen dann als Konkurrenten empfunden, das Kind schneide ein Stück vom eigenen Leben ab und die eigene Freiheit erscheine dadurch gemindert. Diese Sicht der Ehe habe bis zu einem gewissen Grad auch schon in die Gesetzgebung Eingang gefunden; ebenso verheiße die Ideologie der Weltrevolution dem Menschen von der sexuellen Revolution her Verwirklichung seiner selbst und Befreiung.

Die eigentlichen sexuellen Sünden sind Sünden des Geistes

Die Folge einer Entwürdigung des Menschen zur Ware ist nach den Worten des Kardinals notwendigerweise „der Ekel am Dasein, die Anklage gegen Gott und gegen die Menschen, die dieses Menschsein zu verantworten haben". Somit werde klar, daß die eigentlichen Sünden auch im sexuellen Bereich nicht die Sünden des Fleisches, sondern die Sünden des Geistes seien – „jene kalte Berechnung, die die Fehlbarkeit des Menschen benützt, um ihn zu eigenen Zwecken gebrauchen zu können". Wörtlich erklärte der Kardinal: „Der Mensch aber ist nie ein Mittel, das man zu anderen Zwecken benutzen darf, sondern selbst ein letztes Ziel Gottes". Die Tugend, um die es im sechsten Gebot gehe, bestehe daher nicht in Gefühlskälte oder gar in der Verneinung der eigenen Leiblichkeit und ihrer geschlechtlichen Bestimmung: „Sie besteht vielmehr darin, die Liebesfähigkeit zu ihrer wahren menschlichen Größe zu bringen und das Geschlechtliche voll in der Würde des Menschen zu verankern".

Das Kind ist Zukunft – keine Bedrohung

Die höchste Möglichkeit der Freiheit sei die Fähigkeit des Menschen, sich zu entscheiden, „die Fähigkeit zum Endgültigen". Die Hingabe an einen Menschen, die Treue zu ihm, sei nicht Gegensatz zur Freiheit, sondern erst ihr wirklicher Anfang. Nur eine Liebe, die sich dem anderen Menschen ganz gibt – „bis der Tod euch scheidet" – und dies durchsteht, sei dem inneren Anspruch der Liebe und damit des Menschseins gemäß. Die Liebe zwischen Mann und Frau sei etwas höchst Persönliches, aber eben darum nichts Privates und Beliebiges: „Von ihr hängen Gegenwart und Zukunft einer Gemeinschaft, ja, der Menschheit überhaupt ab". Darum habe es in der Geschichte nie Gesellschaften gegeben, die diese Gemeinschaft der Beliebigkeit überlassen hätten. In wechselnden Formen sei sie gestaltet und geschützt worden. In diesem Zusammenhang betonte der Kardinal: „Das Kind ist keine Bedrohung, keine Minderung der Freiheit, keine Einschränkung der Selbstverwirklichung". Die Hoffnung für die Menschheit liege auch heute nicht in Bodenschätzen oder angesammelten Reichtümern, „sondern in der Erfindungskraft des menschlichen Geistes und in der Liebeskraft des menschlichen Herzens". Die Zukunft werde mit Sicherheit untergraben, „wenn wir in der Angst der Selbstverwirklichung nur noch unseren Besitz und Genuß retten wollen und uns der einzigen Kraft verschließen, die wirklich Zukunft geben kann: dem Kind".

86

29. [März] 1980   ok Nr. 13 vom 29. [März] 1980

Religionsunterricht antwortet auf die Sinnfrage
Ratzinger schreibt an Eltern von Grund- und Hauptschülern

Der Erzbischof von München und Freising, Joseph Kardinal Ratzinger, hat in seiner Eigenschaft als Vorsitzender der Bayerischen Bischofskonferenz in einem Brief an die Eltern von Grund- und Hauptschülern zur Situation des Religionsunterrichtes Stellung genommen. Ratzinger verweist in dem Schreiben auf den neuen Lehrplan für den Religionsunterricht, der seit Beginn des Schuljahres 1979/80 Geltung hat und bittet die Eltern um ihre Mitarbeit bei der religiösen Erziehung der Kinder. „Religion befaßt sich mit dem, was dem Menschen Halt und Sinn für sein Leben gibt", so betont der Kardinal. „Der katholische Religionsunterricht zeigt Wege und Hilfen dazu auf. Er will dem jungen Menschen eine geistige Grundrichtung und eine ganzheitliche Lebenshaltung mitgeben. Deshalb geht es ihm nicht nur um Wissensvermittlung, sondern auch um Gemüts- und Herzensbildung. Das Anliegen des Religionsunterrichtes ist heute wie eh und je: mit dem Glauben vertraut machen". Der neue Lehrplan möchte nach den Worten Ratzingers „den Glauben in unserer Zeit ermöglichen". Er zeige auf, wie der Glaube der Kirche altersgemäß, aber unverkürzt und unverfälscht den Kindern dargeboten werden soll. Aber auch Themen, die auf den ersten Blick nur wenig mit Glauben und Religion zu tun haben, seien für den Religionsunterricht notwendig. „Sie haben die Aufgabe, den Grund für das Verständnis der Glaubenswahrheiten zu legen." Religionsunterricht hilft, so der Kardinal weiter, den Kindern, zu verstehen, aus welcher Wurzel unsere Kultur kommt. „Wir können unsere Welt nicht begreifen", hebt Ratzinger hervor, „wenn uns nicht klar ist, welche Kräfte sie geformt haben; wenn wir nicht wissen, woraus wir alle heute noch leben ... Das Christentum gehört zu den prägenden geistigen Kräften gestern und heute." Insbesondere gehe es im Religionsunterricht darum, nach Sinn und Wert des Lebens zu fragen. Dazu der Kardinal: „Der Religionsunterricht zeigt Ihrem Kind, die Welt als Ganzes zu verstehen. Über den Sinn und Wert des Lebens muß sich jeder einmal Gedanken machen. Niemand kann auf die Dauer ohne ein ganzheitliches Bild von Welt und Mensch leben. Wo das nicht der Fall ist, bleibt der Mensch orientierungslos und ist wie ein Schiff ohne Steuer und Kompaß. Er kann leicht manipuliert werden und ist anfällig für Drogen und Jugendsekten".

87

2. April 1980   ok Nr. 14 vom 2. April 1980

Wort des Kardinals über die Ehe enorm gefragt

Weit hinaus über das Gebiet der Erzdiözese München und Freising erfreut sich der Fastenhirtenbrief des Erzbischofs von München und Freising, Joseph Kardinal Ratzinger, großer Nachfrage. Das Wort des Kardinals über die Ehe, das in bibliophiler Form unter dem Titel „Wer in der Liebe bleibt" herausgegeben worden ist, wird praktisch aus der ganzen Bundesrepublik, und darüber hinaus auch aus der Schweiz und aus Österreich abverlangt. Innerhalb von vier Wochen wurden 50.000 Exemplare von der Pressestelle des Ordinariates in München auf Verlangen, also nicht unaufgefordert, verschickt oder abgegeben. Damit hat der Fastenhirtenbrief nach der Silvesterpredigt, die in 20.000 Exemplaren Verbreitung gefunden hat, die bisher höchste Auflage erreicht. Aus zahlreichen Pfarreien wird bekannt, daß das Wort des Kardinals über die Ehe Brautpaaren und jungen Familien als Geschenk überreicht wird, vor allem aber auch in Eheseminaren und im schulischen Religionsunterricht großen Anklang findet.

10. April 1980   ok Nr. 16 vom 17. April 1980

Gemeinsame Erklärung des Erzbischofs von München und Freising, Joseph Kardinal Ratzinger, und des Landesbischofs der Evangelisch-Lutherischen Kirche in Bayern, Dr. Johannes Hanselmann, zum Hungerstreik der Sinti in Dachau

1. In der Wahrnehmung unseres Auftrages, um die Würde des Menschen besorgt zu sein, wenden wir uns wie gegen jede Diskriminierung von Menschen, so auch gegen eine Diskriminierung der Sinti.
2. Wir wollen in unseren Kirchen alles tun, damit diesbezügliche Vorurteile abgebaut und Verständnis für die besondere Situation dieser unserer Mitmenschen geweckt werden.
3. Wir wenden uns gleichzeitig sowohl an die Bayerische Staatsregierung als auch an die Regierung der Bundesrepublik Deutschland mit der Bitte, die in dieser Hinsicht noch offenen Fragen einer baldigen Klärung zuzuführen.

gez.   Johannes Hanselmann   gez.   Joseph Kardinal Ratzinger
       Landesbischof der   Erzbischof von
       Evang.-Luther. Kirche in Bayern   München und Freising

17. Mai 1980   ok Nr. 20 vom 22. Mai 1980

**Ratzinger betont religiösen Charakter der Passionsspiele
Kardinal bittet: Mit dem Vorwurf des Antisemitismus aufhören**

Den religiösen Charakter der Oberammergauer Passionsspiele hat der Erzbischof von München und Freising, Joseph Kardinal Ratzinger, herausgestellt. In der Pfarrkirche des Passionsspielortes wies der Kardinal während einer Predigt beim traditionellen festlichen Eröffnungsgottesdienst für die Spiele am Samstagabend, 17. Mai, darauf hin, ihrem innersten Kern nach sei die Darstellung der Passion ein Gebet sowie ein Ereignis der Buße und Versöhnung. Daher dürfe das Geschäft auch nicht das bestimmende Motiv der Passionsspiele sein. An die Oberammergauer appellierte der Kardinal in diesem Zusammenhang, „alles zu tun, damit nicht von dieser Seite her eine Verfälschung des Ganzen geschieht".
Unter dem Gesichtspunkt der Versöhnung betonte Ratzinger, das Kreuz Christi sei eine Botschaft vom Frieden, die besonders auch für das Verhältnis zum jüdischen Volk gelte. Es gebe einen Strang des Antisemitismus, der zu den dunklen

Kapiteln christlicher Geschichte zähle, und der Antisemitismus des Dritten Reiches müsse „in seiner ganzen abgründigen Unmenschlichkeit für uns eine Warnung bleiben, an der wir nie achtlos vorübergehen können". Aber mit dem Antisemitismus, der sich im Umkreis der Kreuzzugsidee und mancher Hostienlegenden gebildet habe oder mit dem deutschnationalen Antisemitismus des 19. Jahrhunderts hätten die Oberammergauer Passionsspiele nichts zu tun.

Wörtlich sagte der Kardinal: „Gewiß müssen wir nach den schrecklichen Ereignissen der jüngsten Vergangenheit den Passionsspieltext mit einer größeren Empfindsamkeit hören und lesen. Darum waren Überarbeitungen angebracht. Jede einzelne Aussage muß von der Grundabsicht des Ganzen her bestimmt werden, aber man muß auch das Einzelne von der Grundabsicht her lesen. Man kann Antisemitismus auch herbeireden; auch das sollte bedacht werden; deshalb möchte ich alle, besonders auch unsere jüdischen Freunde, bitten, mit dem Vorwurf des Antisemitismus aufzuhören, der dem geschichtlichen Ursprung und dem geistigen Gehalt des Spieles fremd ist".

Ratzinger erklärte weiter, Sinn und Wirkung eines Passionsspieles könne niemals in der Frage nach der Schuld liegen, sondern in der Frage: „Was können wir tun? Denn recht verstanden haben wir die Passionsspiele nur dann, wenn wir das Gefährliche von Haß und Feigheit erkennen, die Gefährlichkeit jenes Mitläufertums, ohne das das Böse keine solche Macht hätte in der Welt". Der Kardinal rief dazu auf, den Kreuzweg Christi mitzugehen: „In den Passionsspielen wird nicht die Schuld anderer dargestellt, sondern uns wird der Spiegel vorgehalten, aber vor allem: Uns begegnet im gekreuzigten Christus die Liebe, die den Haß überwindet und die Sünde vergibt".

90

29. Mai 1980   ok Nr. 21 vom 29. Mai 1980

Partnerschaft statt Klassenkampf
Kardinal Ratzinger für Mitbeteiligung und Vermögensbildung

Zur Solidarität und Überwindung des Klassenkampfdenkens sowie zur Mitbeteiligung und Vermögensbildung der Arbeitnehmer hat aus der Sicht der christlichen Soziallehre der Erzbischof von München und Freising, Joseph Kardinal Ratzinger, programmatisch Stellung genommen. In den Mitteilungen für die katholischen Werkgemeinschaften, eine Zeitschrift mit dem Titel „Christ in Staat und Wirtschaft", die vom Sozialen Seminar in München herausgegeben wird, erklärte der Kardinal, es sei immer das Ziel der Kirche gewesen, anstelle des Klassenkampfes die Versöhnung der Klassen und den sozialen Frieden zu setzen, „die Klassengegnerschaft zu überwinden und an deren Stelle die Solidarität zwischen Arbeitgebern und Arbeitnehmern zu setzen". Solidarität, wie die Kirche sie verstehe, habe ihren letzten Grund in der Schöpfung aller Menschen durch Gott und in der Erlösung durch Christus.

Äußerster Gegensatz zum marxistischen Sozialismus

Zu einer Neuordnung der Gesellschaft, in der die Forderungen der Gerechtigkeit berücksichtigt werden müßten und die sich ohne Liebe auch nicht herstellen lasse, stellte der Kardinal fest, die christliche Gesellschaftskonzeption stehe „in äußerstem Gegensatz" zur marxistisch-sozialistischen Klassengesellschaft. Auch in dieser werde von Solidarität gesprochen, nur verstehe man darunter etwas ganz anderes, nämlich die Verbindung und Solidarisierung der einen Klasse zum Kampf gegen die andere: „Solidarität im christlichen Verständnis meint dagegen die Verbindung aller Menschen zur Verwirklichung des göttlichen Gedankens über die Menschheit". Dieser Auffassung entspreche dann im gesellschaftlichen Leben auch eine ganz bestimmte Form von Miteinander, von Partnerschaft. Jede soziale Schicht müßte sich als Teil des Ganzen verstehen: „Und wie das Ganze nur gebildet werden kann im harmonischen Zusammenwirken der Teile, so kann auch das Gemeinwohl der Gesellschaft nur sichergestellt werden im Miteinander aller Beteiligten".

Vermögensbildung ein konstitutives Element

Auf der Ebene des Betriebes erfordert die Partnerschaftsidee nach Ratzingers Auffassung „die Mitbeteiligung aller im weitesten Sinne". Im einzelnen heißt es in dem Beitrag des Kardinals dazu: „Mitbeteiligung als Mitbestimmung der Vorgänge, die den Einzelnen selbst betreffen, Mitbeteiligung am Erfolg des Betriebes, Mitbeteiligung aber auch an der Verantwortung für das Ganze; die wirksamste Form, die Mitarbeiter an die Mitverantwortung heranzuführen, wäre Beteiligung am Produktiv-Vermögen der Wirtschaft". Die Kirche sei deshalb seit Papst Leo XIII., der seine Sozialenzyklika „Rerum novarum" im Jahre 1891 veröffentlicht hatte, für die Vermögensbildung in Arbeitnehmerhand eingetreten. Diese Vermögensbildung sei „ein konstitutives Element in dem Bemühen um Überwindung der Proletarität, eines für den Menschen als Person unwürdigen Zustandes".

Personalität entfalten – Absage an kollektive Bevormundung

Ausdrücklich stellte der Kardinal in diesem Zusammenhang fest, nur jene Formen der Vermögensbildung seien zu unterstützen, die die personale Eigenständigkeit und Eigenverantwortlichkeit der Arbeitnehmer stärken. Dieses Ziel sei durch die Einrichtung kollektiver Vermögensfonds nicht gewährleistet. Ein Kollektiv dürfe weder das Denken noch das Handeln des Arbeitnehmers übernehmen. Not täten Institutionen, die geeignet sind, die Personalität entfalten zu helfen: „Hier müßten zum Beispiel die Mitbestimmungsrechte des Arbeitnehmers am Arbeitsplatz gestärkt und noch vermehrt, nicht aber Maßnahmen getroffen werden, die zu seiner noch größeren Bevormundung führen".

Appell zum Aufbau einer menschlichen Gesellschaft

Die Soziallehre der Kirche, so erklärte der Kardinal, „bietet die Möglichkeit an, die Gesellschaft und Wirtschaft so zu gestalten, daß die Würde des Menschen sichergestellt ist, er seine Personwerte entfalten kann und darüber hinaus eine menschliche Gemeinschaft entsteht, die den Namen verdient". Die Kirche wisse um die Grenze des Menschen und seiner Einrichtungen. Die beste politische und soziale Ordnung könne nicht völlig befriedigen. Immer bleibe ein Restbestand an Unerfülltheit und Unruhe. Die Kirche sage dem Menschen daher auch die Wahrheit, nämlich daß er seine letzte Erfüllung und sein eigentliches Glück nur in der Gemeinschaft mit Gott finden könne. An die Arbeitnehmer appellierte der Kardinal, sich auf diese Leitlinien christlicher Orientierung neu zu besinnen und die „ganze Kraft aufzubieten für den Aufbau einer von diesem Geist geprägten menschlichen Gesellschaft".

91

2. Juni 1980   ok Nr. 22 vom 3. Juni 1980

Pressemitteilung über ein Gespräch, das Kardinal Ratzinger mit dem Diözesanvorstand des BDKJ geführt hat

Der Erzbischof von München und Freising, Joseph Kardinal Ratzinger, hat die Mitglieder des Vorstandes des Bundes der Deutschen Katholischen Jugend (BDKJ), unter ihnen Diözesanjugendpfarrer Rudolf Hausl, ferner den für das Erzbischöfliche Jugendamt zuständigen Ordinariatsreferenten, Domkapitular Monsignore Schneider, am 21. Mai zu einem Gespräch empfangen. Die Unterredung war seit längerem geplant und ist Bestandteil der regelmäßigen Kontaktgespräche, die der Erzbischof von München und Freising führt.
Im Mittelpunkt der offenen Aussprache standen die Stellung der Verbände des BDKJ innerhalb der katholischen Kirche und in diesem Zusammenhang die anerkennenswerten kirchlichen Bemühungen und Leistungen der Verbände für die Jugendseelsorge im Erzbistum. Von seiten des BDKJ-Vorstandes wurde dabei darauf verwiesen, daß sich zunehmend mehr Jugendliche mit religiösen Fragen und der Suche nach dem Sinn ihres Lebens befassen.
Zu der aktuellen Auseinandersetzung um den nach wie vor umstrittenen politischen Beschluß der Diözesanversammlung des BDKJ zur Praxis des Radikalenerlasses wurde von den Gesprächsteilnehmern die Erwartung zum Ausdruck gebracht, daß die dabei entstandenen Probleme deutlich gemacht und im gegensei-

tigen Einvernehmen eindeutig geklärt und gelöst werden können.

Msgr. Curt M. Genewein
– Pressereferent –

92

11. Juni 1980   ok Nr. 23 vom 12. Juni 1980

Erklärung des politischen Referenten im Erzbischöflichen Ordinariat München zu der Störaktion gegen Kardinal Ratzinger an der Universität München

An der Universität München haben am 10. Juni linksradikale Studenten nach glaubwürdigen Erkenntnissen gemeinsam mit universitätsfremden Personen den Erzbischof von München und Freising, Joseph Kardinal Ratzinger, mit Gewalt daran gehindert, einen Vortrag zu halten. Der Kardinal wurde niedergebrüllt, mit Pfiffen und Gejohle attackiert und mit dem ironischen Absingen von Christus- und Marienliedern gewaltsam am Sprechen gehindert.

Dieser Vorgang an der Universität München, bei dem es nicht nur um die Person des Kardinals geht, spiegelt nicht die Mentalität der überwiegenden Mehrheit der dort Lehrenden und Studierenden wider. Er kennzeichnet aber doch mit bedrohlicher Deutlichkeit einen Ausschnitt unserer Wirklichkeit, der sehr ernst genommen werden muß:

Durch massiven Terror gegen Personen, Meinungen und Institutionen gelingt es einer radikalen, ideologisch eindeutig marxistisch und politisch linksradikal orientierten Minderheit immer wieder, ganz ungeniert die Räume der Freiheit, Toleranz und Offenheit, die ein Zusammenleben und Zusammenwirken anders denkender Menschen ermöglichen, erfolgreich zu bedrohen. Dies erinnert an die Zustände der Zeit des Nationalsozialismus, als beispielsweise mit der gleichen menschenverachtenden, das Recht und die Freiheit verletzenden Gesinnung gegen den damaligen Münchener Erzbischof Michael Kardinal Faulhaber Front gemacht wurde.

In der bloßen Erkenntnis dieser Bedrohung und in der Klage darüber dürfen diejenigen, die Recht und Freiheit in unserem Land erhalten wollen, nicht stehen bleiben. Wer erkennt, daß Radikalismus und Extremismus zum Untergang führen müssen, von dem ist zu erwarten und zu verlangen, daß er eindeutig ist in der geistigen Auseinandersetzung, klar in Sprache und Begriffen und einmütig mit denen, die erklärtermaßen dazu bereit sind, sich kämpferisch für das Recht und die Freiheit einzusetzen, die uns nicht zufällig zugefallen sind, sondern die mit den leidvollen und bitteren Erfahrungen mit der nationalsozialistischen Diktatur in einem nicht nur für unser Volk schmerzhaften Prozeß erworben worden sind.

Der radikalen Kraft und Ideologie des militanten Marxismus sich widersetzen, seinen heimlichen und offenen Bündnissen, ebenso seinen Versuchen zur Systemveränderung in Staat, Gesellschaft und Kirche entgegenzuwirken, seine Herausforderung zur Auseinandersetzung anzunehmen ohne opportunistische, feige und unchristliche Ausflüchte – auch ohne pastorale Verbrämungsversuche – das ist die Aufgabe für jeden, der ein Regiment der Unfreiheit leidenschaftlich ablehnt, der eine geistige Sklaverei verhindern will, wie sie bereits in vielen Ländern der Erde gerade auch die Bekenner des christlichen Glaubens bedrückt. Diese Versklavung des Menschen ist nicht als unvermeidbar schicksalsgegeben hinzunehmen, vielmehr ist Widerstand zu leisten.

Wer sich mit radikalen Gruppen solidarisiert – und dies gilt auch für die innerkirchliche Auseinandersetzung – sei es, daß er als Priester bei einer von linksextremen Gruppierungen gesteuerten Kundgebung spricht, sei es, daß er die Beschützung der demokratischen Ordnung durch eine Regierung agitatorisch kritisiert, sei es, daß er mit linksextremen Gruppierungen Aktionsgemeinschaften, etwa sogenannte Friedensinitiativen eingeht, der sollte endlich begreifen, daß er damit auch seine eigene Freiheit und sein eigenes Recht auf freie Meinungsäußerung bedroht.

Nicht nur für die ältere Generation, um unserer jungen Menschen und um unserer Kinder Zukunft willen ist es notwendig, diese Auseinandersetzung in aller Öffentlichkeit und Deutlichkeit mit dem gebotenen Ernst zu führen, ehe es zu spät ist.

Msgr. Dr. Curt M. Genewein
Domkapitular
– Politischer Referent –

93

19. Juni 1980   ok Nr. 24 vom 19. Juni 1980

Es geht um die „Unterscheidung des Christlichen"
Ratzinger: Gottes Wort gegen verkehrte Ideologien aufrichten

Die Unterscheidung des Christlichen, um die es in der Auseinandersetzung mit den Problemen der jeweiligen Zeit geht, ist nach Auffassung des Erzbischofs von München und Freising, Joseph Kardinal Ratzinger, heute nicht weniger aktuell als in den früheren Jahrhunderten. In einer Predigt anläßlich des 400jährigen Jubiläums der Übertragung der Reliquien des heiligen Bischofs Benno von Meißen nach München erklärte der Kardinal im Münchener Liebfrauendom am 15. Juni, die Unterscheidung des Christlichen sei gerade in der Gegenwart nötig: „Gerade für uns, die wir das Hineinwirken des Glaubens in die Welt von heute mit neuer Dringlichkeit ersehnen und darum ringen, bleibt es umso wesentlicher, daß Glaube nicht im Zugriff der Ideologien, nicht im Zugriff der anpassenden Bequemlichkeit versumpft und versickert, sondern daß Glaube seine Freiheit, seine eigene Gestalt bewahre".

Ratzinger sagte, der christliche Glaube müsse seine prophetische Stimme und „das Licht von Gottes Wort" gegen Bequemlichkeit, gegen Sicherheiten und verkehrte Ideologien aufrichten. Der Glaube müsse „gegen die Mächte der Welt als das Eigene und Neue" stehen, mit dem der Gründer der Kirche, Jesus Christus, rufe. In der Vergangenheit wie in der Gegenwart bleibe es wichtig, „daß dieser Glaube nicht vereinnahmt wird für einen einzigen Raum, daß er sich nicht verkapselt und verkleinert in das Eigene der Gemeinde oder der Sprache, sondern daß er umfassender, katholischer, die ganze Geschichte des Glaubens umspannender Vorgang sei". Es bleibe wichtig, daß die Kirche, um nicht zu versinken in menschlichen Mächten oder in menschlichen Privatgedanken, „auf der bischöflichen Ordnung steht, die der Herr gegründet hat und der aufgetragen ist, die Eigengestalt der Kirche zu formen, ihre apostolische Ganzheit und ihre katholische Gemeinschaft in der Einheit mit dem Nachfolger des heiligen Petrus zu wahren". Den katholischen Gläubigen in der Gegenwart sei neu die Aufgabe gestellt, um die Unterscheidung des Christlichen zu ringen. Dies werde immer bedeuten, „an der Passion Christi teilzuhaben, ein stückweit fremd zu sein in der Welt, Widerspruch zu finden".

94

28. Juni 1980   ok Nr. 26 vom 2. Juli 1980

Ratzinger weiht acht Diakone zu Priestern
Kardinal: „Die Ampel der Frohen Botschaft vorantragen"

Der Erzbischof von München und Freising, Joseph Kardinal Ratzinger, hat am Samstag, 28. Juni, sechs Diakone seines Erzbistums, einen Diakon aus Südkorea und einen Benediktinerfrater im Freisinger Dom zu Priestern geweiht. Vor 5.000 Gläubigen forderte der Kardinal die Neupriester auf, Diener des Wortes Gottes und der Eucharistie zu werden. Die Menschheit brauche das lebendige Wort Gottes, das unverfälscht treu und dynamisch „in diese unsere Zeit" hineintrete. Die Botschaft Christi bewirke, daß sie „uns aus unserer spießigen Bequemlichkeit, aus unserem Eigenwillen und unseren Selbstbehausungen" herausreiße. Der Priester sei dazu beauftragt, den Menschen immer wieder „die Ampel der Frohen Botschaft" voranzutragen. Der Kardinal wandte sich in diesem Zusammenhang gegen eine „Pastoral der bloß eigenen Klugheit", die dem Glauben nicht mehr zutraue, daß er Menschen rufen und vereinigen könne.

Ratzinger bezeichnete in seinen weiteren Ausführungen die Eucharistie als „die

18. September 1980 ok Nr. 32 vom 18. September 1980

Ratzinger betont in Polen Einheit Europas
Glaube als Grundlage für Humanismus und Fortschritt

Die für eine europäische Kultur unverzichtbare Bedeutung der „einenden und versöhnenden Macht des Glaubens" hat in einer programmatischen Predigt in der Krakauer Marienkirche der Erzbischof von München und Freising, Joseph Kardinal Ratzinger, herausgestellt. Bei einem Gottesdienst am Samstag, 13. September, der aus Anlaß des Besuches der katholischen Kirche Polens durch eine Delegation der Deutschen Bischofskonferenz in Krakau stattfand, erklärte Ratzinger, erst durch den christlichen Glauben sei Europa geworden. Dieser Glaube trage das Erbe Israels in sich, aber zugleich das Beste des griechischen und des römischen Geistes. Germanische und slawische Völker hätten ihm neue Gestalten und Formen gegeben, von ihm aber erst ihre Geschichte und ihre Identität empfangen: „Jedes europäische Volk darf und muß von sich bekennen, daß der Glaube unsere Heimat geschaffen hat und daß wir uns selbst verlieren würden, wenn wir den Glauben wegwerfen".

In der Begegnung mit der Gestalt Jesu Christi, die in der Mitte der europäischen Geschichte stehe, sei die „Grundlage des wahren Humanismus, einer neuen Menschlichkeit" geschaffen worden, die auch „die Grundlage jedes wirklichen Fortschritts" sei. Aus christlichem Humanismus, „dem Humanismus der Menschwerdung", habe sich das Besondere der christlichen Kultur entwickelt, deren spezifische Kennzeichen „sich zutiefst auf den Glauben auf die Menschwerdung zurückführen". Im einzelnen nannte der Kardinal eine Reihe von Kennzeichen spezifischer christlicher Kultur: daß jeder Mensch in Würde leben kann und den gerechten Anteil an den materiellen Gütern der Erde erhält, aber daß niemals im materiellen Besitz und Genuß der höchste Wert des Menschen zu sehen ist; daß den sittlichen Werten vor den materiellen Werten der Vorrang gebühre und deshalb die Ehre Gottes für die christliche Kultur ein öffentliches und gemeinsames Gut des Menschen ist; daß es für den Bestand christlicher Kultur grundlegend sei, daß die Ordnung der Werte in ihr richtig bleibe; daß die Würde des Gewissens und seiner Rechte anerkannt werde, vor allem das Recht, zu glauben und diesem Glauben gemäß zu leben. Zur Grundlage europäischer Kultur gehöre insbesondere auch die Würde von Ehe und Familie: „Ohne die christliche Ehe gibt es keine christliche Kultur". Erst die Überwindung der Polygamie und die Endgültigkeit ehelicher Treue habe das Spezifische europäischer Kultur aufsteigen lassen. Sie zerfalle, „wo diese grundlegende, schöpfungsgemäße Ordnungsform der menschlichen Dinge endet".

Die Kultur des Erbarmens weiterleben

Ganz von Anfang an gehöre zu christlicher Kultur „besonders die Liebe zu den Schwachen und zu den Kranken, zu den Armen und Alten" – zu denen, die nach irdischen Maßstäben vielen als nutzlos gelten. In diesem Zusammenhang erinnerte der Kardinal an die „Barbarei" der Ermordung Geisteskranker durch die Nationalsozialisten, die den Menschen nach seinem „Nutzwert für die Gesellschaft" beurteilten. Die christliche Kultur habe nicht nur Kathedralen zur Ehre Gottes gebaut, sondern ebenso Spitäler für Kranke und Alte errichtet, „auch diese zur Ehre Gottes, den sie im leidenden Menschen ehrte". Die wahre europäische Kultur sei nicht nur eine Kultur des Verstandes, sondern eine Kultur der Nächstenliebe, Barmherzigkeit und sozialen Gerechtigkeit: „Vom gekreuzigten Christus her hat sie den Adel des Leidens entdeckt, und das hat sie selbst geadelt". Ratzinger erinnerte an die vielen Ordensgründungen, die aus diesem Geist erwachsen sind: „Europa bewahren und weiterbauen heißt daher ganz besonders auch, diese Kultur des Erbarmens im Annehmen und Aufnehmen von Gottes Erbarmen weiterzuleben und weiterzupflegen".

Zum Abschluß seiner Predigt beschwor der Kardinal Einheit und Vielfalt Europas. Die Vielgestalt nationaler Kulturen gehöre zum Reichtum des Europäischen. Aber die Vielheit sei in den besten Zeiten des Kontinents nicht Gegensatz, sondern „Befruchtung aller füreinander" gewesen. Nach den Zerstörungen, die der Nationalismus in der ersten Hälfte des 20. Jahrhunderts angerichtet habe, müsse das ursprünglich Europäische wieder neu gelernt werden" „Die Achtung vor der Eigenheit des anderen und die Gemeinsamkeit in der Verschiedenheit; deswegen ist der gemeinsame Glaube so wichtig, der uns über die Grenzen hin in der Einheit einer einzigen Kirche verbindet; deswegen ist die Einheit mit dem Heiligen Vater in Rom so wichtig, in der sich der übernationale Charakter des Glaubens ausdrückt".

Wo der Glaube an Christus recht gelebt werde, „da wird er dann auch brüderliche Einheit mit den Christen anderer Konfessionen und mit allen nach Gott suchenden Menschen als eine seiner Grundtugenden von selbst hervorbringen".

Unter Hinweis auf die Mariensäule in München, die nicht nur Mitte der bayerischen Landeshauptstadt, sondern Mitte des ganzen bayerischen Landes ist, sagte Ratzinger: „Das Bild der Mutter des Herrn gehört zur Herzmitte der europäischen Kultur … zur Herzmitte unseres Glaubens". Wörtlich sagte der Kardinal: „So wollen wir in diesen Tagen, in denen zum ersten Mal nach dem unglückseligen Zweiten Weltkrieg offiziell eine ganze Delegation der Deutschen Bischofskonferenz die katholische Kirche Polens und die polnischen Bischöfe besucht, voller Vertrauen die gemeinsame Mutter, die Mutter des Herrn, bitten, daß sie den Weg der Versöhnung segne, aus dem wir zueinander gehen … wir wollen sie bitten, daß sie aus dem Glauben heraus uns zum wahren Frieden, zur wahren Kultur führen und so Europa neu Zukunft aus dem Glauben erflehen möge".

Kirche, sondern auch des ganzen Menschengeschlechtes.

Die besondere Aufgabe dieser Synode besteht darin, sowohl ein kritisches als auch ein prophetisches Wort gegen die Ideologien und die Übergriffe, die den Menschen sich selbst entfremden, zu äußern. Ohne ein solches Wort kann den Menschen die Frohbotschaft der Umkehr und der Freiheit nicht wirkungsvoll verkündet werden. Zum Thema der Situation der Familie in der heutigen Welt unterstreicht Kardinal Ratzinger, wie diese Situation – so erscheint es aus den Berichten der Bischofskonferenzen – fast überall von einer Krise der traditionellen Kultur charakterisiert ist, die im Konflikt mit einer technischen und rein vernunftbetonten Denkweise ihren Eigenwert verloren zu haben scheint.

Teilnahme am Geheimnis des Lebens

Das ist ganz offensichtlich in den Ländern der Dritten Welt so, wo sich diese Denkweise noch nicht voll durchgesetzt hat und wo die traditionellen Formen der Familie, auch in ihrer Vielfältigkeit, noch bewahrt werden. Vielfach besteht die Polygamie (selten die Vielmännerei, dagegen viel öfter die Vielweiberei) als Form eines nach strikten Sozialnormen ausgerichteten Familienlebens; auch die monogamische Ehe wird hier nicht als die persönliche Entscheidung eines Mannes und einer Frau betrachtet, sondern eher als stabile Einung zweier Familien. In einer tiefen Sicht der Familie, verstanden als Teilnahme am Geheimnis des Lebens, das vom göttlichen Geheimnis nicht zu trennen ist, gilt die Fruchtbarkeit als Bedingung für die Gültigkeit dieser Ehe.

Die eheliche Liebe ist folglich unauflöslich mit der Liebe, zu Gott verknüpft. Die Erziehung wird zu einer Einbindung in die lebendige Tradition, die dem Menschen den Sinn des Lebens und seiner Wege erschließt. Diese traditionelle Kultur der Familie enthält für die Bischofskonferenzen ohne Zweifel große, auf das Evangelium weisende menschliche Werte, andererseits aber auch Gefahren und negative Aspekte, wie die menschenunwürdige Gewohnheit des Brautkaufs zum Beispiel, und die Polygamie, die sowohl der Gesellschaft wie der Würde des Einzelnen schwer abträglich ist.

Heute stehen diese traditionellen Formen des Familienlebens im Kontrast zur technischen Zivilisation der westlichen Welt. Die Verstädterung isoliert den Menschen. Die Ehe „ad experimentum", das heiß, die freien und wechselnden Beziehungen, entsprechen dem Zustand des unbeständigen Lebens des Menschen in einer sich dauernd ändernden Welt. Da Nachkommenschaft Beständigkeit erfordert, werden Empfängnisverhütung, Sterilisation und Schwangerschaftsabbruch zu Problemen, die in allen von der technischen Zivilisation berührten Regionen anzutreffen sind. Die Unbeständigkeit auch der traditionellen Ehe wird von der wachsenden Zahl der Ehescheidungen bewiesen. Neue Familientypen treten auf, die immer öfter nur von einem einzigen Ehepartner gebildet sind. Die Vaterfigur verschwindet immer mehr.

Streit um die Zukunft des Menschen

Es wäre jedoch nicht richtig, sich nur bei diesen negativen Aspekten aufzuhalten, und noch weniger, den christlichen Glauben als Grund dafür anzugeben. Es besteht unzweifelhaft ein falscher Individualismus, aber auch ein richtiger christlicher Personalismus, der die Würde eines jeden Menschen ins Licht rückt. Viele Eheleute leben bewußt eine größere wirklich personale Liebe und ein sich-Schenken der ganzen Person.

Drei Tendenzen scheinen sich heute um die Zukunft des Menschen zu streiten:

1. Der Wunsch nach der Wiederkehr der alten Zeit, die jedoch in sich unmöglich ist.

2. Der Materialismus in all seinen Formen, der durch die absolute Loslösung von aller Tradition den menschlichen Fortschritt sucht. Hier wird die Familie zu einem traditionellen Instrument der Unterdrückung und die traditionellen Tugenden der Familie, wie Treue, Gehorsam und Keuschheit Elemente eines repressiven Mechanismus, der die Freiheit und die Vereigentlichung des Lebens verhindert. Religiosität gilt in diesem Mechanismus als eine unlösliche Fessel. Die Lösung der modernen Probleme wird folglich nicht in der Erhaltung, sondern in der Abschaffung der Familie aufgezeigt. Ihr Ende wird als die Befreiung des Menschen von der Selbstentfremdung angesehen. Die dritte der genannten Tendenzen ist der christliche Glaube, der kraft der Parusie Christi, der uns entgegenkommt, sich immer wieder erneuert, und dennoch das vom Schöpfer verliehene Fundament und seinen Entwurf vom Menschen nicht verliert, sondern entwickelt.

Gleichheit der Frau in Würde und Rechten

Der erste Teil des Berichtes von Kardinal Ratzinger schließt mit einem Hinweis auf die Notwendigkeit einer richtigen Bewertung der Rolle der Frau, wie sie von der Bibel als Mutter aller Lebendigen, nach der Weisheit der Völker als Trägerin insbesondere des Geheimnisses des Lebens und Hüterin der Tradition dargestellt wird. In der Realität der sündverhafteten Welt ist sie jedoch der Gewalt des Mannes unterworfen, wohingegen sie, dem Willen des Schöpfers zufolge, dem Manne eine „ihm ähnliche Hilfe" sein sollte. Die beanspruchte Gleichheit der Frau in Würde und Rechten im Vergleich zum Manne entspricht der Hl. Schrift, während gewisse Formen des Feminismus, die den Mann in seiner bloßen Individualität sehen und die aus der Sexualität erwachsenden Wechselbeziehungen in Abrede stellen, zur Feindschaft der Geschlechter führen. Folglich gehört das Problem der richtigen Bewertung der Frau heute zu den fundamentalen Fragen bei der Suche nach einer richtigen Form von Ehe und Familie.

Im zweiten Teil des Berichtes, der dem Plan Gottes für die heutige Familie gewidmet ist, beruft sich Kardinal Ratzinger auf die Punkte des „Arbeitspapiers", die die Theologie der Ehe und des Ehelebens als ein Bündnis nach dem Vorbild des seit der Schöpfung zwischen Gott und dem Menschen bestehenden Bündnisses aufzeigt. Männlichkeit und Weiblichkeit sind Ausdruck der Verbindung von Personen und ursprüngliches Zeichen für die liebende Gabe des Schöpfers. Daraus folgt, daß die Liebe es Mannes und der Frau weder eine private noch profane, noch rein biologische Angelegenheit ist, sondern etwas Heiliges, und zu einem „Stand", zu einer neuen, dauerhaften und verantwortlichen Lebensform führt. Die Liebe zwischen Mann und Frau strebt auf etwas Institutionelles hin, das die allgemeine Ordnung angeht. Ehe und Familie haben in gewisser Weise Vorrecht vor dem öffentlichen Leben, und dieses muß das der Ehe und Familie innewohnende Recht und sein innerstes Geheimnis achten. Die freien Beziehungen, die die öffentliche Verantwortlichkeit und den institutionellen Charakter der Liebe zwischen Mann und Frau in Abrede stellen, laufen dem Wesen des Menschen und der Liebe selbst zuwider.

Die Ehe ist ihrem Sinn nach unauflöslich

Kardinal Ratzinger hebt hervor, wie es unter Getauften, in ihrer Eigenschaft als Glieder des mystischen Leibes Christi, zwischen einem einzigen Mann und einer einzigen Frau nur eine sakramentale und unauflösliche Ehe geben kann, die allein der endgültigen und ungeteilten Liebe Christi zur Kirche entspricht. Die christliche Ehe ist keine Erfindung der westlichen Kultur und auch keine zeitlich begrenzte Folgeerscheinung, die nach einer bestimmten Frist verschwinden kann oder muß. Gewiß hat sie verschiedene Kulturformen in sich aufgenommen, doch ist sie in ihrem Wesenskern nicht das Ergebnis einer bestimmten Kultur, sondern vielmehr Läuterung und Arznei im Vergleich zu den Unzulänglichkeiten jedweder anderen Kultur und zugleich Stätte, in der alles wirklich Große für seine endgültige Reife behütet wird. Die monogamische Ehe versklavt den Menschen nicht, sondern ist wirklich ein echtes Werkzeug für seine Befreiung, sowohl von dem niederschmetternden Druck der sozialen Strukturen, die alles umfassen, wie von der Einsamkeit des Einzelnen, der nur sich selbst kennt.
Zum Abschluß dieses Teils verweist Kardinal Ratzinger auf die unlösliche Verknüpfung der Jungfräulichkeit, wie sie vom Christentum verstanden wird, mit dem christlichen Ehe- und Familienleben. Wo der Jungfräulichkeit, die für die alten Gesellschaften nicht weniger unverständlich war wie für die heutige Konsumgesellschaft, Raum als Lebensform gewährt wird, beweist sie den unendlichen Wert des Menschen in sich selbst, verstanden als menschliche Person. Daraus ergibt sich eine neue Freiheit, nicht nur für sich selbst und die Familienangehörigen dazu sein, sondern für viele Menschen aus mehreren Familien. Wo die eheliche Treue entwertet wird wie in der heutigen Konsumgesellschaft, verliert auch die Jungfräulichkeit ihren Wert. Wo die Sexualität nicht als ein großes, dem Menschen vom Schöpfer gemachtes Geschenk betrachtet wird, fehlt auch der Sinn für den Verzicht des Menschen darauf, um des Reiches Gottes willen.

Gegen einen „Krieg der Geschlechter"

Im dritten Teil des Berichtes werden pastorale Probleme behandelt. Diese beginnen mit der grundlegenden Aufgabe der Familie, die in der Schaffung einer Gemeinschaft von Personen besteht. Der Bericht verurteilt erneut gewisse Formen von Maskulinismus und Feminismus, die nur zu einem Krieg zwischen den Geschlechtern führen.

Kardinal Ratzinger beleuchtet auch die Schäden der „befristeten" Verbindungen, die – wie einige Bischofskonferenzen hervorgehoben haben – das Vertrauen der Menschen zueinander untergraben. Wenn die Familie kein unantastbares Ordnungsgefüge mehr ist, und die fundamentalen Verbindungen nicht mehr anerkennt, aufgrund derer die Menschen in zwischenmenschlicher Beziehung zueinander leben können, dann erscheint die Sexualität als ein bloßes biologisches Zubehör, das dem Menschen beigegeben wird. Zu den Funktionen, die ausführlicher erläutert werden müssen, gehört ohne Zweifel die Vaterrolle, die man heute immer mehr zu entwerten sucht.

Zur Aufgabe der Familie, sich selbst und die Welt zu heiligen, wird die Notwendigkeit einer besseren Erklärung des Begriffes der ehelichen Keuschheit hervorgehoben, die die Gesamtheit der Tugenden darstellt, von denen die Familiengemeinschaft abhängt. Gegen die vorherrschende konsumistische Denkweise muß der ethische Wert der Mäßigung ins Licht gerückt werden; gegen die Ablehnung der festen Bindung muß die Tugend der Treue hervorgehoben werden; gegen den Egoismus müssen Achtung, Geduld und Enthaltung unterstrichen werden. Höhepunkt aller ehelichen Tugenden aber bleibt die Liebe, verstanden als freiwilliger Selbstverzicht, um sich dem anderen nach dem Beispiel des gekreuzigten Christus zu schenken.

Zu Methoden der Empfängnisverhütung

Zum Problem der Geburtenregelung macht Kardinal Ratzinger geltend, wie zahlreiche Bischofskonferenzen den Wunsch ausgesprochen haben, die „Humanae Vitae" Pauls VI. möge besser erklärt, von neuen Argumenten bekräftigt und bestätigt werden. Trotz der Schwierigkeit, auf die sie anfänglich gestoßen waren, werden heute zwei Prinzipien dieser Enzyklika immer mehr akzeptiert: Als erstes das Prinzip, daß der Staat nicht das Recht hat, seine Bürger zur Beschränkung der Zahl seiner Kinder zu zwingen. Hier geht das Recht der Familie vor dem Recht des Staates. Durch den Gebrauch von chemischen Mitteln, die den Fruchtbarkeitsrhythmus verfälschen, überschreitet der Mensch gefährlich die Grenzen seines Einwirkens auf die Natur. Die Notwendigkeit, die Natur auf dem biologischen Sektor zu achten, wird immer bewußter empfunden. Der Bericht unterstreicht erneut unter dem ethischen Aspekt den Unterschied zwischen natürlichen und künstlichen Methoden der Empfängnisverhütung, da die natürlichen Methoden zum Unterschied von den künstlichen der natürlichen Ordnung nicht widersprechen.

Der Bericht Kardinal Ratzingers hebt weiter hervor, wie durch die Beachtung der Ordnung der Natur auch der Charakter der persönlichen Hingabe von Mann und Frau bewahrt wird.

Erziehung der Jugend zu ehelicher Treue

Zur erziehungsmäßigen Aufgabe der Familie hebt der Bericht als erstes die Krise der Werte des Menschen von heute hervor und wie diese die Krise der Erziehung beeinflußt. Die Erziehung besteht für Kardinal Ratzinger wesentlich darin, zur wirklichen Liebesfähigkeit hinzuführen: das Wesen jeder Erziehung besteht folglich in der Hinführung zur Liebe. Aber der Weg zur Liebe in Form der Erfahrung von Liebe führt zu jenen fundamentalen Beziehungen hin, auf denen die Familie, Schule der Liebe, baut. Die Sexualerziehung kann nicht in einer rein liebestechnischen Unterweisung bestehen, sondern muß immer eine Erziehung zur Verantwortlichkeit und zur Treue beinhalten. In einem Wort: Sie muß eine Erziehung zur Liebe sein.

Der Bericht legt großen Wert auf die Vorbereitung der Jugendlichen auf die Ehe und das eheliche Leben mit besonderer Berücksichtigung der verantwortlichen Vaterschaft und der aszetischen Bedeutung der so genannten natürlichen Methoden der Familienplanung.

Der Bericht hebt dann hervor, wie die Ehe göttlichen und nicht kirchlichen Rechtscharakter besitzt: die Kirche kann sie folglich weder auflösen noch ändern, sondern muß sie lediglich verteidigen und ihr die Hilfen zur Verfügung stellen, damit sie von den Gaben des Schöpfers und Erlösers leben kann. In der heutigen Zeit, in der sich die alten Sozialstrukturen zum größten Teil auflösen, muß die Kirche eine größere Familie bilden, deren die andern Familienzellen so notwendig bedürfen, um ihre Stabilität zu erreichen und zu bewahren.

Geschiedene und Sakramentenempfang

Am Ende geht der Bericht auf das schwerwiegende Problem der Getauften und nicht mehr Gläubigen ein und auf ihre Zulassung zu den Sakramenten, darunter zur Ehe, und hebt die wachsende Zahl der Ehescheidungen und der Geschiedenen hervor, die sich, auch unter Katholiken, wieder verheiraten. Die Synode muß den Seelsorgern den rechten Weg aufzeigen, den sie in einer so heiklen und schwierigen Angelegenheit gehen müssen.

Die letzte Aufgabe der Familie, die in dem Bericht erwähnt wird, liegt auf sozialem Gebiet. Das Schwergewicht liegt hier auf der Ergänzung der Funktionen mit denen der Gesellschaft bei der ganzheitlichen Förderung der Person innerhalb der menschlichen Gemeinschaft. Zu wünschen wäre ein neuer Typos der Familie, der auch offen für andere Familien, besonders der bedürftigen; offen für die Welt, für die Schaffung neuer menschlicher Beziehungen ist. In gewisser Weise muß die katholische Familie ein Sakrament der Einung Gottes mit den Menschen sein und dadurch ein Sakrament der Einheit unter den Menschen. Inmitten der Konsumgesellschaft muß sie auch das Zeugnis der Strenge und des Verzichtes geben sowie die Lebensqualität fördern.

Moralische Revolution im Geiste des Evangeliums

Die Konklusion des Berichtes von Kardinal Ratzinger unterstreicht die Notwendigkeit, daß die christlichen Familien jener moralischen Revolution Lebenskraft verleihen, welche der Herrschaft des Konsums die Verantwortlichkeit des einen gegenüber dem anderen und gegenüber Gott als gemeinsame Norm menschlichen Lebens gegenüberstellt. Es ist nötig, daß die katholischen Familien erkennen, daß sie die Form und die Verwirklichung einer neuen Menschlichkeit in unserer Gesellschaft bilden, einer Gesellschaft, die von Materialismus, Hedonismus und Permissivität bestimmt ist.

Viele – vor allem die Jugendlichen – wünschen heute eine Kultur, die mit dieser von Besitz- und Vergnügungsgier geprägten Zivilisation nichts gemein hat. Sie suchen einen ganz anderen Lebenssinn, der neue Hoffnung bietet. Dieser andere Sinn des Lebens besteht allein im christlichen Glauben. „Unsere Synode, so endet der Bericht, muß mit der Hilfe Gottes die Hoffnung des Evangeliums aufzeigen und so den Menschen die frohe Botschaft verkünden".

101

9. Oktober 1980 ok Nr. 35 vom 10. Oktober 1980

Ratzinger: Bereitet dem Papst einen herzlichen Empfang
Kardinal lädt zum Gottesdienst auf der Theresienwiese ein

Der Erzbischof von München und Freising, Joseph Kardinal Ratzinger, hat die katholischen Gläubigen dazu aufgerufen, in großer Zahl zum Papstgottesdienst am 19. November nach München zu kommen, um „dem Heiligen Vater einen herzlichen Empfang zu bereiten". In dem aus Rom adressierten Brief Ratzingers an alle Priester und Mitarbeiter in der Seelsorge des Erzbistums heißt es, die Begegnung mit Johannes Paul II. brauche Nähe und Unmittelbarkeit. Diese könne weder durch Geschriebenes, noch durch Radio und Fernsehen erreicht werden. Aus Erfahrung wisse er selbst, daß das persönliche Dabeisein und die Erfahrung der Atmosphäre eines solchen Tages zu einem „Erlebnis ganz eigener Art" würden. In einer theoretisch nicht auszudenkenden Weise werde die Freude des gemeinsamen Glaubens durch die Gegenwart der lebendigen Gemeinschaft der Kirche unmittelbar vermittelt. Einen herzlichen Appell richtete der Kardinal in diesem Zusammenhang an die katholische Jugend. Der Papst beabsichtige, bei dem Gottesdienst auf der Theresienwiese „ein besonderes Wort an die katholische Jugend Deutschlands" zu richten.

Begegnung im Glauben – nicht Massenauflauf

Ratzinger betonte in seinem Schreiben die Notwendigkeit der Reisen des Papstes, da Johannes Paul II. auf diese Weise die Situation der Menschen in den einzelnen Ländern auf eine Art kennenlerne, die durch Schreibtischarbeit nicht zu ersetzen sei. Wenn der Papst seine Fahrten als Pilgerreise bezeichne, so sei das keine Phrase: „Sie sind Pilgerschaft zur Begegnung in Glaube und Gebet, sie sind Zusammentreffen des Hirten mit der realen Kirche und bestimmen so auch die Weise der Leitung der Gesamtkirche". Den Gläubigen, so betonte Ratzinger, müßten die Priester und Mitarbeiter in der Seelsorge vor allem die geistliche Dimension des Papstbesuches erschließen. Es dürfe nicht bei einer oberflächlichen Sensation oder bei einem bloßen Massenauflauf bleiben. Bei seiner Pilgerfahrt durch Deutschland wolle Johannes Paul II. „gemeinsam mit uns die Väter unseres Glaubens ehren".

Kirche rückt neu ins Bewußtsein der Öffentlichkeit

Zur Motivation der Gläubigen auf den kommenden Papstbesuch äußerte Ratzinger, es gebe in Deutschland ähnliche Erscheinungen wie vorher schon in den Vereinigten Staaten, in Frankreich, aber auch in Brasilien und Afrika. Dort seien die kirchlich Engagierten vielfach eher skeptisch, ja ablehnend gegenüber dem Besuch des Papstes eingestellt gewesen. Man habe nach den Kosten gefragt und danach, ob der Aufwand der Reisen in einem angemessenen Verhältnis zum Erfolg stehe. Ein Großteil derer, die an den Papstgottesdiensten teilgenommen hätten, würden sonst eher als „kirchenfern" eingestuft. Es habe sich aber schließlich doch gezeigt, daß der Besuch des Papstes bisher in allen Ländern „außerordentlich bedeutsam" geworden sei: „Die Kirche rückte ganz neu ins Bewußtsein der Öffentlichkeit, und man hat bedauert, die damit gegebene Chance nicht noch besser genutzt zu haben". Diese positiven Erfahrungen sollten mithelfen, „etwaige Müdigkeit und Skepsis zu überwinden und die große Möglichkeit voll wahrzunehmen, die sich uns mit dem Papstbesuch bietet".

Der Welt der Gewalt im Glauben begegnen

Abschließend erinnerte der Kardinal in seinem Brief noch einmal an den Terroranschlag auf der Münchener Theresienwiese. Dieser Vorfall habe den Papst selbst und die Bischöfe aus der ganzen Welt, die in Rom bei der Bischofssynode anwesend sind, „tief berührt". Dem Gottesdienst auf der Theresienwiese werde dadurch ein unerwartet ernster Hintergrund gegeben: „Aber der Tragödie einer Welt der Gewalttätigkeit und der Verachtung des Menschen können wir letztlich gar nicht anders begegnen als mit dem Mut des Glaubens, mit der betenden Zuwendung zu dem Gott, der uns bis zum Tod am Kreuz geliebt hat". Der Gottesdienst mit Papst Johannes Paul II. auf diesem Platz sei daher als „Manifestation der Hoffnung und der Liebe" nur noch wichtiger geworden.

102

12. November 1980   ok Nr. 39 vom 13. November 1980

Aufruf des Erzbischofs von München und Freising, Joseph Kardinal Ratzinger, zum Papstbesuch in München am 19. November 1980

In wenigen Tagen, am 19. November 1980, erwarten wir in München unseren Heiligen Vater Papst Johannes Paul II. Auf der Theresienwiese, wo vor 20 Jahren der Eucharistische Weltkongreß ein bewegendes Zeugnis für den Glauben gegeben hat, wird er mit uns die Eucharistie feiern und in seiner Predigt besonders die katholische Jugend ansprechen. Im Herkulessaal will er mit Künstlern und Publizisten zusammentreffen und im Liebfrauendom alten und behinderten Menschen begegnen. Im Herzen unserer Stadt, an der Mariensäule auf dem Marienplatz, wird er im stillen Gebet verweilen. Ich möchte aber auch daran erinnern, daß unsere evangelischen Brüder und Schwestern am 19. November den Buß- und Bettag mit Gottesdiensten begehen. Viele von ihnen werden sich gerade an diesem Tag im gemeinsamen Glauben an Jesus Christus mit den katholischen Christen und dem Bischof von Rom, dem Nachfolger des Apostels Petrus, betend verbunden wissen.

Einige Tage vor dem 19. November möchte ich noch einmal meine herzliche Einladung an alle Gläubigen der Erzdiözese München und Freising, insbesondere an alle Gemeinden in der bayerischen Landeshauptstadt, richten, sich für den Gottesdienst mit Johannes Paul II. auf der Theresienwiese am 19. November vorzubereiten. Ich meine, wir sollten selbst empfindliche Opfer an Zeit nicht scheuen und uns der möglichen schlechten Witterung zum Trotz fest vornehmen, in jedem Fall auf die Theresienwiese zu kommen. Die Organisation hat für sie vorgesorgt, freiwillige Helfer stehen Ihnen mit allen erdenklichen Leistungen für die Einordnung auf dem Platz zur Verfügung, die Stadt München und das Land Bayern haben großzügig und uneigennützig bei der Vorbereitung des Besuches mitgewirkt, alles ist für die Begegnung gerüstet – und ich darf aus eigener Erfahrung sagen: die unmittelbare Teilnahme am Gottesdienst mit dem Papst ist ein weitaus größeres Erlebnis, als Fernseh- und Rundfunkübertragungen übermitteln könnten.

Es hat in den letzten Wochen, wie auch zu erwarten war, einige Kritik an der Reise des Papstes in unser Land gegeben. Aber ich meine, wir sollten uns in unserer Freude auf diesen Besuch durch diese Kritik nicht beirren lassen. Auch bin ich sicher, daß der Heilige Vater bei uns in München mit jener Herzlichkeit und Gastfreundschaft empfangen werden wird, die zur weltweit gerühmten Tradition unserer Stadt gehört.

Ich bitte in diesem Zusammenhang alle Verantwortlichen in den Behörden, Institutionen und Betrieben, nach Möglichkeit den Angestellten und Arbeitern an diesem Tag großzügig freizugeben, damit alle, die das wünschen, beim Gottesdienst auf der Theresienwiese oder entlang der Straßen, durch die der Papst fahren wird,

Johannes Paul II. begrüßen können. Es wird weltweit beobachtet werden, wie München und Bayern sich an diesem Tag präsentieren; ich denke, wir alle werden uns darum mühen, Bayern nobel und großherzig darzustellen, so wie es eben seinem tiefsten Wesen nach wirklich ist.

In der Nacht auf den 19. November wird mit der Ankunft der Reliquien des heiligen Korbinian in München, der vor mehr als 1200 Jahren unser Erzbistum begründet und den Glauben in unsere Heimat gepflanzt hat, die Vorbereitung auf den Besuch des Papstes ihrem Höhepunkt zustreben. Die katholische Jugend hat die Wallfahrt mit den Reliquien von Freising nach München vorbereitet und sie wird die Nacht durch in der der Theresienwiese benachbarten St. Paulskirche in den großen Anliegen der Kirche und der Menschheit beten. In der Morgenfrühe stimmen die Benediktinermönche unserer Stadt mit dem alten Morgenlob der Kirche in das Gebet der Jugend in St. Paul mit ein. Hier erreicht das Beten, die innere Bereitung auf die Begegnung mit dem Nachfolger Petri, ihre Sammlung, hier vereinigt sich das Beten in den Kirchen und Familien unserer Erzdiözese und mündet unmittelbar in den Gottesdienst mit Papst Johannes Paul II.

Ich bin zuversichtlich, daß bei aller Unterschiedlichkeit der Meinungen, bei aller Gegensätzlichkeit in den Formen unser gemeinsamer Glaube, der, wie die Jugend es thematisch ausdrückt, das Leben in Fülle gibt, neue Kraft erhalten wird.

In diesem Geist bitte ich Sie alle: Kommen Sie am 19. November auf die Theresienwiese! Die gemeinsame Eucharistiefeier auf diesem Platz soll eine Manifestation des Glaubens, der Hoffnung und der Liebe sein für unsere Stadt München und unsere ganze bayerische Heimat.

103

ok Nr. 40 vom 27. November 1980

Danktelegramm von Papst Johannes Paul II. an den Erzbischof von München und Freising, Joseph Kardinal Ratzinger

Eingangsdatum: 23. November 1980

Seiner Eminenz
dem Hochwürdigsten Herrn
Joseph Cardinal Ratzinger
Erzbischof von München und Freising

Mit besonderer Dankbarkeit erinnere ich mich an die festliche Eucharistiefeier mit der Jugend sowie die herzlichen Begegnungen mit den Künstlern und Publizisten und mit den alten Leuten, durch die meine Pastoralreise in die Bundesrepublik Deutschland in Ihrer Bischofsstadt München ihren würdigen Abschluß gefunden hat. Diese und auch die spontane, große Anteilnahme der gesamten Bevölkerung bestärken mich in der Hoffnung, daß das vertiefte Erlebnis der kirchlichen Gemeinschaft und der Einheit im Glauben und gemeinsamen Gotteslobs während dieser Gnadentage das religiöse Leben in Ihrer Ortskirche und Ihrem ganzen Land nachhaltig zu ermutigen und zu festigen helfe. Hierzu erteile ich Ihnen, Ihren bischöflichen und priesterlichen Mitbrüdern sowie allen Gläubigen Ihrer Erzdiözese von Herzen meinen besonderen Apostolischen Segen.

Joannes Paulus pp II

104

26. November 1980   ok Nr. 40 vom 27. November 1980

Dank des Erzbischofs von München und Freising, Joseph Kardinal Ratzinger, aus Anlaß des Besuches von Papst Johannes Paul II. am 19. November 1980 in München

Nachdem ich eine Woche vor dem Besuch des Heiligen Vaters in unserer Landeshauptstadt einen herzlichen und dringenden Aufruf an die Katholiken unseres Bistums gerichtet hatte, dieses Ereignis nicht nur aus der Perspektive des Fernsehens zu begleiten, sondern persönlich zu erleben, drängt es mich heute, ein ganz besonders herzliches Wort des Dankes – ein rechtes bayerisches „Vergelt's Gott" – zu sagen. Mehr als eine halbe Million Gläubige haben den Gottesdienst auf der Wiese trotz mancher Strapazen miterlebt; über eine Million Menschen haben in unserer Stadt den Heiligen Vater persönlich gesehen und ihm einen Empfang bereitet, für dessen spontane Herzlichkeit er sich in seinem Telegramm an mich noch einmal eigens bedankt hat. Es war dem Heiligen Vater und seiner Begleitung anzumerken, wie sehr sie gerade die Atmosphäre unserer Stadt und die überall zu spürende Zuneigung der Menschen bewegt hat. Ich hatte in meinem Aufruf darum gebeten, das wirkliche Bayern – nämlich das noble, gastfreundliche und fromme Bayern – zu zeigen, und nun kann ich nur dankbar sagen: Sie haben es getan, noch mehr als ich zu hoffen gewagt hatte, obwohl ich immer Optimist gewesen bin.

Wer teilgenommen hat, wird die Gnade dieser Tage noch lange in sich tragen. Gewiß gab es auf der Wiese manches Gedränge und für den einzelnen sicher auch unliebsame Eindrücke, sei es durch mangelnde Sicht, durch teilweise ungenügendes Funktionieren der Lautsprecher, sei es durch die Kälte oder andere Umstände. Aber wir wären schlecht beraten, wenn wir uns durch diese oder jene negative Erfahrung die Freude aus dem Herzen nehmen ließen, die so spürbar diese ganzen Tage geprägt hat. Sie war gegenwärtig beim eucharistischen Gottesdienst; sie war es auf den Straßen und Plätzen – besonders auch bei den unvergesslichen Minuten auf dem Marienplatz, dessen Schönheit den Heiligen Vater sichtlich getroffen hat.

397

Sie war da ganz besonders auch bei dem großartigen Festakt im Herkulessaal wie bei der so innigen, zu Herzen gehenden Begegnung mit den Alten und Kranken im Dom, bei der die Menschlichkeit des Papstes und der Trost des Glaubens in einer ganz einzigartigen Weise zu Herzen drangen. Dieselbe Freude war noch immer da auf der nächtlichen Fahrt zum Flughafen, ebenso wie bei der Verabschiedung dort, wo die Schönheit unserer Trachten und Fahnen nochmals etwas von dem ganz besonderen Klima unseres Landes gegenwärtig werden ließ und umgekehrt die Worte des Papstes nochmals einen unvergeßlichen Höhepunkt schufen. Bei der ersten Begegnung mit dem Organisationskomitee unmittelbar nach dem Papstbesuch habe ich spontan gesagt, was sich mir nun noch einmal zu sagen aufdrängt: Wir haben viel getan für diesen Besuch, aber noch viel mehr – das Eigentliche – ist uns geschenkt worden. Aber es bleibt natürlich dabei, daß wir so nur beschenkt werden konnten, weil viel Vorarbeit geleistet worden war. Ich kann leider nicht alle einzeln aufzählen, die hier genannt werden müßten. So bleibt es bei einer unvollständigen Auswahl und ich bitte diejenigen um Entschuldigung, die auch ein Anrecht hätten, genannt zu werden. Von Herzen danke ich allen, die für die liturgische, bauliche und organisatorische Vorbereitung gewirkt haben. Ein besonderer Dank gilt den Ordnungs- und Sicherheitskräften der Polizei, dem Bundesgrenzschutz, dem Malteser-Hilfsdienst, dem Bayerischen Roten Kreuz, der Johanniter-Unfallhilfe, dem Arbeiter-Samariterbund, dem Technischen Hilfswerk, den Mitarbeitern von Bundesbahn und Bundespost, den Seelsorgern und Mitarbeitern in den Pfarreien, den kirchlichen Verbänden, Institutionen und Organisationen, nicht zuletzt den Sängern und Musikern. Danken möchte ich sodann der Bayerischen Staatsregierung sowie den Vertretern der Landeshauptstadt für ihren herzlichen Empfang und für jegliche tatkräftige Unterstützung. Ausdrücklich danken möchte ich auch den Mitarbeitern bei Presse, Rundfunk und Fernsehen, die durch umfangreiche Berichterstattung die Menschen in nah und fern an diesen Ereignissen teilhaben ließen. Danken möchte ich aber auch ganz schlicht allen, die an dem Geschehen dieses Tages teilgenommen und dafür vielerlei Opfer auf sich genommen haben. Mein Dank richtet sich dabei mit großer Herzlichkeit besonders an die große Schar junger Menschen, die sich mit einer Gebetsnacht auf diesen Tag vorbereitet und ihn mit ihrem Beten, Singen und Hören mitgetragen haben. Dem planvollen Zusammenwirken all dieser ungezählten Menschen verdanken wir die Freude dieses außerordentlichen, geschichtlichen Ereignisses.

Wir werden nun alle Ansprachen und Predigten, die der Heilige Vater in diesen Tagen gehalten hat, in einem Band zu erschwinglichem Preis der Öffentlichkeit zugänglich machen und einzelne, besonders wichtige Reden, wie etwa diejenige an die alten Menschen im Münchener Dom, in Sonderdrucken in großer Zahl ausgeben und auch für Kassetten Sorge tragen, durch die man noch einmal unmittelbar das damals Gehörte sich vergegenwärtigen kann. Ich hoffe, daß auf diese Weise der große Reichtum dieser Tage nicht ein schnell vorübergehendes Erleben bleibt, sondern fruchtbar weiterwirken kann über lange Zeit hin als eine Quelle der Besinnung und der Kraft für unseren Weg als Christenmenschen in dieser unserer Welt.

München, 26. Nov. 1980

105

1. Dezember 1980   ok Nr. 41 vom 4. Dezember 1980

Mitteilung der Pressestelle des Ordinariates München zur Kritik einer BDKJ-Sprecherin beim Papst-Besuch in München

Auf mehrfache Anfragen stellt die Pressestelle des Erzbischöflichen Ordinariates München fest:

Die Äußerungen der BDKJ-Sprecherin Barbara Engl am 19. November 1980 auf der Münchener Theresienwiese geben nicht die Meinung des Erzbischofs von München und Freising, Joseph Kardinal Ratzinger, wieder.

Der Kardinal, dem durch Zufall die erste Textfassung bekanntgeworden war, hatte in einem Gespräch darauf gedrungen, die bekannten kritischen Äußerungen als Fragen von Jugendlichen, nicht aber einfach als Feststellungen zu formulieren, falls die Jugendvertreter schon glaubten, auf diese Aussagen nicht verzichten zu können.

Aus der Tatsache, daß der Kardinal der Jugendführung das Recht einräumte, in ihrem Text solche Fragen zu benennen, darf nicht geschlossen werden, daß er selbst die darin formulierten Meinungen teilt oder es für taktvoll und angemessen hielt, sie an dieser Stelle vorzubringen. Bedauerlicherweise gestattete das engmaschige Programm der Papstreise keine eigene Gesprächsrunde mit der Jugend, wie sie in Paris zu einem Höhepunkt der dortigen Tage mit dem Heiligen Vater geworden war. In einem solchen Gespräch hätten die verschiedenen Fragen – auch wenn sie nicht neu sind – sinnvoll gestellt und entsprechend beantwortet werden können. Am Ende der Eucharistiefeier, noch im Kontext des gottesdienstlichen Geschehens mit seiner festlichen Freude und andererseits im Augenblick eines erheblichen Zeitdrucks gestellt, mußten sie von den Anwesenden als deplaciert und unangemessen empfunden werden. Dies galt umso mehr, als der Heilige Vater in seinen vorausgegangenen Predigten und Reden, besonders in Köln (Butzweiler Hof) und in Fulda (Dom) überzeugend und ausführlich auf alles geantwortet hatte, was im Text der BDKJ-Sprecherin stand.

Zahlreiche kritische Briefe und Anrufe, auch von jungen Menschen, zeigen nicht nur, daß breite Kreise der katholischen Bevölkerung über diese Art von Selbstdarstellung der katholischen Jugend traurig oder entrüstet sind; sie sind auch eine Aufforderung an den Erzbischof und seine Mitarbeiter, nach neuen Wegen der Jugendseelsorge zu suchen, die zu mehr Freude am Glauben, zu Kritikfähigkeit gegenüber Modetheologien und zu einem positiven Glaubenszeugnis befähigen. Im übrigen sollte bei der Selbstdarstellung der Jugend nicht nur die Rede der BDKJ-Sprecherin erwähnt, sondern vor allem auch an die Gebetsnacht in St. Paul gedacht werden, die gezeigt hat, wie viel Positives in unserer Jugend lebendig ist.

Msgr. Dr. Curt M. Genewein
– Pressereferent –

106

4. Dezember 1980   ok Nr. 41 vom 4. Dezember 1980

Der Sonntag muß ein Tag Gottes bleiben
Ratzinger plädiert für menschliche Sonntagskultur

Den Sinn des Sonntags besser zu erleben und besser zu verstehen, hat in einer programmatischen Predigt zu Beginn des neuen Kirchenjahres der Erzbischof von München und Freising, Joseph Kardinal Ratzinger, aufgerufen. Ratzinger, der damit offiziell das neue Jahresthema für die pastorale Arbeit im Erzbistum „Sonntag in der Familie" der Öffentlichkeit vorstellte, sprach am Samstag, 29. November, vor Kindern und Familien aus München in der Bürgersaalkirche. Er sagte, alle müßten sich bewußt machen, daß der Sonntag „nur dann und nur so lange" ein Tag des Menschen bleibe, wie er als Tag Gottes begangen werde. „Weil Gott Zeit für uns hat, bekommen wir Zeit füreinander und nur, wenn wir Zeit für Gott als etwas wichtiges ansehen, entsteht auch Zeit für den Menschen".
Das neue Leitthema für die pastorale Arbeit ist ein neuer Akzent der bisherigen Bemühungen, die im Kirchenjahr 1979/80 unter dem Motto „Das Gebet in der Familie" begonnen worden waren. Gebet und Familie, beides sei für Kirche und Gesellschaft lebensnotwendig, betonte Ratzinger: „Ohne Familie, ohne die Erfahrung von Vater, Mutter und Kindsein, kann der Mensch nicht denken und nicht verstehen; aber auch umgekehrt, ohne das Mittun Gottes können die Menschen einander nicht auf Dauer trauen und lieben und kann daher Familie nicht bestehen". Die Familie sei der Raum, wo der Mensch erkenne und lerne, was Leid und Freude, Verzicht und Gehorsam, was Geschenk, Freiheit und Güte sei. Nur in der Familie könnten die „Urerfahrungen des Menschen" eingeübt werden. Eine Welt ohne Gebet müßte zu einer „geschlossenen Gesellschaft werden, in der die Menschen am Ende an sich selbst ersticken, weil ihnen die Weite fehlt, die sie brauchen".
Im Anschluß an den Gottesdienst eröffnete der Kardinal in der ehemaligen Karmeliterkirche im Zentrum von München eine Ausstellung des Diözesanrates der Katholiken und des Katholikenrates der Region München. Gezeigt werden dort die besten der mehr als 3.000 Objekte eines Wettbewerbs zum Thema „Sonntag in der Familie". Außerdem ist dort ein mehrfarbiger Bildband, gestaltet aus

Zeichnungen, Texten, Hörspielen, Liedern und Collagen des Wettbewerbs, für DM 15,- zu kaufen. Die Ausstellung ist vom 1. bis zum 4. Adventssonntag täglich von 9.00 bis 18.00 Uhr geöffnet.

107

19. Dezember 1980   ok Nr. 42 vom 22. Dezember 1980

Ja zur Liebe – Ja zum Leben
Ratzinger erläutert Ergebnisse der Bischofssynode

Über die Beratungen der römischen Bischofssynode im Oktober dieses Jahres über „Christliche Familie in der Welt von heute" hat jetzt deren Relator, der Erzbischof von München und Freising, Joseph Kardinal Ratzinger, umfangreiche Einzelheiten und Erläuterungen veröffentlicht, die vor allem den Priestern, Diakonen und allen Mitarbeitern im pastoralen Dienst eine „authentische Information" über die Bischofssynode sein sollen. Ratzinger kritisierte in diesem Zusammenhang, daß die Synode in der deutschen Presse weitgehend als ein Kampf von Gegnern und Befürwortern [der Geburtenregelung] geschildert worden sei, wodurch ein „völlig verzerrtes Bild" entstand, das „Anlaß zu Kritik und Mißmut unter Seelsorgern fast mehr noch als unter Laien" geworden sei.

Die „Geographie des Problems"

Zum äußeren Ablauf der Synode äußerte der Kardinal, beeindruckt habe ihn vor allem die Qualität dessen, was die Bischofskonferenzen der Dritten Welt vorgelegt hätten: „Was hier allein an soziologischen Kenntnissen zutage kam, ist in dieser Verdichtung sonst wohl kaum noch einmal anzutreffen; dazu immer wieder überraschende theologische Einsichten und überall die Sorge um den Menschen, geformt von der Gewißheit, das wir dann am besten dem Menschen dienen, wenn wir vom Glauben her auf ihn zugehen und ihn selbst auf die Wege des Glaubens zu führen versuchen". Man merke auch „die Gefahr eines gewissen deutschen oder europäischen Provinzialismus, der von der alten deutschen und europäischen Tradition her sich selbst absolut setzt und damit an wesentlichen Aspekten oder auch am Kern der Sache vorbeigeht". Die Diskussion der Bischofssynode habe dagegen nach einem Wort des Papstes selbst die „Geographie des Problems" sichtbar gemacht.

Der Wille Gottes ist nicht das Orakel der Demoskopie

Zu den inhaltlichen Aussagen merkte Ratzinger unter anderem an, der soziologische Konsens vieler Christen sei als solcher noch nicht der Spruch des Glaubens, die Statistik „kein Orakel, um den göttlichen Willen zu erfragen". Was die Mehrheit tue, könne auch falsch sein und sich im übrigen auch sehr schnell ändern. Zu den Aufgaben der Kirche gehöre es daher, „gesellschaftskritisch" zu sein, „vor allem dann, wenn eine Zivilisation so krank geworden ist, wie man es leider von der unsrigen sagen muß". Für das Volk Gottes, das die Kirche sei, gehe es um den Willen Gottes. Sein Maßstab sei nicht primär die Statistik, die Spitze des „Welt-Geistes" nicht notwendig auch die Spitze der Erkenntnis und der Wahrheit.

Eheliche Liebe hat Gottebenbildlichkeit

Die Ehe hat nach Meinung der Synode als „Ort der ganzheitlichen Schenkung zweier Menschen aneinander mit der Gottebenbildlichkeit, mit dem innersten gottbestimmten Wesen des Menschen zu tun", erläuterte Ratzinger. Demgemäß könne Sexualität nie als etwas bloß Körperliches, „als ein vom ganzen Menschen abgetrennter Gebrauchsartikel betrachtet werden: Dies wäre Verrat am Menschen, das heißt Sünde". Die volle leibliche Schenkung zweier Menschen aneinander werde zur Lüge, wenn sie nicht Ausdruck und Vollzug der wirklichen vollen Schenkung zweier Menschen aneinander sei, zu der auch die Dimension der Zeit gehöre: „Wenn ich dem anderen meine Zukunft vorenthalte, bin ich ihm auch jetzt nicht ganz gegenwärtig, verweigere ich Wesentliches meiner selbst". Somit werde sichtbar, „warum allein die Ehe der menschlich rechtmäßige Raum für die leibliche Vereinigung zweier Menschen ist".

Den schwachen Glauben stärken, so gut es geht

Als eines „der Hauptprobleme unserer ganzen Pastoral" bezeichnete der Kardinal die Tatsache, „daß wir es in großer, ja teilweise sogar überwiegender Zahl in unseren Gemeinden mit Getauften zu tun haben, die Nicht-Glaubende sind". Damit gerate das ganze Gefüge der Sakramente, das ganze Verhältnis von Glaube und Sakrament aus den Fugen. Somit stelle sich auch die Frage der Sakramentenspendung, etwa beim Sakrament der Ehe, die ihrem Anspruch und ihrer Verheißung nach ganz und gar auf den Glauben verwiesen sei. Dazu habe die Synode gesagt, die zur Gültigkeit des Sakramentes erforderliche Intention „scheint nicht vorliegen zu können, wo nicht wenigstens eine Minimalintention gegeben ist, mit der Kirche, mit ihrem Taufglauben – mitzuglauben". Den Seelsorgern wurde empfohlen: „Rigorismus wie Laxismus sollen gleichermaßen vermieden, der schwache Glaube, so gut es geht, gestärkt werden".

Mühen um menschliche Schicksale

Bei der Behandlung des Problems der Unauflöslichkeit der Ehe und der wiederverheirateten Geschiedenen sei die Synode vom Positiven ausgegangen: „Von dem Zeichen der lebenslangen Treue, die Gott dem Menschen zutraut, zu der er ihn durch das Sakrament im Glauben fähig macht". Bei der Erörterung des Problems der wiederverheirateten Geschiedenen hat sich die Synode nach Ratzingers Worten „redlich gemüht, sowohl dem ungeheuren Ernst der Worte des Herrn und der biblischen Überlieferung, wie dem Ernst menschlicher Schicksale gerecht zu werden; ohne diesen doppelten Ernst anzunehmen und uns ihm zu stellen, können wir nicht wirklich dem Menschen dienen". Die Synode habe die moralische Qualität der Fälle, in denen ein Ehepartner die Treue zu wahren versucht hat, aber verlassen wurde, von der Situation dessen unterschieden, der eine lang andauernde Ehe von sich aus schuldhaft zerbricht.

Sorge um wiederverheiratete Geschiedene

Wörtlich merkte der Kardinal dazu an: „Die Synode benennt als eigen Kategorie diejenigen, die zu der begründeten Gewissensüberzeugung von der Nichtigkeit ihrer ersten Ehe gekommen sind, auch wenn der gerichtliche Nachweis dafür nicht möglich ist: In solchem Fall kann – unter Vermeidung von Ärgernis – in Entsprechung zu dem begründeten Gewissensurteil die Kommunionzulassen gewährt werden. Aber auch wo – wegen der eindeutigen Gültigkeit der ersten Ehe – eine Kommunionzulassen nicht in Frage kommt, stehen der Seelsorger und die Betroffenen nicht vor einem pastoralen Nichts. Die Synode mahnt dazu, gerade diese Menschen durch die Sorge und Liebe des Hirten fühlen zu lassen, daß sie nicht von der Kirche ausgeschlossen sind, sondern auf vielfältige Weise an ihrem Leben teilhaben. Ihnen steht der weite Raum der Kommunion mit Gottes Wort offen, die Teilnahme am Gebetsleben der Kirche, an der Feier des Meßopfers, die auch ohne sakramentale Kommunion wirkliche Beteiligung am eucharistischen Geheimnis Christi ist, die Beteiligung am caritativen Wirken der Kirche und an ihrem Ringen um mehr Gerechtigkeit in der Welt; der Ruf, als Träger des Evangeliums für ihre Kinder zu wirken, gibt ihnen einen wichtigen Auftrag; sie können und sollen an Gesinnung und Tat der Buße teilnehmen, die zu den Grundweisen christlicher und kirchlicher Existenz gehört. Ausdrücklich zitierte der Kardinal auch einen Satz der Synode selbst: „Von pastoraler Sorge um diese Gläubigen getrieben, wünscht die Synode, daß eine neue und noch gründlichere Untersuchung – unter Berücksichtigung auch der Praxis der Ostkirchen – angestellt werde, mit dem Ziel, daß die pastorale Barmherzigkeit noch umfassender werde".

Offen für neues Leben

In einer umfangreichen Darstellung der differenzierten Positionen der Synodenväter bei der Erörterung der Problematik der Enzyklika „Humanae vitae" und insbesondere der Fragen der Geburtenregelung, verdeutlichte der Kardinal, daß sich die Synode im Gegensatz zu Darstellungen in der Presse von Anfang an „im Ja zur Grundintention der Enzyklika" einig gewesen sei. Die Synode habe erklärt, daß sie entschieden alles festhalte, was im Zweiten Vatikanischen Konzil und in der Enzyklika Humanae vitae vorgelegt worden ist, nämlich „daß die menschliche Liebe voll menschlich, ganzheitlich, exklusiv und geöffnet für neues Leben sein muß". Die Differenz unter den Synodenvätern habe sich nicht auf diese Grundaussage bezogen, sondern auf den Spielraum in der pastoralen Anwendung.

Zärtlichkeit statt Fixierung auf Genitalität

Die Ausführungen international anerkannter Ärzte, so betonte der Kardinal, hätten ihn davon überzeugt, daß Deutschland in der Diskussion um die natürlichen Mittel der Geburtenkontrolle ein Entwicklungsland sei. Kaum jemand wisse, daß neue Erkenntnisse darüber „eine Sicherheit möglich machen, die auch nach Eingeständnis des Bundesfamilienministeriums so hoch ist wie diejenige der Pille. Zwischen der Kontrazeption mittels Pille und dem natürlichen Mittel der Zeitwahlmethode gebe es anthropologische und damit moralische Unterschiede. Dazu äußerte Ratzinger: „In der Zeitwahl ist mit dem Phänomen ‚Zeit', zu dem der Dialog, die Rücksicht und die Enthaltungsfähigkeit gehören, der personale Aspekt, die Einheit von Leib und Seele, von Liebe und Treue mitgegeben. Das unterscheidet sie von der Pille, die Sexualität zur partnerneutralen jederzeit abrufbaren Droge macht". Gerade in der Diskussion um die Pille werde zunehmend auch der unterschiedliche Lebensrhythmus, der organische Zeittakt von Mann und Frau zur Sprache gebracht und beklagt, daß mit der Pille der Frau ihre eigene Weise von Zeit „und so ihre Weise zu sein", genommen wird, und zwar derart, daß sie, wie es die technische Welt wolle, nach dem Wort einer Publizistin allzeit „benutzbar" gemacht werde. Auch Feministinnen vertreten den Gedanken, daß die Fixierung von Sexualität auf Genitalität eine Vergewaltigung des fraulichen Wesens und ein Verlust an Eros und Zärtlichkeit darstellt.

Der Mensch selbst ist Schöpfung

In diesem Zusammenhang verwies der Kardinal auf die Diskussion ökologischer Probleme, die auch durch diese Frage neu berührt würden. Man wolle die Natur vor dem Menschen schützen, aber der Mensch, der auch Schöpfung sei und der in sich selbst die Schöpfung schützen müsse, werde dabei weithin nicht gesehen. Die gegenwärtige Skepsis, die gegenüber der Pille als Mittel der Geburtenkontrolle um sich greife, bezeichnete der Kardinal als eine Chance. Er forderte Ärzte und Beratungsdienste dazu auf, im Sinne einer natürlichen Geburtenkontrolle etwas zu tun und erklärte in diesem Zusammenhang: „Die Kirche wird sich in Deutschland sehr darum bemühen müssen, Chancen einer Beratung zu schaffen, die den Menschen den besseren Weg eröffnet, nach dem viele, nicht aus dogmatischen Gründen, sondern aus menschlicher Erfahrung heraus, Ausschau halten, ohne daß ihnen geholfen würde".

13. Januar 1981   ok Nr. 1 vom 13. Januar 1981

Im Bemühen um Einheit der Kirche nicht nachlassen
Ökumenischer Gottesdienst in St. Matthäus
Kardinal predigt bei evangelisch-lutherischer Vesper

Bei einem ökumenischen Vespergottesdienst der Evangelisch-Lutherischen Kirche
in Bayern am 20. Januar um 19.30 Uhr in der Münchener evangelischen St. Matthäuskirche wird der Erzbischof von München und Freising, Joseph Kardinal Ratzinger, die Predigt halten. Bei den Gebeten und der Liturgie wirken der gastge-
bende Landesbischof der Evangelisch-Lutherischen Kirche in Bayern, Dr. Johannes Hanselmann, und der evangelisch-reformierte Pfarrer Lothar Ulrich mit. Der
ökumenische Vespergottesdienst findet traditionsgemäß im Rahmen der „Gebetswoche für die Einheit der Christen" statt, die in der Zeit vom 18. bis 25. Januar
unter dem Gedanken „Ein Geist, viele Gaben" in den christlichen Kirchen und
Gemeinschaften begangen wird.
In Fortführung der im letzten Jahr begonnenen Praxis, wonach für ökumenische
Gottesdienste dieser Art jeweils eine Gottesdienstform gewählt wird, die in einer
der beteiligten Kirchen üblich ist, wird der ökumenische Gottesdienst am 20.
Januar in Form einer evangelisch-lutherischen Vesper gestaltet. Im vergangen Jahr
waren die evangelischen Christen und die Vertreter anderer christlicher Kirchen
in den Münchener Liebfrauendom zur Teilnahme an einem katholischen Vespergottesdienst eingeladen, bei dem auch der evangelische Landesbischof Hanselmann predigte. Die Tradition dieser Gottesdienste in München war 1969 vom
damaligen Erzbischof von München und Freising, Julius Kardinal Döpfner, und
dem damaligen Landesbischof Dr. Hermann Dietzfelbinger begründet worden.
In den Fürbitten bei diesem Gottesdienst wird der Wunsch ausgesprochen, daß
zwischen den Christen in den verschiedenen Kirchen und kirchlichen Gemeinschaften „das Verständnis für die besonderen Geistesgaben der jeweils anderen
Kirche wächst, daß sie bereit sind, voneinander zu lernen und so für die Fülle der
gottgeschenkten Wahrheit Zeugnis geben". Ferner wird darum gebetet, daß die
Leitung der Kirchen und die Gemeinden in ökumenischen Angelegenheiten sich
„um eine Sprache bemühen, die den anderen nicht verletzt, daß sie sich auch durch
Schwierigkeiten und Mißverständnisse nicht irremachen lassen in ihrem Bemühen
um die Einheit der Kirche". Ausdrücklich wird auch dafür gebetet, daß der Besuch von Papst Johannes Paul II. im November vergangenen Jahres „in unserem
Land das ökumenische Bemühen stärken möge". Für die Arbeitsgemeinschaft
christlicher Kirchen in Bayern wird „Geduld und langer Atem" sowie Offenheit
für die „Übereinstimmung in zentralen Erkenntnissen des Glaubens" erbeten. Die
Kollekte bei dem Gottesdienst ist für die Erdbebenopfer in Italien bestimmt.

19. Februar 1981   ok Nr. 6 vom 19. Februar 1981

Gütig sein mit den Menschen
Appell des Kardinals an die Seelsorger

Den Reichtum göttlichen Erbarmens in der Welt erscheinen zu lassen, dazu hat
der Erzbischof von München und Freising, Joseph Kardinal Ratzinger, die Seelsorger aufgerufen. Bei der Weihe von drei Priesteramtskandidaten zu Diakonen
erklärte Ratzinger am 15. Februar im Münchener Liebfrauendom: „Wir sind alle
nicht stark genug, einzeln und auch kollektiv nicht, neue Strukturen heraufzufüh-
ren, durch die die Welt zum Paradies wird; aber wir sind stark genug, das kleine
Licht der Barmherzigkeit anzuzünden, und das ist unsere Aufgabe". An die Diakone und Priester appellierte der Kardinal: „Tun Sie es, indem Sie zu den Kranken,
den Armen, den Behinderten, den Leidenden, den Verzweifelten, den Einfachen
und den Einsamen gehen! Tun Sie es, indem Sie gütig sind mit den Menschen!
Nach Meinung des Kardinal erweckt erst die Barmherzigkeit das Recht: „Die
christliche Caritas hat langsam, indem sie Christi Liebe auf die Letzten anzuwenden versuchte, die Sensibilität auch für die Knechte, für die Geschlagenen, für die
behinderten Menschen entwickelt. Sie erst schuf ein neues humanes Recht". Wo
die Sensibilität des Erbarmens verfalle, breche auch das humane Recht wieder zusammen und die Gewalt trete von neuem hervor. In diesem Zusammenhang betonte Ratzinger, Christsein heiße Vergeben. Gegenwärtig gelte Anklage und Ver-
gangenheitsbewältigung als große Moral: „Das erscheint als die große Moralität,
mit der man sich trennt von dem, was einer angestellt hat, indem man sich selbst
gereinigt fühlen darf, wenn man darauf herumtrampelt". Anklage reinigt nach
Worten des Kardinals nicht, sondern vergifte und zerstöre: „Die Vergebung allein
reinigt".
Das Gebet sei „der allererste Dienst", den die Seelsorger den Menschen heute erweisen müßten. Die Priester müßten „aus dem Gebet kommen". Und sie müßten
auch für diejenigen beten, „denen die Hast des Lebens den Atem des Gebetes weggenommen hat". Der Anspruch des Evangeliums rufe „zu der Eindeutigkeit und
der Entschiedenheit, die der Wahrheit gemäß ist". Unentschiedenheit und Zwei-
deutigkeit, „das Lauwarme", von dem in der Geheimen Offenbarung gesprochen
wird, sei „die Sache der Schlange, der Verführung". Die Versuchung, sich in dieser Weise unentschieden zu halten, sei gegenwärtig groß. Man erspare sich selbst
„die eisige Kälte des großen Nein" und auch „den großen Anspruch des Ja, der so
töricht, so unbegründet, so anspruchsvoll scheint". Man bleibe im Lauwarmen,
habe nicht nein gesagt, aber im Bedarfsfall auch nicht allzu deutlich ja. Aber gerade so entschwinde die Wahrheit in der Welt und gebe sie der Lüge preis. In diesem Zusammenhang warnte der Kardinal auch vor einer „vordergründigen Bejahung", die sich am Kreuz Jesu Christi und an der Tatsache, daß er von den Toten

auferstanden ist, vorbeidrücke: „Nur in Christus, dem Gekreuzigten und Auferstandenen, ist Ja. Wo er entschwindet, wird die Welt pessimistisch, deformiert sie sich, wird sie zu einer Welt der Beschimpfungen, der Erniedrigung des Menschen, zu einer Welt des Nein werden".

110

ok Nr. 8 vom 5. März 1981

Hirtenbrief zur Fastenzeit 1981
Der Sonntag – ein Bekenntnis zur Schöpfung
Kardinal Ratzinger: Die Erde pflegen, nicht ausbeuten

In der Feier des christlichen Sonntags sieht der Erzbischof von München und Freising, Joseph Kardinal Ratzinger, auch ein Bekenntnis zum Glauben „an Gott, den Schöpfer des Himmels und der Erde". In seinem Hirtenbrief zur Fastenzeit 1981, dessen erster Teil am kommenden Sonntag, 8. März, in allen Kirchen des Erzbistums verlesen werden wird, äußerte der Kardinal, der Sonntag als erster Tag der Woche sei auch „der Tag des Dankes für die Schöpfung". Dies sei gerade in einer technischen Welt von besonderer Bedeutung: „Die Schöpfung ist uns übergeben von Gott als unser Lebensraum, als Raum unserer Arbeit und unserer Muße, in der wir das Lebensnotwendige und das Überflüssige finden, die Schönheit der Bilder und der Klänge, die der Mensch genauso braucht wie Nahrung und Kleidung".

Kult und Kultur haben die gleiche Wurzel

Die Aufforderung Gottes an den Menschen, sich die Erde untertan zu machen, bedeute jedoch nicht, sie auszubeuten und zu vergewaltigen. Diese Aufforderung, so sagte der Kardinal, bedeute vielmehr: „Pflegt die Erde! Drückt ihr das Antlitz des Geistes auf! Entfaltet, was in ihr ist! So wird sie euch dienen und ihre eigene Bestimmung erfüllen". In diesem Zusammenhang erinnerte Ratzinger daran, daß das Wort Kultur aus der gleichen Wurzel wie das Wort Kult komme. Es schließe sowohl die Gesinnung des Pflegens wie die des Verehrens und der Ehrfurcht mit ein: „Das Wort bedeutet, die Dinge so zu pflegen, daß wir darin Gottes Schöpfung ehren und so Gott selbst verehren". In der Gesinnung der Dankbarkeit und der Ehrfurcht vom Sonntag her leben, heißt nach Meinung Ratzingers auch, „von diesen Gesinnungen und von dieser Grundorientierung her die Arbeit in der Welt einrichten".

Statt unsinniger Proteste den Lebensstil ändern

In diesem Zusammenhang appellierte der Kardinal an die Öffentlichkeit „zum Maßhalten im Benützen der Schöpfung: Wir dürfen sie gebrauchen, aber nicht verbrauchen". Es nütze nichts, „wenn wir plötzlich an irgendeiner Stelle gegen neue Unternehmungen zu protestieren beginnen". Dies bleibe unlogisch und unsinnig, wenn nicht der ganze Lebensstil anders werde, wenn sich nicht das Verbrauchen zum Gebrauchen wandle und das Ausnützen zum Pflegen umkehre. In dieser Gesinnung „sonntäglich zu leben", fordere „wirklich einen ganzen Lebensstil, den gerade wir als Christen in dieser Zeit mit neuer Entschiedenheit suchen müssen".

Ein Bekenntnis, daß es gut ist zu leben

In seinem ganz der Thematik des „christlichen Sonntags" gewidmeten Hirtenbrief nannte der Kardinal die Feier der Auferstehung Christi von den Toten „den eigentlichen und ersten Grund" für die Sonntagsfeier. Mit der Auferstehung habe eine neue Zeit begonnen: „Erstmals ist jemand von den Toten zurückgekehrt und stirbt nicht mehr; erstmals hat jemand den Kerker der Zeit durchbrochen, der uns alle gefangen hält". So sei die Feier des Sonntags ein Bekenntnis zur Auferstehung, ein Bekenntnis, „daß Jesus lebt, daß Gott lebt und dem Menschen Leben gibt über den Tod hinaus. Sie ist ein Bekenntnis, daß wir etwas zu hoffen haben. Sie ist ein Bekenntnis, daß die Liebe bleibt und darum ein Bekenntnis, daß es gut ist, zu leben". Der Sonntag weise auch voraus auf die Wiederkunft Christi: „Wir haben etwas zu hoffen: das Reich Christi, das Reich Gottes; wir können vertrauend der Zukunft entgegengehen; sie wird größer sein als die Vergangenheit".

Sonntagsgebot keine willkürliche Erfindung der Kirche

Der Sonntag, so führte Ratzinger weiter aus, sei nicht „ein beliebiger freier Tag, den man nach eigenem Ermessen in der Woche herumschieben kann". Er sei als Tag der Teilnahme an Gottes Ruhe und als Tag der Ankunft des Auferstandenen, „der seine ins Private geflüchteten Jünger zusammenholt", ein „Tag des Gottesdienstes". Deswegen sei das Sonntagsgebot nicht eine willkürliche Erfindung der Kirche. Und somit stehe es auch nicht im Belieben der Kirche oder des einzelnen Christen, „ob und wann wir Gottesdienst feiern wollen und was wir mit dem Sonntag machen". Wörtlich sagte der Kardinal dazu: „Der Sonntag ist die Antwort der Kirche auf das, was der Herr getan hat und tut: Er hat diesen Tag zu seinem Tag und zu unserem Tag, zum Tag der gemeinsamen Versammlung mit ihm im Gottesdienst der Kirche gemacht". In diesem Gottesdienst könnten Christen nicht einfach nur „passive Empfänger sein, die sich mit schönen Gefühlen berieseln lassen und am Ende den Ertrag für das eigene psychische Wohlbefinden messen, um daran den Wert des Gottesdienstes zu taxieren". Ratzinger sagte: „Wer sich immer wieder durch den Gottesdienst fordern läßt, wer die Mühsal des gemeinschaftlichen Betens mit den uralten Gebeten des Glaubens aufnimmt, wer glaubend und betend in die Tiefe des Gebetsstromes eindringt, der erfährt, wie er allmählich über sich hinausgenommen wird; sein Denken und sein ganzes Leben vertief sich, es wird gereinigt und frei". Deswegen gehe es auch nicht an, „die Eucharistie zum Objekt beliebiger Gestaltungen zu machen, „in denen das Große auf unseren Maßstab heruntergeschraubt wird: Nicht die Eucharistie müssen wir auf unser Maß bringen, sondern uns müssen wir auf ihr Maß, das Maß Jesu bringen lassen".

Festhalten an sonntäglicher Eucharistiefeier

In diesem Zusammenhang nahm der Kardinal auch Stellung zum Gebrauch anderer Gottesdienstformen am Sonntag. Die Kirche, so sagte er, habe nicht das Recht, die sonntägliche Eucharistiefeier durch andere Gottesdienste zu ersetzen. Dies könne nur in „wirklichen" Notfällen geschehen und es müsse sorgfältig abgewogen werden, wann ein Notfall gegeben sei. Die Zumutbarkeit des Weges zu einer Kirche mit Eucharistiefeier für die Gläubigen sei einer der Maßstäbe, an dem sich Priester und Gemeinden sorgfältig prüfen müßten: „Die jetzige Situation, in der nicht an allen alten Gottesdienstorten jeden Sonntag Eucharistie gefeiert werden kann, muß ein Anlaß sein, gegenseitig die geistliche Gastfreundschaft zu erlernen: Kein Ort darf sich in sich selbst verschließen und nur in die eigene Kirche gehen wollen". Es sei katholisch, „gerade am Sonntag die Grenzen festgefügter Gemeinschaften zu überschreiten, einander aufzunehmen und anzunehmen". Hier eröffne sich ein großes Betätigungsfeld „für eine lebendige Weise, miteinander Kirche zu sein".

Ökumenische Gottesdienste können Eucharistiefeier nicht ersetzen

Ratzinger bekräftigte auch, daß die katholischen Bischöfe Deutschlands „sich nicht berechtigt wissen, ökumenische Gottesdienste als zureichende Sonntagsgottesdienste anzuerkennen". Dazu führte der Kardinal wörtlich aus: „Diese Gottesdienste können angesichts der tiefen Unterschiede, die nach wie vor im Verständnis des priesterlichen Amtes, des Opfercharakters der Eucharistie und der Frage der beständigen Gegenwart des Herrn in den verwandelten Gaben bestehen, keine eucharistischen Gottesdienste sein. Weil aber der Sonntag von der apostolischen Überlieferung her, die aus der Begegnung mit dem Auferstandenen selbst gewachsen ist, Tag des Brotbrechens, Eucharistietag ist, darum steht es auch gar nicht in der Macht der Bischöfe, dies gegen einen anderen Gottesdienst auszutauschen".

Lernen von jüdischer Sabbatfeier

Einen eigenen Abschnitt widmete der Kardinal der Feier des Sonntags in der Familie. Er betonte, es sei notwendig, daß die Teilnahme der Familien am sonntäglichen Gottesdienst „tiefe gemeinsame Grunderfahrungen" schaffe. Es sei ganz einfach wichtig, „diese entscheidende Stelle des Menschseins, die am meisten aneinander bindet, nicht leer zu lassen". Der gemeinsame sonntägliche Gottesdienst müsse zu einem zentralen Ereignis des familiären Lebens werden. In der Woche sei die Familie vielfach zerstreut und nach einem anstrengenden Arbeitstag reiche häufig die seelische Kraft nicht mehr aus, „einander Zeit zu geben". Ratzinger forderte auch zum gemeinsamen Beten in der Familie auf, „das zum gemeinschaftlichen Beten in der Kirche fähig macht und umgekehrt zum persönlichen Beten hilft". Zeit haben für Gott heiße auch Zeit haben füreinander. Der Sonntag als Gottestag sei ein Menschentag, ein Tag für gemeinsames Spielen, Pflege gemeinsamer Interessen, Brauchtum, Hausmusik, für Gastfreundschaft und nachbarliches Begegnen. Ratzinger forderte dazu auf, von der Schönheit des Sabbatmahls gläubiger jüdischer Familien zu lernen: „Es wäre gut, wenn wir aus unserer Formlosigkeit heraustreten würden: Zum Sonntag sollte immer wieder auch eine festlich gestaltete und religiös geformte Mahlzeit gehören als Nachklang der eucharistischen Gemeinschaft, wobei gerade die religiöse Formung, die Zuwendung zum Geber alles Guten auch die sicherste Gegenwehr gegen eine sinnlose Üppigkeit sein wird, die nicht selten der Versuch ist, dem seelischen Hunger und die seelische Leere zu kompensieren".

111

12. März 1981   ok Nr. 9 vom 12. März 1981

Der Glaube an die Schöpfung ist nicht irreal
Ratzinger: Die Wahrheit der Bibel wiederfinden

Der Glaube an die Schöpfung, wie ihn in seinem ersten Satz das christliche Glaubensbekenntnis formuliert, ist nach den Worten des Erzbischofs von München und Freising, Joseph Kardinal Ratzinger, auch heute vernünftig und keineswegs irreal. Ratzinger, der in der ersten einer Reihe von Fastenpredigten im Münchener Liebfrauendom zu diesem Thema sprach, äußerte, die Bibel sei und bleibe „die wahre Aufklärung, die die Welt der Vernunft des Menschen, nicht aber der Ausbeutung durch den Menschen übergeben hat, weil sie die Vernunft in Gottes Wahrheit und Liebe hinein öffnet". Die Christen bräuchten den Schöpfungsglauben nicht zu verstecken. Denn nur wenn die Welt letztlich aus Freiheit, Vernunft und Liebe komme, wenn dies die eigentlich tragenden Mächte der Zeit seien, gebe es Zukunft und könnten die Menschen als Menschen leben. Nur weil Gott Schöpfer aller Dinge sei, hätten Freiheit und Liebe nicht abgedankt, sondern seien sie Grundmächte der Wirklichkeit.

Die Bibel: Widerhall der Geschichte Gottes mit den Menschen

Der Kardinal hatte sich mit kritischen Analysen des Schöpfungsberichtes und dabei unter anderem mit dem Eindruck auseinandergesetzt, als ob angesichts der modernen Naturwissenschaften die Geschichte des Christentums in den letzten 400 Jahren ein ständiges Rückzugsgefecht gewesen wäre, in dem ein Stück nach dem anderen von den Behauptungen des Glaubens und der Theologie weggenommen worden sei. Auch in der Theologie gibt es nach den Worten des Kardinals eine „Halbherzigkeit", die den Eindruck vermittle, die eigentliche Botschaft des Glaubens sei „wie eine Qualle", wo man nirgends zugreifen und den wirklich faßbaren gültigen Kern, auf den Verlaß ist, nirgends finden könne. So entstehe der Eindruck eines Glaubens, „der weiterredet, obwohl er nicht weiß, woran man sich halten kann". In diesem Zusammenhang sagte Ratzinger, die Bibel sei nicht wie ein Roman oder ein Lehrbuch einfach von Anfang bis Ende durchgeschrieben worden. Die Heilige Schrift sei der Widerhall der Geschichte Gottes mit seinem Volk: „Sie ist herausgewachsen aus dem Ringen und den Wegen dieser Geschichte, und wir können durch sie hindurch die Aufstiege und Abstiege, die Leiden, die Hoffnungen, das Große und wieder das Versagende dieser Geschichte erkennen".

Überraschende Gemeinsamkeit alter Kulturen

So wie Israel immer an Gott den Schöpfer geglaubt habe, kommuniziere es „mit allen großen alten Kulturen der Welt", die immer um den Schöpfer des Himmels und der Erde „in überraschenden Gemeinsamkeiten wußten, auch zwischen Kulturen, die sich äußerlich niemals berühren konnten". Darin dürfe man „durchaus etwas von der tiefsten, nie ganz verlorenen Berührung der Menschheit mit Gottes Wahrheit erkennen". In der Darstellung von Sonne und Mond in der Bibel als Lampen, die Gott zur Zeitmessung bestimmte, während die Heiden darin große Gottheiten sahen, sei die Kühnheit und Nüchternheit des Glaubens zu erkennen, der im Ringen mit heidnischen Mythen das Licht der Wahrheit zum Vorschein bringt: „Die Welt ist nicht ein Streit der Dämonen, sie kommt aus Gottes Vernunft und steht auf Gottes Wort". So erweise sich der Schöpfungsbericht als „die entscheidende Aufklärung, als der Durchbruch aus den Ängsten, die den Menschen niedergehalten haben, als die Freigabe der Welt an die Vernunft, als die Erkenntnis ihrer Vernünftigkeit und Freiheit". Als „wahre Aufklärung" erweise sich der Schöpfungsbericht auch darin, „daß er die menschliche Vernunft festhält am Urgrund der schöpferischen Vernunft Gottes und so in der Wahrheit und in der Liebe, ohne die Aufklärung maßlos und letzten Endes töricht wird".

Konflikt Theologie – Naturwissenschaft wäre nicht nötig

In der Bibel selbst seien die Bilder frei, sagte der Kardinal, sie korrigierten sich immer wieder und ließen durchscheinen, daß sie eben Bilder sind, die ein Tieferes und ein Größeres aufdecken: die Botschaft von Gottes Schöpfertum. Die Christen müßten das Alte Testament im Lichte der Botschaft Christi lesen, der nicht nur von der Knechtschaft des Buchstabens befreit, sondern auch die Wahrheit der Bilder neu zurückgegeben habe. Dies habe die alte Kirche und die Kirche des Mittelalters gewußt: „Sie wußte, daß die Bibel nur ein Ganzes ist und daß wir sie wahr nur hören, wenn wir sie von Christus her hören, wenn wir sie von dieser Freiheit her hören, die er gegeben hat, und von dieser Tiefe, mit der er durch die Bilderwand hindurch das Bleibende, den festen Boden, auf dem wir allezeit stehen können, uns offenbar macht". Erst mit dem Beginn der Neuzeit sei diese Dynamik, diese lebendige Einheit der Schrift in Vergessenheit geraten, „die wir immer nur mit Christus verstehen können in der Freiheit, die er uns gibt und damit in der Gewißheit, die aus dieser Freiheit kommt". Erst in einem solchen Vergessen, das zu einer „falschen Buchstäblichkeit" geführt habe, sei jener Konflikt zwischen Naturwissenschaft und Theologie entstanden, der bis heute eine Belastung des Glaubens ist, die nicht sein muß, „weil der Glaube größer, weiter und tiefer ist".

112

2. April 1981   ok Nr. 11 vom 2. April 1981

Seelsorger sind nicht Richter des Glaubens
Kardinal Ratzinger: Auch Glaubensfragmente ernst nehmen

Übereinstimmend mit den Dekanen seiner Erzdiözese hat der Erzbischof von München und Freising, Joseph Kardinal Ratzinger, die Seelsorger zu verstärkten Bemühungen ermuntert, sich der Glaubensnot vieler Menschen anzunehmen. Bei der Frühjahrsversammlung der Dekane der Erzdiözese sagte Ratzinger, der Seelsorger sei nicht Richter des Glaubens anderer. Bei sehr vielen gebe es immer noch „ein Stück Glauben, wenigstens ein Stück Verlangen nach Glauben". In einer Situation der Gärungen müßten auch Zweiseitigkeiten hingenommen werden, dies bedeute, daß auch Fragmente des Glaubens akzeptiert werden müßten. „Wir müssen die Glaubensfragmente, die da sind, auch positiv bewerten", sagte der Kardinal. In diesem Zusammenhang erinnerte er daran, daß die Kirche von der regelmäßigen sonntäglichen Gottesdienstgemeinschaft lebe, dies müsse neu ins Bewußtsein eindringen.
Zu Vorbehalten gegen den Empfang des Bußsakramentes in der heiligen Beichte, wie [sie] zunehmend Eltern für ihre Kinder und Erwachsene auch für sich erkennen ließen, sagte der Kardinal, es müsse deutlich gemacht werden, was Beichte als Dimension des Glaubens für den Menschen tatsächlich bedeute, welche Chance sie ihm bringe. Wer diese Chancen erkenne, bei dem werde sich das Trauma möglicher früherer Beichterlebnisse überwinden lassen. Die in der Handhabung dieser Frage recht unterschiedliche Praxis in einzelnen Pfarrgemeinden veranlaßte den

Kardinal zu dem Hinweis, zwischen den Priestern sei das brüderliche Gespräch erforderlich, damit der „einheitliche Wille" der Kirche dargestellt werden könne. Der Kardinal vertrat die Auffassung, daß die Vereinheitlichung des Willens der Priester „nicht durch ein direktes Gesetz" angestrebt werden sollte, sondern „durch das Gesetz der Ansteckung, indem positive Erfahrungen überspringen".

Vor den Dekanen, die sich mit der Praxis und dem Umfeld der Hinführung der Kinder zu Erstbeichte und Erstkommunion befaßten, hatte der Leiter des Referates für die Volks- und Hauptschulen im Münchener Ordinariat, Prälat Dr. Hubert Fischer, mitgeteilt, daß heute die Mehrzahl der Pfarrgemeinden in der Erzdiözese auch eine außerschulische Sakramentenvorbereitung praktiziert. Fischer betonte, daß die Bedeutung des schulischen Religionsunterrichtes dadurch nicht unterschätzt werden dürfe und sogar Veranlassung bestehe, darauf hinzuweisen, daß er in jedem Fall verpflichtend sei. Fischer riet auch eindringlich dazu, die Eltern bei der Sakramentenvorbereitung zur Mitarbeit zu motivieren, da sie zumeist im Religionsunterricht und in der außerschulischen Vorbereitung auf den Empfang der Sakramente ein Alibi sehen würden, das sie von einer Sakramentenvorbereitung dispensiert. Die in zahlreichen Pfarreien aus diesem Anlaß veranstalteten Elternabende hält Fischer für besonders notwendig: „Die Erfahrung zeigt, wie wichtig und fruchtbar es ist, die Eltern auf ihre Pflichten in der religiös-sittlichen Erziehung hinzuweisen, ihnen ein richtiges Sakramentenverständnis zu vermitteln und falsche Vorstellungen, vor allem über das Bußsakrament abzubauen und zu korrigieren".

In der Diskussion zu diesem Themenkreis hatten die Dekane aus ihrer Arbeit über unterschiedliche Erfahrungen berichtet. Allgemein wurde eine wachsende Zahl sogenannter „distanzierter Christen" festgestellt, es wurde sogar von „getauften Ungläubigen" gesprochen. Auf die in der Diskussion gestellte Frage, wie eigentlich der Glaube zu messen sei, stellte ein Dekan fest, im Glaubensleben gebe es keinen permanenten linearen Fortschritt. In den jeweiligen Phasen des menschlichen Lebens seien lebensbegleitende Impulse notwendig, man könne nicht messen, wie viel Glaube da sei. Ein weiterer Dekan, der besonders auf Eltern zu sprechen kam, deren Kinder sich auf Erstbeichte und Erstkommunion vorbereiten, vertrat die Meinung, das, was manchmal wie Glaubenslosigkeit scheine, seien oft nur Hemmungen. Grundsätzlich sahen die Dekane in der außerschulischen Sakramentenvorbereitung mit der Erfassung der Kinder und ihrer Eltern die Möglichkeit eines neuen Ansatzes für die Seelsorge und für die Vertiefung der Gemeinschaft in einer Pfarrgemeinde.

9. April 1981   ok Nr. 12 vom 13. April 1981

Kardinal Ratzinger ernennt neuen Finanzdirektor
Domkapitular Fahr Chef der Finanzkammer – Neues Amt für Prälat Strasser

Der Erzbischof von München und Freising, Joseph Kardinal Ratzinger, hat den bisherigen Leiter des Personalreferates für die Priester, Diakone und Pastoralassistenten im Münchener Ordinariat, Domkapitular Dr. Friedrich Fahr (48), zum neuen Direktor der Erzbischöflichen Finanzkammer der Erzdiözese ernannt. Dies teilte am Freitag, 3. April, im Auftrag des Kardinals der Pressereferent des Ordinariates, Domkapitular Msgr. Dr. Curt M. Genewein, mit.
Mit Fahr tritt ein sowohl in pastoralen als auch in verwaltungstechnischen Fragen erfahrener Geistlicher die Nachfolge von Prälat Johann Strasser an. Strasser hatte im Zusammenhang mit einem Prozeß gegen einen ehemals im Auftrag der Finanzkammer tätigen Grundstücksmakler die Verantwortung übernommen und um Entpflichtung vom Amt des Finanzdirektors gebeten. Dieser Bitte hat der Kardinal entsprochen. Er ernannte Prälat Strasser zum Referenten für Weltkirchliche Aufgaben. Dieses Amt hatte bisher Weihbischof Heinrich Graf von Soden-Fraunhofen inne, der um Entlastung in dieser Sache und um eine der Bedeutung der Aufgabe entsprechende Besetzung des Referates bereits seit längerem nachgesucht hatte. Domkapitular Fahr wurde am 15. Dezember 1932 als zweites von drei Kindern eines Konditormeisters in Chikago (USA) geboren. Die Vorfahren Fahrs stammen mütterlicherseits aus Rohrdorf bei Rosenheim, väterlicherseits aus dem badischen Gottmadingen. Er studierte Philosophie und Theologie an der Päpstlichen Universität Gregoriana in Rom, wo er 1957 zum Priester geweiht und 1960 zum Doktor der Theologie promoviert wurde. Von 1962 bis 1972 war er Direktor des Erzbischöflichen Studienseminars in Freising, von 1972 an Leiter des Personalreferates für die Priester, Diakone und Pastoralassistenten. Seit 1975 gehört er dem Domkapitel in München an. Fahr wird sein Amt am 15. April antreten. Bei der Veröffentlichung des Diözesanhaushaltes 1981, die Anfang Mai erfolgt, wird sich der neue Finanzdirektor erstmals der Öffentlichkeit vorstellen.

30. April 1981   ok Nr. 14 vom 30. April 1981

Schwesternorden für die Kirche „innere Notwendigkeit"
Ratzinger sieht in ihrem Mangel ein Krisenzeichen unserer Zeit

Schwesternorden seien für die Kirche „nicht ein Überfluß, sondern eine innere

Notwendigkeit". Das betonte der Erzbischof von München und Freising, Joseph Kardinal Ratzinger, in einem Pontifikalamt, das er aus Anlaß des 400. Geburtstages des heiligen Vinzenz von Paul am Sonntag, 26. April, im Münchener Liebfrauendom zelebrierte. Der Mangel an Schwesternberufen sei eines der „großen Krisenzeichen unserer Zeit", meinte der Kardinal. Er rief dazu auf, jungen Menschen wieder den Mut zu geben, die Schwesternberufung anzunehmen und ein geistiges Klima zu schaffen, „in dem dies nicht als etwas Abseitiges und Kurioses erscheint".

Der heilige Vinzenz von Paul sei ein Mann des Glaubens gewesen, erklärte Ratzinger. „Der Glaube ist nicht irgendein zusätzliches ideologisches Gepäck, das wir neben den eigentlich drängenden sozialen Aufgaben auch noch mit uns herumschleppen; er ist die Grundlage dafür, daß wir Menschen lieben können, daß wir sozial zu handeln vermögen". Der Kardinal bezeichnete Vinzenz von Paul als einen „Charismatiker der christlichen Liebe und großen Sozialreformer Europas". Er habe sich seinerzeit von der „unheimlichen Not" der Menschen, Pest, Hunger und Krieg treffen „und bis ins Innerste erschüttern lassen".

Vinzenz von Paul hat, so Kardinal Ratzinger weiter, „eine Lichtspur in diese Welt hineingetragen". Er habe nicht nur Brot und Medizin gegeben, sondern auch das Evangelium verkündet. Auch heute könne „bloße Sozialtechnik ohne geistige Grundlage" die Welt nicht verbessern und „bloße psychologische Betreuung, die nicht aus einer größeren Vollmacht als aus der unserer Probleme und Meinungen herauskommt, dem Menschen nicht wahrhaft dienen".

An die zahlreichen beim Gottesdienst anwesenden Ordensschwestern appellierte der Kardinal: „Bleiben Sie Menschen des Glaubens, verharren Sie in der Lehre der Apostel und lassen Sie sich nicht erschüttern und verwirren durch großes Gerede!" Die Lehre der Apostel bleibe der feste Grund, ohne den die „Flamme der christlichen Liebe" erlöschen müsse.

115

7. Mai 1981   ok Nr. 15 vom 7. Mai 1981

Ratzinger fordert eine Sozialordnung für die Familie
„Familiengerechter Lohn ist Grundforderung der Soziallehre"

Das christliche Leitmotiv der Solidarität hat der Erzbischof von München und Freising, Joseph Kardinal Ratzinger, bei einem Gottesdienst für den Bezirksverband München der Katholischen Arbeitnehmer-Bewegung (KAB) am Sonntag, 3. Mai, in der Stadtpfarrkirche St. Peter hervorgehoben. Solidarität schließe Gerechtigkeit als zentrale Forderung ein. Die Menschen seien nur dann solidarisch, wenn sie einander ihr Recht geben würden. Grundlage aller wirtschaftlichen und gesellschaftlichen Beziehungen sei nicht das Gegeneinander, sondern das Mit-

Die Delegation des Verbandes Deutscher Sinti überreichte dem Kardinal ein Memorandum. Weiterhin wurde dem Kardinal ein Gutachten der Universität Bonn übergeben, in dem die Notwendigkeit eines Kulturzentrums im Sinne des vom Verband Deutscher Sinti e.V. erarbeiteten Orientierungsrahmens ausdrücklich festgestellt wird.

Kardinal Ratzinger erklärte, es sei notwendig, Vorurteile gegenüber den Sinti überall dort abzubauen, wo sie festzustellen sind. Allerdings könne dies seiner Meinung nach nur durch eine ruhige und kontinuierliche Arbeit geschehen, nicht durch lautstarke Erklärungen. Der Kardinal erklärte sich bereit, die Sinti in ihrem Bemühen um Anerkennung ihrer Menschenrechte, ihrer Kultur, ihrer Sprache und ihres Brauchtums zu unterstützen. Ratzinger äußerte die Meinung, die Sozialarbeit an und für Sinti sollte auch an die Sinti übergeben werden, wenn sich aus ihren Reihen dazu qualifizierte Kräfte mit den für diese Arbeit erforderlichen Abschlüssen zur Verfügung stellen.

In der Deutschen Bischofskonferenz will sich der Kardinal dafür einsetzen, zu prüfen, ob und in welcher Weise von seiten der katholischen Kirche über die von den Sinti gewünschte offizielle Erklärung mit den entsprechenden politisch Verantwortlichen Kontakte aufgenommen werden können.

Zum Vorschlag der Sinti, in Dachau ein Kulturzentrum zu errichten, meinte der Kardinal, als solches sei ein Kulturzentrum für die Sinti sicher wünschenswert und sinnvoll. Als Standort sollte aber nicht Dachau gewählt werden, weil diese Stadt durch die Anlage des ersten Konzentrationslagers der Nationalsozialisten ohnehin einer Belastung ausgesetzt sei, die eigentlich das ganze Land tragen müsse. Den Dachauer Stadtpfarrer Msgr. Hermann Streber, der an dem Gespräch teilnahm, stellte der Kardinal aus diesem Anlaß als seinen persönlich beauftragten Gesprächspartner für Angelegenheiten der Sinti vor.

Kardinal Ratzinger erklärte sich bereit, sofern dazu eine Notwendigkeit besteht, etwa nach Ablauf eines Jahres nochmals mit Vertretern des Verbandes Deutscher Sinti e.V. ein persönliches Gespräch zu führen. Er wolle, soweit erforderlich, mit den Sinti auch weiterhin im Gespräch bleiben.

118

21. Mai 1981   ok Nr. 17 vom 21. Mai 1981

Kardinal hält Pfingstgottesdienst im Freisinger Dom
Direktübertragung im Ersten Fernsehprogramm

Zum ersten Mal wird aus dem Freisinger Mariendom ein Gottesdienst im Fernsehen direkt übertragen. Das Erste Fernsehprogramm (ARD) überträgt am Pfingstsonntag, 7. Juni, um 11.00 Uhr das feierliche Pontifikalamt, das der Erzbischof von München und Freising, Joseph Kardinal Ratzinger, halten wird. Kon-

zelebranten sind der Rektor der Freisinger Domkirche, der Apostolische Protonotar Dr. Michael Höck, und der Domdekan des Münchener Metropolitankapitels, Prälat Dr. Heinrich Eisenhofer. Der Kardinal wird die Festpredigt halten. Über Eurovision ist auch das Österreichische Fernsehen (ORF) angeschlossen.
Der Freisinger Domchor singt unter der Leitung seines Direktors Wolfgang
Kiechle die Messe in G-Dur für Soli, Chor und Orchester von Franz Schubert.
Bereits am Vorabend des Pfingstsonntags, Samstag, 6. Juni, wird der vom Fernsehen regelmäßig ausgestrahlte Vespergottesdienst gleichfalls aus dem Freisinger
Dom übertragen. Zelebrant ist der Freisinger Dekan, Pfarrer Dr. Walter Brugger,
die Predigt hält der Direktor des Kardinal-Döpfner-Hauses in Freising, Dr. Sebastian Anneser. Der Gottesdienst beginnt um 17.00 Uhr.
Der Hohe Dom zu Freising gehört zu den schönsten Baudenkmälern Bayerns, zu
dessen Gestaltung viele Jahrhunderte beitrugen. In der Krypta wird der romani-
sche Charakter des Domes sichtbar. Die Deckengemälde stammen von den Brüdern Asam, deren Arbeiten sich auch noch auf die Seitenschiffe erstrecken. Besonders sehenswert ist die rechte Apsiskapelle, die Johann-Nepomuk-Kapelle, die
Ägid Quirin Asam 1738 gestaltete. Am Hauptchor sind verschiedene Stilepochen
vereint. Das Chorgestühl stammt aus der Zeit der Gotik. Die Krypta birgt auch
das Grab des Diözesanpatrons St. Korbinian, der vor mehr als 1200 Jahren als erster den Glauben an Christus in Altbayern begründet hat. Der Schrein mit den Reliquien des Heiligen war im vergangenen Jahr auch auf der Altarinsel beim großen
Papstgottesdienst auf der Münchener Theresienwiese aufgestellt worden.

119

ok Nr. 18 vom 4. Juni 1981

Orthodox-katholische Kommission kommt nach München

Ein ökumenisches Ereignis von hohem Rang wird im kommenden Jahr vom 30.
Juni bis zum 6. Juli in München stattfinden. Das römische Sekretariat für die Einheit der Christen hat im Einvernehmen mit dem Erzbischof von München und
Freising, Joseph Kardinal Ratzinger, München als Tagungsort für die nächste
Versammlung der Kommission des katholisch-orthodoxen Dialogs vereinbart.
Die Kommission hatte im vergangenen Jahr Ende Mai und Anfang Juni erstmals
auf Patmos und Rhodos getagt. Sie war anläßlich eines Besuches von Papst Johannes Paul II. am 30. November 1979 beim ökumenischen Patriarchen Dimitrios I.
von Konstantinopel beschlossen worden. Nähere Einzelheiten, etwa in welcher
Tagungsstätte und mit welchem Programm die ökumenische Versammlung in
München stattfinden wird, müssen noch im Verlauf der nächsten Wochen in Ab-
sprache mit der orthodoxen Delegation und Vertretern des römischen Einheitssekretariates geklärt werden.

16. Juli 1981   ok Nr. 23 vom 16. Juli 1981

Ratzinger betont Grundrecht auf den „ganzen Glauben"
Der Kardinal: Freiheit hat immer mit der Wahrheit zu tun

(KNA) Das „Recht auf den ganzen Glauben" und den Anspruch, „nicht der Pri-
vatmeinung der Amtsträger ausgeliefert zu sein", hat der Erzbischof von München
und Freising, Joseph Kardinal Ratzinger, als „Grundrecht der Gläubigen" in der
Kirche bezeichnet. Bei einem Vortrag anläßlich der Jahrestagung des Vereins der
Freunde der Universität Regensburg plädierte Ratzinger am 15. Juli dafür, den
Christen eine möglichst umfassende Teilnahme am Glaubensleben der Kirche zu
ermöglichen und dabei der Vielfalt geistlicher Entwürfe, Lebensformen und Denk-
gestalten breiten Raum zu gewähren. Aufgabe des Amtsträgers sei es, „die rechte
Balance zwischen Freiheit und Theologie und Einheit des Glaubens" zu finden.
Aus dem „Grundrecht" auf den unverfälschten Glauben folge „die Bindung aller,
besonders aber der Amtsträger an die Ganzheit des unvermischten Glaubens".
Alle übrigen Freiheiten in der Kirche seien dieser „Grundfreiheit" zugeordnet.
Von der Neufassung des kirchlichen Gesetzbuches wünschte sich Ratzinger auch
die Herstellung eines Zusammenhangs zwischen der Freiheit der Kirche – von der
im jetzigen Kirchenrecht allein die Rede sei – und der Freiheit des Christen. Zur
Pädagogik der Freiheit gehöre freilich, christlich gesehen, immer ein „sinnvolles
Gewebe von Bindungen", und für den Christen habe Freiheit immer mit der
Wahrheit zu tun.

Kirche nicht Kopie des Verfassungsstaates

Obwohl die Verfassung der Kirche aus ihrem eigenen Wesen folge und deshalb
mit keiner staatlichen Verfassung identisch sein könne, habe sich im konkreten
Leben der Kirche doch immer eine gewisse Korrespondenz mit den jeweils bestehenden politischen Gestaltungsformen ausgebildet. Deshalb stelle sich heute die
Frage, welche demokratischen Institutionen sich auf die Kirche übertragen ließen
– ungeachtet der Tatsache, „daß man die Kirche nicht einfach zur Kopie eines demokratischen Verfassungsstaates machen kann". Kritik übte der Kardinal in diesem Zusammenhang an der im kirchlichen Raum noch vielfach anzutreffenden
„geradezu naiv-gläubigen Dogmatisierung" formaler Strukturelemente der Demokratie. Der Freiheitsgedanke werde dabei ganz in den Bereich formalen Funk-
tionierens verlegt.
Die Übertragung des Konzeptes der „Basis-Demokratie" scheine zwar mit der
Idee der Gemeinde und damit der ortskirchlichen Struktur des Gottesvolkes von
innen her zu korrespondieren. Und in der gemeinschaftlichen Verantwortung füreinander und für die Sache des Glaubens, in einem von Brüderlichkeit und Nähe

geprägten Zusammenleben mitten in einer Welt der anonymen Zwänge fand Ratzinger auch ausgesprochen positive Elemente christlicher Freiheit. Wo freilich das Element Gemeinde isoliert und von der sakramentalen Gemeinschaft der gesamten Kirche abgegrenzt werde, verflüchtige sich die Freiheit der Gemeinde „ins Spielerische", sinke die autonome Gemeinde zur „reinen Sozialpflege" und zur „Freizeitgemeinschaft" ab. In einem anschließenden Pressegespräch nahm der Kardinal die „zum Erhalt der Gemeinschaft des Glaubens unerläßlichen" Basisgemeinden in Afrika und Lateinamerika ausdrücklich von seiner Kritik aus, die sich gegen gewisse Konzepte vor allem europäischer Theologen gerichtet habe.

121

23. Juli 1981   ok Nr. 24 vom 23. Juli 1981

„Grüß Gott" des Kardinals für Feriengäste
150.000 Gästebriefe der Erzdiözese verteilt

Mit einem „herzlichen Grüß Gott" hat der Erzbischof von München und Freising, Joseph Kardinal Ratzinger, in einem Gästebrief Urlauber und Feriengäste in Oberbayern begrüßt. Der Gästebrief mit einer Auflage von 150.000 Exemplaren wird seit Jahren vom Seelsorgereferat im Münchener Ordinariat an die Hotels, Pensionen und Privatquartiere der im Bereich der Erzdiözese liegenden Fremdenverkehrsorte Oberbayerns verteilt. Über den bayerischen Gruß schrieb der Kardinal: „Grüß Gott sagen Ihre Gastgeber, wenn Sie ankommen, so werden Sie beim Einkaufen und im Wirtshaus begrüßt. Wenn es auch ganz gewohnheitsgemäß geschieht, so meint dieser schöne Gruß doch: Herzlich willkommen bei uns im Namen Gottes".
Der Prospekt, der sich diesmal besonders auch der Betrachtung der bayerischen Lüftlmalerei zuwendet, enthält umfangreiche Hinweise auf Gottesdienste und kirchliche Veranstaltungen in den bayerischen Fremdenverkehrszentren. Über Kirchen im Zentrum von München und kirchliche Veranstaltungen in der bayerischen Landeshauptstadt informiert ein Stadtplan. Zur Besinnung enthält der Gästebrief eine Betrachtung Kardinal Ratzingers zum Thema Ferien. Der Titel dieses Beitrags lautet: Auf der Suche nach Leben.

ok Nr. 25 vom 30. Juli 1981

Christliche Frömmigkeit bezieht die Sinne ein
Kardinal Ratzinger: Der christliche Gott hat ein Herz

Zu einer sinnenhaften, die Gefühle einbeziehenden Frömmigkeit hat der Erzbischof von München und Freising, Joseph Kardinal Ratzinger, ermuntert. In einem programmatischen Vortrag anläßlich eines internationalen Herz-Jesu-Kongresses, der im Anschluß an den Eucharistischen Weltkongreß vom 24. bis 28. Juli in Toulouse stattfand, sagte der Kardinal: „Der Mensch bedarf des Schauens, des schauenden Innehaltens, das zur Berührung wird, um der Geheimnisse Gottes innezuwerden. Er muß die Skala des Leibes betreten, um auf ihr den Weg zu finden, zu dem der Glaube ihn einlädt". Von den Problemen der Gegenwart könne man verdeutlichend sagen, die sogenannte objektive Frömmigkeit des feiernden Mitvollzugs der Liturgie sei zwar grundlegend, genüge aber nicht.

Nur mit dem Herzen sieht man gut

Nach Meinung des Kardinals kann die außerordentliche seelische Vertiefung der Mystik des Mittelalters und der großen kirchlichen Frömmigkeit der Neuzeit nicht im Rahmen einer Wiederentdeckung der Bibel und der Kirchenväter als überholt oder gar abwegig beiseite gelassen werden: „Die Liturgie selbst kann nur dann ihrem besonderen Anspruch gemäß gefeiert werden, wenn sie vorbereitend begleitet ist von dem meditativen Verweilen, indem das Herz zu schauen und zu verweilen beginnt und so auch die Sinne in das Schauen des Herzens einbezogen werden – denn nur mit dem Herzen sieht man gut".

Die Leibhaftigkeit der Liebe Christi

Die 1956 von Papst Pius XII. aus Anlaß der 100-Jahrfeier der offiziellen Einführung des Herz-Jesu-Festes veröffentlichte Enzyklika „Haurietis aquas" habe „zu einer sinnenhaften Frömmigkeit eingeladen, die der Leibhaftigkeit der gottmenschlichen Liebe Jesu Christi entspricht". 25 Jahre nach Erscheinen der Enzyklika erfordere es die Situation der Frömmigkeit in der Kirche selbst, sich auf ihre Aussagen neu zu besinnen. Für die Enzyklika sei sinnenhafte Frömmigkeit wesentlich Herzensfrömmigkeit, „weil das Herz der zusammenfassende Grund der Sinne, der Ort der Begegnung und Durchdringung von Sinnlichkeit und Geist ist". Der Wahlspruch des englischen Kardinals Newman – Herz spricht zum Herzen – dürfe als die schönste Zusammenfassung dessen bezeichnet werden, „was Herzensfrömmigkeit als zum Herzen Jesu gerichtete Frömmigkeit ist".

Reine Bibelfrömmigkeit genügt nicht

Die gegenwärtige Theologie finde sich vor einer technischen Rationalität, die das Emotionale des Menschen ins Irrationale abdrängt und den Leib in das bloß Instrumentale verweist. Dem entspreche eine gewisse Ächtung des Emotionalen in der Frömmigkeit, der, wie der Kardinal anmerkte, inzwischen eine vielfach ordnungs- und bindungslos bleibende Welle des Emotionalen gefolgt sei. Die Ächtung des Pathos habe zu seiner Pathologisierung geführt. Ähnlich habe der Verzicht auf eine schauende und verweilende Frömmigkeit zugunsten einer exklusiven gemeindlichen Aktivität eine Welle der Meditation hervorgerufen, die weithin unverbunden neben den Inhalten des Christlichen steht oder sie sogar als störend empfindet. Wörtlich sagte der Kardinal: „Gerade diese Entwicklungen zeigen, wieviel im Leben der Kirche ausgerechnet in dem Augenblick ausgefallen ist, in dem man glaubte, die gesamte Frömmigkeit des 2. christlichen Jahrtausends als belanglos beiseite schieben zu können und sich mit dem begnügen zu dürfen, was man für die reine Frömmigkeit der Bibel und der ersten Jahrhunderte hielt".

Evangelium hat auch die sinnliche Gestalt menschlicher Liebe

Christliche Frömmigkeit, so betonte Ratzinger, beziehe die Sinne ein, die vom Herzen her ihre Zuordnung und ihre Einheit empfangen. Solche im Herzen zentrierte Frömmigkeit entspreche dem Bild des christlichen Gottes, „der ein Herz hat". Sie sei eine österliche Frömmigkeit, „denn als Leidensgeheimnis ist das Ostergeheimnis seinem Wesen nach ein Geheimnis des Herzens". In ihm finde die „Liebesgeschichte Gottes mit den Menschen" ihre Zusammenfassung. Gottes Liebe sei nicht nur geistig. Die Liebe, die aus dem Evangelium, der Apostelgeschichte und der Geheimen Offenbarung spreche, drücke auch „die sinnliche Gestalt menschlicher Liebe" aus. Gottes Wort habe nicht einen erfundenen und bedeutungslosen Leib angenommen. Über die Herz-Jesu-Frömmigkeit sagte Ratzinger in diesem Zusammenhang: „Das Herz Jesu ist nicht Selbsterhaltung, sondern Selbstpreisgabe. Es rettet die Welt, indem es sich öffnet, es rettet, indem es sich verschenkt. Es lädt uns ein, aus dem vergeblichen Versuch der Selbsterhaltung herauszutreten und im Mitlieben, im Verschenken unserer selbst an ihn die Fülle der Liebe zu finden, die allein Ewigkeit ist und die allein die Welt erhält".

123

13. September 1981   ok Nr. 28 vom 17. September 1981

Ökumene mit orthodoxer Schwesterkirche ein großes Anliegen
Ratzinger begrüßt Repräsentanten der Ostkirche in München
Russischer Patriarch Pimen schenkt dem Kardinal sein Brustkreuz

Als „großes und bewegendes Anliegen" der katholischen Kirche hat der Erzbischof von München und Freising, Joseph Kardinal Ratzinger, die Ökumene mit der „orthodoxen Schwesterkirche" bezeichnet. Zum Auftakt des offiziellen einwöchigen Besuches des russisch-orthodoxen Erzbischofs Wladimir Sabodan von Dmitrow in Bayern erklärte Ratzinger am Sonntag, 13. September, auf dem Flughafen München-Riem: „Als Mitglied der offiziellen Orthodox-Katholischen Dialogkommission freut es mich, mit einem Repräsentanten der orthodoxen Schwesterkirche Fragen der von uns allen so ersehnten Einheit der Kirche besprechen zu können". Unter Hinweis auf den Appell von Papst Johannes Paul II., zur Erhaltung des Friedens in einer bedrohten Welt mit allen Menschen guten Willens zusammenzuarbeiten, wertete Ratzinger die Begegnung mit dem hohen Repräsentanten der russisch-orthodoxen Kirche auch als ein „Zeichen des Friedens", das dazu beitragen könne, eine Katastrophe zu verhindern.

In ihrer nun fast tausendjährigen Geschichte, so führte Ratzinger weiter aus, habe die russisch-orthodoxe Kirche den christlichen Glauben und die christliche Kultur über die Grenzen Osteuropas hinaus ausgebreitet. Sie leiste auch heute „einen großen Beitrag zur Versöhnung unter den Völkern und zum Aufbau eines dauerhaften Friedens". Erzbischof Wladimir, der auch Rektor der Moskauer Geistlichen Akademie und der Geistlichen Lehranstalten von Sagorsk ist, wird während seines Aufenthaltes in Bayern unter anderem Ausbildungsstätten für katholische und evangelische Geistliche kennenlernen und selbst über das Studium der Theologie in der Sowjetunion sprechen. Dies charakterisierte der Kardinal als „Mittelpunkt dieses Besuches" und erklärte: „Wir erwarten davon gegenseitige Anregung und Vertiefung der bereits begonnenen Zusammenarbeit".

Der Erzbischof, der bereits 1979 während eines Deutschlandbesuches mit Ratzinger zusammengetroffen war, gab in seiner Erwiderung zu verstehen, er wolle die damals begonnenen Gespräche vertieft fortsetzen. Wörtlich sagte er: „Christus soll immer unter uns sein". Ausdrücklich überbrachte er auch die Grüße des Patriarchen der russisch-orthodoxen Kirche, Pimen, der ihm „den Segen für diese Reise" gegeben habe. Als Zeichen seiner Verbundenheit übermittelte der Patriarch dem Kardinal sein Brustkreuz mit den Initialen seines Namens. Zum Empfang von Erzbischof Wladimir hatten sich neben Repräsentanten der zuständigen orthodoxen Gemeinde in München auch der Vorsitzende der Bayerischen Gesellschaft zur Förderung der Beziehungen zwischen der Bundesrepublik Deutschland und der Sowjetunion, Erwin Essl, sowie der Rektor des Regensburger Ostkirchlichen Instituts, Msgr. Dr. Albert Rauch, eingefunden. Essl sagte unter Hinweis auf ein Zusammentreffen mit dem Erzbischof bei einem Abrüstungssymposion vor eineinhalb Jahren, solche Begegnungen seien heute notwendiger als in der Vergangenheit. Durch viele solcher Begegnungen werde Vertrauen geschaffen, „die wichtigste Voraussetzung für den Frieden". Der Erzbischof bezeichnete die Bemühungen der Gesellschaft als gleichermaßen wichtig und nützlich für die Bürger der Bundesrepublik und der Sowjetunion.

17. September 1981   ok Nr. 28 vom 17. September 1981

Kardinal besucht jüdische Gemeinde

Der Erzbischof von München und Freising, Joseph Kardinal Ratzinger, wird am
Sonntag, 20. September, um 19.00 Uhr Gast der jüdischen Gemeinde in München sein. Er nimmt an einem Empfang anläßlich des 50jährigen Bestehens der
Hauptsynagoge der Israelitischen Kultusgemeinde in München und an der anschließenden Feierstunde teil.

1. Oktober 1981   ok Nr. 30 vom 1. Oktober 1981

Blutige Spur der Gewalt erschreckt
Glaubenslosigkeit – Die Wurzel des Unfriedens
Kardinal Ratzinger: Christliche Friedensarbeit muß Maßstäbe setzen

Unter Hinweis auf den gegenwärtigen „Streit um den Frieden" in der Bundesrepublik Deutschland hat der Erzbischof von München und Freising, Joseph
Kardinal Ratzinger, die Überzeugung geäußert, daß die Friedlosigkeit nur dann
wirkungsvoll bekämpft werden kann, „wenn Gott in den Menschen lebendig ist,
wenn seine Wirklichkeit für sie die bestimmende Kraft ihres Lebens bildet". Der
Verlust des Glaubens, die Unfähigkeit, an Gott zu glauben und aus dem Glauben
zu leben, sei „das Übel aller Übel". Aus ihm folge alles andere: „Mißachtung der
Menschenwürde, Zerstörung des Vertrauens unter den Menschen, Gewalttätig-
keit, Herrschaft des Egoismus und Verlust des Friedens". Wörtlich erklärte der
Kardinal: „Friede auf Erden kann nicht bestehen, wenn Gott unter den Menschen
bedeutungslos wird".
Das Wort Friede, so charakterisierte der Kardinal die gegenwärtige Situation, sei
in den letzten Monaten immer mehr zu einer Kampfparole geworden, die den
Mittelpunkt „aller politischen und moralischen Auseinandersetzungen unserer
Gesellschaft" bilde. Wer die so entstandene Szene betrachte, müsse erschrecken:
„Der Streit um den Frieden hat eine blutige Spur in unser Land eingezeichnet; er
wird mit Gewalt gegen Personen und Sachen geführt, und über dem Ruf nach
dem äußeren Frieden wird zusehends der innere Friede zerstört".
Ausdrücklich betonte Ratzinger, daß christliche Friedensarbeit vor allem darin bestehen müsse, „die Rangordnung der Werte und die Rangordnung der Übel sichtbar zu machen". Friedensarbeit müsse Erziehung des Menschen sein zu dem, was
„friedensfähig macht". Wörtlich sagte er: „Christliche Friedensarbeit muß deshalb

Erziehung zum Reiche Gottes hin und zur Heiligung seines Namens sein, ohne die es auch das Heilighalten seines Bildes, des Menschen, nicht gibt". Um dieses Zieles willen seien die Christen aufgerufen, besonders dem Übel der Gottvergessenheit und Glaubenszerstörung entgegenzuwirken: „Denn nur Gottes Reich ist der strenge Gegensatz zu Krieg und Gewalt; nur wo es nahe kommt, kann Friede wachsen und bestehen". Der Bayerische Rundfunk sendet den Wortlaut des Ratzinger-Kommentars in der Sendung „Zum Sonntag" im Zweiten Programm des Bayerischen Rundfunks am Samstag, 3. Oktober, um 18.30 Uhr.

126

1. Oktober 1981   ok Nr. 30 vom 1. Oktober 1981

Ratzinger erwartet Euthanasie-Kampagne
Menschliches Leben ist immer verehrungswürdig

Auf eine weltanschaulich geprägte Kampagne zur Legalisierung aktiver Sterbehilfe werden sich nach den Worten des Erzbischofs von München und Freising, Joseph Kardinal Ratzinger, die Katholiken in der Bundesrepublik einstellen müssen. Vor dem Priesterrat seiner Erzdiözese sagte Ratzinger, nach der Legalisierung der Abtreibung („ein Problem, bei dem wir nicht nachlassen werden") gebe es nunmehr Bestrebungen, die Euthanasie zu legalisieren. Die bei dieser Kampagne ausgelöste Welle könne „bedrängende Ausmaße" annehmen.
Wörtlich erklärte der Kardinal: „Die weltanschaulichen Kräfte stehen schon bereit, dieses Thema groß herauszustellen". Die Abtreibungsdiskussion werde hier „von der anderen Seite" aufgenommen und das Leben in die Verfügung des Menschen gestellt nach dem Grundsatz, es sei nur so lange etwas wert, wie es funktional ergiebig ist. Ratzinger merkte an, viele Menschen in der Bundesrepublik hätten kein Verhältnis mehr zum Leiden und außerdem „eine ungeheure Furcht vor der Konfrontation mit den letzten Fragen". Den Christen stelle sich damit die große Aufgabe, deutlich zu machen, daß das Leben auch dann verehrungswürdig ist, wenn es in den Augen vieler nichts mehr wert sei und daß die Ehrfurcht vor dem Menschen darin begründet sei, daß er Geschöpf Gottes ist.

127

7. Oktober 1981   ok Nr. 31 vom 7. Oktober 1981

Kapellenweihe auf der Zugspitze
Kardinal weiht höchstgelegene Kirche Deutschlands
Kirchenstifter gibt ihr den Namen „Maria Heimsuchung"

Als ein Ort des Gottesdienstes, des Gebetes und der Besinnung wird am kommenden Sonntag, 11. Oktober, auf dem Zugspitzplatt der Zugspitze, mit 2963 Metern Deutschlands höchster Berg, die Kapelle „Maria Heimsuchung" ihrer Bestimmung übergeben. Der Erzbischof von München und Freising, Joseph Kardinal Ratzinger, wird die Kapelle bei einem Gottesdienst, der um 10.30 Uhr beginnt, weihen. Auf einer Gedenktafel sind Absicht und Wunsch der Erbauer dieser höchsten Kirche in Deutschland, des Unternehmens Fritz Kittsteiner und seiner Frau aus Garmisch-Partenkirchen, festgehalten. Die Inschrift lautet: „Die Kapelle auf dem Zugspitzplatt der Zugspitze, dem höchsten Berg Deutschlands, Maria Heimsuchung, wurde erstellt zu Ehren der heiligen Mutter Gottes, zur Freude aller Bergfreunde und zum Gedenken aller verunglückten und verstorbenen Bergsteiger".

„Ich baue diese Kapelle aus Dankbarkeit"

Über seine Absicht, 2690 Meter über dem Meeresspiegel eine Kapelle errichten zu wollen, äußerte der dem Werdenfelser Land besonders verbundene 75jährige Kittsteiner gegenüber einer Zeitschrift: „Der Anlaß dazu war rein privater Natur und geht nur meine Frau, die Kinder und mich etwas an, aber niemanden sonst. Als Erklärung nur so viel: Ich baue diese Kapelle aus Dankbarkeit, weil es aus einem drohenden, scheinbar unabwendbaren Unheil dann doch eine Rettung gegeben hat. Mehr möchte ich dazu nicht sagen". Der Unternehmer, der nach eigenen Angaben in seinem Leben bisher 30 Häuser gebaut hat, meinte: „Jetzt baust du als 31. Haus eine Kapelle, und zwar ganz so, wie du dir das vorstellst. Läßt dir von niemandem dreinreden. Darum habe ich nicht einfach das Geld überwiesen und gesagt: Baut davon eine Kapelle; sondern ich baue sie selbst. Wenn sie fertig ist, schenk ich sie her. Sie soll ‚Maria Heimsuchung' heißen".

Ein Vermächtnis von Weihbischof Neuhäusler erfüllt

Während der Planungen und Vorbereitungen für den Bau, der als Schenkung der Pfarrkirchenstiftung der Pfarrei Mariä Himmelfahrt in Partenkirchen übertragen wird, war Weihbischof Franz Schwarzenböck, Bischof der Seelsorgsregion Süd der Erzdiözese München und Freising, der offizielle kirchliche Kontaktmann zu Kittsteiner. Das Konzept Kittsteiners, in einer Stein- und Schneewüste einen Ort der Geborgenheit und sinnfälligen Glaubensaussage zu schaffen, sei von der Kirche begrüßt worden, sagte Schwarzenböck. Der Bau dieses Gotteshauses sei aber auch ein Vermächtnis des 1973 verstorbenen Münchener Weihbischofs Dr. Johannes Neuhäusler. Dieser habe ihm noch auf dem Sterbebett die Errichtung einer Kirche ans Herz gelegt mit den Worten: „Auf der Zugspitze muß eine Kapelle gebaut werden". Mit der Weihe des nun vollendeten Gotteshauses wird somit das Vermächtnis dieses Weihbischofs erfüllt.

Sich nicht entmutigen zu lassen inmitten einer scheinbaren Hoffnungslosigkeit, dazu hat der Erzbischof von München und Freising, Joseph Kardinal Ratzinger, die Christen in Ost und West gleichermaßen aufgerufen. Bei einem Gottesdienst aus Anlaß des 30jährigen Bestehens der tschechischen Pfarrgemeinde in München sagte Ratzinger am Sonntag, 8. November, in der St. Stephanuskirche in München, Thalkirchnerstraße, die Christen sollten sich von der tröstenden Gewißheit erfüllen lassen, daß sie nicht allein seien, daß Christus da sei, mit ihnen gehe und daß er nicht erst am Ende der Tage komme, „in irgendeiner dunklen Zukunft, die uns nicht nützen kann". Seinen Jüngern habe er nicht gesagt, vor ihnen stünden „2000 leere, dunkle Jahre". Wörtlich äußerte Ratzinger: „Christus kommt jeden Tag; er kommt auf seine Weise. Und wenn wir wach bleiben, werden wir mitten in allen Dunkelheiten immer wieder mit freudigem Erstaunen gerade in dem Augenblick, in dem wir es am wenigsten erwarten, wahrnehmen: Er kommt. Er ist gekommen und hat mich angerührt. Er ist da."

Der Kardinal erinnerte daran, daß sich in der Feier der Eucharistie immer wieder das „wunderbare Geheimnis" erneuere, daß Gott selbst „Erde wird, daß er herabsteigend die Menschen an allen Enden der Erde versammelt und vereint, so daß sie über alle Trennungen hinweg, in den Gefängnissen und Hütten wie in Domen und Dorfkirchen, die eine Kirche Gottes werden". Kritik übte der Kardinal in diesem Zusammenhang an einer Weltsicht, in der nur das Meßbare und Greifbare für Wirklichkeit gehalten werde. Wer so denke, könne Gott nicht gewahren: „Wir, die wir gefangen sind von den Bildern des Fernsehens und von den Gewichten unserer Maschinen, müssen wieder lernen, wie geschrumpft unser Weltbild ist". Die Christen müßten wieder lernen, was „die tieferen Wirklichkeiten des Herzens" seien, damit ihnen die Stimme des Gottes erkennbar werden könne. Dann werde Gott selbst „uns inmitten der Stickluft der Ideologien und der Verführung die frische Luft des Evangeliums, die Freiheit seiner Wahrheit atmen lassen".

Zu Beginn seiner Predigt hatte der Kardinal von der Macht des Todes gesprochen, die unverändert auch unter Christen wirksam sei und die bei diesen zu Erscheinungen der Entmutigung führe: „Das ist auch unsere Gefahr, daß uns die Entmutigung, die Schrecknisse und Gefahren der Zeit viel näher und viel wirklicher sind als die Worte des Glaubens, die uns oft eben nur Worte zu sein scheinen". Ratzinger erinnerte die tschechische Gemeinde daran, daß der christliche Glaube in ihrer Heimat „auf alle mögliche Weise getreten wird" in der Absicht, ihn endlich vollends zu zertreten. Der Ohnmacht und den Leiden der Glaubenden dort und der scheinbaren Hoffnungslosigkeit ihrer Lage angesichts der gesamten Weltentwicklung stehe der Blick auf die herrschenden geistigen Strömungen im Westen gegenüber, wo sich Christen fragen müßten, „ob nicht auch bei uns die Kirche mitten in den Freiheiten, die sie genießt, lautlos von innen abstirbt". Im Osten und im Westen hätten die Christen Ermutigung nötig, damit sie nach einem Paulus-Wort „nicht der Trübsal verfallen wie die anderen, die keine Hoffnung haben".

131

17. November 1981   ok Nr. 37 vom 17. November 1981

„Im Glauben aller Christen des Erzbistums begründet"
Kardinal legt Grundstein für Münchener Priesterseminar

Mit einem ausdrücklichen Hinweis auf den Appell von Papst Johannes Paul II. vor einem Jahr auf der Münchener Theresienwiese, junge Menschen sollten sich entschließen, den Beruf des Priesters zu ergreifen, ist am 20. November in München-Schwabing der Grundstein für das neue Priesterseminar der Erzdiözese München und Freising gelegt worden. In Anwesenheit der Dekane des Erzbistums, des Münchener Metropolitankapitels und der Mitglieder der Ordinariatssitzung, des Vorsitzenden des Diözesanrates der Katholiken, Ermin Brießmann, als Repräsentant der katholischen Laien sowie der Vertreter von Stadt und Staat hat der Erzbischof von München und Freising, Joseph Kardinal Ratzinger, in einem Wortgottesdienst die Zeremonie der Grundsteinlegung vollzogen. Unter Leitung des Regens des Münchener Priesterseminars, Msgr. Georg Mangold, gestalteten die Priesteramtskandidaten des Seminars die Feier.

In der Urkunde für die Grundsteinlegung wurde an den Besuch des Papstes erinnert, der das Wirken des heiligen Missionsbischofs Korbinian vor mehr als 1200 Jahren in Altbayern als Grundsteinlegung für das Erzbistum München und Freising bezeichnet hatte. Wörtlich hatte der Papst auf der Theresienwiese den Familien und jungen Menschen zugerufen: „Jesus braucht aus Euerer Mitte junge Menschen, die seinem Ruf folgen und so leben wollen wie er, arm und ehelos, um so ein lebendiges Zeichen für die Wirklichkeit Gottes unter Eueren Brüdern und Schwestern zu sein". Der Papst hatte, wie die Urkunde dokumentiert, in ähnlicher Weise auch zum Eintritt in die Orden aufgerufen und im gleichen Zusammenhang gesagt, Gott brauche auch christliche Eheleute, „die einander und ihren Kindern den Dienst zur vollen Reifung des Menschseins in Gott leisten". In lebendiger Erinnerung an diese Aufforderung, so die Urkunde, sei der Grundstein für das Priesterseminar gelegt worden. Der Bau sei so „begründet im Glauben und im Gebet aller katholischen Christen des Erzbistums".

Mit den Planungen für den Bau eines Priesterseminars in München war 1967 begonnen worden. Bei einem Architektenwettbewerb gewann unter vier Architekten der Dipl.-Ingenieur Carl Theodor Horn, der damals noch nicht Baureferent des Erzbischöflichen Ordinariates in München war, den ersten Preis. In der Grundstücksfrage fand sich eine Lösung an der Ecke Leopoldstraße/Georgenstraße in München-Schwabing. Die Erzdiözese klärte in einem Vertrag mit der Landeshauptstadt München, daß ein Großteil des Grundstücks für die Öffentlichkeit zugänglich gemacht wird. Auf der Grundlage der Vorplanung Horns erhielt der Architekt Regierungsbaumeister Gerhard Haisch einen Auftrag für die Durchführung des Baus. 1979 wurde der Bauantrag eingereicht, der nach langwierigen

Verhandlungen 1981 genehmigt wurde. Im März dieses Jahres wurde mit den Bauarbeiten begonnen.

Die durchführende Baufirma ist die „Arbeitsgemeinschaft Katholisches Hochschulzentrum-Priesterseminar Dr. Ing. Theo Brannekämper und Josef Riepl AG". Mit der Baubetreuung wurde das Planungsbüro Dobler beauftragt. Die Durchführung des ersten Bauabschnittes, der im März 1983 bezugsfertig sein soll, wird voraussichtlich 17 Millionen DM kosten. Das Priesterseminar bietet Wohn- und Aufenthaltsräume für 80 Studenten. Der Beginn des zweiten Bauabschnittes, für den ein katholisches Hochschulzentrum mit allen Kapazitäten und Studentenwohnungen geplant ist, steht noch nicht fest.

Im Anschluß an die Grundsteinlegung, die um 14.30 Uhr beginnt, hält Kardinal Ratzinger um 16.00 Uhr im Liebfrauendom die feierliche Vesper zum Hochfest des Diözesanpatrons St. Korbinian. Dazu sind die Katholiken der Stadt eingeladen.

132

ok Nr. 37 vom 17. November 1981

Urkunde zur Grundsteinlegung für das Priesterseminar der Erzdiözese München und Freising

Den 20. November Anno Domini 1981, am Hochfest unseres Diözesanpatrons St. Korbinian und fast den Tag genau ein Jahr nach dem Besuch unseres Heiligen Vaters Johannes Paul II. in der bayerischen Landeshauptstadt München, hat hier der Erzbischof von München und Freising, Joseph Cardinal Ratzinger, in Anwesenheit des Metropolitankapitels am Dom zu Unserer Lieben Frau, der Dekane des Erzbistums, des Vorsitzenden des Diözesanrates der Katholiken im Erzbistum, der Vertreter von Stadt und Staat und unter Mitwirkung der Priesteramtskandidaten und des Regens des Münchener Priesterseminars den Grundstein für ein neues Priesterseminar geweiht und gelegt.

Am 19. November des vergangenen Jahres erinnerte Papst Johannes Paul II. bei seiner Predigt auf der Münchener Theresienwiese an die Geschichte des Glaubens in unserer Heimat und an den heiligen Korbinian, „dessen bischöfliches Wirken den Grundstein legte für die Erzdiözese München und Freising".

Der Heilige Vater rief den Familien und der Jugend zu:

„Jesus braucht aus Euerer Mitte junge Menschen, die seinem Ruf folgen und so leben wollen wie er, arm und ehelos, um so ein lebendiges Zeichen für die Wirklichkeit Gottes unter Euren Brüdern und Schwestern zu sein.

Gott braucht Priester, die sich vom Guten Hirten in den Dienst seines Wortes und seiner Sakramente für die Menschen nehmen lassen.

Er braucht Ordensleute, Männer und Frauen, die alles verlassen, um ihm nachzufolgen und so den Menschen zu dienen.

Er braucht auch christliche Eheleute, die einander und ihren Kindern den Dienst zur vollen Reifung des Menschseins in Gott leisten.

Gott braucht Menschen, die bereit sind, den Armen, Kranken, Verlassenen, Bedrängten und seelisch Verwundeten zu helfen und zu dienen".

In lebendiger Erinnerung an diese Aufforderung unseres Heiligen Vaters ist hier für das Priesterseminar der Grundstein gelegt worden.

So ist der Bau dieses Hauses begründet im Glauben und im Gebet aller katholischen Christen des Erzbistums München und Freising

+ im Namen des Vaters

+ und des Sohnes

+ und des Heiligen Geistes

und in der Anrufung der Fürsprache der Schutzfrau Bayerns,

der heiligen Jungfrau und Gottesmutter Maria,

und des heiligen Korbinian.

Es ist das dritte Jahr, da Papst Johannes Paul II. der 265. Bischof der Stadt Rom und des gesamten Erdkreises, das vierte Jahr, da Joseph Cardinal Ratzinger als Erzbischof von München und Freising der 71. Nachfolger auf dem Bischofsstuhl des heiligen Korbinian ist. Präsident der Bundesrepublik Deutschland ist Carl Carstens. Bundeskanzler ist Helmut Schmidt. Franz Josef Strauß ist Ministerpräsident des Freistaates Bayern, Erich Kiesl Oberbürgermeister von München.

Die Urkunde für diesen Grundstein bezeugen

+ Joseph Cardinal Ratzinger
Erzbischof

Arge

Dr. Ing. Theo Brannekämper	Reg. Bmstr.	Alfons Maier
Josef Riepl Bau-AG	Gerhard Haisch	
Bauunternehmer	Architekt	Polier

133

25. November 1981   ok Nr. 38 vom 26. November 1981

Papst ruft Kardinal Ratzinger nach Rom
Zum Präfekten der römischen Glaubenskongregation ernannt

Papst Johannes Paul II. hat den Erzbischof von München und Freising, Joseph Kardinal Ratzinger (54), zum neuen Präfekten der Römischen Glaubenskongregation (Sacra Congregatio pro doctrina fidei) ernannt. Diese Mitteilung wurde am 25. November in Rom veröffentlicht.

Ratzinger löst den kroatischen Kardinal Franjo Seper (76) ab, der die Kongregation 13 Jahre lang geleitet hat. Papst Paul VI. hatte den damaligen Erzbischof von Zagreb im Januar 1968 zum Präfekten der Glaubenskongregation ernannt. Nach Vollendung seines 75. Lebensjahres hatte Seper erwartungsgemäß dem Papst seinen Rücktritt angeboten. Dieser Bitte hat Johannes Paul II. jetzt entsprochen und den Erzbischof von München und Freising in das hohe Kirchenamt berufen.

Der 1927 in Marktl am Inn geborene Ratzinger wurde 1951 zum Priester geweiht, 1977 zum Erzbischof von München und Freising ernannt und noch im gleichen Jahr von Papst Paul VI. in das Kardinalskollegium berufen. Mit 35 Jahren war er bereits Konzilsberater des Kölner Erzbischofs Josef Kardinal Frings und hat sich durch seine Lehrtätigkeit an verschiedenen deutschen Universitäten einen Namen als einer der international anerkannten und führenden Theologen erworben. In Deutschland lehrte er an der Philosophisch-Theologischen Hochschule Freising, an den Universitäten in Bonn, Münster und Tübingen. Vor seiner Bischofsernennung war er Professor für Dogmatik und Dogmengeschichte an der Universität Regensburg. In der theologischen Diskussion hat er auch als Erzbischof mit zahlreichen wissenschaftlichen Publikationen immer wieder das Wort ergriffen. Die Geschicke der Erzdiözese München und Freising hat Kardinal Ratzinger viereinhalb Jahre lang geleitet. In zahlreichen Begegnungen mit Priestern und Gläubigen knüpfte er eine Vielzahl persönlicher Kontakte, in viel beachteten Predigten, Ansprachen und Publikationen hat er weit über die Grenzen des Erzbistums hinaus Christen und Nichtchristen angesprochen. Als Erzbischof war er vor allem darum bemüht, den Glauben in den Pfarrgemeinden zu befestigen, die Bereitschaft junger Menschen für den Priester- und Ordensberuf zu wecken, den Dialog mit der evangelischen Kirche um die Einheit der Kirche zu fördern und der oft mühsamen alltäglichen Arbeit in der Seelsorge die Dimension der Weltkirche und den Optimismus des christlichen Glaubens nahe zu bringen. In der Deutschen Bischofskonferenz war er Vorsitzender der Glaubenskommission und Mitglied des Ständigen Rates. In der von Papst Johannes Paul II. initiierten Gemeinsamen Ökumenischen Kommission des Rates der Evangelischen Kirche in Deutschland und der Deutschen Bischofskonferenz war er einer der Wortführer.

In der Weltkirche bekleidet der Kardinal wichtige Ämter. Als einziger Legat des verstorbenen Papstes Johannes Paul I. bei einem Kirchenkongreß in Ecuador setzte er wichtige Akzente in der theologischen Diskussion der Kirche Lateinamerikas. Ratzinger ist Mitglied des Römischen Sekretariates für die Einheit der Christen, Mitglied der Katholischen Delegation für den Dialog mit der orthodoxen Kirche, Mitglied des Rates der Römischen Bischofssynode und der Kommission für eine Reform des Kirchenrechtes. Als besondere persönliche Auszeichnung wurde seine Berufung durch den Papst als Relator der Vollversammlung der Römischen Bischofssynode im Herbst des vergangenen Jahres angesehen. Dazu hatte er aus einer Fülle von Materialien der Bischofskonferenzen aller Länder der Erde die Vorarbeiten für die Aufbereitung des Themas der Bischofssynode „Ehe und Familie" zu leisten, eine Arbeit, die weltweite Anerkennung gefunden hat.

Deutsche als Kurienkardinäle

Auch in der jüngsten Vergangenheit waren Deutsche als Kurienkardinäle im Vatikan mit wichtigen Ämtern betraut. So hatte Papst Paul VI. 1968 den damaligen Bischof von Eichstätt, Dr. Joseph Schröffer, einen Professor der Moraltheologie, zum Sekretär der Kongregation für das Katholische Bildungswesen ernannt. Der als einer der zuverlässigsten Mitarbeiter des Papstes in dieser Kongregation, einer Art „Kultusministerium" des Vatikans, geltende Schröffer wurde 1976 zum Kurienkardinal ernannt. Unvergessen ist die Persönlichkeit des 1968 verstorbenen deutschen Kurienkardinals Augustin Bea, einem Jesuiten, der mit 40 Jahren Oberer der Gesellschaft Jesu in München war, als Organisator ebenso wie als Wissenschaftler im Amt des Direktors des Päpstlichen Bibelinstitutes in Rom wirkte, Beichtvater von Papst Pius XII. war und schließlich von Papst Johannes XXIII. 1959 zum Kardinal erhoben und 1960 zum ersten Leiter des neu geschaffenen Sekretariates für die Einheit der Christen ernannt wurde.

Zu erinnern ist in diesem Zusammenhang auch an den zweiten Erzbischof von München und Freising nach Gründung des Erzbistums, Karl August von Reisach, der das Erzbistum von 1846 bis 1855 leitete und für die Befreiung der Katholischen Kirche Deutschlands von staatlichem Bürokratismus kämpfte. Weil auf seine Veranlassung hin die bayerischen Bischöfe in einer Denkschrift an den König von Bayern auf die genaue Durchführung des Konkordates drängten, machte sich der Erzbischof bei der Regierung mißliebig und wurde auf besonderes Ansuchen von König Max II. bei Pius IX. am 17. Dezember 1855 zum Kardinal ernannt und an die Römische Kurie berufen. Er war unter anderem der Unterrichtsminister des damals noch bestehenden Kirchenstaates. 1869 starb er auf einer Erholungsreise in Savoyen.

134

26. November 1981   ok Nr. 38 vom 26. November 1981

„Die Entscheidung ist mir nicht leicht gefallen"
Kardinal Ratzinger erläutert seine Berufung nach Rom

Bei einer kurzfristig einberufenen Pressekonferenz hat der Erzbischof von München und Freising, Joseph Kardinal Ratzinger, zu seiner Ernennung als Nachfolger von Franjo Kardinal Seper im Amt des Präfekten der Römischen Glaubenskongregation am 25. November in München folgende Stellungnahme abgegeben:
„Es war für mich nicht leicht, dem Wunsch des Heiligen Vaters zu entsprechen, die Nachfolge von Kardinal Seper anzutreten, denn ich habe meine Bischofsweihe vor viereinhalb Jahren hier in München auch als eine Zusage der Beständigkeit und der Treue für diese Diözese, die ja auch meine Heimat ist, aufgefaßt, und ich

habe Jahr um Jahr erleben dürfen, wie mehr Verbindung miteinander, mehr gegenseitiges Verstehen, mehr Vertrauen gewachsen ist, wie ein Zusammenhang entstand, der auf Fortführung drängte. Vieles ist begonnen, was weitergehen sollte. All dies hat es mir schwergemacht, ja zu sagen.

Auf der anderen Seite war es eine der wichtigen Anregungen des Konzils für die Reform der Kirche, für ihre effektive Katholizität, daß die wesentlichen Kurienämter in Rom international besetzt werden und in der Tat eine Spiegelung der Vielfalt der Ortskirchen darstellen sollten. Wenn man dieses Prinzip, das ich damals auch mitvertreten habe, ernst nimmt, muß es bedeuten, daß auch die einzelnen Ortskirchen und eben ihre Bischöfe bereit sind, in diesem Sinne Opfer zu bringen für das Ganze der Weltkirche und in solch einen weltkirchlichen Dienst einzutreten.

Aus solchem Überlegen heraus, daß ja auch der Dienst an einem gesamtkirchlichen Amt letzten Endes wieder den Ortskirchen zugewandt ist und daß nur in einem breiten Ineinanderspielen von beiden der lebendige Austausch von Peripherie und Zentrum erfolgen kann, habe ich mein Ja gegeben und diese Aufgabe übernommen.

Ich muß gleich sagen, daß ich von den einzelnen Modalitäten noch eine geringe Vorstellung habe, aber ich glaube, man muß immer versuchen, eine neu übernommene Aufgabe, gerade dann, wenn man sie nicht selbst gesucht hat, auch von innen her zu bejahen und mit Freude zu tun. In diesem Sinn möchte ich versuchen, gleichsam auch als Vertreter dieser Ortskirche von München und Freising dort meinen Dienst aufzunehmen".

135

2. Dezember 1981   ok Nr. 39 vom 3. Dezember 1981

Nicht defensiv, sondern positiv handeln
Ratzinger betont Freiheitsraum der Theologie
Neuer Präfekt der Glaubenskongregation um Einheit bemüht

Der Erzbischof von München und Freising, Joseph Kardinal Ratzinger, hat sich erstmals detailliert über seine neue Aufgabe in der Weltkirche als Präfekt der Römischen Glaubenskongregation geäußert. In einem Interview mit der Münchener Katholischen Kirchenzeitung sagte Ratzinger: „Ich glaube, daß der Kern der Aufgabe die Suche um Einheit ist". Ausdrücklich betonte er: „Theologie braucht ihren Freiheitsraum, sonst kann sie nicht gedeihen. Die Grenze ist dort, wo Theologie so ins kirchliche Leben eingreift, daß sie das gemeinsame Leben des Glaubens ernsthaft bedroht und zur konkreten Einheitsgefährdung wird".
Zunächst müßten die vorhandenen Institutionen der Glaubenskongregation wie die Internationale Theologenkommission und die Päpstliche Bibelkommission

gestärkt und gefördert werden, „damit sie ihre Arbeit des Austausches und der thematischen Linienführung tun können". Besonders kritische Fragen seien durch Symposien und Gespräche aufzuarbeiten: „Es geht darum, partikuläre Impulse ins Ganze einzubinden, fruchtbar zu machen und zu reinigen, und es geht um den Versuch, die großen Themen der Zeit in einem großen und wirklich katholischen Austausch Lösungen zuzuführen".

Ratzinger strebt unter anderem an, die Zuordnung der Theologenkommission zur Römischen Bischofssynode zu verstärken, um auf diese Weise auf Weltebene den Austausch zwischen Bischöfen und Theologen zu intensivieren. Für die nächste Bischofssynode sei das bereits geschehen. Theologenkommission und Synode bearbeiteten dasselbe Thema. Wörtlich sagte der Kardinal: „Ich würde es sehr schön finden, wenn wir dabei – wie zu oft auch bei uns in Deutschland – nicht nur defensiv handelten; es wäre sehr viel fruchtbarer, ein Thema selbst ins Gespräch zu bringen und mit dem Positiven voranzugehen".

Zukunft der Theologie optimistisch beurteilt

Zur Situation der Theologie stellte Ratzinger fest, es gäbe zwar gegenwärtig eine Ausbreitung der theologischen Arbeit, „mehr Fakultäten, mehr Lehrer und Lernende und mehr Schreibende – aber doch auch eine innere Ermüdung und Nivellierung sowie das Problem des Auseinanderdriftens". Darin sieht der Kardinal „im Grunde ein sehr schönes Phänomen", weil die neuen Räume der Kirche „ihr eigenes theologisches Gepräge suchen". Allerdings sei auch die Frage zu stellen, „wie das Ganze dann letztlich doch eine Theologie bleiben kann". Die Zukunft der Theologie beurteilt Ratzinger dagegen „optimistisch". Er sagte, sie werde pluralere Gestalten ausbilden, neue Modelle der Einheit finden, und durch die Kraft der Katholizität werde sich ein stärkeres gegenseitiges Durchdringen von Kulturen anbahnen.

Neuer Erzbischof von München und Freising noch im Frühsommer?

In seinem Interview mit der Kirchenzeitung äußerte sich Ratzinger auch zur Aufgabenstellung seines Nachfolgers im Amt des Erzbischofs von München und Freising und zum Zeitpunkt von dessen Ernennung. Er wolle „kein zu großes Paket" auf den kommenden Erzbischof packen und ein Amt, das zu illusionistisch beschrieben werde, könne nicht mehr realisiert werden. Der neue Erzbischof werde sein Amt aus dem Kern seiner Persönlichkeit meistern müssen: „Er muß Mut und Kraft haben, in seiner Person Kirche zu verkörpern und Glaube in dieser Zeit darzustellen". Der Kardinal sagte, er selber wolle den Wechsel nicht hinauszögern und sich nicht zu lange mehr in München aufhalten. Im Laufe des Januar wolle er seine Aufgabe im Erzbistum zu Ende führen. Er äußerte den Wunsch, daß sein Nachfolger „auf jeden Fall noch im Frühsommer und somit vor der Priesterweihe kommen kann".

3. Dezember 1981   ok Nr. 39 vom 3. Dezember 1981

Geschichtslosigkeit als Verlust der Erinnerung des Guten
Ratzinger zum Advent: Das Gedächtnis des Herzens wecken

Geschichtslosigkeit als Verlust der „Erinnerungen des Guten" hat in einem
Beitrag zur Adventszeit der Erzbischof von München und Freising, Joseph Kardinal Ratzinger, beklagt und es zugleich als Aufgabe des Advents, der Vorbereitungszeit auf das Weihnachtsfest, bezeichnet, „einander Erinnerungen des Guten zu schenken und so Türen der Hoffnung zu öffnen". Ratzinger sagte, das
„Erlöschen des Erinnerns" werde als „Befreiung von der Last des Vergangenen
angeboten". Aber es zeige sich, daß damit der ganze Mensch verändert wird. So
wecke die Begegnung mit dem Leid keine „Erinnerungen der Güte" mehr im
Menschen. Mit dem Versiegen der Erinnerung sei zugleich auch der Quell der
Güte entschwunden. Der Mensch sei kalt geworden und verbreite Kälte um sich.
Wer das Gute und die Güte nie erfahren hat, der kenne sie auch nicht, stellte
Ratzinger fest. Unter Hinweis auf die ihm mitgeteilte Erfahrung eines Seelsorgers
im Umgang mit verzweifelten Menschen sagte er: „Wenn es gelingt, dem Verzweifelten die Erinnerung an eine Erfahrung des Guten zu wecken, dann kann er
dem Guten wieder glauben, dann lernt er wieder zu hoffen, dann öffnet sich der
Ausweg aus der Verzweiflung". Erinnerung und Hoffnung gehörten untrennbar
zusammen: „Wer die Vergangenheit vergiftet, gibt nicht Hoffnung, sondern zerstört ihre seelischen Grundlagen". Der Kardinal fragte, ob es nicht gegenwärtiger
Erfahrung entspreche, wenn man feststellt, daß „das Erinnern des Herzens durch
einen trügerischen Geist falscher Befreiung ausgelöscht wurde" in einer Generation, „der eine bestimmte Pädagogik der Befreiung die Vergangenheit vergiftet
und damit die Hoffnung ausgeredet hat". Wenn man vom Zukunftspessimismus
eines Teiles der Jugend Kenntnis nehme, so sei zu fragen: „Fehlt ihr nicht inmitten des materiellen Überflusses die Erinnerung des menschlich Guten, die sie hoffen ließe?" Die christliche Botschaft bezeichnete der Kardinal in diesem Zusammenhang als Angebot, „das Gedächtnis des Herzens zu wecken und so den
Stern der Hoffnung sehen zu lernen".

10. Dezember 1981   ok Nr. 40 vom 10. Dezember 1981

„Joseph möge seine Brüder wie bisher erkennen"
Hunderte von Glückwünschen erreichen Kardinal Ratzinger
Neuer Präfekt der Glaubenskongregation bittet um das Gebet

Eine Fülle von Briefen, Postkarten und Telegrammen hat der Erzbischof von München und Freising, Joseph Kardinal Ratzinger, nach seiner Ernennung zum Präfekten der Römischen Glaubenskongregation erhalten. Unter den Absendern sind Repräsentanten von Staat, Kirche und Gesellschaft ebenso wie Menschen aller Berufe und Altersgruppen aus der ganzen Bundesrepublik Deutschland und aus dem Ausland. Der Kardinal sah sich angesichts der Fülle der eingegangenen Post – das Erzbischöfliche Sekretariat registrierte mehrere hundert Eingänge – „nur schweren Herzens" genötigt, die persönlichen Glückwünsche mit einem vorgefertigten Brief zu beantworten.

In diesem Brief des Kardinals heißt es wörtlich: „Das Vertrauen und die Verbundenheit, die aus vielen Zuschriften sprechen, helfen mir bei dem nicht leichten Schritt in mein neues Amt. Ich übernehme es in der Hoffnung, daß der Dienst für das Ganze auch den einzelnen Ortskirchen und der gemeinsamen Aufgabe der Christenheit in dieser Zeit zugute kommt. So gut ich es vermag, möchte ich meine Kraft in den Dienst der Einheit und der Wahrheit stellen. Mein aufrichtiger Dank schließt die Bitte mit ein, mir auch weiterhin Ihre Verbundenheit und Ihr Gebet zu schenken für eine Aufgabe, die mein eigenes Vermögen übersteigt".

Schwere Last an verantwortungsvollster Stelle

Glück- und Segenswünsche erreichten den Kardinal von zahlreichen Kardinälen, Bischöfen, Theologieprofessoren und Priestern aus aller Welt. Der Vorsitzende der Deutschen Bischofskonferenz und Erzbischof von Köln, Joseph Kardinal Höffner, äußerte, er wisse, daß Ratzinger die Entscheidung, nach Rom zu gehen, nicht leicht gefallen sei. Aber er habe sein Ja „aus Verantwortung für die Kirche gesprochen". Eine schwere Last komme auf ihn zu. Kardinal Höffner sagte Kardinal Ratzinger das Gebet der Mitglieder der Deutschen Bischofskonferenz zu. Herzlich willkommen „an verantwortungsvollster Stelle" hieß der deutsche Kurienkardinal, Joseph Schröffer, den neuen Kurien-Kardinal Ratzinger.

Glückwünsche der Ökumene

Herzliche Verbundenheit mit dem Kardinal bekundeten zahlreiche Glückwünsche von seiten evangelischer und orthodoxer Christen. Der Landesbischof der Evangelisch-Lutherischen Kirche in Bayern, Johannes Hanselmann, erinnerte an die erste Begegnung mit dem Kardinal anläßlich der Bischofsweihe Ratzingers im Liebfrauendom: „Es war dies der Beginn eines offenen, vertrauensvollen und – wie ich meine – brüderlichen Miteinanders, das in gemeinsamen Gottesdiensten jeweils einen Höhepunkt erfahren durfte". Der Landesbischof, der ausdrücklich auch die Glückwünsche des Plenums der evangelischen Landessynode übermittelte, äußerte: „Ich bin sicher, daß Sie der rechte Mann am rechten Ort sind und Ihr großes theologisches Wissen in den Beratungen und Entscheidungen der Glaubenskongregation reiche Früchte bringen wird".

Für die Israelitische Kultusgemeinde gratulierte Rabbiner H.I. Grünewald mit einem Hinweis auf die Erzählung über die Söhne Jakobs im Buch Genesis des Alten Testamentes: „Möge Ihnen der Allmächtige, dem wir gleichermaßen dienen, Kraft und Gesundheit schenken, sich den Aufgaben zu widmen, denen Sie Ihr Leben geweiht haben und möge Joseph auch in Zukunft, wie bisher, seine Brüder erkennen".

Staat und Parteien gratulieren

Telegrafisch übermittelten Bundespräsident Karl Carstens, Bundestagspräsident Richard Stücklen, Bundeskanzler Helmut Schmidt und Bundesaußenminister Hans-Dietrich Genscher ihre Glück- und Segenswünsche. Der Außenminister brachte seine Freude darüber zum Ausdruck, daß die katholische Kirche Deutschlands jetzt in der Person des Kardinals „an so hervorragender Stelle im Kollegium der Kardinäle vertreten ist". Auch die Fraktionen der drei im Bundestag vertretenen Parteien gratulierten.

In einem persönlich gehaltenen Schreiben äußerte Bayerns Ministerpräsident Franz Josef Strauß: „Nicht ohne Stolz sieht das weltliche Bayern seinen höchsten katholischen Würdenträger dazu ausersehen, in Fragen der Glaubens- und Sittenlehre wegweisenden Einfluß zu nehmen". Freilich falle Bayern der Abschied schwer von einem Oberhirten, der als Seelsorger und Wissenschaftler innerhalb des deutschen Episkopates" so kurz, aber so segensreich gewirkt hat". Der Ministerpräsident wünschte sich „eine weise Entscheidung" über die Nachfolge Ratzingers. Sie könne die katholische Kirche in Bayern mit dem Opfer, das sie mit der Berufung Ratzingers nach Rom bringen müsse, versöhnen.

Der Präsident des Bayerischen Landtags, Franz Heubl, gratulierte im Namen des bayerischen Parlaments und bezeichnete Ratzingers Berufung nach Rom als „eine hohe Auszeichnung für uns alle". Die Erzdiözese München und Freising, in der Ratzinger „Verstehen und Vertrauen" gemehrt habe, werde ihn sehr vermissen und auf einen Erzbischof verzichten müssen, „der mit hoher Verantwortung sein Amt ausübte". Für die Fraktionen im Bayerischen Landtag gratulierten CSU-Fraktionsvorsitzender Gustl Lang und SPD-Fraktionsvorsitzender Helmut Rothemund. Lang meinte, der Verlust der Anwesenheit des Kardinals in Bayern werde durch die Hoffnung gemildert, daß er auch in seinem neuen Amt Bayern „innerlich in besonderem Maße verbunden sein wird". Rothemund schrieb, der Erzbischof von München und Freising habe sich „ein hohes Maß an Ansehen und Respekt erworben".

Als der für das Verhältnis des Freistaates zu den Kirchen verantwortliche Staatsminister schrieb Bayerns Kultusminister Hans Maier, die zugleich Präsident des Zentralkomitees der Katholiken ist, an den Kardinal. Er dankte für „vertrauensvolle Zusammenarbeit in allen Staat und Kirche gemeinsam berührenden Angelegenheiten". Die Berufung nach Rom sei „Ausdruck höchster Wertschätzung und Anerkennung" für Ratzingers Wirken als Wissenschaftler und Bischof. Mit dem hohen Ansehen, das sich der Kardinal als Erzbischof von München und Freising und als Vorsitzender der Freisinger Bischofskonferenz erworben habe, sei es ihm gelungen, „das gesellschaftliche und politische Leben in unserem Lande maßgeblich mitzugestalten".

Oberbürgermeister Kiesl: „Bleiben Sie München verbunden"

Die Münchener Bürger sind nach den Worten von Oberbürgermeister Erich Kiesl stolz auf die hohe persönliche Auszeichnung, die Kardinal Ratzinger mit seiner Berufung nach Rom erhalten hat. Die Stadt bedaure jedoch den Weggang Ratzingers zutiefst. Sie habe in ihm nicht nur einen den Sorgen und Nöten der Bürger stets aufgeschlossenen Priester, sondern auch einen guten Freund gefunden. Kiesl äußerte den Wunsch, auch in seiner neuen Tätigkeit möge der Kardinal den Münchnern und der Stadt München verbunden bleiben. In ähnlicher Weise äußerten sich auch die Stadtratsfraktionen des Stadtrates der Landeshauptstadt München.

138

16. Dezember 1981   ok Nr. 41 vom 17. Dezember 1981

Erklärung des Erzbischofs von München und Freising zur Situation in Polen

Besorgt hat sich in einer Erklärung zur Situation in Polen der Erzbischof von München und Freising, Joseph Kardinal Ratzinger, geäußert. Die Erklärung des Kardinals hat folgenden Wortlaut:
„In diesen Stunden der Prüfung für das ganze polnische Volk versichere ich den Primas von Polen, die Bischöfe und alle Menschen dieses Landes der Gebete der katholischen Christen Bayerns. In unserer gemeinsamen Sorge für die betroffenen Menschen wenden wir uns mit unserem Heiligen Vater Johannes Paul II. an die Mutter des Herrn mit der Bitte, sie möge das Land vor Krieg, Blutvergießen, Gewalttat und allem Übel schützen. Ich bitte die Pfarrgemeinden darum, in dieser Situation vor allem um Besonnenheit und Menschlichkeit auf allen Seiten und um einen Frieden zu beten, der es allen Menschen in Europa möglich macht, in der von ihnen ersehnten Weise ihre Zukunft im Geiste der Toleranz und der Freiheit selbst zu gestalten."

31. Dezember 1981   ok Nr. 1 vom 7. Januar 1982

Programmatischer Friedensappell Kardinal Ratzingers:
„Wer den Frieden will, muß den Kompromiß lernen"
Vernichtungswaffen auf dem Verhandlungsweg abbauen

Die Erhaltung der bedrohten inneren und äußeren Friedensordnung und damit
die Erhaltung des Rechts und der sittlichen Würde und Werte sind nach den
Worten des Erzbischofs von München und Freising, Joseph Kardinal Ratzinger,
„zu einer grundlegenden Anfrage nicht nur an die Politik, sondern mindestens genauso an die Kirche in unserem Land geworden".
In einer dem Thema Frieden gewidmeten programmatischen Ansprache zum
Jahreswechsel im Münchener Liebfrauendom, der letzten Silvesterpredigt, die der
neu ernannte Präfekt der Römischen Glaubenskongregation als Erzbischof von
München und Freising hielt, erklärte Ratzinger, die Christen müßten mit Nachdruck den Abbau von Vernichtungswaffen auf dem Verhandlungsweg fordern,
dem internationalen Recht Geltung zu verschaffen suchen und zum Abbau recht-
haberischer Ideologien beitragen.

Alles tun, daß die Katastrophe nicht Wirklichkeit wird

Mit Recht besorgt seien die Menschen über die „unheimlichen Möglichkeiten",
die sich aus dem Gegeneinander der Weltmächte und ihren Waffenarsenalen ergeben: „Niemand darf behaupten, er kenne das ganz sichere Mittel, um die Katastrophe zu vermeiden – auch der Pazifismus ist dieses Mittel nicht, weil der Verzicht auf das Recht nicht Frieden schafft. Aber jeder muß mit heißem Herzen daran wirken, daß das Furchtbare niemals Wirklichkeit wird. Dazu gehört die Toleranz voreinander, die den Weg des anderen ernst nimmt, auch wenn er der eigenen Meinung widerspricht. Dazu gehört das Augenmaß der Vernunft und die
Kompromißfähigkeit".

Wer das Absolute will, zerstört Friedensfähigkeit

Wenn behauptet werde, nur ein absolutes Ja oder Nein sei moralisch und der
Kompromiß stünde im Gegensatz zur Bergpredigt, so sei genau das Gegenteil
wahr: „Wer in der Politik das Absolute will, der zerstört die Friedensfähigkeit.
Wer nicht bereit ist, geduldig auf die Angelegenheiten des anderen und ihre Ver-
nünftigkeit einzugehen, wird zum Tyrannen. Wer Kompromißfähigkeit in den
internen Streitfragen eines Landes, wie Flughafenbau, friedliche Nutzung der
Atomenergie und dergleichen nicht kennen will, verbaut auch im Großen den
Weg zum Kompromiß, zum gegenseitigen Verzicht auf Rechte, der immer noch

das eigentliche Mittel des Friedens ist. Wer den Frieden will, muß nicht die Kompromißlosigkeit, sondern den Kompromiß lernen. Wer den Frieden will, darf nicht die Verketzerung des anderen, sondern muß sein Verstehen üben. Wer den Frieden will, darf die Vernunft nicht ächten, sondern muß sie in Ehren setzen. Wer den Frieden will, darf nur die Mittel gebrauchen, die dem Frieden entsprechen".

Das internationale Recht stärken

Unter Hinweis auf das Zerstörungspotential der ABC-Waffen rief Ratzinger dazu auf, auf die Verantwortlichen der Erde „unablässig Druck auszuüben, jene Waffen abzubauen, deren Anwendung jede Art von Rechtlichkeit außer Kraft setzen würde". Weiter sagte er: „Wo ganze Landstriche zerstört und wehrlose Menschen getötet werden, wird amoralisch und rechtswidrig gehandelt. Deshalb muß der Christ mit allem Nachdruck darauf bestehen, daß Vernichtungswaffen dieser Art gemeinsam und von allen Mächten abgebaut und auf immer geächtet werden. Denn nur wenn im Weg gemeinsamer Verhandlungen alle sie abbauen, hört ihre amoralische Drohung auf. Dies alles kann aber nicht gelingen, wenn nicht die Geltung der internationalen Moral und des internationalen Rechts gestärkt wird. Deswegen bleibt das Aufbauen von Recht und Moral und der Abbau der rechthaberischen Ideologien der Kern aller Sorge um den Frieden, von welcher Seite her man die Dinge auch betrachten mag".

Die Friedensbewegung des christlichen Glaubens

Die Erhaltung der sittlichen Würde und Werte sei, wie Ratzinger warnte, nichts Abstraktes und Privates, „sondern die entscheidende Front im Kampf um den Frieden". Unter Hinweis auf die Tradition des christlichen Glaubens, der trotz aller Kriege von Christen und unter Christen in ihrem ganzen geschichtlichen Weg „die einzige große Friedensbewegung ist, die Jahrhunderte überspannt und Jahrhunderte konsequent an einer Ordnung des Friedens unter den Menschen gebaut hat", rief der Kardinal zum Gebet um den Frieden auf: „Durch die Bruderschaft des Gebetes und der Sakramente kann auch heute ganz praktisch Friede von unten gebaut, eine Straße der Versöhnung durch die Welt hindurch gezogen werden. Wir dürfen nicht nachlassen, solches zu tun. Wir dürfen nicht aufhören, Eucharistie und Gebet ganz praktisch in dieser katholischen Weise zu leben – das ist unsere ständige Friedensarbeit, die wirksamer und wahrer ist als die neuen Prozessionen, die nicht mehr dem Bild des Gekreuzigten, sondern den Transparenten mit ihren Parolen folgen – die nicht mehr im Frieden des Gebetes durch die Straßen ziehen, sondern mit dem Schrei des Zorns, der sich selbst Recht schaffen will".

140

30. Dezember 1981   ok Nr. 1 vom 7. Januar 1982

Ratzinger zum Tode von Kurienkardinal Seper:
Weltkirche verlor eine hervorragende Bischofsgestalt

In der Person des am Mittwoch, 30. Dezember, in Rom verstorbenen Kurienkardinals Franjo Seper, der 13 Jahre lang Präfekt der Römischen Glaubenskongregation war, hat die Weltkirche nach den Worten des Nachfolgers Sepers im Amt des
Präfekten der Glaubenskongregation, Joseph Kardinal Ratzinger, „eine ihrer her-
vorragenden Bischofsgestalten verloren". Ratzinger würdigte seinen Vorgänger in
diesem Amt als einen „Mann der Mitte", der für die Römische Glaubenskongregation aus dem Geist und den Anregungen des Zweiten Vatikanischen Konzils
eine neue Verfahrensordnung geschaffen habe, der Konflikte durch Dialog und vor
allem auch durch positive Erklärungen zu lösen versucht habe und größtenteils
auch habe lösen können.
In der Theologischen Kommission sei Seper während des Zweiten Vatikanischen
Konzils als einer der führenden Sprecher der Konzilsmehrheit in Erscheinung getreten. An den Konzilsdokumenten über die Kirche, die Offenbarung und die
Kirche in der Welt von heute habe er maßgeblichen Anteil. Der von ihm aufgebauten und geleiteten Internationalen Theologenkommission habe er besondere
Sorgfalt zugewandt und dafür gewirkt, „daß sie in voller Freiheit ihre Arbeit tun
konnte". Er habe der Theologenkommission Spielraum gelassen, andererseits aber
auch durch seine innere Autorität die Kommission zusammengehalten.
Ausdrücklich würdigte Ratzinger auch die Verdienste Sepers als ehemaliger Erzbischof von Zagreb in der Nachfolge von Kardinal Stepinac: „Er hat mit Mut und
Klugheit das kirchliche Leben im Erzbistum Zagreb aufgebaut". Sein persönliches
Bedauern äußerte Ratzinger darüber, daß Seper nur wenige Wochen nach seiner
Entpflichtung vom Amt des Präfekten der Glaubenskongregation vom Tod ereilt
worden sei. Ratzinger, der neue Präfekt der Kongregation, sagte: „Ich selbst hatte
fest gehofft, mich noch lange seines persönlichen Rates und seiner Hilfe bedienen
zu können".

21. Januar 1982   ok Nr. 3 vom 21. Januar 1982

Erzbischofsstuhl in München wird vakant
Metropolitankapitel wird einen Kapitularvikar wählen
Abschied des Erzbistums von Kardinal Ratzinger Ende Februar

Der von Papst Johannes Paul II. zum Präfekten der Römischen Glaubenskongregation ernannte Erzbischof von München und Freising, Joseph Kardinal Ratzinger, wird sein Amt als Diözesanbischof voraussichtlich Mitte Februar niederlegen. Der Vatikan, der darüber die Entscheidung zu treffen hat, wird das genaue Datum noch bekanntgeben. Mit dem Rechtsakt der Niederlegung des Amtes wird der Bischofsstuhl des heiligen Korbinian vakant. An der Spitze der Erzdiözese München und Freising steht dann kein Oberhirte mehr, dem kraft seiner bischöflichen Weihe und seines erzbischöflichen Amtes die Leitung der Diözese in der kirchlichen Gesetzgebung, Rechtsprechung und Verwaltung zukäme.

Mit dem Verzicht Ratzingers auf den Bischofsstuhl erlöschen auch die Ämter des Generalvikars, der der ständige persönliche Stellvertreter des Erzbischofs ist und des Erzbischöflichen Finanzdirektors, der für die Vermögensverwaltung der Diözese verantwortlich ist. Die Ämter des erzbischöflichen Offizials und Vizeoffizials bestehen indes weiter, weil die kirchliche Rechtsprechung auch durch das Freiwerden des Erzbischofsstuhls keine Unterbrechung leiden darf.

Zunächst geht die Leitungsgewalt auf das Metropolitankapitel über, dem in München zwölf Domkapitulare angehören. Das Kapitel ist eine Körperschaft, die nur handeln kann, wenn sie Beschlüsse fast. Eine solche Handlungsweise wäre aber für die Erledigung dringender Amtsgeschäfte nicht zweckmäßig. Daher verpflichtet das kirchliche Recht das Domkapitel einer Diözese, in der der Bischofsstuhl frei wird, unmittelbar zur Wahl eines Kapitularvikars, der namens des Domkapitels die oberhirtliche Gewalt ausübt. Ebenso wählt das Metropolitankapitel auch einen Vermögensverwalter für die Erzdiözese bis zum Dienstantritt des neuen Erzbischofs.

Mit der Annahme der Wahl erlangt der gewählte Kapitularvikar die Befugnis zur Leitung der Diözese, die sich aber von der des Erzbischofs damit unterscheidet, daß sie nur vertretender und vorübergehender Art ist und aus diesem Grund wesentlichen Einschränkungen unterworfen bleibt. So dürfen etwa während der Erledigung des erzbischöflichen Stuhls keine Neuerungen eingeführt werden. Besonders bei der Behandlung von Personalangelegenheiten wirkt sich dieser Grundsatz einschneidend aus. Ein Kapitularvikar darf die Weihen weder an Diözesangeistliche erteilen noch durch einen anderen Bischof erteilen lassen, wenn er selbst die Bischofsweihe nicht besitzt. Er ist ferner nicht berechtigt, Pfarreien und Pfründe, die auf Lebenszeit übertragen werden, zu verleihen.

Nur wenn der bischöfliche Stuhl länger als ein Jahr unbesetzt wäre, darf der Kapitularvikar auch Weihen spenden oder spenden lassen, ebenso Pfarreien und Pfründen verleihen, weil bei längerer Dauer des Priester- und Pfarrermangels die Seelsorge Schaden erleiden könnte. Im übrigen aber ist der Kapitularvikar der vorübergehende Oberhirte der Erzdiözese.

Er vertritt das Erzbistum und hat Anspruch auf den Gehorsam der Geistlichen und die Gefolgschaft der Gläubigen. Als Oberhirten obliegt ihm genauso wie dem Erzbischof die Pflicht, an allen Sonntagen und gebotenen Feiertagen für das ihm anvertraute Bistumsvolk das heilige Meßopfer zu feiern. Das Amt des Kapitularvikars dauert bis zur Besitzergreifung der Erzdiözese durch einen neuen Erzbischof.

In einer Reihe von Gottesdiensten und Veranstaltungen wird das Erzbistum München und Freising von seinem scheidenden Erzbischof Abschied nehmen. Am 13. Februar wird der Kardinal in Freising im Mariendom, wo seit Menschengedenken in der Erzdiözese das Sakrament der Priesterweihe gespendet wird, die Eucharistie feiern und sich damit eigens von seinen Diözesanpriestern, die dazu eingeladen werden, verabschieden. Im Münchener Liebfrauendom hält der Kardinal am 14. Februar einen Gottesdienst, bei dem Priesteramtskandidaten des Priesterseminars der Erzdiözese die Diakonatsweihe erhalten. Den großen offiziellen Gottesdienst zum Abschied wird der Kardinal am 28. Februar im Liebfrauendom halten. Die Eucharistiefeier beginnt um 9.30 Uhr. Um 14.30 Uhr findet im Herkulessaal der Residenz ein Festakt statt, zu dem Repräsentanten des kirchlichen, staatlichen und gesellschaftlichen Lebens quer durch alle Bevölkerungsgruppen und Berufe eingeladen werden.

142

28. Januar 1982   ok Nr. 4 vom 28. Januar 1982

Den Kindern ein Glaubenszeugnis geben
Für Sakramentenvorbereitung sind alle verantwortlich
Kardinal Ratzinger appelliert an Eltern und Gemeinden

Die „Vorbereitung der Kinder zum ersten Empfang des Bußsakramentes und der heiligen Kommunion sehr ernst zu nehmen und verantwortungsbewußt zu gestalten", dazu hat in einem Brief an die katholischen Eltern der Erzbischof von München und Freising, Joseph Kardinal Ratzinger, aufgerufen. Erstbeichte und Erstkommunion seien entscheidende Schritte der Einführung des Kindes in das Leben und in den Glauben der Kirche. In der Beichte könne das Kind erfahren, daß Gott die Menschen liebe und trotz ihrer Sünden und ihres Versagens annehme. In der Mitfeier der Eucharistie und im Empfang der heiligen Kommunion könne das Kind verstehen lernen, „was Leben mit Jesus bedeutet und wie die Verbindung mit Jesus das Leben sinnvoller und beglückender macht".
Eltern, Seelsorger und Religionslehrer müssen nach Auffassung des Kardinals zusammenwirken, um die Kinder „in kindgemäßer Form" zu den Sakramenten hinzuführen. Dazu sei die außerschulische Vorbereitung der Kinder in kleinen Gruppen in der Gemeinde „eine wichtige Hilfe". Der Religionsunterricht spiele eine wichtige Rolle, die durch die außerschulische Vorbereitung nicht ersetzt werden könne. So vermittle der Religionslehrer vor allem das nötige religiöse Wissen über die Gestalt Jesu Christi, den Gehalt des Glaubens der Kirche und das Verständnis der Zeichen und Symbole, die bei Erstbeichte und Erstkommunion ver-

wendet werden. Ratzinger verwies in diesem Zusammenhang auf eine Bestimmung des neuen bayerischen Lehrplans für den Religionsunterricht, wonach die schulische Unterweisung über Buße und Eucharistie durch eine entsprechende Katechese in den Pfarrgemeinden ergänzt werden soll.

Mit dieser Form der Katechese, „die Gemeinde selbst weiß sich verantwortlich", entdecke die Kirche eine sehr alte und ursprüngliche Form der Hinführung zum Glauben wieder. In vielen Gemeinden sei es bereits üblich, daß Kinder, die zur Erstbeichte und zur Erstkommunion geführt werden, in kleinen von Erwachsenen geleiteten Gruppen zusammen lernen und sich vorbereiten: „Durch Spiel, Gespräch, Feier und praktische Übungen können sie sich mit dem Sinn und der Bedeutung von Beichte und Erstkommunion vertraut machen". Jeder Christ, „schon gar das Kind", sei auf das Glaubenszeugnis anderer Christen angewiesen: „Glauben lernt man zunächst nicht durch theoretische Überlegungen, sondern durch praktische Erfahrung, durch das Leben mit anderen Christen".

Ratzinger appellierte an die Gemeinden, sich für die Hinführung der Kinder zum Glauben verantwortlich zu fühlen und bei der Vorbereitung zum Sakramentenempfang aktiv mitzuwirken: „Alle sind dafür verantwortlich, daß der Glaube weitergegeben und verkündet wird. Jeder kann sich entsprechend seinen Begabungen und Möglichkeiten dafür einsetzen". Die Vorbereitung dieser Mitarbeiter solle allerdings so erfolgen, daß niemand Angst davor haben müsse, sein Kind nicht entsprechend qualifizierten Mitarbeitern des Pfarrers anvertrauen zu müssen. Grundsätzlich sei zu sagen, so betonte der Kardinal, daß außerschulische Sakramentenvorbereitung „um so besser gelingt, je mehr sie von den Eltern unterstützt wird".

143

28. Januar 1982   ok Nr. 4 vom 28. Januar 1982

Funk und Fernsehen direkt bei Ratzinger-Abschied dabei

Die Verabschiedung des Präfekten der Römischen Kongregation für die Glaubenslehre, Joseph Kardinal Ratzinger, in der Erzdiözese München und Freising wird, entsprechend der großen Nachfrage, durch die Medien Funk und Fernsehen übertragen. Sowohl der Funk als auch das Fernsehen übertragen direkt die Eucharistie, die der Kardinal am 28. Februar um 9.30 Uhr in seiner Kathedralkirche, dem Münchener Liebfrauendom, feiert. Auch der Festakt, der am gleichen Tag um 14.30 Uhr im Herkulessaal der Residenz in München beginnt, wird vom Fernsehen des Bayerischen Rundfunks direkt übertragen. Nähere Einzelheiten über die Gestaltung des Gottesdienstes und das Programm des Festaktes werden noch bekanntgegeben.

bischofs von München und Freising wählen wird, der Vorsitzende der Deutschen Bischofskonferenz, Joseph Kardinal Höffner, Nuntius Guido del Mestri, der Landesbischof der Evangelisch-Lutherischen Kirche in Bayern, Johannes Hanselmann, Ministerpräsident Franz Josef Strauß, Oberbürgermeister Erich Kiesl und der Vorsitzende des Diözesanrates der Katholiken im Erzbistum München und Freising, Ermin Brießmann. Das Bayerische Fernsehen wird den Festakt, der mit der Bayernhymne endet, in voller Länge live übertragen.

145

11. Februar 1982   ok Nr. 6 vom 12. Februar 1982

Gefängnis-Seelsorge in Bayern amtlich geregelt
Kardinal und Justizminister unterzeichnen Vereinbarung

Die Seelsorge für in bayerischen Justizvollzugsanstalten inhaftierte Katholiken ist jetzt in einer Verwaltungsvereinbarung zwischen den bayerischen Bistümern und dem Freistaat Bayern offiziell geregelt worden. Nach Mitteilung des Bayerischen Staatsministeriums der Justiz wird mit einer Verwaltungsvereinbarung über die katholische Seelsorge in den Justizvollzugsanstalten „die bisher geübte Praxis auf eine förmliche Grundlage gestellt". Die Verwaltungsvereinbarung wurde am Freitag, 12. Februar, in München vom Erzbischof von München und Freising, Joseph Kardinal Ratzinger, für die bayerischen Bistümer und von Justizminister Dr. Karl Hillermeier für die Bayerische Staatsregierung unterzeichnet.
In der Verwaltungsvereinbarung wird unter anderem die Ausübung des seelsorgerischen Dienstes an den Gefangenen des katholischen Bekenntnisses, beispielsweise die Abhaltung von Gottesdiensten, Spendung der Sakramente, Formen der Gruppenseelsorge, Mitwirkung bei der sozialen Hilfe für Gefangene sowie bei der Ausbildung und Fortbildung für Bedienstete der Vollzugsanstalten amtlich geregelt. Außerdem wird festgehalten, in welcher Weise die katholischen Anstaltsseelsorger ihre Arbeit koordinieren und in welcher Weise sie das Staatsministerium der Justiz in seelsorgerischen Angelegenheiten beraten und die Zusammenarbeit zwischen der Kirche und den Vollzugsbehörden fördern sollen.

146

13. Februar 1982   ok Nr. 7 vom 18. Februar 1982

Die Einheit wahren – Die konkrete Kirche bejahen
Programmatischer Abschiedsappell Ratzingers an die Priester

Die Einheit im Glauben zu wahren, die konkrete Gestalt der Kirche zu bejahen, den persönlichen Zusammenhalt untereinander zu suchen und junge Menschen für geistliche Berufe zu werben, dazu hat bei einem Abschiedsgottesdienst mit mehr als 1000 Priestern am Samstag, 13. Februar, der aus seinem Amt als Erzbischof von München und Freising scheidende Präfekt der Römischen Glaubenskongregation, Joseph Kardinal Ratzinger, im Freisinger Mariendom die Seelsorger in einer programmatischen Abschiedspredigt aufgerufen.

Der Kardinal sagte: „Bleiben wir beieinander und lassen wir uns nicht in Parteiungen auseinanderreden". Wegen der Verschiedenheit des Menschen brauche die Kirche auch verschiedene Weisen, den priesterlichen Dienst anzufassen: „Aber lassen wir uns in diesem Dienst nicht auseinandertreiben und zerbrechen wir nicht das Grundvertrauen zueinander, daß wir aus dem gemeinsamen Glauben und aus der gemeinsamen Sendung leben". Der Kardinal empfahl den Priestern, die „tiefe innere Beziehung zu Christus zu leben und nicht abreißen zu lassen". Er warnte vor Versuchen, „Christus und seine Kirche zu trennen". Wörtlich sagte er: „Erfinden wir uns nicht einen eigenen Jesus, der besser wäre als der reale, der uns in seinem Leib, der Kirche, begegnet. Erfinden wir uns nicht ein besseres Evangelium, das wir gegen die Mühseligkeit und das Versagen der Kirche stellen. Glauben wir daran, daß Christus in einem Leib leben wollte und daß dieser Leib menschlich ist".

Ratzinger rief dazu auf, sich zur konkreten Kirche, zur Gemeinschaft der Bischöfe und zur Gemeinschaft mit dem Papst, zu bekennen: „Leben wir darin das eine Evangelium des Herrn, das unser aller Kraft ist, jeder andere Versuch könnte nur zerspalten". Von einer „großen Ernte, die auf Arbeiter wartet", sprach er unter Hinweis auf die gegenwärtig vor allem bei jungen Menschen anzutreffenden Fragen nach dem Sinn des Lebens. Es sei notwendig, in dieser Situation junge Menschen für den priesterlichen Dienst einzuladen. In diesem Zusammenhang stellte der Kardinal fest, entgegen einem vorausgesagten Trend sei die Zahl der Priesteramtsanwärter in Deutschland wieder im Anwachsen. Die Entwicklung zeige, „daß es keine unumkehrbaren Gesetzlichkeiten gibt, daß es das Neue und den Aufbruch gibt, den die Statistik nicht errechnet, weil sie die Freiheit nicht errechnen kann". Der Aufbruch habe begonnen.

Bei einem anschließenden Empfang würdigte Generalvikar Prälat Dr. Gerhard Gruber das Wirken des Kardinals in seiner fast fünfjährigen Amtszeit als Erzbischof von München und Freising. Gemeinschaft und Brüderlichkeit seien die Grundsätze seines Handelns gewesen. Gruber sagte Ratzinger die Verbundenheit des Erzbistums im Gebet als Unterstützung in seinem neuen Amt zu. Der Sprecher des Priesterrates, Pfarrer Erwin Wild, überreichte als Abschiedsgeschenk ein Kurzwellen-Radio, damit Ratzinger auch künftig den Bayerischen Rundfunk und nicht nur Vatikanische Sender empfangen und somit seiner bayerischen Heimat verbunden bleiben könne. Freisings Oberbürgermeister Dr. Adolf Schäfer zeichnete den Kardinal mit der „Goldenen Bürgermedaille der Stadt Freising" aus.

„Steuermann durch die Stürme der Zeit"
Ministerpräsident Strauß würdigt Kardinal Ratzinger
Der Kardinal: „Bayern möge ein christlicher Staat bleiben"

Gegenüber dem aus seinem Amt als Erzbischof von München und Freising scheidenden Präfekten der Römischen Kongregation für die Glaubenslehre, Joseph Kardinal Ratzinger, hat der bayerische Ministerpräsident Franz Josef Strauß die Erwartung ausgesprochen, „daß er in seinem neuen Amt als geschickter und unerschrockener Steuermann mithilft, das Schiff der Kirche durch die Stürme unserer Zeit ins neue Jahrtausend zu fahren". Bei einem Abschiedsempfang für Ratzinger im Antiquarium der Münchener Residenz sagte Strauß am 12. Februar, als Oberhirte, Seelsorger und Wissenschaftler habe Ratzinger „wiederholt in dankenswerter Klarheit alle Versuche zurückgewiesen, das Evangelium zu einem politisch-sozialen Programm zu verkürzen".

Ausdrücklich bedankte sich der Ministerpräsident beim Kardinal in dessen Eigenschaft als Vorsitzender der Bayerischen Bischofskonferenz „für die gute und vertrauensvolle Zusammenarbeit in den vergangenen fünf Jahren in der Sorge um den Menschen und um die Gestaltung einer menschenwürdigen Ordnung in unserem Lande". Wörtlich sagte Strauß: „Der freiheitliche Staat und die Kirche sind verbunden zum Dienste am Menschen in einer von Friedlosigkeit und von vielfältiger materieller und geistiger Not gezeichneten Welt". Der Ministerpräsident sprach die Hoffnung aus, Bayern werde „im Wandel der Zeit und in gebotener Anpassung an die Notwendigkeit und Nöte der Zeit ein christliches Land bleiben, das weiterhin Zeugnis ablegen kann für ein kraftvolles, weltverantwortliches Handeln aus christlichem Glauben".

Gemeinsam auf dem Boden der Verfassung

In seiner Erwiderung sagte Ratzinger: „Wir konnten zusammenarbeiten, weil wir gemeinsam auf dem Boden einer Verfassung stehen, die zwei wesentliche Elemente enthält, um die es geht: Freiheit und die Grundlagen der Freiheit". In diesem Zusammenhang äußerte Ratzinger, es gehöre auch zur Freiheit, daß Staat und Kirche einander nicht gegenseitig „aufsaugen" wollen, „daß der Staat nicht zur Kirche werden will, daß aber auch die Kirche nicht zum Staat werden möchte". Wörtlich sagte der Kardinal weiter: „Ich glaube, es ist sehr wesentlich und entscheidend, daß unsere Verfassung sieht, daß Freiheit nur frei bleiben kann, wenn sie ihre eigenen Grundlagen sowie das moralische und religiöse Erbe, das ohne die christliche Überlieferung nicht vorstellbar ist, nicht negiert".

In Anspielung auf seinen Abschied von Bayern verwies der Kardinal auf eine

historische Parallele und erinnerte an Karl August Kardinal Reisach, der vor ungefähr 125 Jahren ebenfalls vom Münchener Erzbischofssitz an die Kurie berufen
wurde. Reisach hatte gegenüber dem damaligen Staatskirchentum den Anspruch
der Kirche auf Freiheit betont. Während er im damaligen Königreich Preußen in
diesem Streit zwischen Staat und Kirche bei den so genannten Kölner Wirren ver-
mittelnd eingreifen konnte, kam es in Bayern zum Konflikt mit König Ludwig
I., der ihn nach Rom wünschte. Ratzinger wörtlich: „Ich könnte mir vorstellen,
daß es vielleicht ein paar Leute gibt, die mich nach Rom gewünscht haben. Aber
ich würde sagen, das ist immerhin die humane bayerische Variante dieser Auseinandersetzung". Auch sei der Wunsch des bayerischen Königs nicht sofort in
Erfüllung gegangen: „Erst als sein Sohn Maximilian II. und der damalige Dompropst diesen Wunsch immer stärker verspürten, ist er dann 1855 realisiert worden".

Bayerns historische Mission

Unter Hinweis auf die geschichtliche Entwicklung Bayerns, „das keltische Erbe,
das von Irland und Britannien bis ans Schwarze Meer nach Thrakien reicht, das
römische Erbe mit seiner Vielgestalt, das christliche Erbe, das in Bayern nicht nur
aus dem lateinischen, sondern auch aus dem griechischen Raum empfangen worden ist", sagte der Kardinal: „So ist eigentlich dieses Land immer ein einerseits
nach innen gewandtes und beharrendes, aber gerade darum auch beharrungsfähi-
ges gewesen, weil es ein offenes war, weil es sich um den großen Austausch der
Kulturen verstand". Vielleicht rühre das Unbequeme Bayerns in der deutschen
Geschichte auch von daher, daß es sich nie in eine bloß nationale Kultur ein-
zwängen ließ, sondern immer ein Raum der Offenheit eines großen, weiten geistigen Austausches geblieben sei. Der Kardinal äußerte abschließend den Wunsch,
„daß dieser Freistaat wirklich ein Staat und eine Stätte der Freiheit bleibe, daß er
aus seinen tiefsten Kräften lebe, daß die Grundlagen der Freiheit in ihm lebendig
und stark bleiben, daß er ein christlich geprägter Staat bleiben möge".

148

18. Februar 1982   ok Nr. 7 vom 18. Februar 1982

Augustinus-Bild für Kardinal Ratzinger
Privater Abschiedsempfang des Domkapitels

Ein barockes Bild mit einer Darstellung des heiligen Augustinus ist das Abschiedsgeschenk der Mitglieder des Münchener Domkapitels und der Ordinariatsräte für den von seinem Amt als Erzbischof von München und Freising entpflich-
teten Präfekten der Römischen Kongregation für die Glaubenslehre, Joseph Kar-

dinal Ratzinger. Das Bild wurde dem Kardinal bei einem privaten Abschiedsempfang des Kapitels überreicht.

Dabei erinnerte der Dompropst und am 16. Februar gewählte Kapitularvikar, Weihbischof Ernst Tewes, daran, daß die Theologie des heiligen Augustinus immer schon und bis heute eine Quelle der theologischen Arbeit Ratzingers sei. Das neue Amt des Kardinals würdigte Tewes als „verantwortungsvolle Arbeit" und „wahrhaft bischöfliche Aufgabe". In diesem Zusammenhang zitierte der Weihbischof den heiligen Augustinus mit Worten, die er an seine Gemeinde in Hippo gerichtet hat und die, wie Tewes sagte, auch über Ratzingers neuer Aufgabe stehen könnten.

Das Zitat lautet: „Unruhestifter zurechtweisen, Kleinmütige trösten, sich der Schwachen annehmen, Gegner widerlegen, sich vor Nachstellern hüten, Ungebildete lehren, Träge wachrütteln, Händelsucher zurückhalten, Eingebildeten den rechten Platz anweisen, Streitende besänftigen, Armen helfen, Unterdrückte befreien, Gute ermutigen, Böse ertragen und - ach - alle lieben".

149

ok Nr. 7 vom 18. Februar 1982

Heiliger Korbinian - Bitte für uns

Heiliger Korbinian,
du hast das Reis des Glaubens
in unserer Heimat gepflanzt,
und es hat große Frucht getragen.

Wir danken dir für deinen Dienst
Und bitten dich in dieser Stunde:
Bitte mit uns,
daß der Herr der Ernte
Arbeiter in diesen
seinen Weinberg sende.

Mit diesen Worten betete Joseph Kardinal Ratzinger am Reliquienschrein des heiligen Korbinian in der Krypta des Freisinger Mariendoms beim großen Abschiedsgottesdienst mit den Priestern und Diakonen der Erzdiözese München und Freising am 13. Februar 1982.

25. Februar 1982   ok Nr. 8 vom 25. Februar 1982

Abschiedswort Kardinal Ratzingers:
Betend im gemeinsamen Glauben der Kirche bleiben
Die christliche Alternative mutig und entschieden leben

Betend mit Gott im Gespräch zu bleiben, im gemeinsamen Glauben der Kirche
eine zündende christliche Alternative zu den Lebensformen der Gegenwart mutig
und entschieden zu leben und über die Menschen und Erdteile, Himmel und Erde
verbindende „Brücke des Kreuzes" einander zugetan zu bleiben, dazu hat in seiner Predigt zum Abschied vom Erzbistum München und Freising der Präfekt der
Römischen Glaubenskongregation für die Glaubenslehre, Joseph Kardinal Ratzinger, am 28. Februar bei einem Gottesdienst in seiner ehemaligen
Kathedralkirche, der Domkirche Zu Unserer Lieben Frau in München, die
Gläubigen aufgerufen.

Der Kardinal sagte: „Die Leitung zu Gott hin ist immer offen. Wenn wir sie veröden lassen, veröden wir selbst, weil uns das eigentliche Wort fehlt, das uns Sinn
gibt und Licht für unseren Weg. Christsein heißt zuallererst: im Gesprächs-
kontakt zu stehen mit Gott … Ein Mensch, der betet, kann letztlich nicht verfallen und ein Volk, das betet, auch nicht". Der Kardinal ermunterte dazu, Gott
nicht nur anzurufen, sondern ihm auch zuzuhören: „Lernen wir neu die Liebe zum
Wort Gottes … Sehen wir es an wie eine lebendige Quelle, die uns einlädt zum
Trinken, um uns Leben zu geben … Hören wir das Wort vor allem auch im gemeinsamen Glauben der Kirche, in dem es Gegenwart ist, in dem es ausgelegt ist
und als lebendige Wirklichkeit auf uns zutritt".

Ausdrücklich rief Ratzinger dazu auf, auch „ein neues Verhältnis zu den materiellen Dingen" zu erlernen: „Wir brauchen Zeiten der Einschränkung, einer Disziplin des Glaubens, die uns ein neues Verhältnis zum Leib und zu uns selber gibt.
Wir sollten auf solche Weise … Solidarität mit den Hungernden dieser Welt de-
monstrieren und eine neue Fähigkeit des Verzichts, der dienenden Liebe erlernen.
Wir müssen die christliche Alternative zu den Lebensformen dieser Zeit wieder
mutig und entschieden leben. Nur wenn Christentum mehr ist als eine Privat-
sache, die niemand angeht, nur wenn es wieder ein Lebensstil wird, kann es zün-
den, kann es die Welt erneuern".

Unter Hinweis auf ein Wort im 1. Petrusbrief, in dem es heißt, Christus sei zu den
„Geistern im Gefängnis" gegangen und habe ihnen gepredigt, fragte der Kardinal:
„Sind wir nicht auch selber mehr oder weniger solche Geister im Gefängnis unserer Vorurteile …, unserer Geschäfte, die uns hetzen und zugleich fixieren; im
Gefängnis der öffentlichen Meinung, die uns den Lebensstil vorgibt, uns sagt, wie
man sich kleidet, was man in der Freizeit tut, wie man als aufgeklärter Zeitgenosse
denkt und redet?" Auch die Rede werde immer uniformierter, „sozusagen in

nen Krug Wein zum Altar; der Pfarrgemeinderatsvorsitzende der Dompfarrei und seine Frau bringen je eine Kerze mit dem Bildnis des Bistumspatrons Sankt Korbinian und dem des heiligen Benno, der als Patron des Landes Bayern und der Stadt München verehrt wird; der Vorsitzende des Diözesanrates im Erzbistum, Ermin Brießmann und seine Frau bringen einen Kelch und eine Patene mit einer Hostie; und der Dekanatsvorsitzende des Katholikenrates Berchtesgadener Land und seine Frau bringen Schalen mit Hostien.

Gebet des Kardinals an den Gräbern seiner Vorgänger

Nach dem feierlichen Segen, der den Gottesdienst beendet, gehen der Kardinal, die anwesenden Bischöfe und das Münchener Domkapitel in die Gruft, der Kardinal wird dort an den Gräbern seiner Vorgänger im Amt des Erzbischofs von München und Freising beten. Währenddessen beginnen die Banner bereits mit dem Auszug aus der Kirche. Dem Kardinal schließen sich Vertreter des politischen und öffentlichen Lebens, unter ihnen Ministerpräsident Franz Josef Strauß, Kultusminister Hans Maier und Oberbürgermeister Erich Kiesl, an.

Ehrenkompanie der Gebirgsschützen eskortiert Kardinal

Vor dem Hauptportal des Liebfrauendomes wird eine Ehrenkompanie des Bundes der traditionsreichen Bayerischen Gebirgsschützenkompanien den Kardinal erwarten. Der Landeshauptmann der etwa 9.000 Mitglieder aus allen Schichten der Bevölkerung umfassenden Gebirgsschützenkompanien, die zum Teil bis in das 16. Jahrhundert urkundlich nachgewiesen sind, begrüßt den Kardinal mit gezogenem Säbel. Dazu erklingt der bayerische Defiliermarsch. Im Schritt eines Prozessionsmarsches und unter Anführung eines Musikzuges der Gebirgsschützen bewegt sich der Zug mit dem Kardinal über Frauenstraße und durch die Fußgängerzone zum Marienplatz. Dort wird der Kardinal eine kurze Marienandacht halten, bei der das alte Marienlied „Maria breit den Mantel aus" gesungen werden wird. Die Feier endet mit dem Glockengeläut der umliegenden Kirchen. Unter das Geläut der Kirchenglocken feuern die Gebirgsschützen dreimal einen Ehrensalut. Die Gebirgsschützen stehen auch in einer besonderen Tradition zum kirchlichen Leben und zur Marienverehrung. Ihr Patronatstag ist das Fest der Patrona Bavariae.

Festakt im Herkulessaal

Im Herkulessaal der Münchener Residenz beginnt um 14.30 Uhr der große Festakt zur Verabschiedung des Kardinals, der zwei Stunden lang in voller Länge vom Dritten Programm des Bayerischen Fernsehens direkt übertragen wird. Abschiedsworte sprechen für das Erzbistum München und Freising Kapitularvikar Weihbischof Dr.h.c. Ernst Tewes, für die Deutsche Bischofskonferenz deren Vorsitzender Joseph Kardinal Höffner, für die Apostolische Nuntiatur in der Bundesrepublik Deutschland Nuntius Erzbischof Guido Del Mestri, für die Evangelisch-Lutherische Landeskirche in Bayern Landesbischof Dr. Johannes Hanselmann, für die Katholikenräte im Erzbistum der Vorsitzende des Diözesanrates der Katholiken, Ermin Brießmann, für den Freistaat Bayern Ministerpräsident Dr.h.c. Franz Josef Strauß, für die bayerische Landeshauptstadt Oberbürgermeister Erich Kiesl, auch Kardinal Ratzinger selbst wird das Wort ergreifen.

Blasmusik, Regensburger Domspatzen und Volkslieder

Die Feier wird mit volkstümlicher Bläsermusik durch die Musikkapelle Kiefersfelden unter der Leitung von Hans Bichler, mit festlichen Chören der Regensburger Domspatzen unter der Leitung von Prälat Georg Ratzinger, am Klavier begleitet von Domorganist Prof. Franz Lehrndorfer, sowie mit Volksweisen, vorgetragen von den Fischbachauer Sängerinnen, den Walchschmied Sängern und der Kreuther Klarinettenmusik gestaltet. Einen besonderen Akzent setzt ein von Helmut Zöpfl verfaßtes Abschiedsgedicht, das zwei Kinder, die bayerischen Trachtenvereinen angehören, vortragen werden. Der Festakt endet mit der gemeinsam gesungenen Bayernhymne.

Mehr als 20 Bischöfe kommen

Zum Gottesdienst im Dom und zum Festakt im Herkulessaal werden erwartet: 22 Erzbischöfe, Bischöfe und Weihbischöfe - unter ihnen der Apostolische Nuntius Erzbischof Guido Del Mestri, die Kardinäle Joseph Höffner, Köln, und Hermann Volk, Mainz; Erzbischof Oskar Saier, Freiburg; die Bischöfe Alois Brems, Eichstätt; Antonius Hofmann, Passau; Rudolf Graber, Regensburg; Eduard Schick, Fulda; Georg Moser, Rottenburg; Hermann Josef Spital, Trier, und der Apostolische Exarch der katholischen Ukrainer in Deutschland, Bischof Platon Kornyljak. Ferner haben ihr Kommen zugesagt: Der evangelische Landesbischof Dr. Johannes Hanselmann sowie Repräsentanten orthodoxer Kirchen und der Israelitischen Kultusgemeinde. Außerdem kommen mehr als 20 Obere weiblicher und männlicher Ordensgemeinschaften, darunter vier Benediktineräbte.

152

ok Nr. 9 vom 4. März 1982

Gebet an der Mariensäule, das Joseph Kardinal Ratzinger aus Anlaß seines Abschieds vom Erzbistum München und Freising am 28. Februar 1982 vor der Münchener Mariensäule mit dem Bild der Patrona Bavariae gebetet hat

Heilige Maria, Mutter des Herrn,
wir grüßen dich in dieser Stunde,

wie dich einst der Engel gegrüßt hat,
der dir die Botschaft
von Gottes frohmachender Gnade brachte.

Auf deinem Bild sehen wir
den Widerschein der Freude der Erlösung
inmitten der Traurigkeiten
und der Dunkelheiten dieser Welt.
Aus deinem Bild lesen wir immer wieder
die Nähe unseres Gottes ab:

Du trägst ihn als Kind auf den Händen
und hältst ihn uns hin,
damit auch wir ihn tragen
und uns tragen lassen von ihm.

In allen Jahrhunderten
bist du den Menschen
das tröstliche Zeichen dafür geworden,
daß Gott uns nicht vergessen hat.
Laß es auch uns in allen Zweifeln und Bedrängnissen
wieder und wieder erfahren.

„Dein Gehorsam ist uns Leben,
Jungfrau demutsvoll und keusch",
so haben unsere Vorfahren gesungen und gebetet.
So beten auch wir und wissen,
daß die wahre Ehre des Menschen
aus solchem Gehorsam des Glaubens kommt,
wie du ihn uns vorgelebt hast,
du Mutter des Glaubens.

Wir grüßen dich,
heilige Mutter des Herrn,
und unser Grüßen ist ein Dank an den gütigen Gott,
daß er dich als Zeichen seiner Nähe
uns geschenkt hat.

Wir danken dir, du Gnadenvolle,
für das Leuchten des Evangeliums,
das uns in dir so hell und nahe begegnet.
Wir danken dir, daß du uns deine Fürbitte
spüren ließest auch in diesen Jahren.

Wir danken dir, daß du bei uns bist
und uns Christus zeigst.

Wir grüßen dich, heilige Mutter,
und unser Grüßen ist auch ein Bitten.
Sei du eine Kraft des Friedens und der Versöhnung
in unserem Land.
Sei du immerfort und für alle
ein Wegweiser zu Christus.
Sei du eine Einladung zur Sammlung, zur Stille,
zur Einkehr in Gottes Wort.
Sei uns Lehrmeisterin
des Glaubens, der Hoffnung und der Liebe.
Schütze dieses Bistum,
dieses ganze Land,
das so oft deinem Schutz anvertraut worden ist
und das wir dir von neuem übergeben.

Mit unseren Vorfahren beten wir heute zu dir:
„Dich München gar im Herzen hat:
dein Dom steht mitten in der Stadt -
Maria bitt für uns.
Auf hoher Säule ragt dein Bild,
du Schutzfrau Bayerns wundermild.
Das liebe Kind auf deinem Arm
des ganzen Volkes sich erbarm".
Amen.

153

28. Februar 1982   ok Nr. 9 vom 4. März 1982

„Arrivederci und bis bald!
Pfüa Gott und alles Gute halt!"
Bayern verabschiedet Joseph Kardinal Ratzinger

Verbundenheit im Gebet sowie Dank und Anerkennung für Jahre der Zusammenarbeit haben bei einem Festakt im Herkulessaal der Münchener Residenz am
Sonntag, 28. Februar, Repräsentanten des kirchlichen und öffentlichen Lebens für
den Präfekten der Römischen Kongregation für die Glaubenslehre, Joseph Kardinal Ratzinger, zum Ausdruck gebracht, der Abschied nahm von seinem Amt als
Erzbischof von München und Freising.

Kapitularvikar Tewes: Dank mit vielen tausend Stimmen

Der Verwalter der Erzdiözese bis zur Ernennung eines neuen Erzbischofs, Kapitularvikar Weihbischof Ernst Tewes, stellte die fünfjährige Amtszeit Ratzingers in eine Reihe mit dem Wirken seiner Vorgänger, der Kardinäle Faulhaber, Wendel und Döpfner. Ratzinger habe, wenn auch in kurzer Zeit, in seiner bischöflichen Amtsführung „unverwechselbare Furchen" in die Geschichte des Erzbistums gezogen. Es sei Hauptmerkmal seiner Verkündigung gewesen, die den Menschen und die menschliche Gemeinschaft bedrohenden Fragen aus der kirchlichen Tradition und vom Evangelium her aufzuhellen. Der Kapitularvikar bekräftigte seinen Dank für Ratzingers Wirken mit dem Hinweis, er müsse dabei „die vielen tausend Stimmen in unserer Diözese mithören", die in diesen Dank einstimmen.

Höffner: Die Kirche hat keine andere Macht als die des Kreuzes

Der Vorsitzende der Deutschen Bischofskonferenz, der Kölner Erzbischof Joseph Kardinal Höffner, bedankte sich „für die klugen, wegweisenden Worte" Ratzingers bei den Beratungen der Bischofskonferenz. Höffner zitierte aus einer Predigt Ratzingers über die Autorität (Silvesterpredigt 1979) unter anderem die Passage: „Wer heute Autorität in der Kirche ausübt, hat keine Macht. Er steht im Gegenteil gegen die herrschende Macht, gegen die Gewalt einer Meinung, für die Glaube an die Wahrheit eine ärgerliche Störung jener Sicherheit ist, mit der man sich weithin der Beliebigkeit verschrieben hat". Die Kirche, so betonte Höffner, habe keine andere Macht als die des Glaubens und des Kreuzes.
Der Apostolische Nuntius in der Bundesrepublik Deutschland, Erzbischof Guido Del Mestri, würdigte in seinem Grußwort die klare Position Ratzingers, der alle Spekulationen über sein neues Amt zurechtgerückt und dieses immer wieder positiv dargestellt habe.

Hanselmann: Brüderliche geistliche Partnerschaft

Die Beziehungen Ratzingers zur evangelischen Kirche haben sich nach den Worten des Landesbischofs der Evangelisch-Lutherischen Kirche in Bayern, Dr. Johannes Hanselmann, „nicht nur offiziell und kollegial gestaltet", sie seien vielmehr zu einer „brüderlich qualifizierten geistlichen Partnerschaft" geworden. Hanselmann sagte wörtlich: „Wir wissen um die dringende Notwendigkeit eines gemeinsamen christlichen Zeugnisses angesichts der Bedrohung durch Atheismus, durch gelebten Materialismus, durch Dauerkritik an der Institution Kirche als solche, aber auch angesichts eines neuen religiösen Hungers, der in der bohrenden Sinnfrage und in der Suche nach Perspektiven für die Zukunft seinen Niederschlag findet". Hanselmann hält es für dringend erforderlich, daß die Christen in der „theologisch redlichen Anstrengung um mehr sichtbare Einheit der Kirchen … miteinander auf dem Weg bleiben".

Diözesanrat: Verbunden mit Volk und Land

Für die Katholikenräte des Erzbistums brachte der Vorsitzende des Diözesanrates der Katholiken im Erzbistum München und Freising, Ermin Brießmann, die vielfältige Verbundenheit der Gläubigen mit dem scheidenden Erzbischof zum Ausdruck. Stets habe man erfahren und erleben können, „wie der Erzbischof in der Mitte seines Bistumsvolkes stand und wie sehr ihm die Gläubigen in inniger Verbundenheit zugetan waren". Sein klares und weisendes Wort zu vielen theologischen und gesellschaftspolitischen Fragen habe aufmerksame Ohren und offene Herzen weit über die Diözese und das Land Bayern hinaus gefunden: „Bei aller Klarheit und Entschiedenheit in der Sache verspürten wir immer Verständnis für den Menschen, Herzlichkeit und Gesprächsbereitschaft". Brießmann übergab dem Kardinal als Geschenk der Pfarrgemeinden drei Bände, in denen fast alle Gemeinden der Erzdiözese sich selbst in Wort und Bild und ihre Beziehung zum Erzbischof darstellen.

Strauß: „Etiam Romae, semper civis bavaricus ero!"

Bayerns Ministerpräsident Franz Josef Strauß zeigte sich zuversichtlich, daß Kardinal Ratzinger über seiner Verantwortung für die Weltkirche und über seinem Wirken an der Einheit der Weltchristenheit in Gedanken immer wieder nach Bayern zurückkehren werde: „Etiam Romae, semper civis bavaricus ero!" Wie schon beim Abschiedsempfang der Staatsregierung betonte der Ministerpräsident die zwischen ihm und Ratzinger gemeinsame Überzeugung, „daß ein wahrhaft menschenwürdiges Leben in Freiheit und Selbstverantwortung nur in der Bindung an das christliche Menschenbild und das christliche Sittengesetz möglich ist".

OB Kiesl: Geistlich-kirchliches Element in München bedeutend

Münchens Oberbürgermeister Erich Kiesl betonte die Bedeutung des „geistlich-kirchlichen Elementes für die Entwicklung unserer Stadt seit ihrer Gründung". Zwischen der bayerischen Landeshauptstadt und den christlichen Kirchen bestünden seit jeher enge Wechselbeziehungen. Immer habe der Kardinal sich bemüht, „Brücken über Trennendes" zu bauen und gemeinsame Grundpositionen deutlicher und sichtbarer werden zu lassen. Dabei habe seine Fürsorge stets einem Zusammenleben in innerem Frieden und in Gemeinsamkeit gegolten, „ohne dabei allerdings unverzichtbare Grundwerte zu verwischen oder mit Scheinkompromissen vordergründige Lösungen zu suchen". Mit der Bereitstellung kirchlicher Grundstücke zum Wohnungsbau in München habe sich Ratzinger große Verdienste um alle Bürger der Landeshauptstadt erworben.

Zum Abschied ein Mundart-Gedicht

Den Abschluß des Festaktes nach dem Abschiedswort des Kardinals bildeten Verse in bayerischer Mundart, verfaßt von Helmut Zöpfl und Oskar Weber, Münchner Mundartdichtern, vorgetragen von zwei Kindern vom Trachtenverein „Die Lustigen Isartaler". Im Wechselspiel sprachen dabei Andreas Gahr (9) und Monika Steinsdorfer (10) unter anderem: „Doch wenns dir druntn no so gfallt, vergiß uns net und bsuach uns bald. Wennst manchmal kimmst von Zeit zu Zeit, da machatst uns de höchste Freud. Sag unserm Papst, wenns geht, an Gruaß und daß er wieder komma muaß. Pfüa Gott und alles Guate halt. Arrivederci und bis bald!"

„Gott mit dir, zu Land der Bayern"

Gestaltet wurde der Festakt mit volkstümlicher Blasmusik der Musikkapelle Kiefersfelden unter Leitung von Hans Bichler, mit festlichen Chören der Regensburger Domspatzen unter Leitung von Ratzingers Bruder, Prälat Georg Ratzinger, am Klavier begleitet von Domorganist Prof. Franz Lehrndorfer sowie mit Volksweisen, vorgetragen von den Halsbacher Sängerinnen, die kurzfristig für die wegen einer Erkrankung ausgefallenen Fischbachauer Sängerinnen einsprangen, den Walchschmied Sängern und der Kreuther Klarinettenmusik. Gemeinsam wurde zum Schluß die Bayernhymne gesungen und zwar in der dreistrophigen Fassung.

154

ok Nr. 9 vom 4. März 1982

Ansprache des Präfekten der Römischen Glaubenskongregation, Joseph Kardinal Ratzinger, bei seiner Verabschiedung von der Erzdiözese München und Freising im Herkulessaal der Münchener Residenz am 28. Februar 1982

Verehrte Festversammlung,
liebe Freunde!

Als ich vor fünf Jahren von der Erzdiözese zuerst in Maria Ramersdorf und dann im Deutschen Museum festlich begrüßt worden bin, habe ich einen solchen Vorschuß an Vertrauen, Freundschaft und Zuneigung erfahren, daß ich einesteils wußte, ich würde ihn nicht zurückzahlen können, aber andererseits doch auch wußte, daß ich damit ein Kapital hatte, auf das ich bauen konnte und mit dem ich getrost in eine mir noch unbekannte Aufgabe gehen konnte, die eigentlich, wie ich empfand, meine Statur überragte.
In diesen fünf Jahren habe ich diesen Vorschuß nicht zurückzahlen können, son-

dern noch sehr viel mehr dazugeschenkt bekommen, so daß ich heute als Ihr Schuldner dastehe. Aber ich finde es schön, daß ich ganz schlicht dankbar weitergehen darf und in meinem Dank bei Ihnen, bei Euch allen bleibe: ein herzliches Vergelt's Gott für diese fünf Jahre, für die lebendige Kirche, für das lebendige Bayern, für die lebendige Heimat, die mir hier begegnet ist.

Wenn ich nun versuche, diesen Dank etwas zu spezifizieren, ohne daß ich mir anmaßen könnte, dabei auch nur irgendwie erschöpfend zu sein, so habe ich mir gedacht, es sei wohl das einfachste, mich gleichsam an die Rednerliste anzuschließen, die so in etwa die Posten meiner Schulden absteckte.

Ich glaube, es ist richtig, wenn ich mit den Laien beginne. Ich fange aus einem inneren Grund damit an, denn eine Kirche, in der es nur Kleriker gäbe, könnte so wenig existieren wie ein Staat, in dem es nur Beamte geben würde. Die Kirche ist ja zunächst und zuerst einmal das lebendige Volk Gottes, und sie lebt davon, daß Christenmenschen jeden Tag als Christenmenschen leben und so die Kirche als Wirklichkeit in dieser Zeit präsent halten. Deswegen habe ich hier wirklich zuallererst und in erster Linie zu danken den Laien, die hauptamtlich für die Kirche in den verschiedenen Weisen von Verkündigung und Teilhabe an der Seelsorge tätig sind, und denjenigen, die ehrenamtlich, die in den Räten wirken und so Kirche aktiv mittragen, wie auch denen, die ganz schlicht und einfach im Alltag Christen sind.

Vielen Dank, daß Sie mir diese gewaltige Gabe (die mehrbändige Präsentation aller Pfarrgemeinden, Anmerkung d. Red.) mitgegeben haben. Gott sei Dank hat meine Wohnung ziemlich Nebenräume, so daß man die schon aufstellen kann und daß ich gleichsam dann durch diese Alben hindurch über die Alpen schaue und meine Heimat immer wieder sehe und nachlesen kann. Herzlichen Dank!

Als nächstes muß ich mich dann den Bischöfen zuwenden. Nun gehören ja an sich Konferenzen und Sitzungen nicht unbedingt zu den allererfreulichsten Erfindungen unserer Zeit. Aber ich muß trotzdem sagen, daß ich letzten Endes, obwohl Sitzungen schon auch selbst unter Bischöfen manchmal umständlich oder langweilig oder schwierig werden können, doch gerne hingegangen bin, weil es immer wieder die Erfahrung der Brüderlichkeit gewesen ist, die dem Wort Kollegialität einen inneren menschlichen und geistlichen Gehalt gegeben hat, weil ich immer wieder erleben durfte, daß es keine Parteien, keine Fraktionen unter uns gab, sondern ein Ringen allein von der Sache her, um die Sache, letzten Endes ein Ringen um jene Wahrheit, die nicht Sache, sondern Person ist. So ist dieses Erlebnis bischöflicher Gemeinschaft desgleichen eine große Mitgift, die ich dankbar mittrage.

Ich muß dann spezifizieren: zum einen auf die Mitarbeiter hier in München, die Herren Weihbischöfe, an der Spitze Sie, lieber Herr Kapitularvikar, aber auch die drei anderen - ich muß mir Zeit sparen, sonst würde ich jetzt jeden nennen - nicht weniger die Herren vom Domkapitel, alle die Mitarbeiter, die Priester im ganzen Bistum, Ihnen allen ein Wort herzlichen Dankes. Und hierher gehört dann auch der Apostolische Nuntius. Ich habe nicht gewußt, daß wir uns schon im Konzil begegnet sind. Aber ich habe doch bei unserem ersten beidseitigen Begegnen in Deutschland gespürt, wie schnell und nahe uns ein Vertrauen verbunden hat, das zunächst auf unserem gemeinsamen Christsein und unserem gemeinsamen bischöflichen Dienst beruhte, vielleicht ein bißchen auch auf Ihrer österreichischen Herkunft, Herr Nuntius.

Ich darf mich dann der Bayerischen Staatsregierung, Ihnen, sehr verehrter, lieber Herr Ministerpräsident zuwenden, und noch einmal, wie ich es schon im Antiquarium und in der Staatskanzlei tun konnte, ein Wort herzlichen Dankes sagen und wiederholen, was Sie ausgedrückt haben: Wir haben in diesen Jahren, jeder in seiner Kompetenz und in seinem besonderen Auftrag, aber auf der Grundlage gemeinsamer Werte, die uns tragen, zusammenarbeiten können, wie ich hoffe fruchtbar und zum Segen unseres Landes. Vielen Dank dafür. Vielen Dank auch Ihnen, lieber Herr Oberbürgermeister, und allen staatlichen und städtischen Behörden unseres Erzbistums.

Und endlich - last, aber not least - lieber Herr Landesbischof, darf ich Ihnen ein Wort ganz herzlichen Dankes sagen. Ich habe in den Begegnungen mit Ihnen vom ersten Augenblick an gespürt, daß das Wort, der Name Christ, den wir gemeinsam tragen, nicht nur ein Name ist, sondern daß er einen ganz tiefen, umfassenden und lebendigen Inhalt hat. Daß wir im Letzten das Gemeinsame wollen, für das Gemeinsame einstehen und so im Tiefsten einander ganz nahe sind. Deswegen haben wir nicht nur miteinander allerlei Besprechungen ausführen können, sondern deswegen konnten wir miteinander beten, deswegen konnten wir miteinander das Wort Gottes verkündigen, deswegen konnten wir auch miteinander in die Öffentlichkeit hineinsprechen. Und nun wird Ihr Engel (der Landesbischof schenkte einen handgeschnitzten musizierenden Engel aus Oberammergau, Anmerkung d. Red.) interkonfessionell und musikalisch mir immer diese Gemeinschaft in die Ohren, in das Herz hineinsingen. Ganz herzlichen Dank für dies alles und Gottes Segen für Ihre Arbeit und für die evangelische Landeskirche hier in Bayern.

Ich möchte da auch alle anderen christlichen Kirchen und Gemeinschaften unseres Landes miteinschließen und auch Sie, die nicht oben auf der Rednertribüne dabei sind, Herr Dr. Lamm und die Jüdische Kultusgemeinde auch besonders in diesen Dank hineinnehmen. Ich glaube, auch hier haben wir fruchtbares Begegnen miteinander und die tiefe innere Einheit der beiden Testamente, wie wir Christen es ausdrücken, unseren zusammengehörenden Glauben an den einen Gott, erleben dürfen. Herzlichen Dank dafür.

Vor fünf Jahren habe ich mir, wie der Brauch es gebietet, ein Wappen zusammensuchen müssen und ich hatte dann zwei etwas paradox sich zueinander verhaltende, aber doch, wie ich glaube, zueinander gehörende Symbole genommen, die mir zugleich sozusagen die innere Spannung und Einheit meines bisherigen Lebensweges und dessen, was mich auch weiter bestimmen müßte, auszudrücken schienen: auf der einen Seite den Bären, der das Beständige ausdrückt, der auf unsere Heimat verweist, auf den Ursprung unserer Glaubensgeschichte, auf dieses Land, aus dem ich komme und in dem ich nun endgültig meinen Dienst sollte tun dürfen; auf der anderen Seite die Muschel, die ja das Pilgerzeichen der mittelalterlichen Pilger war und die, wie sie auf das Meer hindeutet, auf das Abgründige, Unausschöpfliche des Geheimnisses, auf das Unerschöpfliche des Geheimnisses Gottes hindeutet und so auf den abrahamischen Impuls, der im Christsein steckt, der uns nötigt, immer wieder zu überschreiten, immer wieder Pilger in die bleibende Stadt hineinzusein.

Ich konnte damals nicht wissen, daß ich noch nicht am Ende meiner äußeren Wanderungen angekommen war, sondern mir sozusagen noch einmal das Pilgerzeichen an das Gewand heften müßte, daß sozusagen in diesem Sinn die Muschel stärker sein würde als der Bär. Aber ich kann nun umgekehrt sagen, ich werde auch beides mit nach Rom nehmen und auch in Rom bin ich eben, wie Sie es als großer Altphilologe, Herr Ministerpräsident, ausgedrückt haben: „Civis Bavariae sum". Ich kann zwar nicht ein diplomatischer Botschafter Bayerns sein, aber ich werde, so gut ich es kann, versuchen, den in unserer Heimat gewachsenen Glauben und insofern Kirche, die aus Bayern kommt, in Rom präsent zu machen.

Der Bär und die Muschel, das Bleiben und das Gehen, gehören zueinander bei uns allen und beides verbindet uns. Alle sind wir Pilger des Ewigen, Pilger zur kommenden Stadt. Und alle sind wir doch auch eingewurzelt in dem, was uns zuerst geformt hat und was uns Heimat geworden ist. Und dieses Miteinander ist noch einmal unterfangen durch jenes „Mit", das ich dann als Wort in den Wappenspruch gesetzt habe: „Mitarbeiter der Wahrheit" - Mitsein mit Jesus Christus, der unser aller Weg ist.

So kann ich jetzt am Ende nur noch einmal mit zwei bayerischen Worten schließen und sagen: „Pfua Gott und Vergelt's Gott".

155

4. März 1982   ok Nr. 9 vom 4. März 1982

Ordinariat: Keine Empfehlung für „Ratzinger Medaillen"

In letzter Zeit haben mit großen Zeitungsanzeigen zwei Münchener Firmen für den Kauf einer sogenannten „Kardinal-Ratzinger-Abschiedsmedaille" und einer sogenannten „Ehrenmedaille Joseph Kardinal Ratzinger" geworben. Das Ordinariat der Erzdiözese München und Freising erklärt dazu, daß diese Medaillen weder im Auftrag des Kardinals noch im Auftrag des Ordinariates angefertigt und angeboten werden. Auch hat keine kirchliche Dienststelle empfohlen, solche Medaillen zu kaufen. Es handelt sich also nur um ein im Interesse der entsprechenden Firmen liegendes Geschäft.

Prälat Dr. Curt M. Genewein - Pressereferent -

13. April 1987   ok – Sonderpressedienst

Kardinal Wetter gratuliert Kardinal Ratzinger
Gottesdienst, Empfang und Festakt zum 60. Geburtstag

Der Erzbischof von München und Freising, Kardinal Friedrich Wetter, hat seinem Vorgänger im Amt des Erzbischofs, Kardinal Joseph Ratzinger, in einem persönlichen Schreiben zum 60. Geburtstag gratuliert. Wetter lud den Kurienkardinal zu einem Empfang der Erzdiözese ein, der am 28. Mai, dem Fest Christi Himmelfahrt, im Münchener Kardinal-Wendel-Haus stattfinden wird. Die ganze Erzdiözese werde den Jubilar ehren. Es treffe sich gut, so schrieb Kardinal Wetter, daß dieser Tag mit dem 10. Jahrestag der Bischofsweihe Ratzingers in der Liebfrauenkirche zusammentreffe.

Der 1927 in Marktl am Inn geborene Ratzinger vollendet am 16. April sein 60. Lebensjahr. 1951 erhielt er die Priesterweihe in Freising. 1977 wurde er Erzbischof von München und Freising. Noch im gleichen Jahr kreierte ihn Papst Paul VI. zum Kardinal. Am 25. November 1981 ernannte ihn Papst Johannes Paul II. zum Präfekten der Römischen Glaubenskongregation. Vor seiner Bischofsernennung war Ratzinger Professor für Dogmatik und Dogmengeschichte in Regensburg. Die Katholisch-Theologische Fakultät der Universität Regensburg ehrt Ratzinger am 27. Mai bei einem Actus Academicus im Auditorium maximum. Eine Festschrift würdigt das wissenschaftliche Werk Ratzingers, der auch Theologieprofessor in Bonn, Münster und Tübingen war. Den Festvortrag hält der Bischof von Mainz, Professor Dr. Karl Lehmann.

An einem Dankgottesdienst, den Kardinal Ratzinger am 25. April in seiner römischen Titelkirche Santa Maria Consolatrice feiern wird, nehmen als offizielle Repräsentanten des Heimatbistums Generalvikar Prälat Dr. Gerhard Gruber und Weihbischof Franz Schwarzenböck teil. Der Gottesdienst wird unverkennbar bayerischen Charakter haben. Begleitet vom Ensemble Tobi Reiser und von den Bläsern des Erzbischöflichen Studienseminars Traunstein singt der Kirchenchor von St. Martin in Unterwössen die Bauernmesse von Annette Thoma. Eine große Ehrenkompanie der Bayerischen Gebirgsschützen wird vor dem Jubilar salutieren. Bei einem Festakt sprechen unter anderem Weihbischof Schwarzenböck, der Regierungspräsident von Oberbayern, Raimund Eberle, und Ministerpräsident Franz Josef Strauß, die eigens nach Rom fahren, um persönlich zu gratulieren.

13. April 1987 ok – Sonderpressedienst

Das wissenschaftliche Werk von Joseph Cardinal Ratzinger
von Professor Dr. Josef Finkenzeller

Die Bibliographie von Joseph Cardinal Ratzinger, die im Zusammenhang einer zweibändigen Festschrift zu seinem 60. Geburtstag vorgelegt wird, umfaßt 266 Untersuchungen in der Gestalt von Monographien und Aufsätzen in verschiedenen wissenschaftlichen Organen. Dazu kommt eine beachtliche Reihe von eingehenden Rezensionen, Artikeln in Nachschlagewerken, Predigten und Rundfunkbeiträgen. Allein dieser gewaltige Umfang läßt eine eigentliche Würdigung, die zudem für theologisch interessierte weitere Kreise bestimmt ist, in dem hier zur Verfügung stehenden Raum nicht zu. Es kann sich also im folgenden nur um die Darstellung einiger Grundlinien des wissenschaftlichen Werkes des international hochgeschätzten Theologen handeln.

Die theologische Arbeit Ratzingers, die sich über einen Zeitraum von mehr als drei Jahrzehnten erstreckt, wird nur verständlich, wenn diese Zeit in ihrer inneren kirchlichen Entwicklung kurz charakterisiert wird. Sie beginnt mit dem mühsamen Neuanfang unmittelbar nach dem Zweiten Weltkrieg, der durch die Suche nach neuen Formen der Theologie gekennzeichnet ist, die nicht selten unter dem Verdacht des Abweichens von der wahren kirchlichen Lehre standen. Nach einem Jahr Seelsorgsarbeit wurde Ratzinger der Weg in die engere theologische Wissenschaft ermöglicht, die zu den Berufungen auf die fundamental-theologischen und dogmatischen Lehrstühle in Freising, Bonn, Münster, Tübingen und Regensburg geführt hat. Wesentliche Impulse empfing Ratzinger vor allem während des Zweiten Vatikanischen Konzils, das er als Peritus von Kardinal Frings miterlebt und auch wesentlich mitgestaltet hat. Die in den Jahren 1963 bis 1966 veröffentlichten Darstellungen der vier Sitzungsperioden geben einen Einblick in das Ringen der Kirche um einen neuen Weg in der Welt von heute.

Ein entscheidender Einschnitt im theologischen Wirken Ratzingers ist die Berufung auf den Erzbischöflichen Stuhl von München, die Aufnahme in das Kardinalskollegium und schließlich die Übernahme der Leitung der Glaubenskongregation in Rom. Daß sich diese Phasen seines Weges in der Kirche auf sein theologisches Arbeiten niedergeschlagen haben, ist eigentlich selbstverständlich.

Ratzinger ist in seiner theologischen Entwicklung von Anfang an maßgeblich von seinem Lehrer Gottlieb Söhngen beeinflußt, der mit Nachdruck die Bedeutung des Historischen im Zusammenhang der spekulativen Theologie betont hat, so daß die Wahrheit des Christentums nicht als die Wahrheit einer allgemein gültigen Idee, sondern als die Wahrheit einer einmaligen Tatsache zu verstehen ist. Sieht man von der 1954 vorgelegten und von der Theologischen Fakultät der Universität München als Preisarbeit angenommenen Dissertation über „Volk und

Haus Gottes in Augustins Lehre von der Kirche" und der 1959 erschienenen Habilitationsschrift über „Die Geschichtstheologie des heiligen Bonaventura" ab, so wird die historische Dimension der Theologie Ratzingers nicht so sehr in vielen geschichtlichen Einzeluntersuchungen sichtbar. Ihm geht es vielmehr um die großen geschichtlichen Überblicke und Zusammenhänge, aus denen der eigentliche Sinn der heutigen Fragestellungen verständlich wird und einer Lösung näher gebracht werden kann.

Die erste größere Gesamtdarstellung der Theologie Ratzingers bietet die 1969 erstmals erschienene „Einführung in das Christentum. Vorlesungen über das Apostolische Glaubensbekenntnis", die in deutscher Sprache 12 Auflagen erlebt hat und in 12 Sprachen übersetzt wurde, darunter auch in das Japanische und Koreanische. Wer einen Überblick über die vielen in Sammelwerken, Festschriften, Zeitschriften und Lexikaartikeln erschienenen Einzeluntersuchungen erhalten will, wird mit Gewinn zu einigen Monographien greifen, in denen wenigstens ein Teil dieser Artikel aufgenommen ist. Im Jahre 1969 erschien zum ersten Mal das Buch „Das neue Volk Gottes. Entwürfe zur Ekklesiologie", das auch in einer französischen, spanischen, italienischen, portugiesischen und polnischen Übersetzung vorliegt und im wesentlichen verschiedene Themen über die Kirche bietet. Eine andere Ausrichtung hat der 1973 vorgelegte Sammelband „Dogma und Verkündigung", der nicht nur über das Verhältnis von Kirche, Dogma und Verkündigung handelt, sondern auch wichtige Themen über Gott, Christus, die Schöpfung, die Gnade, die Welt, die Kirche und die Letzten Dinge zum Gegenstand hat. Als Präfekt der Glaubenskongregation hat Ratzinger schließlich 1982 seine „Prinzipienlehre. Bausteine zur Fundamentaltheologie" veröffentlicht, eine Sammlung von sehr verschiedenen Themen, wie etwa die Struktur und der Inhalt des Christlichen, die Formalprinzipien des Katholizismus, eine Reihe ökumenisch bedeutsamer Fragen und das Verständnis der Theologie als einer kirchlichen Wissenschaft.

Von seiner Erstlingsarbeit über die Kirche bei Augustinus inspiriert und von den Aufgaben, die ihm im Laufe der Jahre zugewachsen sind, motiviert, ist es verständlich, daß die Kirche das umfassende Thema seiner Theologie geworden ist. Die Kirche, die ihren Ursprung in Christus hat, muß eine Bruderschaft, eine Gemeinschaft von Brüdern und Schwestern sein, deren einziger Meister Christus ist (Mt 23,8). Diese Brüderlichkeit findet ihren tiefsten Ausdruck in der eucharistischen Tischgemeinschaft mit dem auferstandenen Herrn. Im dritten Kapitel der dogmatischen Konstitution über die Kirche wird in mehr rechtlicher Terminologie von der kollegialen und monarchischen Struktur der Kirche geredet, insofern das Kollegium der Bischöfe im Bischof von Rom geeint ist. Das gleiche Prinzip findet seine Fortführung im Presbyterium, das mit dem Bischof verbunden ist. Mit Nachdruck betont Ratzinger, daß die der Kirche vorgegebenen Strukturen der Verwirklichung im konkreten Leben der Kirche bedürfen.

Im Anschluß an paulinisches Denken wird dann die Kirche verstanden als Communio. „Sie ist das Kommunizieren Gottes mit den Menschen in Christus und so der Menschen untereinander und damit Sakrament, Zeichen und Werkzeug des Heils." Die eine Kirche existiert in den vielen Ortskirchen. Die vielen Ortskirchen existieren als die eine Kirche.

In diesem Zusammenhang bietet Ratzinger auch eine Theologie des Konzils, das seinem Wesen nach eine beratende und beschließende Versammlung ist und die Aufgabe der Leitung der Kirche ausübt. Das Konzil heißt nicht Kirche, sondern Versammlung; es ist nicht die Kirche, sondern ein bestimmter Dienst an ihr. Das Konzil ist seinem Wesen nach nichts anderes als die Realisierung der Kollegialität der Kirche, insofern das kollegiale Amt nicht dem einzelnen als einzelnem gegeben ist, sondern auf Gemeinschaft hin, so daß es nur vom Kollegium her ausgeübt werden kann.

Weil das kirchliche Amt gerade im Anschluß an das Zweite Vatikanische Konzil unter verschiedenen Aspekten in Frage gestellt wurde, wird die Amtstheologie des Konzils in die kirchliche Tradition eingeordnet und von der Tradition her das Bleibende betont. Das kirchliche Amt hat seinen Ursprung in Christus. Ihm ist der Dienst der Versöhnung anvertraut, der in der Verkündung der Frohen Botschaft und der Spendung der Sakramente verwirklicht wird.

Im Verständnis des Zweiten Vatikanischen Konzils ist das Bischofsamt die Grundform des Weihesakramentes. Der Bischof wird durch die Weihe in das ihm vorgeordnete Kollegium der Bischöfe eingeordnet und steht somit in der apostolischen Nachfolge, die eine Verbindung zwischen dem Apostelamt und dem Bischofsamt darstellt. „Die apostolische Nachfolge ist keine rein formale Vollmacht, sondern Teilhabe an der Sendung für das Evangelium". Das Priestertum wiederum ist „die sakramentale Bindung in die den einzelnen und die Gemeinden übersteigende Überlieferung hinein". Unmittelbares Maß und Ausgangspunkt des Presbyteriats ist der Apostolat. Er ist als Fortsetzung der Sendung Christi zunächst Evangeliumsauftrag. Weil das Wort Mittler im Neuen Testament Christus vorbehalten ist, sollte man den Dienst des Priesters am Erlösungswerk Christi nicht mit diesem Wort bezeichnet.

Allein die Wirksamkeit Ratzingers an drei Universitäten mit einer katholischen und evangelischen Fakultät, aber noch mehr die Erkenntnis, daß das Ökumenische eine Grunddimension der Theologie sein muß, machen es verständlich, daß die Überwindung der Spaltung in der Kirche ein großes Gewicht in seinen Publikationen erhält. Eine besondere Bedeutung hat dabei ein im Jahre 1976 in Graz gehaltener Vortrag „Die ökumenische Situation – Orthodoxie, Katholizismus und Reformation" erlangt, der die Grenzen und Möglichkeiten einer Wiedervereinigung mit den orthodoxen und protestantischen Kirchen deutlich absteckt. Dabei müssen freilich beide Seiten von ihren Maximalforderungen abgehen und das Gemeinsame gegenüber den anderen hervorheben. Der Verfasser konnte es nicht verhindern, daß einige Sätze dieses Vortrages aus dem Zusammenhang gerissen und mißdeutet wurden, so etwa die Aussage: „Rom muß vom Osten nicht mehr an Primatslehre fordern, als auch im ersten Jahrtausend formuliert und gelebt wurde." Weil ein Aufeinander-Zugehen die Kenntnis des Standpunktes des anderen voraussetzt, werden in verschiedenen Untersuchungen die gegenseitigen Positionen klar markiert, so etwa das Selbstverständnis der nicht katholischen christlichen Kirchen und der Weg des katholischen Kirchenverständnisses von der Enzyklika „Mystici Corporis" (1943) bis zur Lehre des Zweiten Vatikanischen Konzils.

Die Theologie, die nur ihm Rahmen der Kirche betrieben werden kann, ist von ihrem Wesen her auf die Verkündung hingeordnet. Diese entscheidende Dimension der Kirche wird allein in der Formulierung des Sammelbandes „Dogma und Verkündigung" sichtbar. Wie ernst Ratzinger selbst das Amt der Verkündigung genommen hat, zeigt sich daran, daß unter seinen Publikationen die Predigten, Ansprachen und Rundfunkbeiträge einen beträchtlichen Raum einnehmen. „Die Theologie kann sich nicht damit begnügen, im wissenschaftlichen Elysium den Glauben zu reflektieren und im übrigen den Prediger sich selbst überlassen.

Sie muß Wegmarkierungen in den Alltag schaffen und Übertragungsmuster aus Reflexion in Verkündung finden". „Der Verkünder verkündigt nicht im eigenen Auftrag, auch nicht in dem irgendeiner einzelnen Gemeinde oder einer sonstigen Gruppe, sondern im Auftrag der Kirche, die eine ist an allen Orten und zu allen Zeiten. Wie sein eigener Glaube nur kirchlich bestehen kann, so hat auch das Wort, das diesen Glauben erweckt und trägt, notwendig kirchlichen Charakter."
„Die Bibel als Grundform und Grundnorm aller Verkündigung ist kirchliches Wort und daher als Bibel nur im Kontext von Kirche zu verstehen." „Die Kirche ist nicht das Wort, sie ist der Ort, an dem das Wort wohnt und in dem es lebt."
Der Maßstab der Verkündigung liegt in dem, was die Gesamtkirche, die Kirche aller Zeiten gemeinsam bezeugt. Schrift und Dogma sind im lebendigen Glauben der Gesamtkirche zu lesen und erhalten von ihr her ihre Eindeutigkeit.

Weil sich das Leben der Kirche vornehmlich in den Sakramenten äußert, widmet Ratzinger gerade dieser Thematik beachtliche Ausführungen. Im liturgischen Glaubensvollzug ereignet sich „das Fest des Glaubens", wie der Titel einer im Jahre 1981 erschienenen Monographie zum Ausdruck bringt, in der sehr konkrete Einzelfragen bezüglich der Gestaltung der Liturgie theologisch durchleuchtet werden. Die Liturgie erstarrt zum äußeren Werk, wenn sie nicht vom Gebet des Herzens getragen wird. Dabei spielt das Bittgebet, das der Natur des Menschen am meisten angemessen ist, eine überragende Rolle, wenn es auch durch das Lob- und Dankgebet ergänzt werden muß. „In der Frage des Gebets wird im Stillen die Gottesfrage und damit das Grundverständnis der Wirklichkeit im ganzen notwendig immer mitbehandelt." „Gott bitten heißt eigentlich nichts anderes, als uns ganz in Gottes Hände legen ... Gottes übergroße Herrlichkeit in Demut zu erkennen und ihm diese Herrlichkeit lassen."

Unter den Sakramenten werden die Taufe, die Buße und vor allem die Eucharistie im einzelnen behandelt. Im Blick auf die heute auch in der katholischen Kirche umstrittene Kindertaufe wird gesagt, daß gerade dort eindrucksvoll dargestellt wird, daß in der Taufe etwas Objektives geschieht, daß an mir gehandelt wird über mein Entscheiden und Vermögen hinaus. Bei der Buße bleibt die biblische

Grunddimension zu beachten, daß Glaube und Umkehr zwei verschiedene Seiten der einen Heilswirklichkeit sind. Daß die Eucharistie das Sakrament ist, bei dessen Vollzug die Kirche sich als Kirche erfährt, wurde bereits mehrfach sichtbar. Die Kirche ist das Volk Gottes, das vom Leibe Christi lebt und dadurch Leib Christi wird. Ausdrücklich nimmt Ratzinger zu dem schon zum Schlagwort gewordenen Ausdruck „Recht der Gemeinde auf Eucharistie" Stellung, indem er die geschichtlich gewordene Zuordnung von Amt und Gemeinde, Amt und Eucharistie erläutert, ohne den Einseitigkeiten der zeitgenössischen Theologie zu verfallen. Daß Ratzinger auch präzise Einzelfragen der Eucharistie behandelt, wie etwa das Problem der Transsubstantiation und die Frage nach dem Sinn der Eucharistie, sei ausdrücklich angefügt.

Da die Theologie die Rede von Gott ist, der in Jesus Christus Mensch geworden ist, ist die Theologie Ratzingers nicht nur grundsätzlich vom Gottes- und Christusgeheimnis her geprägt; diese Geheimnisse werden auch in Einzeluntersuchungen dargestellt. Mit der ihm eigenen Sprachgewalt stellt er dem apathischen Gott der griechischen Philosophie den leidenschaftlichen Gott des Alten Testamentes gegenüber, der die Geschichte seines Volkes zur Heilsgeschichte macht. Die entscheidende Tat der christlichen Tradition ist es, daß sie sich gegen den Gott der griechischen Mythologie für den Gott der Philosophie entschieden hat, der freilich vom Gott der Bibel her neu verstanden wird. Dieser Gott, der am brennenden Dornbusch seinen Namen geoffenbart hat (Ex 3,14), wird für uns anrufbar, er tritt in die Mitexistenz der Menschen ein, wird für uns erreichbar, ist für uns da. Dieser geschichtsmächtige Gott, der Himmel und Erde erschaffen hat, ist der Gott Jesu Christi, der zu ihm, den er Vater nennt, eine einmalige Beziehung hat.

Ein beachtlicher Teil der „Einführung in das Christentum" ist der Erläuterung des Christusgeheimnisses gewidmet, sowohl der Person Jesu wie auch seines Heilswerkes, das in der Menschwerdung des Gottessohnes, dem Kreuzestod, in der Auferstehung und Himmelfahrt sichtbar wird. Daß diese Christozentrik die Verkündigung wesentlich prägen muß, ist ein entscheidendes Anliegen der Verkündigung und Theologie Ratzingers. Dabei geht es nicht in erster Linie um den Mann aus Nazareth, der neben anderen, wie etwa Ghandi, Martin Luther King oder Maximilian Kolbe, steht, sondern um den Gottessohn, der uns erlöst hat. „Der bloße Jesuanismus ist eine Flucht ohne Chancen, Abklatsch einer Christozentrik, die sich selbst verfehlt. Was Christus mächtig macht, ist Gott, seine Gottessohnschaft. Wenn in ihm wirklich Gott Mensch wurde, dann allerdings bleibt er für alle Zeiten maßgebend. Dann und nur dann ist er unersetzlich. Und dann wird freilich auch sein Menschsein für uns wichtig."

Da die zeitgenössische Theologie neben der ökumenischen Fragestellung entscheidend von der Auseinandersetzung mit den modernen Naturwissenschaften geprägt ist, wendet sich Ratzinger auch den einschlägigen Fragen auf diesem Gebiet zu, so etwa dem Verhältnis von Schöpfungsglauben und Evolutionstheorie, dem biblischen und modernen Verständnis der Welt. Daß er von seiner Tübinger

als Kapitularvikar amtierende Münchener Weihbischof Ernst Tewes. Papst Paul VI. hatte den Regensburger Theologieprofessor Ratzinger am 25. März 1977 zum Nachfolger des 1976 verstorbenen Erzbischofs Kardinal Julius Döpfner ernannt. Für sein bischöfliches Wirken hatte Ratzinger den Wahlspruch gewählt: Cooperatores veritatis – Mitarbeiter der Wahrheit. In seiner Predigt beim Weihegottesdienst hatte Ratzinger unter anderem gesagt: „Unser München, unser Bayernland, ist deswegen so schön, weil der christliche Glaube seine besten Kräfte geweckt hat – er hat ihm nichts von seiner Kraft genommen, aber er hat sie großzügig und frei gemacht. Ein Bayern, in dem nicht mehr geglaubt würde, hätte seine Seele verloren, und keine Denkmalpflege könnte darüber hinwegtäuschen". Vor Tausenden von Gläubigen hatte er anschließend vor der Mariensäule die Gottesmutter angerufen: „Sei die Patronin unseres Landes, unseres Bistums auch in dieser Zeit".

Den feierlichen Festgottesdienst am Himmelfahrtstag in der Frauenkirche wird Kardinal Ratzinger selbst zelebrieren. Er wird auch die Predigt halten. Konzelebranten sind Kardinal Wetter, der 72. Nachfolger auf dem Bischofsstuhl des heiligen Korbinian, Weihbischof Heinrich Graf von Soden-Fraunhofen, der zusammen mit Kardinal Ratzinger am 29. Juni 1951 in Freising zum Priester geweiht worden war, Domdekan Gerhard Gruber, der in der Amtszeit Ratzingers als Erzbischof von 1977 bis 1982 dessen Generalvikar war und der Bruder Georg Ratzinger, Apostolischer Protonotar und langjähriger Domkapellmeister und Dirigent der Regensburger Domspatzen. Auch er gehört zum Weihekurs der Erzdiözese von 1951.

Der Jubiläumsgottesdienst ist auch ein Nachklang zum 70. Geburtstag von Kardinal Ratzinger. Er wurde am 16. April 1927 in Marktl am Inn geboren. Im Liebfrauendom werden Gläubige aus der ganzen Erzdiözese erwartet. Angesagt haben sich unter anderem die traditionsreichen Bayerischen Gebirgsschützenkompanien mit 40 Fahnenabordnungen. Sie sind seit 1632 urkundlich bezeugt, als sich erstmals unter diesem Namen die bäuerliche Bevölkerung in Landfahnen formierte, um die marodierende Soldateska des schwedischen Königs Gustav II. Adolf zu vertreiben. Zu ihrer selbstverständlichen Tradition gehört die religiöse Grundeinstellung. Auch Ministerpräsident Edmund Stoiber und Kultusminister Hans Zehetmair werden an dem Gottesdienst teilnehmen. Für Kardinal Ratzinger und einen kleinen Kreis von Ehrengästen gibt Kardinal Wetter anschließend in seiner Wohnung ein Essen.

161

8. Mai 1997   ok Nr. 10 vom 22. Mai 1997

Tausende feiern mit Ratzinger 20jähriges Bischofsjubiläum
Kardinal Wetter: „Wir Münchner sind stolz auf Ratzinger"
Kardinal Ratzinger: Den Glauben öffentlich und dynamisch bezeugen

Mit mehreren tausend Menschen aus allen Teilen des Erzbistums München und Freising hat der Präfekt der Römischen Glaubenskongregation, Kardinal Joseph Ratzinger, am Hochfest Christi Himmelfahrt, 8. Mai, im Münchner Liebfrauendom bei einem Gottesdienst des 20. Jahrestages seiner Bischofsweihe gedacht. Allein 40 Fahnenabordnungen der Bayerischen Gebirgsschützenkompanien nahmen in voller Montur an dem Gottesdienst teil. Ratzinger war am 28. Mai 1977, dem Pfingstfest dieses Jahres, im Liebfrauendom zum Bischof geweiht worden und hatte bis zu seiner Amtsübernahme als Präfekt der Glaubenskongregation im Frühjahr 1982 das altbayerische Erzbistum als Oberhirte geleitet.

Der Erzbischof von München und Freising, Kardinal Friedrich Wetter, sagte über seinen Amtsvorgänger bei der Begrüßung wörtlich: „Wir Münchner dürfen stolz sein, daß in ihrer Person einer der unseren mit einer hohen, für die ganze Weltkirche bedeutsamen Aufgabe betraut ist. „Die Menschen wüßten aber auch um die Schwierigkeit dieser Aufgabe in einer Zeit, die von Umbrüchen, Pluralismus und Beliebigkeit gekennzeichnet sei, „für die Reinheit des Glaubens Sorge zu tragen und die Verbindlichkeit der Wahrheit geltend zu machen." Ratzinger dankte Kardinal Wetter in einer Erwiderung für die „Güte und Festigkeit", mit der er das im 8. Jahrhundert durch den heiligen Korbinian geistlich begründete Erzbistum leite. In seiner Predigt rief Ratzinger dazu auf, die dem Menschen zugedachte wirkliche Größe zu erkennen und sich nicht von der Schwerkraft der Macht, des Genusses und des Besitzes in die Tiefe ziehen zu lassen. Wer die Höhe des Menschseins gewinnen wolle, müsse darauf achten, daß Gott im Menschen und der Mensch in Gott Raum finde. Dazu sei es notwendig, aus den eigenen „falschen Erhebungen und Selbstherrlichkeiten" abzusteigen und sich selber leicht zu nehmen. Die Liebe sei die wirkliche Höhe des Menschseins und der wahre Aufstieg des Menschen.

Die Kirche ist nach den Worten Ratzingers Ort der Gegenwart Gottes, die aber zugleich durch ihre Unzulänglichkeiten und Fehler, auch durch die „Fracht einer langen Geschichte" verhüllt werde. Dennoch solle man sich nicht von ihrer Vergänglichkeit schrecken lassen, sondern in die Gemeinschaft der Glaubenden aller Zeiten hineintreten und so auch „die lebendige Gegenwart" Gottes erfahren. Der Kardinal sprach sich für ein dynamisches Verständnis der christlichen Sendung aus. Glaube dürfe kein privates Hobby sein, lediglich eine Art Gegengewicht zur alltäglichen Drangsal. Er müsse öffentlich bezeugt werden und zwar vor allem durch das persönliche Glaubenszeugnis. Gott müsse wieder im Leben der Menschen „die erste Priorität" sein. Wörtlich sagte Ratzinger: „Wo Gottes Wille geschieht, wird die Erde zum Himmel". Darum müsse es den Christen eigentlich gehen. Die Kirche sieht der Präfekt der Römischen Glaubenskongregation derzeit „im Gegenwind". Allerdings sollten die Gläubigen nicht vergessen, daß Christus ihnen auch heute nahe sei: „Er ist der Retter der Welt und unseres Lebens". Im Anschluß an den Gottesdienst feierten die Gebirgsschützen aus dem Oberland den Kardinal vor dem Domportal mit einem Ehrensalut.

162

8. Juli 1999 ok Nr. 10 vom 29. Juli 1999

Studienseminar St. Michael in Traunstein 70 Jahre alt
Kirchliche und kulturelle Institution des Chiemgaus feiert Jubiläum
Auch Kardinal Ratzinger war Seminarist in Traunstein

Das Studienseminar St. Michael in Traunstein, eine kirchliche und kulturelle Institution im Chiemgau, feiert am kommenden Samstag, 10. Juli, den festlichen Abschluß des Jubiläums seines 70jährigen Bestehens. Seit nahezu drei Generationen bewährt in der Förderung begabter Buben hat das Haus in sieben Jahrzehnten viele verantwortliche Persönlichkeiten in der Erzdiözese München Freising, darunter zahlreiche Priester, geprägt.

Der Präfekt der Römischen Glaubenskongregation und ehemalige Erzbischof von München und Freising, Kardinal Joseph Ratzinger, wie auch der Bischofsvikar der Seelsorgsregion Nord des Erzbistums, Weihbischof Bernhard Haßlberger, waren Seminaristen in Traunstein, ebenso der heutige Vorsitzende des Diözesanrates der Katholiken im Erzbistum, Professor Alois Baumgartner. 1929 hatte der damalige Münchner Erzbischof, Kardinal Michael Faulhaber, das Haus mit der Weihe der Seminarkirche St. Michael offiziell seiner Bestimmung übergeben.

Der abschließende Jubiläumstag am Samstag beginnt mit einem Festgottesdienst, den der Erzbischof von München und Freising, Kardinal Friedrich Wetter, mit den Schülern und ihren Familien im Seminargarten feiern wird. Beim anschließenden Festakt spricht auch namens der Bayerischen Staatsregierung der Vorsitzende der CSU-Fraktion im Bayerischen Landtag, Alois Glück. Glück ist zugleich Beirat im Freundeskreis des Studienseminars. Ein Sommerfest mit Fußballturnier, Hüpfburg, einem Spielpark für Kinder und einem Abendessen vom Grill beschließt das Jubiläum.

163

8. Juli 2001 ok Nr. 8 vom 13. August 2001

Kardinal Ratzinger feierte Goldenes Priesterjubiläum in München
Kardinal Wetter weist auf geistliche Grundlagen des Priestertums hin
Ratzinger dankt für Freude und Mühsal des priesterlichen Dienstes

Der Präfekt der Römischen Glaubenskongregation, Kardinal Joseph Ratzinger, hat am Sonntag, 8. Juli, mit einem Pontifikalamt im Münchner Liebfrauendom sein Goldenes Priesterjubiläum gefeiert. Ratzinger, von 1977 bis 1982 Erzbischof von München und Freising, war am 29. Juni 1951 zusammen mit 43 weiteren Diakonen von Kardinal Michael Faulhaber zum Priester geweiht worden. Darunter war auch sein Bruder Georg, ehemaliger Domkapellmeister und Dirigent der weltberühmten Regensburger Domspatzen. Konzelebranten bei dem Jubiläumsgottesdienst waren außer Georg Ratzinger noch drei weitere Priester des Weihejahrgangs 1951, Ratzingers Amtsnachfolger in München, Kardinal Friedrich Wetter, und der vom Papst Johannes Paul II. in diesem Jahr zum Kardinal ernannte Münchner Theologe Leo Scheffczyk.

Seine Festpredigt hatte Kardinal Wetter nicht auf die Person Ratzingers, sondern auf die geistlichen Grundlagen des priesterlichen Dienstes in der katholischen Kirche abgestimmt. Der von Gott ausgehende Ruf zum Priestertum müsse in Freiheit angenommen werden, sagte Wetter. In der Handauflegung des Bischofs bei der Priesterweihe lege Jesus selbst seine Hand auf das Leben von Menschen und nehme sie für immer als Priester in seinen Dienst. Das Priestertum sei eine Gnadengabe Gottes. Im heutigen gesellschaftlichen Umfeld werde es jungen Menschen, anders als vor 50 Jahren, nicht eben leicht gemacht, dem Ruf zum priesterlichen Dienst zu folgen und ihr ganzes Leben Gott in Ehelosigkeit und fester Bindung an die Kirche zu weihen. In der heutigen Gesellschaft wolle man sich nicht festlegen, schon gar nicht für das ganze Leben. Wer heute Priester werden wolle, brauche Mut und Kraft, gegen den Strom zu schwimmen.

Kardinal Wetter nannte das Priestertum eine Weise, wie Gott sich den Menschen mitteilen wolle. Er sei der eigentlich Handelnde. Nur Gott könne den Menschen das Heil mitteilen. Er tue es aber durch den Dienst der Priester und mache Menschen zu seinen lebendigen Werkzeugen. In ihrem Menschenwort lasse Christus sein Gotteswort an die Menschen ergehen. Durch ihren Hirtendienst leite er sie. In der Feier der Eucharistie zeige er im Dienst des Priesters, daß er selbst in ihrer Mitte sei und im Sakrament der Buße schenke er durch priesterliche Lossprechung Verzeihung und Frieden. Auch in menschlicher Schwachheit wirke Gott. Seine Wirksamkeit hänge nicht an der glänzenden Rede des Predigers. Er lasse sich auch in der Dürftigkeit menschlicher Rede vernehmen. Im priesterlichen Dienst und im Leben jedes Christen komme es darauf an, daß Gott zum Zuge kommt.

In einem persönlichen Wort am Ende des Gottesdienstes sagte Kardinal Ratzinger, sein Dank richte sich zuerst an Gott, der Menschenangesicht habe, der immer wieder Verzeihung gewähre und den Menschen in den Stand setze, selbst zu verzeihen. In seinem 50jährigen Dienst als Priester der katholischen Kirche habe er viel Freude aber auch Mühsal erfahren. In der Rückschau sehe er aber die Mühsal vor allem als Zeichen der Gnade Gottes. Ratzinger dankte auch für viele Begegnungen mit Menschen, einfachen, mit einem gütigen Glauben, aber auch großen, die im Herzen demütig geblieben seien. Gott komme zu Menschen immer nur durch Menschen. Ratzinger endete mit einer Bitte an die Jugend, ihr Herz für Gott zu öffnen und sich in seinen Dienst zu stellen.

8. Juli 2001   ok Nr. 8 vom 13. August 2001

Schlußwort von Kardinal Joseph Ratzinger beim feierlichen Pontifikalamt anläßlich seines goldenen Priesterjubiläums am 8. Juli 2001 im Münchner Liebfrauendom

Liebe Schwestern und Brüder

In der Stunde der Freude und des Dankes drängen sich mir die Worte auf, die uns Maria, die Mutter des Herrn, in der Stunde ihrer großen Freude geschenkt hat, die zum Lobgebet der Kirche geworden sind: Meine Seele preist den Herrn! (vgl. Lk 1,46)

Der erste Dank gilt Gott dafür, dass er uns kennt, dass er uns liebt und dass wir ihn kennen dürfen. Dass ich ihn kennen lernen durfte. Dass wir den Gott kennen, der Menschenangesicht hat, der uns so sehr mag, dass er für uns gelitten hat. Den Gott, der immer wieder Verzeihung ist, uns immer wieder neu annimmt und uns selbst die Fähigkeit des Verzeihens schenkt. Den Gott, der diese 50 Jahre hindurch mich und die Weggefährten in all unseren Unzulänglichkeiten geleitet und geführt hat, dass wir das tun durften, was wir selber nicht tun konnten. Dank dem Herrn für die Stunden der Freude, in denen etwas vom Leuchten seines Angesichtes sichtbar wurde. Dank auch für die Zeiten der Mühsal. Denn in der Rückschau erkenne ich, wie gerade dies Zeiten der Gnade waren, in denen er das Leben recht geführt und zu seinem Ziel geleitet hat.

Gott kommt zu uns Menschen nur durch Menschen. Und deswegen ist die Stunde des Dankes an Gott eine Stunde des Dankes an die vielen Menschen, durch die hindurch sein Angesicht mir, uns, sichtbar geworden ist. Dies ist nicht die Stunde, Namen zu nennen. Dank einfach für die vielen, in denen ich Gott begegnen durfte: die einfachen, die demütigen Menschen, in deren reinem und gütigem Glauben, in deren Herzlichkeit und Redlichkeit ich Gottes Angesicht sah. Ich brauche keine Gottesbeweise, weil er in so vielen Menschen mir lebendig begegnet ist. Dank aber auch für die Großen dieser Welt, die mir begegnet sind, in denen diese Demut geblieben ist, so dass sie doch zu den Kleinen gehören, von denen heute der Herr im Evangelium sagt, dass er ihnen das Geheimnis des Reiches zeigt. (vgl. Lk 10 1-20)

Im Evangelium von heute erschüttert mich immer wieder, dass Gott uns nicht nur braucht, dass er auch mich in meiner Armseligkeit brauchen konnte und wollte, sondern dass er uns geradezu darum bettelt, dass wir uns von ihm brauchen lassen: Bittet den Herrn der Ernte, dass er Arbeiter sende. (vgl. Lk 10,2) So ist diese Stunde des Dankes, wie es schon Kardinal Friedrich gesagt hat, eine Stunde großer Bitte. Dass der Herr die Flamme der Freude des Glaubens, die Flamme seiner Begeisterung und des Dienstes, die er uns in der Stunde des Aufbruchs nach dem Krieg geschenkt hat, auch heute in die Herzen von jungen Menschen wirft. Dass sie wieder erkennen, dass er groß ist, dass er gut ist, dass es gut ist, mit ihm zu gehen und ihm zu dienen.

Wenn ich heute auf die Primiztage vor 50 Jahren zurückschaue, muss ich sagen: Was mich besonders bewegte, war, dass wir segnen durften, dass wir im Segen zu den Menschen bringen durften, was wir selbst nicht geben konnten, Gesegnete, Segnende wurden. So endet dieses Fest des Glaubens, diese heilige Eucharistie, für die ich ihnen allen von Herzen danke, mit dem Segen, der eine Bitte ist. Dass der Herr uns immer wieder neu erfahren lässt: Ja, es ist war. Ich bin bei euch alle Tage, bis zum Ende der Welt. (Mt 28,20)

Tagen in Wien' [...] in Bayern eine lebendige katholische Gläubigkeit begegnet."[7] So werde auch „Johannes Paul II. [...] in Bayern eine lebendige Kirche antreffen, die aber von dem Mann, der die Weltkirche verkörpere, auch Stärkung und Ermutigung in Problemen und Krisen, von denen die Kirche nicht ausgenommen sei, erhoffe. Anregungen und Impulse würden für die lebendige Überlieferung ebenso erwartet wie für die Nöte und Fragen der Menschen."[8] Gleichzeitig erinnerte Ratzinger daran, dass vor genau 20 Jahren, im Sommer 1960, die Münchener Theresienwiese schon einmal im Mittelpunkt der Weltöffentlichkeit stand, nämlich während des XX. Eucharistischen Weltkongresses, des ersten internationalen Großereignisses in der Bundesrepublik nach Ende des Zweiten Weltkriegs. Alle zentralen Gottesdienste des Weltkongresses wurden auf der Theresienwiese gefeiert und hätten, so der Münchener Oberhirte, „wichtige Auswirkungen auf das geistliche Leben gehabt."[9]

In ähnlicher Weise formulierten die Katholiken in Bayern ihre Wünsche und Hoffnungen für den Papstbesuch, die in einer ausführlichen Pressemitteilung vom 6. August 1980 veröffentlicht wurden. Ein Nachsatz jedoch machte darauf aufmerksam, „daß es sich bei den einzelnen Statements dieser Meldung nicht um offizielle Stellungnahmen des Ordinariates handelt."[10] So erfuhr man aus jener Pressemitteilung, dass „nach allgemeiner Auffassung [...] vom Besuch des Papstes besonders geistliche Akzente und Impulse für das Leben der Christen in Kirche und Gesellschaft erwartet"[11] wurden. Der Vorsitzende des Bayerischen Klerusverbandes, Prälat Konrad Miller, etwa erhoffte für die „Priester ‚eine Bestärkung in der offenen und frohen Art der Verkündigung' [...], die der Papst vermittelt und die bei den Menschen so gut ankomme. Man könne von ihm lernen, wie man den Menschen die Hilfe geben kann, nach der sie verlangen und auf die sie warten: ‚Wir spüren, daß er den Menschen helfen will. Auf diese Linie müssen wir kommen. So muß Seelsorge ausgerichtet sein.'"[12] Der Vizepräsident des Zentralkomitees der deutschen Katholiken und Vorstandsmitglied des Diözesanrats der Katholiken der Erzdiözese München und Freising, Dr. Walter Bayerlein, freute sich auf „möglichst viele Begegnungen, ‚und zwar mit einfachen Leuten, nicht nur mit der Hautevolee.'"[13] Daneben „sei zu hoffen, daß der Papst selbst etwas von den

---

[7] Herzliches Willkommen für Johannes Paul II. in Bayern – Kardinal Ratzinger sieht eine Ermutigung für den Glauben, in: ok Nr. 31 vom 6. August 1980, 2; vgl. dazu auch Papstbesuch in Bayern vor 200 Jahren – „Feingebildet, liebenswürdig und tieffromm" – Papst Pius VI. war 1782 mehrere Tage in München, in: Ebd. 6-8.

[8] Herzliches Willkommen für Johannes Paul II. in Bayern – Kardinal Ratzinger sieht eine Ermutigung für den Glauben, in: Ebd. 2.

[9] Ebd.

[10] Neuer spürbarer geistlicher Aufbruch – Horizonterweiterung auf Weltkirche hin – Katholiken äußern differenzierte Erwartungen an den Papst, in: Ebd. 3-5, hier 5.

[11] Ebd. 3.

[12] Ebd.

[13] Ebd.

Problemen und der Situation der Kirche in Bayern, etwas von der ‚typisch bayerischen Frömmigkeit' erfahre und daß ‚nicht alles in Feiertagsstimmung untergeht.'"[14] Des weiteren äußerte der Vorsitzende des Landeskomitees der Katholiken in Bayern, Ludwig Lillig, seine Zuversicht auf „neue spirituelle Impulse"[15] aufgrund einer „Besinnung auf die ‚unverzichtbare Dimension und Kraft des Glaubens.'"[16] Als Sprecherin der klösterlichen Frauengemeinschaften in der Erzdiözese ging die Priorin des Karmelitinnenklosters Heilig Blut in Dachau davon aus, dass Papst Johannes Paul II. „aus seinem Einblick in die Gesamtkirche in der ganzen Welt und die Vielfalt der verschiedenen Orden Impulse geben kann, in welcher Weise die Christen ihren Beitrag in der gegenwärtigen Welt leisten könnten"[17] und erhoffte sich eine „Horizonterweiterung auf die Weltkirche hin."[18]

Demgegenüber betonte der Sprecher des Pastoralrates des Erzbistums, Dr. Werner Buchner, die Notwendigkeit, neben der „frohe[n] und offene[n] Gläubigkeit Bayerns"[19] auch die „Probleme vor Augen zu führen, die aus dem Zusammenwirken eines städtischen Ballungsraumes von weltweitem Zuschnitt mit einer ländlich gewachsenen Gläubigkeit entstünden und die ‚besonders hohe Anforderungen an die Integrationskraft des Glaubens stellen'. Für diese Integrationskraft der Kirche erwarte das katholische Bayern besondere Impulse vom Papst als einem ‚Bewahrer des gewachsenen Glaubens, der so gut in die bayerische Mentalität paßt'. Er werde die katholischen Christen sicher nachhaltig in ihrer frohen und offenen Gläubigkeit bestärken."[20] In diesem Sinne wünschte der Sprecher des Priesterrates der Erzdiözese, Pfarrer Erwin Wild, „daß dem Papst ‚nicht nur zugejubelt wird', sondern daß das, was er inhaltlich sagt, ‚von den Christen dann auch tatsächlich umgesetzt wird'. Zwischen den Ovationen, die man dem Heiligen Vater entgegenbringe und dem, was er sage, müsse es Übereinstimmung geben."[21] So erwartete er, „daß durch den Papstbesuch ‚in unserem Glaubensleben etwas passieren wird – wir können hinterher nicht einfach zur Tagesordnung übergehen.'"[22]

Ein Hauptanliegen des Diözesanvorsitzenden des Bundes der Deutschen Katholischen Jugend (BDKJ), Wolfgang Knäusl, war es, dass Papst Johannes Paul II. die jungen Menschen in „ihre[r] Bereitschaft zu weltweitem Engagement für Frieden, Gerechtigkeit und Freiheit ermuntere. Sehr viele Jugendliche setzen sich ernsthaft mit den Problemen der Dritten Welt, mit dem Mißverhältnis zwischen

[14] Ebd.
[15] Ebd.
[16] Ebd.
[17] Ebd. 4.
[18] Ebd.
[19] Ebd.
[20] Ebd.
[21] Ebd.
[22] Ebd.

armen und reichen Völkern auseinander und sähen in Johannes Paul II. einen Mann, der diese Probleme kennt, anspricht und auf der Grundlage des christlichen Glaubens lösen will."[23]

Der Vorsitzende des Diözesanrates der Katholiken im Erzbistum, Ermin Brießmann, erwartete von „Papst Johannes Paul II., daß er die Kraft der Liebe, die Bedeutung der Ehe und Familie auch über den katholischen Bereich hinaus wieder ins Bewußtsein bringt. Aus vielen Äußerungen des Papstes sei bekannt, daß er um der Zukunft und Chancen gerade junger Menschen willen besonders die Familie fördere."[24] Professor Dr. Hans Wagner, der Vorsitzende des Katholikenrates der Region München, charakterisierte den Papst „als einen Mann, der in einer Zeit versteckter und offener Menschenverachtung mutig, offen und ohne falsche Kompromisse seine Stimme für die Menschenrechte immer wieder erhoben hat [...]. Die Klarheit und Eindeutigkeit, mit der sich Johannes Paul II. für den Schutz gerade auch des ungeborenen Lebens eingesetzt habe, gebe zu der Hoffnung Anlaß, daß sein Besuch weit über die Grenzen der katholischen Kirche hinaus Impulse für ein Nachdenken über den Sinn des Lebens auslösen könne. Dieser Papst habe die Gabe, nicht nur Katholiken anzusprechen. In der Stadt, die vor 20 Jahren den Eucharistischen Weltkongreß unter dem Motto ‚Für das Leben der Welt‘ beherbergt habe, sei Johannes Paul II. als ‚Sprecher des Menschen und des Lebens‘ herzlich willkommen."[25]

In diesem Sinne betonte wenig später Professor Wagner bei der traditionellen Stadtwallfahrt der Münchener Pfarreien nach Maria Eich im Münchener Vorort Planegg,[26] „es genüge nicht, den Papstbesuch nur organisatorisch einzuleiten. Die katholischen Christen, die sich der besonderen Auszeichnung dieses Besuches bewußt seien, wünschten die Reise des Heiligen Vaters in den Familien und Pfarrgemeinden im Gebet und in der Festigung des Glaubens vorzubereiten."[27]

Den Abschluss der ersten Ausgabe der „Ordinariats-Korrespondenz *ok*" Nr. 31 vom 6. August 1980, die sich ausschließlich dem bevorstehenden Papstbesuch widmete, bildeten Gedanken des erzbischöflichen Öffentlichkeits- und Pressereferenten, Prälat DDr. Curt M. Genewein (1921-1991),[28] promovierter Mediziner und Theologe. In der „Ordinariats-Korrespondenz *ok*" gab es von Beginn an eine

---

[23] Ebd.

[24] Ebd. 5.

[25] Ebd.

[26] Vgl. dazu Bernhard M. Hoppe, „Maria Eich", in: Peter Pfister / Hans Ramisch (Hg.), Marienwallfahrten im Erzbistum München und Freising, Regensburg ²1989, 99-107.

[27] Vorbereitung auf den Papstbesuch – Münchens Katholiken wollen die Familie stärken, in: ok Nr. 32 vom 18. September 1980, 6.

[28] Zu Curt M. Genewein vgl. den Beitrag von Winfried Röhmel vom 1. März 1991: Als Arzt und Theologe den Menschen nahe. Zum Tode von Prälat Curt M. Genewein, in: ok Nr. 9 vom 7. März 1991, 5f.

Rubrik *unsere meinung*, die regelmäßig dann zu finden war, wenn es geboten schien, wichtige Ereignisse zu kommentieren oder einzelne Positionen zu verdeutlichen. So kam Prälat Genewein noch einmal auf den Anlass der Papstreise zu sprechen, um sich dann bald der Frage zuzuwenden, „was denn der Papst den Deutschen zu sagen haben werde, das er anderswo nicht schon gesagt hat. Steht also [...] ein großer Massenauflauf ins Haus, eine Show, ein Spektakel?"[29] Die Antwort des Pressereferenten war eindeutig, auch in dem Verweis auf die an gleicher Stelle veröffentlichten Positionen der Katholiken in Bayern: Genewein betonte, Begegnungen der Gläubigen mit dem Papst seien das Kernstück aller bisherigen Pastoralreisen des Papstes gewesen, und dies werde aller Voraussicht nach auch eines der wichtigsten Ergebnisse des ersten Deutschlandbesuches Johannes Pauls II. sein.[30]

Außerordentliche Ereignisse in Kirche und Welt unmittelbar vor dem Papstbesuch

Außerordentliche Ereignisse im Leben der katholischen Kirche prägten die Wochen unmittelbar vor dem Papstbesuch ebenso wie Gewalt und Terror. Im September des Jahres 1980 konnte erstmals seit dem Ende des Zweiten Weltkriegs eine offizielle Delegation der Deutschen Bischofskonferenz in das Nachbarland Polen reisen, in die Heimat Karol Wojtylas. Der Münchener Oberhirte gehörte dieser Delegation an. Am 13. September 1980 hielt er eine vielbeachtete Predigt über den „Christlichen Glauben in Europa" in der Krakauer Marienkirche, die, so der Kardinal, „uns allen, der ganzen Christenheit, noch teuerer geworden ist, seitdem ihr Bischof vor zwei Jahren zum Nachfolger Petri und zum obersten Hirten der ganzen Kirche gewählt worden ist."[51] Im Anschluss an den Besuch in Polen nahm der Münchener Erzbischof an der V. Ordentlichen Generalversammlung der Bischöfe teil, die vom 26. September bis zum 25. Oktober 1980 in Rom stattfand und dem Thema „Die christliche Familie" gewidmet war. Kurz nach Beginn der Bischofssynode ereignete sich am 28. September 1980 auf dem Münchener Okto-

---

[29] Curt M. Genewein, Kommentar [o.D.]: In Erwartung des Papstes, in: ok Nr. 31 vom 6. August 1980, *unsere Meinung*, [11f.].

[30] Ebd.

[51] Joseph Kardinal Ratzinger, Wahrer Friede und wahre Kultur: Christlicher Glaube und Europa. Predigt in Krakau am 13. September 1980 aus Anlaß des Besuchs einer Delegation der Deutschen Bischofskonferenz beim polnischen Episkopat, in: Ders., Christlicher Glaube und Europa. 12 Predigten, München o.J., 7-18, hier 7 (zuvor Abdruck der Predigt unter dem Titel „Christlicher Glaube und Europa. Predigt in Krakau am 13. September 1980", in: ok Nr. 32 vom 18. September 1980, *dokumentation*, 1-6).

berfest ein terroristischer Anschlag, dem 13 Menschen zum Opfer fielen. Joseph Ratzinger ebenso wie der Papst kondolierten in Beileidstelegrammen aus Rom.[52]

Die pastorale Situation des Erzbistums am Vorabend des Papstbesuchs

Der Vorstellung des offiziellen Programms für den Papstbesuch in Deutschland[53] folgte die Fokussierung auf die seelsorglich-geistliche Situation des Erzbistums München und Freising. So präsentierte der Leiter der Pastoralen Planungsstelle des Erzbischöflichen Ordinariat, Dr. Hans-Georg Mähner, „Das Erzbistum auf einen Blick".[54] Demgegenüber setzte sich Generalvikar Dr. Gerhard Gruber differenziert mit der Seelsorge im Erzbistum München und Freising auseinander und gab „Eine Bestandsaufnahme am Vorabend des Papstbesuches".[55] Hieran schloss sich in der nächsten Ausgabe der „Ordinariats-Korrespondenz ok" eine intensive Betrachtung des Priesterreferenten der Erzdiözese, Prälat Dr. Friedrich Fahr, zur gegenwärtigen Situation der Priester im Erzbistum an.[56] In unmittelbarem Zusammenhang damit findet sich eine detailreiche Schilderung des geistlichen Lebens und Wirkens der Ordensgemeinschaften im Erzbistum.[57] Auch der Abdruck des „Hirten-

---

[52] Abdruck der Telegramme in ok Nr. 34 vom 3. Oktober 1980, 2f.: Erklärung des Erzbischofs von München und Freising zum Bombenattentat in München; Telegramm des Heiligen Vaters, Papst Johannes Paul II. an Kardinal Ratzinger; Kardinal Ratzingers Beileidstelegramme an den bayerischen Ministerpräsidenten und den Münchener Oberbürgermeister; vgl. dazu Predigt des Erzbischofs von München und Freising, Joseph Kardinal Ratzinger, beim Pontifikalrequiem für die Opfer des Bombenanschlags auf der Theresienwiese im Münchener Liebfrauendom am 2. Oktober 1980, in: ok Nr. 35 vom 10. Oktober 1980, *dokumentation*, 1-4, und Ansprache des Bischofs der Seelsorgsregion München, Ernst Tewes, bei der Trauerfeier für die Opfer des Bombenanschlags auf der Theresienwiese im Alten Rathaussaal am 30. September 1980, in: ok Nr. 34 vom 3. Oktober 1980, 10f. Kardinal Friedrich Wetter erinnerte am 25. Jahrestag in einem Gedenkgottesdienst an das blutige Attentat; vgl. dazu die Pressemitteilung vom 22. September 2005, die zu einem Gedenkgottesdienst in die Münchener St. Paulskirche einlud: Gottesdienst für Opfer des Wiesn-Attentates vor 25 Jahren – Mahnende Worte des damaligen Erzbischofs und jetzigen Papstes, in: ok Nr. 7 vom 21. Oktober 2005, 39.
[53] Vgl. Offizielles Programm für den Papstbesuch in Deutschland im November 1980 (von Samstag, 15. Nov. 1980 bis Mittwoch, 19. Nov. 1980), in: ok Nr. 36 vom 16. Oktober 1980, 1f.
[54] Hans-Georg Mähner, Das Erzbistum auf einen Blick (Statement bei einer Pressekonferenz vom 15. Oktober 1980), in: Ebd. 6-8.
[55] Gerhard Gruber, Zur Situation der Seelsorge im Erzbistum München und Freising. Eine Bestandsaufnahme am Vorabend des Papstbesuches (Statement bei einer Pressekonferenz vom 15. Oktober 1980), in: Ebd. 3-5.
[56] Friedrich Fahr, „Das Zeugnis des Lebens geben". Zur Situation der Priester in der Erzdiözese München und Freising (Statement bei einer Pressekonferenz vom 21. Oktober 1980), in: ok Nr. 37 vom 23. Oktober 1980, 2-4.
[57] Sr. Gemma Hinricher OCD, Leben für Gott und für die Menschen. Ein Beitrag zur Situation der Ordensberufe (Statement bei einer Pressekonferenz vom 21. Oktober 1980), in: Ebd. 5-7.

wort[s] der deutschen Bischöfe zum Besuch des Heiligen Vaters in Deutschland"[38] ist in diesem Kontext zu sehen. Die Pressemitteilung des Erzbischöflichen Ordinariats München vom 15. Oktober 1980 machte dieses „programmatische Hirtenwort"[39] der Öffentlichkeit bekannt als „Appell zum Beten, Fasten und materiellen Opfer[n]" und als Aufruf, „mit dem Nachfolger Petri die Einheit im Glauben [zu] erleben."[40] Sinn und Ziel des Papstbesuches nämlich sei die „Einladung zum gemeinsamen Gebet und die Stärkung des Glaubens an Jesus Christus."[41] Denn der Papst „komme [...] als Zeuge dieses Glaubens, ‚und als solchen erwarten wir ihn'. Es sei für alle eine Ermutigung, in der Begegnung mit dem Träger des einheitsstiftenden Petrusamtes die Einheit im Glauben erleben zu können."[42] Dennoch gelte es zu bedenken, dass der Papst ein Land besuche, dessen Kirche „zwar durchorganisiert"[43] und „materiell gesichert sei",[44] es hier aber in der Tat zahlreiche „Fragen gebe, die ernsthaft gestellt werden müßten."[45]

Zur Organisation des Papstbesuchs

Neben der pastoralen Vorbereitung erforderte der Papstbesuch zwangsläufig viel organisatorische Planungsarbeit.[46] Schon bald nach der offiziellen Bestätigung des Besuchs von Papst Johannes Paul II. in Deutschland und im Erzbistum war es möglich, Platzkarten für den Gottesdienst auf der Theresienwiese zu bestellen, die ab Anfang November verteilt wurden. Bis zum 18. November und damit bis unmittelbar vor dem Papstbesuch konnten die Karten, die zur Einnahme eines Stehplatzes berechtigten, an der Pforte des Erzbischöflichen Ordinariats in der Mün-

[38] Hirtenwort der deutschen Bischöfe zum Besuch des Heiligen Vaters in Deutschland (25. September 1980), in: ok 36 vom 16. Oktober 1980, *dokumentation*, 1-5; Abdruck auch in: Amtsblatt für das Erzbistum München und Freising Nr. 17 vom 27. November 1980, 302-307.

[39] Vgl. Pressemitteilung vom 15. Oktober 1980: Programmatisches Hirtenwort zum Papstbesuch: Appell zum Beten, Fasten und materiellen Opfer – Mit dem Nachfolger Petri die Einheit der Christen erleben, in: ok Nr. 36 vom 16. Oktober 1980, 1f., hier 2.

[40] Ebd.

[41] Ebd. 1.

[42] Ebd.

[43] Ebd. 1f.

[44] Ebd.

[45] Ebd.

[46] Vgl. dazu etwa die Pressemitteilungen vom 12. September 1980: Anmeldungen für Karten zum Papstgottesdienst beginnen: Alle Pfarrgemeinden nehmen Bestellungen für Karten entgegen, in: ok Nr. 32 vom 18. September 1980, 2; vom 24. September 1980: Kartenbestellungen für Papstgottesdienst verlängert – Anmeldeschluß wegen großer Nachfrage jetzt am 26. Oktober, in: ok Nr. 33 vom 25. September 1980, 4, oder vom 13. November 1980: Hinweise für den Besuch des Gottesdienstes mit Papst Johannes Paul II. am 19. November 1980 auf der Münchener Theresienwiese, in: ok Nr. 39 vom 13. November 1980 4f.

Persönliche Einladung des Münchener Erzbischofs zur aktiven Teilnahme an der Feier des Papstgottesdienstes

Noch während seines Aufenthalts in Rom als Mitglied der Bischofssynode lud Kardinal Joseph Ratzinger in einem Brief die Priester ebenso wie alle Mitarbeiter in der Seelsorge, die Gläubigen und besonders die Jugend seines Erzbistums ein, „in großer Zahl zum Papstgottesdienst am 19. November nach München zu kommen, um ‚dem Heiligen Vater einen herzlichen Empfang zu bereiten.‘"[63] Derartige Begegnungen wiederum würden dem Papst nur durch seine Reisen hin zu den Menschen ermöglicht und zwar „auf eine Art [...], die durch Schreibtischarbeit nicht zu ersetzen sei. Wenn der Papst seine Fahrten als Pilgerreise bezeichne, so sei das keine Phrase: ‚Sie sind Pilgerschaft zur Begegnung in Glaube und Gebet, sie sind Zusammentreffen des Hirten mit der realen Kirche und bestimmen so auch die Weise der Leitung der Gesamtkirche‘. [...] Es dürfe nicht bei einer oberflächlichen Sensation oder bei einem bloßen Massenauflauf bleiben."[64] Gleichzeitig wandte sich der Münchener Oberhirte ausdrücklich an die Kritiker des Papstbesuches in Deutschland. Hier nämlich zeigte sich wie schon bei den vorangegangenen Auslandsreisen, dass „die kirchlich Engagierten vielfach eher skeptisch, ja ablehnend gegenüber dem Besuch des Papstes eingestellt gewesen"[65] seien, es sich aber stets herausgestellt habe, dass die Papstreisen die katholische Kirche in das Zentrum des öffentlichen Bewusstseins gerückt haben.[66]

Schließlich sprach Kardinal Ratzinger auch über den Ort des Papstgottesdienstes, die Münchener Theresienwiese, vor wenigen Wochen Schauplatz eines grausamen Attentats: „Dem Gottesdienst auf der Theresienwiese werde dadurch ein unerwartet ernster Hintergrund gegeben: ‚Aber der Tragödie einer Welt der Gewalttätigkeit und der Verachtung des Menschen können wir letztlich gar nicht anders begegnen als mit dem Mut des Glaubens, mit der betenden Zuwendung zu dem Gott, der uns bis zum Tod am Kreuz geliebt hat‘. Der Gottesdienst mit Papst Johannes Paul II. auf diesem Platz sei daher als ‚Manifestation der Hoffnung und der Liebe‘ nur noch wichtiger geworden."[67] In diesem Sinne wandte sich der Münchener Oberhirte eine Woche vor dem Papstbesuch mit einem eindringlichen Aufruf an die Gläubigen zur aktiven Teilnahme an den Feierlichkeiten. Er rief dazu auf, auch persönliche Opfer nicht zu scheuen, denn das unmittelbare Erleben eines Messfeier mit dem Heiligen Vater könne niemals durch Rundfunk- oder Fernsehübertragungen adäquat ersetzt werden.[68]

---

[63] Vgl. Ratzinger: Bereitet dem Papst einen herzlichen Empfang – Kardinal lädt zum Gottesdienst auf der Theresienwiese ein, in: ok Nr. 35 vom 10. Oktober 1980, 2f., hier 2.

[64] Ebd.

[65] Ebd.

[66] Ebd.

[67] Ebd.

[68] Aufruf des Erzbischofs von München und Freising, Joseph Kardinal Ratzinger, zum Papstbesuch

Vertreter der katholischen Jugend des Erzbistums brachten in der Nacht zum 19. November 1980 in einer Wallfahrt die Reliquien des heiligen Korbinian, des Bistumspatrons, von Freising nach München.[69] Diesen Beitrag der katholischen Jugend für den Papstbesuch lobte Kardinal Ratzinger ausdrücklich.[70]

In derselben Ausgabe der „Ordinariats-Korrespondenz *ok*" fanden neben allgemeinen Hinweisen für den Besuch des Papstgottesdienstes[71] auch Anmerkungen zur Marienverehrung des Papstes ihren Platz. Diese sehr persönlichen Gedanken formulierte der Jesuitenpater Oskar Simmel SJ (1913-1986).[72] Er erinnerte sich daran, dass Papst Johannes Paul II. im Juni des vorangegangenen Jahres den bekannten polnischen Marienwallfahrtsort Tschenstochau besucht hatte.[73]

Am Tag vor dem großen Papstgottesdienst in München erschien ein Sonderpressedienst der „Ordinariats-Korrespondenz *ok*". Damit wurden den Journalisten Informationen über das Erzbistum leicht zugänglich angeboten. Drei Beiträge bildeten jene Sonderausgabe der „Ordinariats-Korrespondenz *ok*", nämlich „Der heilige Korbinian", „Vom Hochstift zum Erzbistum. Aus der Geschichte des Erzbistums" und „Das Erzbistum auf einen Blick".[74] Auf diese Weise gelang auf prägnante Weise ein Abbild der Erzdiözese München und Freising in der Geschichte ebenso wie in der Gegenwart.[75] Noch nahezu ein Vierteljahrhundert später ist die eindrucksvolle Atmosphäre des Papstgottesdienstes greifbar, wenn in der „Ordinariats-Korrespondenz *ok*" aus Anlass des Todes von Papst Johannes Paul II. am

---

in München am 19. November 1980, in: ok Nr. 39 vom 13. November 1980, 1-3.

[69] Über den heiligen Korbinian vgl. Peter Pfister (Hg.), Ein Segen für das Land. Der heilige Korbinian, Bischof in Freising, München 1999, und ders., Heiliger Korbinian. Bischof in Freising, Glaubensbote, Hauptpatron der Erzdiözese München und Freising, in: Ders. (Hg.), Ihr Freunde Gottes allzugleich. Heilige und Selige im Erzbistum München und Freising. Erzbischof Friedrich Kardinal Wetter zum 75. Geburtstag, München 2003, 184-187.

[70] Aufruf des Erzbischofs von München und Freising, Joseph Kardinal Ratzinger, zum Papstbesuch in München am 19. November 1980, in: ok Nr. 39 vom 13. November 1980, 1-3, hier 2f.

[71] Vgl. Gerhard Gruber, Hinweise für den Besuch des Gottesdienstes mit Papst Johannes Paul II. am 19. November 1980 auf der Münchener Theresienwiese, in: Ebd. [4f.].

[72] Zu Oskar Simmel SJ vgl. Winfried Röhmel, Ein Intellektueller mit Herz. Zum Tode des Publizisten und Jesuiten Oskar Simmel, in: KNA Nr. 82 vom 21. November 1986 („Das Portrait"), und die Pressemitteilung des erzbischöflichen Ordinariats München vom 20. November 1986: Ein Leben für die kirchliche Publizistik – Oskar Simmel SJ am 19. November gestorben, in: ok Nr. 41 vom 20. November 1986, 5.

[73] Oskar Simmel SJ, Die Mutter Christi. Zur Marienverehrung des Papstes Johannes Paul II., in: ok Nr. 9 vom 13. November 1980, 6-8.

[74] Dieser Beitrag von Dr. Hans-Georg Mähner wurde bereits in der ok Nr. 36 vom 16. Oktober 1980, 6-8, abgedruckt.

[75] Sonderpressedienst Nr. 40 vom 18. November 1980: Zum Besuch des Papstes Johannes Paul II. in München am 19. November 1980.

2. April 2005 an seinen ersten Deutschlandbesuch erinnert wurde, während dem er mit mehr als einer halben Million Menschen die Eucharistie auf der Münchener Theresienwiese feierte.[76]

Überdies blickte Kardinal Friedrich Wetter, 1982 als Nachfolger von Kardinal Joseph Ratzinger auf den Stuhl des Münchener Erzbischofs berufen, im Laufe des Jahres 2005 immer wieder auf Papst Johannes Paul II. zurück. So traf das Korbiniansfest am 19. November 2005 auf den 25. Jahrestag des ersten Besuchs des Papstes aus Polen in der bayerischen Landeshauptstadt.[77] In seiner Silvesterpredigt 2005 sprach der Münchener Erzbischof von vielen Sternstunden des zu Ende gehenden Jahres und erinnerte dabei gleich zu Beginn an Leben, Wirken, Werk und Sterben von Papst Johannes Paul II.[78]

Außerordentliche Freude und Dankbarkeit im Erzbistum nach dem Papstbesuch

Bereits zwei Tage nach dem Gottesdienst, den Papst Johannes Paul II. auf der Münchener Theresienwiese am 19. November 1980 feierte, zog die Diözesankommission zur Vorbereitung des Papstbesuches eine erste Bilanz. Auf diesem Weg formulierte Kardinal Ratzinger seinen Dank gegenüber „allen, die in Kirche, Stadt und Staat, bei Institutionen und Behörden in außerordentlicher Weise zu einem Gelingen des Besuches beigetragen haben. Überall in München sei Johannes Paul II. mit Bewegung und großer Herzlichkeit begrüßt worden. Er selbst habe seinen Besuch in München als besonderes schön empfunden und habe sich in der bayerischen Landeshauptstadt sehr wohl gefühlt."[79] Ratzinger kam dabei auch auf die Ausführungen einer Sprecherin des Bundes der Deutschen Katholischen Jugend (BDKJ) zurück, die dem Papst während des Gottesdienstes vorgetragen worden waren[80] und einen deutlichen Widerhall in den Medien fanden. Dies jedoch

---

[76] Pressemitteilung vom 2. April 2005: Lasst Euch nicht aus der Fassung bringen! – Seid offen für den Ruf Christi an Euch! – Stationen des Papstes 1980 und 1987 in München, in: ok Nr. 4 vom 28. April 2005, 25.

[77] Vgl. Vor 25 Jahren war Johannes Paul II. im Erzbistum – Kardinal Wetter erinnert beim Korbiniansfest an das Jubiläum – Besondere Verbundenheit mit Papst Benedikt XVI., in: ok Nr. 8 vom 29. November 2005, 7; vgl. dazu auch die Predigt des Erzbischofs von München und Freising, Kardinal Friedrich Wetter, zum Korbiniansfest in Freising am 19. November 2005, in: ok Nr. 8 vom 29. November 2005, *dokumentation*, 13-17.

[78] Silvesterpredigt 2005 des Erzbischofs von München und Freising am 31. Dezember 2005 im Liebfrauendom, in: Friedrich Kardinal Wetter, Sternstunden und Herausforderung. Gottes spürbare Nähe, München 2006, 2-29 (Abdruck auch in: ok Nr. 1 vom 13. Januar 2006, 21-31).

[79] Pressemitteilung der Diözesankommission zur Vorbereitung des Papstbesuches über eine erste Bilanz, in: ok Nr. 40 vom 27. November 1980, 6.

[80] Abdruck einer Fassung der Ansprache in: Talente. Aufbruch. Leben. Das Erzbischöfliche

befand die Diözesankommission in der Rückschau als eine „Überbewertung eines eher am Rande stehenden Vorgangs".[81] Überdies gebe man zu bedenken: „Die Tatsache, daß der Papst auf den verschiedenen Stationen seiner Deutschlandreise zu den meisten der von der BDKJ-Sprecherin in München genannten Themen bereits Stellung genommen hat, ist ein Hinweis darauf, daß die Themen nicht neu sind und auch weit über die Jugend und die Kirche der Bundesrepublik hinaus diskutiert werden."[82]

Diese Position des Erzbischöflichen Ordinariats München legte am 1. Dezember 1980 der erzbischöfliche Pressereferent Monsignore DDr. Curt M. Genewein noch einmal in einer Pressemitteilung unmissverständlich dar, denn gerade kritische Reaktionen von jungen Menschen zeigten, „daß breite Kreise der katholischen Bevölkerung über diese Art von Selbstdarstellung der katholischen Jugend traurig oder entrüstet sind."[83]

Am 23. November 1980 erhielt der Münchener Erzbischof ein Dankestelegramm von Papst Johannes Paul II. Dank sagte der Papst für das Zusammenkommen und die Gespräche mit Künstlern und Publizisten, aber auch mit Jugendlichen und alten Menschen.[84] Diese Gedanken griff wenige Tage später Kardinal Joseph Ratzinger in seinem persönlichen Dankesschreiben an den Papst auf, indem er sich für die vielen Glaubensimpulse, die als Frucht seines Deutschlandbesuches vielfach zu spüren seien, bedankte.[85] Danach erläuterte er die beiden Gastgeschenke für Johannes Paul II. in ihrer künstlerischen Bedeutung. Der Kardinal dankte am selben Tag auch den Katholiken seines Erzbistums und allen Gläubigen, die in so unerwartet großer Zahl seiner Aufforderung gefolgt waren und dem Papst begegnet waren.[86] Zum Schluss gab der Münchener Oberhirte seinem Wunsch Ausdruck: „Ich hoffe, daß auf diese Weise der große Reichtum dieser Tage nicht ein schnell vorübergehendes Erleben bleibt, sondern fruchtbar weiterwirken kann über lange Zeit hin als eine Quelle der Besinnung und der Kraft für unseren Weg als Christenmenschen in dieser unserer Welt."[87]

Jugendamt München und Freising seit 1938, hg. vom Erzbischöflichen Jugendamt München und Freising, München 2005, 113f.

[81] Vgl. Pressemitteilung der Diözesankommission zur Vorbereitung des Papstbesuches über eine erste Bilanz, in: ok Nr. 40 vom 27. November 1980, 6.

[82] Ebd.

[83] Mitteilung der Pressestelle des Ordinariates München zur Kritik einer BDKJ-Sprecherin beim Papst-Besuch in München, in: ok Nr. 41 vom 4. Dezember 1980, 8.

[84] Danktelegramm von Papst Johannes Paul II. an den Erzbischof von München und Freising, Joseph Kardinal Ratzinger, in: ok Nr. 40 vom 27. November 1980, 2.

[85] Persönliches Dankschreiben des Erzbischofs von München und Freising, Joseph Kardinal Ratzinger, an Papst Johannes Paul II., in: ok Nr. 40 vom 27. November 1980, 3.

[86] Dank des Erzbischofs von München und Freising, Joseph Kardinal Ratzinger, aus Anlaß des Besuches von Papst Johannes Paul II. am 19. November 1980 in München, in: ok Nr. 40 vom 27. November 1980, 4f.

[87] Ebd. 5.

In diesem Sinne formulierte der Jesuitenpater Oskar Simmel SJ am 4. Dezember 1980 „Antworten, die der Papst in Deutschland gegeben hat" und gab seinem Beitrag den Titel „Leben aus der Verbindung mit Christus."[88] Zugleich nahm er damit Bezug auf einen Kommentar des erzbischöflichen Pressereferenten Curt M. Genewein, der danach gefragt hatte, welcher Sinn einem Besuch des Papstes in Deutschland und im Erzbistum in der gegenwärtigen Zeit überhaupt noch zukommen könnte. Der Jesuit nun notierte Antworten aufgrund der Worte, Besuche und Gesten, die Papst Johannes Paul II. während seiner achten Auslandsreise gemacht hatte. Mit Blick auf die Äußerungen der BDKJ-Sprecherin druckte die Redaktion der „Ordinariats-Korrespondenz *ok*" Simmels Äußerungen nicht ab, ohne explizit darauf hinzuweisen, dass sich der Papst mit den angesprochenen Themen und Fragen schon mehrfach intensiv auf seinen Stationen in Deutschland auseinandergesetzt hatte, bevor er nach München kam.[89] Indem Oskar Simmel seine Reflexionen anhand der Stationen des Papstes notierte, ist der Beitrag des Jesuiten eine thematische Zusammenfassung und zugleich ein Abschluss des Besuchs von Papst Johannes Paul II. in Deutschland und im Erzbistum München und Freising: Wesentliche Wegmarken des Papstes in Deutschland seien die Bedeutung von Ehe und Familie, die Würde des Menschen und der besondere Wert der Priesterberufung gewesen. An den Beginn seines Resümees des Papstbesuchs setzte der Jesuitenpater jedoch die Einheit der Christen, zu der sich der Papst in einmaliger Weise in Deutschland, der Heimat des Reformators Martin Luthers, bekannt habe.[90]

Der Papstbesuch – herausragende Kostbarkeit und „Kraftwerk der Energie"

Für die Erzbischöfe von München und Freising ist die Silvesterpredigt am Jahresende im Münchener Liebfrauendom traditionell Anlass für eine ausführliche Rückschau auf das zu Ende gehende Jahr. Das tat auch Kardinal Joseph Ratzinger in seiner Predigt am Silvesterabend des Jahres 1980. Er erinnerte zunächst an bedeutende Ereignisse in Kirche und Welt wie etwa die Feierlichkeiten zum Heiligen Benedikt, der vor 1500 Jahren gestorben war, oder an den „Beginn der amtlichen Gespräche zwischen orthodoxer und katholischer Kirche über die Wiederherstellung der Kommuniongemeinschaft"[91] und die 450. Wiederkehr des Augs-

[88] Leben aus der Verbindung mit Christus. Antworten, die der Papst in Deutschland gegeben hat. Ein Beitrag von Oskar Simmel SJ, in: ok Nr. 41 vom 4. Dezember 1980, 3-7.
[89] Leben aus der Verbindung mit Christus. Antworten, die der Papst in Deutschland gegeben hat. Ein Beitrag von Oskar Simmel SJ, 4. Dezember 1980, in: ok Nr. 41 vom 4. Dezember 1980, 3-7.
[90] Ebd.
[91] Joseph Kardinal Ratzinger, Laßt das Netz nicht zerreißen. Ein Wort an die Familien. Silves-

burgischen Bekenntnisses.[92] Höhepunkt im Leben der katholischen Kirche Deutschlands jedoch sei der Papstbesuch gewesen, selbst wenn es „immer wieder auch in der Kirche Nebentöne von schlecht gestimmten Pfeifen geben wird, die sich vordrängen und den Klang bestimmen wollen."[93]

Der Papstbesuch war auch Thema des Neujahrsempfangs, den der Diözesanrat der Katholiken alljährlich in der Katholischen Akademie in Bayern, dem Kardinal-Wendel-Haus ausrichtet. Kardinal Ratzinger würdigte in seiner Ansprache nach einer Pressemitteilung vom 16. Januar 1981 die „Leistung der Medien für die Berichterstattung über den Besuch von Papst Johannes Paul II. in der Bundesrepublik."[94] Dieser besondere „Höhepunkt des vergangenen Jahres sei das Ereignis des Papstbesuches gewesen, das nicht zu dem hätte werden können, was es war, wenn es nicht durch die Medien in so beispielhafter Weise vermittelt worden wäre. Es sei erfahrbar geworden, wie lebendig die Kirche sei und man habe spüren können, wie sehr die Menschen auf die Antwort des Glaubens warten. Der Papst hat nach Überzeugung des Kardinals ‚ein Kraftwerk der Energie' hinterlassen, indem seine Worte zu Quellen würden, ‚von denen her wir Christsein verwirklichen können'".[95] Vor diesem Hintergrund regte der Münchener Oberhirte an, „das begonnene Jahr als ‚Jahr des Herrn' zu gestalten."[96]

terpredigt 1980, hg. vom Pressereferat der Erzdiözese München und Freising, München 1981, [4] (Abdruck auch in ok Nr. 1 vom 13. Januar 1981, *dokumentation*, 1-12). Vgl. dazu die Pressemitteilung vom 31. Dezember 1980: Silvesterpredigt des Erzbischofs von München und Freising – Wer die Familie zerstört, gefährdet die Freiheit, in: Ebd. 2f.

[92] Joseph Kardinal Ratzinger, Laßt das Netz nicht zerreißen. Ein Wort an die Familien. Silvesterpredigt 1980, hg. vom Pressereferat der Erzdiözese München und Freising, München 1981, [4] (Abdruck auch in ok Nr. 1 vom 13. Januar 1981, *dokumentation*, 1-12).

[93] Ebd. [4f.].

[94] Ratzinger würdigt Leistungen der Medien zum Papstbesuch – Ministerpräsident Strauß: Unterstützung für Polens Arbeiter, in: ok Nr. 2 vom 21. Januar 1981, 7f., hier 7.

[95] Ebd. 7f.

[96] Ebd. 8.

Das Fotoarchiv im Kardinal-Ratzinger-Archiv des Erzbischöflichen Archivs München

Das Erzbischöfliche Archiv München enthält umfangreiche Fotobestände zu allen Erzbischöfen seit Erzbischof Michael Kardinal von Faulhaber. Die Fotos entstanden z.T. als Auftragsarbeiten des Erzbischöflichen Stuhls, z.T. handelt es sich um Pressefotografien und um Aufnahmen, die den jeweiligen Erzbischöfen von Institutionen und Privatpersonen als Geschenk zugesandt wurden – etwa nach dem Firmbesuch an einem Ort. Aus diesen Beständen sind bislang Teile in Publikationen über Kardinal Faulhaber[1], Joseph Kardinal Wendel[2] und Julius Kardinal Döpfner[3] veröffentlicht worden.

Die Fotodokumentation über die Erzbischofszeit von Joseph Ratzinger umfasst sieben Leitzordner und mehrere Schachteln bzw. Umschläge mit Bildern. Die Ordner wurden von Sr. Eufreda Heidner vom Orden der Barmherzigen Schwestern, Sekretärin des Erzbischofs, angelegt, indem sie aus den eingehenden Bildern eine repräsentative Auswahl traf, die ausgewählten Fotos einzeln auf DIN A 4-Blätter klebte und jeweils mit einer Bildunterschrift versah, die das dargestellte Ereignis mit Datum angibt. Die nicht ausgewählten Fotos befinden sich in den genannten Schachteln und Umschlägen.

Aus dem umfangreichen Gesamtbestand wurde für den nachfolgenden Bildteil eine neue, eigenständige Auswahl von 188 Fotos getroffen, die die wichtigsten Ereignisse aus der Amtszeit Joseph Ratzingers und charakteristische Aspekte der Tätigkeit eines Erzbischofs veranschaulichen will. In die Bildunterschriften sind die Angaben Sr. Eufredas, Informationen aus der Münchener Katholischen Kirchenzeitung, der „Dokumentation Pressestelle" im Archiv des Erzbistums sowie zahlreiche mündliche Auskünfte eingeflossen. Nach Möglichkeit wurde versucht, die vorkommenden Personen mit Namen und Funktion zu identifizieren sowie die dargestellten Ereignisse zu verifizieren. Soweit möglich wurden Fotografen bzw. Bildagenturen ermittelt. Sie sind im Abbildungsnachweis angegeben.

---

[1] Kardinal Michael von Faulhaber. 1869 bis 1952. Eine Ausstellung des Archivs des Erzbistums München und Freising, des Bayerischen Hauptstaatsarchivs und des Stadtarchivs München zum 50. Todestag (= Ausstellungskataloge der Staatlichen Archive Bayerns 44), München 2002.

[2] Georg Schwaiger / Manfred Heim, Kardinal Joseph Wendel (1901-1960). Zum Gedächtnis des Bischofs von Speyer und Erzbischofs von München und Freising, München 1992.

[3] Klaus Wittstadt, Julius Döpfner. Sein Weg zu einem Bischof der Weltkirche in Bilddokumenten, Würzburg 2001.

Professor Ratzinger als Referent zum Thema „Zehn Jahre Vaticanum II" bei der Herausgeberkonferenz der internationalen theologischen Zeitschrift „Communio" in der Katholischen Akademie in Bayern, [September/Oktober] 1975; v.l. Hans Urs von Balthasar, Kultusminister Hans Maier, Rémi Brague (Redaktion Paris), Eugenio Correcco (Redaktion Mailand), James Hitchcock (Redaktion USA), unbekannt.

Joseph Ratzinger kurz nach seiner Ernennung zum Erzbischof von München und Freising im Interview mit der Münchener Katholischen Kirchenzeitung in seinem Haus in Pentling, 26. März 1977; v.r. Karl Wagner, Chefredakteur Hans-Georg Becker.

Gebet am Schrein des hl. Korbinian in der Freisinger Domkrypta mit Kapitularvikar Weihbischof Ernst Tewes, 31. März 1977.

Auf dem Freisinger Domberg mit Kapitularvikar Weihbischof Ernst Tewes und Prälat Michael Höck, 31. März 1977.

Empfang bei der Bayerischen Bischofskonferenz in Freising, 31. März 1977; v.l. Kapitularvikar Weihbischof Ernst Tewes, Prälat Michael Höck, Bischof Josef Stangl von Würzburg; auf dem Foto links von der Tür Erzbischof Julius Kardinal Döpfner.

Begrüßung bei der Bayerischen Bischofskonferenz in Freising durch den amtierenden Vorsitzenden, Bischof Josef Stangl von Würzburg, 31. März 1977; rechts Bischof Rudolf Graber von Regensburg.

Der neu ernannte Erzbischof auf dem Weg von Regensburg nach München; mit Stiftspropst Heinrich Fischer in Landshut, 23. Mai 1977.

Begrüßung in Landshut vor der Pfarr- und Stiftskirche St. Martin mit einem Gedichtvortrag der 11-jährigen Maria Daser, 23. Mai 1977.

Station in Moosburg, 23. Mai 1977.

Erzbischof Joseph Ratzinger mit dem Zweiten Bürgermeister Josef Werny (links) und Pfarrer Maximilian Bengl (rechts) in Moosburg, 23. Mai 1977.

Begrüßung in Moosburg durch Pfarrer Maximilian Bengl, 23. Mai 1977.

Empfang in München-Maria Ramersdorf, 23. Mai 1977.

Begrüßung durch Oberbürgermeister Georg Kronawitter (rechts) in München-Maria Ramersdorf, 23. Mai 1977; v.l. Diözesanrätin Johanna Stützle, Kapitularvikar Weihbischof Ernst Tewes.

Empfang in München-Maria Ramersdorf, 23. Mai 1977; Diözesanratsvorsitzender Ermin Brieß-mann (Mitte) und Kapitularvikar Weihbischof Ernst Tewes.

Ankunft am Erzbischöflichen Palais in der Kardinal-Faulhaber-Straße, 23. Mai 1977.

Ankunft am Erzbischöflichen Palais, 23. Mai 1977; links Sekretär Erwin Obermeier, rechts Fahrer Nikolaus Lackermeier.

Ankunft am Erzbischöflichen Palais, 23. Mai 1977; links Sekretär Erwin Obermeier.

Ansprache des Bayerischen Ministerpräsidenten Alfons Goppel bei der Vereidigung auf die Bayerische Verfassung, 26. Mai 1977; erste Reihe v.l. Kapitularvikar Weihbischof Ernst Tewes und
Kultusminister Hans Maier, hinten rechts Domdekan Heinrich Eisenhofer.

Vereidigung auf die Bayerische Verfassung, 26. Mai 1977.

Vereidigung auf die Bayerische Verfassung, 26. Mai 1977; v.l. der Protokollchef der Bayerischen Staatskanzlei Josef Huber, Kultusminister Hans Maier, Ministerpräsident Alfons Goppel.

Eucharistiefeier am Tag der Bischofsweihe, 28. Mai 1977; links Diakon Bernhard Haßlberger.

Eucharistiefeier am Tag der Bischofsweihe, 28. Mai 1977; am Altar v.l. unbekannt, Weihbischof Franz Schwarzenböck, Weihbischof Ernst Tewes, Bischof Rudolf Graber, Weihbischof Matthias Defregger, Weihbischof Heinrich Graf von Soden-Fraunhofen.

Joseph Ratzingers Schwester Maria (sitzend links) beim Weihegottesdienst, 28. Mai 1977; dahinter Msgr. Curt M. Genewein.

Beim Auszug aus dem Dom nach der Bischofsweihe, 28. Mai 1977; rechts Weihbischof Ernst Tewes.

518

Prozession vom Dom zum Marienplatz, 28. Mai 1977; vorne Weihbischof Matthias Defregger.

Gebet an der Mariensäule nach der Bischofsweihe, 28. Mai 1977.

Empfang der Stadt München für den neuen Erzbischof im Neuen Rathaus, 7. Juni 1977; links Oberbürgermeister Georg Kronawitter.

Fronleichnams-Gottesdienst auf dem Münchener Marienplatz, 9. Juni 1977.

Ankunft der Fronleichnamsprozession am Dom, 9. Juni 1977.

Abschluss der Fronleichnamsprozession auf dem Domplatz, 9. Juni 1977; rechts Sepp Brunner, Geschäftsführer des Katholikenrats der Region München.

Empfang des neuen Erzbischofs auf dem Freisinger Marienplatz durch Stadt und Dekanat Freising,
24. Juni 1977.

Empfang in Freising, 24. Juni 1977; im Hintergrund vor dem erzbischöflichen Wappen (mit Freisinger Mohr, Korbiniansbär und Muschel) v.l. Landrat Ludwig Schrittenloher, Pfarrer Walter Brugger, Oberbürgermeister Adolf Schäfer.

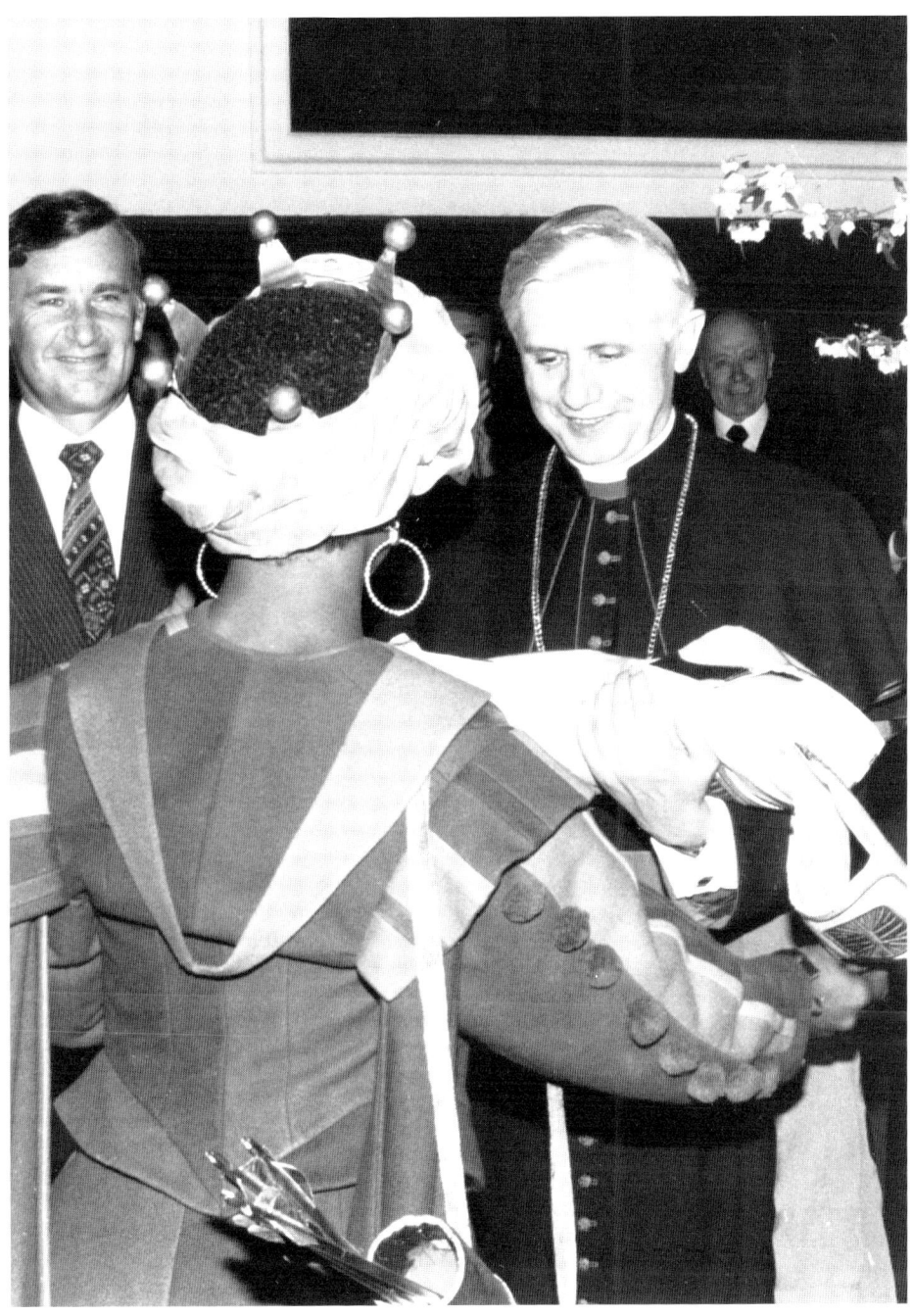

Übergabe eines Messgewandes als Geschenk der Stadt durch den „Freisinger Mohren", 24. Juni 1977; links Landrat Ludwig Schrittenloher.

Priesterweihe im Freisinger Dom, 25. Juni 1977; v.l. Klaus Günter Stahlschmidt, Gottfried Wiesbeck, Bernhard Haßlberger, Richard Datzmann.

Übergabe des Kelchs an die Neupriester, 25. Juni 1977; v.l. Ministrant Anton Landersdorfer, Richard Datzmann, Gottfried Wiesbeck, Klaus Günter Stahlschmidt, Bernhard Haßlberger.

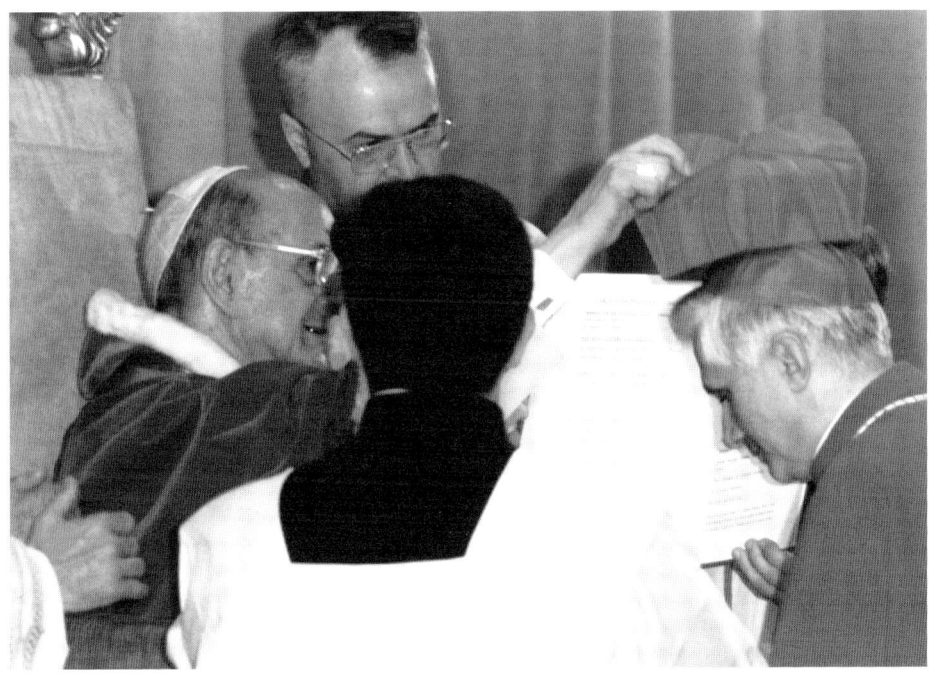

Aufsetzen des roten Biretts bei der Erhebung zum Kardinal durch Papst Paul VI., 27. Juni 1977.

Erhebung zum Kardinal, 27. Juni 1977.

Anstecken des Kardinalsrings, 27. Juni 1977.

Kardinal Ratzinger und Papst Paul VI., 27. Juni 1977; im Hintergrund die neuen Kardinäle Bernardin Gantin (links) und Giovanni Benelli (Mitte).

Rückkehr aus Rom am Flughafen München-Riem, 1. Juli 1977.

Begrüßung am Flughafen München-Riem durch Repräsentanten von Erzbistum, Staat und Stadt, 1. Juli 1977; v.l. Stadtrat Winfried Zehetmeier (erster), Oberbürgermeister Georg Kronawitter (vierter), der Regierungspräsident von Oberbayern Raimund Eberle (fünfter), Senatspräsident Freiherr Hippolyt Poschinger von Frauenau (sechster), rechts neben dem Kardinal stellvertretender Ministerpräsident Justizminister Karl Hillermeier; rechts im Hintergrund Weihbischof Ernst Tewes und Protokollchef Josef Huber.

Auf dem Balkon des Erzbischöflichen Palais, 1. Juli 1977.

Gruß an die jubelnde Menge vom Balkon des Erzbischöflichen Palais, 1. Juli 1977.

Auf dem Balkon des Erzbischöflichen Palais, 1. Juli 1977.

Musikalische Begrüßung im Erzbischöflichen Palais, 1. Juli 1977.

Der Bayerische Ministerpräsident Alfons Goppel und dessen Gattin Gertrud beim Empfang für den neuen Kardinal im Prinz-Carl-Palais, 1. Juli 1977.

Weihe der Pfarrkirche Haar-St. Bonifatius, 25. September 1977.

Weihe der Pfarrkirche Ottobrunn-St. Albertus Magnus, 2. Oktober 1977.

Begegnung mit Jugendlichen vor dem Dom nach dem Gottesdienst der Nationen anlässlich des Tages des ausländischen Mitbürgers, 9. Oktober 1977.

Ad limina-Besuch der Bayerischen Bischofskonferenz bei Papst Paul VI., 13. Oktober 1977; im Hintergrund v.l. Bischof Rudolf Graber von Regensburg, Bischof Alois Brems von Eichstätt, Erzbischof Elmar Maria Kredel von Bamberg.

Inbesitznahme der römischen Titelkirche S. Maria Consolatrice, 15. Oktober 1977; links neben dem Kardinal der Pfarrer von S. Maria Consolatrice Don Ennio Appignanesi, rechts Sekretär Erwin Obermeier und Msgr. Piero Marini vom Amt für die päpstlichen Zeremonien.

Gebet in der Titelkirche S. Maria Consolatrice, 15. Oktober 1977; v.l. kniend Pfarrer Don Ennio Appignanesi, Sekretär Erwin Obermeier, Msgr. Piero Marini.

Inbesitznahme der römischen Titelkirche S. Maria Consolatrice, 15. Oktober 1977; links Msgr. Piero Marini.

Predigt bei Inbesitznahme der Titelkirche S. Maria Consolatrice, 15. Oktober 1977.

Mit deutschen Pilgern vor der römischen Patriarchalbasilika S. Maria Maggiore im Oktober 1977; links vom Kardinal Don Ennio Appignanesi (Pfarrer von S. Maria Consolatrice), rechts vom Kardinal Georg Black (Direktor des Bayerischen Pilgerbüros e.V.).

Vorstellung des Bandes „Eschatologie" aus der zusammen mit Johann Auer herausgegebenen „Kleinen Katholischen Dogmatik" in der Münchener Buchhandlung Herder, 26. Oktober 1977; links Weihbischof Ernst Tewes.

Gottesdienst im Freisinger Dom zur Korbinianswallfahrt der Jugend, 13. November 1977.

An einem Stand im Domhof beim Korbiniansfest der Jugend, 13. November 1977; rechts Prälat Michael Höck.

Informationsbesuch bei Mitarbeitern des Erzbischöflichen Ordinariats, 1. Dezember 1977; ganz links Sepp Brunner, Geschäftsführer des Katholikenrats der Region München, ganz rechts Generalvikar Gerhard Gruber.

Außerordentliche Vollversammlung des Diözesanrats der Katholiken in München, 14. Januar 1978.

Auf der außerordentlichen Vollversammlung des Diözesanrats der Katholiken in München, 14. Januar 1978; links der Vorsitzende Ermin Brießmann, rechts Ordinariatsrat Georg Schneider, bischöflicher Beauftragter für den Diözesanrat der Katholiken.

Mit dem evangelisch-lutherischen Landesbischof von Bayern, Johannes Hanselmann, beim ökumenischen Gottesdienst im Dom im Rahmen der Gebetswoche für die Einheit der Christen, 20. Januar 1978.

Aschermittwoch der Künstler in München-St. Bonifaz, 8. Februar 1978.

Weihe der heiligen Öle im Dom am Mittwoch der Karwoche, 22. März 1978; v.l. die Weihbischöfe Franz Schwarzenböck, Ernst Tewes und Matthias Defregger.

Gespräch mit Repräsentanten des St. Michaelsbundes bzw. der Münchener Katholischen Kirchenzeitung im Erzbischöflichen Palais, 13. April 1978; v.l. Msgr. Bernhard Egger, Alfons Marb, Msgr. Hans Schachtner.

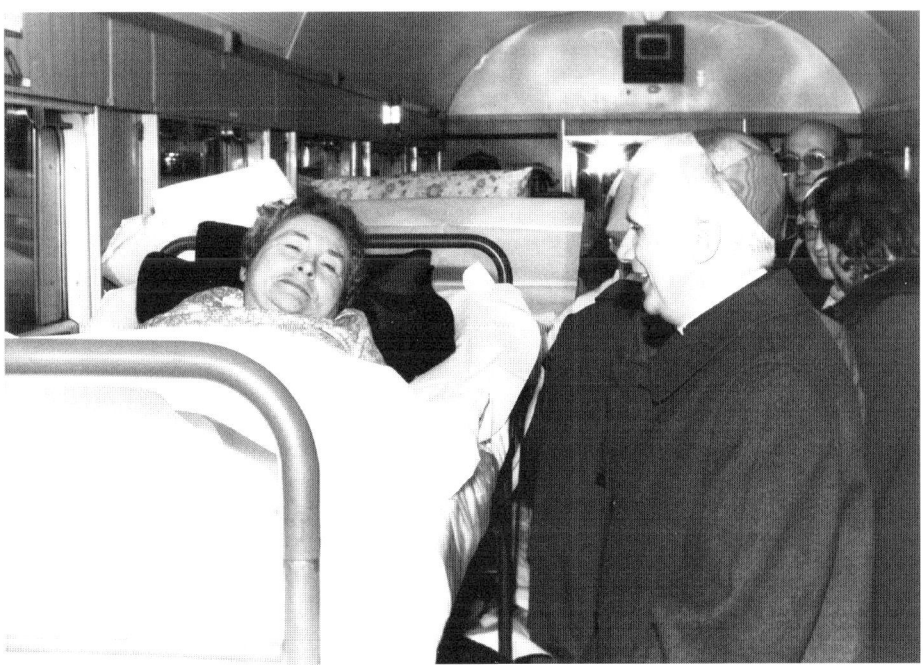

Verabschiedung des „Sonnenzuges" mit Behinderten nach Assisi, 14. April 1978.

Diskussionsrunde des Bayerischen Fernsehens zum Thema „Gibt es den Teufel?", 21. April 1978; v.l.
Diskussionsleiter Ernst Emrich (Hauptabteilungsleiter Erziehung und Gesellschaft beim Bayerischen
Rundfunk), Albert Goerres (Direktor des Instituts für Psychotherapie und medizinische Psychologie
an der TU München), Walter Bayerlein (Vizepräsident des Zentralkomitees der Deutschen Katholiken).

Weihe dreier Krankenfahrzeuge des Malteser-Hilfsdienstes im Hof des Erzbischöflichen Palais,
23. Mai 1978.

Firmung in Bad Tölz-Hl. Familie, 17. Juni 1978; im Hintergrund Sekretär Erwin Obermeier, rechts Pfarrer Josef Westermeier.

Segnung des 2500. Straßenwachtwagens im Brunnenhof der Münchener Residenz anlässlich des 75. Gründungsjubiläums des ADAC, 21. Juni 1978; rechts ADAC-Präsident Franz Stadler.

Festgottesdienst der Ackermann-Gemeinde in München-St. Michael zum Gedenken an die Heiligsprechung von Bischof Johann Nepomuk Neumann, 22. Juni 1978; v.r. Sekretär Erwin Obermeier, Pfarrer Alfred Kolbe, Alexander Heidler (Seelsorger für die Tschechen in der Erzdiözese), Karel Fořt (Delegat der tschechischen Missionare).

Empfang anlässlich des Gedenkens an die Heiligsprechung von Bischof Johann Nepomuk Neumann, 22. Juni 1978; hinten v.l. Pfarrer Adolf Schrenk (Stöckach-Forth), Jaroslav Graf Lobkowitz, vorne links P. Angelus Maria Graf Waldstein-Wartenberg OSB (Prior von Ettal, Geistlicher Beirat der Ackermann-Gemeinde), ganz rechts Franz Olbert (Generalsekretär der Ackermann-Gemeinde).

Empfang deutscher, tschechischer und amerikanischer Gäste anlässlich des Gedenkens an die Heiligsprechung von Bischof Johann Nepomuk Neumann, 22. Juni 1978; v.l. Josef Stingl (Bundesvorsitzender der Ackermann-Gemeinde), Johanna von Herzogenberg (Geschäftsführerin des Adalbert-Stifter-Vereins).

Aussendung von Pastoralassistenten in der Pfarrkirche München-Hl. Familie, 24. Juni 1978; v.l. Georg Jocher und Benedikt Gammel.

Priesterweihe im Freisinger Dom, 1. Juli 1978.

Empfang nach der Priesterweihe in Freising, 1. Juli 1978; v.l. unbekannt, Generalvikar Gerhard Gruber (der an diesem Tag 50 Jahre alt wurde), rechts Pfarrer Hermann Streber, Dachau-St. Jakob.

Betriebsbesuch bei der Deutschen Bundespost in München, 12. Juli 1978.

Erläuterung der Briefsortiermaschine im Bahnpostamt München, 12. Juli 1978; links neben dem Kardinal Alfred Meier, Präsident der Oberpostdirektion München.

Gespräch mit italienischen Gastarbeitern der Deutschen Bundespost in München, 12. Juli 1978; ganz links Alfred Meier, Präsident der Oberpostdirektion München.

Gottesdienst in der ehemaligen Zisterzienser-Klosterkirche Fürstenfeld während der Festwochen zum Abschluss der Kirchenrenovierung, 16. Juli 1978; v.l. Abt Othmar Rauscher OCist (Schlierbach), Abt Bernhard Slovsa OCist (Stams), Abt Kassian Lauterer OCist (Mehrerau), Abt Edelbert Hörhammer OSB (Ettal), vorne kniend Pfarrer Thomas Bachmair.

Auf dem Petersplatz in Rom am Tag der Amtseinführung Papst Johannes Pauls I., 10. September 1978.

Huldigung der Kardinäle bei der Amtseinführung von Papst Johannes Paul I., 10. September 1978.

Mit Mutter Teresa auf dem 85. Deutschen Katholikentag in Freiburg i.Br. (13. - 17. September 1978).

Abschlussgottesdienst des Marianischen Nationalkongresses Ecuadors in Guayaquil, an dem Kardinal Ratzinger als päpstlicher Legat teilnahm, 24. September 1978.

Begegnung mit Schülerinnen des Colegio San José, Ende September 1978.

Besuch in der Gemeinde von Ambato (Ecuador), 27. September 1978.

Besuch in der Gemeinde von Ambato (Ecuador), 27. September 1978.

Weihe der Pfarrkirche München-St. Ignatius, 28. Januar 1979; hinter dem Kardinal Sekretär
Bruno Fink.

Weihe der Pfarrkirche München-St. Ignatius, 28. Januar 1979; rechts Pfarrer Johannes Hain.

Weihe der Pfarrkirche München-St. Ignatius, 28. Januar 1979; links Pfarrer Johannes Hain.

Mit P. Karl Rahner SJ bei der Feier zu dessen 75. Geburtstag in der Katholischen Akademie in München (Schloss Suresnes), 4. März 1979.

Feier zum 75. Geburtstag von P. Karl Rahner SJ in der Katholischen Akademie, 4. März 1979; v.r. der Dritte Bürgermeister Helmut Gittel (München), Generalvikar Gerhard Gruber, P. Karl Rahner SJ, Karl Wagner (Münchener Katholische Kirchenzeitung).

Mit P. Karl Rahner SJ bei der Feier zu dessen 75. Geburtstag, 4. März 1979.

Verleihung des Großkreuzes des St. Silvester-Ordens an den Bayerischen Sozialminister Friedrich Pirkl im Erzbischöflichen Palais, 29. März 1979.

Die Bayerische Bischofskonferenz bei ihrer Frühjahrstagung in Freising, 5. April 1979; vorne v.l. Bischof Rudolf Graber (Regensburg), Erzbischof Elmar Maria Kredel (Bamberg), der Vorsitzende Kardinal Ratzinger, Bischof Alois Brems (Eichstätt), Bischof Antonius Hofmann (Passau); Mitte v.l. Bischof Joseph Stimpfle (Augsburg), Weihbischof Manfred Müller (Augsburg), Weihbischof Martin Wiesend (Bamberg), Weihbischof Matthias Defregger (München und Freising), Weihbischof Vinzenz Guggenberger (Regensburg); hinten v.l. Weihbischof Alfons Kempf (Würzburg), Weihbischof Ernst Tewes (München und Freising), Weihbischof Ernst Gutting (Speyer), Weihbischof Karl Flügel (Regensburg), Weihbischof Rudolf Schmid (Augsburg), Weihbischof Franz Eder (Passau), Weihbischof Franz Schwarzenböck (München und Freising).

Mit Erzbischof Gregorios Paulos von Neu Delhi im Erzbischöflichen Palais, 27. April 1979.

Gottesdienst zum 10-jährigen Jubiläum der Integrierten Gemeinden in der Pfarrkirche München-St. Paul, 1. Mai 1979.

1200-Jahr-Feier in Schliersee, 27. Mai 1979; im Hintergrund der Bayerische Ministerpräsident Franz Josef Strauß, rechts Sekretär Gerhard Schäfer.

Überreichung der Urkunden an neu ernannte Prälaten und Monsignori, 29. Mai 1979; v.l. Franz Henrich, Wilhelm Gessel, Jakob Aigner, Stefan Leciejewski, Hermann Streber, Michael Kell, Matthias Brenner.

Wallfahrt der Legio Mariae nach Altötting, 4. Juni 1979; links Sekretär Bruno Fink.

Mit Akademiedirektor Franz Henrich am Fronleichnamstag in der Katholischen Akademie in München, 14. Juni 1979.

Vereidigung des neuen Bischofs von Würzburg, Paul Werner Scheele, durch den Bayerischen Ministerpräsidenten Franz Josef Strauß im Prinz-Carl-Palais, 4. Oktober 1979.

Empfang zu Ehren von Bundespräsident Karl Carstens in der Münchener Residenz, 30. Oktober 1979; v.r. Landtagspräsident Franz Heubl, Marianne Strauß, Veronika Carstens, unbekannte Dame (dahinter verdeckt Bundespräsident Carstens), der Bayerische Ministerpräsident Franz Josef Strauß, ganz links Justizminister Karl Hillermeier.

Auf der 22. Konferenz der Seminarsprecher aller deutschen Bistümer in Schloss Fürstenried, 6. Dezember 1979.

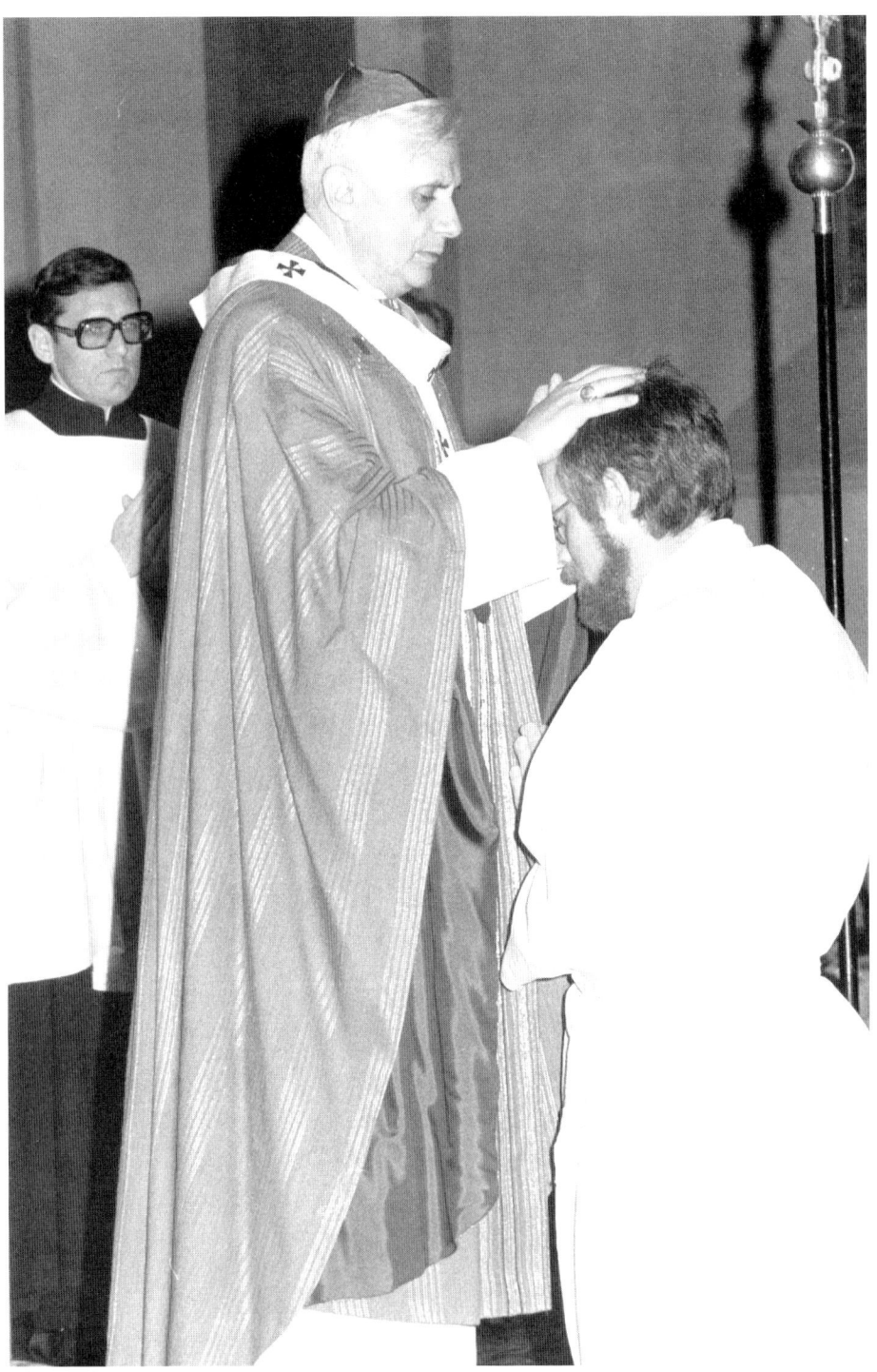

Weihe Ständiger Diakone im Münchener Dom, 16. Dezember 1979; kniend Diakon Franz Reger, im Hintergrund Sekretär Bruno Fink.

Erteilung der Diakonenweihe an Priesteramtskandidaten im Münchener Dom, 20. Januar 1980; kniend Wolfgang Höpfner, im Hintergrund v.l. Rainer Boeck, Kurt Heller.

Erteilung der Äbtissinenweihe an M. Domitilla Veith OSB (zweite v.r.), Benediktinerinnen-Abtei Frauenwörth, 10. Februar 1980; in der Mitte Spiritual Kurat Josef Scherer.

Erteilung der Äbtissinenweihe an M. Domitilla Veith OSB, Benediktinerinnen-Abtei
Frauenwörth, 10. Februar 1980; hinten links Spiritual Kurat Josef Scherer.

Aschermittwoch der Künstler in der Pfarr- und Klosterkirche München-St. Bonifaz, 20. Februar 1980; links Abt Odilo Lechner OSB.

Gottesdienst zur Erhebung der Klosterkirche Scheyern zur päpstlichen Basilika, 9. März 1980; v.l. unbekannt, Nuntius Guido del Mestri, Abt Bernhard M. Lambert OSB (halb verdeckt), rechts Bischof Antonius Hofmann von Passau.

Eröffnung der Woche der Brüderlichkeit im Münchener Rathaus, 9. März 1980; v.r. Audomar Scheuermann (Vizepräsident des Bayerischen Senats), Prinzessin Pilar von Bayern, Prälat Michael Höck, der Zweite Bürgermeister Winfried Zehetmeier, unbekannt, Kultusminister Hans Maier, unbekannt, Hildegard Hamm-Brücher (Staatsministerin im Auswärtigen Amt), unbekannt.

Sommersingen der Schlesierkinder im Erzbischöflichen Palais, 16. März 1980.

Einweihung der Caritas-Bezirksstelle am Luitpoldpark in München, 17. April 1980; am Rednerpult Ordinariatsrat Franz Sales Müller, erste Reihe v.l. Diözesancaritasdirektor Msgr. Franz Xaver Ertl, Hans Stützle (Sozialreferent der Landeshauptstadt München), Bezirksrätin Hanna Stützle, Marianne Strauß, Ministerialdirektor Heinz Ströer, Domkapitular i.R. Oskar Jandl.

Einweihung der Caritas-Bezirksstelle am Luitpoldpark in München, 17. April 1980;
rechts der Diözesancaritasdirektor Msgr. Franz Xaver Ertl.

Jubiläumsfeier zum 350. Jahrestag der Weihe der Pfarr- und Wallfahrtskirche Tuntenhausen-
Mariä Himmelfahrt, 11. Mai 1980; v.l. Bürgermeister Josef Haas (Tuntenhausen), Finanzminister
Max Streibl (Vorsitzender des Katholischen Männervereins Tuntenhausen).

Pfingstvesper im Münchener Dom, 25. Mai 1980; v.r. Domvikar Franz Xaver Kronberger, Domzeremoniar Josef Hillreiner.

Fronleichnams-Gottesdienst auf dem Münchener Marienplatz, 5. Juni 1980.

Die Münchener Fronleichnamsprozession beim Einzug in den Dom, 5. Juni 1980; rechts Domkapitular Friedrich Fahr.

Abschluss der Fronleichnamsprozession auf dem Domplatz, 5. Juni 1980.

Aussendungsfeier für neu bestellte Pastoralassistenten in der Pfarrkirche München-St. Ignatius, 14. Juni 1980; sitzend v.r. Rosel Bartl (angeschnitten), Martin Benker, Johann Pröls, Josef Schwarzenböck, Georg Thaler.

Priesterweihe im Freisinger Dom, 28. Juni 1980; die Weihekandidaten v.l. Rainer Bocck, Kurt Heller, Wolfgang Höpfner, Franz Xaver Leibinger, Alfons Mühlhuber, Walter Wenninger, Eul-Yong (Thomas) Kim, Fr. Anselm Bilgri OSB.

Begegnung mit Missionaren auf Heimaturlaub im Freisinger Kardinal-Döpfner-Haus, 7. Juli 1980.

Empfang des Bürgermeisters von Jerusalem, Teddy Kollek, im Erzbischöflichen Palais, 9. Juli 1980; im Hintergrund Sekretär Bruno Fink.

Gratulation zum 65. Geburtstag des Bayerischen Ministerpräsidenten Franz Josef Strauß im Prinz-Carl-Palais, 6. September 1980; zweite v.l. Marianne Strauß.

Polen-Reise einer Delegation deutscher Bischöfe (11. - 15. September 1980); v.l. Erzbischof Joseph Kardinal Höffner (Köln, Vorsitzender der Deutschen Bischofskonferenz), Erzbischof Stefan Kardinal Wyszynski (Warschau, Primas von Polen), Bischof Hermann Kardinal Volk (Mainz), Erzbischof Johannes Joachim Degenhardt (Paderborn, verdeckt), Bischof Eduard Schick (Fulda), Prälat Wilhelm Reitzer (Eichstätt).

Gottesdienst im polnischen Nationalheiligtum Tschenstochau; kniend links Stefan Kardinal Wyszynski, Zelebranten v.l. Hermann Kardinal Volk, Joseph Kardinal Höffner.

Besuch des ehemaligen Konzentrationslagers Auschwitz; vorne links Weihbischof Bronislaw Dabrowski (Warschau, Sekretär der Polnischen Bischofskonferenz), dritter v.r. Joseph Kardinal Höffner, vierter v.r. Erzbischof Franciszek Kardinal Macharski (Krakau).

Gebet vor der Schwarzen Wand im ehemaligen Konzentrationslager Auschwitz, 13. September 1980; vorderste Reihe v.l. Franciszek Kardinal Macharski, Bischof Eduard Schick, Bischof Franz Hengsbach (Essen), Hermann Kardinal Volk, Joseph Kardinal Höffner.

Klosterzelle P. Maximilian Kolbes OFM in der Franziskaner-Gründung Niepokalanow bei Teresin nahe Warschau; links (halb verdeckt) Bischof Georg Moser (Rottenburg-Stuttgart), rechts Joseph Kardinal Höffner.

584

Predigt im Krakauer Dom, 13. September 1980; sitzend im Hintergrund v.l. Franziszek Kardinal Macharski, Bischof Georg Moser, Weihbischof Bronislaw Dabrowski.

Begegnung während des Polen-Besuchs der deutschen Bischöfe; Mitte hinten Joseph Kardinal Höffner.

Ankunft von Papst Johannes Paul II. mit Sonderzug aus Altötting am Münchener Hauptbahnhof, 19. November 1980; rechts im Vordergrund der päpstliche Reisemarschall Titularbischof Paul Marcinkus.

Eintrag ins Goldene Buch der Stadt München, 19. November 1980; v.r. der Dritte Bürgermeister Helmut Gittel, der Zweite Bürgermeister Winfried Zehetmeier, Oberbürgermeister Erich Kiesl, ganz links Prälat Curt M. Genewein (Referent für Öffentlichkeitsfragen der Erzdiözese).

Abfahrt von der Theresienwiese nach der Papst-Messe, 19. November 1980.

Papst Johannes Paul II. und Kardinal Ratzinger auf dem Balkon des Erzbischöflichen Palais, 19. November 1980.

Papst Johannes Paul II. und Kardinal Ratzinger auf dem Balkon des Erzbischöflichen Palais, 19. November 1980.

Einzug in den Herkulessaal der Münchener Residenz zum Treffen mit Künstlern und Publizisten, 19. November 1980; links hinter Kardinal Ratzinger der päpstliche Sekretär Stanislaw Dziwisz, rechts neben dem Papst Reisemarschall Titularbischof Paul Marcinkus.

Begegnung des Papstes mit Künstlern und Publizisten im Herkulessaal der Münchener Residenz, 19. November 1980; am Mikrophon August Everding, Intendant der Bayerischen Staatsoper; sitzend v.l. Kardinalstaatssekretär Agostino Casaroli, Erzbischof Joseph Kardinal Höffner (Köln, Vorsitzender der Deutschen Bischofskonferenz).

Papst Johannes Paul II. und Kardinal Ratzinger, 19. November 1980.

Dank des Papstes an die Regensburger Domspatzen, 19. November 1980; rechts Domkapellmeister Georg Ratzinger.

Papst Johannes Paul II. beim Gebet am Grab von Erzbischof Julius Kardinal Döpfner in der
Krypta des Münchener Doms, 19. November 1980.

Gebet des Papstes an der Münchener Mariensäule, 19. November 1980.

In der Ausstellung „Kinder sehen den Sonntag" im Münchener Karmelitersaal, 29. November 1980.

7. Mitgliederversammlung der Vertretergemeinschaft der geistlichen Schwestern im Erzbistum. Kardinal Ratzinger mit der neugewählten Vorstandschaft im Münchener Angerkloster, 24. Januar 1981.

Die Bayerische Bischofskonferenz in Freising, 30./31. März 1981; vorne v.l. Bischof Rudolf Graber (Regensburg), Erzbischof Elmar Maria Kredel (Bamberg), der Vorsitzende Kardinal Ratzinger, Bischof Antonius Hofmann (Passau), Weihbischof Franz Schwarzenböck (München und Freising), Bischof Paul Werner Scheele (Würzburg); Mitte v.l. Bischof Joseph Stimpfle (Augsburg), Bischof Alois Brems (Eichstätt), Weihbischof Martin Wiesend (Bamberg), Weihbischof Franz Eder (Passau), Weihbischof Vinzenz Guggenberger (Regensburg); hinten v.l. Weihbischof Rudolf Schmid (Augsburg), Weihbischof Manfred Müller (Augsburg), Weihbischof Matthias Defregger (München und Freising), Weihbischof Alfons Kempf (Würzburg), Weihbischof Heinrich Graf von Soden-Fraunhofen (München und Freising), Weihbischof Ernst Tewes (München und Freising).

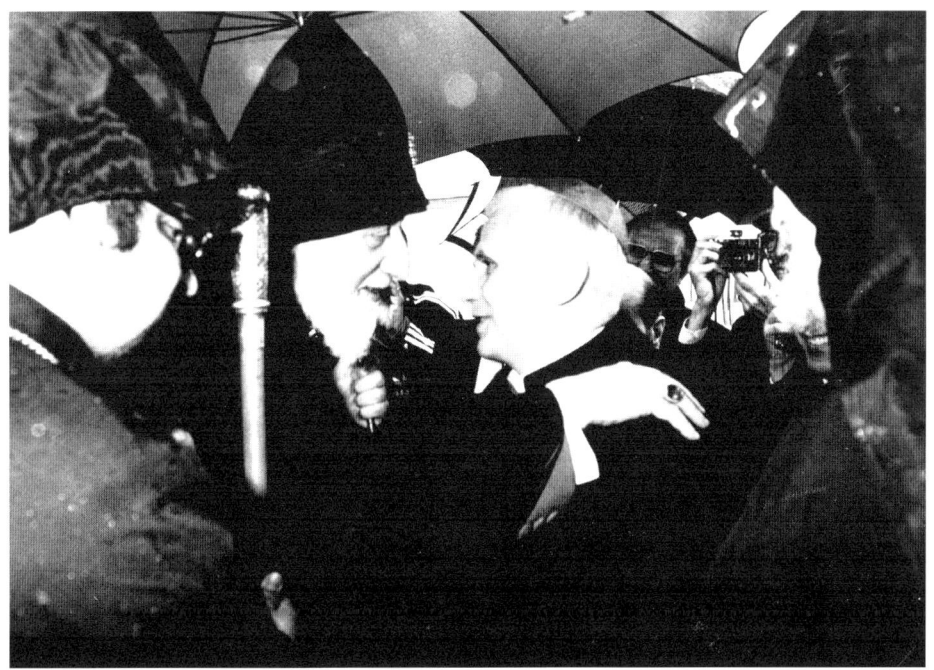

Besuch des Katholikos der armenischen Kirche, Patriarch Vasken I., in München, 2. Mai 1981.

Besuch des Katholikos der armenischen Kirche, Patriarch Vasken I. (dritter v.l.), in München, 2. Mai 1981.

Beim Firmbesuch in Dorfen, 20. Mai 1981.

Münchener Stadtmaiandacht auf dem Marienplatz, 30. Mai 1981; hinten links Sekretär Bruno Fink.

Die Münchener Fronleichnamsprozession am Odeonsplatz, 18. Juni 1981; neben dem Kardinal Generalvikar Gerhard Gruber (links) und Domdekan Heinrich Eisenhofer (rechts).

Fronleichnamsprozession, 18. Juni 1981; links Generalvikar Gerhard Gruber.

Beim 42. Eucharistischen Weltkongress in Lourdes (16. - 23. Juli 1981); vorne Léon-Joseph
Kardinal Suenens (ehemaliger Erzbischof von Mechelen-Brüssel).

Feier zum 50-jährigen Bestehen der Münchener Hauptsynagoge in der Reichenbachstraße,
20. September 1981; v.r. unbekannt, Kultusminister Hans Maier, Sekretär Bruno Fink, Landesbischof Johannes Hanselmann, unbekannt, Oberbürgermeister Erich Kiesl, Simon Snopkowski
(Präsident der Israelitischen Kultusgemeinden in Bayern).

Benediktion der Kapelle Maria Heimsuchung auf der Zugspitze, 11. Oktober 1981; v.l. das Stifterehepaar Maria und Fritz Kittsteiner (Garmisch-Partenkirchen), P. Friedrich Fuchs SVD.

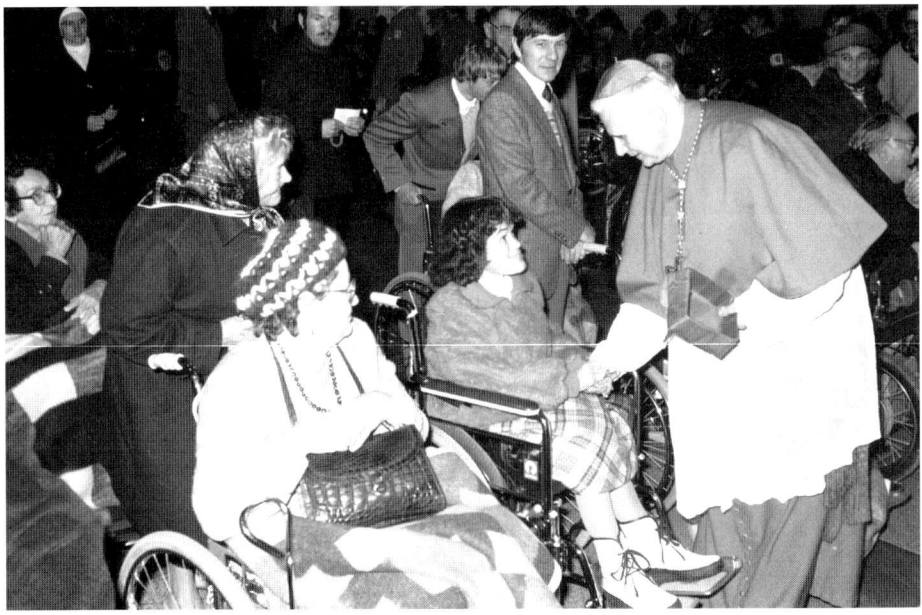

Behinderten-Gottesdienst in der Münchener Theatinerkirche, 31. Oktober 1981.

Die Bayerische Bischofskonferenz im Freisinger Kardinal-Döpfner-Haus, 4. November 1981;
vorne v.l. Bischof Rudolf Graber (Regensburg), Erzbischof Elmar Maria Kredel (Bamberg), der
Vorsitzende Kardinal Ratzinger, Bischof Joseph Stimpfle (Augsburg); Mitte v.l. Weihbischof
Manfred Müller (Augsburg), Weihbischof Franz Schwarzenböck (München und Freising), Bischof
Paul Werner Scheele (Würzburg); hinten v.l. Weihbischof Vinzenz Guggenberger (Regensburg),
Weihbischof Franz Eder (Passau), Bischof Alois Brems (Eichstätt), Weihbischof Martin Wiesend
(Bamberg), Weihbischof Karl Flügel (Regensburg).

Schenkung einer Büste Papst Johannes Pauls II. an das Kardinal-Döpfner-Haus in Freising durch
das Münchener Unternehmerehepaar Elisabeth und Otto Holzmayer, 5. November 1981.

Grundsteinlegung für das neue Priesterseminar in der Münchener Georgenstraße, 20. November 1981.

Grundsteinlegung für das neue Priesterseminar in der Münchener Georgenstraße, 20. November 1981; rechts Sekretär Bruno Fink.

Silvesterpredigt im Münchener Dom, 31. Dezember 1981.

Verwaltungsvereinbarung zwischen den bayerischen Diözesen, der Evangelisch-Lutherischen Landeskirche und der Bayerischen Staatsregierung über die Seelsorge in den Justizvollzugsanstalten, 12. Februar 1982; Justizminister Karl Hillermeier (Mitte), Oberkirchenrat Theodor Glaser (rechts).

Übergabe eines Kruzifixus aus Nymphenburger Porzellan als Abschiedsgeschenk der Bayerischen Staatsregierung an den scheidenden Erzbischof durch Ministerpräsident Franz Josef Strauß, 12. Februar 1982.

Ansprache bei der Verabschiedung durch die Bayerische Staatsregierung im Antiquarium der Münchener Residenz, 12. Februar 1982.

Abschiedsgottesdienst im Münchener Dom, 28. Februar 1982.

Abschied von München an der Mariensäule, 28. Februar 1982.

Gebet an der Mariensäule, 28. Februar 1982.

Präsentation des Buches „Theologische Prinzipienlehre" im Münchener Montgelas-Palais, 29. Juni 1982; rechts Eduard Niedernhuber, der Vorstandsvorsitzende der Manz AG.

Präsentation des Buches „Theologische Prinzipienlehre" im Münchener Montgelas-Palais, 29. Juni 1982.

JOSEPH RATZINGER UND DAS ERZBISTUM MÜNCHEN UND FREISING NACH 1982, DARGESTELLT ANHAND VON ORDINARIATS-KORRESPONDENZEN DER ERZBISCHÖFLICHEN PRESSESTELLE

Christiane Schwarz

Offizieller Empfang für Kurienkardinal Joseph Ratzinger aus Anlass seines 60. Geburtstages und 10-jährigen Bischofsjubiläums im Mai 1987 in der Erzdiözese

Auch nach seiner Berufung an die Römische Kurie als Präfekt der Römischen Glaubenskongregation im November 1981 und nach den Abschiedsfeierlichkeiten im Februar 1982 gab es mannigfache Gelegenheiten für Joseph Ratzinger, in sein Heimatbistum zurückzukehren.

So gratulierte Kardinal Friedrich Wetter, seit 1982 Nachfolger von Joseph Ratzinger auf dem Stuhl des Münchener Erzbischofs, in einem persönlichen Schreiben dem Kurienkardinal zu seinem 60. Geburtstag und verband damit die Einladung zu einem offiziellen Empfang der Erzdiözese. Die ganze Erzdiözese werde den Jubilar ehren: „Es treffe sich gut, so schrieb Kardinal Wetter, daß dieser Tag mit dem 10. Jahrestag der Bischofsweihe Ratzingers in der Liebfrauenkirche zusammentreffe."[1] Der Festakt sollte am Hochfest Christi Himmelfahrt, am 28. Mai 1987, gefeiert werden. Zuvor jedoch zelebrierte der Kurienkardinal in seiner Titelkirche in Rom einen Dankgottesdienst, an dem Generalvikar Prälat Dr. Gerhard Gruber und Weihbischof Franz Schwarzenböck als Repräsentanten für die Erzdiözese teilnehmen wollten.[2] Diese Feierlichkeiten kündigte die erzbischöfliche Pressestelle am 13. April 1987 in einem Sonderpressedienst an, dessen ersten Teil die zitierte Pressemitteilung bildete. Den zweiten Teil dieses Pressedienstes stellte der Beitrag Prälat Professor Dr. Josef Finkenzellers dar, der das wissenschaftliche Werk des Theologen Joseph Ratzinger in seiner Vielfalt und Tiefe würdigte. Finkenzeller war Dogmatiker an der Katholisch-Theologischen Fakultät der Ludwig-Maximilians-Universität München und langjähriger Regens des Priesterseminars der Erzdiözese gewesen.[3] Der Würdigung setzte die Redaktion der „Ordinariats-Kor-

---

[1] Kardinal Wetter gratuliert Kardinal Ratzinger – Gottesdienst, Empfang und Festakt zum 60. Geburtstag, in: Ordinariats-Korrespondenz *ok*, hg. von der Pressestelle des Erzbischöflichen Ordinariats in München {künftig abgekürzt zitiert als „ok"}, Sonderpressedienst vom 13. April 1987: Zum 60. Geburtstag des Präfekten der Römischen Kongregation für die Glaubenslehre, Joseph Kardinal Ratzinger, 2.

[2] Ebd.

[3] Josef Finkenzeller, Das wissenschaftliche Werk von Joseph Kardinal Ratzinger, in: Ebd. 4-8.

615

respondenz *ok*" eine Einleitung voran, die Ratzingers besonderes Engagement in der Ökumene, für die Weltkirche und als herausragendes Mitglied der Deutschen Bischofskonferenz betonte.[4]

Feierlicher Dankgottesdienst zum 70. Geburtstag und 20-jährigen Bischofsjubiläum im Mai 1997

Zehn Jahre später feierte Kurienkardinal Joseph Ratzinger sowohl seinen 70. Geburtstag als auch sein 20-jähriges Bischofsjubiläum in München. In einer Pressemitteilung informierte die erzbischöfliche Pressestelle am Vortag des Geburtstages über die Glück- und Segenswünsche, die Kardinal Friedrich Wetter einem der „bedeutendsten Theologen unserer Zeit"[5] sandte. Die erzbischöfliche Pressestelle lud am 6. Mai 1997 und damit zwei Tage vor dem großen Ereignis zur Mitfeier des 20-jährigen Bischofsjubiläums von Kurienkardinal Ratzinger am Hochfest Christi Himmelfahrt in den Münchener Liebfrauendom ein.[6] An diesem Tag schließlich kam Joseph Ratzinger mit „mehreren tausend Menschen aus allen Teilen des Erzbistums München und Freising"[7] zu einem festlichen Dankgottesdienst zusammen. Kardinal Friedrich Wetter grüßte den hohen Gast und Jubilar mit den Worten: „Wir Münchner dürfen stolz sein, daß in Ihrer Person einer der unseren mit einer hohen, für die ganze Weltkirche bedeutsamen Aufgabe betraut ist."[8] Doch, so der Münchener Erzbischof weiter, wüssten „die Menschen [...] aber auch um die Schwierigkeit dieser Aufgabe in einer Zeit, die von Umbrüchen, Pluralismus und Beliebigkeit gekennzeichnet sei, ‚für die Reinheit des Glaubens Sorge zu tragen und die Verbindlichkeit der Wahrheit geltend zu machen.'"[9] Nach Worten des Dankes an Kardinal Friedrich Wetter ermutigte Kurienkardinal Joseph Ratzinger in seiner Festpredigt einer Pressemitteilung des Erzbischöflichen Ordinariats vom 8. Juli 1997 zufolge, „die dem Menschen zugedachte wirkliche Größe zu

[4]   [Ohne Überschrift], in: Ebd. [3].
[5]   Pressemitteilung vom 15. April 1997: „Einer der bedeutendsten Theologen unserer Zeit" – Kardinal Wetter gratuliert Kardinal Ratzinger zum 70. Geburtstag – Erzdiözese feiert Geburtstag und 20. Jahrestag der Bischofsweihe am 8. Mai, in: ok Nr. 8 vom 24. April 1997, 3. Zu Josef Finkenzeller vgl. auch die Pressemitteilung vom 6. November 1986: Kardinal dankt emeritiertem Professor Finkenzeller, in: ok Nr. 39 vom 6. November 1986, 3.
[6]   Kardinal Ratzinger feiert den 20. Jahrestag seiner Bischofsweihe am Himmelfahrtstag im Münchner Dom – Ehrensalut der Gebirgsschützenkompanien vor dem Domportal, in: ok Nr. 9 vom 7. Mai 1997, 4.
[7]   Tausende feiern mit Ratzinger 20jähriges Bischofsjubiläum – Kardinal Wetter: „Wir Münchner sind stolz auf Ratzinger" – Kardinal Ratzinger: Den Glauben öffentlich und dynamisch bezeugen, in: ok Nr. 10 vom 22. Mai 1997, 12.
[8]   Ebd.
[9]   Ebd.

erkennen und sich nicht von der Schwerkraft der Macht, des Genusses und des Besitzes in die Tiefe ziehen zu lassen."[10] In diesem Sinne unterstrich Ratzinger, dass der Glaube niemals „privates Hobby"[11] sein dürfe, vielmehr müsse er „öffentlich bezeugt werden und zwar vor allem durch das persönliche Glaubenszeugnis."[12]

Das Studienseminar Traunstein und sein ehemaliger Schüler Joseph Ratzinger

Im Juli 1999 erinnerte die erzbischöfliche Pressestelle an den begabten Buben Joseph Ratzinger, der das Studienseminar in Traunstein von 1939 bis 1943 besucht hatte. Anlass war die Feier des 70-jährigen Bestehens des Knabenseminars.[13] Fünf Jahre später wurde das Traunsteiner Studienseminar umfassend renoviert. Nach dem Ende dieser Arbeiten konnte der Erzbischof von München und Freising, Kardinal Friedrich Wetter, aus Anlass des 75-jährigen Bestehens des Knabenseminars am Hochfest Christi Himmelfahrt im Mai 2004 einen neuen Altar weihen.

Feier des Goldenen Priesterjubiläum im Münchener Liebfrauendom und Freisinger Mariendom im Sommer 2001

Am 29. Juni 2001, dem Festtag der Heiligen Peter und Paul, feierte der Kurienkardinal sein Goldenes Priesterjubiläum. 50 Jahre zuvor war er gemeinsam mit seinem älteren Bruder Georg neben 44 anderen Diakonen von Erzbischof Michael von Faulhaber (1869-1952)[14] zum Priester geweiht worden. Dieses Ereignis feierte der Kurienkardinal am 8. Juli 2001 in einem großen Dankgottesdienst im Münchener Dom in Konzelebration mit seinem Bruder Georg, drei weiteren Priestern des Weihejahrgangs 1951, Kardinal Friedrich Wetter und dem Mün-

---

[10] Ebd.

[11] Ebd.

[12] Ebd.

[13] Studienseminar St. Michael in Traunstein 70 Jahre alt – Kirchliche und kulturelle Institution des Chiemgaus feiert Jubiläum – Auch Kardinal Ratzinger war Seminarist in Traunstein, in: ok Nr. 10 vom 29. Juli 1999, 19.

[14] Zu Kardinal Faulhaber vgl. einführend Kardinal Michael von Faulhaber. 1869 bis 1952. Eine Ausstellung des Archivs des Erzbistums München und Freising, des Bayerischen Hauptstaatsarchivs und des Stadtarchivs München zum 50. Todestag (= Ausstellungskataloge der Staatlichen Archive Bayerns 44), Neuburg a.d. Donau 2002; hierzu Peter Pfister (Hg.), Michael Kardinal von Faulhaber (1869-1952). Beiträge zum 50. Todestag und zur Öffnung des Kardinal-Faulhaber-Archivs (= Schriften des Archivs des Erzbistums München und Freising 5), Regensburg 2002.

chener Theologen Kardinal Leo Scheffczyk (1920-2005).[15] Kardinal Wetter hatte seine Predigt „nicht auf die Person Ratzingers, sondern auf die geistlichen Grundlagen des priesterlichen Dienstes in der katholischen Kirche abgestimmt. Der von Gott ausgehende Ruf zum Priestertum müsse in Freiheit angenommen werden, sagte Wetter."[16] So meldete es die Pressemitteilung vom 8. Juli 2001. Dabei bezeichnete der Münchener Erzbischof das Priestertum als „Gnadengabe Gottes".[17] Allerdings sei es für junge Menschen heute schwerer als vor 50 Jahren, den Ruf Gottes zu hören und ihm bedingungslos zu folgen: „Unser heutiges gesellschaftliches Umfeld macht es – anders als vor 50 Jahren – jungen Menschen nicht leicht, dem Ruf des Herrn zu folgen und sich für ihr ganzes Leben dem Dienst des Herrn zu weihen, und dies in Ehelosigkeit und in fester Bindung an die Kirche. Wir leben in einer Gesellschaft, in der man sich nicht festlegen will, schon gar nicht für das ganze Leben. Wer heute Priester wird, braucht Mut und Kraft, gegen den Strom zu schwimmen. Kardinal Wetter nannte das Priestertum eine Weise, wie Gott sich den Menschen mitteilen wolle. Er sei der eigentliche Handelnde. Nur Gott könne den Menschen das Heil mitteilen. Er tue es aber durch den Dienst der Priester und mache Menschen zu seinen lebendigen Werkzeugen."[18]

Kardinal Joseph Ratzinger sprach am Ende des Festgottesdienstes ein Schlusswort mit einem Dank an Gott „dafür, dass er uns kennt, dass er uns liebt und dass wir ihn kennen dürfen. Dass ich ihn kennen lernen durfte. [...] Dank auch für die Zeiten der Mühsal. Denn in der Rückschau erkenne ich, wie gerade dies Zeiten der Gnade waren, in denen er das Leben recht geführt und zu seinem Ziel geleitet hat."[19]

[15] Zu Leo Kardinal Scheffczyk vgl. die Pressemitteilungen des erzbischöflichen Ordinariats München vom 14. Dezember 2005: Ein Mann der Kirche und eine Leuchte der theologischen Wissenschaft – Kardinal Wetter beim Pontifikalrequiem für Kardinal Leo Scheffczyk – Große Anteilnahme am Tode des international renommierten Theologen, in: ok Nr. 1 vom 13. Januar 2006, 20, ebenso wie vom 13. Dezember 2005: Bischöfe aus ganz Deutschland beim Requiem für Kardinal Scheffczyk – Große Aufmerksamkeit bei Kirche und Staat für verstorbenen Theologen, in: Ebd. 22, und vom 9. Dezember 2005: Kardinal Leo Scheffczyk gestorben – Liebenswürdiger Mensch, bedeutender Theologe, frommer Priester, in: Ebd. 28; vgl. dazu auch Predigt des Erzbischofs von München und Freising, Kardinal Friedrich Wetter, beim Pontifikalrequiem für Leo Kardinal Scheffczyk am 14. Dezember 2005 im Dom Zu Unserer Lieben Frau in München, in: Ebd. 5-8.

[16] Kardinal Ratzinger feierte Goldenes Priesterjubiläum in München – Kardinal Wetter weist auf geistliche Grundlagen des Priestertums hin – Ratzinger dankt für Freude und Mühsal des priesterlichen Dienstes, in: ok Nr. 8 vom 13. August 2001, 23.

[17] Predigt des Erzbischofs von München und Freising, Kardinal Friedrich Wetter, beim Festgottesdienst zum Goldenen Priesterjubiläum von Joseph Kardinal Ratzinger am 8. Juli 2001 im Dom zu Unserer Lieben Frau in München, in: ok Nr. 8 vom 13. August 2001, *dokumentation*, [11-15], hier [12].

[18] Ebd.

[19] Schlußwort von Kardinal Joseph Ratzinger beim feierlichen Pontifikalamt anläßlich seines goldenen Priesterjubiläums am 8. Juli 2001 im Münchner Liebfrauendom, in: ok Nr. 8 vom 13. August 2001, *dokumentation*, [17f.], hier [18].

Zugleich sei „dieses Fest des Glaubens"[20], so der Kurienkardinal, „eine Stunde großer Bitte. Dass der Herr die Flamme der Freude des Glaubens, die Flamme seiner Begeisterung und des Dienstes, die er uns in der Stunde des Aufbruchs nach dem Krieg geschenkt hat, auch in die Herzen von jungen Menschen wirft."[21]

Am darauffolgenden Tag feierte Joseph Ratzinger einen Dankgottesdienst im Freisinger Mariendom in Konzelebration mit 19 Priestern seines Weihejahrgangs. Dabei unterstrich er, so die Pressemitteilung des Erzbischöflichen Ordinariats München vom 9. Juli 2001, „den Glauben an Gott als das Notwendigste [...], was der Mensch brauche. Gott sei kein Zusatz, den man sich zu allem anderen noch leiste, sondern die Grundbedingung, um die menschlichen Dinge in Ordnung zu halten. Andernfalls falle die Gesellschaft in einen Zustand, in dem jeder nur für sich selber da sei, wie sich das besonders deutlich in Völkern zeige, die vom atheistischen Kommunismus geprägt worden seien."[22] In diesem Sinne forderte der Kurienkardinal dazu auf, „an die Menschenfreundlichkeit Gottes zu glauben und sie anzunehmen."[23] Dazu bräuchte es Priester, die den Menschen Gottes Frieden und Heil weitergeben können.[24]

Festlicher Dankgottesdienst aus Anlass des 75. Geburtstages und 25. Bischofsjubiläums an Pfingsten 2002 in München

Im Jahr darauf vollendete Kardinal Ratzinger nicht nur sein 75. Lebensjahr, er feierte wenig später auch sein 25-jähriges Bischofsjubiläum. Aus diesem Anlass lud das Erzbischöfliche Ordinariat München bereits am 10. April 2002 zu einem festlichen Dankgottesdienst ein. Diesen wollten am Pfingstfest Kardinal Ratzinger und Kardinal Wetter in Konzelebration im Münchener Liebfrauendom feiern. Zudem gab es bereits die Zusage des Bayerischen Fernsehens für eine Live-Übertragung des Gottesdienstes.[25] Am 14. Mai 2002 wiederholte das Erzbischöfliche Ordinariat München die Einladung zur Mitfeier des 25-jährigen Bischofsjubiläums von Kurienkardinal Joseph Ratzinger.[26]

---

[20] Ebd.

[21] Ebd. [17f.].

[22] Gott ist das Notwendigste, was der Mensch braucht – Kardinal Ratzinger: An die Menschenfreundlichkeit Gottes glauben – Alle sind von der Geschichte der Rebellion gegen Gott verwundet, in: Ebd. 22.

[23] Ebd.

[24] Ebd.

[25] Kardinal Ratzinger vollendet 75. Lebensjahr – Vor 25 Jahren im Münchner Dom zum Bischof geweiht – Gottesdienst zum Jubiläum im Liebfrauendom am kommenden Pfingstfest, in: ok Nr. 4 vom 15. April 2002, 3.

[26] Pfingsten im Münchner Liebfrauendom: Im Zeichen des 25-jährigen Bischofsjubiläums von Kardinal Ratzinger – Konzelebration mit drei Kardinälen und drei Weihbischöfen, in: ok Nr. 6 vom 13. Juni 2002, 31.

Der Präfekt der Römischen Glaubenskongregation sprach in seiner Predigt beim Pontifikalamt am Pfingstsonntag 2002 über das Verhältnis von Schöpfung und Erlösung, über die Freiheit der Gotteskinder ebenso wie von der Bedeutung des Heiligen Geistes und Pfingsten als dem Geburtsfest der Kirche. Am Ende seiner Predigt machte der Kardinal sehr persönliche Anmerkungen über sein Bischofsamt: „Wie oft in diesen 25 Jahren hat der Herr mich gegen meine Wünsche und Ideen geführt, wohin ich eigentlich nicht wollte. Aber ich wusste und weiß, dass sein Führen gut ist und dass es gut ist, die eigenen Ideen fallen und sich von ihm führen zu lassen."[27] Das Erzbischöfliche Ordinariat veröffentlichte zum Abschluss der Feierlichkeiten eine ausführliche Pressemitteilung, in der die Kerngedanken – ein neues Bekenntnis zum christlichen Schöpfungsglauben und zu einem christlich geprägten Freiheitsbegriff – aus Kardinal Ratzingers Festpredigt noch einmal aufgezeigt wurden.[28] Zu Joseph Ratzingers 75. Geburtstag machten sich die Tegernseer Gebirgsschützen auf den Weg nach Rom, um den ehemaligen Erzbischof von München und Freising mit einem Ehrensalut zu grüßen. Bei dieser Gelegenheit sprachen die Gebirgsschützen auch eine Einladung für den Kurienkardinal aus, einmal an den Tegernsee zu kommen. Der Präfekt der Römischen Glaubenskongregation nahm diese Einladung spontan an. So feierte er am Hochfest Christi Himmelfahrt des übernächsten Jahres während eines privaten Besuchs einen festlichen Gottesdienst in Rottach-Egern. Kardinal Friedrich Wetter weihte am selben Tag im Studienseminar Traunstein, das einst auch Joseph Ratzinger besucht hatte, einen neuen Altar.

Über den Besuch des Kurienkardinals am Tegernsee veröffentlichte der Miesbacher Fotograf und Autor Hans-Günther Kaufmann am Jahresende 2004 einen Bildband, dessen Kernstück die Predigt Ratzingers am Hochfest Christi Himmelfahrt bildet.[29] Dieses Buch wurde am 7. Dezember 2004 gemeinsam mit Odilo Lechner, dem Altabt der Benediktinerabtei St. Bonifaz München und Andechs im internationalen Presseclub München vorgestellt.[30]

---

[27] Predigt des Präfekten der Römischen Glaubenskongregation Joseph Cardinal Ratzinger beim Pontifikalamt im Münchner Dom am Pfingstsonntag, 19. Mai 2002, in: ok Nr. 6 vom 13. Juni 2002, *dokumentation*, [5-9], hier [8f.].

[28] „Aufbauende Freiheit" des Schöpfungsglaubens annehmen – Kardinal Ratzinger: Die Gegner Gottes verderben die Erde – Gottesdienst zum 25-jährigen Bischofsjubiläum des Kardinals, in: ok Nr. 6 vom 13. Juni 2002, 25.

[29] Abdruck der Predigt in: Joseph Cardinal Ratzinger, Was die Welt schön macht, München 2004, 31-41.

[30] Vgl. Kardinal Ratzinger: „Was die Welt schön macht" – Das Hochfest Christi Himmelfahrt mitten in altbayerischer Landschaft – Fotograf Kaufmann präsentiert ein Buch mit Altabt Odilo Lechner, in: ok Nr. 1 vom 20. Januar 2005, 33.

Personenregister

Susanne Kaup

Aufgenommen wurden alle in Text und Anmerkungen namentlich vorkommenden Personen (außer Joseph Ratzinger/Papst Benedikt XVI.), in Auswahl auch indirekte Nennungen. Namen von Heiligen in Kirchen- und Altarpatrozinien sowie Ordensbezeichnungen wurden nicht berücksichtigt. Charakteristiken erfolgten nach der Funktion, die die betreffende Person im Kontext innehatte, in Ausnahmefällen wurden spätere Funktionen hinzugefügt.

Glaser, Theodor, Oberkirchenrat, Kreisdekan der Evangelisch-Luthe- rischen Landeskirche für Mün- chen und Oberbayern 370f., 607

Glemp, Józef, Bischof von Ermland, Erzbischof von Gnesen-Warschau, Kardinal, Primas von Polen 266, 441

Glück, Alois, Vorsitzender der CSU- Fraktion im Bayerischen Landtag 480

Goerres, Albert, Professor, Direktor des Instituts für Psychotherapie und medizinische Psychologie an der TU München 544

Goethe, Johann Wolfgang von, Dichter 107

Goldenberger, Franz Xaver, Baye- rischer Staatsminister für Unter- richt und Kultus 31

Goppel, Alfons, Ministerpräsident des Freistaates Bayern 206f., 213, 237, 240, 242, 244, 277, 283- 286, 289, 291, 295, 303, 316, 321, 510f., 532

Goppel, Gertrud, Gattin von Alfons Goppel 532

Graber, Rudolf, Bischof von Regensburg 275, 277, 459, 477, 503, 514, 516, 535, 562, 594, 603

Grabmaier, Josef, Diözesan- und Landespräses des Kolpingwerkes 228

Grabmann, Martin, Professor für Dogmatik 117

Gradl, Pauline, Vorsitzende der KAB Ingolstadt 369

Groß, Karl OSB, Abt von Ettal 223

Gruber, Elmar, Referent für religions- pädagogische Aus- und Fort- bildung von Priestern, Lehrern, Erziehern etc. 92, 95, 141-150

Gruber, Gerhard, Generalvikar,

Domdekan 20, 141, 156, 177, 187, 189f., 193, 284, 286, 299, 321, 353, 383, 448, 451, 470, 478, 485, 490, 540, 549, 561, 576, 597f., 615

Grünewald, Hans I., Rabbiner der Israelitischen Kultusgemeinde 440

Guardini, Romano, Professor für Religionsphilosophie und christli- che Weltanschauung 136, 244

Guggenberger, Vinzenz, Weihbi- schof in Regensburg 562, 594, 603

Gumppenberg von, mit Kardinal Faulhaber bekannte Familie 60
   - Friederike Freifrau von (Sr. Feli- citas) 75, 77
   - Johann von 75
   - Karl von (P. Thomas OFMCap.) 75
   - Ludwig von (P. Leopold OFMCap.) 75
   - Max von SJ 75
   - Rudolf Freiherr von 75

Gustav II. Adolf, König von Schwe- den 478

Gutting, Ernst, Weihbischof in Speyer 562

Haag, Herbert, schweizerischer katholischer Theologe, Professor für Altes Testament 476

Haas, Josef, Bürgermeister von Tun- tenhausen 574

Haeckel, Ernst, Biologe und Philo- soph, Professor für Zoologie 160

Hain, Johannes, Pfarrer von München-St. Ignatius 342, 559f.

Haisch, Gerhard, Architekt, Regierungsbaumeister 431, 433

Hamm-Brücher, Hildegard, Staats- ministerin im Auswärtigen Amt 572

Hamp, Vinzenz, Professor für Exegese des Alten Testamentes 103

Hanauer, Rudolf, Präsident des Bayerischen Landtags 283, 321

Hanselmann, Johannes, Landesbischof der Evangelisch-Lutherischen Kirche in Bayern 203, 238, 242, 249f., 257, 259, 263, 271, 286-288, 302, 321, 370, 375, 405, 439, 450, 459, 462, 466, 541, 599

Hartmann, Nikolai, Professor für Philosophie 104

Hasenfuss, Josef, Professor für Dogmatik und Fundamentaltheologie 103

Haßlberger, Bernhard, Weihbischof in München und Freising (seit 1994) 480, 516, 526

Hausl, Rudolf, Diözesanjugendpfarrer 378

Hedwig von Andechs, Herzogin von Schlesien, Hl. 248

Heidegger, Martin, Professor für Philosophie 104, 133

Heidler, Alexander, Seelsorger für die Tschechen in der Erzdiözese 546

Heidner, Sr. M. Eufreda, Sekretärin des Erzbischofs 10, 500

Heisenberg, Werner, Physiker 337

Heller, Kurt 569, 580

Hengsbach, Franz, Bischof von Essen, Kardinal 350, 584

Henrich, Franz, Direktor der Katholischen Akademie in Bayern 192, 565f.

Herzogenberg, Johanna Baronin von, Geschäftsführerin des Adalbert-Stifter-Vereins 547

Hess, Rudolf, NS-Politiker 31

Heubl, Franz, Präsident des Bayerischen Landtages 355, 440, 567

Hillermeier, Karl, Stellv. Ministerpräsident, Bayerischer Staatsminister der Justiz 272, 450, 529, 567, 607

Hillig, Franz SJ, Mitarbeiter der Zeitschrift „Stimmen der Zeit" 132

Hillreiner, Josef, Domzeremoniar 575

Hinricher, Gemma OCD, Priorin des Karmels Hl. Blut in Dachau 487

Hitchcock, James, Redakteur der Zeitschrift „Communio" 501

Hitler, Adolf, NS-Politiker 31, 33f., 41

Höck, Michael, Regens des Klerikalseminars Freising, Rektor der Freisinger Domkirche 65, 115f., 123-125, 275, 419, 448, 502f., 539, 572

Höffner, Joseph, Erzbischof von Köln, Kardinal, Vorsitzender der Deutschen Bischofskonferenz 350, 439, 450, 458f., 462, 485, 582-585, 589

Hoegner, Wilhelm, Ministerpräsident des Freistaates Bayern 222

Höpfner, Wolfgang 569, 580

Hörhammer, Edelbert OSB, Abt der Benediktinerabtei Ettal 551

Hofmann, Antonius, Bischof von Passau 276, 459, 562, 572, 594

Holzmayer, Otto und Elisabeth, Unternehmer 603

Horn, Carl Theodor, Architekt, Baureferent 431

Hubensteiner, Benno, Professor für Bayerische Kirchengeschichte 332

Huber, Josef, Protokollchef der Bayerischen Staatskanzlei 511, 529

Husserl, Edmund, Professor für Philosophie 146f.

Pascher, Joseph, Professor für Pastoraltheologie, Homiletik und Liturgiewissenschaft, Direktor des Herzoglichen Georgianums 87, 112

Paul VI., Papst 17, 19, 66, 200, 204, 212, 239, 244, 246f., 254, 278, 283-285, 287, 294f., 317-319, 321f., 391, 434f., 470, 477f., 513, 527f., 535

Paulos, Gregorios, Erzbischof von Neu Delhi 563

Paulus, Apostel, Hl. 155, 287, 429f., 472

Pesantes García, Armando, Botschafter Ecuadors in der Bundesrepublik Deutschland 208

Petrus, Apostel, Hl. 21, 90, 160, 164, 172, 182, 280, 287, 395f., 455, 489

Petrus und Paulus, Apostel, Hl. 295 - Fest 65, 185, 285, 617

Pfänder, Alexander, Philosoph 102

Philon von Alexandrien, jüdisch-hellenistischer Theologe und Religionsphilosoph 155

Picachy, Lawrence, Erzbischof von Kalkutta, Kardinal 352, 355

Pieschl, Gerhard, Weihbischof in Limburg, Beauftragter der Deutschen Bischofskonferenz für die Polizeiseelsorge 217, 253

Pimen, Patriarch der russisch-orthodoxen Kirche 267, 423f.

Pirkl, Friedrich, Bayerischer Staatsminister für Arbeit und Sozialordnung 251, 562

Pius VI., Papst 383, 485

Pius IX., Papst, Sel. 287, 435

Pius XII., Papst 39, 170, 422, 435

Plato, griechischer Philosoph 118

Pöhlein, Hubert, Studienrat am Gymnasium bzw. an der „Oberschule für Jungen" Traunstein 32, 34, 49, 72

Poschinger von Frauenau, Hippolyt Freiherr von, Präsident des Bayerischen Senats 355, 529

Pröls, Johann, Pastoralassistent 580

Prümmer, Franz von, bayerischer Sozialpolitiker 269

Rahner, Karl SJ, Professor für Dogmatik und Dogmengeschichte 134f., 152f., 156f., 173, 181, 183, 201, 216, 256, 364-367, 560f.

Ramisch, Hans, Ordinariatsrat, Kunstreferent 197, 269

Ranke-Heinemann, Uta, katholische Theologin, Professorin für Religionsgeschichte 493

Ratzinger, Familie 15, 49, 53, 56, 120, 146
- Brüder 16, 50, 63, 65, 98-100, 108f., 115-117, 122
- Eltern 10, 47f., 50f., 62f., 91, 110, 113, 120, 122, 126, 149
- Georg, Domkapellmeister in Regensburg, Bruder von Joseph und Maria Ratzinger 15-17, 47f., 50, 52f., 56, 58, 65, 88, 106, 108-110, 117, 121f., 284, 459, 464, 478, 481, 591, 617
- Joseph, Gendarmeriemeister, Vater von Maria, Georg und Joseph Ratzinger 8, 15, 47, 49f., 63, 112, 126, 146
- Maria, Schwester von Georg und Joseph Ratzinger 17, 50, 91, 120, 284, 517

Rauch, Albert, Rektor des Ostkirchlichen Instituts in Regensburg 424

Rauscher, Othmar OCist, Abt der Zisterzienserabtei Schlierbach 551

Reger, Franz, Ständiger Diakon 568

Schneider, Georg, Domkapitular, Bischöflicher Beauftragter für den Diözesanrat der Katholiken 378, 541

Schöberl, Josef, Direktor der „Oberschule für Jungen" Traunstein 33f.

Schrenk, Adolf, Pfarrer von Stöckach-Forth (Erzbistum Bamberg) 547

Schrittenloher, Ludwig, Landrat des Landkreises Freising 524f.

Schröffer, Joseph, Bischof von Eichstätt, Kurienkardinal 435, 439

Schubert, Franz, Komponist 419

Schutz, Roger, Gründer und Prior der Gemeinschaft von Taizé 214, 557

Schwaiger, Georg, Professor für Bayerische Kirchengeschichte 106

Schwarz, Oskar, Oberstudiendirektor des Gymnasiums Traunstein 32f., 35, 47, 74

Schwarzenböck, Franz, Weihbischof in München und Freising 284, 311, 321, 339f., 370, 427f., 457, 470, 512, 516, 542, 562, 580, 594, 603, 615

Schwarzenböck, Josef, Pastoralassistent 580

Seeger, Georg, Bezirksschulrat 32

Seper, Franjo, Kurienkardinal 203, 234, 271, 433-435, 444

Seppelt, Franz Xaver, Professor für Kirchengeschichte 106

Seufert, Georg, Bürgermeister von Dachau und Traunstein 74f.
- Günther 75

Simmel, Oskar SJ, Publizist 495, 498

Slovsa, Bernhard OCist, Abt der Zisterzienserabtei Stams 551

Snopkowski, Simon, Präsident der Israelitischen Kultusgemeinden in Bayern 599

Soden-Fraunhofen, Heinrich Graf von, Weihbischof in München und Freising 197, 321, 414, 457, 478, 512, 515f., 594, 599

Söhngen, Clemens Gottlieb, Professor für Fundamentaltheologie und theologische Propädeutik 65, 87-92, 97, 104f., 119f., 122f., 132-134, 366, 471

Solschenizyn, Alexander, russischer Schriftsteller 367

Spee, Friedrich von SJ, Moraltheologe, Dichter 366

Spital, Hermann Josef, Bischof von Trier 459

Stadler, Andreas, Landeshauptmann der Bayerischen Gebirgsschützen 611

Stadler, Franz, Präsident des ADAC 546

Stadler, Hans, Diözesan- und Landespräses der Kolpingsfamilie 228

Stählin, Wilhelm, Bischof der Evangelisch-Lutherischen Kirche in Oldenburg 366

Stahlschmidt, Klaus Günter 526

Stangl, Josef, Bischof von Würzburg 216, 237, 275, 277, 477, 503, 514f.

Stein, Edith (Theresia Benedicta a Cruce OCD), Philosophin, Hl. 117

Steinbüchel, Theodor, Professor für Moraltheologie 119, 126

Steinsdorfer, Monika 464

Stelzle, Josef, Pfarrer von Traunstein-St. Oswald 31, 76-79, 82

Stepinac, Alojzije, Erzbischof von Zagreb, Kardinal 444

Stimpfle, Joseph, Bischof von Augsburg 334, 562, 594, 603

Stingl, Josef, Bundesvorsitzender der Ackermann-Gemeinde 547

ORTSREGISTER

Susanne Kaup

Erfasst wurden alle Nennungen von Orten und Diözesen (mit Ausnahme von „München und Freising"). In Bayern gelegene Orte sind (außer bei kreisfreien Städten) nach Gemeinde- und Landkreiszugehörigkeit näher bestimmt, bei den übrigen deutschen Orten ist das Bundesland angegeben. Orte im deutschsprachigen Ausland wurden nach Bundesland bzw. Kanton und Land lokalisiert, alle anderen ausländischen Orte nach dem Land. Die Bestimmungen richten sich nach der derzeit gültigen politischen Zugehörigkeit, in Ausnahmefällen sind historische Zugehörigkeiten angegeben. Eine genauere Differenzierung innerhalb der Orte wurde in Auswahl vorgenommen. Bei Orten, in denen sich nur eine Pfarrei befindet, wurde der Pfarreiname nicht eigens aufgeführt.

Freilassing (Lkr. Berchtesgadener
Land) 30
- St. Rupert 220
- St. Korbinian 220
Freising (Lkr. Freising) 18f., 21, 23,
58, 65, 68, 84f., 89, 91, 93, 99,
103, 107f., 111, 113, 115, 117,
120, 122f., 128, 135, 140f., 185,
193, 199, 204, 228, 230f., 233,
275, 291, 363, 369, 396, 448,
451, 470f., 477, 495, 523-525
- Bildungszentrum s. Kardinal-
Döpfner-Haus
- Bayerische Bischofskonferenz/
Freisinger Bischofskonferenz/
Freisinger Bischofsversammlung
5, 20, 35, 186, 188, 195, 201,
206, 209, 213, 216, 220, 223,
225f., 229, 233f., 236, 239f., 243f.,
250, 258, 275, 288, 291, 294,
330, 334, 373, 383, 441, 448,
451, 503, 535, 562, 594, 603
- Diözesanmuseum 20, 86, 316,
332, 448
- Dom 16, 19-21, 63-65, 86-89,
91, 99, 109, 124, 142, 185,
190, 204, 206, 211, 213f., 218,
220, 223, 225, 230f., 233, 235,
241, 248, 254, 256, 260, 265f.,
269f., 273, 275, 298, 317,
331f., 355f., 381, 418f., 446,
448, 451, 454, 502, 526, 539,
548, 580, 617, 619
- Domberg/Domhof 9, 16, 21,
26, 39f., 85-87, 89f., 94f., 102,
107, 109, 112, 122, 141, 146,
205f., 219, 223, 226, 316, 332,
448, 502, 539
- Dombibliothek 86, 116
- Domchor 419
- Erzbischöfliches Klerikalsemi-
nar/Priesterseminar 4, 9, 16,
39f., 46, 52, 63, 66, 85-89, 92,

94f., 98-102, 104, 106f., 110-
112, 115f., 121-126, 132f., 140
- Erzbischöfliches Studienseminar
s. Knabenseminar
- fürstbischöfliche Residenz 85
- (Humanistisches) Gymnasium
115f., 145
- Kardinal-Döpfner-Haus 85f.,
99, 192, 209-214, 216, 225,
229, 419, 549, 557, 581, 603
- Knabenseminar 9, 26, 28, 39f.,
42, 86, 115, 414
- Lerchenfeldhof 16, 91
- Marienplatz 19, 523
- Pallottiheim 225
- Philosophisch-Theologische
Hochschule 4, 12, 16, 63, 66,
84-86, 89-95, 100-103, 109-113,
116, 128, 133, 135, 141, 143f.,
151, 434
- St. Georg 220, 225
- St. Peter und Paul (Neustift)
233
Fribourg (Kanton Freiburg, Schweiz)
128, 135, 139, 429
Fürstenfeldbruck (Lkr. Fürstenfeldbruck)
- (ehem.) Klosterkirche Fürstenfeld 212, 255, 551
- St. Magdalena 218
Fulda (Hessen) 35, 151, 205, 219,
226f., 232, 255, 399, 459, 484,
582, 584

Garmisch-Partenkirchen (Lkr. Garmisch-Partenkirchen) 115, 427
- Garmisch-St. Martin 218
- Partenkirchen-Mariä Himmelfahrt 218, 427
Gars a. Inn (Lkr. Mühldorf a. Inn)
71, 81, 223
Garsten (Oberösterreich, Österreich)
212

Autoren

Thomas Forstner M.A., wissenschaftlicher Mitarbeiter, Erzbischöfliches Ordinariat München, Referat Kirchenrecht

Dr. Roland Götz, Archivrat i.K., Archiv des Erzbistums München und Freising

Lic. theol. Susanne Kaup M.A., freie Mitarbeiterin, Archiv des Erzbistums München und Freising

Lic. theol. Susanne Kornacker, wissenschaftliche Mitarbeiterin, Erzbischöfliches Archiv München

Volker Laube M.A., Archivrat i.K., Archiv des Erzbistums München und Freising

Dr. Peter Pfister, Diakon, Archivdirektor, Archiv des Erzbistums München und Freising und Erzbischöfliches Archiv München

Dr. Christiane Schwarz, Erzbischöfliches Ordinariat München, Pressestelle

Guido Treffler M.A., wissenschaftlicher Mitarbeiter, Erzbischöfliches Archiv München

Dr. Friedrich Kardinal Wetter, Erzbischof von München und Freising

Wir haben uns nach Kräften bemüht, alle Inhaber von Bildrechten ausfindig zu machen. Für versehentlich nicht oder falsch angegebene Quellen bitten wir bereits im Voraus um Nachsicht. Mögliche Rechteinhaber werden gebeten, gegebenenfalls mit dem Archiv des Erzbistums München und Freising (Karmeliterstraße 1, 80333 München) Kontakt aufzunehmen.

Die Fotos stammen ausschließlich aus dem Kardinal-Ratzinger-Archiv des Erzbischöflichen Archivs München und aus dem Archiv des Erzbistums München und Freising, Dokumentation Personen, Erzbischöfe, Joseph Kardinal Ratzinger. Angegeben wird jeweils die Seitenzahl und gegebenenfalls die Platzierung. Folgende Fotografen bzw. Bildagenturen können namhaft gemacht werden:

Klaus Chwalczyk (Münchener Katholische Kirchenzeitung)
533, 564 (unten), 572 (unten), 574 (oben, unten), 579 (oben, unten), 597 (unten), 598

Martin Hatzinger, Gröbenzell
607 (oben)

Foto Keiner, München
567 (oben), 573 (oben), 578, 582 (oben), 607 (unten), 608, 610 (oben, unten), 611 (oben, unten), 613

KNA-Bild, Bonn
520, 542 (oben), 582 (unten), 583 (oben, unten), 584 (oben), 585 (oben, unten), 586 (unten), 587 (unten), 591 (unten), 592

Fotografie Rainer Lehmann, Freising
562 (unten), 594 (unten), 603 (oben)

Gerd Pfeiffer (Katholische Akademie in Bayern)
560 (unten), 561 (oben), 566 (oben)

Hubert Sandler, München
558, 559, 560 (oben)

Fred Schöllhorn, Augsburg
586 (oben), 587 (oben), 590, 591 (oben)

Foto - Video Sessner, Dachau
544 (oben)

Rita Strothjohann, München
553 (unten)

Gustl Tögel (Münchener Katholische Kirchenzeitung)
501 (oben, unten)

Karl Wagner (Münchener Katholische Kirchenzeitung)
561 (unten), 563, 566 (unten), 567 (unten), 569 (oben, unten), 570, 571,
572 (oben), 580 (oben), 581 (oben, unten), 600

Schriften des Archivs des Erzbistums München und Freising

Herausgegeben von Peter Pfister

SCHRIFTEN DES ARCHIVS
DES ERZBISTUMS MÜNCHEN UND FREISING
HERAUSGEGEBEN VON PETER PFISTER

Das Archiv des Erzbistums München und Freising ist mit einem Archivalienbestand von 4,2 Regalkilometern eines der größten kirchlichen Archive Deutschlands. Das mit ihm durch gemeinsame Leitung verbundene Archiv der Erzbischöfe beinhaltet die zeitgeschichtlich höchst bedeutsamen Dokumente der Erzbischöfe von München und Freising seit 1917: Michael Kardinal Faulhaber (1917-1952), Joseph Kardinal Wendel (1952-1960), Julius Kardinal Döpfner (1961-1976) und Joseph Kardinal Ratzinger (1977-1982; seit 2005 Papst Benedikt XVI.). Durch die Reihe „Schriften des Archivs des Erzbistums München und Freising", herausgegeben vom Münchener Diözesanarchivar Dr. Peter Pfister, werden Archivinventare und Editionen bedeutender Quellentexte aus den beiden Archiven der Öffentlichkeit zugänglich gemacht. Sie dokumentiert darüber hinaus vom Archiv veranstaltete Tagungen zu Themen der Bistums- und allgemeinen Kirchengeschichte.

Bislang erschienen:

Band 1:
Peter Pfister (Hrsg.)
Katholische Kirche und Zwangsarbeit
Stand und Perspektiven der Forschung
Redaktion: Volker Laube
Regensburg 2001
64 S., ISBN 3-7954-1417-2, € 9,90

Am 14. Februar 2001 fand im Kardinal-Wendel-Haus in München ein Kolloquium zum Thema „Katholische Kirche und Zwangsarbeit. Stand und Perspektiven der Forschung" statt. Die Dokumentation der Beiträge bietet eine kurze und prägnante Einführung in dieses brisante Thema und gibt einen Überblick über den Stand der Forschung.

Band 2:
Die Firm- und Kirchweihereise des Freisinger Fürstbischofs
Ludwig Joseph von Welden ins bayerische Oberland 1786
Das Reisetagebuch des Hofkavaliers
Ferdinand Wilhelm Freiherr von Bugniet des Croisettes
und ergänzende Quellen als Grundlage für ein
archivpädagogisches Projekt
herausgegeben von Roland Götz
Regensburg 2001
240 S. mit 37 sw-Abb. und 1 Karte, ISBN 3-7954-1448-2, € 9,90

Im Sommer 1786 unternahm der Freisinger Fürstbischof eine Reise ins bayerische Oberland. Das Reisetagebuch des fürstbischöflichen Hofkavaliers beschreibt sehr anschaulich den Reiseverlauf, die Aufenthalte an den einzelnen Orten und die Eigentümlichkeiten von Land und Leuten. Zusammen mit vielfältigen weiteren Dokumenten aus kirchlichen, staatlichen und kommunalen Archiven ergibt sich ein detailreiches, kultur- wie kirchengeschichtlich gleichermaßen aufschlussreiches Bild des Lebens in Oberbayern an der Schwelle zwischen Barock und Aufklärung.

Band 3:
Roland Götz
Kirschgeist und Trompetenschall
Der Freisinger Fürstbischof auf Firm- und Kirchweihereise
im Oberland 1786
Begleitheft zur Ausstellung des Archivs des Erzbistums
München und Freising im Miesbacher Kulturzentrum
„Waitzinger Keller"
Regensburg 2002
96 S. mit zahlreichen farbigen Abb. und 1 Karte,
ISBN 3-7954-1499-7, € 5,-

Band 4:
Peter Pfister (Hrsg.)
Julius Kardinal Döpfner und das Zweite Vatikanische Konzil
Referate des wissenschaftlichen Kolloquiums
anläßlich der Öffnung des Kardinal-Döpfner-Konzilsarchivs
am 16. November 2001
Redaktion: Guido Treffler
Regensburg 2002
132 S., ISBN 3-7954-1477-6, € 9,90

Am 16. November 2001 hat der Erzbischof von München und Freising Friedrich Kardinal Wetter das Konzilsarchiv seines Vorgängers Julius Kardinal Döpfner (1913-1976) für die wissenschaftliche Forschung geöffnet. Aus diesem Anlass fand in München ein internationales wissenschaftliches Kolloquium statt, das die Rolle Kardinal Döpfners auf dem Konzil und den aktuellen Stand der Konzilsforschung behandelte. Der Band dokumentiert die Referate namhafter Historiker und Theologen aus Deutschland, Italien und Belgien.

Band 5:
Peter Pfister (Hrsg.)
Michael Kardinal von Faulhaber (1869-1952)
Beiträge zum 50. Todestag und zur Öffnung
des Kardinal-Faulhaber-Archivs
Redaktion: Susanne Kornacker
Regensburg 2002
176 S. mit 31 farbigen und 25 sw-Abb.,
ISBN 3-7954-1548-9, € 9,90

Das umfangreiche Archiv Kardinal Faulhabers wurde am 5. Juni 2002 durch den Erzbischof von München und Freising Friedrich Kardinal Wetter der wissenschaftlichen Forschung zugänglich gemacht. Zugleich wurde eine große Ausstellung mit Dokumenten aus diesem

Nachlass eröffnet. Am 7. Juni 2002 fand anlässlich der Präsentation der Quellenedition „Akten Kardinal Michael von Faulhabers (1945-1952)" ein wissenschaftliches Kolloquium statt. Der Band enthält die bei diesen Anlässen gehaltenen Ansprachen und wissenschaftlichen Referate, die Predigt von Kardinal Wetter beim Gedenkgottesdienst in der Münchener Frauenkirche sowie einen „Werkstattbericht" zur Ausstellung.

Band 6:
Guido Treffler - Peter Pfister (Bearb.)
Erzbischöfliches Archiv München
Julius Kardinal Döpfner
Archivinventar der Dokumente zum Zweiten Vatikanischen Konzil
Regensburg 2004
1.080 S. mit 1 sw-Abb., ISBN 3-7954-1439-3, € 24,90

Julius Kardinal Döpfner (1913-1976), Bischof von Würzburg (1948-1957) und Berlin (1957-1961), seit 1961 Erzbischof von München und Freising und seit 1965 Vorsitzender der Deutschen Bischofskonferenz, war eine der markantesten Gestalten des deutschen Katholizismus im 20. Jahrhundert. Auf dem Zweiten Vatikanischen Konzil (1962-1965) spielte er als einer der vier Moderatoren eine zentrale Rolle. Die Konzilsakten von Kardinal Julius Döpfner wurden in den letzten Jahren geordnet und verzeichnet. Das vorliegende Findbuch erschließt diesen hoch bedeutenden Bestand erstmals der Öffentlichkeit und ermöglicht eine grundlegende Beschäftigung mit der Rolle Döpfners auf dem Konzil.

Band 7:
Volker Laube
Fremdarbeiter in kirchlichen Einrichtungen
im Erzbistum München und Freising 1939-1945
Eine Dokumentation
Regensburg 2005
219 S. mit 38 sw-Abb., ISBN 3-7954-1549-7, € 9,90

Seit Herbst 2000 hat das Archiv des Erzbistums München und Freising im Auftrag von Erzbischof Friedrich Kardinal Wetter nach Personen geforscht, die während der NS-Zeit als Fremdarbeiter in kirchlichen Einrichtungen im Bereich des Erzbistums beschäftigt waren. Der vorliegende Band dokumentiert die Ergebnisse dieser umfangreichen Recherche. Er ermöglicht Einblicke in die Lebensumstände der Fremdarbeiter und die Möglichkeiten kirchlichen Wirtschaftens unter Kriegsbedingungen. Zugleich gibt er einen Überblick über die Vielfalt der damals bestehenden kirchlichen Einrichtungen.

Band 8:
Peter Pfister (Hrsg.)
Das Ende des Zweiten Weltkriegs im Erzbistum
München und Freising
Die Kriegs- und Einmarschberichte
im Archiv des Erzbistums München und Freising
Regensburg 2005
2 Teile, 1.498 S., ISBN 3-7954-1761-9, € 29,90

Im Juni 1945 wies der Generalvikar des Erzbischofs von München und Freising alle Seelsorger des Erzbistums an, über die erst kurz zurückliegenden Kriegsereignisse sowie Ablauf und Begleitumstände des Einmarsches der US-Armee in den einzelnen Seelsorgsbezirken zu berichten. Die rund 560 im Archiv des Erzbistums erhaltenen Berichte bieten eine Fülle von aus unmittelbarer Zeugenschaft geschöpften Informationen über die konkreten Ereignisse vor Ort und ermöglichen so eine teilweise neue Sicht auf das Epochenjahr 1945. Zugleich sind sie aufschlussreiche Zeugnisse dafür, wie Krieg und Kriegsende von den Geistlichen bewertet wurden. Der Band beinhaltet neben der vollständigen Edition aller erhaltenen Berichte eine Einleitung zu deren Entstehung, Überlieferung und Quellenwert sowie einen historischen Überblick über Kriegsende und Neubeginn in Bayern.

Band 9:
Guido Treffler (Bearb.)
Julius Kardinal Döpfner
Konzilstagebücher, Briefe und Notizen
zum Zweiten Vatikanischen Konzil
Regensburg 2006
LI und 730 S., ISBN 3-7954-1771-0, € 19,90

Seit etwa 1990 richtet sich das Interesse von Kirchenhistorikern verstärkt auf das Zweite Vatikanische Konzil. Dabei steht das Konzilsgeschehen selbst, aber auch der Anteil der einzelnen nationalen Episkopate im Zentrum. Die deutsche Konzilsforschung war bisher durch die mangelnde Zugänglichkeit einschlägiger Quellen und das Fehlen von Quelleneditionen eingeschränkt. Seit 2001 ist mit den Konzilsakten des Münchener Erzbischofs und Konzilsmoderators Julius Kardinal Döpfner, den man ohne Übertreibung als Angelpunkt des deutschsprachigen Episkopats auf dem Konzil bezeichnen darf, der wohl wichtigste deutsche Quellenbestand zum Zweiten Vatikanischen Konzil für die Forschung geöffnet. Die vorliegende Publikation will Döpfners Konzilstagebücher und weitere ausgewählte Dokumente, vor allem aus der reichen Korrespondenz, in kommentierter Form zur Verfügung stellen. Ergänzend wurden auch Quellen aus dem Vatikanischen Geheimarchiv und dem Diözesanarchiv Berlin aufgenommen. Die historische Konzilsforschung erhält dadurch neue Impulse.

Band 11:
Volker Laube
Das Erzbischöfliche Studienseminar St. Michael
in Traunstein und sein Archiv
Regensburg 2006
231 S. mit 39 sw-Abb., ISBN 3-7954-1915-8, € 9,90

1929 gründete Erzbischof Michael Kardinal von Faulhaber im Südosten seiner Erzdiözese ein Studienseminar, das über Jahrzehnte eine bedeutende Rolle bei der Gewinnung von Neupriestern spielte. Sein berühmtester Zögling war Joseph Ratzinger, heute Papst Benedikt XVI. Während der nationalsozialistischen Herrschaft geriet das Seminar unter starken politischen Druck und war zeitweise akut in seiner Existenz gefährdet. Der Band zeigt die Entwicklung des Studienseminars von der Gründung bis zum Ende des Zweiten Weltkriegs und die entscheidenden Stationen im Ringen um das Weiterbestehen. Der zweite Teil gibt einen Überblick über das im Sommer 2005 neu geordnete und verzeichnete Archiv des Studienseminars.

In Vorbereitung:

Band 12:
Susanne Kornacker (Bearb.)
Michael Kardinal von Faulhaber
Autobiographie

Michael Kardinal von Faulhaber (1869-1952) war von 1917 bis zu seinem Tod Erzbischof von München und Freising, zugleich einer der einflussreichsten deutschen Bischöfe des 20. Jahrhunderts. In seine Lebenszeit fielen die beiden Weltkriege, Monarchie, Revolution, Weimarer Republik, die Diktatur des Nationalsozialismus und der demokratische Neuaufbau. Einen neuen Zugang zu dieser ebenso bedeutenden wie in der historischen Forschung kontrovers diskutierten Persönlichkeit eröffnet die vollständige und kommentierte Edition der in den Kriegsjahren 1942-1944 verfassten umfangreichen Autobiographie.